A INVENÇÃO DA SOCIEDADE

COLEÇÃO PSICOLOGIA SOCIAL
Coordenadores:
Pedrinho A. Guareschi – Universidade Federal do Rio Grande do Sul (UFRGS)
Sandra Jovchelovitch – London School of Economics and Political Science (LSE) – Londres

Conselho editorial:
Denise Jodelet – L'École des Hautes Études en Sciences Sociales – Paris
Ivana Marková – Universidade de Stirling – Reino Unido
Paula Castro – Instituto Superior de Ciências do Trabalho e da Empresa (Iscte) – Lisboa Ana Maria Jacó-Vilela – Universidade do Estado do Rio de Janeiro (Uerj)
Regina Helena de Freitas Campos – Universidade Federal de Minas Gerais (UFMG)
Angela Arruda – Universidade Federal do Rio de Janeiro (UFRJ)
Neuza Maria de Fátima Guareschi – Universidade Federal do Rio Grande do Sul (UFRGS)
Leoncio Camino – Universidade Federal da Paraíba (UFPB)

Dados Internacionais de Catalogação na Publicação (CIP)
(Câmara Brasileira do Livro, SP, Brasil)

Moscovici, Serge
  A invenção da sociedade : sociologia e psicologia / Serge Moscovici. – Petrópolis : Vozes, 2011 – (Coleção Psicologia Social)

  Título original: La machine à faire des dieux : Sociologie et psychologie

  Bibliografia

  1ª reimpressão, 2025.

  ISBN 978-85-326-4057-4

  1. Psicologia social 2. Sociologia I. Título. II. Série

10-13097   CDD-301

Índices para catálogo sistemático:
1. Sociologia   301

Serge Moscovici

A INVENÇÃO DA SOCIEDADE

SOCIOLOGIA E PSICOLOGIA

Tradução de Maria Ferreira

Petrópolis

© Librairie Arthème Fayard, 1988.

Tradução do original em francês intitulado *La machine à faire des dieux – Sociologie et psychologie*

Direitos de publicação em língua portuguesa – Brasil:
2011, Editora Vozes Ltda.
Rua Frei Luís, 100
25689-900 Petrópolis, RJ
www.vozes.com.br
Brasil

Todos os direitos reservados. Nenhuma parte desta obra poderá ser reproduzida ou transmitida por qualquer forma e/ou quaisquer meios (eletrônico ou mecânico, incluindo fotocópia e gravação) ou arquivada em qualquer sistema ou banco de dados sem permissão escrita da editora.

CONSELHO EDITORIAL	PRODUÇÃO EDITORIAL
Diretor	Anna Catharina Miranda
Volney J. Berkenbrock	Eric Parrot
	Jailson Scota
Editores	Marcelo Telles
Aline dos Santos Carneiro	Mirela de Oliveira
Edrian Josué Pasini	Natália França
Marilac Loraine Oleniki	Priscilla A.F. Alves
Welder Lancieri Marchini	Rafael de Oliveira
	Samuel Rezende
Conselheiros	Verônica M. Guedes
Elói Dionísio Piva	
Francisco Morás	
Teobaldo Heidemann	
Thiago Alexandre Hayakawa	

Secretário executivo
Leonardo A.R.T. dos Santos

Editoração e org. literária: Dora Beatriz V. Noronha
Projeto gráfico: Victor Maurício Bello
Capa: Graphit

ISBN 978-85-326-4057-4 (Brasil)
ISBN 978-2-213-02067-9 (França)

Este livro foi composto e impresso pela Editora Vozes Ltda.

SUMÁRIO

Prefácio à edição brasileira, 7
Pedrinho A. Guareschi

Introdução – O problema, 11

Parte I. A religião e a natureza na origem da sociedade, 45
   1 A máquina de fazer deuses, 46
   2 Crimes e castigos, 110
   3 Uma ciência difícil de nomear, 154

Parte II. A potência da ideia, 177
   4 Os *big-bangs* sociais, 178
   5 O gênio do capitalismo, 212
   6 O *mana* e os *numina*, 297

Parte III. Um dos maiores mistérios do mundo, 359
   7 A ciência das formas, 360
   8 O dinheiro como paixão e como representação, 400
   9 A sociedade desaparecida, 465

Últimas observações, 525

Índice onomástico, 577

Índice geral, 589

PREFÁCIO À EDIÇÃO BRASILEIRA

Pedrinho A. Guareschi

Você teria coragem de sair despido pelas ruas? Certamente não. Mas já se perguntou por quê? O que o constrange? Não existem muitas tribos indígenas nas quais as pessoas andam sem roupa? Qual a diferença entre eles e nós? E mesmo que você tenha essa coragem, o que faz com que se arrisque a tão estranha ação?

A questão que perpassa as longas e profundas reflexões do autor tocam, num momento ou noutro, num dilema onipresente e fundamental: como conciliar o individual e o social? Como conciliar a dimensão pessoal e livre de nossas ações com a pressão que sofremos do grupo social em que vivemos? Não há como negar que vivemos numa comunidade, que fazemos as coisas porque achamos que "devemos" fazê-las. De onde vem essa criação moral? E, contudo, se nos propusermos refletir sobre essas obrigações com coragem, podemos chegar à conclusão de que podemos deixar de fazê-las, sim! Então: sentimos, de um lado, uma pressão contínua, uma coerção subjacente, uma quase impossibilidade de agirmos de determinado modo; por outro lado, é sempre uma "quase" impossibilidade.

As profundas reflexões de Moscovici perpassam uma tão próxima e ao mesmo tempo misteriosa realidade: somos seres singulares, sim; mas não estamos sós. E mais: sou assim porque há outra realidade comigo, antes de mim, além de mim, que é o social, ou a *sociedade*. A reflexão do autor quer provocar o leitor e fazê-lo pensar sobre essa realidade tão presente e, ao mesmo tempo, tão estranha que é a existência da sociedade. Afinal, quem teve essa ideia de construir sociedades? Como as sociedades chegaram a se constituir? Por que aceitamos viver nelas, adaptarmo-nos a elas, responder a suas exigências, obedecer a suas normas, seguirmos seus preceitos? Na verdade, o que Moscovici quer enfatizar é esse fato quase que miraculoso: é muito mais fácil entender a existência e os atos de uma pessoa em sua singularidade, do que entender a criação de sociedades. Qual a força misteriosa que segura as sociedades coesas e não permite que elas se despedacem?

É interessante assinalar que este livro se apresenta sob dois títulos. No original francês o livro se chama *A máquina de fazer deuses*. E na sua versão inglesa leva o título de *A invenção da sociedade*. Na verdade, os dois títulos falam do mesmo tema, mas cada um enfatiza um aspecto. O título francês faz referência à sociedade como uma máquina de "criar *homens*", que "podem ser *deuses*", dentro da inspiração original de Durkheim. Também é verdade que esses homens também "podem ser *demônios*", como constata dolorosamente o discípulo e herdeiro de Durkheim, Marcel Mauss, quando descreve as práticas nazistas da década de 1930.

O título *A invenção da sociedade* foi sugerido, segundo o próprio Moscovici, pelos sociólogos Antony Giddens e John Thompson, que quiseram deixar claro que uma sociedade não é algo pronto e acabado, mas ela foi criada e pode ser continuamente recriada. Segundo o autor, a psicossociologia seria a ciência dessa máquina de fazer deuses. Ela tem como vocação explicar a anatomia desses seres absolutos e consagrar novos. Por meio de admiráveis teorias, Durkheim nos revela o absoluto, o lugar à parte da consciência coletiva e da religião. E Weber, o carisma, a inventividade, a possibilidade de novos sentidos e de criação.

Longe de nós, porém, pensar que Moscovici considera a sociedade como uma máquina que "faz" deuses de uma maneira determinista. O que ele quer discutir é que existe uma sociedade como uma realidade de tipo especial (*sui generis*). Ela é também algo *real*. O "social" existe e não é puramente a soma de indivíduos. Essa a grande contribuição de Durkheim. Mas ao mesmo tempo é importante enfatizar que esse social não é algo reificado, acabado, pronto. E aqui a importância de Weber e sua contribuição com uma sociologia compreensiva, do sentido. O social implica uma dimensão psicológica. Mas o psicológico, aqui, não significa algo individual, mas a dimensão psíquica, imaterial, representacional, simbólica das representações sociais, pelas quais pensamos e a partir das quais podemos nos comunicar.

A sociedade nos aparece desse modo como uma reunião de indivíduos que, ao mesmo tempo, os une entre eles e cria alguma coisa fora dela mesma. Que essa coisa lhe seja superior ou inferior, pouco importa: os homens veem nela uma parte do universo na qual se apoiar e que os obriga a permanecer juntos. Se a sociedade foi e continua sendo uma máquina de fazer deuses (Durkheim), é porque molda esses seres ideais que a confrontam e lhe servem de ponto de referência. Qualquer que seja ele – a história, a natureza, deus, o dinheiro (Simmel), o lucro (Weber), a luta de classes (Marx) –, esse ponto de referência expressa a realidade exterior e o objetivo para o qual os homens vivem e morrem.

Os leitores de língua portuguesa são privilegiados com a publicação do livro de um dos mais poderosos pensadores de nossa época, livro este que conquistou o prêmio mais cobiçado da Europa no campo das ciências sociais, o Prêmio Amalfi, só conferido a grandes nomes dentro da área, como Richard Sennett, Zygmunt Bauman, Norbert Elias e John Thompson.

INTRODUÇÃO
O problema

Duas faces do pesquisador: a raposa e o ouriço

Muitas vezes é vantajoso considerar um problema por seu lado menos evidente e abordá-lo, para começar, apenas de maneira prática. No contato com as ciências do homem e sob sua influência, adquire-se a convicção, tão indiscutida e indiscutível quanto um dogma, de que os movimentos, as crises e os fenômenos que se produzem na sociedade podem e devem ser explicados por causas sociais. E que se deve, pelo contrário, evitar recorrer às causas psíquicas. Pelo menos seria necessário adiar esse recurso o máximo possível, até que ele se torne inevitável.

Eu gostaria nesta obra de remontar às premissas desse dogma e demonstrar que ele é apenas um ideal de outros tempos que se petrificou em preconceito, e até mesmo em superstição. Essa é a única justificativa do meu trabalho. Não pretendo nem desenvolver uma teoria, nem expor uma descoberta que eu tivesse feito. A não ser a de eu mesmo ter me submetido a esse preconceito por conformismo e falta de curiosidade sobre suas razões de ser.

As questões "O que é o homem?" e "Quais são as relações entre os homens na sociedade?" são o *leitmotiv* de nossos estudos, mesmo os mais modestos. Para respondê-las, voltamo-nos para a fonte primeira de todos os conhecimentos, isto é, o cotidiano e o vivido. Nela estamos às voltas com uma infinidade de fenômenos que temos constantemente diante dos olhos, mas que ainda precisamos enxergar. Prestemos atenção, todavia. Uns aparecem imediatamente sociais e são catalogados como tais: meios de comunicação e linguagens, movimentos de multidões que se lançam atrás de um chefe e propaganda, poder e relações de hierarquia, racismo e desemprego, família, religião, e assim por diante. Os outros o são de maneira indireta: assim o medo de um indivíduo diante do contágio pelo vírus da Aids, os sentimentos de amor e de ódio para com os próximos, o suicídio a que pode conduzir o isolamento, a maneira de falar e de se comportar em público, as doenças orgânicas e mentais em que naufragam nossas vidas, para dar apenas um número reduzido de exemplos.

Quer ele faça estudos originais ou trabalhe de segunda mão, cada pesquisador tenta apreender esses fenômenos segundo um método: observar, experimentar ou reunir documentos de arquivos. Em todo caso, sempre em busca do detalhe significativo, do fato exótico ou imprevisível e da lei das séries. Conhecer é primeiramente isso. Por essa razão, consideramos como ficções cativantes, mas estéreis, as noções e as hipóteses que querem se dispensar de semelhante esforço. De onde provém o interesse dos pesquisadores por esses fenômenos? Eles provavelmente estão na origem da curiosidade comum a todos os homens que se perguntam: de onde viemos, quem somos, para aonde vamos? E se acrescentam a isso a escolha de uma profissão e as exigências da ação, da prática, para dar uma forma ao que, sem isso, seria apenas uma inquietude metafísica. Em seguida, o pesquisador dedica-se a compreender como as coisas acontecem e por que acontecem dessa forma, e não de outra. Nada é mais inveterado do que essa tendência a descrever os efeitos complexos, a explicá-los pelas causas simples que diríamos extraídas pela força vigorosa de um buril.

Ao longo desse trabalho, o pesquisador dá a impressão de ser um animal estranho, meio-raposa, meio-ouriço. Entre os fragmentos do poeta Arquíloco, lemos este verso: "A raposa sabe muitas coisas, mas o ouriço sabe apenas uma coisa muito importante". O mesmo acontece com o pesquisador. Enquanto ele descreve, nós o vemos observar, explorador e agressivo como a raposa, as inúmeras pistas da geografia social, combinar fatos e noções diferentes, manipular os métodos sem o menor pudor. Contanto que os frutos de suas incursões e de suas rapinagens lhe permitam avançar, captar um traço de verdade, ninguém exige um certificado de origem. E ninguém se preocupa com sua conformidade aos princípios da economia ou da psicologia, da sociologia ou da linguística. Contam apenas o faro e, definitivamente, o sucesso ou o fracasso. Assim como para o artista, as qualidades da obra importam muito mais do que o respeito às regras da arte. O fato é demasiado evidente para que seja necessário insistir nele. Desse ponto de vista, o pesquisador se conduz, assim como escreve Einstein, "como uma espécie de oportunista sem escrúpulos; ele parece *realista* na medida em que procura descrever um mundo independente do ato de percepção; *idealista* na medida em que está à procura de conceitos e de teorias enquanto livres invenções do espírito humano (que logicamente não podem ser extraídas do dado empírico); *positivista* na medida em que leva em consideração seus conceitos e suas teorias *somente* até onde eles lhe forneçam uma representação lógica das relações entre as experiências dos sentidos"[1].

Tudo muda assim que o pesquisador se coloca no dever de explicar a massa dos resultados obtidos. Espontaneamente, como o ouriço, ele se enrola como uma bola, eriça seus espinhos, isto é, recusa aquilo que choca e contraria a sua própria visão. Esses resultados, ele os examina no interior de uma disciplina e a partir de uma causa única, a chave dos enigmas. Ele os relaciona a um sistema de teorias cuja autoridade é reconhecida. Fala-se então de paradigma. Nada ou quase nada lhe escapa ou lhe resiste. Sim, explicar consiste em revelar essa causa – o poder, a luta de classes, o interesse, o complexo de Édipo etc. – que converte o desconhecido em conhecido. A partir do momento que ela é encontrada, tem-se a impressão de que tudo se ilumina e que tudo faz sentido, como uma cadeia de que ela é o primeiro elo. Quem quer que a coloque em dúvida prendendo essa cadeia a um elo diferente, quero dizer, a uma outra causa, atrai para si a repreensão e beira a heresia. Vocês não ignoram o anátema lançado contra aqueles que a psicanálise ou o marxismo excluíram por lesa-majestade de sexualidade ou de luta de classes. O drama de alguns deles nos mostra muito bem, e às vezes de modo heroico, o que acontece quase em toda parte em uma escala menor e bem prosaica.

---

1. SCHILPP, P.A. *Albert Einstein Philosopher Scientist*. Evaston: Library of Living Philosophers, 1949, p. 694.

Naturalmente, não é necessário enegrecer um quadro repleto de nuanças. Mas, enfim, a escolha de uma causa engaja os valores da sociedade e decide a hierarquia das ciências. Ela manifesta simplesmente o espírito do tempo. Vivemos em uma era econômica e sociológica. A inclinação natural é explicar os fenômenos, quaisquer que sejam, a partir da economia e da sociologia. Até ao absurdo, se necessário for. Senão o prestígio da verdade sofreria com isso. E mais ainda o consenso da comunidade científica e da cultura.

Raposas e ouriços, como se vê, abordam as questões que nos ocupam com um espírito bem diferente. Não adotamos a mesma atitude para apreender um fenômeno concreto e explicar suas causas. Por um lado, lidamos com uma prática de descoberta; por outro, alcançamos os fundamentos da ciência, ou seja, a definição daquilo que se nomeia a realidade. Não é com tranquilidade, sem paixão, com uma opinião preconcebida que se inicia a discussão desses fundamentos. Mas ainda não chegamos lá.

Muito se tem repetido que as ciências do homem são mais jovens do que as ciências da natureza. Isso estaria realmente correto? Existem inúmeras razões para se pensar o contrário, caso se leve em conta a variedade e a riqueza das instituições que se enxertaram ao longo dos milênios com uma técnica muitas vezes rudimentar. Elas supõem um máximo de saberes relativos às competências da sociedade e dos comportamentos humanos que os mitos e as religiões atestam, assim como a sabedoria popular. Em todo caso, a imperfeição das ciências do homem é mais preocupante do que a sua rigidez, a idade do coração menos do que a idade das artérias. A dualidade da raposa e do ouriço no pesquisador concerne sobretudo a essas ciências. Constata-se, à primeira vista, que suas descrições e seus métodos avançam harmoniosamente. Vocês os veem compartilhando técnicas, dando-se conceitos, e mantendo uma troca permanente. Os progressos em matéria de estatísticas, de enquetes, de observação, de análise dos dados, rapidamente se transmitem da economia à sociologia, da linguística à psicologia, da antropologia à história e vice-versa. As hipóteses defendidas em um lugar são levadas em conta e fecundam a pesquisa em outro. A difusão dessas diversas possibilidades de pesquisa que se abrem aqui e acolá, o fato de se encontrar a marca de sua influência por toda parte, eis sobre o que não se deveria insistir. Dessa maneira, formou-se há mais de um século esse imenso *corpus* de saberes, essa ampla rede de campos de estudo das sociedades, ao mesmo tempo que uma linguagem que melhor permite mantê-lo coeso. Em nenhum lugar surgem cortes definitivos e oposições firmes. E todos julgam da mesma maneira um bom ou um mau trabalho, onde quer que ele tenha sido produzido. Creio que minha descrição admite poucos retoques.

Mas, no plano das explicações, as coisas tomam um aspecto diferente. O ouriço mostra seus espinhos! Ou seja, parece que estamos presos às relações e à divisão da época passada, quando a ciência do homem tomou corpo. Incansavelmente, cada um retorna aos esquemas de causalidade e às oposições tradicionais. Eles provavelmente servem para exaltar uma especialidade, para ressaltar a posição desta diante de suas rivais e dentro de uma hierarquia intacta. Poder-se-ia dizer que as atribulações que abalaram nossas vidas, o horroroso lodaçal em que chafurdou a história, as revoluções que metamorfosearam a paisagem de todas as ciências, humanas e outras, nada trouxeram de novo sobre a face da Terra.

Por essa razão não é de se surpreender que eu volte ao problema do corte mais clássico, sobre o qual se apoiam ainda todos os outros. Refiro-me às causas psíquicas e às causas sociais. Sem sombra de dúvida, esse corte tem algo de profundo e que se repete sob diversas formas. Seria absurdo e pedante lhes perguntar: "Vocês o compreendem?"; como não o compreenderiam, quando vocês o aprendem nos bancos da escola e muitas vezes se chocam com ele. Quanto a mim, estimo que é supérfluo reabrir os grandes debates sobre as duas famílias de explicações que derivam disso. Cada uma delas corresponderia a uma realidade traduzida por sintomas particulares. Ninguém confunde as emoções, os pensamentos ou os desejos de um indivíduo com as instituições, a violência ou as regras de uma coletividade. Se um indivíduo percorre as ruas de Paris proclamando: "Eu sou De Gaulle!", ele sofre de perturbações psíquicas. Mas se dez mil homens o aclamam gritando: "Somos gaullistas!", não duvidamos de que se trate de um movimento político. É uma verdade garantida que, quando estamos reunidos e formamos um grupo, alguma coisa muda radicalmente. Pensamos e sentimos de modo bem diferente de quando o fazemos separadamente. Pode-se discutir o sentido dessa diferença, não sua existência. Os sentimentos de amor ou de ódio tornam-se mais intensos, os argumentos tornam-se mais extremos e vivazes. As qualidades dos participantes se transformam ao longo da passagem do estado individual ao estado coletivo.

Ora, defende-se, para sustentar o corte, que essa transformação resulta em uma diferença de natureza entre esses dois estados. O que era psicológico se tornou social, pois cada estado tem causas que lhe são próprias. Durkhein escreve:

> É necessário ainda que essas consciências estejam associadas, combinadas, e combinadas de uma certa maneira; é dessa combinação que resulta a vida social e, consequentemente, é essa combinação que a explica. Agregando-se, penetrando-se, mesclando-se, as almas individuais dão origem a um ser psíquico se assim se preferir, mas que constitui uma individualidade psíquica de um gênero novo. É portanto na natureza dessa individualidade, e não naquela das unidades componentes, que é necessário procurar as causas prováveis e determinantes que nela se produzem. O grupo pensa, sente, age de forma bem diferente do que fariam seus membros, caso estivessem isolados. Portanto, se partirmos destes últimos, não poderíamos compreender nada do que acontece no grupo. Em suma, existe entre a psicologia e a sociologia a mesma solução de continuidade que existe entre a biologia e as ciências físico-químicas[2].

Ainda que essa conclusão não se imponha, todos assinam embaixo. Ela tem importantes consequências que merecem nossa atenção. Em primeiro lugar, ela estabelece uma hierarquia do real. O social é objetividade; o psíquico, subjetividade. Um corresponde a uma essência cujos movimentos são determinados

---

[2]. DURKHEIM, É. *Les règles de la méthode sociologique*. Paris: PUF, 1960, p. 103.

por causas externas e impessoais: interesses, regras comuns etc. O outro expressa antes uma aparência cujos movimentos provêm de dentro e formam um nítido contraste com os precedentes por seu caráter instável e vivido. O social é também racional, pois qualquer ação e qualquer decisão seguem uma lógica, levam em consideração a relação entre os meios e os fins. O psíquico, em contrapartida, passa por irracional, submetido ao impulso dos desejos e das emoções. Em seguida, ela postula uma impossibilidade de explicar os fenômenos sociais a partir de causas psíquicas, as marcas de um ser coletivo a partir das marcas dos seres individuais que o compõem. Isso é proclamado em todos os tons há um século. Semelhante explicação não é apenas impossível, mas certamente falsa. Durkheim resume uma opinião amplamente compartilhada: "Consequentemente, todas as vezes que um fenômeno social é diretamente explicado por um fenômeno psíquico, pode-se ter certeza de que a explicação é falsa"[3].

Nessa fórmula rápida – outras análogas são encontradas em Weber – o sociólogo vai aos extremos. Não importa, ele enuncia uma regra cuja autoridade tornou-se indiscutível. Ela significa que uma explicação está concluída e de acordo com a ciência quando resulta em causas sociais. E, por outro lado, que se deve eliminar, como sendo fonte de erro, o apelo aos fenômenos subjetivos e vividos. Quanto mais conseguimos apagar as marcas psíquicas da ação e das escolhas humanas, tanto mais nos reaproximamos da objetividade. É certo que a facilidade da operação e seu caráter aproximativo deveriam nos prevenir contra ela. Mas a tautologia: o que é social é objetivo porque é social, encontra tamanho eco que ninguém a contesta. "Sem dúvida [escreve Karl Popper], seria melhor tentar explicar a psicologia pela sociologia, do que o inverso"[4]. Certo ou errado, está estabelecido que uma vez conhecidas as forças e as instituições de uma sociedade, sua lei poderia decifrar e prever aquilo que se passa na cabeça e no coração dos homens que dela fazem parte. Essa é a equação de

---

[3]. Ibid., p. 102.

[4]. POPPER, K. *La societé ouverte et ses ennemis*. T. 2. Paris: Seuil, 1979, p. 67.

causa e efeito à qual aderimos: "Tendo sido dado um estado de sociedade, um estado psíquico resulta".

Ora, a aposta é impertinente. Ela presume que detemos um critério infalível da realidade objetiva e de seu reflexo subjetivo, que sabemos distinguir uma causa acessoriamente psíquica. Como se, por exemplo, na virtude de curar que os reis taumaturgos na França manifestavam – quando simplesmente tocavam os milhares de doentes vindos das províncias mais distantes: "O rei te toca, Deus te cura" – se pudesse discernir aquilo que depende do segredo do poder ou da psicologia coletiva. E que esse exame nos permite decidir em seguida que a primeira causa é mais fundamental do que a segunda. Marx, em uma fórmula que deu a volta ao mundo, declara sem rodeios: "Não é a consciência dos homens que determina a sua existência, mas a sua existência que determina a sua consciência". Ela supõe que temos a possibilidade de atingir, de fora, o metal puro da existência humana, mas sob a condição de lhe retirar a ganga de representações e de crenças que a envolvem internamente. Assim se verificaria a proposição que, da forma como os homens vivem, podemos deduzir o modo como esses homens pensam e sentem.

Marx, Durkheim e seus discípulos são firmemente contra uma interpretação que valorizasse os fatos psíquicos. Se eventualmente a eles recorrem, é como a sintomas que permitem remontar a uma realidade social mais sólida e mais oculta. Dessa forma, toda a riqueza e o colorido do mundo vivido, todos os recifes da alma que ordenam seu fluxo e seu refluxo, são esmagados e pulverizados, reduzidos a avatares da subjetividade, da ideologia, da falsa consciência, e outros véus de Maia. Perdem, portanto, o interesse pela conduta dos homens em seus detalhes; desconfiam de seus movimentos interiores e repudiam o que sua vida mental tem de singular. É de fora que se instruem sobre a consciência, a partir daquilo que não é ela, mas apresenta a vantagem de convir a todos.

Seria supérfluo discorrer mais longamente sobre essa tendência a subestimar o psiquismo. Ou porque o julgamos determinado, ou porque nos dispensamos de levá-lo em conta e estudá-lo, o fato é flagrante e necessita ser mais amplamente documentado.

O que se pode concluir? Enquanto continuarmos nossas pesquisas, cada um em seu território, ocupados em perseguir, coletar e analisar fatos, estaremos pouco sensíveis a esse distanciamento. Pelo menos não temos consciência dele, pois a ele estamos habituados. Apercebemo-nos disso somente quando, devendo explicar esses fatos, nós nos chocamos com a sua interpretação. Uma colisão com os outros, sem dúvida, mas também conosco. Pois, para a maioria, nós aderimos à opinião comum: a explicação sociológica é a rainha das explicações. Ela deve ocupar o lugar do órgão no coro dos instrumentos, o principal. Somos, portanto, obrigados a minorar os outros e a recorrer a eles apenas ocasionalmente. "Tudo é água", diziam os primeiros filósofos. "Tudo é sociedade", dizemos nós, e esse princípio ordena e reúne os resultados obtidos nos diversos campos de investigação para dar uma imagem sintética da realidade, do sentido da vida e da posição do homem na natureza.

Seja como for, tudo acontece como se já conhecêssemos a explicação antes mesmo de termos dado início ao estudo dos fatos. Não se trata então de verificar as causas para cada conjunto de dados e de lhes deixar margem suficiente para que se fortaleçam com as resistências encontradas. De forma que uma dose de incerteza permita, na medida em que a explicamos, garantir que pertinentemente escolhemos causas sociais e não outras. Mas, na maioria das vezes, trata-se de ajustar, à força, a diversidade do real a um princípio de determinação considerado *a priori* como necessário e suficiente. Como nesses processos em que já se conhece o veredicto antes do comparecimento dos acusados, aqui também já conhecemos as causas antes de os fatos terem sido convocados. E não mais se procede então segundo uma regra da razão, mas da fé. Nas últimas linhas de sua emocionante *Apologia da história*, Marc Bloch nos previne contra essa prática: "Resumindo em uma palavra, as causas em história, não mais que em outro lugar, não se postulam. Elas se buscam..." Sem isso, nós as privamos de qualquer valor de exploração e, consequentemente, de qualquer poder de descoberta. Quando se conhece o seu segredo, impede-se que o drama da vida e do conhecimento aconteça.

A culpa é da psicologia

Já é hora de descer das alturas e descobrir uma realidade que nos diz respeito. Se dirigirmos o olhar para a rede das ciências do homem, o corte de que já falei aparece mais ou menos nítido por toda parte. A separação entre a sociologia, ou daquilo que a ela se assemelha, e a psicologia equivale, para elas, à separação entre a física e a biologia nas ciências da natureza. É a primeira. Mas, como tudo o que discrimina, a regra que a estabelece se transforma em interdito e anátema. Preconceitos e exclusões não se apoiam, geralmente, em um princípio etéreo e erudito? Sim, nada suscita mais amargura do que o "psicologismo", que se tornou um viés a evitar, um pecado contra o conhecimento e uma marca de infâmia. Apenas a palavra foi dita, sabe-se que um erro foi cometido, que alguém pensou um pensamento que não deveria ter pensado, tabu, portanto. Com certeza esse qualificativo tem um peso enorme sobre as questões que colocamos e sobre a maneira como observamos a realidade e avaliamos a verdade de uma teoria. Querer explicar os fenômenos sociais pelas causas psíquicas pode ser considerado um erro, e é abertamente censurado. Não discuto aqui os argumentos dos censores, nem o valor das obras que colocam no índex. O essencial é que um corte na ciência acabou por se tornar um interdito na cultura, e sob esse aspecto nos condiciona. Por essa razão, e mais seriamente, uma pressão se exerce a fim de repudiar os fatores psicológicos do conhecimento do homem e de suas relações na sociedade.

Lampejos de retórica, que nada têm a ver com a realidade, envolvem esse assunto. Eis um primeiro exemplo de anátema, escolhido entre muitos. Em um livro frequentemente citado, o sociólogo francês Castel empreende uma crítica exemplar da psicanálise. Recrimina-lhe principalmente ter permanecido estranha aos aspectos sociais de sua prática e cega "aos princípios de seu poder"[5]. Se isso for exato, a psicanálise torna-se então, como toda psicologia, o obstáculo maior de nosso tempo para compreender seus problemas e encontrar-lhes uma solução. Muito pior,

---

5. CASTEL, R. *Le psychanalysme*. Paris: Maspero, 1973, p. 1.

ela despenca dos pináculos da ciência aos subterrâneos da ideologia. Eis o que acontece a quem tenta explicar os fenômenos políticos e sociais pela psicanálise. E que ideologia: o psicologismo! Citemos Robert Castel: "A ideologia, assim produzida em todos os níveis, apresenta as características do velho psicologismo, mas sob uma forma muito mais flexível e mais sutil que renova os seus poderes"[6].

Em vão alguns psicanalistas esperaram que se distanciando da psicologia se purificariam de seu pecado original. Como outrora os judeus alemães que deixaram de ser solidários com seus correligionários poloneses ou outros e denunciaram seu atavismo racial na própria linguagem dos antissemitas. Recentemente ainda, um desses eslavófilos da psicanálise, que fazem sucesso entre nós, se mostrava "convencido de que o psicologismo contemporâneo está soterrando essa interrogação fundamental (sobre a família) sob uma confusão de teorias, solicitadas mais como produtos de mercado do que elaboradas"[7]. Existe alguma coisa mais simples, evidente, convincente? Robert Castel não percebe nesse tipo de argumento senão uma astúcia, poeira lançada nos olhos daqueles que não sabem mantê-los abertos. "A psicanálise [ele repete], ainda que a revolucione [...] é uma espécie de psicologia"[8].

Ao lê-lo, temos a impressão de que não existe contestação mais séria e que prejudique sobremaneira a psicanálise junto ao público cultivado, científico. E que este, assim que ouve a palavra odiada, sabe que se trata de uma ameaça na ordem política e de um pseudoconhecimento na ordem da ciência. Parece que estamos persuadidos de que a psicologia, sob qualquer forma que seja, mina os poderes da razão e nos oculta as verdadeiras causas da angústia social. É por isso, afirma o sociólogo italiano Ferraroti, que os neofreudianos cobrem os olhos da juventude. "A psicologização espontaneísta [escreve ele] dos fatos sociais

---

6. Ibid., p. 210.

7. LEGENDRE, P. *L'inestimable objet de la transmission*. Paris: Fayard, 1985, p. 148.

8. CASTEL, R. *Le psychanalysme*. Op. cit., p. 107.

'duros' no sentido de Durkheim, teve como efeito final a dissolução de toda posição crítica séria em relação às instituições existentes e à programação do pensamento em nome de exigências e de necessidades tão imperiosas quanto efêmeras"[9].

Esse ponto de vista está longe de ser isolado. Assim, entregando-se a uma diatribe contra o psicologismo, Jean Baudrillard faz ainda mais:

> Se existe alguém que superestime seus próprios processos psíquicos [...] é certamente Freud e toda essa cultura psicologista. A jurisdição do discurso psicológico sobre todas as práticas simbólicas (aquelas, esplêndidas, dos selvagens, a morte, o duplo, a magia, mas também as nossas, atuais) é mais perigosa do que a do discurso economista – ela é da mesma ordem da jurisdição repressiva da alma ou da consciência sobre todas as virtualidades repressivas do corpo[10].

Por que tanta intemperança? Talvez nos aproximemos do limiar em que o pensamento erudito se torna censura erudita, e indigno do nome pensamento. O mais sofrido para os inúmeros autores que pintam a psicologia (e o psicologismo) sob os traços mais negros não é a imagem que dela oferecem, nem a conclusão que dela tiram. É a gravidade teologal de suas premissas. Eles pretendem saber o que é a verdadeira ciência, a realidade última e a boa explicação dos assuntos humanos. Para denunciar, sem subterfúgios, a falsa ciência, o efêmero e a aparência, e, evidentemente, o *diabolus ex machina*.

Vou me abster de dizer que o anátema é característico da França, ou que serve apenas para tratar o psicologismo de reacionário. Também na América é preciso se livrar de qualquer suspeita, como mostra a observação do historiador Christopher Lasch já na introdução de sua obra sobre o movimento reformista: "Mesmo o esforço para compreender de onde ele veio chocará o leitor como uma tentativa insidiosa de desacreditar as ideias dos

---

9. FERRAROTI, F. *Une théologie pour athées*. Paris: Librairie des Méridiens, 1984, p. 154.

10. BAUDRILLARD, J. *L'échange symbolique et la mort*. Paris: Gallimard, 1976, p. 219.

extremistas e dos reformadores ao 'psicologizá-las' para delas se livrarem. Para algumas pessoas, basta dizer que os reformadores eram animados pelo espetáculo da injustiça humana; dizer algo mais significa negar o fato da injustiça"[11].

Mas estaríamos errados em supor que a rejeição de tudo aquilo que diz respeito à experiência vivida, aos motivos humanos, à percepção subjetiva da realidade, implica apenas uma censura política. Para muitos, esses indícios são também os sintomas de uma "doença", que causa um desconforto para a ciência. Qual é a razão? O sociólogo inglês Bloor busca seus argumentos na filosofia da linguagem. Uma de suas conclusões expressa uma opinião comum. Confiando na autoridade de Wittgenstein, ele escreve:

> Existe, diz Wittgenstein, uma espécie de doença geral do pensamento que sempre procura (e acha) o que se chamaria um estado mental do qual todos os atos decorrem "como de um reservatório". Ele deu a esse respeito uma ilustração simples. Como dizem "a moda muda porque o gosto das pessoas muda" [...] "O gosto é o reservatório mental". Observem como os fenômenos coletivos, a moda, são apresentados em termos psicológicos. O acontecimento social está relacionado com os estados mentais dos indivíduos que dele participaram, e esses estados mentais são então mencionados como causas da mudança. A vacuidade desse exemplo particular é clara, mas algumas explicações desse tipo podem ser difíceis de perceber. Elas têm como traço comum a tentativa de analisar os fenômenos tipicamente sociais em função da psicologia. Eis por que a "doença" a que se refere Wittgenstein é habitualmente nomeada "psicologismo"[12].

As aspas certamente existem. Mas aquilo que é colocado e ressaltado dessa maneira não é menos significativo, muito pelo contrário. Por mais estranha que a coisa possa parecer, é realmente a uma patologia do conhecimento que ele faz alusão e à

---

11. LASCH, C. *The new Radicalism in America 1889-1963*. Nova York: W.W. Norton & Co., 1965, p. XVI.

12. BLOOR, D. *Wittgenstein*: A Social Theory of Knowledge. Londres: MacMillan, 1983, p. 46.

necessidade de se preservar dela. Como reduzir esses "estados mentais"? Não enxergo uma resposta simples à questão. E não creio que alguém tenha seriamente tentado oferecer uma, e tenha conseguido. Não encontramos nenhuma no texto que acabo de citar. Há alguns anos, Jürgen Habermas tentou uma vasta síntese de diversas teorias, dentre elas a do psicólogo social Mead. Recorrendo aos seus trabalhos e aos trabalhos de seus seguidores, ele lhes dirige, no entanto, uma reprovação: todos misturam elementos psíquicos à teoria das interações entre os homens na sociedade: "Logicamente, a teoria da sociedade se resume então à *psicologia social*"[13]. A reprovação soa como uma afronta, com um toque de desprezo: não é mais o miolo que está estragado, é a fruta inteira! Pelo menos, nela podemos ler o pesar de ver eruditos com ideias tão brilhantes às voltas com uma teoria raquítica, boa apenas para a psicologia social. E até mesmo um homem tão ponderado, à primeira vista, quanto Raymond Boudon tem reações semelhantes. Em seu prefácio a um livro de Simmel sobre a história em que muito se fala de psicologia, o sociólogo francês evita, na medida do possível, a palavra e a coisa. Em primeiro lugar, ele parece preocupado em tranquilizar o leitor que temeria a contaminação e se dá ao trabalho de lhe garantir que a teoria de Simmel "não comporta um risco mortal de psicologismo"[14]. Eis o que às vezes se escreve em nome da ciência!

Os antropólogos não são exceção. Para eles também, e durante um certo tempo, o recurso à psicologia significou um erro, cuja reprovação poderia ser retrospectiva. No meio de um texto incisivo, Dan Sperber relembra: "Tylor, muitas vezes considerado como o fundador da antropologia moderna, foi culpado, aos olhos de seus sucessores, do pecado de 'psicologismo'. De fato, as duas disciplinas logo se separaram"[15].

---

13. HABERMAS, J. *Theorie des kommunikativen Hamdelns*. T. 2. Frankfurt: Suhrkamp, 1981, p. 212. • *Théorie de l'agir communicationnel* – T. 2: Pour une critique de la raison fonctionnaliste. Paris: Fayard, 1987, p. 154.

14. BOUDON, R. *La logique du social*. Paris: Hachette, 1979, p. 15.

15. SPERBER, D. *On anthropological Knowledge*. Cambridge: Cambridge University Press, 1985, p. 3.

Que o anátema seja lançado publicamente e quase todos renegarão cada pensamento que poderia cair sob a sua influência. Acreditando que, em algum lugar, se reúnem juízes invisíveis, diante dos quais serão levados para se defenderem de terem infringido a regra que o proíbe. Como se fosse obrigado a uma confissão, Jean Starobinski, cujos estudos sobre Rousseau são de uma deliciosa profundidade, escreveu recentemente: "Em relação a mim, gostaria de dissipar um mal-entendido, com o risco de parecer imodesto. Pensaram ver, em meus trabalhos, um retorno à abordagem 'psicológica' de Jean Jacques, portanto uma regressão em relação aos ajustes sistemáticos de Cassirer [...]. Ora, em nenhum momento tratou-se para mim de *reduzir* o pensamento de Rousseau à manifestação de um desejo mais ou menos sublimado ou deslocado segundo mecanismos inconscientes"[16]. Aquele que se exprime assim não tem contas a prestar. Mas sente-se obrigado a explicar suas incursões na vida interior e afetiva de um homem que justamente introduziu essa vida em nossa cultura. Quem decidiu, portanto, que ali havia uma regressão? O que se reduz por meio dos mecanismos do inconsciente? E se fosse verdade? Em nenhum momento a questão da verdade foi colocada, mas a da inocência e da conformidade a uma regra. Essa espécie de regra hipócrita é por assim dizer incompatível com a prática científica; no entanto, sentimo-nos obrigados a segui-la, quaisquer que sejam as suas convicções próprias. A história propõe seus dados para garanti-la e se ajustar ao espírito do tempo.

> Nossa época, confessa Paul Veyne, está tão persuadida de que as grandes forças racionais ou materiais conduzem sorrateiramente a história que alguém que se contente em explicitar as condutas (que necessariamente passam pela psique dos atores, isto é, pelos seus corpos, senão pelo seu pensamento) e não recorre a essas forças explicativas, será acusado de deter a explicação na psicologia[17].

---

16. Prefácio a CASSIRER, E. *Le problème Jean-Jacques Rousseau*. Paris: Hachette, 1987, p. XVI e XVII.

17. VEYNE, O. "Introduction" a BROWN, P. *Genèse de l'antiquité tardive*. Paris: Gallimard, 1983, p. XVI.

Saber se a acusação é justa ou não é uma questão irrelevante. Mas os efeitos de sua censura sobre o pensamento parecem devastadores. De repente, a pesquisa não se vincula mais à apaixonada descoberta do real, mas se esforça para fugir diante daquilo que ela poderia revelar. Avança-se, sabendo que existe uma evidência que não deve ser vista. Ou diante da qual não é preciso se deter. É difícil estudar a violência ou a religião sem introduzir uma dose de afetividade e sem evocar experiências vividas. De forma que, no final das contas, não se sabe mais se a dose colocada foi exagerada ou pouca. Mais vale então tomar a dianteira e se defender antes de ser acusado. Portanto, René Girard, em La Violence et le sacré [A violência e o sagrado], escreverá: "Formulando o princípio fundamental do sacrifício fora do âmbito ritual em que está inscrito, e sem mostrar como essa inscrição se torna possível, expomo-nos a passar por simplistas. Parecemos ameaçados de 'psicologismo'"[18]. Vemos surgir aqui o temor de não conferir ao social a parte que lhe cabe e de perder assim toda a credibilidade. Por isso, somos ameaçados de "psicologismo" como de uma doença ou de uma carência científica.

No momento, contento-me em registrar as palavras "culpado", "doença", "ideologia", que descrevem bem uma atmosfera. Elas servem para diminuir ou para excluir a consideração da realidade psíquica. Aos que recriminam não haver ciência suficiente, argumentam que é por haver psicologia demais. Embora social. Thomas Mann descreve magistralmente o anátema difundido nas ciências do homem, e muito mais:

> Misericórdia, você ainda se preocupa com a psicologia? Mas isso faz parte do péssimo século XIX burguês! Nossa época está miseravelmente saturada dela, não tarda e perderemos o controle à simples menção da palavra psicologia, e aquele que perturba a vida mesclando-lhe a psicologia receberá simplesmente um golpe no crânio. Vivemos em tempos, meu caro, que não queremos confusão com a psicologia[19].

---

18. GIRARD, R. La violence et le sacré. Paris: Grasset, 1972, p. 23.

19. MANN, T. Doctor Faustus. Paris: Livre de Poche, 1983, p. 337.

Certamente não tenho a ambição de eliminar semelhante estigma, nem agora, nem aqui. A segregação do psíquico e do social tornou-se uma instituição de nossa cultura. Ainda que independente de toda razão crítica, ela resiste a qualquer crítica. Aquele que se aventura a questioná-la se choca com a censura e, primeiramente, com sua própria censura. Ele se coloca, do ponto de vista político, na contramão da história. Podemos defender, sem muito exagerar, que, pelo menos na França, a maior parte das ciências do homem, a antropologia – com exceção de Lévi-Strauss –, a ciência política, a economia, a história, e muitas outras, sofreram essa dupla e estranha censura. Os contatos com a psicologia geral e social são raros, até mesmo inexistentes. Sem falar da sociologia que, como constata Edgar Morin, "dissociou-se da psicologia, da história, da economia [...] o que impede o exercício do pensamento"[20].

Na realidade, a desatenção para com o aspecto psíquico dos fenômenos sociais tem como efeito a desatenção para com o real, simplesmente porque são compostos de homens. Além do mais, essa desatenção se transmite dos homens de ciência aos homens políticos. E isso é particularmente verdadeiro para os partidos situados, por convenção, à esquerda. Sua visão das coisas e das relações está dominada por um modo econômico e social de ver, de pensar e, consequentemente, de agir. Eles desconfiam do que é subjetivo, espontâneo, não racional, como se diz. Ora, como têm de lidar com as massas, com as mídias, para as quais as leis da psicologia coletiva são decisivas, como se espantar que sua ação sofra com isso e conduza a resultados contrários aos que buscavam? Falta-lhes psicologia, no sentido próprio da palavra. Isso se percebe nas dificuldades que os governos socialistas conheceram e no declínio dos partidos comunistas de hoje. Mas deixo aos historiadores o cuidado de demonstrá-lo amanhã.

---

20. MORIN, E. *Sociologie*. Paris: Fayard, 1984, p. 63.

Existiria uma explicação sociológica dos fatos sociais?

Ao mesmo tempo, vocês não puderam deixar de dizer: talvez tenhamos exagerado, mas esse primado do social tem boas razões de ser. Por que voltar a esse assunto? Pelo menos não existem razões suficientes para fazer desse primado uma condição do conhecimento do real sempre e em toda parte. É necessário passá-las pelo crivo e ver o que acontece.

No amor e na guerra vale tudo. Na ciência tudo se exige. E a primeira exigência é reconduzir uma resposta ao estado de questão, uma solução ao estado de problema. Portanto, aquilo que nos interessa agora se torna: existe uma explicação sociológica dos fenômenos sociais – ou dos fenômenos humanos em geral, inclusive dos fenômenos psíquicos? Nós o postulamos automaticamente quando ao longo de uma enquete procuramos saber a que classe social, a que profissão pertencem as pessoas que votam em um partido, para explicarmos suas opiniões ou seus interesses. Se essa relação de causa e efeito não aparece, então nós nos voltamos para seus valores, suas crenças ou seus sentimentos, com o objetivo de explicar por que eles não agem de acordo com seus interesses ou de acordo com sua classe. O postulado serve ainda quando, para explicar a ascensão do racismo ou da violência, invocamos em primeiro lugar o desemprego ou a crise da família moderna. E, no mesmo sentido, quando procuramos examinar, por meio das relações de poder, as desigualdades em matéria de educação ou de chances diante da doença e da morte. A tendência é idêntica quando estudamos a situação da arte, da literatura ou do direito. Como escreve Paul Veyne: "Em nosso século, a propensão natural é explicar sociologicamente as produções do espírito; diante de uma obra, nos perguntamos: 'O que ela está destinada a trazer para a sociedade'?"[21]

Diante de qualquer tipo de problema, dizem: procurem o social. E é evidente que nós o encontramos, como decididamente demonstrou Doise[22], ao examinar essas minuciosas pesquisas

---

21. VEYNE, P. *Les grecs ont-ils cru à leurs mythes?* Paris: Seuil, 1983, p. 30.

22. DOISE, W. *L'Explication en psychologie sociale.* Paris: PUF, 1982.

sobre fenômenos examinados em grande escala. Esses exemplos, que eu poderia multiplicar, nada provam, no entanto, quanto aos princípios. Ora, como já disse, uma explicação sociológica supõe duas premissas. Primeiramente, que se possa abstrair o lado subjetivo, as emoções e as capacidades mentais dos indivíduos. Mais exatamente, elas não determinam de forma alguma o conteúdo e a estrutura da vida em comum. Pelo contrário, nada ou quase nada existe na psique dos indivíduos que não dependa da sociedade e não carregue a sua marca. Suas maneiras de raciocinar, as frases que eles formam e os modos que têm de andar ou de sentir provêm do mundo social e a ele são incorporados. Seja pela tradição ou pelo aprendizado, eles se tornam disposições pessoais, uma vez retomados do fundo comum. É uma versão sutil do indivíduo, como a famosa caixa negra que permaneceria vazia caso não fosse preenchida de estímulos e de reflexos condicionados por um treinamento exterior.

A segunda premissa é que dispomos de teorias concebidas a partir de causas puramente sociais, ou seja, de causas que não fossem as da economia ou da biologia –, como a utilidade ou a luta pela vida –, mas que, todavia, fossem necessárias e suficientes para explicar as relações entre os homens, suas instituições e seus modos de pensar ou de agir. Certamente nos esforçamos em satisfazer essas condições das teorias sociológicas, mas parece que chegamos a resultados contrários aos que esperávamos em princípio.

Não estou de forma alguma habilitado a falar enquanto sociólogo, e me absterei de fazê-lo. Portanto, contentar-me-ei em reunir um feixe de suposições relativas a essas teorias. E então as resumirei expressando uma convicção que para mim se tornou natural. Por fim, indicarei o uso que delas se pode fazer.

Se vocês examinarem a sua própria experiência, fazendo tábula rasa de suas ideias preconcebidas, de tudo o que lhes é necessário acreditar para viver, vocês poderiam negar a parte que pertence, em todas as circunstâncias, àquilo que permanece subjetivo? Sem dúvida existem elementos comuns e recebidos do meio. Mas outros parecem irredutíveis. O mesmo ocorre com o nosso corpo e o nosso equipamento biológico. Seria uma perda de tempo procurar apagar a sua individualidade. Além do mais, nossas faculdades intelectuais e até mesmo afetivas, inscritas em nosso cérebro, determinam as possibilidades que temos de comunicar, de nos ligarmos uns aos outros, e impõem um certo limite ao que podemos fazer. Certamente a lógica dessas faculdades pode ser moldada pela vida em comum. Todavia, mesmo se transformando de individual em social, ou de social em individual, a natureza dessa lógica, como a da língua, conserva alguma coisa de invariante. Ainda que uma mudança em nossa maneira de falar, por exemplo, tenha como origem uma invenção devida a um indivíduo ou a um grupo, ela obedece às regras da sintaxe ou da semântica. Observação banal, sem dúvida, mas que evidencia quanto o corporal e o mental – o que existe de mais singular e de mais universal no homem –, aparecem como um duplo portal, sob o qual todo elemento social deve passar a fim de produzir seus efeitos.

É difícil opor permanentemente o individual e o coletivo. Assim, designa-se hoje como uma neurose pessoal de histeria ou de possessão o que antes era considerado como uma crença coletiva e um ritual instituído. E, inversamente, uma conduta antes pessoal e patológica – o fato de não se casar ou de viver sozinho, por exemplo –, transformou-se em um modo de vida comum. Essa sobreposição de um estado social individuado e de um estado individual socializado, análogo a uma sobreposição de ondas luminosas, colore nossa existência. Compreende-se então que seria extraordinário se o substrato psíquico necessário à sobrevivência das instituições e das comunidades em nada determinasse as suas maneiras de ser e de evoluir. Lévi-Strauss expressou isso em uma daquelas frases que só ele sabia fazer:

> Portanto, é bem verdade que, em certo sentido, todo fenômeno psicológico é um fenômeno sociológico, o mental se identifica com o social. Mas, em um outro sentido, tudo se inverte. A prova do social só pode ser mental; ou seja, jamais podemos ter certeza de ter atingido o sentido e a função de uma instituição, se não formos capazes de reviver sua incidência em uma consciência individual. Como essa incidência é uma parte integrante das instituições, qualquer interpretação deve fazer

coincidir a objetividade da análise histórica ou comparativa com a subjetividade da experiência vivida[23].

Eis, portanto, o que acontece com a primeira premissa. Vamos à segunda e perguntemo-nos se as teorias sociológicas explicam os fenômenos sociais. Mais exatamente, se elas descobriram um conjunto de causas próprias a esses fenômenos. Ora, uma incursão, ainda que rápida, revela que não.

Essas teorias têm, em geral, a forma de um cometa. Em sua parte sólida, elas comportam, como se deve, um sistema de categorias e de tipos ideais que permitem descrever os fatos. Obtém-se assim um quadro que conduz à observação empírica e à coleta das estatísticas destinadas a validá-lo. A novidade dessas categorias e desses tipos é uma das mais consideráveis aquisições da sociologia, e ela distingue as teorias entre si. Essas categorias nos livram das falsas noções do senso comum, do acúmulo desordenado dos exemplos, e liberam nossa imaginação para perceber "como" as coisas acontecem em uma sociedade. É o que podemos observar sem dificuldade na teoria de Weber relativa à dominação do homem pelo homem. De forma magistral, ele isola as três categorias – carisma, tradição e razão – que legitimam o poder de um indivíduo sobre um grupo. Elas delimitam o campo das observações e dos fatos que devem ser retidos. Além do mais, permitem visualizar o tipo de relações que, em cada caso, determinam a maneira de comandar e a maneira de obedecer. Por meio de uma vasta pesquisa comparativa, Max Weber demonstra a existência dessas formas de dominação e sua universalidade.

Encontramos um procedimento análogo em Durkheim. Ao opor a solidariedade mecânica à solidariedade orgânica, ele quer definir o traço próprio da sociedade tradicional e da sociedade moderna. Uma é composta de indivíduos semelhantes entre si, e a outra, de indivíduos diferentes por sua atividade ou por sua profissão, ainda que complementares. A primeira mantém a coesão entre

---

23. LÉVI-STRAUSS, C. "Introduction" a MAUSS, M. *Sociologie et anthropologie*. Paris: Paris, p. XXVI.

seus membros por meio de uma consciência coletiva muito forte; a segunda, por meio de uma divisão do trabalho que os torna dependentes uns dos outros. Observa-se o quanto essas categorias de similaridade e de diferença, de consciência coletiva e de divisão do trabalho ordenam os aspectos religiosos, econômicos e jurídicos de toda sociedade. Em cada um desses casos, estamos diante de uma definição, de uma taxonomia e de uma ordenação dos fenômenos.

A cauda alongada do cometa, às vezes chamada de cabeleira, prolonga essas teorias e completa seus contornos. Em linha geral, extraímos dessas descrições uma *tendência* inerente aos fenômenos sociais que *prescreve* o sentido que eles tomarão. Isso confere às teorias um caráter ao mesmo tempo necessário e geral, principalmente para as mais importantes. A famosa lei de Augusto Comte, segundo a qual a humanidade passa de uma fase religiosa a uma fase metafísica e depois a uma fase científica, é o seu protótipo. E podemos evocar, para fixar as ideias, a tendência avançada de Max Weber. A sociedade moderna se orienta para uma racionalização da economia e da relação fundada na possibilidade do cálculo em todos os campos. Ela organiza a administração dos homens bem como a administração das coisas, burocratiza os valores da cultura e seculariza as crenças por meio da ciência. Dedicada à performance tangível, ela furtivamente apaga as marcas milenares do mito e da magia, a ilusão de um sentido da vida. Ela avança incessantemente para os amanhãs do "desencantamento do mundo".

Não existe relação obrigatória entre a descrição daquilo que prevê semelhante tendência e os fatos que a ilustram. Não apenas porque, exceto pelo vocabulário, todas preveem a mesma coisa, mas também porque fora das impressões comuns não vemos exatamente como verificá-la. Todavia, ela alimenta um discurso necessário sobre a sociedade, uma crítica do estado das coisas e propõe uma visão daquilo que deve, em princípio, acontecer pelo desejo ou pelo destino. Desde Weber, conhecemos outros estados para os quais a sociedade evoluía: o fim da ideologia, a era da opulência, a sociedade programada etc. Detalhá-los estaria fora de nosso propósito. Ao prescrever tais tendências, a sociologia aparece, de acordo com Gramsci, como "uma tentativa de extrair experimentalmente as leis da evolução da sociedade humana de modo a prever com a mesma certeza com que se prevê que a partir de uma glande se desenvolverá um carvalho"[24]. E os homens devem observá-lo sem alegria nem tristeza, como se observam as coisas que chegam diariamente e na mesma hora.

Assim as teorias sociológicas descrevem e prescrevem. Mas não explicam. Eis o que pode desconcertar, sem no entanto surpreender. Contudo, o fato está aí: suas explicações – o que une, como se poderia dizer, o coração à cauda do cometa – são ou de ordem econômica, ou de ordem psicológica. Não existe uma terceira espécie que seria de ordem puramente sociológica. Não me arrisco, sobre esse ponto, a nenhuma especulação. Atenho-me ao que vejo. Vocês não ignoram que as razões econômicas – lucro, preferências por bens, classe social, profissão – são invocadas à guisa de explicação, e isso lhes parece normal. Mas o recurso às causas psicológicas parece contrário a uma regra de método. E, no entanto, ele é provavelmente o mais frequente. Acabamos de falar de Weber e de sua teoria dos três tipos de dominação. Que explicação ele oferece para a obediência e os motivos que tornam cada um desses tipos legítimo? Para ser breve, digamos que sua "causa" é a razão, a emoção e o sentimento, respectivamente, para a autoridade racional, carismática e tradicional. Em sua admirável história da sociologia, Raymond Aron o destaca por sua dificuldade. E efetivamente escreve:

> A classificação dos tipos de dominação se refere às motivações daqueles que obedecem, mas essas motivações são de natureza essencial e não psicológica. Muitas vezes o cidadão que recebe o seu formulário de impostos pagará a soma que lhe é exigida pelo seu contador não por medo do oficial de justiça, mas pelo simples hábito de obedecer. A motivação psicológica efetiva não coincide necessariamente com o tipo abstrato de motivação ligado ao tipo de dominação[25].

---

24. GRAMSCI, A. *Il materialismo storico e la filosofia di Benedetto Croce.* Turim: Einaudi, 1952, p. 125.

25. ARON, R. *Les étapes de la pensée sociologique.* Paris: Gallimard, 1967, p. 558.

Cada uma dessas denegações pode ser lida como uma confissão. Tratando-se de fenômenos sociais, é impossível, parece protestar Raymond Aron, que as motivações sejam psicológicas. Ao afirmar, contudo, que elas são de "natureza essencial" ou de "tipo abstrato", ele substitui causas reais, as únicas admissíveis na ciência, por causas imperceptíveis. E se pagamos, como ele diz, nossos impostos por hábito, esse é o fruto de um aprendizado e de um consentimento que comportam, tanto quanto o medo, um fator psíquico. A esquiva é, reconheçamos, puramente verbal. E não sem analogia com a do pensador marxista Lukács que, em um livro memorável, recriminava aos seus adversários "confundir o estado de consciência psicológica efetivo dos proletários com a consciência de classe do proletariado"[26]. Desse modo, aos indivíduos concretos ou às massas, ele opunha uma categoria abstrata e, acrescentemos, reificada, como se a nação francesa fosse outra coisa e de uma outra natureza que o conjunto dos franceses.

Esse tipo de substituições nem sempre acontece sem consequências práticas. Assim, enquanto o fascismo ganhava terreno dirigindo-se aos proletários de carne e osso, os socialistas o perdiam porque discorriam para o proletariado genérico. Esta não foi a única razão de seu fracasso, mas é essa que Ernst Bloch invoca: "Os nazistas falaram de forma mentirosa, mas aos homens, os socialistas disseram a verdade, mas de coisas; trata-se agora de falar aos homens com toda a sinceridade sobre os seus assuntos"[27].

Continuemos. Trata-se, no caso, de um exemplo particular? Eu citei mais acima a regra de ouro formulada por Durkheim: "Toda explicação psicológica de fatos sociais é falsa". Ela nos esclarece sobre a dificuldade de Raymond Aron esforçando-se para respeitar, ao mesmo tempo, a regra e a verdade. Veremos mais adiante o que se deve pensar sobre isso. Ocorre que a regra não foi aplicada por ninguém, nem mesmo por quem que a

---

26. LUKÁCS, G. *Histoire et conscience de classe.* Paris: Minuit, 1969, p. 99.

27. Apud CLAUSEN, D. *List der Gewalt.* Frankfurt: Campus, 1982, p. 50.

decretou. A teoria da religião é seguramente o ponto mais alto da sociologia de Durkheim e um dos pontos mais altos da sociologia. Depois de tê-la exposto, eis o que conclui o antropólogo britânico Evans-Pritchard: "Devo, no entanto, fazer um último comentário sobre sua teoria da origem do totemismo e, consequentemente, sobre a religião em geral. Ela se opõe a seu próprio método sociológico, pois apresenta uma explicação psicológica, ao passo que ele próprio declarava que tais explicações eram invariavelmente falsas"[28]. O grande sociólogo francês não cometeu um desvio da regra, ele simplesmente formulou, como todo bom legislador, uma lei cuja aplicação se revelou impossível, e que, portanto, permaneceu letra morta.

Escolhi esses testemunhos, entre tantos outros, para conferir credibilidade a meu propósito. Se for exato que as teorias sociológicas não têm uma explicação que lhes seja própria, elas dispõem, no entanto, de uma outra possibilidade, que de fato realizam. Ou seja, combinar explicações de origem econômica e de origem psicológica, reunir aquilo que, de uma outra forma, permaneceria separado. Ou ainda exercer uma espécie de poder decretando quando o recurso a uma ou a outra se revela necessário. E isso é uma vantagem. Afinal, que uma ciência retome e adote as causas descobertas por uma outra não tem nada de excepcional. A genética molecular realmente retomou as da física e da química a fim de explicar a hereditariedade dos seres vivos. Que ela pretenda dispensá-las e excluí-las é uma outra questão. Eu deveria confessar que é a profusão das explicações psicológicas o que mais me desconcerta? Como é possível que as teorias sociológicas sejam levadas a multiplicá-las, depois de terem lançado contra elas o anátema e condenado o seu emprego? É que sua história a isso as obriga.

Entre a economia e a psicologia, é preciso escolher

Seria arrogante e inútil julgar essas poderosas teorias. Delas não sou nem o historiador, nem o exegeta, somente um de seus

---

28. EVANS-PRITCHARD, E. *La religion des primitives*. Paris: Payot, 1971, p. 82.

usuários. E a arquitetura delas, como vocês podem imaginar, é mais sutil do que o esboço que lhes apresento. Mas não se pode negligenciar que elas fazem aquilo que proibiram e se proibiram. Ou seja, procurar uma explicação verdadeira em uma psicologia que deveria torná-la falsa.

Várias circunstâncias agiram e agem nesse sentido. Mas retenho principalmente três delas. Em primeiro lugar, quando lançam seu empreendimento original, os sociólogos se desviam da visão clássica do homem. Nele não veem mais, como os economistas e os filósofos do Iluminismo, um indivíduo livre, senhor de sua pessoa e de seus bens, que se associa com os outros por meio de um contrato voluntário. Também não acreditam mais que o cálculo ponderado e o consenso deliberado bastaram para formar uma cidade política e sustentar uma vida econômica. Ao rejeitar a narrativa clássica: "No começo era o indivíduo", eles lhe opõem uma outra que começa por: "No começo era a sociedade". Esta é a matriz que confere a cada um suas qualidades, lhe designa um lugar e lhe imprime regras e valores. A consciência não começa por um "eu penso, logo existo", mas por um "você deve, logo você age", de maneira a se associar aos outros e a comungar com eles. O consenso, a autoridade das leis, a pressa dos homens em sacrificar seus bens e sua vida por sua família ou sua pátria não são o resultado de uma razão. Dostoievski escrevia em seus *Carnets*: "Se tudo acontecesse racionalmente no mundo, nada aconteceria". Todos esses comportamentos resultam de forças irracionais ou involuntárias da sociedade.

É por isso que as ações não lógicas, que escapam à lógica experimental e científica, têm um lugar tão importante na sociologia de Pareto. Ou o afeto e o acaso na de Weber, as crenças e os valores últimos em Durkheim. Conheço poucos autores que empregam com tal frequência e compulsão as palavras emoção, sentimentos, ou seus sinônimos. Desse modo, cada um deles defende que a vida em sociedade recobre de uma forma racional um conjunto de recursos que não o é. E que aflora de tempos em tempos à consciência. Mauss descreve nestes termos o dia em que poderemos revelá-lo:

Então talvez possamos compreender esses movimentos das massas e dos grupos que são os fenômenos sociais se, como acreditamos, eles são instintos e reflexos raramente iluminados por um pequeno número de ideias-signos ligadas a eles, pelos quais os homens comungam e comunicam[29].

Em segundo lugar, é em relação aos princípios da economia que os sociólogos devem tomar suas distâncias. Como aceitar que a utilidade de uma coisa ou de uma ação para um homem, o interesse egoísta de um indivíduo particular, possam determinar uma relação social estável e coerente? Enquanto que a utilidade, eminentemente flutuante segundo os momentos e as pessoas, pode apenas desfazê-la e arruiná-la. Do mesmo modo, acreditamos tudo explicar quando sabemos qual é o interesse de uma classe, de um indivíduo ou de uma nação. Procuramos até mesmo encontrá-lo na origem de suas crenças e de seus sentimentos. Mas, ao fazê-lo, esquecemos que ora ele é desconhecido e ora os homens agem contra seus pretensos interesses. Como os filhos de burgueses e de nobres que se revoltam contra os privilégios de sua classe, e os filhos de operários e de camponeses que defendem seus grilhões e seus opressores. As leis da sociedade não são, portanto, as do mercado, ainda que esse mercado recubra toda a sociedade. Querer subtrair a economia ao poder das instituições e das crenças significa esvaziá-la das ideias e dos valores de que ela é pródiga, e reduzi-la a um mecanismo estúpido. Ora, é evidente que nossas representações filosóficas ou religiosas ditam nossos interesses, definem o que nos é útil ou prejudicial, o que nos torna felizes ou infelizes. Em uma palavra, a economia é atravessada e determinada por poderosas correntes intelectuais e morais. Mas isso não é tudo.

Se nos distanciamos da economia e se a criticamos é por causa da oposição ao socialismo e, em particular, a Marx. Sua explicação da sociedade pela luta de classes e pelas relações econômicas suscitou uma resistência e uma hostilidade que nos é difícil imaginar. Seu pensamento se lê nos interstícios de cada

---

29. MAUSS, M. *Sociologie et anthropologie*. Op. cit., p. 305.

uma das teorias sociológicas que o combateram. Dois dos três ou quatro livros mais importantes da sociologia, *A ética protestante e o espírito do capitalismo*, de Weber, e a *Filosofia do dinheiro*, de Simmel, sem dúvida foram escritos para se opor às teorias de Marx. A consequência é previsível: ao se distanciar das causas econômicas para explicar os fenômenos sociais, aproximamo-nos, pela força das coisas, das causas psicológicas – jogo de equilíbrio que não tem nada de enigmático. Parsons indica claramente que essa é a principal razão pela qual as noções da "psicologia dinâmica" tornaram-se tão importantes para o sociólogo. A partir do instante em que este deseja ir além da descrição e da taxinomia da "sociologia formal", ele deve "se ajustar com precisão à teoria da personalidade no sentido psicológico contemporâneo"[30]. Podemos discutir essa escolha e até mesmo recusá-la. Mas não podemos voltar no tempo, retornar a um fato realizado e disfarçar seus efeitos sobre as ciências do homem.

Por fim, a verdadeira originalidade dessas teorias foi a de ressaltar o fato de que as sociedades desaparecem facilmente e que elas deixaram de durar. Porque incansavelmente trabalharam para se tornarem outras por meio de revoltas e sedições; mas também pelos incessantes progressos da ciência e da técnica, que oferecem ao mundo o espetáculo de uma irremediável dissolução das tradições e das práticas. A dúvida e a razão cortam qualquer vínculo que se tente estabelecer na permanência. Lautréamont afirmou com veemência: "A dúvida sempre existiu em minoria. Neste século ela é maioria. Respiramos a violação do dever pelos poros". Como se não pudéssemos viver senão na mudança das instituições e na torrente das massas, ou seja, na precariedade. Stendhal já falava "desse estado precário que, na ausência de um nome particular, designamos pela palavra república". Não era um acidente que vinha perturbar a sociedade, mas, pelo contrário, a própria manifestação de um caráter dominante e o efeito de um mecanismo inexplorado pela ciência.

Por isso o problema que preocupa os sociólogos não é, como se tem defendido, a ordem, que é um desejo, mas a duração,

---

[30]. PARSONS, T. *The social System*. Glencoe: Free Press, 1951, p. 502.

que é uma necessidade. Rapidamente eles conseguiram observar que nossas representações, relações e ideais formam a parte indestrutível de toda vida coletiva. Esses são, em suma, os fatores simbólicos e afetivos que lhe conferem energia e a impedem de se enfraquecer e de se degradar. Eles oferecem um ponto de referência frágil, arcaico talvez, mas indispensável aos vínculos que nos unem uns aos outros. Acredito que a sociologia moderna toma como seu o que eu denominaria o postulado de Fustel de Coulanges. Em relação aos homens, ele escreve:

> Para lhes dar regras comuns, para instituir o mandamento e fazer aceitar a obediência, para fazer a paixão ceder à razão e a razão individual à razão pública, certamente é necessário alguma coisa mais elevada do que a força material e mais respeitável do que o interesse, mais segura do que a teoria filosófica, mais imutável do que uma convenção, alguma coisa que esteja igualmente no fundo de todos os corações e que ali presida com autoridade. Essa coisa é uma crença[31].

Que essa crença seja sustentada por um mito, uma ideologia ou uma ciência, pouco importa; desde que exista, os homens sentem a vitalidade do vínculo que os une, a força única de sua convicção e o ímã do objetivo que os faz agir em conjunto[32]. Se, fora da sociedade, não existe salvação, é porque, sem ela, não existe fé. Vocês compreendem assim a iluminação de Durkheim: o social é o religioso, e por que, como Weber, ele consagrou a maior parte de sua obra à religião. E isso em pleno século XX! Nem antes, nem em outro lugar, poder-se-ia ter colocado tal equação entre a sociedade e a religião, nem fazer o poder depender da legitimidade, portanto da confiança dos governados. Por mais materiais e brutais que sejam as suas pressões, observamos que "nada impede que *essencialmente o poder de toda sociedade seja um poder espiritual*[33].

---

31. COULANGES, N.D.F. *La cité antique*. Paris: Champs/Flammarion, 1984, p. 149.

32. "L'être social est un être religieux". In: ARON, R. *Les étapes de la pensée sociologique*. Op. cit., p. 597.

33. LUKÁCS, G. *Histoire et conscience de classe*. Op. cit., p. 300.

Não que à sociedade falte coesão ou sistema, mas criada na pressa e em constante evolução, somente esse poder lhe permite durar e se premunir contra a apatia de seus membros. De certo modo, o *homo œconomicus* é demasiado racional em seus métodos e resiste mal à erosão do tempo. A sociologia lhe opõe um *homo credens*, um homem crente. É uma criatura estranha, sem dúvida, mas o novo é sempre estranho e difícil de definir. Conhecemos simplesmente a sua fórmula geral: se o elemento econômico é o oxigênio de sua existência em sociedade, o elemento ideológico ou religioso é o seu hidrogênio. Podemos discutir suas proporções, mas não sua relação. Seria ela tão extraordinária quanto parecia outrora, tão ousada quanto se dizia? O que ela introduz de tão perturbador? Sem dúvida esse aspecto simbólico e afetivo dos fenômenos sociais do qual queríamos nos livrar, taxando-o de ilusão ou de epifenômeno.

Certamente eu simplifiquei para me ater ao essencial e ao conhecido. Tudo acontece como se, em cada uma dessas circunstâncias – o interesse pelo caráter não lógico e pelos valores, a oposição a Marx e o distanciamento da economia –, a tônica colocada sobre o fator de convicção inclinasse o plano objetivo da sociedade na direção de um excesso de subjetividade. "Existe, assim [declara Durkheim], uma região da natureza onde a fórmula do idealismo é quase literalmente aplicada: é o reino social. A ideia ali, muito mais do que em outro lugar, faz a realidade"[34]. O contraste evidente deixa adivinhar um sutil vínculo genético. É ele que conduz a psicologia, tão energicamente excluída da descrição dos fatos sociais, a reintegrar essa descrição, como indispensável à explicação. Expulsa da sociologia pela porta de uma regra de método, ela retorna pela janela das teorias que não podem dispensá-la.

Se os temas por mim destacados convergem é porque uma visão secreta os une e uma intuição direta nos permite vê-los. Em toda parte a sociedade nasce do interior. Como paixões saídas de cada um de nós, costuradas juntas por inúmeros atos, em inúmeras ocasiões. Assim associados e conduzidos, nós nos

---

34. DURKHEIM, É. *Les formes élémentaires de la vie religieuse*. Paris: PUF. 1968, p. 326.

sentimos e nos parecemos diferentes, cada um dotado de mais energia. Ela injeta uma finalidade nos assuntos humanos, ainda que a história nos advirta sobre a impossibilidade de verificá-la e alcançá-la sem efeitos secundários indesejáveis.

Ora, é exatamente isso que preocupa os primeiros sociólogos. Sob a sociedade das instituições, tão presente e tão visível, na qual vivemos, eles pressentem e procuram descobrir uma sociedade das paixões, fluidos dessa vida. Que elas sejam um estimulante das grandes criações da política, da religião, e um signo de novidade na cultura, em geral, quem disso duvidaria? E, de tempos em tempos, elas aumentam o tônus dos indivíduos ameaçados de cair na indiferença. Os vínculos primordiais de uns com os outros, mais do que um amálgama de interesses e de pensamentos, são movimentos passionais. Eles os fazem participar dessa coisa, em resumo misteriosa, que é uma coletividade.

Não somente porque, como foi dito, nada de grande, nem de tão modesto, se realiza no mundo sem paixão. Não somente porque – como afirma Marx – ela é inerente à natureza do homem: "É porque o homem, enquanto ser objetivo e sensível, é um ser que sofre, e como é um ser que sente o sofrimento, ele é um ser apaixonado. A paixão é a força essencial do homem que tende energicamente na direção de seu objeto"[35]. Mas principalmente porque o nascimento e o renascimento de uma sociedade coincidem com a irrupção de uma tal paixão. Uma onda de entusiasmo que domina a realidade se ergue naquele momento. Uma necessidade de inventar ferramentas, saberes e valores procura se satisfazer. Quer ela se chame carisma, sacrifício, efervescência, comunidade, troca simbólica ou revolução, não há o que discutir. Conceber uma ciência dessa paixão do social e de sua evolução no cotidiano e na direção do racional, eis uma novidade. Cada teoria na sociologia quer compreender, à sua maneira, por que essa paixão surge e como ela transforma um amontoado de indivíduos em uma coletividade autêntica. Isso conduz, como vocês já compreenderam, a explicações de ordem psíquica.

---

35. MARX, K. *Manuscrits de 1848*. Paris: Sociales, 1962, p. 142.

O problema colocado é o de saber se tais explicações dos fenômenos sociais são possíveis e fecundas. Não tenho a intenção de esgotá-lo, e é sob um ângulo bem particular que pretendo abordá-lo. Deixando de lado os discursos que dizem aquilo que uma ciência deve ser, trata-se de recuperar o que vários autores fizeram, as próprias teorias. Eles procederam, como já observamos, a uma descrição inteiramente nova dos fatos sociais e das tendências da sociedade. Em seguida, para compreendê-los e explicá-los, inventaram conceitos psicológicos. Ou porque não os tinham prontos, ou porque não se permitiam retomá-los da maneira como já existiam, não o sabemos. Ocorre que estamos lidando com grandes psicólogos que desprezavam a psicologia. Durkheim tem consciência disso e escreve: "Portanto, em vez da sociologia assim compreendida ser estranha à psicologia, ela própria resulta em uma psicologia, porém muito mais concreta e mais completa do que a que os psicólogos fazem"[36]. Como se a ruptura apresentada com a psicologia significasse também uma outra maneira de reencontrá-la e fazê-la avançar.

Eu poderia ter escolhido, para abordar esse problema, teorias contemporâneas, e minha tarefa teria sido facilitada, pois elas me são mais familiares. Mas, por preocupação com a objetividade e para evitar controvérsias estranhas ao problema, pareceu-me preferível escolher teorias clássicas e acabadas. Elas penetraram na maior parte das ciências do homem, da antropologia à economia passando pela ciência política, e imprimiram uma direção ao pensamento social do século XX. Nesse sentido, elas são atuais e o resultado obtido terá um alcance geral. Mais precisamente, meu estudo partirá da obra de Durkheim, depois de Weber, e finalmente de Simmel que "são, no sentido absolutamente real, a essência da sociologia contemporânea"[37]. Assim vocês poderão constatar até que ponto a explicação sociológica dos fenômenos sociais permanece um ideal, senão um desejo, pois desde então ninguém foi mais longe do que esses três homens.

---

36. DURKHEIM, É. *Textes*. T. I. Paris: Minuit, 1975, p. 185.

37. NISBET, R. *Émile Durkheim*. Englewood Cliffs: Prentice Hall, 1963, p. 3.

Por que razões escolhi essa tarefa? De forma alguma para regrar o contencioso entre a psicologia e a sociologia. Aliás, essas duas disciplinas não são as únicas implicadas. Estou, no entanto, persuadido de que sua separação tem como efeito esvaziar em parte a primeira de seu conteúdo e alimentar a ilusão de que ela um dia possa se tornar um ramo da biologia. E, por outro lado, limitar a sociologia em matéria de provas e possibilidades de progredir em algumas direções que ela própria se proíbe por uma regra. Como esses povos que, por motivos religiosos, se privam de certos instrumentos e de certos recursos existentes em seu meio. Não estou falando de sua tendência em se tornar aquilo que os ingleses nomeiam uma teoria social, isto é, uma filosofia que trabalha com materiais de segunda ou de terceira mão. Portanto, um discurso sobre a sociedade, o *pharmakon* moderno, que é ao mesmo tempo remédio e veneno. Mas do risco que ela assim corre ao considerar os fenômenos sociais de maneira estática, o mais próximo do estado de repetição. Ora, é a necessidade de descobrir o dinamismo desses fenômenos que confere ao aspecto mental, afetivo, de uma paixão comum, toda a sua importância. Quando esse aspecto é escamoteado, a máquina social começa a se parecer com uma daquelas máquinas celibatárias nascidas do cérebro imaginativo de Marcel Duchamp. Ou seja, uma máquina fabricada a partir de elementos do real, mas incapaz de funcionar como tal. Ela trabalha somente para o júbilo do artista, da inteligência dos críticos e para a diversão dos espectadores.

Depois, tenho uma razão mais imediata que devo confessar. Em geral, estudar teorias é, para um pesquisador, a última coisa a ser feita. Quando está privado de interesses e de ideias, é então, em desespero de causa, que ele começa a se preocupar com questões como: "O que é a ciência?" ou "Qual é o futuro científico?" Ora, não me contentarei em escrever sobre essas teorias, quero aproveitar a ocasião para levar mais adiante algumas reflexões que me conduziram para uma ou para outra. Dessa maneira, a psicologia das multidões pode ser aprofundada por meio da obra de Durkheim, e o que vamos descobrir sobre a natureza das minorias agentes e sobre os fenômenos de inovação ilumina a obra de Weber e se ilumina em contato com ela. Enfim, o que sabemos das representações sociais nos ajuda a melhor penetrar nos arcanos do pensamento de Simmel. Digamos que é uma ocasião para efetuar experiências de pensamento sobre hipóteses de pesquisa, mas consideradas na escala da sociedade. E chegar, por essa razão, a conclusões que expressam um ponto de vista pessoal.

Resta agora fazer a parte mais difícil: mostrar que não nos enganamos sobre o sentido do problema levantado e suas soluções adequadas que não nos convêm mais. Enfrentar esse problema em um corpo a corpo poderia realmente contribuir para sair de um impasse que construímos por não nos distanciarmos dos modelos estabelecidos[38].

---

38. A Nelly Stéphane, cuja ajuda eficaz e vigilância crítica me acompanharam do começo ao fim deste trabalho, vai toda minha gratidão.

PARTE I

A religião e a natureza na origem da sociedade

1
A MÁQUINA DE FAZER DEUSES

Você deve, eu devo

Essa máquina, evidentemente, é a sociedade. Podemos afirmá-lo sem hesitação, mas em que consiste, e por que efeito a reconhecemos? Vocês poderiam dizer espontaneamente que a reconhecem pelo grande número de indivíduos que ela reúne, pelo contrato que os associa uns aos outros, pela dominação que nela o homem exerce sobre o homem, pela troca dos bens e assim por diante. E certamente terão razão. No entanto retornem às suas experiências de todos os dias e se perguntem se essas formas de vínculos não têm alguma coisa em comum. Imediatamente vocês perceberão que essa alguma coisa tão familiar e tão tangível é uma coerção.

Existe coerção quando vocês entram em uma sala de aula, ou quando vocês se reúnem em assembleia para tomarem conjuntamente uma decisão. E existe bem mais nas relações com um superior ou com uma administração que pressionam os indivíduos e lhes impõem escolhas, que muitas vezes se opõem à vontade e às escolhas próprias. A coerção existe até mesmo em uma relação tão íntima quanto a de dois namorados, de pais e filhos, e até mesmo de amigos: em nome do casal, da família ou da amizade são impostos certos atos ou certas opiniões. Vocês reconhecem o fato social na coerção que se exerce de fora sobre a nossa vida e marca nossos gestos, nossos pensamentos e nossos sentimentos. Sob muitos aspectos, ela se assemelha a uma outra coerção que sofremos: a do mundo físico. Por um instinto obscuro, um corpo conhece o limite de suas forças, o momento em que deve interromper sua atividade para repousar, alimentar-se ou dormir. E sabemos que devemos nos descobrir no verão e nos proteger no inverno, abaixar a cabeça para passar sob o lintel de uma porta por medo de nos machucarmos. Do mesmo modo, devemos nos cobrir ao entrar em um lugar de culto israelita e nos descobrir em uma igreja, nos inclinar quando saudamos certos personagens importantes para não corrermos o risco de uma repreensão ou de uma sanção. Todos esses gestos nos parecem inevitáveis e até mesmo necessários.

Uma coerção social não se confunde, no entanto, com uma coerção física, ainda que o seu efeito possa ser o mesmo. Mas se seu caráter distinto parece evidente, ainda é preciso saber em que ele consiste. Não se enganem com a simplicidade dos meus exemplos, nem com a das minhas expressões. Ela não se deve à preocupação de melhor fazer compreender a questão que é tratada aqui. Mas ao fato de estarmos tratando de uma experiência humana que, aparentemente elementar, não o é de forma alguma. E que sempre foi vivida por cada um como um dilema essencial.

Se nos for permitido apelar ao romance enquanto espelho das interrogações de uma sociedade, iremos reavivar o drama mais individual para encontrar o sentido dessa coerção. Pois todo drama nasce do sentimento de poder se esquivar daquilo de que não se escapa, de poder não fazer aquilo que se deve fazer. Um dos romances mais célebres da literatura mundial é certamente *Anna Karenina*. A heroína é uma mulher bela, profundamente sincera e generosa. Casada, ainda bem jovem, com um alto funcionário russo, prometido a uma brilhante carreira, ela leva uma vida feliz. É recebida nos círculos mais restritos de São Petersburgo e se curva sem esforço e de boa vontade às suas regras e à sua etiqueta. Ela adora seu filho, ama seu único irmão, respeita seu marido, vinte anos mais velho do que ela. De natureza alegre e astuciosa, ela aproveita todas as ocasiões que um meio abastado lhe oferece. Até o dia em que, voltando de uma viagem a Moscou, conhece Vronski, um nobre e jovem oficial. Anna apaixona-se perdidamente por ele. Esse amor parece metamorfoseá-la e metamorfosear tudo o que a rodeia. Seres e coisas lhe aparecem sob uma nova luz. Sua paixão por Vronski é uma explosão de fogo que incendeia seu antigo mundo e o faz desaparecer como uma região que fosse recoberta pela lava de um vulcão em erupção.

Anna Karenina não é apenas uma mulher apaixonada. É também uma mulher íntegra, dotada de um senso moral irrepreensível que governa suas ações. Portanto ela não pode aceitar como uma heroína de Balzac, Delphine de Nucingen por exemplo, um adultério tolerado. Diferentemente de Emma Bovary, ela não é uma mulher capaz de compromissos para proteger ao mesmo tempo a aparência de uma existência burguesa irrepreensível e realizar seu sonho de amor no leito de amantes sucessivos. Anna vai, portanto, viver com Vronski na Itália, e depois nas terras que ele possui na Rússia Central. Sua vida comum está longe de lhes proporcionar a felicidade almejada. No estrangeiro ou no campo, eles estão ociosos e, de certa forma, desclassificados, reconhecidos como um casal ilegítimo, portanto, desprezíveis. Cansados dessa existência amarga, retornam a São Petersburgo. Mas seu meio os despreza porque estão em uma posição falsa, nem emancipados, nem regulares, isto é, honrados. Realmente, esse meio, como muitos outros, aceita os sedutores, mas não tolera as mulheres adúlteras. Anna Karenina provoca a cólera, é insultada e vaiada, é condenada e estigmatizada. Aos olhos de todos, essa mulher correta, que ousa afrontá-los, representa o ápice da perversão e da imoralidade. Num domingo de maio, levada ao desespero pela atitude hostil de seu meio e pelo caos passageiro do seu amor, ela se joga sob um trem de carga. Vronski compreende então a sua própria leviandade e o seu fracasso. Ele parte para a guerra que a Rússia trava contra a Turquia, para nela encontrar uma morte de acordo com sua posição.

Anna Karenina, um dos maiores romances de amor já escritos, não é certamente o drama de um amor que, apesar de suas sombras, foi perfeito. Obcecado por problemas religiosos e sociais, Tolstoi se coloca, por intermédio de seus personagens, interrogações vitais. Sua heroína é atormentada pela questão de saber o que pode um indivíduo autêntico frente à sociedade. Qual é a natureza do vínculo do qual ele não poderia escapar? Ele sente o peso de uma obrigação a que se submete a cada instante de sua vida. Reconhecemos essa obrigação quando ela se enuncia com a autoridade de um dever: "Você deve amar o seu próximo", "Você deve obedecer a seu pai e a sua mãe", ou

"Você não deve matar", "Você não deve cometer adultério", em resumo, "Você deve". De forma que a vida e as ações em uma sociedade são balizadas por essas prescrições e essas proibições. Sem nos darmos conta, nós as renovamos a todo instante. Mas a simetria é enganadora. Pois em geral as interdições predominam. Dos dez mandamentos da Bíblia, sete têm como forma "Você não fará [...]" E os outros são apenas aparentemente positivos. Quando lhe ordenam: "Ame o seu próximo", exigem: "Não o odeie", como vocês gostariam de fazer. Muitas vezes os pais educam os filhos ordenando-lhes: "Não faça isso", "Não toque naquilo". É razoável dizer que somos obrigados a realizar esses deveres, quaisquer que sejam os limites, as recompensas ou as punições que deles decorram. Wittgenstein escreve a esse respeito: "Assim a questão relativa às *consequências* de um ato deve ser sem interesse".

Isso não quer dizer que os realizamos tranquilamente. O homem que o fizesse não teria nenhum mérito e não sentiria nenhuma coerção se exercer sobre ele. Pelo contrário, essa coerção existe unicamente na medida em que o indivíduo resiste ao dever imposto pelo grupo. Ou quando faz um sacrifício, renuncia a uma vantagem esperada ou a um prazer almejado. O Alcorão estipula isso de maneira expressa quando proíbe ao fiel comer carne de porco: "Não diga: não gosto de carne de porco. Diga: eu gostaria de comê-la, mas meu pai que está no céu me proibiu de consumi-la". Se experimentamos uma tensão e nos recusamos a nos dobrarmos a ela, é porque existe uma coerção que bloqueia a coerção. Esse é o mal extremo contra o qual toda sociedade luta e deve lutar. Vamos chamá-lo desejo, egoísmo, pecado, interesse, instinto, desvio, ou qualquer outro nome. Ele se opõe e, porque se opõe, a pressão de tudo aquilo que nos obriga e a que devemos ceder é reconhecida como tal.

Anna Karenina era uma mulher feliz e equilibrada, na medida em que cumpria o seu dever para com seu filho, seu marido, sua família e a sociedade de São Petersburgo. Ela pagava isso com sua juventude, com sua espontaneidade e disso tinha consciência. Tolstoi tem o cuidado de demonstrá-lo: a existência de Anna permanecia um exemplo de tranquilidade e de paz interior uma vez que aceitava esses sacrifícios. O drama de sua ligação com Vronski não nasceu, contudo, no momento em que cometeu o adultério e transgrediu seus deveres. Ela teria podido continuar conduzindo a mesma existência, ter um ou dois amantes, amar Vronski com a cumplicidade de todos, inclusive a de seu marido. Afinal, esse gênero de situação era comum em seu meio, e ninguém estava lhe pedindo que saísse do comum. Bastaria manter, como a maioria, compromissos, sujeitar-se pelo hábito sem se sujeitar a si mesma. Mas um ser verdadeiro não poderia se decidir a isso. Ele confere ao dever um sentido íntimo e pleno. Ao obedecer à sociedade, aos seus familiares, aos seus valores, ele quer obedecer a si mesmo. O drama de Anna Karenina explode porque ela não pode mais fazê-lo. É na ruptura que os vínculos se revelam; na liberdade, que a coerção interior aparece.

Anna Karenina, ao se casar, prometeu ser a esposa de Karenina; ao ter um filho, prometeu a Deus ser uma boa mãe e, ao encontrar Vronski, ela lhe prometeu o seu amor. Evidentemente, o verbo prometer e a expressão "eu prometo" são fórmulas estereotipadas. Mas que têm pesadas consequências. Quando os empregamos, com relação a nós mesmos e aos outros, fazemos mais do que declarar nossas intenções ou dar uma informação: nós nos engajamos. Mais precisamente, contraímos a obrigação de cumprir um ato, de respeitar uma relação pela qual a sociedade ou a consciência nos considera como responsáveis. Em último caso, podemos assimilá-la a um juramento. Então aquele que promete sofre o domínio de um "eu devo" muitas vezes tirânico. Não é exatamente isso que sente aquele que se julga investido de uma missão, que tem fortes convicções ou que, como o artista ou o santo, acredita responder a um chamado, cumprir uma vocação? Por si mesmo, e por assim dizer livremente, ele se considera obrigado a se submeter às regras, a renunciar, eventualmente, ao seu conforto, à sua própria vida, para mostrar sua superioridade.

Vocês certamente sentiram que o imperativo "você deve" torna-se ainda mais severo quando uma voz interior lhe faz eco e ordena "eu devo". Ora, existe em Anna Karenina uma impossibilidade para não ouvi-la. Ela não tem a força de hipocrisia necessária para anular suas promessas e reduzi-las a uma brincadeira ou a um simulacro como fazem seus conhecidos. Ela não se mata por ter pecado contra os sacramentos do casamento. Todos lhe teriam perdoado esse pecado galante. Nem por ter trapaceado com as regras de uma sociedade na realidade pouco exigente. Ela teria podido se acomodar a essa situação, utilizando um desses artifícios mundanos que salvam as aparências. Tolstoi ressalta isso por intermédio de um dos personagens do romance, a princesa Betsy, que leva uma existência calma entre um marido e um amante sem que ninguém encontre algo a dizer. Mas o não cumprimento dos seus deveres para com seu marido e seus familiares lembra a Anna Karenina, pois esse é o seu caráter, os seus próprios compromissos. A verdadeira razão de seu suicídio que amarra e desamarra o drama aparece: ela perjurou, traiu a sua promessa. Durante um certo tempo, um combate se trava entre os dois deveres que ela concilia o melhor que pode. Mas esse combate esgotou tudo, seu amor e seu desejo de viver.

Quando Anna se mata, ela não denuncia a sociedade atirando-lhe à face o seu próprio cadáver. Pelo contrário, ela se denuncia ao escolher uma morte infamante e pública. Esse é o único ato livre que lhe é permitido, portanto o único ato moral – o único que ela atribui a si mesma: eu devo. Ela retorna, de alguma forma, ao estado anterior, à inocência, ao momento que precede o seu encontro com Vronski. A intriga não inicia quando o oficial fica sabendo que um ferroviário caíra sob o trem? E Anna diz: "É um funesto presságio". E termina quando a heroína se faz voluntariamente esmagar por um trem, este, como se pode supor, foi transformado por Tolstoi em símbolo da sociedade moderna que oprime o indivíduo, tanto a grande senhora quanto o operário. Sabemos o que interessa ao romancista em primeiro lugar. Para ele, o amor não poderia ser exclusivamente carnal, nem inteiramente egoísta, a despeito de valores superiores. Pois ele seria invisível, ou fictício. A única existência amorosa compatível com uma moral e com uma sociedade autêntica é aquela em que o indivíduo respeita aquilo que promete e promete aquilo que é obrigado a respeitar. Tolstoi ilustra isso, em contraponto, por meio dos amores e do casamento exemplares de Levine, seu porta-voz, e da princesa Chtcherbanski.

A descida às profundezas desse personagem de romance nos revela o traço distintivo que buscamos. O que permite discernir uma coerção física são evidentemente os limites e as resistências que encontramos naquilo que podemos e não podemos fazer. Dessa maneira, jamais poderíamos construir uma máquina que produzisse mais trabalho do que a energia que consome, nem inventar um remédio que permitisse escapar à morte. Mas o que confere a uma coerção a sua qualidade social e a distingue é uma obrigação que nos é imposta pelos outros e que nós impomos a nós mesmos. Ela indica aquilo que se deve ou não se deve fazer. É provável que se interdite o impossível, como, por exemplo, as relações incestuosas entre jovens irmãos e irmãs, ou que se permita o possível comer uma espécie animal que é proibida em um outro grupo. Aqui se observa a diferença entre o físico e o social: o primeiro exige, o segundo impõe e proíbe. Pouco importa a natureza daquilo que é proibido ou imposto aqui e acolá. O principal é que as relações entre os homens são definidas pelo sentido que eles conferem às fórmulas "você deve" e "eu devo", e pelos objetos aos quais eles as aplicam. Elas fazem da sociedade uma criação moral.

Existe na religião algo de eterno

Por que a escolha da obrigação como traço distintivo nos surpreende? É porque para nós, hoje, os interesses políticos e econômicos estão mais próximos da realidade, assim como a prosa nos parece mais fiel ao real do que a poesia. E, no entanto, os vínculos sociais estão cimentados por uma autoridade de um outro gênero. Esse sentimento não é uma ilusão. Ele comporta a certeza nítida, ainda que oculta, de que a pressão exercida sobre nós vem sempre do interior. Ela é uma das duas fontes desses vínculos – a outra sendo a natureza – que os domina e somente ela pode aperfeiçoar o seu sentido. Se tal pressão existe, capaz de efeito moral, prescrevendo que façamos isso, ou impondo que não façamos aquilo, é preciso que ela nos pareça exterior ao mundo. Se não, como ela teria um valor que se impusesse a todos, quase sem exceção, de maneira igual, e que ninguém pudesse aceitar ou recusar à sua guisa? Além do mais, cada um deve ser o fiador dessa pressão e experimentar um vigor por tê-la respeitado junto com os outros, por ter comungado em uníssono, principalmente nos momentos de perturbação, de acidente e de perigo. Quando ouve uma voz coletiva lhe dizendo: "Você deve", o indivíduo replica em eco: "O que acontecerá se eu não o fizer?" e considera como sua a resposta.

A religião é o sinônimo dessa pressão. Ela tem de paradoxal o fato de ser feita de coisas nas quais não podemos acreditar: palavras, gestos, pedras, pedaços de madeira e outras. Ou de coisas que ali estão para representar aquilo em que não podemos acreditar: o fim do mundo, a ressurreição dos mortos, a aliança com os céus. Mas, quando nos faz incessantemente acreditar no absurdo ou, o que significa o mesmo, nas forças impalpáveis, ela nos demonstra a potência dos vínculos entre nós e reforça a sua coesão, a chaga aberta de uma religião, mas também o bálsamo que a cicatriza. Durkheim deu um passo decisivo, extraindo dela as consequências do fato de ser parte indivisível e incorporada no modo de vida em comum. F. Chazel escreveu a seu respeito que ele é o "verdadeiro fundador da sociologia moderna".

É difícil ser apenas o intérprete de um pensamento. A todo momento, ao invés de reviver sob nossa pena o mundo inventado por um outro, estamos tentados a reencontrar o nosso próprio. Reencontramo-lo, pela força das coisas e, primeiramente, pela convicção de que as representações que compartilhamos, mitos, religiões, visões de mundo, pouco importa o nome, são o estofo de nossos vínculos comuns. Ora, o essencial a esse respeito nos é proposto por Durkheim nas *Formas elementares da vida religiosa*. Não tirei proveito dessa obra admirável em meu trabalho anterior sobre *L'âge des foules* [A era das multidões][1], em que tratava mais das hipóteses expostas por Freud em *Totem e tabu*. Os dois livros são próximos pelo assunto e foram publicados quase ao mesmo tempo. Os dois autores, Durkheim e Freud, inspiraram-se no mesmo antropólogo inglês, Robertson Smith. Eles abordam o mesmo problema, o da origem da religião, e o explicam através da psicologia das massas. Coisa notável, tanto um quanto outro

---

1. MOSCOVICI, S. *L'âge des foules*. Paris: Fayard, 1981.

consideram a religião como a matriz do vínculo entre os homens na sociedade. Mas se, para o primeiro, ela é uma matriz em que a sociedade se desconhece e se oculta, para o segundo a sociedade nela se reconhece e se celebra. Quão diferente foi o destino das duas obras! *Totem e tabu* tornou-se um dos mitos da cultura ocidental – quem não ouviu falar do assassinato do pai? Em comparação, *As formas elementares* é um livro quase confidencial, ainda que seja a obra mais acabada de Durkheim. Ele está escrito nesse estilo opaco e entediante, próprio da sociologia, que desencoraja a leitura. E, no entanto, se apurarmos os ouvidos, uma sedutora música surge ao longo do texto, como um rio subterrâneo cujo murmúrio nos acompanha pela floresta. Ficamos desconcertados. A língua do erudito se solta, se eleva para encontrar a língua do profeta e do visionário. Quando o ouvi, compreendi por que ele não se cansava de lembrar aos seus próximos: "Não se esqueçam de que sou filho de rabino". De todo modo, sua teoria da religião nos revela melhor a equação entre o fato social e a autoridade moral, e até mesmo psíquica. Ela é o ápice de sua sociologia. Todos os seus trabalhos anteriores são, comparados a esse grande livro, como as escalas do pianista e os esboços do pintor.

A religião é a condição da vida em sociedade em todas as épocas e sob todas as latitudes. Ela tem, portanto, aos olhos de Durkheim, "alguma coisa de eterno que está destinada a sobreviver a todos os símbolos particulares em que o pensamento religioso sucessivamente se envolveu. Não pode existir sociedade que não sinta a necessidade de entreter e de fortalecer, a intervalos regulares, os sentimentos e as ideias coletivas que fazem a sua unidade e a sua personalidade"[2]. A religião é um conjunto de representações e de práticas que presta contas sobre a marcha do universo e permite reproduzir, manter o curso normal da vida. Incontestavelmente, podemos vê-la desempenhar funções políticas a serviço de um Estado e funções econômicas como a de acumular riquezas nas mãos de uma classe de sacerdotes ou reis. E cada uma das diversas camadas da sociedade, as massas

---

2. DURKHEIM, É. *Les formes élémentaires de la vie religieuse*. Paris: PUF, 1968, p. 609.

e as elites, a aristocracia e a burguesia, tem crenças e ritos conformes a seus próprios interesses[3].

    Todavia, por meio dessa variedade de situações e de relações, subsiste uma forma simbólica de comunicar e de se compreender que une os homens entre si e molda a personalidade coletiva deles. Em outras palavras, a religião fornece aos indivíduos a possibilidade de se viver e de se pensar como sociedade, eis o enigma que preocupa Durkheim. O resto lhe parece, com ou sem razão, secundário. Melhor ainda, ele nem fala a respeito. O que é uma religião? Não, esperem, deixem-me colocar a questão de uma outra maneira. Em que se reconhece o religioso? Como distinguir as representações e as práticas que têm esse caráter daquelas que dele são desprovidas? E principalmente representações e práticas mágicas. O grande sociólogo francês expõe sua teoria principalmente quando procura definir o fenômeno que nos ocupa. Este é o seu modo de proceder: primeiramente estabelecer categorias, em seguida definir as noções e, enfim, ordenar os fatos. Portanto, é por intermédio de uma busca de oposições, de realidades contrárias, que o conjunto se esboça. Durkheim não explicita logo no início o verdadeiro fio condutor dessas oposições. De onde vem a força que, no interior de uma sociedade, estabelece uma separação entre as coisas religiosas e as que não o são? As primeiras são isoladas e protegidas por interdições e por prescrições. Estas, na vida cotidiana, aplicam-se às segundas, às coisas não religiosas. Entre todas as proibições, existe uma que domina as outras, isto é, a proibição de contato. Sabemos que ela é universal. Ela proíbe tocar certos objetos ou certas pessoas, considerados impuros, sob pena de se tornar impuro por sua vez:

> Em primeiro lugar, reconhece Durkheim, existem os interditos de contato: são os tabus primários de que os outros não passam de variações particulares. Eles repousam no princípio de que o profano não deve tocar o sagrado[4].

---

3. BOURDIEU, P. "Genèse et structure du champ religieux". *Revue Française de Sociologie*, XII, 1971, p. 295-334.

4. DURKHEIM, É. *Les formes élémentaires de la vie religieuse.* Op. cit., p. 437.

É difícil imaginar um temor mais impressionante do que o provocado pelo fato de ter colocado a mão sobre um objeto consagrado, ou direcionado o olhar para um ser considerado como tal. Quando Salambô percebe o véu sagrado subtraído por Mâtho, ela tem um sentimento de horror e, mais tarde, de desespero. Ao mesmo tempo, nos diz Flaubert, "ela experimentava uma espécie de alegria, um orgulho íntimo". É o orgulho de não levar em conta a separação e contemplar aquilo que fascina exatamente por ser proibido.

Toda contaminação por um objeto ou ser considerados impuros é vivida como um grave ultraje e uma desordem sacrílega. Eventualmente, o mesmo caráter de gravidade atinge a relação com a pessoa que não deveria ser tocada, por exemplo, durante uma menstruação ou uma doença. Entre essas pessoas intocáveis devemos contar os estranhos à tribo ou ao clã, os chefes e os indivíduos dotados de poderes extraordinários. Esse sentimento não está inteiramente suprimido, uma vez que ele marca nossa atitude perante as pessoas atingidas por uma deficiência, problemas mentais ou doenças infecciosas. Não insisto sobre as regras que ensinam como evitar tal contaminação, nem sobre os ritos destinados a purificar aqueles que os transgrediram e se conspurcaram. Eles vão da simples oferenda à morte do culpado. Quanto mais observamos essas interdições, tanto mais somos levados a observar seu parentesco com uma certa dualidade da natureza humana. Podemos encontrá-la em todos os povos, em todas as épocas. Ela se expressa na velha distinção entre a alma e o corpo, o imortal e o mortal, a alma espiritual e a alma vegetativa, entre outras. Em toda parte esses estados ou essas instâncias são concebidos como substancialmente diferentes, os primeiros sendo superiores aos segundos, pois de alguma forma mais puros e ideais.

Ora, essa dualidade toma um caráter religioso quando opõe duas categorias de coisas ou de forças, umas ditas sagradas e outras, profanas. As primeiras suscitam o respeito, sob alguns aspectos inspiram o temor, e nós nos esforçamos para evitar qualquer contato com elas. E delas, no entanto, emana alguma coisa de vivificante que reúne os homens e exerce uma autoridade, evidentemente moral, sobre eles. As segundas permanecem na esfera da vida ordinária e não exigem nenhuma precaução especial de nossa parte. O signo distintivo pelo qual as reconhecemos é a falta, a exclusão. Podemos ler no Zohar: "O que é profano não participa do sagrado, mas pertence inteiramente ao outro lado, o lado do impuro". Quem quer que deseje passar do mundo profano para o mundo sagrado deve se submeter a rituais, seja de purificação, seja de iniciação. Estes últimos se referem principalmente aos jovens. Com a idade, eles são admitidos a tomar parte nas atividades do grupo social e religioso, após terem suportado com sucesso algumas provas ditadas pela religião.

Essa é, portanto, a grande ideia de Durkheim cujo alcance agora examinamos. O que nos leva a reconhecer uma prática ou uma crença como religiosa? Não é sua referência a uma divindade, ainda que ela transpareça na maior parte dos casos. Nem sua associação a uma força ou a uma existência sobrenatural que anime os objetos da natureza e lhes confira um caráter fora do comum. Mas é antes a presença dessa distinção fundamental do pensamento humano que opõe o sagrado ao profano. Ela distribui as coisas entre dois mundos exclusivos e antagônicos. E também serve para formar o âmbito no qual pensamos o que é o espaço ou o tempo, uma força ou um movimento. Se remontarmos às suas origens, nela encontraremos o esboço dos princípios da filosofia e da ciência. Os objetos e as representações investidos da dignidade do sagrado são, essencialmente, superiores aos objetos e às noções profanas. Atribuímos-lhes um poder maior, principalmente sobre os homens que se prosternam diante deles e lhes oferecem sacrifícios de todos os tipos, desde o dom de bens materiais até o abandono da própria vida. Alguns fingem rir deles, desprezá-los. Orientam sua cólera contra os ídolos que não os ajudaram ou lhes causaram alguma desgraça. Mas isso não os impede de acreditar neles e de se curvar diante deles. Pois a preeminência do sagrado é a preeminência da sociedade sobre os indivíduos que a ela pertencem. O sagrado encarna a consciência coletiva, tornada real e visível. Ou, se preferirem, ele é a sua obra, materializada em atos, em fórmulas ou coisas:

> A força religiosa [escreve Durkheim] não é senão o sentimento que a coletividade inspira a seus membros, mas projetado para

fora das consciências que o experimentam e objetivado. Para se objetivar, ele se fixa sobre um objeto que se torna sagrado[5].

Podemos perceber claramente de que maneira se manifestam sua eficácia e seu dinamismo. Quanto mais uma coletividade é coerente, mais os seus membros estão próximos uns dos outros, e mais a oposição entre o sagrado e o profano, entre crenças e práticas será nítida. A força religiosa que dela emana agirá sobre cada um, impedindo-o de confundi-los ou de transgredir os seus limites. O interdito é assim redobrado pela distinção inveterada entre os dois mundos que se excluem mutuamente. Durkheim o indica: "Porque a noção de sagrado está, no pensamento dos homens, sempre e em toda parte separada da noção de profano, porque concebemos entre elas uma espécie de vazio lógico, o espírito se opõe irresistivelmente a que as coisas correspondentes sejam confundidas ou simplesmente postas em contato; pois semelhante promiscuidade ou mesmo contiguidade demasiado direta contradiz violentamente o estado de dissociação em que se encontram essas ideias nas consciências. A coisa sagrada é, por excelência, aquela que o profano não deve, não pode tocar impunemente"[6].

Assim, qualquer que seja a nudez da abstração em que o sociólogo a expressa, a polaridade entre o sagrado e o profano constitui o âmbito de nossa existência. A proibição de seu contato expressa alguma coisa de sólido e de intangível. Podemos ver nela uma impossibilidade lógica, mas nem por isso deixa de ter uma carga afetiva e concreta. Surpreendente é a ideia do sagrado em geral e não a de deus, pessoa sobrenatural e onipotente, que define o religioso. E se ela comporta inúmeros pontos sujeitos a uma confiança limitada ou exceções – a noção de sagrado está quase ausente da Bíblia – não contestaremos a sua importância. Ela oferece um âmbito em que podemos classificar e pensar juntos os fatos de crença.

---

5. Ibid., p. 327.

6. Ibid., p. 55.

Não poderia ter escapado a Durkheim que a definição que acabo de esboçar se aplica tanto à religião quanto à magia. Ambas compartilham as mesmas categorias, opõem as realidades sagradas às realidades profanas. Como distingui-las? Poderíamos atribuir sua diferença a operações práticas e intelectuais específicas, assim como fazemos para distinguir a ciência da magia, a química da alquimia? Nada nos garante o seu sucesso. O que parece certo é que não existe religião sem Igreja. O que isso significa? Percebam que, por um lado, a magia é uma atividade individual e a religião, uma criação coletiva e visível. Pascal já afirmava: "A Igreja não é a comunidade impalpável e indiscernível dos predestinados, é corretamente o corpo da hierarquia, em suma, de todos os batizados". Por outro lado, ela pressupõe uma coletividade de fiéis que dividem o seu credo e respeitam o seu ritual. Ninguém pode instituir uma Igreja à sua guisa ou sob encomenda. Quem quer que deseje e pretenda transformá-la em uma coisa individual, a sua coisa, desconhece a condição essencial da vida e da eficácia religiosa. A ideia de sagrado, unida à de Igreja ou de comunidade dos crentes, define o fenômeno social que nos ocupa:

> Uma religião [conclui Durkheim] é um sistema solidário de crenças e de práticas relativas às coisas sagradas, isto é, separadas, interditas, crenças e práticas que unem em uma mesma comunidade moral chamada Igreja todos aqueles que a ela aderem. O segundo elemento que então toma lugar em nossa definição não é menos essencial do que o primeiro; pois ao mostrar que a ideia de religião é inseparável da ideia de Igreja, ele leva a pressentir que a religião deve ser uma coisa eminentemente coletiva[7].

Escreveram que essa definição revela os antecedentes hebraicos do seu autor[8]. E que mesmo a divisão entre sagrado e profano teria semelhante origem, como observa, não sem uma certa rispidez, Evans-Pritchard: "Creio que aqui Durkheim

---

7. Ibid., p. 65.

8. EVANS-PRITCHARD, E. *La religion des primitives*. Paris: Payot, 1971, p. 70.

generalizava a partir de suas origens semitas"[9]. É sucinto, mas não é falso. Todavia uma Igreja comporta um braço secular que exerce uma coerção sobre os seus fiéis e não depende da adesão deles. A fórmula mais empregada até a época moderna mostra que essa adesão não tem nada de voluntária. E, no entanto, aos olhos de Durkheim, a coerção exterior, a hierarquia que a sustenta são aspectos secundários. Elas não se poderiam impor sem uma autoridade interior e moral conferida pelos fiéis. O principal para uma Igreja é reunir pessoas em torno de um mesmo sagrado. Quando confere uma força ao interdito de contato, ela cerca com barreiras físicas e mentais uma coletividade cuja coesão ela garante. Não discuto aqui o valor dessa definição da religião, tão amplamente aceita. Mas continuo persuadido de que a proibição do contato é o seu fundamento verdadeiro. Por não tê-lo proposto, falta à teoria, confessemos, um ponto de apoio evidente e um poder sugestivo.

Deus é a sociedade

> *"Para Freud, Deus é pai; para Durkheim, Deus é a sociedade"*, escreve Evans-Pritchard.

"Deus está morto" – essa é a palavra de ordem de um século, mas também o ponto de partida da reflexão filosófica e científica. Nós matamos Deus em duas etapas. Primeiramente, relegando-o para fora do mundo e dos assuntos humanos, despossuído dos atributos e das forças que lhe permitem fazer sentir a sua presença e a sua autoridade. Ele continua reinando, mas não governa mais. Em seguida, retirando-lhe a sua própria existência, a fim de dominar este mundo e conduzir seus assuntos de acordo com a nossa vontade. Mas o que acontece com os homens que acreditam poder viver sem ele? Como é possível uma sociedade sem deus? A definição que acabamos de estabelecer oferece a

---

9. EVANS-PRITCHARD, E. *A history of anthropological background.* Nova York: Basic Books, 1981, p. 160.

resposta: uma tal sociedade é impossível. Em uma época em que nos conscientizamos da enxurrada de milhões de homens que seguem os rastros de um papa e da explosão do islã que abala a estabilidade da África e da Ásia, a resposta não tem mais nada de acadêmica. Ela corresponde àquilo que vemos neste momento. Mas afinal, acadêmica ou não, toda tentativa de definir possui uma certa impertinência. Pois o que é definir, senão uma maneira de despojar um objeto de seu estado de exceção e um ato de violência pelo qual o mergulhamos em um conjunto ordinário? Um ato é tanto mais violento quanto uma definição é sempre limitada e de uma insustentável simplicidade. Ela nunca é exclusiva. Se vocês criticarem à definição dada acima a falta de nuanças, irão atrair a réplica de Durkheim: "Ah! as nuanças! É o artifício dos homens que não querem pensar"[10]. De todo modo, se assim definida, a religião, por um lado, perde a aura extraordinária que ela tem aos olhos dos fiéis; por outro lado, ganha uma legitimidade aos olhos da razão. Eis o sagrado posto no centro da vida coletiva. Sem ele, sem esse elemento irracional e aparentemente inútil, nenhuma sociedade se manteria unida[11]. Em teoria, as sociedades têm, portanto, tudo o que é necessário para se oferecerem em cada época os deuses que lhes são necessários. E parece que nunca chegará o tempo em que a ciência poderá dispensá-los, ou recriar um substituto para a religião.

Agora que sabemos o que ela é convém ir mais longe a fim de descrevê-la e de analisar as suas competências. Como proceder senão nos voltando para a mais simples, a mais arcaica e, nesse sentido, a mais original que acreditamos conhecer? Esperamos nela encontrar os componentes fundamentais e comuns que estão na base das grandes religiões de criação mais recente. Não é isso o que fazem os físicos, quando procuram as partículas elementares da matéria, ou ainda os naturalistas, quando exploram as formas mais primitivas da vida, e também os cosmólogos que escrutam o solo dos planetas para ali decifrar a evolução da terra? Do mesmo modo, esperamos entrever, de maneira

---

10. DURKHEIM, É. *Textes*. T. 2. Paris: Minuit, 1975, p. 240.

11. AUGE, M. *Génie du paganisme*. Paris: Gallimard, 1982.

muito apurada, as relações entre crenças e rituais sagrados por um lado, e sociedades por outro. Durkheim chega assim a esta ideia: o totemismo encerra os germes de qualquer religião. As outras, cristianismo ou budismo, por exemplo, os desenvolveram depois e os frutificaram. O minucioso exame desses germes, no microscópio mental, permite chegar a conclusões gerais. Eis em que termos ele formula essa ideia:

> Não vamos estudar, portanto, a religião muito arcaica, que será nosso assunto mais adiante, apenas pelo prazer de contarmos suas estranhezas e singularidades. Se a tomamos como objeto de nossas pesquisas, foi porque ela nos pareceu mais apta do que qualquer outra a fazer compreender a natureza religiosa do homem, isto é, nos revelar um aspecto essencial e permanente da humanidade[12].

E duas páginas mais adiante:

> Não existe, portanto, no fundo, religiões que sejam falsas. Todas são verdadeiras à sua maneira; todas respondem, ainda que de formas diferentes, às condições dadas da existência humana [...] Todas são igualmente religiões, como todos os seres vivos são igualmente vivos, desde os mais humildes plastídios até o homem[13].

Ninguém admitirá tranquilamente que se possa dar esse salto. Por isso o interesse em tentá-lo. O que é mais simples, aparentemente, do que um clã australiano? É um grupo de parentesco que não se formou a partir dos vínculos de consaguinidade. Ele ocupa, de maneira mais ou menos permanente, um território, dedica-se à caça e à coleta, reconhece um chefe e usa um dialeto próprio. Poderíamos concebê-lo como um átomo ou um *isolat* social, caso não mantivesse múltiplas relações de vizinhança e de troca com outros clãs semelhantes. Cada um deles se identifica pelo nome de seu totem e o respeita. Os indivíduos que compõem o clã se consideram unidos por esse totem. Ele lhes

---

12. DURKHEIM, É. *Les formes élémentaires de la vie religieuse.* Op. cit., p. 2.

13. Ibid., p. 4.

serve de emblema ou de brasão assim como para os franceses a bandeira tricolor ou o galo gaulês. A relação é imediatamente perceptível. Os valores e as emoções sempre tendem a ser suscitadas por um objeto. Se esse objeto não for facilmente acessível, é substituído por um outro, signo ou símbolo do primeiro. É por isso que nos emocionamos à visão da bandeira, e nos reunimos em torno desse símbolo da pátria. E até mesmo nos esquecemos de que essa bandeira não é senão um substituto e um signo. São as cores da bandeira, e não a representação da pátria, que vêm ao primeiro plano da consciência durante a reunião. Para o clã, esse papel é representado pelo totem. Ele é, ao mesmo tempo, a forma exterior visível do deus e o símbolo desse tipo de sociedade. Em sua direção se elevam o fervor e a afeição que sentimos pelo próprio clã. Se ele é assim percebido como representante do divino e do social, não se poderia dizer que o divino e o social são apenas um?

Como são escolhidos os totens? Os australianos tomam como emblemas de seus clãs os seres mais modestos que povoam o seu entorno, animais ou plantas. Esclareçamos que o totem não representa um indivíduo, mas sim uma *espécie* animal ou vegetal. Ele deve conter os traços distintivos do clã e, desse modo, é cercado de alguns ritos e interdições. Entre outros, evita-se machucá-lo ou comê-lo. Assim o clã expressa sua identidade quando se liga a uma espécie, o canguru ou a rã, o bambu ou o espinafre. Na realidade, ele venera muito mais a representação dessas espécies do que as próprias criaturas ou plantas. Ele as representa utilizando longos pedaços de madeira ou de pedra, muitas vezes em forma de navetas, os *churinga*; alguns são gravados com signos simbólicos, ou ainda furados e utilizados como uma espécie de trompa. Práticas rituais que evocam aquelas observadas para as criaturas totêmicas lhes são consagradas. Pode-se até mesmo dizer que o clã insiste com grande cuidado nesse respeito para com as imagens ou os artefatos materiais. Como se fosse menos grave tocar ou consumir o totem, se necessário fosse, do que destruir o seu duplo e seu substituto[14]. Ninguém

---

14. Para uma discussão do caráter sagrado dos *churinga*, cf. LÉVI-STRAUSS, C. *La pensée sauvage*. Paris: Plon, 1962, p. 318-319.

o iguala em potência, nem o desobedece, qualquer que seja o assunto, real ou simbólico.

Se o considerarmos com cuidado, o totem possui um caráter religioso.

> Já essas decorações totêmicas [observa Durkheim] permitem pressentir que o totem não é apenas um nome e um emblema. É ao longo de cerimônias religiosas que elas são o totem, ao mesmo tempo em que é uma etiqueta coletiva, ele possui um caráter religioso. E, com efeito, é em relação a ele que as coisas são classificadas como sagradas ou profanas. Ele é o próprio tipo das coisas sagradas[15].

É tão sacrílego para os australianos atacar o totem, infringir os interditos que o cercam (comê-lo se é um animal, colhê-lo no caso de uma planta) quanto é para nós rasgar ou queimar uma bandeira, quebrar os emblemas da República – Marianne[16] é o totem dos franceses, assim como o canguru pode ser o emblema dos australianos. O interdito não se aplica aos livros, podemos rasgá-los ou queimá-los, pois não são coisas sagradas.

Enfim, além do próprio totem e dos objetos que o representam, as qualidades sagradas são atribuídas a uma terceira categoria de seres: aos membros do clã. Eles formam assim uma comunidade de fiéis unidos por um verdadeiro vínculo de parentesco.

> Cada membro do clã [esclarece Durkheim a esse respeito] está investido de um caráter sagrado que não é sensivelmente inferior àquele que acabamos de reconhecer ao animal. A razão dessa santidade pessoal é que o homem acredita ser, ao mesmo tempo que um homem no sentido usual da palavra, um animal ou uma planta da espécie totêmica. Com efeito, ele carrega o seu nome; ora a identidade do nome passa então a implicar uma identidade de natureza[17].

---

15. DURKHEIM, É. *Les formes élémentaires de la vie religieuse*. Op. cit., p. 167.

16. *Marianne* é a figura alegórica da República Francesa. Sob a aparência de uma mulher que sua usa barrete frígio, ela encarna a República representando assim os valores republicanos franceses: Liberdade, Igualdade, Fraternidade [N.T.].

17. Ibid., p. 190.

O homem não é, portanto, sagrado por si mesmo mas pelo totem ao qual ele se liga. Então, infringir as prescrições e as práticas religiosas não significa apenas se expor a represálias físicas. Significa, certamente, atrair para si a reprovação, desencadear contra si a vingança dos deuses, ao mesmo tempo rude e implacável. Qualquer um que se sentisse tentado a fazê-lo seria retido pelo temor de um castigo garantido.

Portanto, o que é o que reverenciamos e consagramos por intermédio do totem? Este é um princípio que ordena o conjunto do universo. Ao analisar os materiais de que dispunha sobre as tribos da Austrália e de outras originárias da América, Durkheim estabelece que elas, ao contrário de nós, não fazem a mesma distinção entre o mundo humano e o mundo não humano. Para elas, os elementos da natureza fazem parte da sociedade, e os membros da tribo fazem parte da natureza. A cada vez, um fenômeno terrestre ou um corpo celeste são atribuídos a um clã particular. Eles pertencem a seu domínio e têm o mesmo totem que os membros do clã. Um outro fenômeno terrestre, um outro corpo celeste acaba sendo herdado por um outro clã assim como por seu totem. Dessa maneira, o sol e a lua, por exemplo, não têm o mesmo totem. Muito hábeis nessa arte, os australianos classificam tudo o que lhes cerca, coisas, plantas, animais, tendo como modelo o agrupamento dos homens na sociedade. Adquirem, assim, uma visão de conjunto do universo em que tudo se encaixa e tudo se explica. Não chegam eles até a fazer surgir esse universo de algum ancestral distante e de algum acontecimento que os mitos relatam? Tais apreciações revelam que o princípio totêmico reduz a cosmologia ao conceito, erige a linguagem em instrumento de classificação e atribui à realidade um sentido inteligível. Podemos ir ainda mais longe. Ao construir um sistema a partir de fenômenos humanos e de materiais esparsos, o totemismo tornou possíveis a filosofia e a ciência. Pelo menos nele encontramos o esboço de nossa lógica das relações e das classes, e também nossa ideia de força. Por muito tempo se quis ver nele apenas um amontoado de aberrações e de superstições exóticas. Contudo, graças às suas descrições e análises, Durkheim transforma o que se considerava ou "como um conjunto de curiosidades ou de observações, ou como vestígios do passado"[18], em um quadro coerente de crenças, de noções e de condutas. É o suficiente para que, pela primeira vez, o campo que ele estuda se revele como uma forma de vida plenamente social e inteiramente religiosa. Da forma como se apresentam, essas classificações primitivas e essas noções arcaicas constituem a seus olhos a primeira filosofia da natureza.

Já dissemos que os australianos viam a natureza inteira como o lugar onde se exercem forças religiosas. O sagrado não emana, portanto, do objeto totêmico, planta ou animal. E os sentimentos que ele inspira são compartilhados pelos membros do clã tanto quanto pelas representações que fazem dele. Seu caráter religioso nasce de um elemento comum a todos. Ele lhes confere uma força espiritual sem que esta perca sua singularidade. As crenças australianas não a separam dos sujeitos (homens, animais, plantas) nos quais se encarna. As sociedades mais avançadas, da Melanésia, a nomeiam *mana*. *Mana* é uma energia difusa, anônima e impessoal, que inspira a associação humana e cuja influência psíquica é liberada e intensificada ao longo dos rituais. Dela depende também o sucesso ou o fracasso de uma ação. O homem que a possui vence os seus inimigos na guerra, seu rebanho e suas culturas prosperam. A flecha que atinge seu alvo, a canoa que navega estão carregadas de *mana*.

Trata-se do princípio totêmico presente no indivíduo, sua alma, de alguma forma, que se difunde, por contato, nos objetos que ele possui. Devemos compreender que esse princípio é o clã, é a própria sociedade. A imaginação o personifica e lhe confere os traços visíveis do animal-totem ou da planta-totem. A sociedade se representa em toda parte, em cada nome, em cada imagem e em cada espécie que os indivíduos veneram. Ela tem, com efeito, todos os atributos necessários para despertar nos homens a sensação do divino: "Pois ela é, para os seus membros, aquilo que um deus é para os seu fiéis"[19]. Ela desfruta de um poder

---

18. LÉVI-STRAUSS, C. *Anthropologie structurale.* T. 2. Paris: Plon, 1973, p. 62.

19. DURKHEIM, É. *Les formes élémentaires de la vie religieuse.* Op. cit., p. 295.

absoluto sobre eles que sabem que dela dependem, e lhes impõe finalidades que lhe são próprias. Ela sabe exigir sacrifícios e uma adesão permanente que tornam possível a vida em comum:

> Quer se tratasse de uma personalidade consciente, como Zeus ou Javé, ou então de forças abstratas como as que estão em jogo no totemismo, o fiel, em ambos os casos, se acredita preso a certas maneiras de agir que lhe são impostas pela natureza do princípio sagrado com o qual ele se sente em comércio. Ora, a sociedade também mantém em nós a sensação de uma perpétua dependência. Porque ela possui uma natureza que lhe é própria, diferente da nossa natureza de indivíduos, ela persegue finalidades que lhe são igualmente especiais: mas como pode atingi-las apenas por nosso intermédio, ela exige imperiosamente nossa participação[20].

Portanto, a sociedade tem os mesmos privilégios e exerce a mesma ascendência tirânica que os deuses das religiões. Em outras palavras, a antiga aliança que os judeus haviam contraído e a nova aliança dos cristãos não são, na realidade, alianças com uma personalidade consciente e transcendente, mas com sua comunidade imanente e concreta. Caso lhe faltasse essa autoridade moral que o sagrado confere, ela não despertaria nos indivíduos essa obediência unânime. Não seria em sua direção que os indivíduos se voltariam todas as vezes que se sentissem ameaçados e cansados. Concebê-la exterior a eles, onipotente e absoluta, exige um vasto ciclo de transformações. Uma vez que nem a coerção material, nem o poder exterior, conseguem submetê-las às regras de conduta e de pensamento: para isso é necessário um apego moral e uma influência interior.

> Todavia [afirma ainda Durkheim], se a sociedade só obtivesse de nós essas concessões e esses sacrifícios por meio de uma coerção material, ela só poderia despertar em nós a ideia de uma força física a que devemos ceder por necessidade, e não a de uma potência moral semelhante àquela que as religiões adoram. Mas, na realidade, o domínio que ela exerce sobre as consciências

---

20. Ibid.

depende muito menos da supremacia física de que ela tem o privilégio do que da autoridade moral de que ela está investida. Se cedemos às suas ordens, não é simplesmente porque ela está armada de maneira a vencer as nossas resistências; é muito mais porque ela é objeto de um verdadeiro respeito[21].

É por isso que a religião se justifica, que ela justifica e ressalta a sociedade aos olhos de todos. Mas, e insisto nesse ponto, se ela cimenta a vida dos homens, não é enquanto conjunto de crenças; pelo contrário, é enquanto pertencimento interior e participação em uma coletividade. Ela garante a seus membros um afluxo de vida. Exalta o ardor e o entusiasmo de que cada um necessita para continuar sua tarefa. O crente não apenas sabe coisas que o descrente ignora, ele pode também fazer melhor. Ele se sente cercado por forças superiores que o dominam e o apoiam, e participa da superioridade delas. Acredita poder vencer as dificuldades da existência, imprimir suas vontades ao mundo e fazê-lo responder a seus desejos.

> As provações da existência encontram nele mais força de resistência; ele é capaz de coisas maiores e o prova por sua conduta. É essa influência dinamogênica da religião que explica sua perenidade[22].

E é por meio dela que a sociedade transmite aos indivíduos que a compõem uma parte de sua onipotência e de sua personalidade. Uma parcela de sua aura brilha através de cada um.

Não sei se é fácil experimentar esse sentimento excepcional e se ele tem os efeitos que lhe atribuímos. Sigamos, no entanto, a lógica da hipótese. Vocês podem observar que o totemismo concebido por Durkheim é, para evocar uma ideia de Bergson, uma religião colocada a serviço da conservação do grupo. Por seu intermédio, o grupo garante sua unidade, permanece presente na consciência de seus membros. Ao mesmo tempo, desenha as fronteiras no interior das quais eles devem viver. Ora,

---

21. Ibid., p. 296.
22. DURKHEIM, É. *Textes*. T. 2. Op. cit., p. 27.

é preciso ressaltar que o totem que estabelece um parentesco entre os membros de um clã os distingue do resto da humanidade. Ele é a marca da personalidade coletiva que identifica todos aqueles que, de alguma forma, dela fazem parte – indivíduos, animais, vegetais – excluindo, dessa forma, todos os outros. Podemos odiá-los e menosprezá-los, já que não têm o mesmo patrimônio de crenças e de deuses. Assim o sagrado coloca em contato e reúne, sob a condição de proibir o contato, de separar e de opor.

> Desse modo [conclui com justeza Raymond Aron], se o culto se dirige às sociedades, existem apenas religiões tribais e nacionais. Nesse caso, a essência da religião seria inspirar aos homens um apego fanático a grupos parciais e consagrar o apego de cada um à coletividade e, ao mesmo tempo, a sua hostilidade aos outros[23].

Portanto, nenhuma religião é de amor sem ser de ódio. A menos que existam algumas de um gênero inteiramente diferente surgidas ao longo da história. Religiões que não tivessem como vocação conservar a sociedade e lhe conferir um poder extraordinário sobre os indivíduos. Então o totemismo não seria mais a forma simples, ligada à aurora da humanidade, de todas as crenças e práticas sagradas que emergiram em seguida. É evidente que nada nos permite decidir no sentido da continuidade ou da descontinuidade nessa matéria. Bergson pendeu a favor da descontinuidade. Ele recusava ao totemismo o privilégio de conter, por assim dizer, o código genético das religiões reveladas, islã ou cristianismo. Uma escolha que para nós já não tem mais a importância de antigamente.

A hipótese de Durkheim tem razões para chocar. Ela supõe que todas as religiões são sagradas desde o momento em que condições sociais lhes correspondam. Abole a distinção entre as religiões verdadeiras e aquelas em que outros veem apenas estranhezas e superstições. Além disso, ela supõe a unidade dos fatos religiosos e seu papel determinante ao longo da história.

---

[23]. ARON, R. *Les étapes de la pensée sociologique*. Paris: Gallimard, 1967, p. 361.

Para acreditar na realidade de um grupo e de suas finalidades, primeiro é necessário acreditar na força de sua ilusão, do emblema ou do símbolo que o representa. A sociedade que o despreza ou o dispensa se enfraquece, se esfacela, perde a ascendência sobre os seus membros. Nada surge ao longo dessa história que não crie coisas sagradas e não busque, custe o que custar, impô-las. Apesar de suas prevenções e de sua hostilidade para com os cultos, a Revolução Francesa teve de instaurar o culto do Ser supremo e da deusa Razão. Homens impregnados da filosofia do Iluminismo construíram altares, inventaram símbolos e organizaram festas em honra dessas novas deidades. O problema é que uma seleção natural está em ação tanto para os deuses quanto para os mortais. E aqueles não sobreviveram aos acontecimentos que lhes deram origem.

Essa hipótese ainda choca, porque afirma que divinizamos aquilo que a maior parte das religiões considera como sacrilégio. Se, ao adorar seres sagrados, os homens não fizeram senão adorar a sua própria sociedade transfigurada e personificada, isso quer dizer que eles foram ou idólatras ou ímpios. Por outro lado, não basta ter fé, é preciso ainda tê-la com os outros, no seio da comunidade. Segundo Durkheim, o indivíduo não poderia sozinho crer ou respeitar um deus. Certamente, ele poderia rezar, ajoelhar-se, curvar-se diante dele. Mas essa situação dissipa a ascendência do sagrado. E, para ilustrar isso, deveríamos dizer que se, hoje, nos tornamos menos religiosos, se vamos com menos frequência às igrejas e templos, não foi porque nos tornamos descrentes, esclarecidos pela ciência e pela civilização modernas. Pelo contrário, foi porque a ciência e a civilização modernas nos isolaram, nos tornaram solitários e individualistas, que nos tornamos descrentes. Os termos empregados por Durkheim não poderiam ser mais contundentes:

> Podemos, portanto, repetir sobre [a sociedade] o que foi dito mais acima sobre a divindade: ela não tem realidade senão na medida em que mantém um lugar nas consciências humanas, e esse lugar somos nós que lhe damos. Entrevemos agora a razão pela qual os deuses não podem dispensar os seus fiéis, nem estes os

seus deuses; é porque a sociedade, cujos deuses não são senão a expressão simbólica, não pode dispensar esses indivíduos, nem estes a sociedade[24].

Nada mais profundo do que esse sentimento, não apenas de parentesco, mas também de dependência mútua da divindade e da sociabilidade. E, principalmente, essa maneira de representá-las como a manifestação de uma necessidade mais geral, ainda que mais oculta, da comunhão entre os homens. Nem minha opinião sobre essa necessidade, nem meu julgamento importam. Sem dúvida existem povos mais antigos do que os australianos e que não conheceram o totemismo. E este não é exclusivamente uma religião de clãs, nem tampouco a mais simples das religiões. Durkheim ignorou admiravelmente os fatos que não se ajustavam à sua teoria. O que aprendemos depois acabou retirando muito de sua verossimilhança. Entretanto ela produz uma inversão que, no panteão das religiões, coloca a sociedade no lugar de deus. Perguntemo-nos o que isso significa para a própria ciência. O que pode acontecer quando ela projeta seu objeto de estudo, através de uma teoria da religião, no centro do sagrado? Por uma estranha ação, esse objeto se torna de alguma forma divino e salvador. Deve-se venerá-lo, como outrora se veneravam as plantas, os animais ou os espíritos. Ele se transforma em um emblema e em um *mana* que domina nossa realidade. Essa verdade já se fazia notar na ironia de Remy de Gourmont, contemporâneo do nascimento da sociologia:

> A Santa Sociologia [ele escreve no *Paradoxes du Citoyen* (Paradoxos do Cidadão)], trata da evolução através dos tempos de um grupo de metáforas, Família, Pátria, Estado, Sociedade etc. Essas palavras são as que chamamos coletivas e que não têm em si nenhum significado, a história sempre as empregou, mas a sociologia, por meio de astuciosas definições, especifica o seu vazio e, ao mesmo tempo, propaga o seu culto. Pois toda palavra coletiva e, principalmente, as do vocabulário sociológico, são objeto de um culto.

---

24. DURKHEIM, É. *Les formes élémentaires de la vie religieuse*. Op. cit., p. 496.

Antes eu pensava que, por meio de sua teoria da religião, Freud havia conseguido conferir um caráter permanente e sagrado à família. Acabamos de ver que Durkheim prestou o mesmo serviço à sociedade. Cada um garantiu assim a autoridade da ciência cuja criação lhes pertence.

Não se explica a religião sem a psicologia das massas

Para dar uma bela voz a um canário basta queimar-lhe os olhos com a ajuda de um ferro em brasa. É por meio de uma operação semelhante que nos dedicamos ao pensamento de Durkheim. Cauterizando a sua visão psicológica dos fenômenos religiosos, acreditamos dar à sua sociologia um canto mais harmonioso. E, no entanto, essa visão lhe era muito cara. Do contrário, como explicar que lhe tenha consagrado tanto espaço e tempo? Ela tem a extravagância e a originalidade de uma criação que escapa à pressão dos especialistas. Chegamos naturalmente a essa visão, e nos sentimos obrigados a levá-la em consideração. Buscando definir o que é uma religião, começamos por estabelecer a divisão fundamental entre coisas sagradas e coisas profanas, por um lado, e a existência de uma comunidade de fiéis, de uma Igreja, por outro. Juntas elas delimitam um sistema de crenças e de práticas que colocamos acima dos outros.

Então, munidos dessa definição, seguimos as descrições e as análises do totemismo. Seria inútil detalhá-las, pois a maior parte delas se tornou hoje obsoleta. E inúmeros antropólogos atuais recusam ao totemismo australiano esse caráter exemplar que faz dele uma religião. Contudo, descrições e análises sustentaram a hipótese segundo a qual os homens adoram, em tudo o que é sagrado, inclusive o totem, a sua própria sociedade transfigurada e idealizada. Os piores castigos são prometidos no Apocalipse àqueles sobre cuja fronte não está gravado "o selo de Deus". Todos serão poupados, menos eles. Consequentemente os indivíduos que vivem em uma sociedade que não reverenciam, e que não os marca com o "selo do sagrado", conhecem tormentos aqui mesmo nesta terra. Para eles, ela se torna um inferno.

Uma vez que os deuses [escreve Durkheim] são apenas ideais coletivos personificados, o que todo enfraquecimento da fé testemunha é que o ideal coletivo se enfraquece a si próprio; e ele só pode se enfraquecer caso a própria vitalidade social seja atingida. Em resumo, é inevitável que os povos morram quando os deuses morrem, se os deuses não são senão os povos pensados simbolicamente[25].

Vocês podem duvidar das razões e das consequências, mas não podem negar a lógica. É ela que nos coloca diante de uma nova e última questão: por que a sociedade se personifica, tornando-se um objeto de crença ou de culto? A questão pode ser entendida de uma outra maneira: por que a religião confere à sociedade uma tal energia e vitalidade? A solução do problema é trazida pela psicologia das multidões ou das massas.

Steven Lukes, autor do melhor livro que possuímos sobre Durkheim, escreve com precisão: "Uma ideia crucial para a teoria da religião de Durkheim, na medida em que é socialmente determinada, foi a sua afirmação de que certas situações sociais, como as da efervescência coletiva, engendram e recriam crenças e sentimentos religiosos"[26]. Essa ideia, ele acrescenta, foi-lhe inspirada pela leva de estudos de psicologia das multidões publicados na época. Uma fonte de inspiração que não escapou a seus contemporâneos. Um deles, Goldenweiser, pôde escrever a respeito das *Formas elementares*, em 1915: "Apesar da formidável importância que lhe é atribuída, a sociedade para Durkheim é apenas uma multidão sublimada, enquanto o âmbito social é a situação da psicologia das multidões"[27]. Ainda que sob uma formulação rudimentar, a ideia não é falsa.

O fato é que após ter esclarecido o que é a religião, em geral, e analisado as sociedades australianas, Durkheim chega à sua poderosa hipótese: as sociedades se personificam em seus deuses. Mas, para coroar seu esforço, ainda lhe é necessário

---

25. DURKHEIM, É. *Textes*. T. 2. Op. cit., p. 30.
26. LUKES, S. *Émile Durkheim*. Londres: Allen Lane, 1973, p. 462.
27. Apud EVANS-PRITCHARD, E. *A history of anthropological background*. Op. cit., p. 167.

revelar as forças subjacentes. Como explicar essa abdicação de si mesmo que acompanha uma fascinação pelos seres imaginários? De onde vem a ascendência dessas forças impessoais e o culto a elas dedicado? Para penetrar o segredo dessa relação de cada indivíduo com a coletividade em seu conjunto, a psicologia das multidões oferece uma chave. Com o risco de ser repetitivo, ressalto: essa teoria da religião define e descreve fatos sociais que ela explica por meio de causas psíquicas. Ou, retomando as palavras de um grande antropólogo inglês: "De um fenômeno de psicologia das multidões, Durkheim conclui um fato social"[28]. Esse recurso não é efeito do acaso: os modelos que nos permitem articular fenômenos e explicá-los são raros. Em todo caso, bem menos numerosos do que as teorias obrigadas a deles se servirem. Ora, a psicologia das multidões faz parte desse pequeno número de modelos nascidos nas ciências do homem. Quer isso agrade ou não, ela é uma passagem necessária para quem quer que deseje compreender aquilo que tem relação com as crenças e com as ideologias em geral[29].

Ainda que essa constatação de Steven Lukes seja exata, não se pode mais segui-lo quando ele acrescenta: "Durkheim teria sido o último a considerar Le Bon como um erudito". Além disso, ele teria se distanciado de sua psicologia das multidões porque "não considerava o comportamento das multidões como patológico, indesejável, nem como um argumento contra a democracia"[30]
. Nada é mais falso nem mais ingênuo. Esse julgamento faz de Durkheim um profissional limitado, repleto de preconceitos para com o jornalista e diletante autor da *Psicologia das multidões*. E por que ele o teria levado menos a sério do que o fizeram Weber, Freud, Adorno ou Michels? Distancio-me do sociólogo inglês, apesar do respeito que me inspira o seu trabalho, por dois motivos. Primeiro, porque os testemunhos da época nos dizem, se necessário fosse, o contrário. Mesmo existindo críticas e reservas sobre a psicologia das multidões, Essertier (que conheceu de

---

[28]. EVANS-PRITCHARD, E. *La religion des primitives*. Op. cit., p. 82.

[29]. MOSCOVICI, S. *L'âge des foules*. Op. cit.

[30]. LIKES, S. *Émile Durkheim*. Op. cit., p. 462.

perto a escola de Durkheim) escreve que "ela não é menos aceita uma vez que a análise dos fenômenos de multidão representa um papel preponderante em sua última obra [*As formas elementares da vida religiosa*, S.M.]; por um singular retorno, livros como os do Dr. Le Bon, que cairiam justamente sob o crivo das críticas que Durkheim dirigia à explicação psicológica em sociologia, são autoridade, explícita ou implicitamente, na escola"[31].

Depois, o desconhecimento da psicologia das multidões que autoriza fórmulas tão lapidares conduz a afirmações erradas. Ofereço como exemplo apenas as de Evans-Pritchard que transforma a teoria da religião de Durkheim em uma caricatura de si mesma. "Havia, como se pode ler na obra do antropólogo inglês, o mais profundo desprezo por aqueles que explicam a origem da religião pelo mecanismo da alucinação, mas pretendo que é exatamente isto que ele próprio faz. Ainda que tente fazer malabarismos com as palavras 'intensidade', 'efervescência', 'excitação', ele não consegue dissimular que faz a religião totêmica dos Blackfellows decorrer da excitação emocional de indivíduos reunidos que experimentam uma espécie de histeria coletiva"[32].

Em resumo, colocar todos esses fenômenos sob a etiqueta de histeria coletiva significa retornar a uma noção bastante popular, é verdade, mas que a ciência tentou eliminar. Sem dúvida ela persiste e nada perdeu de sua virulência pejorativa contra todos os movimentos coletivos. Mas, enfim, servir-se dela como de uma espécie de argumento *ad hominem* traduz, com efeito, uma recusa em perceber a explicação de Durkheim e compreender por que ela lhe é indispensável. E rebaixa sua lógica, muito restrita como sempre, a um simples malabarismo com as palavras. Podemos recusá-la, ou não se interessar por ela, mas ela tem um sentido. O melhor é optar então pela sobriedade de Raymond Aron que, em seu penetrante estudo da teoria de Durkheim, oferece apenas um resumo dessas explicações. Em algumas linhas, ele apresenta uma multidão que se reúne, dança e grita, antes de

---

31. ESSERTIER, D. *Psychologie et sociologie*. Paris: [s.e.], 1927 [Reeditado por FRANKLIN, B. Nova York: [s.e.], 1968, p. 17].

32. EVANS-PRITCHARD, E. *La religion des primitives*. Op. cit., p. 82.

concluir sucintamente: "Esses fenômenos de efervescência são o exemplo próprio desse processo psicossocial graças ao qual nascem as religiões"[33]. Enquanto formos assim do erro à censura, retiraremos dessa obra fundamental da sociologia a sua versatilidade e a sua força.

Acrescento que tudo isso oferece pouco interesse. Pois se trata menos de saber, sim ou não, se Durkheim inspirou-se na psicologia das multidões, do que compreender o que fez com ela, e por quê. Ora, essa psicologia forneceu-lhe uma imagem clara do que seria um agrupamento humano em plena gestação e indicou quais são as razões de sua ação. Mas, sendo dada a questão por ele colocada, a imagem não lhe pode bastar. Somente porque ela considera o comportamento das multidões como "indesejável", ou patológico? Ele conhece seus autores, Le Bon e Tarde, em primeira mão, uma vez que os discute, e não por rumores de corredor, como um bom número de nossos contemporâneos[34]. E ele sabe pertinentemente que ninguém proferiu semelhantes inépcias.

Razões mais sólidas o distanciam da teoria existente na psicologia das multidões e o encorajam a propor uma outra. Podemos, com efeito, considerar um bom número delas, mas duas dessas razões me parecem essenciais. Primeiro, e esta é uma convicção profunda em Durkheim, o seu postulado, eu poderia dizer, de que ao indivíduo isolado falta energia vital. Ele permanece incapaz de se interessar pelo mundo exterior. Obedece às rotinas, arrasta-se e reage, como um neurastênico, com apatia e indiferença para com os seus semelhantes. Solidão e impotência são iguais para ele. Somente a sociedade pode livrá-lo delas, e o homem torna-se maior do que o indivíduo. Ela o estimula, exalta suas forças e o encoraja a realizar ações de todo o tipo. Ele consegue superar os

---

33. ARON, R. *Les étapes de la pensée sociologique*. Op. cit., p. 355.

34. Seria interessante empreender uma pesquisa a respeito do horror inspirado pela psicologia das multidões e pela psicologia em geral nos sociólogos e antropólogos. Talvez descobríssemos os motivos na atração e no papel que ela representou e continua representando em suas ciências. De todo modo, querer abordar a obra de Durkheim sem lhes fazer referência e sem querer lhes extrair o sentido, significa tornar essa obra inteligível. Ou então tristemente esquemática e descarnada.

limites dos sentidos, ter prazer em se associar, em pensar a realidade de modo diferente do que ela é; em resumo, torna-se capaz de conceber e de viver o ideal. Isto é, a divindade, o espaço, o tempo e as outras categorias do entendimento que expressam a sociedade sob uma forma mais elevada.

Em seguida, e esta é uma razão mais específica, uma religião tem como tarefa fazer comungar e comunicar os membros de uma sociedade, investir suas energias em um propósito superior. Ela é sua principal fonte de coesão e de interação, se não for a única. Durkheim não se detém no jogo das classes (diferenças de idade, de sexo, de poder) que ordenam as relações entre uns e outros. Para ele, todas as situações coletivas se caracterizam pelo vínculo do indivíduo ao grupo. E ele se pergunta como este se torna homogêneo ou heterogêneo, ganha ou perde autoridade sobre seus membros. Podemos tentar expressar essas razões dizendo que, por um lado, vemos o social se manifestar no seio do psíquico e, por outro lado, o psíquico no seio do social. Temos o hábito de opô-los e considerar cada um de maneira exclusiva. Mas podemos também considerá-los como dois pontos de vista complementares do real, assim como a onda e a partícula são pontos de vista complementares de um mesmo objeto físico. É impressionante a semelhança entre Durkheim e Freud que esse problema do sagrado revela. Suas pesquisas os conduzem para a mesma psicologia: um lhe pede um meio de explicação, o outro lhe fornece um. Eles atingem seus objetivos puxando-a em sentidos opostos: Durkheim na direção do polo consciente que ela denega, e Freud na direção do polo inconsciente que ela descobre. É evidente que uma comparação nada pode provar. Todavia, para perceber como Durkheim concebe essa psicologia, é preciso se deter nessas ações coletivas e religiosas que nomeamos rituais.

Homens semelhantes a deuses

Como os homens procedem para fazer deuses? Vou tentar explicar essa arte, a mais antiga que existe. Minha exposição não se quer completa, mas apenas instrutiva. Estávamos falando das crenças e dos símbolos. Para aceder ao âmago da religião e compreender seu vínculo com a sociedade, devemos agora examinar os ritos ou as cerimônias que ela organiza. Desconfiamos daquilo que seria necessário chamar, conforme Flaubert, os "bailes de máscaras da imaginação" que são esses ritos – mas de que maneira se abster deles? Eles são atestados, em certo nível, em toda parte. Com paciência de entomologista, Durkheim os classifica e os nomeia. E distingue assim ritos positivos e negativos. Os primeiros formam o âmago do cerimonial. Por exemplo, as tribos australianas celebram, na devida estação, as festas de *intichiuma*. Elas têm como missão garantir que a vegetação brote, que os animais proliferem e que a natureza em geral seja fecunda. Elas se passam em dois atos. O primeiro ato é consagrado a ritos que são observados para garantir a prosperidade do animal ou da planta que serve de totem para a tribo. Depois essa celebração se interrompe, sem que, durante o entreato, a efervescência religiosa diminua em intensidade. Vem o segundo ato: as festas recomeçam, pela consumação ritual de uma parte do totem. Ela é acompanhada de cantos que glorificam as proezas de antigos membros do clã, seres humanos e não humanos. Alguns observaram em tal cerimônia o protótipo do sacrifício que representa um papel tão importante nas religiões mais elaboradas. Com efeito, o sacrifício faz o humano comungar com o divino. Os homens que o realizam adquirem as propriedades sagradas do deus cuja carne eles consomem.

    Os ritos negativos, por outro lado, decretam tabus e interdições que traçam limites entre coisas sagradas e coisas profanas. Eles têm como objetivo dar ao indivíduo condições de aceder à esfera religiosa. Para isso, ele sai da vida ordinária cobrindo-se com vestimentas especiais e enfeitando-se com ornamentos. Ele também deve se submeter a provações difíceis, jejuar durante um certo tempo. Por fim, não nos esqueçamos dos ritos específicos, e muito especialmente dos ritos de luto cuja importância é atestada em quase todas as culturas. Com efeito, os homens são atormentados pelo temor de que, após sua morte, esses ritos sejam negligenciados, excluindo-os assim da comunidade. Neles, a dor e a aflição predominam. Entre os australianos, as cerimônias de luto atingem um paroxismo, e falou-se de "pânico" a esse respeito. Pois o que está em jogo é a integridade da sociedade. Aqui, mais uma vez, abstenções e proibições são a regra. Assim, após a morte de um próximo, é proibido pronunciar o seu nome durante um certo tempo. Ou então os membros de sua família devem se abster de caçar ou de pescar, suas atividades corriqueiras. Em outros lugares, eles estão proibidos de se distanciar do lugar onde a morte aconteceu. Lágrimas derramadas e fórmulas pronunciadas têm como missão expressar as nuanças de dor e de respeito dos membros da família e do clã. Esses são os tipos de rituais que podem lhes parecer ineficazes ou ilusórios. Eles têm, no entanto, exercido sua ascendência sobre homens durante milênios e ritmado sua existência. Mas isso não é tudo.

Por isso, cada ritual nos aparece como uma operação dupla. De um lado, ele coloca em ação regras de conduta às quais se atribui um objetivo particular: a fecundidade, o sucesso na caça, a iniciação ou o luto. Ele se distingue, assim, de todos os outros pela sucessão dos atos, pelas fórmulas que os reúnem e pelo momento particular em que acontece. As cerimônias e as reuniões que o motivam se apoiam em uma crença. Ela lhe confere um sentido e explica a sua eficácia. Assim, o culto aos mortos repousa na convicção de que os defuntos guardam vínculos com os vivos; o culto da fecundidade supõe o parentesco entre os homens e as espécies animais. Sob esse ponto de vista, os ritos encarnam as representações comuns que povoam a consciência e que a educação instila.

Do outro lado, o conjunto dessas práticas religiosas tem apenas uma função verdadeira: celebrar o clã, suscitar entre seus membros a paixão por ele. Esta chega até a um paroxismo, quando os indivíduos são desafiados a representar os sentimentos coletivos sob forma totêmica. Assim, a relação entre a regra a observar, a conduta a manter e o objetivo a alcançar permanece arbitrária. Não é o conteúdo do ritual que o torna eficaz. E pouco importa que ele seja de luto ou de fecundidade, de cura ou de divinização: o essencial é que, por intermédio desse ritual, a sociedade reafirma sua energia e vivifica os contatos. Se o ritual tem necessidade de uma razão de ser, qualquer ação será útil, contanto que ela se harmonize com a crença existente. Essas práticas religiosas são a coluna vertebral e o ideal de todos os movimentos coletivos e de todas as associações. Elas explicam a criação de uma ordem social, e também a sua persistência ao longo das ocupações de rotina e da vida cotidiana. O que explica o ritual e sua necessidade explica igualmente todo o resto.

A cada período de tensão, quando um grande cerimonial se prepara, os homens se reúnem e aguardam. Após um certo tempo mais ou menos longo, eles começam a agir todos juntos. Sem que a reflexão ou a vontade de um deles intervenha, eles se fundem em um todo. Naquele momento, cada um participa completamente e sente se restabelecer o vínculo de participação ao grupo. Em seguida, o vínculo se mantém, mesmo com as cerimônias terminadas. A eficácia do rito não consiste, portanto, naquilo que ele realiza, mas no próprio fato de realizá-lo, e que, dessa forma, cada um se revigora na fonte que é o grupo reunido.

Podemos ter uma ideia disso, ao que me parece, comparando com os esportes olímpicos. Cada modalidade, natação ou corrida a pé, salto ou lançamento, reúne um número variável de indivíduos, exige aptidões físicas distintas, e se desenrola segundo regras que lhe são próprias. Aparentemente, as provas têm como objetivo aprimorar as performances, selecionar os campeões e suscitar a competição que garantirá a alternância. Mas seu papel efetivo seria bem outro: reunir públicos, reavivar neles o sentimento de pertencer a uma nação e, eventualmente, afirmar a superioridade de seu país sobre todos os outros. Sua necessidade refere-se menos a esses jogos organizados que são realizados e aos objetivos confessados – recordes, avaliação das capacidades humanas etc. – do que à energia e à paixão que eles desencadeiam, à comunhão entre os homens de que são a ocasião. Mas, voltemos aos ritos, eu diria, como Durkheim, que eles favorecem um certo estado de alma propício à criação e à efusão religiosa:

> Vimos, com efeito [ele escreve], que se a vida coletiva, quando esta atinge um certo grau de intensidade, desperta o pensamento religioso, é porque ela determina um estado de efervescência que muda as condições da atividade psíquica. As

energias mentais estão superexcitadas, as paixões mais vivas, as sensações mais fortes; existem até mesmo aquelas que se produzem apenas nesse momento. O homem não se reconhece; sente-se de certa forma transformado e, em seguida, transforma o meio que o cerca[35].

Reteremos, portanto, que o culto provoca essas disposições mentais e afetivas porque o clã ou a tribo estão reunidos. Os motivos pelos quais eles estão reunidos não têm muita importância. E seus membros, que são como fiéis, comungam em um mesmo pensamento e em uma mesma ação. A ocasião representa um papel menor, o essencial é que dela retiram um reconforto e uma alegria semelhantes. Os rituais de aflição e de privação exigidos pela morte não são exceção. Encontrar-se com seus semelhantes e tomar parte nas cerimônias de luto reforça a confiança em si e na própria vida. A disforia de cada participante se transforma em uma curiosa euforia. Esta é certamente a opinião de Durkheim ao afirmar:

> Mas quando as emoções têm essa vivacidade, ainda que dolorosas, elas não têm nada de deprimente; denotam, pelo contrário, um estado de efervescência que implica a mobilização de todas as forças ativas e até mesmo um afluxo de forças estranhas[36].

Tudo isso nos surpreende hoje. Não temos mais a experiência vivida e periódica da fé. Contudo é evidente que, sob o duplo efeito da repetição e da reunião, as cerimônias induzem os participantes a um estado psíquico singular. Entidades e ideias surgem sem necessidade de serem fundadas. Basta-lhes recolher a adesão e confirmar o entusiasmo para se tornarem sagradas aos olhos de todos. Podemos pensar no que escrevia Bataille: "Aquilo que eu chamava há pouco o sagrado, com um nome que é bem pedante, e que no fundo não passa do desencadeamento das paixões"[37]. Estaríamos tentados a reconhecer aí um estado anormal: a comunidade que nele se encontra mergulhada

---

35. DURKHEIM, É. *Les formes élémentaires de la vie religieuse*. Op. cit., p. 603.
36. Ibid., p. 582.
37. BATAILLE, G. *Œuvres completes*. T. VII. Paris: Gallimard, 1973, p. 371.

inventa deuses e símbolos, ao mesmo tempo que restaura a confiança naqueles que já existem. Mais profundamente, a comunidade nele se revela a si mesma e ocupa, por um certo tempo, o lugar do sagrado.

Resumindo. Na origem do estado de efervescência que acabamos de evocar, encontramos ritos bastante diversos que têm uma função única. Eles têm como objetivo fazer que os indivíduos participem, colocá-los em comunhão e refrescar-lhes o sentimento de pertencimento à sociedade. Por outro lado, esta se torna criadora de práticas e de crenças religiosas. Mas para saber o que a prepara para essa tarefa e explicá-lo é preciso se voltar para a psicologia das massas. É uma verdade de observação corrente que os homens que se associam, se combinam ou se fundem com outros são transformados. Os contatos, as ideias trocadas, tudo o que se diz, tudo o que se ouve, agem sobre os sentimentos e a consciência. Um fluxo e um refluxo de impressões e de emoções irriga cérebros e corações, até que se forme um grupo ou uma massa. Nessa situação, tudo se passa como se o indivíduo tivesse adquirido qualidades novas e tivesse se tornado um outro. Pois, em grupo ou em massa, ele sente, pensa e age diferentemente do que se estivesse isolado. Vocês observam também que, mesmo sem renunciar à razão, ele se deixa invadir pelas emoções. Tomado por uma espécie de exaltação, as fronteiras de seu ser se diluem. Ele se torna um outro, não se conhece mais. Sem que o queira, imagens e impressões do passado voltam à sua memória. Principalmente a lembrança dos grandes acontecimentos coletivos e as figuras dos personagens que representaram um papel eminente na história e com os quais se identifica. Um francês revive, nessa ocasião, a lembrança da Tomada da Bastilha ou de 6 de junho de 1944, como se os tivesse vivido, a de Napoleão ou de De Gaulle como se os tivesse conhecido. Ora, tudo isso tem como efeito – como já vimos – reforçar os vínculos entre os membros do grupo, que se torna uma entidade superior a cada um deles.

Que as massas tenham ideias diferentes daquelas dos indivíduos que as compõem e emoções mais intensas, que nelas se exerça uma autoridade de natureza psíquica, eis noções que todos os que escreveram sobre elas compartilham. Inclusive Durkheim, que as coloca na base de suas teorias. Retornemos àquilo que o separa da psicologia das multidões corrente e constitui a sua originalidade. Quando seguimos essas noções até a sua conclusão lógica, resulta que as massas são incapazes de criar na arte e no pensamento, ou de resolver os problemas que elas encontram. Somente os indivíduos isolados podem fazê-lo, os especialistas de elite ao longo de um trabalho refletido e solitário. E, no entanto, as línguas, a poesia, os mitos, os cantos e as religiões, bem como a caça ou a agricultura, foram descobertos de maneira coletiva. Durkheim recusa a conclusão de Le Bon e Tarde. A psicologia das massas concebida por ele é aquela da "multidão que reúne um ideal" e que é capaz de criação intelectual e religiosa. Esse princípio é seu ponto de partida. E a partir de agora também será o nosso.

O que acontece então quando os indivíduos formam uma massa? Segundo a psicologia das multidões, existe um fenômeno de *regressão* ao longo do qual a consciência de cada um se enfraquece. Ele retorna a um estado que evoca o do primitivo, da criança ou do neurótico. Ao mesmo tempo se libera o substrato de valores e de costumes atávicos que compõe o fundo inconsciente do grupo. Este tem, consequentemente, uma inteligência menor e mais superficial do que seus membros tomados separadamente. Eles se amalgamam tornando-se imitativos, sugestionáveis, impulsivos e também violentos. Quando Durkheim observa o que acontece ao longo dessa reunião, ele nota que, no início, cada indivíduo, isolado ou não, está enclausurado em seu mundo como uma mônada sem poder se comunicar diretamente com os outros:

> Com efeito [escreve ele], as consciências individuais são fechadas umas nas outras; elas só podem se comunicar por meio de signos que traduzem seus estados interiores. Para que o comércio que se estabelece entre elas possa resultar em uma comunhão, isto é, em uma fusão de todos os sentimentos particulares em um sentimento comum, é preciso então que os próprios signos que as manifestam venham se fundirem em uma só e única resultante[38].

---

38. DURKHEIM, É. *Les formes élémentaires de la vie religieuse*. Op. cit., p. 603.

O que permite às consciências particulares se abrirem, aos seus mundos interiores se encontrarem no exterior e se reunirem? Sua psicologia deve explicar a metamorfose, a passagem de um estado de sociedade em que os indivíduos estão voltados para eles mesmos a um estado em que comungam e se fundem, e não a sua confusão e dissolução em uma multidão. Ora, o que torna possível a fusão é um fenômeno de *possessão*. Sob a influência que exercem uns nos outros, vemos os indivíduos saírem de suas células mentais, superarem a fobia dos contatos, acomodarem sentimentos e representações. Exaltados, eles se conduzem como se estivessem imbuídos de uma força extraordinária que decuplica sua energia física e seu ardor intelectual. Aparentemente, tudo se passa como se tivessem sido transportados para fora da realidade, anestesiados a tudo o que não seja o grupo agindo neles e sobre eles. Na realidade, é frequente que a maior parte deles chegue a uma certa clareza interior e uma consciência superiores ao ordinário. É bem conhecido que a possessão se associa, em toda parte, a um cerimonial religioso e mágico de que ela extrai a sua eficácia. "Suas modalidades são fixadas pela tradição [observa Lévi-Strauss], o seu valor é sancionado pela participação coletiva"[39].

Interessa-nos aqui o conteúdo verdadeiro da "histeria coletiva", da "excitação", ou do "processo psicossocial", mencionados mais acima. Trata-se do momento em que a paixão pela sociedade e de estar em sociedade se manifesta ao paroxismo. Então não vivemos em um único plano de consciência e compreendemos que cada um de nós é duplo. Cada um é, ao mesmo tempo, um ser individual e um ser coletivo. A possessão os reúne e os estimula um pelo intermédio do outro.

Para expressar isso, Durkheim utiliza a palavra bastante neutra e mais geral, porém vaga, de efervescência. Como já sabemos, ela designa o estado particular que os ritos criam em uma sociedade, elevando seu tônus e colocando-a em movimento. Seus membros começam a se conduzir juntos de maneira mais

---

39. LÉVI-STRAUSS, C. Introduction. In: MAUSS, M. *Sociologie et anthropologie*. [s.n.t.], p. XVIII.

arriscada, a comprometer seus interesses e sua reputação, e até mesmo a violar as regras que se deram. As relações que travam os conduzem a uma intimidade moral e física que não poderiam suportar na sobriedade do cotidiano. Eles se encontram na sociedade dos outros como neles mesmos. É no meio dessa efervescência que os deuses são imaginados, as religiões inventadas e suas forças reconhecidas. Explicá-la significa então explicar as origens dos primeiros e das segundas. Mas se desejamos nos representar claramente a efervescência, vê-la sob sua verdadeira luz, é à instituição e à prática da possessão que devemos nos dirigir. Ela é uma realidade psicológica e social que choca. Ficamos ainda mais chocados ao vermos lhe atribuírem um papel tão capital, uma vez que muito já se fez para exorcizá-la como diabólica ou patológica, de acordo com a época. Contudo, quem poderia negar o vínculo entre efervescência e possessão atestado por tudo, pelos fenômenos que Durkheim elege, pela função que lhes designa e até pelas palavras que emprega para falar sobre isso?

Na possessão feliz, autenticamente religiosa, o fiel busca deliberadamente o transe. Isto é, o encanto da euforia graças ao qual um ser reverenciado se introduz em seu corpo. A diferença entre mundo exterior e mundo interior é abolida. O eu e o outro se interpenetram, se comunicam. Existe aí um fato surpreendente, e até mesmo misterioso. É o grande mistério encontrado em todas as religiões, ao longo das reuniões que as multidões e sua fé celebram. Assim, na Bíblia, o jovem rei Saul ouve a predição: "E eis que quando tu tiveres chegado ao outeiro de Deus [...] tu encontrarás um grupo de *nabi'im*, descendo do alto do céu e diante deles uma lira e um tambor, uma flauta e uma harpa, e fazendo *nabi*. E virá sobre ti o espírito de Javé, e tu farás *nabi* com eles e tu serás transformado em um outro homem" (1Sm 10,5). A expressão "fazer *nabi*" significa ser possuído. Seu equivalente é encontrado nas festas de Dioniso na Grécia. Levados pela música e pela dança, cortejos de fiéis se uniam ao deus. As distâncias entre classes se atenuavam durante o culto em que cada um se absorvia, obedecendo à palavra sagrada: "Esquece a diferença e tu encontrarás a identidade, reúne-te ao grupo e tu serás feliz hoje". Durante o transe, os indivíduos parecem ter mudado de personalidade. Um deus, um espírito, um gênio, um ancestral se apoderou de seus corpos. Substitui-se a eles e age no lugar deles.

A possessão é amplamente difundida pelo mundo. O cristianismo a conheceu em suas procissões e cultos dedicados aos santos[40]. Nessas ocasiões de encontros, liberavam-se sentimentos espontâneos de fraternidade. Os crentes reencontravam a comunidade perdida, as barreiras sociais diminuíam, a fé lhes insuflava seu espírito caloroso. Na África existem inúmeras sociedades de possessão. Ao longo das cerimônias, seus membros experimentam juntos a indefinível presença da divindade particular.

> O que choca [escreve o antropólogo francês Laplantine], quando penetramos nos grupos, é a intensa participação dos crentes, seu fervor irradiante, seu calor antes intempestivo em uma época em que a reserva e a frieza quase cadavérica de nossas relações cotidianas são erigidas como modelos de comportamento, é enfim seu caráter decididamente carismático que relembra irresistivelmente o ardor dos primeiros cristãos[41].

Isso é evidente nas ocasiões de fausto, cerimônias, festas e orgias de alimentação e de sexo. Todavia, não importam as circunstâncias, a possessão mistura seres vindos de todos os horizontes, os metamorfoseia e lhes abre às visões ou sensações que saem do ordinário. Eles manifestam uma sociabilidade e uma atividade excessivas como se tivessem rompido um dique. Em vez de se absorverem neles mesmos, vemo-los aceder a uma espécie de inspiração e de criatividade desconhecida. Esse fenômeno deve ter interessado a Durkheim e forma a trama de seu pensamento. A ideia e a coisa já eram familiares na Europa desde os gregos. Basta pensar na constância com que davam como causa da inspiração dos poetas e dos oráculos uma participação divina e uma possessão. Platão, para ficar apenas em seu exemplo, atribui aos delírios inspirados pelos deuses o dom do poeta que celebra em suas odes e em suas epopeias os altos feitos da cidade.

---

40. BROWN, P. *Le culte des saints*. Paris: Cerf, 1984.
41. LAPLANTINE, F. *Les trois voix de l'imaginaire*. Paris: Universitaires, 1979, p. 155.

Mas igualmente os efeitos auspiciosos dos ritos de purificação e de expiação. Ele escreve em *Fedra*:

> O delírio é para nós a fonte dos maiores bens, quando é o efeito de um favor divino. Foi no delírio, com efeito, que a profetiza de Delfos e as sacerdotisas de Dodona prestaram importantes serviços à Grécia, tanto aos particulares quanto aos Estados; de cabeça fria, elas não foram muito ou nada úteis. Não falemos da sibila e de outros adivinhos inspirados pelos deuses que, por suas previsões, puseram muitas pessoas no caminho certo: seria alongar o discurso sem nada ensinar a ninguém.

Também não alongarei o meu. Essas manifestações psíquicas e coletivas são atestadas pela maioria das religiões. Tendemos a ver nelas uma loucura passageira, o sentimento da realidade sucumbindo diante da paixão. Cada um dos episódios em que a emoção escapa ao nosso controle e nos impede de perceber sobriamente nossa verdadeira situação, parece-nos um sinal precursor da loucura, ou pelo menos um indício da precariedade de nossa razão. Durkheim confere, no entanto, a essas manifestações o caráter de um mecanismo geral que deve ser reencontrado em toda parte onde homens reunidos formem uma massa. Portanto um mecanismo da vida social, o mais elementar de todos. Necessário e desejado, sustentado pelos rituais, ele não tem nada de mórbido nem de anormal, exceto em aparência. A cada vez, nós o reconhecemos pelos seus dois momentos essenciais: primeiramente o êxtase de cada indivíduo que se evade de si mesmo – no sentido literal, o êxtase é a palavra que faz você sair de você mesmo. Depois, o entusiasmo, meio de acesso a um mundo diferente, o do deus que carregamos em nós. Gernet resume isso assim: "O êxtase é uma 'saída'; o entusiasmo é uma 'possessão'"[42]. Os antropólogos que examinaram fatos análogos nas diversas culturas os descrevem aproximadamente nos mesmos termos.

O fato certo é que Durkheim neles encontrou a ideia, compreendeu o partido que se poderia tirar e lhe deu a extensão que

---

[42]. GERNET, L. *Anthropologie de la Grèce Antique*. Paris: Flammarion, 1981, p. 15.

conhecemos. E mesmo sem recuar diante de nenhuma de suas consequências, inclusive a de reconhecer que, quando a vida religiosa atinge um certo grau de intensidade, por uma exaltação psíquica, ela pende para o delírio; ele, no entanto, esclarece:

> Mas se, por essa razão, podemos dizer que a religião não existe sem um certo delírio, é preciso acrescentar que esse delírio, se tem as causas que lhe atribuímos, *é bem fundamentado*. As imagens que apresenta não são ilusões [...] elas correspondem a alguma coisa no real. Sem dúvida, faz parte da natureza das forças morais por elas expressadas não poder afetar com alguma energia o espírito humano sem colocá-lo fora dele mesmo, sem mergulhá-lo em um estado que podemos qualificar de *extático*, desde que a palavra seja tomada em seu sentido etimológico; mas não se pode concluir que elas sejam imaginárias. Muito pelo contrário, a agitação mental que elas suscitam atesta a sua realidade[43].

Poderia multiplicar as citações desse gênero. Elas fariam com que experimentassem mais fortemente a incansável convicção que Durkheim tem da virtude tônica de toda comunicação extática. É ela, com efeito, que permite perceber diretamente a íntima cumplicidade entre o psiquismo individual e o psiquismo coletivo sob as pressões mais imperativas do grupo. Não é necessário muito mais para que as crenças de caráter religioso, as crenças mágicas que lhe atribuímos se tornem efetivas. Que não nos surpreendamos, portanto, se, ao longo da possessão, as artes contribuam e sejam o suporte desse consentimento que, em todas as épocas, é gerador de sentido, e até mesmo de realidades. Aqui as observações de Mauss nos são preciosas, fazendo reviver a cena em que os membros do clã,

> confundidos no entusiasmo de sua dança, na febre de sua agitação, [eles] não formam senão um único corpo e uma única alma. É somente então que o corpo social está verdadeiramente realizado [...]. Em semelhantes condições [...] o consentimento universal pode criar realidades. Todas essas mulheres *dayaks*

---

43. DURKHEIM, É. *Les formes élémentaires de la vie religieuse*. Op. cit., p. 324.

que dançam e carregam sabres estão, de fato, na guerra; elas a fazem assim e é por essa razão que acreditam no sucesso de seu rito. As leis da psicologia coletiva violam aqui as leis da psicologia individual. Toda a série de fenômenos, normalmente sucessivos, volição, ideia, movimento muscular, satisfação do desejo, tornam-se absolutamente simultâneos. É porque a sociedade gesticula que a crença mágica se impõe e é por causa da crença mágica que a sociedade gesticula[44].

Essa é a consequência obrigatória de um princípio que, sob nomes diferentes, sempre a guia: transformar o descontínuo em contínuo, fundir em um momento o que ela esfacela em outro.

Resumindo o que precede: inspirada pelo espetáculo das multidões, pela violência aparentemente irracional das massas revolucionárias, a psicologia das multidões nelas vê um fenômeno de regressão. A consciência e a inteligência crítica dos indivíduos diminuem e nelas são alteradas. Durkheim, ao pensar nos ritos e nas procissões religiosas, percebe neles um fenômeno de possessão em que cada membro da sociedade é projetado para fora de si mesmo para reencontrar os seus semelhantes. A vida que assim se renova exalta suas faculdades de visão e suas possibilidades de agir acima do nível ordinário. Mas em nenhum momento o contato com a realidade é rompido. Por seu teor em energia, o mundo da possessão completa e torna possível o mundo da moral e da religião. Ele reaproxima os desejos do indivíduo e as necessidades da sociedade, que o mundo da razão não cessa de distanciar. Foi necessária essa premissa para que uma nova visão da religião se afirmasse: antes de ser crença, dogma, ela é paixão e ardor que reúne os fiéis.

Caso um dia os cientistas inventem uma máquina do tempo, seria interessante voltarmos à época e ao entorno que inspiraram semelhante concepção. Essa descoberta permitiria sem dúvida verificar que muitas das coisas escritas por Durkheim correspondem à sua própria experiência religiosa e às suas leituras de Platão. O elemento platônico é nele inegável; em primeiro lugar,

---

[44]. MAUSS, M. *Sociologie et anthropologie*. Op. cit., p. 126.

a crença na presença, nas coisas, de ideias que seriam mais reais do que elas e que delas dariam conta. Se a possessão lhe importa, é para encarnar as ideias nas massas e para lhes comunicar a eficácia. Eu diria até mesmo a saúde, pois, para ele, como para Italo Svevo, em *A consciência de Zeno*, a vida social assim como a própria vida "parece um pouco com a doença: ela também procede por crises e por depressões".

Qual é a psicologia coletiva que Durkheim imagina para explicar o afluxo de energia que permite aos homens fabricar o sagrado? Ao longo desses estados de efervescência, observamos em primeiro lugar que condutas, crenças e movimentos se polarizam. Uns e outros se tornam ao mesmo tempo mais extremos e mais semelhantes. Os indivíduos reunidos gritam, berram, se entregam a gesticulações rituais, expressam sua dor ou sua alegria com frenesi. Sua atenção é requisitada simultaneamente pelas mesmas coisas, pelas mesmas imagens e pelos mesmos personagens. Produz-se uma espécie de propagação irresistível das palavras, das ideias e das emoções que são canalizadas em uma única direção, o próprio totem ou o oficiante. Além disso, à medida que cada um participa mais, a massa se aglutina, os indivíduos se reaproximam e se colocam em uníssono, corpo a corpo, espírito a espírito. Até o ponto culminante, o paroxismo da emoção, que abate os próprios interditos. É um efeito paradoxal que a suspensão das regras e das proibições seja a própria condição de sua autoridade e respeito.

Em várias ocasiões, Durkheim insiste no caráter radical da transformação dos indivíduos reunidos:

> Libera-se dessa reaproximação uma espécie de eletricidade que os transporta rapidamente a um extraordinário grau de exaltação. Cada sentimento expressado vem repercutir, sem resistência, em todas as consciências amplamente abertas às impressões exteriores: cada uma delas faz eco às outras e reciprocamente. O impulso inicial vai assim se amplificando à medida que se repercute, como uma avalanche cresce à medida que avança[45].

---

45. DURKHEIM, É. *Les formes élémentaires de la vie religieuse*. Op. cit., p. 339.

Em outros trechos o sociólogo mostra sua fascinação pelas mudanças observadas e que

> não são apenas de nuança e de grau; o homem torna-se outro. As paixões que o perturbam são de tal intensidade que podem apenas se satisfazer por meio de atos violentos, desmedidos: atos de heroísmo sobre-humano ou de barbárie sanguinária. É isso o que explica, por exemplo, as cruzadas, e tantas outras cenas, sublimes ou selvagens, da Revolução Francesa. Sob a influência da exaltação geral, vemos o mais medíocre burguês se transformar ou em herói ou em carrasco. E todos esses processos mentais são realmente aqueles que estão na raiz da religião que muitas vezes os próprios indivíduos se representaram, sob uma forma expressamente religiosa, a paixão à qual eles assim cedem[46].

Os quadros descritos por Durkheim são de uma grande vivacidade ainda que em alguns lugares falte profundidade à sua visão. De minha parte, não busco explicar esse aspecto da possessão que conduz os indivíduos a participarem da comunidade e a se polarizarem. Quero apenas demonstrar que ela corresponde àquilo que observamos nos momentos de efervescência ritual. Em seguida, ela comporta um desdobramento da personalidade. Ao tomar parte no cerimonial, cada um é, ao mesmo tempo, ele mesmo e um outro, ele vive em dois mundos, o sagrado e o profano. A observação não é nova. O possuído tem a impressão de que uma outra pessoa fala pela sua boca, imprime-lhe os seus gestos, dita-lhe os seus sentimentos e empresta-lhe uma energia que normalmente ele não possui. Ele não se identifica a um personagem – seu pai, deus etc. – e não diz a si mesmo "eu sou um outro". De preferência ele participa dele, no sentido de Lévy-Bruhl, o seu eu é e não é um outro. Sua existência se desenrola em vários planos. Ele se volta para dentro, para esse reino dos seres fantásticos e dos deuses que lhe emprestam os traços do rosto ou a voz. O que não impede que ao longo do próprio transe, a acuidade dos seus sentidos se reforce. Ele não perde o sentimento do

---

[46]. Ibid., p. 301.

real, sabe perfeitamente onde se encontra e o que deve fazer, até o rodopio fantástico e terminal. A prova disso é que executa os ritos com uma grande exatidão e leva em conta, em seus movimentos ritmados pela dança e pelo canto, o meio físico.

Ora, esse desdobramento permite a cada um pertencer a dois mundos. Fora dele mesmo como uma serpente que deixa sua velha pele, tomado no movimento,

> tudo se passa como se ele fosse realmente transportado para um mundo inteiramente diferente daquele em que vive ordinariamente, para um meio inteiramente povoado de forças excepcionalmente intensas que o invadem e o metamorfoseiam. De que modo experiências como aquelas, sobretudo quando se repetem a cada dia durante semanas, não lhe deixariam a convicção de que efetivamente existem dois mundos heterogêneos e incompatíveis entre eles? Um é aquele onde ele arrasta languidamente a sua vida cotidiana; no outro, pelo contrário, ele não pode penetrar sem, de imediato, entrar em relação com potências extraordinárias que o galvanizam até o frenesi. O primeiro é o mundo profano, o segundo o das coisas sagradas[47].

Assim, a sociedade está unida, intensa. E cada um de seus membros se desdobra em um ser físico e um ser ideal, divino caso se queira, e consagrado.

Por fim, ao longo da possessão, assiste-se ao que chamei uma "ressurreição das imago"[48], dos emblemas e dos símbolos que se revivificam e agem em profundidade. No curso ordinário da existência, eles são reduzidos à posição de signos convencionais ou de artefatos: o totem, por exemplo, é um objeto trivial, a palavra pátria, uma palavra qualquer, ou a bandeira, um lenço colorido enrolado em volta de um bastão. Nas celebrações e nas festas, eles reencontram um valor sagrado e são, como se poderia dizer, inervados. Seu poder se regenera no mesmo instante em que a seiva da vida comum recomeça a circular, como a água no leito de um rio seco, e as profundezas da memória são remexidas:

---

47. Ibid., p. 313.

48. MOSCOVICI, S. L'âge des foules. Op. cit., p. 395.

> A fé comum [escreve Durkheim] reanima-se muito naturalmente no seio da coletividade restituída; ela renasce, porque se reencontra nas mesmas condições em que estava primitivamente. Uma vez restaurada, ela facilmente triunfa sobre todas as dúvidas que poderiam surgir nos espíritos. A imagem das coisas sagradas retoma força suficiente para poder resistir às causas internas ou externas que tendiam a enfraquecê-la. A despeito de suas falhas aparentes, não se pode mais acreditar que os deuses morrerão, uma vez que os sentem reviver no fundo de si mesmos[49].

É difícil expressar mais enfaticamente a ideia de que se os indivíduos separados se enfraquecem, perdem confiança em suas crenças e nos signos que as representam, uma vez reunidos eles reencontram o seu vigor original.

Como permanecer insensível a esses textos vibrantes que parecem arrancados à carne de seu autor para sugerir a sua verdade? Eles lançam uma luz inquietante, semelhante à luz de um farol que transpassa a superfície do mar, sobre as proposições que se encadeiam, página após página, com uma monotonia desejada, quase encantatória. Como se a uniformidade fosse o único brilho permitido à ciência, assim como a uniformidade de uma cor negra ou cinza sobre a tela de um Rothko é o único brilho de sua pintura. Ao percorrer essas páginas, sentimos que a única coisa que seu autor julga inviável, e até mesmo insociável, é a existência apática e a indiferença das ocupações cotidianas. Ouvimos através de sua sociologia o eco do pensamento de Pascal: "Nada é tão insuportável ao homem quanto estar em pleno repouso sem paixão, sem negócios, sem divertimentos, sem aplicação".

Observem bem que a possessão, polarizando as crenças do grupo, desdobrando o indivíduo e o seu universo, fazendo ressurgir da memória símbolos e emblemas, torna o homem sociável e a existência suportável. É um impulso dos ritos e uma exaltação das faculdades que apela e suscita criações nesses momentos

---

49. DURKHEIM, É. *Les formes élémentaires de la vie religieuse*. Op. cit., p. 494.

privilegiados. Criações que, aliás, associamos a outras formas de inspiração, sobretudo da ciência e da arte. Será que foi assim que Durkheim viu as coisas? Pelo menos é assim que as vemos por meio de seus inúmeros escritos. Os especialistas que confundem suas descrições, definições e taxonomias com o objetivo último de sua teoria, que é o de explicar, não se detêm muito à psicologia que a fundamenta. Esse é o caso da maioria deles. Não se dão ao trabalho de examiná-la, como se ali existissem apenas bobagens ou falatórios. Não reconhecer nessa psicologia uma teoria daquilo que o homem e a vida em comum são para Durkheim significa iludir e se iludir. Ela está sempre presente, quaisquer que sejam os fatos morais, industriais ou políticos de que ele trate. Que ela seja até mesmo indispensável deve-se ao fato de que a razão seria impotente para cimentar os vínculos entre os homens e para alimentar sua ação. Durkheim recrimina isso a um sociólogo alemão que pretendia tudo fundamentar sobre ela:

> O que fará então a multidão? Como obterão dela que se dedique aos interesses comuns? Sem dúvida nos repugna admitir uma antinomia entre o coração e o espírito. Mas, por outro lado, o sentimento nos parece ser coisa demasiado complexa para poder ser refletido sem perigo por todo mundo. Busquem um homem comum e, por meio de uma esmerada educação, livrem-no de seus instintos e de seus hábitos; deem-lhe a plena consciência de si mesmo; façam dela uma razão pura. Assim transformado ele não compreenderá mais a grandeza do patriotismo, nem a beleza do sacrifício e do desinteresse[50].

E nem a sociedade poderá mais atingir esses ápices de energia e de intensidade em que ela sai de seu leito e se cria uma espécie de obra de artista.

Voltemos aos australianos. Eis como os descreve a célebre expedição de Horn que penetrou no centro da Austrália em 1894:

> O aborígine da Austrália Central é o representante vivo da idade da pedra; ele ainda confecciona suas pontas de lanças e suas

---

50. DURKHEIM, É. *Textes*. T. 1. Op. cit., p. 376.

facas a partir de sílex e do arenito, e realiza por meio delas as operações cirúrgicas mais audaciosas. Suas origens e sua história se perdem nas brumas tenebrosas do passado. Ele não tem anais escritos e possui poucas tradições orais. Seu aspecto exterior é o de um selvagem hirsuto e nu, com traços que às vezes evocam nitidamente o tipo judeu [...]. Crenças religiosas, ele não as tem, mas é extremamente supersticioso, vivendo constantemente no temor de um mau espírito que pode ter se escondido à noite em volta de seu campo. Ele não tem gratidão, salvo de espécie interessada, e é tão traidor quanto Judas[51].

Como todo estrangeiro, esse famoso aborígine, sobre cujos ombros construíram-se tantas carreiras autóctones entre nós, não é percebido como um indivíduo, mas como o representante de uma raça ou de uma cultura. O olhar lançado sobre ele o mantém sempre à distância e o compara a quem lhe é mais próximo, um outro estrangeiro. O gesto aqui realizado por Durkheim, e com razão eu diria, após o exame desses testemunhos e de descrições análogas, consiste, pelo contrário, em nos aproximar desses australianos. Ele os trata como indivíduos, robustos e pobres, em todo caso piedosos. Sua vida no seio de um clã passa por duas fases, como a de qualquer lugarejo naquele momento. Durante a primeira, os indivíduos dedicam-se às suas tarefas, ocupam-se sozinhos ou em pequenos grupos da caça ou da pesca. Levam uma vida bastante despojada e monótona, presos aos seus instintos individuais e ocupados, sobretudo, com os afazeres domésticos. Nesse estado de dispersão, a vida é "uniforme, lânguida e insípida"[52]. Mas, durante a segunda fase, a população se concentra. Um acontecimento feliz ou infeliz reúne as pessoas, quando não é a celebração de um culto. Em particular, nas épocas em que a pesca e a caça são impossíveis, aproveitam para celebrar os casamentos, concluir transações. São muitas as ocasiões de grandes reuniões. Observa-se então que os indivíduos afluem, exaltam-se reciprocamente, comunicam intensamente, agitam-se até que o movimento se regularize e se ritualize. O

---

51. Apud EVANS-PRITCHARD, E. *A history of anthropological background*. Op. cit., p. 159.

52. DURKHEIM, É. *Les formes élémentaires de la vie religieuse*. Op. cit., p. 308.

grupo se reconstitui e se afirma sob a imagem dos espíritos dos totens com uma força excepcional. Batem os bumerangues uns contra os outros, giram e fazem mugir os *bull-roarers*.

> De repente [escreve Durkheim], a efervescência atinge tamanha intensidade que conduz a atos espantosos. As paixões desencadeadas são de uma tal impetuosidade que não se deixam conter por nada. Eles estão de tal modo fora das condições ordinárias da vida, têm tanta consciência disso que sentem uma espécie de necessidade de se colocarem fora e acima do mundo ordinário[53].

Vocês reconhecem aqui todos os efeitos visíveis da entrada em possessão da massa recomposta dos clãs. Acontecem entre eles, como em toda parte, misturas e efusões, orgias sexuais e uniões incestuosas que pontuam as solenidades religiosas. Tudo o que a sociedade reverencia e tudo o que ela condena, tudo o que ela proíbe e tudo o que ela provoca funde-se em um *élan* comum. Podemos conceber facilmente que as energias assim reunidas e estimuladas superam as forças de cada um e se impõem à sua revelia. Para alcançar esse júbilo e essa unanimidade, é preciso que os homens se sintam de algum modo possuídos. Eles se exaltam e se entusiasmam ao longo do transe que toma uma direção única para a reunião com o sagrado. Pouco importa que a ocasião seja uma festa ou um luto. Neste último caso também, "é o mesmo frenesi que arrebata os fiéis, é a mesma tendência para os desregramentos sexuais, sinal evidente de uma superexcitação nervosa"[54]. O fervor e a inspiração que se propagam trazem a marca dessa superexcitação. É o signo da efervescência provocada pelos ritos que atrai a religião e que a religião atrai. A atividade a que ela dá lugar e que a cria, na Austrália, está "quase inteiramente concentrada nos momentos em que essas assembleias acontecem"[55]. Mais fortemente do que em qualquer outra época, crenças comuns e tradições comuns têm uma presença certa para cada um e modelam os seus sentimentos.

---

53. Ibid., p. 309.
54. Ibid., p. 374.
55. Ibid., p. 313.

Encontramos um traço característico de toda possessão: o homem se crê governado por uma potência externa e superior. Aqui também os indivíduos unidos em uma celebração experimentam poderosamente a força religiosa de seu totem e estão convencidos de que ele inspira suas palavras e dirige suas condutas.

> Eles a sentem presente e atuante neles, uma vez que é ela que os conduz a uma vida superior. Eis como o homem acreditou que nele havia um princípio comparável àquele que reside no totem; e como, em seguida, ele se atribuiu um caráter sagrado, mas menos marcado do que aquele do emblema, pois o emblema é a fonte eminente da vida religiosa; o homem só participa dela indiretamente e tem consciência disso; ele se dá conta de que a força que o transporta ao círculo das coisas sagradas não lhe é inerente, mas lhe vem de fora[56].

Na realidade, ela lhe vem da coletividade reunida. Multiplicando os contatos e tornando-os mais íntimos, ela muda o conteúdo da consciência e torna possíveis atos de que o indivíduo, reduzido somente às suas próprias forças, é incapaz. Imagens e fórmulas retomam vida e vigor. As lembranças confundidas reúnem o presente ao passado, os seres reais aos seres irreais. Com certeza existe método nesses êxtases e nesses entusiasmos. Ele responde a uma necessidade e visa a eficácia. Vou dizê-lo de modo mais exato. Enquanto os indivíduos permanecem disseminados e em estado de languidez, sem nenhuma paixão vigorosa, a comunidade lhes parece distante. Ela intervém pouco em seus raciocínios e em suas ações. Uma vez retomada nesses movimentos periódicos, ela se torna novamente onipresente e intensa. A vida religiosa atinge então uma profundidade que conduz os fiéis a uma exuberância verbal próxima do delírio. As representações coletivas que nascem nessas circunstâncias guardam a sua marca. Não por serem religiosas, mas porque os homens as criam conjuntamente nesse estado forte. Estaríamos inclinados a dizer que esse é o caráter normal de toda representação.

---

56. Ibid., p. 317.

De resto [afirma Durkheim], e isso é essencial, se chamarmos delírio todo estado em que o espírito acrescenta dados imediatos à intuição sensível e projeta seus sentimentos e suas impressões nas coisas, talvez não exista representação coletiva que, de certa forma, não seja delirante; as crenças religiosas são apenas um caso particular dessa lei geral. O meio social inteiro nos aparece de certa forma povoado de forças que, na realidade, não existem senão em nosso espírito[57].

Por razões semelhantes, observei anteriormente que uma representação social nos representa e se representa, tanto quanto representa alguma coisa. Como ela poderia ser um reflexo objetivo e lógico, no sentido formal da palavra, uma vez que nós nos representamos nela? Se o fosse, ela não seria social[58]. Não que juntos refletíssemos de maneira menos inteligente. E menos ainda porque o pensamento coletivo é ingênuo ou concreto, como se pretende. Mas porque essa representação nasce em circunstâncias particulares e tem objetivos que lhe são próprios.

Vamos mais adiante. Perguntemo-nos se a coloração afetiva desse estado de efervescência deixa suas marcas nas representações que nele são criadas e as explica. Muitas vezes foi dito que a angústia e o temor são as razões pelas quais os povos possuem religiões. A fórmula *primus in orbe deos fecit timor* não resume, todavia, o que se observa durante os rituais e as cerimônias dos australianos. É muito mais a exaltação dos reencontros, animada por cantos, por danças, e organizada por representações cênicas. Seria então necessário relembrar que a divindade habita o mesmo meio que os homens? E que ela os penetra, torna-se uma parte tangível deles mesmos? Assim, segundo Durkheim, essa fórmula é falsa. É preciso procurar a origem do totemismo antes em uma "alegre confiança" e em uma efusão tônica. Os deuses não são nem ciumentos nem terríveis. E também não esmagam com sua força os membros do clã.

---

57. Ibid., p. 326.

58. MOSCOVICI, S. *La psychologie*: son image et son public. 2. ed. Paris; PUF, 1976, primeiro capítulo.

Seria esse um traço particular ao totemismo? A efervescência de uma comunidade, os cantos e as danças, a gesticulação e o êxtase, tudo isso que, segundo Durkheim, caracteriza a vida religiosa dos australianos, também pode ser observado tanto nas dionisíacas ou em outros lugares[59]. Ele próprio pôde observá-lo de perto nas seitas pietistas e, muito melhor, entre os hassidim. Quanto a mim, encontrei uma grande similitude entre as descrições de Durkheim e algumas passagens dos escritos de Isaac Bashevis Singer, evocando as comunidades aldeãs polonesas com seus rabinos e seus "loucos de Deus".

Portanto tudo leva a crer que sua explicação dos motivos pelos quais os homens criam deuses depende menos da particularidade da religião australiana do que da constelação psíquica da comunhão que a suscita. Ora, essa constelação, as festas e as cerimônias que a sustentam, pode durar apenas um tempo bastante limitado. Após ter atingido seu apogeu, as energias concentradas tornam-se menos ativas, os movimentos tornam-se mais lentos, e cada participante se afasta para retornar às suas ocupações utilitárias. Os australianos se dispersam, e os assuntos da tribo ou do clã perdem importância. Interessam-se apenas pelo imediato e pelo que está próximo, a casa, a caça e a pesca que eles desejam tão frutuosas quanto possível.

> Quando o australiano sai de uma cerimônia religiosa, as representações que a vida comum nele estimulou e despertou não são imediatamente abolidas. As figuras dos grandes ancestrais, as façanhas heroicas cuja lembrança é comemorada pelos ritos, todo tipo de coisas importantes das quais o culto o faz participar continuam vivendo em sua consciência por intermédio das emoções a elas ligadas, por intermédio da ascendência que exercem; e se distinguem nitidamente das impressões vulgares nele sustentadas pelo comércio cotidiano com as coisas exteriores[60].

---

59. NANCY, J.L. *La communauté désœuvrée*. Paris: C. Bourgois, 1986.
60. DURKHEIM, É. *Les formes élémentaires de la vie religieuse*. Op. cit., p. 376.

Gosto, nesse trecho, da palavra "vulgar". Ela fala do retorno à prosa da vida. Enquanto se encontra em um estado de possessão, tomado corpo e alma pela sociedade, ornado e inspirado, o australiano é mais do que um homem. É isso o que o sagrado denota. Retornado à terra das rotinas cansativas e que se repetem ao longo dos dias, ele pode se perguntar como se deixou levar a essas gesticulações, essas extravagâncias, esses atos extáticos e entusiastas. Mas guarda deles a nostalgia e espera o retorno ao seio da comunidade revivificada. Desse modo, como as "intermitências do coração" em Proust, as "intermitências do sagrado"[61] em Durkheim afetam as relações sociais. A devoção do australiano conhece estados em que a "completa atonia" se alterna com a "hiperexcitação", e toda existência comum passa pelas mesmas oscilações. Podemos reconhecer nisso um ritmo psíquico e coletivo que pontua a vida de outras sociedades, enquanto a religião é um componente das relações entre seus membros. Em um outro sentido, diria que o totemismo dos australianos é uma religião temporária que flutua, como o próprio clã, entre o sagrado e o profano. Para que as religiões se tornem permanentes, é preciso uma organização, sacerdotes qualificados que celebrem os ritos ao longo do ano e, enfim, uma Igreja que tenha o monopólio da efervescência e dela faz a sua especialidade. Mas a primeira etapa é uma comunhão criadora de deuses e de rituais que favorece esse dom prodigioso de consagrar e idealizar qualquer coisa, inclusive a própria sociedade.

A psicologia de Durkheim quer nos fazer compreender o porquê. Já evoquei isso de maneira relativamente sucinta, levando

---

[61]. "Para que os seres sagrados, uma vez concebidos, não necessitassem dos homens para durar, seria então necessário que as representações que os expressam permanecessem sempre iguais a elas mesmas. Mas essa estabilidade é impossível. De fato, é na vida em grupo que elas se formam, e a vida em grupo é essencialmente intermitência. Elas participam, portanto, necessariamente da mesma intermitência. Elas atingem o seu ponto máximo de intensidade no momento em que os indivíduos estão reunidos e em relações imediatas uns com os outros, em que todos eles comungam em uma mesma ideia ou em um mesmo sentimento. Mas uma vez que a assembleia se dissolve e que cada um retomou sua existência própria, elas perdem progressivamente sua energia primeira" (DURKHEIM, É. *Les formes élémentaires de la vie religieuse*. Op. cit., p. 493).

em consideração o vasto espaço que ele lhe consagra[62]. Quando ampliamos o campo de visão, observamos em que a psicologia de Durkheim se distingue da psicologia de seus contemporâneos. A maioria dos psicólogos das multidões, quer eles desejem ou não, pensa os estados de massa como estados vizinhos da histeria coletiva, calcada na histeria individual, descrita pela psicologia clínica e pela psicanálise. Ou ainda como a célebre "loucura a dois" do líder e da massa. É evidente que Durkheim pensa na *mania*, característica do estado em que se encontram os indivíduos ao longo das cerimônias de possessão, descrito pelos filósofos e pelos dramaturgos antigos. Um estado seguido pelo isolamento, pelo langor, e até mesmo pela impalpável depressão. Ele considera então a vida social como uma alternância de humores e de relações em um ciclo que vai da mania à melancolia, e assim por diante. Mauss constata isso, como se houvesse necessidade, escrevendo que Durkheim

> já empregava, no fundo, essas noções de estenia e de astenia, de coragem e de fraqueza diante da vida [...] Durkheim fez, aliás, um amplo uso dessas ideias em suas *Formas elementares da vida religiosa*[63].

Não sabemos muito bem onde situar a origem dessa sequência, nem no que ela resulta. Existe, em contrapartida, um notável acordo, ainda que formulado em termos diferentes, sobre a

---

[62]. A existência e a amplitude dessa psicologia são sempre uma fonte de desconforto para a sociologia. Por isso se esforçam para reduzir sua importância, como transparece no seguinte comentário: "Durkheim diz que a sociedade é criadora de religião quando está em efervescência. Trata-se simplesmente de uma circunstância concreta. Os indivíduos são postos em um tal estado psíquico que se sentem como forças impessoais ao mesmo tempo imanentes e transcendentes, e essa interpretação da religião se reduz a uma explicação causal segundo a qual a efervescência social é *favorável* ao surgimento da religião" (ARON, R. *Les étapes de la pensée sociologique*. Op. cit., p. 361). Caso se tratasse "simplesmente de uma circunstância concreta", não vemos por que Durkheim lhe consagraria quase trezentas páginas. Além do mais, os indivíduos não são *postos* nesse estado psíquico, eles se põem. A efervescência qualifica um tipo de interação de massa que é "favorável" a qualquer surgimento, religioso, certamente, mas também político.

[63]. MAUSS, M. *Sociologie et anthropologie*. Op. cit., p. 292.

observação das passagens que aconteceram no interior de cada sequência, em uma reação em cadeia. Quando refletimos sobre isso, hipóteses não menos absurdas vêm ao espírito. Detenho-me em uma delas, inspirada pelas constatações anteriores e por meus trabalhos sobre a psicologia das multidões[64]. Com certeza um bom número de relações cruciais na vida das sociedades – por exemplo entre governantes e governados, profetas e discípulos, ou entre comerciantes em uma feira – passam por alternâncias de estenia e de astenia, de exaltação e de apatia. Elas sofreriam de uma fragilidade incurável, se não houvesse uma pulsação contínua entre a satisfação oferecida pela ressurreição do grupo, se necessário encarnado em um deus ou em uma bandeira, e o luto que seu distanciamento temporário inflige. A oscilação entre os momentos de alteração das consciências – como no êxtase ou na possessão – e os que restituem uma consciência normal, lúcida, é capital. Os impulsos originais se intensificam, depois se moderam e se canalizam segundo os imperativos do real. Então, como escrevia Voltaire a Madame du Deffand, "o raciocinar tristemente se impõe". À medida que a reflexão distante ganha terreno, as emoções são repudiadas, os vínculos entre os indivíduos tornam-se mais impessoais e a conduta de cada um segue um método. A monotonia das ocupações cotidianas, dos deveres executados maquinalmente, da administração das coisas, permeia a existência da sociedade em geral. Não há nada de insólito no fluxo e no refluxo desses dois estados de consciência e das relações que lhes correspondem.

Podemos deduzir disso que esse fenômeno universal, testemunhado pela observação na psicologia das massas, nas religiões, nas formas de poder e de economia, tem alguma relação com nossas crises, com a maneira como as vivemos. Contudo, nós lhe damos pouca atenção, como se não existisse. Ou como se nossa civilização representasse uma exceção. Talvez fosse necessário, pelo contrário, levá-lo em consideração, pois é tentando ignorar o inevitável que aumentamos a sua ascendência.

---

64. MOSCOVICI, S. *L'institutionnalisation de la mélancolie*. Montreal: Congrès International de Psychanalyse, 1987.

Remontando o curso da história, percebemos, e é isso o que Durkheim quer dizer, que as culturas que precederam as nossas, e que ainda são maioria, conseguiram *institucionalizar a mania*. Elas, por assim dizer, a reconheceram, dominaram-na por meio de todos esses ritos da possessão e do êxtase que se desenrolam de maneira periódica, seguem regras bem estabelecidas e têm os seus especialistas. Todas as técnicas de cura, de caça e de fecundidade carregam a sua marca. Basta percorrer os estudos consagrados às festas, às cerimônias, à medicina e à astronomia de um grande número de povos para nos convencermos disso. E um ótimo exemplo é o tratamento das doenças mentais na África, ou as culturas dionisíacas e as procissões católicas na Europa. Em suma, todos os fenômenos que resultam no sagrado e que nele se apoiam.

Em contrapartida, nossa cultura moderna se esforça e consegue *institucionalizar a melancolia*. Bem ou mal, a preocupação em secularizar as crenças e as práticas, em racionalizar a economia e a administração pelo cálculo e pela quantidade conduzem a isso. Não sei se é necessário buscar a sua origem nos protestantes, ou nos burgueses capitalistas para descobrir as suas causas. Mas, quaisquer que sejam, vocês compreendem que o desprezo pelo cerimonial e pelo ritual, o combate travado contra as paixões em nome do lucro e contra os entusiasmos coletivos em nome da organização, não poderia ter um resultado diferente. Essa condição de indiferença ativa decorre logicamente de uma vida que se torna egocêntrica e isolada, de relações dominadas por leis neutras. Em um mundo que se quer profano e do qual seríamos os autores, tudo deve ser desencantado, condenado a um langor sem remédio, para ser compreendido e dominado. E não por acaso a ciência que deveria explicar inúmeros fenômenos sociais, prever, em princípio, as etapas da história e guiar nossas ações, quero dizer a economia, foi batizada pelos ingleses de "a ciência morna". As expressões da mania, os êxtases e os rituais, representam então o papel de excedente que deve ser exorcizado, comprimido, dissimulado, porque senão a sociedade coincidiria novamente com a religião.

É inútil esclarecer em demasia. Vocês percebem bem de que depende a ascendência do sagrado e do profano sobre a sensibilidade, a quais necessidades afetivas eles devem responder. O mesmo vale para as duas fases da consciência que foram instituídas de maneira diferente em dois lugares da história, primeiro em uma cultura da mania e, em seguida, em uma cultura da melancolia, particularmente a nossa. Pelo menos é esse tipo de hipótese que é sugerido pelo caráter entretecido no psíquico e no social, nos ritmos individuais e nos ritmos coletivos, cujos testemunhos são abundantes.

O que se pode concluir? A vida em sociedade, concebida pela psicologia das multidões, resulta de uma regressão e tem um grande teor histérico. É uma das inúmeras razões da presença do arcaico e do alucinatório. Examinada por Durkheim, essa mesma vida, subentendida pela possessão, é maníaco-depressiva. Qual é o contraste mais evidente? Não poderia existir nessa analogia uma parte muito esclarecedora? Ela leva a compreender que a linha divisória não passa entre aqueles que julgam o comportamento das multidões patológico e aqueles que o consideram normal. Essa oposição não tem muito sentido. Não, essa linha divisória passa, eventualmente, entre os que acentuam as desordens da história e os que acentuam o ciclo da mania. E Durkheim está entre estes últimos.

Aliás, é possível que suas explicações tenham um valor que ultrapasse os fenômenos religiosos. Ao falar dos australianos que trabalham em sua horta, preparam-se para o combate ou para uma corrida de barcos, Malinowsky observa uma efervescência semelhante e de caráter inteiramente secular[65]. Além do mais, defendeu-se que essa psicologia das massas conferia à afetividade uma parte demasiado importante. Segundo Lévi-Strauss, a origem do sagrado não se encontra ali onde Durkheim a coloca, e cuja teoria comporta uma petição de princípio:

---

65. MALINOWSKY, B. *Magic, Science and Religion*. Nova York: Doubleday, 1955, p. 59.

Não são [escreve ele] as emoções atuais experimentadas na ocasião das reuniões e das cerimônias que engendram ou perpetuam os ritos, mas a atividade ritual que suscita as emoções[66].

Tudo isso é verdade, porém menos devastador do que poderíamos supor. Onde se encontra o ponto fraco da teoria? Esta errou por não ter ido longe o bastante, para além dos grandes ritmos e das causas gerais, para se interessar pelo conteúdo dos ritos e das representações sagradas. Por essa razão, ele se reduz ao que existe de mais abstrato e de mais objetivo. Esse conteúdo seria então tão arbitrário e teria tão pouca relação com a vida interior daqueles que o criam e o compartilham? De repente, a psicologia de Durkheim se contenta em buscar signos ali onde existe sentido. Onde está a diferença, vocês me perguntariam?

Voltemos a essas festas de fecundidade de *Intichiuma* onde a tribo reunida consome junto o seu totem. Freud explora o sentido que ele adquiriria aos olhos dos participantes, as emoções específicas que neles despertaria. E, graças a essa interpretação, ele chega ao seu célebre mito do assassinato do pai. Durkheim se dá ao trabalho de decifrar a gramática do ritual a fim de estabelecer aquilo que ele tem de não específico e de comum com os outros. E demonstra, como se fosse necessário, que ele é um desvio que permite ao clã reencontrar a sua efervescência periódica. Como se ele examinasse as fórmulas e os gestos, não para compreender aquilo que as pessoas dizem e fazem, mas como o fazem e o dizem. Ou, para adotar aquilo que me parece verdade, ele só observa os casos particulares por meio das categorias, e não as categorias por meio de casos particulares. Ele diminui assim sua descoberta, domestica sua audácia, depois de ter divinizado sobremaneira a sociedade e de tê-la investido de poderes tão extraordinários. O todo impressiona, sem produzir o choque. Uma corda que poderia ter sido tocada em nós não o foi.

---

66. LÉVI-STRAUSS, C. *Le totémisme aujourd'hui*. Paris: PUF, p. 102. A observação vai ao encontro da observação de Evans-Pritchard: "Esse raciocínio, como tantos raciocínios sociológicos, dá voltas – o ovo e a galinha. Os ritos criam a excitação, 'a efervescência', que cria as crenças que conduzem à realização dos ritos. Ou então é simplesmente o fato de se reunirem que os suscita?" (*La religion*, p. 82).

Não se acabam as religiões

Espetáculo singular: uma sociedade sem religião. Esta foi a novidade absoluta que a Revolução Francesa colocou sob os olhos dos homens. Já tínhamos visto a burguesia vencer o absolutismo no continente, uma monarquia afundar na Inglaterra sob as vagas descontroladas de um povo em revolta. Mas uma nação que coloca os direitos do homem no lugar dos mandamentos divinos e segue os princípios da filosofia em vez de respeitar os dogmas da fé, isso jamais havia sido visto. Não existe pensador, homem político, que não se tenha perguntado: é possível que tal sociedade perdure? Poderia ela instituir um pacto social que tenha como único fundamento a livre vontade dos cidadãos? É o que o historiador Quinet chama "viver em coletividade sem nenhuma religião"[67]. Como homem de ciência, Durkheim se coloca a mesma questão, mas ao inverso: o que faz uma sociedade perdurar? Ela inspira o seu livro, e sua resposta é clara: são as crenças e os ritos sagrados. Sem eles, nenhuma sociedade pode se conservar e inspirar aos seus membros a adesão e o respeito que lhe são indispensáveis[68].

Então, e concretamente, o problema não é mais o de saber se uma religião é ou não necessária: trata-se de saber qual. Um homem sozinho não pode fundar uma, por mais talentoso que seja. O que seria essa religião além de uma reunião de lembranças e de ideias astuciosas, a exemplo do que fez Augusto Comte? Ou o culto narcísico de um profeta vindo de lugar nenhum, cujo super-homem de Nietzsche talvez seja a quimera? De todo modo, ela teria a frieza das coisas filosóficas e solitárias que nenhum fervor coletivo aquece, que nenhuma paixão habita:

> Pois uma fé é, em primeiro lugar, calor, vida, entusiasmo, exaltação de toda atividade mental, transporte do indivíduo acima de si mesmo. Ora, como ele poderia, sem sair de si mesmo, adicionar energias às que possui? Como ele poderia se superar por

---

[67]. Sobre essa questão, cf. o excelente livro de FURET, F. *La gauche et la révolution*. Paris: Hachette, 1986.

[68]. DURKHEIM, É. *Les formes élémentaires de la vie religieuse*. Op. cit., p. 610.

suas próprias forças? O único ponto de calor em que poderíamos nos reaquecer moralmente é aquele formado pela sociedade de nossos semelhantes; as únicas forças morais com que poderíamos nos sustentar e aumentar as nossas são as do outro... as crenças só são ativas quando são compartilhadas[69].

Ora, se a religião não pode nascer da meditação de um único homem, devemos restaurar uma das religiões do passado, o cristianismo, por exemplo? Isso foi proposto desde a Revolução, e continuam, ainda hoje, a fazê-lo. Durkheim estima que isso não é mais possível. Quem se entusiasmaria pelo cristianismo e nele encontraria um *élan*? Ele foi cúmplice de demasiadas injustiças e não responde mais às aspirações da época moderna. Não lhe atribuímos mais o poder de restabelecer a confiança e o tônus em um mundo secularizado. Ressurge a questão de Chateaubriand: "Qual é a religião que substitui o cristianismo?" O erudito não tem resposta imediata. Ele conhece, contudo, um certo número de coisas que indicam o caminho. Digamos, em primeiro lugar, que ela poderia ser concebida de cima, por uma classe de especialistas, e propagada por meio de uma sugestão coletiva e da violência. Seria uma dessas religiões que chamei profanas[70] que fazem recuar o indivíduo em proveito da multidão, e de que a história contemporânea é tão rica. Para isso é necessário um chefe carismático com quem se identificar, crenças evocadoras de emoções e de valores antigos e, por fim, uma organização adequada. Com efeito, essas religiões são raramente duráveis, mas reúnem multidões, unem-nas e fazem-nas agir com um objetivo preciso.

Não é nelas que Durkheim pensa. E não pode pensar, pois não eram conhecidas em sua época, ou então não se acreditava que fossem possíveis. De um modo geral, este é o seu ponto de vista, as religiões sagradas foram engendradas pelas massas sociais em um momento de gênio inventivo e de êxtase. As que ainda vão nascer também vão retirar os homens da mediocridade em que se afundam:

---

69. Ibid., p. 607.
70. MOSCOVICI, S. *L'âge des foules*. Op. cit., p. 166-167.

> Chegará o dia em que nossas sociedades conhecerão novamente as horas de efervescência criadora ao longo das quais novos ideais surgirão, novas fórmulas se liberarão e servirão, durante um certo tempo, de guia para a humanidade; e essas horas uma vez vividas, os homens experimentarão espontaneamente a necessidade de revivê-las de tempos em tempos pelo pensamento, isto é, de manter a lembrança por meio de festas que regularmente revivificam os seus frutos... Não existem evangelhos imortais, e não existe razão para crer que doravante a humanidade seja incapaz de conceber outros novos[71].

Sabemos que a morte é inelutável, mas ninguém pode dizer como nem quando ela virá. O mesmo ocorre com a religião. Em um clima intelectual no qual é combatida e considerada como uma coisa do passado, Durkheim lhe prediz um futuro. Ele concilia assim a afirmação teológica de sua perenidade com a aspiração positivista em sua renovação. Não conheço outro texto em que esse ponto de vista se mostre tão convincente e defendido com tanto ardor[72].

A ironia é que a maioria daqueles que atualmente seguem Durkheim acentua o lado rígido de seu pensamento, pelo qual ele imita minuciosamente um sistema. Eles consideram como essencial o acessório – a oposição entre o sagrado e o profano – e como acessório o essencial, isto é, a oposição entre o efervescente e o instituído na sociedade. Além do mais, eles se apegam aos aspectos intelectuais – cognitivos, como se diz – que correspondem às estruturas da sociedade. Esquecendo sem dúvida que, para ele, a religião é a fonte original de todas as formas de conhecimento. A mesma explicação vale então para todas; sem isso, a unidade da teoria desaparece. É evidente que esse lado convém melhor à boa consciência de homens que vivem em uma sociedade em estado de ordem e de marcha. Escapa-lhes,

---

71. DURKHEIM, É. *Les formes élémentaires de la vie religieuse*. Op. cit., p. 611.

72. Permanece um enigma. Durkheim afirma que a religião é um traço permanente da sociedade. Por outro lado, ele constata o seu declínio. Como reconciliar a afirmação e a constatação? E, sobretudo, como apontar a razão da contradição? Observamos aqui que a história é a grande ausente dessa visão da religião.

no entanto, o que ele escreveu em uma sociedade em estado de transformação e efervescência. Com certeza, extravasam pensamentos mornos até torná-los rasos e insípidos.

Se eu menciono esse deslize de sua teoria, não é porque ele não tenha razão. Durkheim pressentiu isso. E os esforços que empregou para evitá-lo, mais de uma vez o obrigaram a se afastar do caminho traçado de antemão. Existe assim em seu livro um outro livro. Neste emerge uma visão do homem ao mesmo tempo crente e racional, racional porque crente. Vocês sentem passar, durante longos momentos, o sopro inspirado de um desses fundadores de religiões, mas que não quer outra além da ciência, de um desses criadores de um deus cujo nome não ousa pronunciar, exceto para substituí-lo por aquele, mais familiar, de sociedade. Raymond Aron lhe recrimina isso com veemência:

> Parece-me realmente inconcebível definir a essência da religião pela adoração que o indivíduo dedica ao grupo, pois, pelo menos a meus olhos, a adoração da ordem social é exatamente a essência da impiedade[73].

É porque nos mostra que uma religião nasce e se perpetua na impiedade que a teoria ainda nos exerce alguma fascinação. A cada época, a filosofia se atribuiu a tarefa de produzir as provas da existência de Deus, ou do sagrado, se vocês preferirem. A sociologia o faz para o nosso tempo. Mas invertendo os termos: não é mais o homem que fornece uma das provas da existência de Deus, mas Deus que fornece uma das provas da existência do homem. Se impiedade existe, ela está bem aí.

---

[73]. ARON, R. *Les étapes de la pensée sociologique*. Op. cit., p. 361.

2
CRIMES E CASTIGOS

A ciência do mal-estar

As ciências do homem são nostálgicas do passado, otimistas quanto ao futuro, pessimistas quanto ao presente. Inspiradas em tempos de mal-estar e de crise – mas que época é disso poupada? – elas nos pintam com as piores cores os tempos nos quais nos debatemos. Acreditando que sua principal diferença com as ciências da natureza é que sempre esperamos destas a realização de um milagre, e daquelas o diagnóstico de um infortúnio. Compreendemos facilmente a impressão de serenidade que exala das páginas consagradas por Durkheim aos australianos. Pleno de respeito, ele aborda com uma infinita ternura os mais humildes de seus costumes e de suas representações, centelhas de uma origem comum a todas as sociedades.

Mas o tom muda assim que o sociólogo se volta para a nossa. Dois sentimentos o chocam: a tristeza e a indiferença. Diríamos que percorrendo a história, desde o Renascimento, a modernidade devasta o continente europeu com suas indústrias, esfacelando os vínculos que nos mantinham unidos. Somente o indivíduo sobrevive ao desmoronamento das religiões e ao deslocamento das comunidades imemoriais: tribo, cidades gregas, república romana, corporações medievais, e assim por diante. A consciência dessa perda e a nostalgia daquilo que foi perdido povoam, de Rousseau a Marx, nossas visões da sociedade. E é exatamente por ser o herdeiro dessas coletividades submersas, verdadeiras Atlântidas da memória, que o indivíduo aparece como o seu agente destruidor. O nome de Augusto Comte vem imediatamente ao espírito, para quem ele é "a doença do mundo ocidental". Uma doença inseparável das desordens e das dissidências que corroem cotidianamente os corpos sociais.

Juntaremos a ele os nomes de Tocqueville, de Bonald e de Nietzsche que caminham no mesmo sentido. O pessimismo deste último completa-se quando anuncia que o "homem das civilizações tardias e da claridade declinante será em geral um indivíduo de preferência débil"[74]. Diga-se de passagem, como a maioria dos temas da época, este também sofre eclipses e conhece horas de glória. Hoje nós o encontramos em Louis Dumont que lhe faz eco. Que chave nos permitirá um dia apreciar inteligentemente o seu peso de realidade? Durkheim compartilha essa atração por um paraíso que ainda nomeamos comunidade e diagnostica na sociedade moderna um mal-estar insidioso que exige remédio. Ele o detecta nessas "correntes de depressão e de desencantamento que não emanam de nenhum indivíduo em particular, mas que expressam o estado de desagregação em que se encontra a sociedade. O que eles traduzem é o relaxamento dos vínculos sociais, é uma espécie de astenia coletiva, de mal-estar social, assim como a tristeza individual, quando ela é crônica, traduz à sua maneira o mau estado orgânico do indivíduo"[75].

Exangue de tanta solidão, arrancado de seus semelhantes, vazio de energia coletiva, o homem moderno é irmão do Abraão imaginado por Hegel em sua juventude. Ele deixou a terra de seus pais, rompeu os vínculos da vida e não passa de um "estrangeiro sobre a terra"[76]. Essa depressão e esse desencantamento seriam o dom singular de nossa civilização aos infortúnios humanos. Ela deixa o indivíduo à mercê de seus desejos, agitado por paixões que não pode satisfazer, e o incita a querer o impossível. Está na natureza do desejo jamais se satisfazer plenamente, e seu objeto parece se distanciar à medida que dele nos aproximamos, como a linha do horizonte fugindo diante de um navio. Essa busca de satisfação, mais desesperada do que a do Graal, coloca cada um contra cada um e nós contra nós mesmos. Ela enfraquece e desmoraliza o indivíduo dedicado a não conhecer senão paixões frustradas, a não perseguir senão objetivos sem objetivo.

---

74. NIETZSCHE, F. *Par-delà bien et mal*. Paris: Gallimard, 1971, p. 111.

75. DURKHEIM, É. *Le suicide*. Op. cit., p. 229.

76. HEGEL, G.F.W. *Ecrits théologiques de jeunesse*. Paris: Vrin, 1948, p. 38.

Eis por que [constata Durkheim] épocas como as nossas, que padecem do mal do infinito, são necessariamente épocas tristes. O pessimismo sempre acompanha as aspirações ilimitadas. O personagem literário que pode ser observado como a encarnação por excelência desse sentimento do infinito é o Fausto de Goethe. Por isso não foi sem razão que o poeta o descreveu torturado por um perpétuo tormento[77].

Por outro lado, não se compõe uma sociedade misturando os indivíduos, assim como não se fabrica matéria amalgamando átomos. É preciso alguma coisa mais para vencer esse "amor apaixonado e exagerado por si mesmo, que leva o homem a se referir apenas a si mesmo e a se preferir a tudo"[78], em uma palavra, o egoísmo. Enclausurados no círculo dos interesses exclusivos, os seres se engajam em um enfrentamento e em uma competição sem perdão, próximos da guerra de todos contra todos. Mais ou menos conscientemente, mais ou menos deliberadamente, eles beiram, sem cessar, o desvio e se arriscam a violar os valores. Crime dirigido não contra um de seus semelhantes, mas contra a própria vida em comum, sem a qual nem um bruto, nem mesmo um deus podem existir. "Se a anomia é um mal [escreve Durkheim], é antes de tudo porque a sociedade sofre dela, não podendo dispensá-la para viver de coesão e de regularidade"[79].

Nem por isso o indivíduo é poupado. Fomentador de "depressão e de desencantamento", ele também é a sua primeira vítima. Permanecemos surpresos diante das cores sombrias reveladas por Durkheim em sua paleta para pintar sua época. Uma época que viu surgir, em uma explosão de criatividade, gigantes do romance, Dickens, Flaubert, Tolstoi, o impressionismo na pintura, a termodinâmica, a geometria não euclidiana e a seleção natural nas ciências. E, através de dramas e combates, os sindicatos e os partidos operários, as nações e a democracia no sentido moderno da palavra. Sem esquecer os impérios coloniais

---

77. DURKHEIM, É. *L'évolution morale...* Op. cit., p. 86.

78. TOCQUEVILLE, A. *De la démocratie en Amérique.* T. 2. Paris: Gallimard, 1951, p. 17.

79. DURKHEIM, É. *La division du travail social.* Paris: PUF, 1978, p. VI.

mais vastos que a história já conheceu. As nuanças de cores e de sentimentos usadas por Durkheim não são as de um Manet ou de um Zola, nem as dos eruditos, seus colegas, que aguardam confiantes as descobertas ilimitadas, muito menos as dos construtores de novos Estados, ou dos homens que mobilizam as massas para as revoluções vindouras. Em todas essas forças de modernidade, que para ele são forças de desintegração e de disrupção, ele percebe poucos traços de invenção, anunciando o nascimento de um mundo novo. Ele parece esquecer que, se cada ruptura provoca crises e causa destruições, sem ela a sociedade se esvazia de seu conteúdo e desliza pouco a pouco para a inércia. A sociologia herdou dele essa sóbria distância em relação aos acontecimentos que trabalham a história e a povoam de profetas ou de entusiastas. Apenas encontram graça a seus olhos a paixão retida e a disciplina refletida dos ascetas.

O mal-estar não é o problema da sociologia, é o seu tema fundamental. Tomei meu tempo, e o de vocês, reunindo esses testemunhos para colocá-lo em evidência. Ele denota a perda de comunidade, a usura dos vínculos humanos e a astenia dos indivíduos. Sintomas descritos por todos e em todos os tons. Uns os denunciam, outros os colocam entre as grandezas e as servidões de nossa época. A descoberta de Durkheim foi ter visto as suas causas na sociedade e ter desejado lhe trazer algum remédio. É significativo que, ao estudar a anomia moderna, ele tenha usado como exemplo o suicídio. Com certeza razões de teoria e de método ditam a sua escolha. No entanto, nós nos mostraríamos tão estreitamente positivistas quanto o grupo de seus biógrafos se não reconhecêssemos o seu sentido profundo. O suicídio, por meio do qual nos separamos voluntariamente de nossos próximos, é uma das figuras do mito no Ocidente. O indivíduo triunfante e senhor do seu destino bascula no vazio dos desejos infinitos e do *non-sense*. Ele retoma por sua conta a frase de Gobineau: "Existe o trabalho, depois amor, e depois nada". Tão abandonado quanto uma criança sem mãe, o indivíduo renuncia à vida por meio de um gesto que ninguém previne nem detém. E cada um observa sem manifestar nem reprovação nem aprovação, assim como observa as coisas que todo dia chegam na mesma hora. Indiferente aos outros, ele se perde em meio à indiferença deles.

Durkheim teria sentido isso conscientemente? Teria tomado emprestado ao espírito do tempo essa convicção que Balzac expressa em algumas palavras soberbas no prefácio de *La Peau de Chagrin*: "À medida que o homem se civiliza, ele se suicida; e essa notável agonia das sociedades oferece um interesse profundo". De todo modo, ele faz do suicídio o emblema do sacrifício na sociedade moderna que condena aqueles a quem tem como missão salvar. Aliás, o emblema do destino do indivíduo que, através da guerra que trava contra si mesmo e seus semelhantes, oferece uma única vitória: sobre sua própria existência. Em oposição, a coletividade se ilumina como a própria fonte da vida:

> Um grupo não é apenas uma autoridade moral que rege a vida de seus membros, é também uma fonte de vida *sui generis*. Dele emana um calor que aquece e reanima os corações, que os abre à simpatia, que derrete os egoísmos[80].

De que maneira, já o sabemos em parte e logo saberemos muito mais. Ocorre que o indivíduo recebe da sociedade um suplemento de energia e de sentido que lhe permite e o obriga a conduzir até o fim uma existência que, sem isso, estaria privada de energia e desprovida de sentido.

Na realidade, a sociedade garante, por meio de suas regras e de suas instituições, a finalidade de qualquer espécie que é a de se reproduzir. Há muito tempo, Roger Bacon já afirmava isso à sua maneira: "Os homens foram engendrados para os homens". Eles nasceram de um pai e de uma mãe para se tornarem por sua vez pai ou mãe, para transmitirem o que receberam como herança. Por isso reforçar os vínculos sociais e reforçar os vínculos com a vida se reduzem a uma única e mesma coisa". "A vida comum é atraente [afirma Durkheim] e, ao mesmo tempo, coercitiva. Sem dúvida a coerção é necessária para que o homem supere a si

---

80. Ibid., p. XXX.

mesmo, acrescente à sua natureza física uma outra natureza; mas à medida que aprende a saborear os encantos dessa nova existência, ele contrai a necessidade, e não existe atividade em que não os busque entusiasmadamente"[81].

Todo o resto decorre desse prazer de comungar e de ser um com muitos[82]. Por um lado, e na teoria, a sociedade é como uma ordem real dominada pelo ideal que o vínculo garante. Por outro lado, a reprodução dos homens, por meio de suas crenças e de suas práticas, é um fenômeno essencial. Portanto a sociologia é a ciência desse fenômeno tanto quanto a biologia. Li várias vezes que Durkheim se preocupa com mecanismos que permitem integrar o indivíduo e manter a coesão social. Isso é perfeitamente exato. Mas muito mais raramente vi explicitarem a razão. Afirmam que é por querer resolver o problema da ordem. Creio que sua necessidade de saber de que maneira integrar o indivíduo ou manter a coesão se explica pela necessidade de compreender como e por que as sociedades se reproduzem. Portanto, não como instaurar a ordem, mas aquilo que a torna viável e digna de ser vivida.

Seja como for, o indivíduo se opõe à coletividade assim como o princípio de morte ao princípio de vida. Ela é primordial a ele, bem como o fato de viver é primordial ao fato de morrer. Ela é um ser imortal composto de seres cujo destino é perecer. Perguntamo-nos então: como a individuação seria então possível? Nesse sentido, esse é o único problema que se coloca a uma ciência da sociedade moderna. *A divisão do trabalho social*, o primeiro livro de Durkheim, é inteiramente consagrado ao estudo dessa sociedade. Mesmo sendo um fracasso reconhecido – veremos por que – ele contém os temas essenciais da obra que, uma vez percebidos, revelam o resto como um poderoso comentário. Desde o prefácio, Durkheim formula o problema que a sociologia deve resolver na teoria e na prática:

---

81. Ibid., p. XVIII.

82. O melhor livro escrito sobre esse aspecto profundo do pensamento de Durkheim é o de FILLOUX, J.-C. *Durkheim et le socialisme*. Genebra: Droz, 1977. Infelizmente ele é pouco citado e ainda menos lido, provavelmente em razão de sua originalidade.

Quanto à questão que esteve na origem deste trabalho, ela é a das relações entre a personalidade individual e a solidariedade social. Como acontece que, mesmo se tornando mais autônomo, o indivíduo dependa mais estreitamente da sociedade?[83]

Na verdade, é preciso mudar os termos dessa questão, que se tornam: como seres opostos e egoístas podem estabelecer um consenso? Ou ainda: como as duas tendências modernas, o individualismo e o socialismo, podem se reconciliar? Mas Durkheim é patriota. Por isso ele se pergunta: como se explica que os franceses tenham se tornando individualistas em uma sociedade que não o é? Durkheim opõe ao individualismo inglês um individualismo francês. A uma sociedade que aperfeiçoou o mercado e o propagou por intermédio de seus comerciantes e industriais, ele opõe uma sociedade que viu nascer a nação moderna espalhada por toda a Europa pelos exércitos da Revolução. Ele busca uma resposta pela via do compromisso[84]. Essa sociedade francesa, ainda obcecada pelas revoluções e tentada pelas restaurações, ele quer reconciliá-la com a realidade de um mundo consagrado à indústria e engajado em uma mutação acelerada. Como é normal, o imperativo da realidade vence as suas fantasias de um retorno ao passado. Mas a tarefa deve se realizar sem que a autonomia crescente dos indivíduos coloque em perigo a reprodução do conjunto. Em suma, trata-se de transformar o mal em remédio do mal.

As sociedades confessionais e as sociedades profissionais

Para começar, formularei uma impressão que não é pessoal. A de uma fissura entre a força da noção de sociedade e a realidade enfraquecida que lhe corresponde. Durkheim não perde nenhuma ocasião para expor longamente, sabiamente, suas qualidades específicas. Ele apresenta e refuta meticulosamente

---

83. DURKHEIM, É. La division du travail social. Op. cit., p. XLII.

84. Sobre os avatares do individualismo na França, cf. o profundo livro de BOURRICAUD, F. Le retour de la droite. Paris: Calmann-Lévy, 1986.

os argumentos daqueles que pretendem reduzi-la a um conjunto de indivíduos[85]. Para ele, ela forma um todo superior às suas partes. Mas a sociedade, nossa moradia, o teatro de nossas ações, permanece para ele quase vazia. Ele procura através do espaço e do tempo, entre os povos mais diversos, os traços mais comuns que são, evidentemente, os mais pobres. Onde ela existe? Em que lugar, em qual momento devemos situá-la? De que homens concretos ela se compõe? Quais são as classes que a formam e a dominam? Por que encontramos nela esta economia ou aquela religião e não uma outra? Quais são as instituições de poder e de guerra que uma sociedade se confere para fazer viver e morrer seus membros? Somente algumas indicações, que considero fugidias, nos revelam alguma coisa, como se tudo isso tivesse pouca importância. Eis o que desconcerta e até mesmo exaspera, reduzindo a sociedade a um edifício monumental e hierático, no qual nos sentimos perdidos, sem rumo. O cenário evoca mais um tribunal, uma igreja, e até mesmo uma escola, do que um parlamento, um mercado ou uma cidade atarefada. Bergson censurava a Durkheim ver "no indivíduo uma abstração, e no corpo social a única realidade"[86]. Ora, em seus livros, com exceção das *Formas elementares da vida religiosa*, é antes o contrário que me choca. Sim, os indivíduos são palpáveis e moventes, dotados de consistência. Ao passo que a sociedade representa uma abstração lírica, sem geografia nem história.

Apesar de tudo, é preciso desenhar os seus contornos. Antes de Durkheim, a tendência foi proceder do indivíduo. Atribuem-lhe interesses e motivos particulares que o relacionam com os outros indivíduos e com as coisas. Essas relações, que podem

---

85. Os sociólogos franceses que pertencem à nova geração têm sobre as obras que contêm esses argumentos um julgamento definitivo: "Nenhum sociólogo do trabalho irá buscar sua informação em *La division du travail social* e aprenderemos poucas coisas sobre a religião em *Les formes élémentaires de la vie religieuse*. Esses livros são para os historiadores da sociologia e para os especialistas em Émile Durkheim: esplêndidos monumentos, irremediavelmente datados e situados. Mortos" (BAUDELOT, C. & ESTABLET, R. *Durkheim et le suicide*. Paris: PUF, 1984, p. 9).

86. BERGSON, H. *Le deux sources de la morale et de la religion*. Paris: PUF, 1976, p. 108.

ser de negociação ou de troca, formam um sistema: o mercado, segundo Spencer; o Estado, segundo Hobbes[87]. Uma vez estabelecido, o sistema é tão poderoso que nenhum indivíduo pode escapar à sua ascendência e todos devem se submeter às suas regras e à sua autoridade. O que se pode objetar a isso? A resposta de Durkheim é fácil: não existem indivíduos isolados. Caso existissem, suas tendências antissociais tornariam impossível qualquer associação estável e harmoniosa. Elas são em número de duas. Primeiro, como já vimos, os desejos infinitos e, sobretudo, o apego a um interesse egoísta. Ele torna os indivíduos fatalmente adversários uns dos outros, como os concorrentes no mercado ou os rivais na política, cada um buscando realizar seus próprios objetivos à custa do resto.

Assim que atingem os seus objetivos, eles se separam e começam a buscar parceiros diferentes com quem trocar ou negociar a fim de formar uma nova associação. Se os indivíduos trocam de parceiro de acordo com seus interesses e apenas permanecem associados enquanto obtêm um benefício, nenhum vínculo estável pode resultar disso. Não mais do que os solteiros que se unem de acordo com seu prazer, não acabam formando um casal permanente:

> O interesse é, com efeito [observa Durkheim], o que existe de menos constante no mundo. Hoje, para mim, é útil me unir a você; amanhã a mesma razão fará de mim seu inimigo. Semelhante causa pode, portanto, originar apenas aproximações passageiras e associações de um dia[88].

O contrato poderia ser o segundo obstáculo a uma associação estável. Aparentemente, é o contrário: dois ou mais indivíduos se escolhem mutuamente e criam regras que os engajam uns com os outros. Desse modo, um homem e uma mulher que se casam, cidadãos que fundam um partido, colonos que fundam uma cidade. Promessas são feitas, direitos e deveres são es-

---

[87]. FURET, F. *Marx et la Révolution Française*. Paris: Flammarion, 1985.

[88]. DURKHEIM, É. *La division du travail social*. Op. cit., p. 181.

tipulados, e sanções são previstas caso uma das partes não o respeite. Incontestavelmente, um contrato vincula os indivíduos entre eles, mas ao mesmo tempo os dissocia da sociedade. Eles creem ser as únicas partes interessadas e tê-lo estabelecido por si mesmos. Esquecem que a sociedade os dispôs a isso pela educação, forneceu-lhes os meios de se entenderem, a linguagem e o raciocínio, e que é ela que garante o entendimento. Os indivíduos reais estão submetidos a regras de associação e de ação que não criaram, das quais não têm consciência, mas que, no entanto, respeitam, mesmo quando se dão novas regras. O que, em última instância, garante um contrato entre eles, são certamente as coerções físicas ou morais, o Estado ou a tradição, que os obrigam a honrá-lo.

> Mas não se pode esquecer [relembra Durkheim] que se, o contrato tem o poder de vincular, é a sociedade que lhe comunica isso. Suponham que ela não sancione as obrigações contratadas; estas se tornam simples promessas que têm apenas uma autoridade moral[89].

Significa dizer que o contrato não pode fundamentar uma sociedade, contrariamente ao que pensavam os filósofos do século XVIII, pois ele a pressupõe. Ele não poderia ser a causa do que é, na realidade, o efeito. Chateaubriand já tinha se apercebido disso quando observou, a respeito do contrato imaginado por Rousseau: "Para fazer semelhante raciocínio, não é preciso supor uma sociedade preexistente"[90]. Além do mais, como todo acordo entre indivíduos, o contrato exige que eles compreendam seus interesses de modo análogo, pratiquem profissões complementares, respeitem determinados valores e compartilhem ao menos o germe de um sentimento comum. Na realidade, a observação jorra da pena de Durkheim:

> Para que os homens se reconheçam e se garantam mutuamente direitos, é preciso primeiro que se gostem, que, por uma razão

---

89. Ibid., p. 82.
90. CHATEAUBRIAND. Œuvres completes. T. I. Paris: Lefèvre, 1836, p. 33.

qualquer, apoiem uns aos outros, e a uma mesma sociedade da qual fazem parte[91].

A simpatia ativa e apaixonada por sua família, seus compatriotas ou sua profissão é a parte invisível, mas decisiva, da aliança de que as convenções entre os indivíduos são a parte visível. As flutuações do interesse e os simples contratos não podem instituir a vida em sociedade. E que sociedade construiríamos reunindo um feixe de solidões? É preciso uma inclinação prévia de uns pelos outros para que ali se mantenham. Essa é a conclusão evidente que podemos extrair dessas observações[92]. René Char o disse muito melhor do que eu em *Lettera amorosa*: "Se existíssemos apenas nós sobre a terra, meu amor, estaríamos sem cúmplices e sem aliados".

Não basta prometer por meio da crítica, é preciso ainda sustentar por meio da teoria. Nessas passagens e em outras citadas mais acima, vocês devem observar uma coisa. Não retornamos à ideia de uma sociedade que exerça sua autoridade pela força ou mantenha a coesão sob a pressão das necessidades econômicas ou orgânicas compartilhadas pelos seus membros. Não é nem o temor nem a falta que os mantém juntos, os torna sociáveis. Portanto, o que é que permite superar as tendências antissociais e leva os homens a se reunirem? Uma coerção se revela sem dúvida indispensável, mas qual? Ela é da ordem de uma solidariedade que os faz comungar e os obriga, do interior, a agir conjuntamente e a se conformar com as regras. "O caráter fundamental da associação, como já dissemos, é a solidariedade"[93]. É dessa

---

91. DURKHEIM, É. *La division du travail social*. Op. cit., p. 91.

92. Tudo isso nasce da crítica durkheimiana da economia política que atravessa sua obra de ponta a ponta. Ela revela os pressupostos do utilitarismo e do individualismo sobre os quais não julguei necessário me deter. Sua crítica é conduzida com um objetivo bem preciso: mostrar que as ciências do comportamento humano, exigidas por Spencer, e de que vemos atualmente o pleno desenvolvimento, são oriundas de uma vontade radical de esquecer o essencial, ou seja, a sociedade. Hoje, fala-se muito de Durkheim, e quase nada de Spencer: isso significa que o primeiro ganhou e o segundo perdeu? Sob muitos aspectos é o contrário que é verdadeiro.

93. PROUDHON, P.J. *Idée générale de la Révolution au XIXe siècle*. Paris: Édition de la Fédération Anarchiste, 1979, p. 68.

forma que Proudhom fala, o que basta para nos convencer de que um certo acordo deveria reinar em torno dessa definição. Principalmente quando ele acrescenta:

> A associação não é uma força econômica: ela é exclusivamente um vínculo de consciência de foro íntimo, e de nenhum efeito, ou de preferência um efeito prejudicial quanto ao trabalho e à riqueza[94].

Vocês reconhecem aqui uma tendência do socialismo francês. Gostaríamos de saber bem mais sobre isso, e de uma maneira mais minuciosa. É evidente que Durkheim lhe dá continuidade, nela se inspira[95] e a incorpora à sua teoria. E então, tratando-se da solidariedade, podemos afirmar que ela corresponde a uma necessidade de ordem, de harmonia ou de acordo que existe em cada um de nós. Mas uma necessidade de natureza moral. Pelo menos é assim que a considera Durkheim para quem uma verdadeira regra ou um vínculo social não pode ter outra razão de ser e de durar[96].

> Como conclusão [escreve ele], a vida social não é nada além do que o meio moral, ou melhor, o conjunto dos diferentes meios que cercam o indivíduo. Ao qualificá-los como morais, queremos dizer que são meios constituídos de ideias; por isso eles representam o mesmo papel em relação às consciências individuais que os meios físicos em relação aos organismos. Ambos são realidades independentes na medida em que existem nes-

---

94. Ibid., p. 78.

95. BILLOUD, J.C. "Durkheim et l'organicisme: influence de Spencer et d'Espinas dans l'élaboration du fonctionnalisme durkhimien". *Revue Européenne des Sciences Sociales*, 17, 1979, p. 135-148.

96. Suponho que os eruditos tiveram de estabelecer uma relação entre a filosofia de Fichte e a sociologia de Durkheim. Lendo essas descrições da sociedade, ficamos surpresos com a sua similaridade com algumas descrições do filósofo alemão: "Nosso mundo [escreve este], é o material concreto de nosso dever; é o que existe de propriamente real nas coisas, a verdadeira matéria-prima de todos os fenômenos. A coerção, por meio da qual a crença na realidade destes se impõe a nós, é uma coerção moral; a única possível para um ser livre" (FICHTE, G. *Ueber den grund unseres Glaubens na eine göttliche Weltregierung*. [s.l.]: [s.e.], p. 185 [Sämtliche Werke, V].

se mundo onde tudo está vinculado por coisas independentes umas das outras[97].

Por essa razão, esses meios nos mantêm juntos e nós nos mantemos por intermédio deles, como partículas presas em um campo de forças. Mesmo assim, se a solidariedade tem o caráter de um vínculo de consciência e de uma força moral, devemos poder reconhecê-la. Basta procurá-la. Sabemos que ela se manifesta por meio de um consenso. A ideia nos vem de Augusto Comte, e a sociologia tomou-a como garantia. Ela nos oferece a imagem da convergência biológica e social entre várias pessoas e do fenômeno psíquico pelo qual cada uma "dá seu acordo". Também podemos ver nela a uniformidade e a unanimidade de crença entre os membros de um grupo, de um partido, de uma Igreja, que se controlam para pensar e agir do mesmo modo. Inútil insistir. O consenso expressa a solidariedade em toda sua densidade, como, aliás, a linguagem. Quando dizemos "nós nos entendemos, falamos a mesma língua", é preciso tomar a expressão ao pé da letra. Pois a palavra é o veículo por excelência da solidariedade que supõe sempre uma deliberação e uma comunicação para poder tomar corpo.

Dois fatores garantem a solidariedade social. Por um lado, uma consciência coletiva que compreende as crenças e os sentimentos compartilhados por uma comunidade. Difusos entre seus membros, eles são transmitidos de uma geração a outra, gravados nas memórias, na língua e em todo tipo de obras de arte. Podem ser reconhecidos através das tradições ou dos provérbios, das prescrições e dos interditos, e ainda nas reações diante das ofensas às normas sociais ou religiosas. Juntos, eles formam um sistema autônomo que é o sistema de uma consciência distinta das consciências individuais e que pode ser qualificada de coletiva. "Ela é, portanto, o tipo psíquico da sociedade [enuncia Durkheim], tipo que possui suas propriedades, suas condições de existência, seu modo de desenvolvimento, bem como os tipos individuais, ainda que de uma outra maneira. Portanto, por essa razão, ela tem

---

97. DURKHEIM, É. *Textes*. Op. cit., p. 28.

o direito de ser designada por uma palavra especial"[98]. Não é a palavra que é contestável ou contestada, mas a coisa que deveria ser esclarecida. Ela deveria garantir uma espécie de harmonia preestabelecida e de coesão prévia entre os indivíduos que se reúnem. O que a torna possível é, como se pode supor, uma disciplina moral inculcada pelo *habitus*[99] comum a toda sociedade.

Por outro lado, a divisão do trabalho. A divisão entre homens e mulheres, a primeira de todas, tem certamente um aspecto sexual. Para ter filhos é preciso a união dos parceiros complementares que se atraem. Cada sexo tem também sua função própria, sobretudo nas primeiras sociedades. As mulheres colhem, cultivam e se consagram às tarefas domésticas. Os homens caçam, pescam, se ocupam do rebanho, vão à guerra. A partir dessa, e tendo-a como modelo, vieram as divisões conforme a idade, o ofício e assim por diante, aumentando a cada vez as possibilidades de ação e de relação na sociedade. Ora, essa separação das funções impõe aos indivíduos adquirir qualidades diferentes e paralelas. Consequentemente eles se tornam dependentes uns dos outros para viver, produzir e pensar. Nenhuma dessas funções seria eficaz, se não houvesse coesão entre aqueles que as realizam[100]. Isto, já sabemos. Mas não se percebe o suficiente que essa divisão das funções – a cada um o seu ofício, como se diz – tem como corolário o seu contrário, isto é, a integração dos homens. Do ponto de vista moral, entenda-se. "Somos assim conduzidos a considerar a divisão do trabalho sob um novo aspecto. Nesse caso, com efeito, os serviços econômicos que

---

98. DURKHEIM, É. *La division du travail social*. Op. cit., p. 46.

99. A consciência coletiva é uma noção abandonada, e com razão, e primeiramente pelo próprio Durkheim. Mas não podemos nos iludir, ela continua presente e ocupa o mesmo *locus* epistemológico, como se continuasse respondendo a uma exigência do pensamento. Deixando de lado nuanças e paixões, veremos que esse *locus* foi e está ocupado por noções que abrangem quase o mesmo conteúdo: identidade social, personalidade de base, caráter nacional ou protótipo. E não estou certo de que noções como *habitus* ou *imaginário social* não estejam realmente em relação com ela. Portanto ela não merece o excesso de indignidade a que tantos pensadores a condenaram. Podemos lhe censurar não ter mantido todas as suas promessas, mas não podemos censurar a sua lógica.

100. "Para Durkheim, a moral e o social são apenas as duas faces de uma mesma realidade" (NISBET, R.A. *La tradition sociologique*. Paris: PUF, 1984, p. 376).

ela pode prestar significam pouco se comparados ao efeito moral que produz, e sua verdadeira função é criar entre duas ou mais pessoas um sentimento de solidariedade"[101].

A consciência coletiva destrói as barreiras que separam os indivíduos e une os espíritos e os sentimentos fazendo-os se fundirem. O indivíduo é assim totalmente absorvido pelo grupo. "Desse cimento inicial [escrevia Bouglé] nenhuma sociedade até nova ordem pôde se dispensar"[102]. Quanto à divisão do trabalho, ela representa uma força coletiva que aumenta o número de indivíduos e sua repartição entre os diferentes ofícios e as diversas funções. Ela os separa ao diferenciar as qualidades e os interesses, ao mesmo tempo que os mantém juntos e os obriga a cooperar. Portanto o consenso é garantido de um lado pela identidade da consciência coletiva e, de outro, pela dependência criada pela divisão do trabalho entre os membros do grupo.

Ora, os dois fatores de solidariedade veem sua importância mudar ao longo da evolução. À medida que o peso moral e social de um aumenta, o do outro diminui. A consciência coletiva é fonte de harmonia e de coesão nas sociedades mais simples. À associação moral e social que ela subtende, Durkheim deu o nome de *solidariedade mecânica*. Os indivíduos nela se reúnem porque se assemelham, psíquica e mesmo fisicamente. Eles veneram os mesmos deuses, exercem atividades vizinhas, respeitam interditos e valores idênticos. São, para retomar uma expressão de Gobineau, homens "vivendo sob a direção de ideias semelhantes e com instintos idênticos"[103]. Sua imagem pode ser vista em uma tribo indiana ou israelita, em uma coletividade camponesa etc.

Evidentemente, essa consciência comum tem um conteúdo religioso, e é respeitada em virtude de seu caráter sagrado. O mesmo pode ser dito dos atos e das cerimônias minuciosamente regulados que excluem qualquer desvio e desencorajam qualquer dissidência.

---

101. DURKHEIM, É. *La division du travail social.* Op. cit., p. 19.

102. BOUGLÉ, C. *Bilan de la sociologie française contemporaine.* Paris: Alcan, 1935, p. 41.

103. GOBINEAU, J. *Essai sur l'inégalité des races humaines.* [s.l.]: [s.e.], 1884, p. 7.

Disso resulta [esclarece Durkheim] uma solidariedade *sui generis* que, nascida das semelhanças, une diretamente o indivíduo à sociedade... Essa solidariedade não consiste em um apego geral e indeterminado do indivíduo ao grupo, mas torna também harmônico o detalhe dos movimentos. Com efeito, como os móbeis coletivos são os mesmos em toda parte, eles produzem em toda parte os mesmos efeitos. Em consequência, toda vez que eles entram em jogo, as vontades se movem espontaneamente e conjuntamente no mesmo sentido[104].

Contudo, à medida que nos aproximamos da época moderna, a divisão do trabalho social acentua sua ascendência e irriga todos os canais da vida em sociedade. A tendência que remonta à noite das civilizações se intensifica na Europa por volta do final da Idade Média, e se acelera sob o impulso da indústria moderna. As crenças se diversificam, e os deveres comuns recebem interpretações diferentes segundo as circunstâncias. A dúvida, outrora um crime, torna-se uma virtude, e até mesmo um princípio da razão. Cada um desfruta de uma autonomia de julgamentos e de sentimentos que dissolve a consciência outrora comum. Os deuses se retiram deste mundo, deixando aos homens uma inteira liberdade para fixar os seus objetivos e agirem[105]:

> Ora, se para a história existe uma verdade incontestável, é que a religião abraça uma porção cada vez menor da vida social. Em sua origem, ela se estende a tudo; tudo o que é social é religioso: as duas palavras são sinônimos. Então, pouco a pouco, as funções políticas, econômicas, científicas se libertam da função religiosa, constituem-se à parte e tomam um caráter temporal cada vez mais acentuado. Deus, se assim podemos nos expressar, que antes estava presente em todas as relações humanas, delas se retira progressivamente; ele abandona o mundo aos homens e às suas disputas[106].

---

104. DURKHEIM, É. *La division du travail social*. Op. cit., p. 74.

105. Ibid., p. 144.

106. A alegoria de Durkheim responde a uma exigência lógica: mostrar que o enfraquecimento da consciência coletiva precede e autoriza o desenvolvimento do indivíduo. E não o contrário. Por isso, ele reserva à sociedade uma primazia não apenas funcional, mas também genética. Ela, sem dúvida, distancia-se, mas continua permanecendo nele e fora dele.

Façamos um parêntese. Adquirimos o hábito de retraçar a evolução como uma liberação e diversificação das esferas de atividade – a economia, a política, a técnica etc. – que primeiramente estariam recobertas pelo religioso. Agimos como se elas sempre tivessem existido, em germe, como poderíamos dizer, nas primeiras sociedades. Ora, essa maneira de raciocinar relembra a que outrora era comum em física. Supunha-se, com efeito, que a matéria é composta de partículas elementares, soldadas umas às outras, e que seria necessário dividi-la ou quebrá-la por meio de um grande gasto de energia para liberá-las. Mas percebeu-se que as partículas não preexistiam dessa forma e que não estão "aprisionadas" no seio de uma matéria que as impede de se moverem. Pelo contrário, elas se criam e se destroem ao longo das interações demasiado enérgicas que se produzem a cada instante. Do mesmo modo, temos o direito de pensar que esses campos bastante diversos que são a economia, a política, a técnica etc., longe de se libertarem com o tempo da dominação da função religiosa ou de outra, são incessantemente criados e destruídos ao longo da história. Ou, para me expressar de outra forma, são inovações que, com certeza, têm seu equivalente no passado, mas não a sua origem. O próprio indivíduo é uma criatura nova que data da época moderna. Não é uma espécie de átomo preso na matéria coletiva das sociedades ditas primitivas, que acabou adquirindo sua independência à medida que essa matéria se diminuía, uma vez os deuses retirados e a consciência comum evaporada. Na realidade, a evolução é menos uma revelação daquilo que preexiste do que uma criação, imprevisível, daquilo que não existe.

Fechemos esse parêntese. A divisão do trabalho, ao separar as funções e ao individualizar as pessoas, faz com que cada um tenha necessidade dos outros para trabalhar, trocar ou dominar. Assim se forma um novo tipo de solidariedade, a *solidariedade orgânica*. Ela está fundada na complementaridade dos papéis e das profissões.

> Esse tipo social [observa Durkheim] repousa em princípios tão diferentes do precedente que ele só pode se desenvolver na medida em que este desapareça. Com efeito, os indivíduos se

agrupam não mais segundo relações de descendência, mas segundo a natureza particular da ação social à qual eles se consagram. Seu meio natural e necessário não é mais o meio natal, mas o meio profissional. Não é mais a consaguinidade, real ou fictícia, que marca o lugar de cada um, mas a função que ele desempenha[107].

De modo geral, uma nova atitude se esboça. Tornados mais numerosos, os indivíduos se comunicam mais e pertencem a grupos bastante diversos. Como a competição e a "luta pela vida" os opõem mais duramente, eles também multiplicam as ocasiões de contato. Mas, evidentemente, a consciência comum se dilui, as crenças e os sentimentos particulares proliferam e as dissidências pessoais abundam. Se, contudo, a sociedade não se desagrega em um amontoado de crenças antagônicas e de indivíduos que buscam apenas o seu próprio interesse, é porque as mesmas consciências convergem. Elas se reencontram unidas em um mesmo culto: o culto ao indivíduo que substitui o culto ao grupo:

> À medida que todas as outras crenças e todas as outras práticas tomam um caráter cada vez menos religioso, o indivíduo torna-se o objeto de uma espécie de religião. Temos pela dignidade da pessoa um culto que, como todo culto forte, já tem suas superstições[108].

Ele também impõe deveres. Enquanto pessoas morais, e mesmo enquanto pessoas, simplesmente, devemos nos conformar com isso. No entanto, ainda que ele extraia sua força da sociedade, ele nos vincula menos à sociedade do que a nós mesmos. Em oposição ao culto do grupo que cria um vínculo social, o culto do indivíduo consagra o seu abrandamento. A consciência coletiva, relegada a pano de fundo das consciências individuais, torna-se, de certo modo, o substrato inconsciente de toda solidariedade. Ao dizer isto talvez me distancie da ideia de Durkheim. Ainda que não se possa eludir essa consequência.

---

107. DURKHEIM, É. *La division du travail social.* Op. cit., p. 158.
108. Ibid., p. 147.

Durkheim insiste em duas coisas: primeiro o caráter moral do vínculo social; em seguida, a necessidade de solidariedade a que ele corresponde. Esta associa ou de modo mecânico os indivíduos que possuem uma consciência comum, ou de modo orgânico pessoas que exercem atividades diferentes, mas complementares. Por meio dessas denominações, afinal artificiais, Durkheim não acaba designando duas formas de sociedade bastante familiares? Não nos diz ao mesmo tempo que estas são as únicas fundamentais? Elas não podem ser formas econômicas, como o capitalismo ou a escravidão, nem políticas, como a democracia ou a ditadura. E pela simples razão de que nelas o elemento moral não é determinante, mas sim secundário. Nunca repetiremos o bastante: para Durkheim o que concerne à economia ou ao poder na sociedade permanece subordinado. É certo que a solidariedade mecânica remete à visão de uma sociedade *confessional*. Este seria o caso das sociedades muito simples e arcaicas, cimentadas por uma religião, e cujos membros são ao mesmo tempo fiéis. Mas também de uma Igreja, de uma seita, e até mesmo de partidos animados por uma fé única. Todos possuem um credo, se reúnem em torno de símbolos unanimemente reconhecidos e revigorados por meio de um cerimonial periódico.

Por seu lado, a solidariedade orgânica evoca uma sociedade *profissional* em que cada indivíduo exerce um ofício preciso e emprega suas faculdades segundo as regras em vigor em um setor muito especializado. São regras que definem a competência em um campo e permitem coordenar com total confiança aqueles que exercem atividades diferentes. Assim como as várias corporações de ofícios que constroem um alto edifício, ou médicos especialistas reunidos para fazer um diagnóstico em um caso grave. Eis renovada a representação de uma sociedade enquanto conjunto de órgãos distintos que colaboram em uma tarefa comum. Podemos pensar no célebre discurso de Menenius Agrippa diante da plebe romana em revolta contra a nobreza, retomado por Shakespeare em *Coriolano*. Os membros acusam o estômago de permanecer ocioso, contentando-se com engolir o alimento, ao passo que os outros servidores se apressam em ver ou ouvir, andar ou pensar e se prestam ajuda mútua. Imediatamente o estômago lhes replica que, certamente, ele é o primeiro a receber o alimento, mas em seguida envia a cada um a suficiência natural que o faz viver, antes de concluir: "O que vocês recebem de mim é o melhor de tudo, e vocês me deixam apenas o farelo".

Não insistamos demasiado nessa semelhança entre a solidariedade dos órgãos e a das profissões e das funções divididas. Pensemos antes na coesão dos objetivos que dela resulta e na harmonia dos valores que permitem aos homens viver em conjunto. Uma e outra ditam, segundo Durkheim, uma máxima imperativa: "Faça o possível para desempenhar utilmente uma determinada função". Ela nos conduz a queimar o que outrora tínhamos adorado, a desprezar e a desaconselhar o que outrora era respeitado e desejado, ou seja, a cultura geral. Ao ideal do amador, do faz-tudo que exerce várias artes ou ofícios, nós substituímos o ideal do profissional. Não se deve lamentá-lo:

> Parece-nos [escreve ele] que esse estado de desapego e de indeterminação tem alguma coisa de antissocial. Para nós, o homem honesto de outrora não passa de um diletante, e recusamos ao diletantismo qualquer valor moral; preferimos a perfeição do homem competente que busca não ser completo, mas produzir; que tem uma tarefa delimitada e a ela se consagra, que faz seu trabalho, deixa sua marca[109].

A frase é admirável por sua concisão e poder. Aos olhos de Durkheim, a tendência que marca a sociedade moderna é a *profissionalização da vida*. Seja no campo econômico, científico, político, em toda parte ela garante a superioridade da competência e de uma racionalidade limitada a seu exercício. Com efeito, não existe nada além dela para reaproximar e integrar as classes ou os grupos que se isolam e se opõem. Só a educação com vistas a uma profissão favorece a realização da pessoa ao mesmo tempo que a disciplina. Assim como a prática de uma atividade especial lhe dá o sentido da autonomia e da escolha. Dela emana uma moral que, comparada à das sociedades confessionais,

---

109. Ibid., p. 5.

tem alguma coisa de mais humano, portanto de mais racional. Ela não suspende nossa atividade por razões que não nos tocam particularmente; ela não faz de nós os servidores de poderosos ideais e de uma natureza bem diferente da nossa, que seguem seus próprios caminhos sem se preocupar com os interesses dos homens. Ela nos pede apenas que sejamos ternos com nossos semelhantes e sejamos justos, que desempenhemos bem nossas tarefas, que trabalhemos para que cada um seja designado à função que melhor pode desempenhar, e receba o justo valor de seus esforços[110].

Mais simplesmente ainda: a cada um segundo a sua competência. A tendência que abre espaço através da anarquia econômica do mercado e das transformações da indústria ascendente se resume nessa fórmula. Não haveria, segundo Durkheim, outro meio para resolver a "questão social" que sacode a França senão apressar a vinda das condições em que ela possa se realizar. Entre a economia política que justifica a luta de classes "A cada um segundo as suas necessidade" e a psicologia das massas que prevê a sua revolta descontrolada[111], a sociologia prega o justo meio de uma paz dos ofícios e de um individualismo razoável. Pode-se afirmar que, por um lado, ela se opõe e se substitui ao socialismo[112]. Mas, por outro lado, ela prolonga algumas de suas correntes que esperam da moralização e da organização do trabalho, da associação dos trabalhadores, uma sociedade regenerada[113].

---

110. Ibid., p. 404.

111. A psicologia das massas representou na França uma tendência de "direita", diferentemente da Itália onde ela se situou mais "à esquerda".

112. Sobre as relações entre sociologia e socialismo, cf. as análises demasiado penetrantes de R. Aron (*Les étapes de la pensée sociologique*. Op. cit.) e J.-C. Filloux (FILLOUX, J.-C. *Durkheim et le socialisme*. Op. cit.).

113. Em *L'idée générale de la Révolution*, Proudhon esboça um quadro muito vivo da relação entre "a Associação dos trabalhadores" e o movimento revolucionário. Nele encontramos também uma discussão do princípio de divisão do trabalho nesse contexto. Por outro lado, fica muito claro, se ainda se duvidasse disso, que os socialistas revolucionários, qualquer que seja a sua obediência, apoiam suas doutrinas sobre a economia política. O que dá todo seu sentido à criação de uma outra ciência da sociedade. Existe aí um nó de problemas que não posso abordar, por falta de suficiente preparação histórica. O que pude ler a esse respeito me parece que deva ser completado e aprofundado.

Consciência da conformidade e conformidade das consciências

Isso bem compreendido, podemos avançar em nosso assunto. Não se trata mais de saber em que consistem essas solidariedades, nem de quais sociedades elas são os espelhos. Mas explicar, a princípio, por que cada uma garante a manutenção de um consenso entre os membros de um grupo e, em seguida, por quais razões passa-se da solidariedade mecânica à solidariedade orgânica. As duas questões são independentes, e vou tratá-las uma após a outra. A coisa não é fácil, como vocês verão. Espero apenas, nesta exposição, ser objetivo e me prender o mais possível às provas dos fatos. Entre os fatos, reterei os mais evidentes e os mais simples.

Para começar, o que importa é descobrir a fonte do consenso que une os indivíduos na sociedade, torna-os solidários entre eles e solidários à sua sociedade. Sem sombra de dúvida, a coerção do mundo físico e as necessidades de cooperar, de trocar para as necessidades da existência, se impõem a cada um de nós. Contudo, elas permanecem sem efeito, enquanto não as interiorizarmos. Na verdade sua ação deve ser feita de dentro e conduzir os homens a essa "solidariedade interna"[114] na qual se encontram espontaneamente animados por sentimentos semelhantes e compartilhando julgamentos unânimes. Essa interioridade se explica por um jogo de influência que os inclina a pensar de maneira análoga e a evitar qualquer desacordo entre eles. Mais exatamente por um mecanismo de conformidade.

> Todos sabem, com efeito, que existe uma coesão social cuja causa está em uma certa conformidade de todas as consciências particulares a um tipo comum que não é outro senão o tipo psíquico da sociedade. Nessas condições, com efeito, não somente todos os membros do grupo são individualmente atraídos uns para os outros porque se assemelham, mas estão também apegados àquilo que é a condição de existência desse tipo coletivo, isto é, da sociedade que eles formam por sua reunião[115].

---

114. DURKHEIM, É. *La division du travail social.* Op. cit., p. 351.

115. Ibid., p. 73.

Em outros termos, a ideia que a conformidade é a fonte de nossas relações, aquilo que as torna coesivas, está no centro da teoria de Durkheim. Somos atores, membros por completo da sociedade, enquanto caminharmos no sentido da conformidade. Além do mais, a importância desta decorre da própria natureza da consciência humana. Segundo Durkheim, cada um de nós é duplo. Por um lado, possuímos uma consciência coletiva que engloba crenças e representações possuídas em comum com os outros, ou por tradição, ou por consentimento. Por outro lado, temos uma consciência individual que compreende ideias e percepções que nos são próprias e que adquirimos pela experiência ou pelo raciocínio. Esses dois estados de consciência se dividem e se opõem[116], e nossa existência se descobriria extremamente perturbada se a sociedade não os harmonizasse. Ela o consegue, ou por meio de uma conformidade entre as consciências individuais e a consciência coletiva, ou por meio de uma conformidade entre as consciências individuais que se sustentam e se completam entre si[117]. Rompendo com todas as sutilezas, seria possível reconhecer que a primeira conduz a uma solidariedade mecânica e a segunda a uma solidariedade orgânica. Isso quer dizer que a força da conformidade e seu enraizamento na consciência são essenciais à sociedade. Aqui, no entanto, coloca-se um problema: como sabê-lo?

Nem os estados de consciência, nem os fatos morais se prestam facilmente à observação direta. Para reconhecê-los e estudá-los de maneira científica, é preciso procurar-lhes um indício exterior. Este nos é fornecido, segundo Durkheim, pelas leis jurídicas que têm em comum com as prescrições e os interditos o fato de serem obrigatórias e sancionadas pela coletividade. Elas definem

---

116. DURKHEIM, É. "Le dualisme de la nature humaine et ses conditions sociales". *Scientia*, 14, 1914, p. 206-221.

117. O psicossociólogo americano Festinger elaborou, mais detalhadamente, mecanismos paralelos. Por um lado, ele estudou a conformidade que tem como origem o grupo e que se exerce por meio de uma pressão à uniformidade. E, por outro lado, a conformidade que tem como origem a incerteza dos indivíduos que buscam se comparar com seus semelhantes. Ora, essa comparação social tem como resultado uma conformidade de uns com os outros.

de maneira formal a ofensa ou o crime cometido por um indivíduo e regulamentam o seu castigo para restabelecer o respeito à lei. Os anais do direito são então os anais da consciência moral dos homens, a coletânea dos vestígios de sua evolução desde os seus tímidos inícios até hoje. Ainda que suscite paixões e justifique as piores injustiças, o direito é considerado a encarnação do que há de mais refletido e impessoal na sociedade. O "você deve" que se dirige a cada um toma um sentido irrevogável assim que ela o pronuncia, e todos devem ouvi-lo da mesma maneira.

Primeiramente, em que consistem os crimes? O que pode haver em comum entre delitos tão diversos quanto o homicídio, o roubo, a traição, o incesto, o abuso de drogas, o abandono de crianças etc.? Com certeza o fato de se desviar de uma norma ou de uma regra. Esse desvio choca-se com os valores e as crenças em vigor. Pouco importa que ao mesmo tempo interesses sejam lesados, felicidades desfeitas, vidas destruídas, efeitos nocivos produzidos. O essencial é que ofenderam a consciência coletiva e feriram sentimentos profundos:

> Mas [adverte Durkheim] é somente por isso que um sentimento, quaisquer que sejam suas origens e seus objetivos, encontrado em todas as consciências com um certo grau de força e de precisão, qualquer ato que o ofenda é um crime. A psicologia contemporânea retorna cada vez mais à ideia de Spinoza, segundo a qual as coisas são boas porque gostamos delas, em vez de gostarmos delas porque são boas. O que é primitivo é a tendência, a inclinação; o prazer e a dor são apenas fatos derivados. O mesmo vale para a vida social. Um ato é socialmente ruim porque é rejeitado pela sociedade[118].

De acordo com esse ponto de vista, não se deve dizer, por exemplo, que uma pessoa que se droga comete um ato desviante porque consome uma substância perigosa para ela mesma e nociva para os outros. Seu ato é desviante, delituoso, porque ele fere uma norma e choca a consciência comum. Se esta é permissiva, admitirá qualquer delito ou crime, e poderá até apreciá-lo.

---

118. DURKHEIM, É. *La division du travail social*. Op. cit., p. 48.

A tolerância para com o desrespeito às regras e o não conformismo dos indivíduos pode ser um princípio de filosofia. Durkheim a considera mais como um dos sinais de astenia da consciência e dos sentimentos coletivos. Ora, essa suposição implica necessariamente uma outra. Isto é, que o castigo tem como objetivo estimular o que está enfraquecido, restabelecer o vínculo de cada um com as normas e com os valores da sociedade. Ele visa menos a "morte do pecador" ou a sanção de seus atos do que a restauração da confiança do homem "virtuoso" nos seus próprios atos. Mais do que desencorajar aqueles que se desviam, procura-se justificar e encorajar aqueles que se conformam. O crime permite assim a uma sociedade provar a si mesma que está viva e forte, e isso no momento certo. Ela não deve eludir a obrigação de castigar, ainda que não haja decisão mais arbitrária, e ainda que se trate apenas de uma prova que nada de objetivo valida e nem invalida.

> A punição [observa Parsons] é, desse modo, uma espécie de declaração que significa que vocês estão ou conosco ou contra nós, e tende a mobilizar os sentimentos de solidariedade com o grupo no interesse de uma conformidade que continua. Em grande parte, ela não é, pois, dirigida contra o próprio criminoso, mas se dirige àqueles que poderiam ser criminosos em potencial[119].

Nesse sentido, e é isso o que importa aqui, todos os crimes e castigos são instrumentos de coesão. Na medida em que as regras jurídicas são instruções gerais para agir ou se abster de agir de uma certa maneira, podemos distinguir duas categorias de regras, umas *penais* e outras *civis* ou *restitutivas*. As primeiras estipulam que crenças ou sentimentos poderosos foram feridos e infligem uma pena e uma recriminação àquele que cometeu esse crime. A sanção o atinge em sua honra ou em sua família, em sua liberdade ou em sua vida, e deve fazê-lo sofrer. As regras da segunda categoria referem-se apenas à necessidade de respeitar certas normas e aparências para que a máquina social continue

---

119. PARSONS, T. *The social System*. Glencoe: Free Press, 1951, p. 310.

a girar com todas as suas engrenagens, a política, a indústria ou o comércio. Assim a condenação ao pagamento de indenizações pode ser independente de uma sanção penal. Ela tem como único objetivo restaurar na sociedade relações que se distanciaram da média.

As leis penais seriam as mais antigas. Elas correspondem, segundo Durkheim, a uma solidariedade mecânica. As leis restitutivas, mais recentes, instituem a solidariedade orgânica. Deixando de lado os detalhes para chegar ao fundo, percebemos que ambas, apesar de suas diferenças, contribuem para o mesmo objetivo na sociedade: reproduzi-la de forma idêntica. Deslocando um pouco o foco, como estou fazendo, sem modificar o essencial, o que podemos observar? Os dois tipos de regras se apoiam em dois tipos de conformidade, uma repressiva e outra restitutiva. Isso traz pelo menos uma implicação, e importante. Coloquemo-nos a questão de saber se as regras do direito expressam a realidade de uma consciência e de uma vida moral. Sem dúvida não. Uma distância subsiste ainda entre os sentimentos e raciocínios dos indivíduos e as considerações e procedimentos jurídicos. Entretanto, não podemos duvidar que estes representem certos ideais da sociedade e imponham um modelo uniforme às relações entre os homens. Portanto elas exigem a conformidade a um ideal. É provavelmente nesse sentido que a distinção de Durkheim se aplica de verdade. E sua escolha do direito enquanto expressão da consciência e da vida moral, ainda que indefensável, justifica-se por essa razão.

De maneira geral, a conformidade repressiva supõe uma consciência coletiva presente por intermédio da língua, dos símbolos e das práticas de que cada um participa e sustenta participando deles. Ainda mais que, se nos referirmos às sociedades pré-modernas, uma fé religiosa as anima e investe da autoridade do sagrado. Assim, na maior parte das civilizações da Índia, do Egito, na Judeia e até mesmo em Roma, as leis tinham um caráter sagrado, e os sacerdotes administravam a justiça. Mesmo nos lugares onde ela era exercida pelas assembleias da tribo ou pelo povo, considerava-se que as leis emanavam de um deus ou se fundamentavam em uma tradição intangível. Os culpados são sancionados por terem prejudicado a coletividade: atentado aos costumes, ofensa à religião, desprezo pela autoridade etc. Isso pode ser verificado na Bíblia, nas XII Tábuas Romanas, entre os germânicos. Em Atenas, Sócrates foi condenado por ter ridicularizado os deuses e corrompido a juventude. Prescrições e interditos são rígidos. Eles não deixam lugar a nenhuma interpretação individual. A exigência de uma adesão unânime impede quem quer que seja de se considerar isento. Nietzsche formulava assim o imperativo que cada um deve transformar em seu: "Tu obedecerás a qualquer coisa, e por muito tempo, senão perecerás e perderás todo o respeito por ti mesmo". Na ausência dessa obediência, as qualidades da consciência se alteram, a unidade da comunidade se quebra. A dúvida faz seu caminho ziguezagueando e compromete a força moral das regras. É dessa forma que as coisas se passam em todas as sociedades confessionais cimentadas por uma doutrina, que requerem uma adesão plena e integral.

O crime e tudo aquilo que se lhe assemelha assinala uma baixa de tônus, uma diminuição do ardor dedicado ao respeito das prescrições e à defesa dos interditos. Ele pressagia, aos olhos de todos, o enfraquecimento da consciência coletiva naquele que o comete, e também naqueles que o sofrem, como se fosse uma mola distendida que não funcionasse mais. Não se questionam as normas comuns nem as instituições. No entanto, elas parecem ter perdido o seu domínio; nelas se acredita menos ou simplesmente não se acredita. O crime é, pois, o sintoma de uma *apatia*[120] dos membros do grupo: eles sustentam a sua tradição com menos vitalidade e participam com indiferença no cumprimento de seus deveres. O crime traz a incerteza, alimenta a insegurança de todos. A exemplo dos fiéis que se afastam dos ritos, dos cidadãos que não votam, recusando tomar partido, os criminosos ou os desviantes empobrecem as próprias fontes onde se sacia a vida social.

---

120. Algumas incertezas da teoria de Durkheim que dizem respeito ao desvio vêm do fato de que ele não distingue na teoria aquilo que ele distingue na prática, ou seja, a apatia e a anomia.

Todo estado vigoroso da consciência [afirma Durkheim] é uma fonte de vida; é um fator essencial de nossa vitalidade geral. Em consequência, tudo o que tende a enfraquecê-lo nos diminui e nos deprime; o resultado disso é uma impressão de desordem e de mal-estar análogo a que sentimos quando uma função importante é suspensa ou reduzida[121].

Janet já havia descrito esses estados de fraqueza psicológica cuja presença é reconhecida em certas neuroses: aqui ele afeta o grupo todo. Digamos no momento que Durkheim, assim como Janet, faz deles uma causa. Veremos mais adiante o seu significado para o nosso propósito. Assim, a consciência coletiva corre o risco de se decompor por falta de resposta rápida à importância particular da ameaça. Ora, a melhor maneira de lutar contra a indiferença e a apatia é mobilizar suas paixões e seus símbolos. Eis o que sugere uma repressão que inflige ao desviante um sofrimento proporcional, não a seu ato, mas à necessidade do grupo de aumentar sua energia e sua vitalidade. O valor do castigo reside nessa possibilidade de dirigir os sentimentos de todos contra um só, a fim de restituir à regra atacada a intensidade necessária, a competência perdida.

Portanto não podemos nos contentar em dizer, como Raymond Aron, que a "função do castigo é satisfazer a consciência comum"[122]. A punição assemelha-se antes a um rito religioso que coloca em cena o bem e o mal. Ela estimula o campo social, inflamando as paixões que todos experimentam, mas que apenas um suporta ao paroxismo. Sua função é, portanto, catártica: ela elimina o crime ou o desvio como uma doença ou um transtorno dos humores. Em primeiro lugar, esta é a convicção de Durkheim, a pena consiste em uma reação passional; o julgamento vem somente depois. Esse caráter é tanto mais aparente quanto menos evoluídas são as sociedades e quanto menos executam as sentenças diante do povo reunido. Lapidar, linchar ou

---

121. DURKHEIM, É. *La division du travail social*. Op. cit., p. 64.

122. ARON, R. *Les étapes de la pensée sociologique*. Op. cit., p. 326.

estigmatizar em público lhes oferece o aumento de confiança e de vitalidade desejado. Esses povos, escreve ele,

> punem por punir, fazem o culpado sofrer simplesmente para fazê-lo sofrer e sem almejar para eles mesmos nenhuma vantagem do sofrimento que lhe impõem [...] Embora a pena seja aplicada somente a pessoas, elas muitas vezes se estende para além do culpado e acaba atingindo inocentes, sua mulher, seus filhos, seus vizinhos etc. Pois a paixão que é a alma da pena só se interrompe uma vez esgotada[123].

Nesse sentido, o grupo sempre aspira a se vingar, pois as razões objetivas daquilo que o ameaça e diminui sua vitalidade não podem interessá-lo. Ele sabe qual prescrição ou qual interdito foram violados, e busca a ocasião de restabelecer sua autoridade sobre todos. Nem sempre a verdade sai satisfeita, mas a consciência coletiva sai purificada e revigorada, purgada, em suma. Por essa razão jamais se pode evitar esse fator de paixão para restaurar a segurança e a confiança comuns. Maneira dissimulada de extrair uma certa compensação para todas as privações impostas pelo respeito às prescrições que nos proíbem ora os prazeres do adultério ou do incesto, ora as violências contra pessoas que odiamos, ou simplesmente o consumo de um certo alimento. Maneira também de fazer aquele que ousou transgredi-las "pagar" o prazer que obteve do fruto proibido. Quaisquer que sejam as circunstâncias e as culturas, a pena sempre serve para se vingar em alguém presente fazendo-o expiar uma culpa passada. Isso é atestado pelo rigor das penas durante as mudanças de regime, que vão da morte ao ostracismo, que atingem os partidários do regime deposto. Os antigos oficiais e soldados de Napoleão para a Revolução, os reféns na história contemporânea por causa do colonialismo de seus pais, sem falar na caça às bruxas que periodicamente acontece, eis alguns dos muitos exemplos.

Olho por olho, dente por dente: a lei do talião é também uma lei de vingança. Para fazer prevalecer esta última, o direito penal define minuciosamente o crime, mas não a pena que permanece a

---

123. DURKHEIM, É. *La division du travail social*. Op. cit., p. 52.

critério da coletividade prejudicada. O que a determina, portanto, não é nem a natureza nem a gravidade dos atos, mas a força das emoções que suscitam. Como se enganar sobre o pensamento de Durkheim quando lemos esta passagem, mais categórica impossível.

> Uma vez que os sentimentos que o crime ofende são, no seio de uma mesma sociedade, os mais universalmente coletivos que existem, já que são até mesmo estados particularmente vigorosos da consciência comum, é impossível que eles tolerem a contradição... Um simples restabelecimento da ordem perturbada não poderia nos bastar; precisamos de uma satisfação mais violenta. A força contra a qual o crime vem se chocar é demasiado intensa para reagir com tanta moderação. Aliás, ela não poderia fazê-lo sem se enfraquecer, pois é graças à intensidade da reação que ela se recupera e se mantém no mesmo grau de energia[124].

Essas frases vibrantes, tão apaixonadas quanto a paixão que descrevem, deveriam abrandar a reputação de um autor notoriamente rude. Sobretudo junto àqueles que não o leram ou que, ao lê-lo, não deram atenção às suas palavras. Contra a apatia, o estado de fraqueza psicológica, a vingança suscita um estado de força psicológica e serve de remédio. Tudo se explica aqui pelas circunstâncias de uma psicologia de grupo postulando que a intensidade de um sentimento ou de uma crença aumenta à medida que são compartilhados por um grande número de pessoas em relação umas com as outras. Esse postulado, estabelecido por Espinas na primeira obra escrita sobre as sociedades animais, é retomado por Durkheim. Combinado com a ideia de uma oscilação entre a força e a fraqueza psíquicas, ele serve para explicar o caráter excessivo das reações coletivas. Mostra também por que, por meio da diversidade e da evolução das sociedades, a pena permaneceu para nós aquilo que ela era para os nossos pais, ou seja, um fato de vendeta pública. Pois "aquilo que vingamos, aquilo que o criminoso expia, é o ultraje feito à moral"[125].

---

[124]. Ibid., p. 67.
[125]. Ibid., p. 86.

Certamente, não nos expressamos mais dessa maneira. O termo moral é antiquado e mal afamado, e estamos comprometidos com uma maior largueza de espírito. Mas, sob nossa delicadeza e nossa compreensão, as paixões permanecem dissimuladas. Ainda mais cegas por lhes recusarmos a luz do dia, e as reprimimos em vez de educá-las. "Tudo deve ser feito friamente, calmamente", escrevia Flaubert a Louise Colet.

De todo modo, a pena se aplica de maneira que os membros do grupo se apeguem ainda mais ao tipo coletivo e acentuem suas semelhanças. A obra da conformidade se realiza tanto melhor quanto as sociedades tenham normas bem definidas e prescrições claras. "Não matarás", "não cometerás adultério", esses deveres são formulados de maneira clara e precisa. Cada um os conhece e lhes confere o mesmo sentido de tanto ouvi-los repetir. Por outro lado, a pressão em se conformar é tanto maior quanto as crenças e os sentimentos comuns ultrapassem em número aqueles que são próprios aos indivíduos. Ora, ela resulta em uma solidariedade, portanto em um consenso que podemos qualificar como autêntico. Compreendo com isso que o acordo dos indivíduos com as opiniões e as ações do grupo é direto e completo. O "eu" deles expressa ao mesmo tempo um "nós" que é o seu fundamento vivo e enérgico. Ele se reconhece na unanimidade de atitude em relação ao crime e na aplicação das sanções. Ainda mais quando o castigo oferece um prazer e um benefício que não se poderia obter de um outro modo: ele permite ser aprovado por todos por ter recriminado apenas um.

> O homem que cumpre seu dever encontra, nas manifestações de todo tipo pelas quais se expressam a simpatia, a estima, a afeição que seus semelhantes têm por ele, uma impressão de reconforto, de que na maioria das vezes ele não se dá conta, mas que o sustenta. O sentimento que a sociedade tem dele ressalta o sentimento que ele tem de si mesmo. Porque ele está em harmonia moral com seus contemporâneos, tem mais confiança, coragem, astúcia na ação, assim como o fiel que sente os olhares de seu deus voltados benevolamente para ele[126].

---

126. DURKHEIM, É. *Les formes élémentaires de la vie religieuse.* Op. cit., p. 302.

Essa harmonia assemelha-se, quase se confundindo, com o que se poderia chamar em outras circunstâncias uma identificação. No entanto não é uma. Tudo se desenrola no interior de uma consciência clara e imediata que nenhuma experiência passada prepara ou obscurece. Seja como for, seus efeitos são benéficos. Ela gratifica aqueles que respeitam e defendem as regras comuns com o aumento de vigor de que necessitam. Do ponto de vista de Durkheim, a conformidade repressiva seria a obra por excelência das sociedades arcaicas. Hoje conhecemos melhor essas sociedades e as nossas, o que nos permite matizar a hipótese. Se não é verdadeira, pelo menos permanece sugestiva.

Abordemos agora o segundo tipo, a conformidade restritiva. Ela dispõe os indivíduos que exercem profissões e papéis diferentes a encontrar uma coesão entre si. Pode ser observada nas sociedades modernas nas quais predomina a divisão do trabalho. A expansão desta tem como concomitância inevitável a multiplicação das regras próprias a cada profissão ou função. E a divisão pode progredir somente à custa da força das crenças e dos sentimentos comuns. Estes, que compõem a consciência coletiva, permanecem presentes, mas de maneira mais discreta e mais vaga. Por conseguinte, o tipo psíquico da sociedade se atenua, torna-se mais abstrato e perde seus contornos precisos. Cada um tem a latitude de interpretar as crenças de acordo com as circunstâncias e praticá-las conforme sua conveniência pessoal. À medida que a coletividade se estende e se diversifica, torna-se cada vez menos possível velar pelo respeito às normas e garantir a adesão dos indivíduos.

> Ora [escreve Durkheim], quanto mais a consciência comum se torna geral, mais ela dá lugar às variações individuais. Quando Deus está longe das coisas e dos homens, sua ação não é mais a de todos os momentos e não se estende mais a tudo. De fixo existem apenas regras abstratas que podem ser livremente aplicadas de maneira diferente. Embora não tenham nem a mesma ascendência, nem a mesma força de resistência[127].

---

127. DURKHEIM, É. *La division du travail social*. Op. cit., p. 275.

Por isso, a reação passional de vingança à falta de respeito a essas regras não pode mais se desencadear. Não por falta de paixão, mas por falta de objeto a lhe propor. No espaço da sociedade onde os indivíduos se dedicam às suas ocupações distintas, o principal é deixá-los se reproduzirem e se diferenciarem. Quando ocorre um erro ou um desvio, a única possibilidade é recolocar as coisas em ordem. Portanto, para seu autor, continuar a desempenhar a função que a sociedade lhe determina. Assim a sanção comercial por roubo e a sanção administrativa por fraude visam principalmente reparar um prejuízo e fazer respeitar uma lei. Elas não visam infligir um sofrimento ao delinquente por ter transgredido a regra, mas restabelecer o direito. Elas são até mesmo aplicadas por uma jurisdição especial, relativamente objetiva, tribunal administrativo ou corte de apelação, e não pela comunidade reunida, ao mesmo tempo juiz e parte. Esse procedimento é possível na medida em que o crime não toca sentimentos morais profundos, e não se prevê sanção geral. Em suma,

> as regras de sanção restitutiva ou não fazem parte da consciência coletiva, ou dela são apenas estados frágeis. O direito repressivo corresponde àquilo que é o âmago, o centro da consciência comum; as regras puramente morais já são sua parte menos central; por fim, o direito restitutivo surge em regiões muito excêntricas para se estender muito além. Quanto mais se torna verdadeiramente ele mesmo, mais ele se distancia[128].

Devemos compreender que existe uma ascendência bem menor sobre nossas emoções? Sem sombra de dúvida. As regras de dependência mútua definidas pelos diversos tipos de direito, direito comercial, direito doméstico, direito constitucional, descrevem os vínculos sociais em um campo preciso. Isso evita os conflitos e permite o funcionamento normal das instituições, apesar da diversidade dos indivíduos, dos papéis e dos ofícios. Contudo a violação dessas regras não atinge "em suas partes vivas nem a alma comum da sociedade, nem mesmo, pelo menos em geral, a dos grupos especiais e, consequentemente, não

---

128. Ibid., p. 81.

pode determinar senão uma reação muito moderada. Tudo que precisamos é que as funções concorram de uma maneira regular; portanto, se essa regularidade é perturbada, basta-nos que ela seja restabelecida"[129]. Ou seja, a regra e a consciência da regra tornaram-se coisas distintas.

Observemos, no entanto, a diferença na qual Durkheim insiste incansavelmente. A conformidade repressiva compromete a parte central da consciência coletiva que é também a sua parte sagrada, e no momento em que ela está em relação direta com o grupo. A conduta de cada indivíduo é assim determinada e qualquer infração o ultrapassa, ameaça a sociedade e até mesmo a ordem do universo. Pois ela poderia fazer parar a chuva, tornar a pesca ou a caça infrutíferas, levar à completa extinção do grupo. (Da mesma forma, diz-se de um dissidente que ele é o inimigo do povo, a ruína da revolução, ou que impede a história de seguir seu curso!) Quando esses acontecimentos correm o risco de se produzir, é sinal de que os costumes ou os interditos foram infringidos. Ninguém é poupado, cada um se sente culpado e se pergunta: "O que eu fiz? Que prescrição eu violei? Qual é o preço a pagar?"

A expiação, de certa forma, castiga o criminoso tanto quanto o próprio grupo se castiga por intermédio dele. Isso permanece verdadeiro em todas as sociedades confessionais, hoje como ontem, ainda que de maneira mais oculta. Ao passo que a conformidade restitutiva, em que a alma da sociedade é levemente atingida, visa sobretudo manter um equilíbrio entre as inúmeras consciências individuais. Trata-se de respeitar certos princípios importantes e permanecer dentro de certas fronteiras. Em troca, cada um está livre para seguir sua própria regra, se entregar a variações pessoais, com a condição de que não ultrapasse uma certa distância além da qual a coesão e a unidade da sociedade estão em perigo. O criminoso, o drogado, o fraudador, o desviante tornam-se uma ameaça assim que uma certa média tenha sido ultrapassada. A primeira conformidade, repressiva, visa, portanto, cada indivíduo, e poderíamos considerá-la determinista.

---

129. Ibid., p. 98.

A segunda, restitutiva, visa o conjunto do grupo sem coagir precisamente os indivíduos, e a nomeamos estatística.

Seria, no entanto, um milagre se a divisão do trabalho mantivesse semelhante conformidade sem problemas e a restabelecesse sem dificuldades. É inevitável que a diversidade das profissões e a multiplicação das trocas produzam consequências indesejáveis, dilacerem a coesão social. Ao invés de resultar em solidariedades, ela traz dissidências e conflitos próprios à sociedade moderna. Durkheim observa que as falências ou a luta de classes entre capitalistas e trabalhadores são o fruto da divisão do trabalho que acompanha a industrialização. Por isso, longe de preservar a integridade das normas e de aumentar sua autoridade sobre os indivíduos, ela favorece a dispersão e os desvios de cada um. Essas são as *anomias* que provocam uma confusão das regras e das funções, em resumo, um disfuncionamento[130] do corpo social. A ideia é clara: o mecanismo que deveria assegurar sua saúde se desregula e se torna causa de doenças e de diferenciações malignas. "É assim que o câncer, escreve Durkheim, as tuberculoses aumentam a diversidade dos tecidos orgânicos sem que seja possível ver neles uma nova especialização das funções biológicas. Em todos esses casos, não há divisão de uma função comum, mas no seio do organismo, seja individual, seja social, forma-se um outro que procura viver à custa do primeiro. Não existe nem mesmo qualquer tipo de função, pois uma maneira de agir só merece esse nome quando concorre para a manutenção da vida em geral"[131].

Em outras palavras, essa reprodução dos indivíduos na sociedade é anômica porque engendra a tensão em vez da harmonia. Ou ainda um "organismo diferente", estranho, e não aquele que ela deveria reproduzir. Já vimos isso a respeito das relações entre capital e trabalho: o resultado não é o consenso, mas a luta entre operários e patrões. Pior ainda, a alta taxa de suicídios na sociedade contemporânea atesta que a divisão do trabalho, além de não incitar os indivíduos a viverem, leva-os a procurar a morte.

---

130. MERTON, R. Anomie, anomia and social Interaction. In: CLINARD, M.B. (org.). *Anomie and Deviant Behavior*. Glencoe, Il.: The Free Press, 1966, p. 213-342.

131. DURKHEIM, É. *La division du travail social*. Op. cit., p. 344.

Que a coletividade imponha exigências excessivas ou que não consiga fazer respeitar suas normas, e a anomia se instala.

Durkheim faz desta a causa de uma corrente de suicídios. Cada indivíduo é um ser egoísta, dominado pelos seus desejos, ávido de prazeres e jamais satisfeito. E a sociedade, normalmente, nos educa a disciplinar nossas tendências, a dominar os desejos e a renunciar aos prazeres para desempenhar os deveres de natureza superior. Ela nos leva a buscar satisfações de uma outra ordem, profissional ou intelectual, através da vida em comum, do reconhecimento e da simpatia de nossos semelhantes. Ora, as mortes voluntárias anômicas seriam devidas a uma falta de sentimentos e de crenças coletivas, a uma falta de solidariedade que deixaria os indivíduos desarmados. Nada, ou quase, faria então contrapeso às tendências egoístas. Separados do grupo, eles são abandonados a seus próprios recursos, como crianças de quem os pais não cuidam mais. Os indivíduos não seguem mais regras rígidas. Nenhuma obrigação os retém mais. Eles não têm mais lugar reconhecido no mundo, nem objetivo que os proteja contra as desordens interiores. Sem falar no fato de que, em uma sociedade próspera, tudo lhes dá a impressão de poder seguir suas inclinações pessoais e os obriga a serem bem-sucedidos em detrimento dos outros.

Mas quanto mais dependem de si mesmos, mais experimentam a insatisfação dos desejos infinitos e a tristeza de uma satisfação abstrata por não ser compartilhada com ninguém. As incertezas do sucesso e as consequências do fracasso são, por isso mesmo, mais difíceis de serem suportadas. É por isso que a taxa de suicídio aumenta nas épocas de bem-estar econômico, em razão da competição intensificada, dos apetites sobremaneira estimulados e dos fracassos pessoais tão mal vivenciados.

> Desenquadramento, desintegração, ausência de uma ordem [resume Bouglé], que mantenha cada indivíduo em seu lugar e o apoie fixando-lhe a sua tarefa, eis a causa profunda da tendência ao suicídio[132].

---

132. BOUGLÉ, C. *Bilan de la sociologie française contemporaine.* Op. cit., p. 23.

Vamos admiti-lo. Mas com a condição de reconhecer, de passagem, que mais uma vez Durkheim "transgride sua própria regra metodológica ao explicar o suicídio em termos de uma propensão inerente à psicologia individual"[133]. Já que o desejo desenfreado do indivíduo o conduz ao suicídio, se não for sublimado por meio de objetivos comuns ou disciplinado por meio de normas sociais.

Certo, Durkheim também a transgride porque faz um ato individual, em resposta a uma situação comum, daquilo que é sem dúvida um ato social. O romance de Goethe, *Os sofrimentos do jovem Werther*, publicado há dois séculos, desencadeou uma epidemia de suicídios em toda a Europa. A tal ponto que as autoridades de vários países se impressionaram e proibiram a venda do livro. Um sociólogo americano, Philips, verificou fatos análogos. Quando se estampa o relato dramático de um suicídio nos jornais, ele é imediatamente seguido por inúmeros suicídios na região em que os jornais são difundidos. Assim as estatísticas de suicídios nos Estados Unidos entre 1947 e 1968 mostram que, para cada um dos relatos feitos pela imprensa, a média dos suicídios aumenta em cinquenta e oito unidades em dois meses. Poderíamos dizer que cada relato causou a morte suplementar de cinquenta e oito pessoas mostrando-lhes, por assim dizer, o caminho a seguir.

Mas o mesmo sociólogo constatou uma consequência ainda mais surpreendente. Por razões familiares ou econômicas, a vergonha ou a apólice do seguro que não seria versada aos seus próximos, alguns candidatos ao suicídio camuflam sua morte voluntária em morte acidental. Uma colisão de automóvel ou a queda de um avião lhes serve de meio. A frequência de tais "acidentes" também aumenta consideravelmente após a publicação na imprensa de um relato de suicídio excessivamente repercutido em toda a região atingida pelos jornais. Além do mais, esses acidentes sob influência se revelam mais mortíferos do que se fossem o efeito do acaso. Isto em razão da intenção de morrer

---

133. LIVINGSTON, P. La démystification et l'histoire chez Girard et Durkheim. In: DUMOUCHEL, P. (org.), *Violence et vérité*. Paris: Gasset, 1985, p. 195.

que leva as pessoas a correrem os riscos mais insanos. Aqui também as estatísticas são eloquentes: as pessoas mortas em tais acidentes; portanto, após a publicação pela imprensa de um relato de suicídio, são três vezes mais numerosas do que na semana que antecede essa publicação[134]. Essas enquetes completam nossa visão do suicídio. Mesmo sendo anômico, ele não deixa de resultar de uma sugestão do meio no qual se vive. Podemos ver nele o indício de uma sociedade que, por intermédio de sua rede de informações, propaga um ato que ela não condena de maneira explícita e que pode até mesmo corresponder a alguns de seus valores.

A solidariedade orgânica apenas pode se manter quando limita as ocasiões de anomia. Como evitá-la e, uma vez declarada, como um incêndio de floresta, por que meios controlá-la? Somente a força da conformidade consegue isso. Que um conflito estoure, que um desvio surja, logo essa força se desencadeia para bloqueá-los. Observamos isso muito simplesmente quando várias pessoas estão engajadas em um trabalho de decisão, quer seja um tribunal de júri ou um comitê de peritos. Se um contraditor levanta objeções e persiste em seu desacordo, logo os outros se esforçam em fazê-lo calar e submetê-lo à sua autoridade. Durkheim expõe a importância de uma tal força para se opor a tudo aquilo que divide uma sociedade e especializa seus membros:

> Sem dúvida devemos também trabalhar para realizar em nós o tipo coletivo na medida em que ele existe. Há sentimentos comuns, ideias comuns, sem os quais, como se diz, não somos homens. A regra que prescreve que nos especializemos permanece limitada pela regra contrária[135].

Aqui se torna claro que, se examinamos de que espécie é a conformidade que sustentaria essa "regra contrária", observamos

---

134. PHILIPS, D.P. "The Influence of suggestion on Suicide". *American Sociological Review*, 39, 1974, p. 340-354. • PHILIPS, D.P. "Suicide, Motor Vehicle Fatalities and the Mass Media". *American Journal of Sociology*, 84, 1979, p. 1.150-1.174. • PHILIPS, D.P. "Airplane Accidents, Murder and the Mass Media". *Social Forces*, 58, 1980, p. 1.001-1.024.

135. DURKHEIM, É. *La division du travail social*. Op. cit., p. 297.

que, para ser eficaz, ela se impõe em dois níveis. A princípio no interior de cada grupo local, cada papel especial ou ofício. O contato e a densidade das relações entre homens que compartilham, por exemplo, um mesmo modo de pensar e de fazer, praticam o mesmo ofício, produzem uma certa uniformidade. Eles aprendem a se comparar entre eles, a julgar o sucesso ou o fracasso de uma ação, baseando-se em normas precisas. Não é raro que se deem um código e sancionem qualquer falta: resultados de experiências manipulados para os cientistas, uma violação do Juramento de Hipócrates por parte dos médicos, e assim por diante. Esses grupos especializados têm então uma tendência a criar sua própria moral comum; os indivíduos que deles fazem parte se conformam uns aos outros porque compartilham os mesmos interesses, crenças, valores etc. Tudo isso facilita a consciência profissional, o respeito pelos deveres recíprocos e a coesão social:

> Ali onde o direito restitutivo é muito desenvolvido existe para cada profissão uma moral profissional. No interior do mesmo grupo de trabalhadores, existe uma opinião, difundida em toda a extensão desse agregado restrito, e que, sem estar munida de sanções legais, se faz no entanto obedecer. Existem usos e costumes comuns a uma mesma ordem de funcionários e que nenhum deles pode infringir sem incorrer na reprovação da corporação[136].

Mas então um outro problema se coloca, e ele é grande. Os costumes e a conformidade às normas de um grupo, ainda que aproximem os seus membros, o distanciam dos outros grupos e o opõem a estes. Assim que o espírito de corpo, o patriotismo regional se reforçam, surge também uma viva inimizade em relação aos outros corpos sociais ou às outras regiões. Os códigos de moral particulares e os interesses categoriais não engendrariam antes a desordem e a anomia do que a coesão em uma sociedade? O que impede as coletividades de se distanciarem umas das outras, como conseguir reuni-las? Vocês

---

136. Ibid., p. 206.

sabem que não podemos buscar a resposta a essas questões na coerção exercida por um Estado que as domine ou por um sistema econômico que as obrigue a se associar para trocar e produzir. Isso seria contrário à teoria de Durkheim para quem as partes separadas da sociedade estão unidas por um fator moral. A solução que ele prega é, portanto, diferente. Vou tentar esboçá-la. A conformidade que nasce no interior de cada divisão da sociedade só garante a coesão e a harmonia entre seus membros se ela for completa. Isto é, se ela se prolongar por meio de um acordo entre os indivíduos que exercem uma função diferente, mas complementar. Compreende-se que, para lançar uma ponte e preencher as brechas morais, esse acordo deve ser explícito. Quando a transcendência ou a tradição que garante a continuidade das obrigações recíprocas se afasta, alguma coisa de importante se perdeu. Mas não inteiramente: mesmo de longe, uma consciência coletiva subsiste, que molda as ideias e as condutas dos indivíduos, oferece um âmbito onde eles reencontram uma linguagem, sentimentos e objetivos comuns. É preciso, no entanto, que ela seja expressa por alguma coisa mais formal e mais concreta.

Seja como for, esse conjunto de normas comuns determina em cada um, por assim dizer do interior, a busca de um consenso e sua adesão a ele. Como um contrato que vincula com a mesma força que uma tradição, se ele é estipulado em boa e devida forma. Durkheim conclui:

> Sem dúvida, é falso acreditar que todas as relações sociais possam se reduzir ao contrato, ainda mais que o contrato pressupõe outra coisa além dele mesmo; existem, no entanto, vínculos especiais que têm sua origem na vontade dos indivíduos. Existe um consenso de um certo gênero que se expressa nos contratos e que, nas espécies superiores, representa um fator importante do consenso[137].

Esse consenso não se obtém sem que uma certa influência se exerça entre as partes, que se persuadem da necessidade de

---

137. Ibid., p. 375.

confiar. Mas sob a égide da influência que elas sofrem por parte de suas crenças e de seus sentimentos coletivos. De fato, estamos aqui muito próximos da concepção do psicólogo americano Festinger, segundo o qual as crenças e os sentimentos em um grupo que persegue um objetivo engendram espontaneamente uma pressão para a uniformidade[138]. Ela intervém a partir do momento em que existe o desvio ou o conflito, permitindo ao grupo reafirmar seu consenso ou suas ideias e seus valores morais e integrar aqueles que deles se distanciam. Dessa maneira, Durkheim concebe o remédio para o suicídio anômico e para as outras formas de desvio. Desse modo, vocês podem observar que a conformidade restitutiva tornou-se o princípio de coesão nas sociedades modernas.

A conformidade repressiva precedeu no tempo a conformidade restitutiva. Assim como a solidariedade mecânica resultante da primeira teria precedido a solidariedade orgânica de que trata a segunda. A lógica das sociedades apoiadas naquela recuou diante da lógica das sociedades apoiadas nesta. O que comprova isso? A passagem do direito penal ao direito civil ao longo da evolução histórica. Durkheim se esforça para nos convencer disso por meio de um exame minucioso das legislações arcaicas e modernas – não creio ter as competências necessárias para julgá-las. E a única hesitação que tenho no momento vem do fato de essa visão sugerir uma sociedade de uma simplicidade enganadora. Qualquer sociedade histórica e real pratica, sem dúvida, vários modos de estabelecer o consenso entre seus membros, assim como pratica vários modos de trocar e de produzir. A lado das indústrias mais avançadas, vemos o artesanato mais tradicional. Portanto, ao lado da conformidade restitutiva, pode-se muito bem ver florescer a conformidade repressiva. É até mesmo permitido supor que as duas são complementares e coexistem em cada sociedade: uma para evitar a baixa de sua energia e de seu tônus em direção à apatia, a outra para manter suas normas

---

138. FESTINGER, L. "Informal social communication". *Psychological Review*, 57, 1950, p. 271-282. • FESTINGER: "A theory of social comparison processes. *Human Relations*, 7, 1954, p. 117-140.

e seus valores ameaçados pela anomia. E razões evidentes não nos conduziriam a associar a conformidade restitutiva às nossas instituições políticas e religiosas, e a conformidade restitutiva aos assuntos econômicos e administrativos? Mas o que me parece mais evidente é a confiança que Durkheim confere a uma e a outra para remediar a carência das normas, curar o mal dos indivíduos e pôr um termo às crises sociais. A palavra câncer que citei diz muito a esse respeito.

Não surpreende que um pensador tendo vivido antes da Primeira Guerra Mundial tenha feito prova de um semelhante irenismo, confiando que as qualidades vivificantes de uma vida social plena, digamos moral, poupariam à França os espasmos de uma revolução social e os sofrimentos de um individualismo desenfreado. E, até certo ponto, culpado de suas infelicidades. Penso aqui nesta frase de Diderot no prefácio do *Filho natural*: "Não há senão o malvado que esteja sozinho". Irenismo de que ainda reencontramos as marcas em Parsons ou em Habermas, por exemplo, por motivos diferentes.

Todavia, é menos o caráter irênico que nos torna essa confiança de Durkheim tão pouco plausível do que a própria experiência histórica que, mais dia menos dia, deveria desmenti-la. Sim, crimes e castigos que deveriam garantir a coesão moral das sociedades revelaram em seguida uma outra face mais perniciosa. Foi reservado a Marcel Mauss, sobrinho e colaborador de Durkheim e seu herdeiro espiritual, constatá-lo em 1936. Atacado de estupor diante das cerimônias nazistas de Nurembergue, e não sabendo ainda que esses mesmos nazistas o obrigariam a usar a estrela amarela como os seus ancestrais na Idade Média, ele escreve a um sociólogo norueguês:

> Aliás, que grandes sociedades modernas, mais ou menos saídas da Idade Média, possam ser sugestionadas como os australianos o são por suas danças e movimentos de uma ciranda de crianças, é uma coisa que no fundo nós [Durkheim e sua escola, S. M.] não tínhamos previsto. Esse retorno ao primitivo não tinha sido o objeto de nossas reflexões. Nós nos contentávamos com algumas alusões aos estados das multidões, ao passo que se tratava de algo bem diferente. Contentávamo-nos também em

provar que era no espírito coletivo que o indivíduo poderia encontrar base e alimento para a sua liberdade, a sua independência, a sua personalidade e a sua crítica. No fundo avaliamos sem levar em consideração os extraordinários novos meios[139].

O que se pode acrescentar a essas linhas? Elas são contundentes, e que confissão! Eis um homem de grande integridade, que trabalhou sobre as sociedades mais diversas, imbuído da ideia de que elas são máquinas de fazer deuses. E de repente tem a revelação de que elas também são capazes de fazer demônios, que a máquina divina pode se transformar em máquina satânica. Com um terror lúcido, ele constata que essa integração e essa harmonia tão exaltadas como um princípio de vida podem ser fonte de opressão e princípio de morte para os membros de uma sociedade. Então, como não ter observado esse retorno ao primitivo – e à infância, se seguirmos palavra por palavra – que salta aos olhos? Deixemos de lado a homenagem que a virtude faz ao vício. Mauss reconhece que a escola sociológica inspirou-se na psicologia das multidões sem tê-la seguido até o fundo, isto é, sem levar a sério aquilo que, e isso quando Durkheim ainda estava vivo, ela havia previsto. Ora, eis "que se trata de uma outra coisa". Uma visão minuciosamente composta da vida psíquica e social desmorona. Aliás, alguns anos mais tarde, Mauss completará seu pensamento com a seguinte observação:

> Acredito que, para nós, isso é uma verdadeira tragédia, uma verificação demasiado forte das coisas que tínhamos indicado, e a prova de que antes deveríamos esperar essa verificação pelo mal do que uma verificação pelo bem.

Será que ele desejava dizer que a conformidade e a harmonia de toda coletividade, que durante muito tempo eles preconizaram, resultam em um mal-estar mais do que em um bem-estar? Não poderia me decidir quanto a isso. Não insistamos nesse messianismo da razão que incita Mauss a comparar os australia-

---

139. ARON, R. "Sociologisme et sociologie chez Durkheim et Weber". *Commentaire*, 8, 1986, p. 1.036.

nos aos nazistas, assim como havia incitado Proust a comparar os militares que condenaram Dreyfus aos índios apaches. E que nos leva a evocar esses povos "selvagens" que normalmente admiramos, todas as vezes que um povo "civilizado" comete atrocidades inconcebíveis. Nenhum desses povos primitivos é tão dócil, nem exterminou no entusiasmo coletivo vários povos. Mauss que falara deles com tanta ternura sabia disso.

Mas não podemos deixar de lado o fato de que, apesar das repetidas experiências, esse retorno do primitivo, que revela uma terrível fraqueza no âmago da teoria da sociedade, permanece estranho à reflexão sobre nossas sociedades em geral. O que devemos concluir? Se retorno existe, é porque ele exalta certos aspectos da vida em comum e que nós censuramos. Ou seja, o caráter negativo de sua estabilidade, de sua uniformidade, para não reter no presente, projetar no futuro, senão a outra parte, a solidariedade e a unidade. A parte mais nobre, de certa forma. Ora, sobre esse ponto, as ideias de Durkheim, como aliás as de Marx, foram esfoliadas pelo vento dos holocaustos. Podemos, pelo menos, levantar a questão lendo essa carta premonitória de Mauss. E responder que, nas ciências, são sempre as experiências da história que decidem.

3
UMA CIÊNCIA DIFÍCIL DE NOMEAR

De uma sociedade a outra

Mesmo que a questão tenha saído de moda, ainda desperta interesse saber se Durkheim é conservador ou reformador. Ele é jacobino, e isso explica tudo. Certamente ele não teria renegado estas palavras pronunciadas por Robespierre em *18 Floreal*:

> A obra-prima da sociedade seria criar no homem, para as coisas morais, um instinto rápido que, sem o tardio apoio do raciocínio, o levasse a fazer o bem e a evitar o mal; pois a razão particular de cada homem desviado pelas paixões muitas vezes é apenas um sofista que defende a sua causa...

E para melhor se fazer compreender, o revolucionário acrescenta:

> O que produz ou substitui esse precioso instinto, o que supre a insuficiência da autoridade humana é o sentimento religioso.

Sob todos os pontos de vista, e da maneira mais fácil, a conformidade é a fonte invisível desse instinto de um gênero novo. A importância capital que lhe dedicamos, as formas que ela tomou, talvez seja esse o caráter mais significativo de nossa civilização. Será que tive razão, no entanto, em expor com tal requinte de detalhes como ela induz a solidariedade e a explica? Apesar disso, muitos de seus aspectos fazem parte do senso comum e vocês os conhecem. Talvez eles já fizessem parte antes que a ciência deles se ocupasse. Parece-me, no entanto, tê-los esclarecido melhor e destacado alguns novos aspectos.

Confesso ter-me surpreendido com a evidência das causas psíquicas na vida social como são concebidas por Durkheim. Vocês devem ter observado a que ponto sua linguagem delas está impregnada e segue a inclinação de uma calorosa subjetividade. Muitas vezes ele se deixa levar pela introspecção para desenhar com mais verossimilhança o tipo psíquico que imagina particular a uma sociedade. Agora precisamos ir mais adiante. Após ter respondido à primeira questão e explicado a solidariedade mecânica e a solidariedade orgânica pelo gênero de conformidade que lhes são próprios, chegamos à segunda: por que a passagem de uma solidariedade a outra? Como se dá que uma sociedade inicialmente homogênea se transforme em uma sociedade heterogênea, como a nossa, em que família, religião, indústrias, funções, são tão autônomas e rigidamente especializadas? Ninguém encontrou as causas indiscutíveis de semelhante evolução e ninguém mais espera sua revelação. Um problema não tem nenhum valor se permanece para sempre um problema. Durkheim acreditava, no entanto, que este era solucionável. Segundo ele, as sociedades tradicionais que se estendem da horda primitiva às cidades gregas e romanas são formadas por segmentos análogos (tribos, clãs etc.) que se assemelham por suas ocupações, crenças, traços físicos ou psíquicos. Cada uma dessas mônadas coletivas vive em autarquia, com seus próprios deuses e seus símbolos particulares. Elas não deixam nenhum lugar ao individual. Salvo para os chefes que "são", com efeito, as primeiras personalidades individuais que se destacaram da massa social[140].

Entre essas coletividades autônomas compostas de segmentos idênticos existem poucos contatos, poucas trocas. Portanto, as brechas morais são grandes. O que a vida social delas possui de mais espontâneo, de mais forte, está sob a ascendência de um patriotismo local. Sabemos que o aumento da divisão do trabalho acompanha-se da dissolução dessas sociedades segmentadas. Ela exige a formação de relações ali onde não existia nenhuma. Assim, grupos outrora separados entram em contato. As barreiras entre os diferentes modos de vida e as diversas crenças dessas sociedades

---

140. DURKHEIM, É. *La division du travail social*. Op. cit., p. 171.

se desintegram após esse contato. À medida que combinações se operam, a homogeneidade de cada uma desaparece e os indivíduos se libertam das coerções que ela impunha. Assim nascem correntes de trocas e de comunicações que preenchem as brechas existentes. A divisão do trabalho aumenta em razão do volume da população que acelera essas trocas e essas comunicações, tanto quanto a luta pela vida dos grupos antes separados.

Por outro lado, esse volume físico se traduz por um estreitamento e uma frequência dos contatos que cria uma "densidade moral" desconhecida das sociedades mais simples. Ela é evidentemente mais forte ali onde os homens estão concentrados em um território mais restrito, nas cidades, por exemplo: "Enfim, existe o número e a rapidez dos meios de comunicação e de transmissão. Suprimindo ou diminuindo os vazios que separam os segmentos sociais, eles aumentam a densidade da sociedade"[141]. Em outras palavras, a divisão do trabalho é fator de dinamismo e produz uma densidade moral que se acentua ao longo da evolução. Durkheim propõe sua lei geral: o aumento de volume e de densidade de uma sociedade tem um efeito diretamente proporcional sobre o aumento da divisão do trabalho. Esta progride de modo contínuo ao longo da história, uma vez que a população aumenta regularmente e os contatos se multiplicam. Contudo a explicação não o satisfaz inteiramente, já que ela se baseia, em última instância, em um fenômeno biológico. De modo que várias vezes ele esclarece que esse fenômeno biológico só tem importância na medida em que fortalece os fenômenos psíquicos e sociais da densidade moral. É a frequência das interações e dos contatos que realmente conta: "Não resta, portanto [escreve Durkheim], outro fator variável além do número de indivíduos em contato e sua proximidade material e moral, isto é, o volume e a densidade da sociedade. Quanto mais numerosos e exercendo de perto a sua ação, mais reagem com força e rapidez; consequentemente mais a sociedade se torna intensa. Ora, é essa intensificação que constitui a civilização"[142].

---

141. Ibid., p. 241.

142. Ibid., p. 330.

Em contrapartida, a consciência coletiva diminui, e crenças e sentimentos comuns, apoiados pela tradição, perdem sua intensidade. Cada pessoa se dedicando a seu ofício especializado, vivendo em multidão, sente-se menos vigiada e mais autônoma. A necessidade de se assemelhar aos outros e de obedecer às mesmas regras se faz sentir menos ou muda de natureza. A divisão do trabalho, até então secundária, triunfa. Ela garante a coordenação das funções separadas e a dependência dos grupos autônomos. E a função econômica tende a dominar as outras, sejam elas políticas, religiosas ou familiares. A partir de então, não é difícil dizer que isso explica a passagem da solidariedade mecânica à solidariedade orgânica.

É curioso, mas temos a impressão de que o caráter precário dessa explicação não escapou a seu autor. Seria devido ao desmentido dos fatos? Seria plausível à primeira vista. Mas a lógica colocada em ação é mais complexa e mais interessante. Objetivamente, quanto vale a chave descoberta para decifrar a passagem da solidariedade mecânica à solidariedade orgânica? E a ideia de que a consciência coletiva recua ali onde a divisão do trabalho avança? Não é minha intenção seguir, data por data, as etapas no decorrer das quais se chegou ao seguinte paradoxo. Mas imaginem que a primeira solidariedade seja a de uma horda primitiva, de uma sociedade autárquica e fechada. Não existem indivíduos, além do chefe. E, no entanto, ao longo de seu crescimento em volume e de sua dissolução, ela teria engendrado o seu contrário. Isto é, uma sociedade aberta, comunicante, composta de indivíduos diferentes, opostos e complementares. Portanto um tipo de sociedade mudaria por conta própria a sua estrutura e as suas leis próprias, sem que nada interviesse. Em suma, a mesma solidariedade – mecânica, compreenda-se – ao invés de se reproduzir, causa ao mesmo tempo o seu próprio declínio e o nascimento de uma outra solidariedade, que é exatamente o seu inverso. Como se ele próprio tivesse consciência disso, eis em que termos obscuros Durkheim se expressa:

> São portanto causas bem mecânicas que fazem com que a personalidade individual seja absorvida na personalidade coletiva, e são causas da mesma natureza que fazem com que dela se

libere. Sem dúvida, essa emancipação pode ser útil, ou pelo menos é utilizada. Ela torna possíveis os progressos da divisão do trabalho; mas geralmente ela confere ao organismo mais flexibilidade e elasticidade[143].

Essa passagem exige uma infinidade de comentários. Limitemo-nos ao principal. Durkheim não esclarece a transformação de um estado homogêneo em um estado heterogêneo da sociedade. Ele experimenta as mesmas dificuldades encontradas na biologia, ou seja, como, a partir das formas de vida simples, primitivas, surgem ao longo da evolução formas de vida mais diferenciadas e complexas. Sob muitos pontos de vista, sua explicação se assemelha àquela de Darwin e sofre da mesma ausência essencial. Faltou a esta última explicar por que meio se faz a transmissão e a mutação das espécies. Darwin emitiu, contudo, algumas hipóteses, antes que a genética de Mendel oferecesse outras melhores. Durkheim não propõe nenhuma e, de um certo modo, as exclui. Claro, trata-se de indicar por que caminho se cria alguma coisa de novo. Assim como saber quem, em um agrupamento humano, o cria. Anteriormente, propus a seguinte solução: em cada estado de sociedade, relativamente menos diferenciado e tornado homogêneo pelo ato de se reproduzir, surgem recursos extras em homens e em habilidades que permanecem marginais. Eles podem ser subutilizados ou secundários, como os agricultores e a agricultura antes do neolítico, ou os engenheiros e as artes mecânicas há quatro séculos. O que podem fazer esses homens senão inventar e aperfeiçoar essas habilidades desprezadas das quais depende a sua existência? E depois, penetrando no círculo social, criar uma situação em que novas divisões se operem a seu favor? Por conseguinte, a cada vez a população e a "densidade moral" aumentam. O que era recurso secundário torna-se recurso principal. Ao passo que a reprodução do conjunto da sociedade e as relações entre os homens são profundamente abaladas por ele[144]. A lógica dessa

---

143. Ibid., p. 289.

144. MOSCOVICI, S. *Essai sur l'histoire humaine de la nature*. Paris: Flammarion, 1968.
• *La societé contre nature*. Paris: UGE, 1972.

solução, que comporta um fator de inovação, concorda com as concepções de Prigogine. Esse físico mostrou que perturbações muito débeis no início, por força da repetição, resultam em bifurcações e em diferenciações de ordem material.

A questão permanece: além dos defeitos assinalados, a teoria de Durkheim está de acordo com os fatos? Ele deve ter sido o primeiro a perceber que havia subestimado o papel das leis penais e repressivas na sociedade moderna. Bastava considerar as sanções decretadas contra as greves operárias e os delitos políticos para se convencer disso. Mesmo as reações coletivas, no Caso Dreyfus ou durante a Comuna de Paris, são marcadas por uma paixão e uma violência que o mais impávido dos espectadores não pode deixar de observar. Ao contrário, encontramos uma grande variedade de sanções restitutivas nas sociedades pré-industriais. Indo da simples reparação de um dano à mediação, elas se observam até mesmo nas coletividades desprovidas de qualquer especialização das tarefas. Portanto não é uma relação direta entre a divisão do trabalho e o gênero de solidariedade ou de moral que define uma sociedade. Explicar por que a primeira aumenta não nos esclarece sobre a transformação das segundas.

A teoria de Durkheim se choca, portanto, com os fatos. Mas observemos as coisas sob um outro ângulo. Sua preocupação permanente, através dessas análises, é preservar a autoridade do social, sua primazia sobre o indivíduo. Ou seja, demonstrar que o indivíduo sai da sociedade, e não o inverso, que a sociedade nasce da reunião dos indivíduos. Se for verdade, então a massa coletiva deve se dissolver antes que a separação das profissões e das funções aconteça e que personalidades se afirmem.

> O trabalho não se divide [escreve Durkheim] entre indivíduos independentes e já diferenciados que se reúnem e se associam para harmonizar suas diferentes aptidões. Pois seria um milagre que diferenças, nascidas assim ao acaso das circunstâncias, pudessem se harmonizar tão exatamente de modo a formar um todo coerente. Em vez de precederem a vida coletiva, dela derivam. Elas não podem se produzir senão no seio de uma sociedade e sob a pressão das necessidades e dos sentimentos sociais. O que faz com que elas sejam essencialmente harmônicas.

Existe, portanto, uma vida social fora de qualquer divisão do trabalho, mas que esta supõe[145].

Aquilo que nasce ao acaso das circunstâncias não poderia ser harmonioso, e é necessário um meio para induzir um acordo. Admitamos isso, ainda que as leis da física e da biologia defendam o contrário. Que meio é esse, senão a consciência coletiva? Ora, pedem a ela duas coisas opostas. Por um lado, para deixar florescer a especialização das tarefas e dos papéis autônomos, é preciso que ela se dilua. E, por outro, a fim de preservar uma dose de harmonia e de consenso, sua pressão deve ser contínua. Mas como ela poderia atingir objetivos tão contrários? Claro, aquilo que palpita e age no fundo de cada um são crenças e apegos a uma língua, a um território, inculcados pela tradição. O patriotismo para uma profissão, para uma cidade ou um país é o resultado disso. Isso me parece razoável. Todavia, trata-se da mesma consciência coletiva? Será que ela não muda de natureza? Enquanto predomina, em teoria, sobre o tipo psíquico, ela coincide com a *realidade social*. Quer se entreguem ao trabalho de todos os dias ou ao ritual de um culto, quer se casem ou elejam um chefe de tribo, ela coage do exterior por meio das prescrições e das práticas. Mas, assim que a divisão do trabalho se instala e que as pessoas obedecem à sua consciência individual, não é mais a mesma coisa. Cada fração da sociedade, indústria, administração, partido, classe tem a sua, com seus valores e suas regras. A consciência coletiva, caso exista uma, não pode garantir sua harmonia senão do interior de cada um. Em suma, ela se torna uma *realidade psíquica* mascarada por essa nova realidade social feita de solidariedades orgânicas.

Pensem por um instante na expiação. Nas sociedades antigas, ela determina os autores de um crime e a execução passional do castigo. Em princípio nossa sociedade se atém às leis da razão e a exclui. Ela desapareceu de nossas crenças e é combatida quando ressurge. No entanto ela subsiste do ponto de vista psíquico e influencia as sanções infligidas a certos culpados pelos juízes

---

145. DURKHEIM, É. *La division du travail social*. Op. cit., p. 260.

ou pelos jurados. O mesmo crime é punido com mais ou menos severidade segundo os antecedentes da pessoa ou o clima da opinião pública. A pena de morte conserva inúmeros defensores, não que a considerem eficaz, mas porque se quer fazer o criminoso expiar sua culpa. E a consciência coletiva subsiste do mesmo modo, subjetivo poderíamos dizer, para reaproximar os indivíduos e conformá-los ao tipo psíquico da sociedade. Tudo isso pode ser apenas uma maneira de formular uma coisa tão banal quanto verdadeira, assim como coloca Raymond Aron em termos que não poderiam ser mais sugestivos:

> Mesmo nessa sociedade que autoriza cada um a ser ele mesmo, existe uma parte, mais considerável do que acreditamos, de consciência coletiva nas consciências individuais. A sociedade de diferenciação orgânica não se poderia manter se, fora ou acima do reino contratual, não existissem imperativos e interditos, valores e sagrado coletivos, que unem as pessoas ao todo social[146].

Compreende-se imediatamente a dificuldade, para não dizer o fracasso, da teoria. Ela deixa claro, e talvez explique, a maneira pela qual a consciência coletiva se transforma e por que razões sua realidade social torna-se uma realidade psíquica. Ela se desloca do exterior para o interior dos indivíduos, assim como, ao longo da evolução, o meio externo torna-se o meio interno dos organismos. Aventuro-me a dizer que aqui se situa a verdadeira diferença entre a sociedade mecânica e a sociedade orgânica e os tipos de solidariedade que lhes correspondem. Pois a teoria, como acabam de ver, não explica outra coisa. Ela não dá conta de uma mudança verdadeira ao termo da qual a divisão do trabalho seria promovida a motor das realidades sociais. Durkheim tem consciência disso quando escreve a esse respeito: "É um fenômeno derivado e secundário" que "se passa na superfície da vida social e isso é verdadeiro, sobretudo, em relação à divisão do trabalho econômico"[147]. Eis uma proposição difícil de sustentar e que denota uma flutuação do pensamento. Na raiz, a dificuldade

---

146. ARON, R. *Les étapes de la pensée sociologique*. Op. cit., p. 330.
147. DURKHEIM, É. *La division du travail social*. Op. cit., p. 266.

é sempre a mesma: não se pode explicar o movimento a partir do repouso, nem a mudança a partir do equilíbrio, não mais que a inovação a partir da conformidade.

Em resumo, nenhuma resposta é dada à segunda questão: a passagem de uma forma de solidariedade à outra. O sintoma é o seu posterior silêncio. Durkheim, mesmo tendo escrito inúmeros artigos e livros, não mais menciona essas noções. Sem dúvida havia julgado a distinção pouco satisfatória e a explicação pouco sustentável. Ele renuncia, pois, a colocar a divisão do trabalho como fato primordial e retorna à consciência coletiva como origem de todo consenso.

> Quaisquer que sejam [observa o sociólogo americano Nisbet] sua forma, sua função e seu papel histórico, a sociedade torna-se pelo contrário, na sequência da obra de Durkheim, um conjunto complexo de elementos sociais e psicológicos dos quais ele havia afirmado no início não serem próprios senão às sociedades primitivas. Ele afirma então não apenas que a sociedade normal é fundamentada em elementos como a consciência coletiva, a autoridade moral e o sagrado, mas que a única resposta apropriada às condições de vida moderna reside no fortalecimento desses elementos. É assim, e somente assim, que se poderá reduzir o número de suicídios, a intensidade das lutas domésticas e a insatisfação corrosiva resultante de uma existência anômica[148].

A partir de então a sua sociologia se preocupa com aquilo que garante o equilíbrio e a coesão, com aquilo que não muda. A estática, como disse Bergson, acaba tendo mais importância do que a dinâmica. Mas há algo mais importante. O fracasso da explicação da passagem da sociedade mecânica à sociedade orgânica deixa intacta a outra explicação relativa à manutenção de cada tipo de solidariedade. Que outra via restava a Durkheim senão essa aberta pela teoria dos dois tipos de conformidade[149] exposta no capítulo

---

148. NISBET, R.A. *La tradition sociologique*, PUF, Paris, 1984, p. 114.

149. É preciso buscar ali uma das causas da repercussão da sociologia de Durkheim nos Estados Unidos. Sob sua influência, escreve Lipsett, "o problema fundamental de uma boa parte da análise sociológica contemporânea é o problema da ordem" (MERTON, R.K.; BROOM, L. & COTTRELL JR., L.S. (orgs.). *Sociology today*. Nova York: Basic Books, 1959, p. 91).

anterior? Evidentemente eles se opõem um ao outro. Aquilo que para o primeiro aparece como um germe de enfraquecimento no plano do indivíduo, encontra-se no plano da coletividade como criação de sentimentos intensos. O grupo se reforça diante do crime e se revitaliza ao castigá-lo. Para o segundo, uma dissidência é uma expressão normal em nível das partes, os indivíduos, mas é uma ameaça dirigida contra a regra e uma anomia em nível do conjunto. A sanção do grupo aparece como um esforço de reparação e de uniformidade, por não ter conseguido prever o crime. De um outro modo, os dois tipos são complementares. A conformidade repressiva estimula a energia e as paixões do grupo. A conformidade substitutiva vela pela sua ordem e estende suas regras de um campo a outro da vida social. Ambas acabam por se tornar, sob uma forma ou outra, o objeto principal da ciência que Durkheim se propõe a criar. Suas pesquisas, em todo caso, e podemos invocar aqui a autoridade do sociólogo americano Parsons, "conduzem a uma teoria da motivação subjacente à conformidade e ao desvio, portanto a uma teoria do mecanismo pelo qual a solidariedade se estabelece e se mantém"[150]. Mais adiante, o mesmo autor conclui que a dimensão expressada pelo par conformidade-desvio é central "ao conjunto da concepção da ação social, portanto à concepção dos sistemas sociais"[151].

Em toda parte, como vocês sabem, uma quantidade de estudos foi consagrada à anomia, à carência das regras e dos valores morais de que ela deveria resultar. Como preveni-la ou curá-la, restabelecer a ascendência da sociedade sobre o indivíduo, eis as questões que se colocam. E assim que surge um desvio – homossexualidade, droga, cor da pele – uma violação da norma – roubo, divórcio, rebelião – uma inadaptação de qualquer tipo, o remédio é o mesmo. Aconselha-se o estreitamento da coesão e o controle das regras e dos deveres, em resumo, a conformidade. A tal ponto que essa receita maquinalmente preconizada suscita a indignação: "Conceder tal primazia à conformidade, e, des-

---

150. PARSONS, T. Apud WOLFF, K.H. (org.). *Émile Durkheim*. Colúmbia: Ohio State University Press, 1960, p. 144.

151. PARSONS, T. *The social System*. Op. cit., p. 249.

se modo, à ordem social – qualquer que seja, para o sociólogo, sua importância como objeto de estudo –, é sociologicamente inaceitável"[152]. Mas, enquanto isso, sob suas diversas formas, plenamente aceitável.

Não é necessário retornar a esse debate[153]. Constatemos aqui sobretudo a importância concedida a esse fenômeno. Ele representa o fundamento vivo e agente daquilo que se expressa por meio das noções de integração, sistema, reprodução, tantas vezes evocados. E, eventualmente, da falta deles. Ora, assim como observa o seu biógrafo: "Retirem o conteúdo devido unicamente a Durkheim das análises contemporâneas da organização social, da delinquência, dos problemas como a dependência das drogas, o alcoolismo, a ruptura da família, a doença mental, o desvio sexual, o suicídio e outros que abarrotam as páginas dos manuais consagrados aos problemas sociais; não sobrará muita coisa que ultrapasse o nível da simples descrição e enumeração"[154]. E isso após três quartos de século.

Ficamos bastante impressionados quando nos damos conta do que constitui a verdadeira aquisição da sociologia de Durkheim: o modelo da conformidade perfeita. Uma vez explicitado, da forma como tentei em tudo que precede, ele define as leis de estabilidade de uma sociedade qualquer. Em particular uma sociedade como a nossa em que a convergência das opiniões e a uniformidade das ações garantem a coesão necessária sem a intervenção direta de uma tradição, e até mesmo de uma autoridade. Ora, esse modelo inverte e suplementa o da competição perfeita, motor das trocas e das relações em uma economia de mercado. Este separa e opõe os indivíduos que aquele deve aproximar e harmonizar. Um multiplica as tendências centrífugas de cada um, o outro renova e revigora as tendências centrípetas de todos. A conformidade, nesse sentido essencial, é até mesmo

---

152. CHAZEL, F. "De quelques composantes de l'aliénation politique". *Revue Française de Sociologie*, 17, 1976, p. 103.

153. MOSCOVICI, S. *La psychologie des minirotés actives*. Paris: PUF, 1979.

154. NISBET, R.A. *The Sociology of Emile Durkheim*. Nova York: Oxford University Press, 1944, p. 209.

a condição prévia e psicológica da competição. Pois, somente quando os que se opõem e se combatem falam a mesma língua, se entendem sobre as mesmas regras, conferem o mesmo sentido a seus interesses, é que eles têm a possibilidade de lutar por esses interesses de maneira razoável e sem violência. Senão o mercado se tornaria um campo de batalha e a competição, uma forma de guerra. São reconhecidas assim certas leis psicológicas da conformidade que são tão rigorosas quanto as leis econômicas da competição e da utilidade. Durkheim as enuncia de maneira quase quantitativa. Convém reproduzi-las *in extenso*, pois foram em grande parte confirmadas depois, e resumi-las lhes retiraria o sabor.

> 1) A relação entre o volume da consciência comum e o da consciência individual. Eles [os vínculos sociais] têm tanto mais energia quanto a primeira recubra mais completamente a segunda.
>
> 2) A intensidade média dos estados de consciência coletiva. Sendo a relação dos volumes considerada igual, ela tem uma ação tanto maior sobre o indivíduo quanto maior a vitalidade que ela tem. Se, pelo contrário, é feita apenas de impulsos frágeis, conduz apenas fragilmente para o sentido coletivo. Ele terá portanto uma facilidade ainda maior para seguir o seu sentido próprio, e a solidariedade será menos forte.
>
> 3) A determinação maior ou menor desses mesmos estados. Com efeito, quanto mais as crenças e as práticas são definidas, menos dão lugar para as divergências individuais. São formas uniformes nas quais escoamos uniformemente nossas ideias e nossas ações; o *consenso* é, portanto, tão perfeito quanto possível; todas as consciências vibram em uníssono. Inversamente, quanto mais as regras da conduta e do pensamento são gerais e indeterminadas, mais a reflexão individual deve intervir para aplicá-las aos casos particulares. Ora, ela não se pode despertar sem que as dissidências surjam; pois, como varia de um homem a outro, em qualidade e em quantidade, tudo o que ela produz tem o mesmo caráter. As tendências centrífugas vão, portanto, multiplicando-se à custa da coesão social e da harmonia dos movimentos[155].

---

155. DURKHEIM, É. *La division du travail social.* Op. cit., p. 125.

Continuando o paralelo, poderíamos observar que o princípio de maximização do crescimento ou do lucro encontra um equivalente em um princípio que sustenta essas leis. Quero dizer, o princípio de maximização do consenso e das paixões comuns. Aliás, Durkheim, em uma outra passagem, formula isso em termos explícitos:

> Se existe uma regra de conduta cujo caráter moral não é contestado, é aquela que nos ordena realizar em nós os traços essenciais do tipo coletivo. É entre os povos inferiores que ela atinge o seu máximo rigor. Ali, o primeiro dever é o de se assemelhar a todo mundo, de não ter nada de pessoal – nem em matéria de crenças, nem em matéria de práticas. Nas sociedades avançadas as similitudes exigidas são menos numerosas; existem outras ainda, como já observamos, cuja ausência nos coloca em estado de falha moral[156].

Nesse ponto e em outros, as sociedades não se distinguem em profundidade. Elas têm grande necessidade de reduzir a dispersão de seus membros, ora aproximando-a de zero, ora deixando-a atingir valores mais elevados. Cada modelo está, portanto, imbricado no outro para obter o grau de coesão necessário. Nesse encaixe repousam, em princípio, as sociedades contemporâneas, as sociedades ocidentais, para ser mais exato. Ao mesmo tempo de conformidade e de competição, elas não poderiam ser de uma sem ser da outra. Depende do indivíduo garantir a paridade entre elas. Buscando se distinguir e se sobressair, otimizar sua performance na profissão ou na economia, cada um também deve se tornar uniforme no resto da vida em comum. Por isso esses imperativos antinômicos que nos ordenam ao mesmo tempo "você não deve ser como os outros" e "você deve ser como os outros". A insatisfação que decorre da modernidade, a melancolia que lhe é particular e os árduos problemas que ela levanta, tudo isso talvez se deva à impossibilidade de lhe fixar um ponto de equilíbrio. A ubiquidade da conformidade não nos surpreende muito. Como qualquer coisa em nossa civilização, ela se tornou

---

156. Ibid., p. 391.

uma indústria. É fabricada em série, ao ritmo das mídias, das propagandas e das sondagens, da publicidade e de uma educação que usa os mesmos meios. Doravante não é mais, como naquela época, a conformidade que representa um problema. É a possibilidade da não conformidade, a existência das dissidências e de uma individualidade de caráter[157].

Entre o Caribde da psicologia e o Cila da sociologia

"Quem não sabe que Durkheim levou a sua hostilidade contra a psicologia em suas diferentes acepções até a sua pura e simples supressão?"[158] Sim, com efeito, quem não o sabe, se acreditarmos em um importante sociólogo italiano, íntimo de uma obra de que se fez o intérprete junto a gerações de estudantes. Agora só resta constatar o lugar comum, uma vez que não conseguimos nos livrar dele. Mas do que se trata exatamente?

Vocês conhecem a história de Cristóvão Colombo. Buscando uma nova passagem para as Índias, ele descobriu a América. A aventura inversa também pode acontecer. Algum navegador temerário, que partiu em busca de uma América desconhecida, descobre um novo caminho para as Índias. Que relação existe entre essa história plausível e o longo périplo que acabamos de realizar? É sabido, e muitas vezes se contou, como, munido do mapa das ciências conhecidas e a serem conhecidas levantado por Augusto Comte, Durkheim quis preencher o espaço que ficou vazio e que levava a etiqueta de *sociologia*. Para chegar a um porto seguro, ele construiu uma das obras mais poderosas e mais fecundas das ciências do homem. Não nos cansamos de admirar a fina arquitetura de suas teorias, e as relações que estabeleceu entre os fenômenos mais distantes. Nos milhares de páginas que escreveu descobrimos, no entanto, um único enigma: como o indivíduo pode extrair dele mesmo esse mundo da sociedade que lhe é tão oposto? E o sociólogo não se cansa de provar que,

---

157. MOSCOVICI, S. Social Influence and Conformity. In: LINDZEY, G. & ARONSON, E. (orgs.). *Handbook of Social Psychology*. T. 2. Nova York: Random House, p. 347-413.

158. FERRAROTI, F. *Une théologie pour athées*. Paris: Librairie des Méridiens, 1984, p. 124.

apesar do que se pensa, o indivíduo não o pode. Isso parece um ponto realmente elementar. O excepcional é observar Durkheim se engajar profundamente nele, para mostrar que a sociedade é uma realidade primeira e superior aos indivíduos que a compõem. Essa é a sua incontestável invenção. Ela ordena todos os fatos de religião, de direito e de moral, associa todos os fatos de linguagem, de troca e de conhecimento em um conjunto coerente. Eis o que justifica que se reserve a esse conjunto uma ciência particular. E, no entanto, ao lê-lo, nós nos perguntamos, assim como ele próprio se pergunta: qual ciência?

Ora, essa é a questão: que ciência ele descobriu na realidade? A resposta depende daquilo que se entende por indivíduo e por social. Para Durkheim e aqueles que o seguiram, a sociedade aparece primeiramente como um conjunto de crenças e de práticas que associam os homens e formam sua consciência comum. Ela se encarna nas instituições e nos símbolos que se impõem e exercem uma ação coercitiva. Nada mais natural do que a reunião de "seres psíquicos", a exemplo da reunião das células em um organismo, em um "ser psíquico" novo e diferente. Do mesmo modo que o todo do corpo não é senão a soma de suas partes, o todo da sociedade constitui uma entidade que possui uma realidade *sui generis*.

> É, portanto, na natureza dessa individualidade, não na natureza das unidades componentes, que é necessário buscar as causas próximas e determinantes dos fatos que nela se produzem. O grupo pensa, sente, age de modo diferente do que fariam seus membros se estivessem isolados. Se partirmos então destes últimos, não poderemos compreender nada do que se passa no grupo. Em uma palavra, existe entre a psicologia e a sociologia a mesma solução de continuidade que entre a biologia e as ciências físico-químicas[159].

A realidade psíquica, com efeito, difere essencialmente da realidade social que nasce quando os indivíduos se agregam, comunicam e agem em concordância. Durkheim interpreta o

---

159. DURKHEIM, É. *Les règles de la méthode sociologique*. Paris: PUF, 1960, p. 103.

resultado externo unitário de inúmeros processos psíquicos subjetivos como resultado de um processo psíquico unitário que se desenrola na consciência coletiva objetiva. As duas realidades são diferentes, já que a segunda parece agir do exterior e de maneira coercitiva sobre a primeira. Sentimos isso na pressão que a língua que falamos, os valores que compartilhamos e as diversas instituições exercem sobre cada um de nós. Ocorrem, evidentemente, diferenças entre as suas respectivas ciências. Portanto podemos compreender que Durkheim oponha vigorosamente a sociologia à psicologia individual. Com frequência ele retoma seu argumento favorito: o todo da sociedade nem se reduz a, nem se explica por suas partes. Desse modo, ele protege a autonomia do coletivo, mas ainda mais a autonomia do individual.

Por que dissimulá-lo? Os raciocínios destinados a justificar a especificidade da sociologia têm o grande inconveniente de não serem nem originais, nem exatos. Eles se resumem em uma frase: juntos os homens pensam, sentem e agem de outra maneira do que quando estão sozinhos. Quem o negaria? Mas semelhantes raciocínios já serviram para distinguir uma "alma das multidões", uma "alma dos povos", da alma dos indivíduos que os compõem. E seus autores concluíram pela necessidade de criar uma variante da psicologia, uma *Völkerpsychologie*, uma psicologia dos povos.

Vamos mais longe. O que existe por detrás da afirmação de Durkheim segundo a qual o "ser psíquico" do grupo determina e explica o "ser psíquico" de seus membros? Nada mais do que um princípio de totalidade – o todo é mais do que a soma de suas partes – e uma comparação com o organismo biológico. Em sua totalidade, este condiciona a função de cada órgão particular. Ora, as provas de superioridade seriam mais legítimas do que as provas que sustentariam o inverso? Não digo que Durkheim esteja errado, digo que, como muitas vezes nessas matérias, ele considera como demonstrado o que é necessário demonstrar. Ainda mais que, em seus próprios estudos, longe de separar e de opor os dois "seres psíquicos", ele constantemente os associa. Desejo, como exemplo, apenas essa teoria implícita da conformidade da qual revelei os contornos e que ainda guarda seu valor empírico.

Ela combina de forma bem intrincada a experiência vivida das pessoas e os fatos de instituição, a psicologia de umas e a sociologias dos outros.

Até que ponto essa combinação é obrigatória, Durkheim é quem mais sabe disso[160]. Então por que essa resistência em admiti-lo? Seu temor é que acabemos por confundi-los. E sua defesa, no início, é a convicção de que a realidade social permanece tão irredutível à realidade psíquica quanto a realidade do vivente o é para a realidade física. É uma simples metáfora, confessemos. E que as descobertas da biologia desacreditaram. Não existe substrato próprio à vida, a matéria genética obedece às mesmas leis que qualquer outro corpo físico-químico do universo: isto é incontestável. E estritamente falando, o sociólogo francês sabia que edificava sua ciência sobre um terreno que não escolhera. Mesmo buscando distingui-la, ele não poderia arrancá-la por completo ao seu lugar natural. Quando o lembram disso, reage com uma mescla de veemência e compromisso. Leio, em uma carta de dezembro de 1895, escrita por Durkheim a Bouglé, aquilo que resume sua posição:

> Mais uma vez, jamais pensei em dizer que se poderia fazer sociologia sem cultura psicológica, nem que a sociologia fosse outra coisa além de uma psicologia... Um fenômeno de psicologia individual tem como substrato uma consciência individual; um fenômeno de psicologia coletiva, um grupo de consciências coletivas.

Eis uma proposição extraordinária, levando-se em conta as opiniões atualmente em uso. Mas a equação entre a sociologia e a psicologia coletiva é verdadeira para ele e para todos aqueles que, entre os antropólogos e os historiadores, nela se inspiraram. Perto dela, os insignificantes comentários tão amplamente apresentados contam muito pouco.

Seja como for, a psicologia aparece como um poderoso lubrificante de suas teorias da religião, da coesão social e da moral.

---

160. Ibid., p. 110.

Por causa dessa evidência, o meu entusiasmo para estabelecer o seu papel foi menor do que para revelar essa "psicologia nova"[161] realizada por ele. Todavia, não podemos calar o fato de que esse papel foi aumentando. Lá pela metade de sua vida intelectual, ainda que tivesse apenas quarenta anos, Durkheim acabou se interessando apenas pela anomia e pelo fenômeno religioso[162]. Foi uma "revelação", escreveu. Mas também uma reviravolta cujas razões, entre outras, são o caso Dreyfus e a oposição a Marx. Creio muito mais que ele se tenha inclinado diante do seu fracasso em explicar a passagem da solidariedade mecânica à solidariedade orgânica[163]. A divisão do trabalho não lhe permite explicar o nascimento do individualismo, nem a manutenção da coesão na sociedade moderna. Para não deixar sua sociologia desprotegida, ele retorna para a consciência coletiva que se torna preponderante. Ela evoca mais ou menos a mentalidade primitiva, a alma das multidões ou o espírito dos povos – abordo isso muito rapidamente. Ela representa a conformidade perfeita e a autoridade moral. Do lado oposto, Durkheim coloca o indivíduo, mas definido em negativo, pelo enfraquecimento dessa consciência. Em resumo, sob o ângulo da anomia e do desvio.

A anomia se generaliza em nossa época porque as condições, as instituições e os valores que servem de base à vida em comum mudam sem parar. O ritmo dessa mudança repercute no grupo que o sofre: ele se torna instável, cambiante, se desenraíza e acaba por se esfacelar. A tendência culmina com o suicídio,

---

161. BOUGLÉ, C. *Bilan de la sociologie française contemporaine*. Op. cit., p. 7.

162. Ele também consagra inúmeros artigos e livros às questões de educação e de moral, ao socialismo e à natureza do governo. Mas a trama da análise permanece a mesma. Suas contribuições para a teoria antropológica se tornaram, ao longo desses remanejamentos teóricos, preponderantes. Eu observo, por outro lado, que os trabalhos originais de seus alunos orientados, ou para a antropologia (Mauss e Fauconnet), ou no sentido da psicologia social (Halbwachs). Se este último é menos conhecido do que os primeiros, isso não se deve às suas qualidades, mas ao fato de a psicologia social ser menos desenvolvida na França do que a antropologia.

163. "Se nós abandonarmos a teoria unilinear de Durkheim, ainda nos resta uma descrição repleta de caráter das duas sociedades, a mecânica e a orgânica, consideradas como tipos ideais ou como ficções heurísticas" (MERTON, R.K. "Durkheim's Division of Labor in Society". *American Journal of Sociology*, XI, 1934, p. 319-327).

quando a liberdade dos desejos que fazem o indivíduo é o espelho da ruína das normas e das regras da coletividade. Entre o estado de conformidade e o estado da anomia, encontram-se todas as nuanças de uma coesão decrescente e de uma desintegração crescente que separam as sociedades simples da nossa.

Será que consegui elucidar suficientemente as consequências desse fracasso que representava, no início, uma renovação da teoria? Não exatamente, e nem era essa minha pretensão. Mas alguns esclarecimentos se impõem. Por mais estranho que pareça, mas não sem razão, Durkheim se preocupa ainda mais do que antes, senão exclusivamente, em estabelecer como as regras, os atos, as crenças são interiorizados no espírito consciente dos indivíduos. Eles são, com efeito, os depositários da consciência coletiva, como se não houvesse e não pudesse haver ali espírito de grupo. Acabamos de tocar em um ponto no qual tudo se inverte. Contentemo-nos em observar que uma nova visão do "ser psíquico" coletivo, da sociedade, emerge. Ela deixa de se definir como uma coerção que é uma força ou uma causa, considerada objetivamente em sua exterioridade. Torna-se simultaneamente dever e atração, isto é, soma de regras e de valores, abordada subjetivamente em suas repercussões sobre as consciências de seus membros. Sua autoridade se quer primeiramente moral e se exerce de dentro, como vocês puderam observar nos ensaios consagrados à vida religiosa.

Tudo isso tem agora força de evidência. Mas existe um corolário: a consciência coletiva sendo o fator preponderante do vínculo social e este vínculo, ele mesmo moral e simbólico, uma noção inédita, a representação deve expressar sua interioridade. Neste ponto as coisas se tornam claras. Examinando que gênero de noção parece desejável, revela-se a natureza da ciência que se tem em vista. Um dos historiadores mais reputado da sociologia a nomeia: "Parece, segundo o ensaio de Durkheim *Representações individuais e coletivas,* que ele estava atormentado pela ideia de uma psicologia social"[164].

---

[164]. NISBET, R.A. *The Sociology of Émile Durkheim.* Op. cit., p. 105.

Com maior prudência, diremos que ele buscava uma psicologia que correspondesse à sua visão total da sociedade. Creio que dois elementos lhe permitiram se aproximar dela, dar o passo decisivo nessa direção. Por um lado, o fato é bem conhecido, exatamente a descoberta da noção de representação coletiva. Ela designa todos os sistemas de conhecimentos, de crenças e de símbolos (religião, ciência, filosofia, língua, magia etc.) que resultam da fusão e da penetração das representações individuais. A vitalidade das emoções e das condutas compartilhadas depende da força desse resultado. Se ele produz o apego e o consenso, a consciência de pertencer a um grupo torna-se inseparável do sentimento de estar estreitamente ligado a indivíduos particulares. Por sinal, representar significa dotar uma ideia de uma coisa, e uma coisa de uma ideia. Essa formulação leva a reconhecer que as representações são muitas vezes coisas materiais, como o dinheiro, os monumentos ou os modestos *churinga* dos australianos. Simplesmente porque a materialidade é uma maneira mais concreta de expressar relações sociais e convicções do que os conceitos abstratos.

Basta evocar aqui que, segundo Durkheim, a autoridade das representações coletivas é fundamental na medida em que são interiorizadas na consciência dos membros de uma sociedade que, independentemente deles, continua existindo na língua, nas instituições e nas tradições. Elas constituem o meio em que vivemos juntos, quer sejam as representações religiosas nas sociedades arcaicas ou as representações científicas nas nossas. Elas possuem alguma coisa de maravilhosamente etéreo e, no entanto, de concreto que sempre desconcertou os sociólogos e os antropólogos anglo-saxões. Isso resulta em uma consequência que nada tem de excessivo nem de forçado. Toda explicação sociológica que as considera como causas deve atribuir, conforme escreve Mauss, "um papel preponderante ao elemento psíquico da vida social, crenças e sentimentos coletivos"[165].

Por outro lado, creio que o que atuou nessa renovação da concepção dos fenômenos sociais é um acontecimento marcante.

---

165. MAUSS, M. *Essais de sociologie*. Paris: Minuit, 1968, p. 29.

Na realidade, o nascimento da psicologia das multidões suscitou mais do que a curiosidade ou o desprezo. Claro, Durkheim enfrentou Tarde e não se deixou cativar pela *Psicologia das multidões* de Le Bon, uma obra que não lhe devia inspirar muita simpatia. Ao mesmo tempo, essa nova disciplina defende e torna verossímil a ideia de uma elaboração psíquica que se situa no plano coletivo. Por inúmeras razões, ela abre uma brecha na barreira que até então separava fatos sociais e fatos individuais, e reconhece ao simbólico um papel capital. Por causa dos vínculos explícitos que ela estabelece entre esses elementos dissociados, ela, de um modo obscuro evidentemente, seduz Durkheim em sua obra posterior.

Com certeza, tudo o que diz respeito ao estudo das representações do sagrado leva a sua marca. Mas o sociólogo também recorreu a ela em seu estudo do suicídio para fundamentar sua teoria. Parece que se teme a mácula invocando, a esse respeito, a psicologia das multidões. A ameaça de uma intrusão, de uma usurpação ilegítima, tudo isso se encontra no âmago das reações correntes, assim que se evoca esse elemento subjetivo e emocional para explicar o que se passa no mundo social. Apesar disso, Bouglé, seu discípulo e familiar, não tem as mesmas hesitações, quando escreve:

> Quando Durkheim, em seu livro sobre o *Suicídio*, discute a teoria de Tarde sobre a imitação, é na psicologia das multidões que ele toma seu ponto de partida. Se uma massa de homens se deixa levar por uma emoção comum, a honra deveria caber, segundo a teoria de Tarde, a este ou aquele mentor cuja eloquência conseguiu transmitir o seu sentimento ao grupo. Mas, olhando mais de perto, percebe-se que existe também ação do grupo sobre o mentor, e ação dos ouvintes uns sobre os outros. Da própria aproximação dos homens resulta uma espécie de efervescência, uma exaltação que retira do indivíduo o controle de si mesmo e o dispõe a se deixar percorrer pela corrente coletiva[166].

A mesma ideia, formulada em termos mais gerais, já nos havia surgido em várias ocasiões. Era necessário ressaltá-la, uma vez

---

166. BOUGLÉ, C. *Bilan de la sociologie française contemporaine*. Op. cit., p. 9.

que a desconhecemos e que a remetemos às trevas do irracional, feitas de ilusões, de emoções e de crenças arcaicas. No entanto não se pode eludir indefinidamente a conclusão. À medida que a noção de representação coletiva torna-se preponderante, e que ele avança nessa no *man's land* da religião e da anomia, até o estudo do suicídio, Durkheim renuncia ao caráter específico da realidade social que é a coerção. Ele descobre um pouco em toda parte os efeitos de uma pressão interior, da autoridade própria às práticas e às crenças compartilhadas. Uma vez isso admitido, suas teorias visam consolidar uma divisão da própria realidade psicológica em uma parte característica aos grupos e uma parte característica aos indivíduos. Isso não é o fruto de uma interpretação, tomo como base documentos em que ele reconhece sem rodeios:

> Não vemos nenhum inconveniente em dizer da sociologia que ela é uma psicologia, caso se tome o cuidado de acrescentar que a psicologia social tem suas leis próprias que não são as leis de uma psicologia individual[167].

Essa é uma distinção que se repercute através de todas as ciências do homem. Ela se baseia na descoberta de uma psicologia das massas, em que Durkheim se apoia para definir seu campo próprio e vizinho. Muitas vezes se evocou[168], a seu respeito, a distância paradoxal entre o ideal declarado da ciência e o trabalho efetivo do erudito[169]. Isso é válido para o conteúdo de suas teorias, mas também para a linguagem que lhe serve para interpretar os fatos em todas as direções, sem reserva. Como se, a partir de um certo momento, ele tivesse resolvido redefinir o campo científico em torno de uma realidade que é social sem, no entanto, deixar de ser psíquica.

---

167. DURKHEIM, É. *La division du travail social*. Op. cit., p. 352.

168. MERTON, R.K. "Recent French Sociology". *Social Forces*, XII, 1934, p. 537-547.

169. "Sem dúvida é verdade que todos os fenômenos funcionais da ordem social são psicológicos no sentido de constituir um mundo de pensamento e de ação" (DURKHEIM, É. *Textes*. T. 1. Op. cit., p. 23. • BIRNBAUM, P. "Cadres sociaux et représentations collectives dans l'œuvre de Durkheim, l'exemple du socialisme". *Revue Française de Sociologie*, 10, 1969, p. 3-11).

Será que elucidei o bastante essa psicologia inédita[170] que Durkheim imaginou para explicar aquilo que vincula um conjunto de indivíduos na sociedade? De onde vem então a nossa força para acreditar e agir em comum? Por que existe uma conformidade às normas e um desvio que as coloca em xeque? Ao fazer o balanço, constatamos que o périplo que deveria fazê-lo alcançar o continente da sociologia fez-lhe, na realidade, descobrir um novo caminho em direção à psicologia. Não devemos considerá-lo como uma bobagem, ou como um complemento da ciência, ainda que muitas vezes o julguemos como tal. Trata-se, pelo contrário, de uma brecha. Recusar essa verdade e fazer dela um tabu significa permanecer suspenso entre o Caribde da psicologia e o Cila da sociologia. Ao passo que, pelas razões descritas, a segunda jamais cortou o cordão umbilical que a une à primeira.

Não creio nem por um instante que os fatos enumerados possam abalar essa recusa e, aliás, jamais me impus semelhante tarefa. Pelo menos espero ter exposto com clareza aquilo ao que resistimos. E que representa um obstáculo para nós, após ter sido um desafio para os descobridores das ciências do homem. Certamente, eles tiveram a vantagem de poder traçar livremente as fronteiras entre essas ciências, liberdade que perdemos. Se eles se consideraram os pioneiros do indiscutível, nós nos tornamos, pela força do hábito, seus prisioneiros.

---

170. Ocorre que até mesmo o seu sobrinho e sucessor assimila a nova psicologia à sociologia. Em um sintético resumo do ponto de vista da Escola, ele escreve: "Nesse sentido, portanto, poderíamos dizer que a sociologia é uma psicologia. Nós aceitaríamos essa fórmula, mas com a condição expressa de acrescentar que essa psicologia é especificamente distinta da psicologia individual" (MAUSS, M. *Essais de sociologie*. Op. cit., p. 26).

PARTE II

A potência da ideia

4
OS *BIG-BANGS* SOCIAIS

O espírito do tempo

Começarei pelos sintomas. Ninguém duvida de que, durante o mais longo período da história humana, todas as sociedades têm um único temor em comum: o temor das ideias. Em toda parte elas desconfiam de sua ação e dos homens que as difundem. Em cada época, rejeitam os grupos que propagam uma doutrina ou uma crença novas: os cristãos na Antiguidade, os filósofos do Iluminismo nos tempos clássicos, os socialistas na época moderna. E, em geral, todas as minorias que têm a audácia de se reunirem em torno de uma ideia proibida ou de uma visão inaceitável – uma arte desconcertante, uma ciência desconhecida, uma religião radical, uma promessa de revolução – e que parecem viver em um mundo de cabeça para baixo. Até as posições insustentáveis em que se expõem às mais temidas das acusações: o crime de heresia contra a razão, o povo, uma classe ou uma igreja. Os romanos nos legaram a expressão de "inimigos do gênero humano" para designar esses homens, o que obriga todos os outros a combatê-los. É preciso perceber o sentido profundo da fórmula para sentir o que ela irradia de medo e de crueldades. Após séculos, inúmeros seres pereceram ao longo dessa guerra sem fim. Sem excetuar o nosso, em que o temor imemorial transformou em crime o direito à dissidência e ao dissentimento, que está inscrito em todas as constituições como um dos direitos inalienáveis do homem. A tal ponto que um espectro persegue a maior parte dos Estados: o espectro da propagação das ideias que hoje eles condenam como se condenava outrora as plantas e os animais por sacrilégio. E elas são enclausuradas com os seus detentores, designados, e o nome já diz tudo, como prisioneiros de consciência. Então muitos se repetem este verso de *Fausto*: "Eis o teu mundo! E é a isso que se chama um mundo".

Não pensem que descrevo aqui uma situação de exceção ou uma visão extrema, só porque vou direto aos fatos. Mas esse temor também é uma maneira de reconhecer a potência das ideias. A maioria das culturas sabe que elas podem ter efeitos tão sensíveis e da mesma natureza que as forças físicas. No final do longo cordão que nos une uns aos outros, sempre se encontra uma ideia cuja ação se assemelha às ações da matéria. Sofremos sua pressão e compartilhamos sua condição. Deem à palavra potência o sentido que mais lhes agradar: magia, dominação, sugestão, prece ou comunicação. Substituam a palavra ideia por um termo que lhes parecerá mais exato: ideologia, visão de mundo, mito, informação ou representação social. Resta a intenção primeira: associando-se, os homens transformam alguma coisa mental em alguma coisa física. É preciso mantê-la no espírito e dela se impregnar. Ao dizer que, na ideia, existe uma potência que opera como uma energia material, nós não entendemos essa palavra no sentido metafórico. Definimos nela, pelo contrário, o substrato sem o qual mutuamente nada somos. Na ausência do qual os vínculos sociais não têm qualquer chance de se formar, nem de durar.

Sempre apelamos para uma potência desse gênero. Mas de onde ela vem, e como se estabelece? É sabido que as ideias não se deixam transmitir como o saber; elas exigem um certo estado psíquico e de relação. Para chegar a ele, e isso é um paradoxo, elas tomam a via, considerada como contranatural, da persuasão, e não a natural, a via da razão. Tudo vem dessa inversão que Pascal, em seu *Escrito sobre o espírito geométrico*, reconhece a contragosto:

> Ninguém ignora que existem duas entradas por onde as opiniões são recebidas na alma, que são as duas principais potências, o entendimento e a vontade. A mais natural é a do entendimento, pois apenas deveríamos consentir as verdades demonstradas; porém a mais ordinária, ainda que contranatural, é a da vontade; pois os homens são quase sempre levados a acreditar não pela prova, mas pelo consentimento.

O que está em causa não é um pensamento, mas uma ação da sociedade, eis o que justifica a inversão. Quanto a mim, ainda que busque resumir da maneira mais concisa as experiências acumuladas ao longo dos anos, fica claro que não se influencia milhares de indivíduos como se influencia um punhado de isolados. Em geral, negligenciamos o valor objetivo de uma ideia ou de uma mensagem para obter o consentimento de nossos semelhantes e nos conformarmos ao julgamento do grupo[1]. Mas, quando pessoas inteligentes abandonam uma boa parte de sua capacidade crítica, veem linhas iguais como desiguais, uma luz imóvel como móvel, talvez não seja sem motivo. Esse motivo é que elas desejam agir juntas, compartilhar uma realidade idêntica. Elas se preocupam mais com a comunidade da ação do que com o seu sucesso. Sei muito bem que uma não acontece sem a outra, mas a preferência choca[2]. Assim como pode chocar a constatação de que uma opinião ou uma crença tida como absurda, e até mesmo irracional, por uma maioria de indivíduos, acaba por triunfar e ser aceita por eles.

Existe nisso uma tensão que não pode ser resolvida de outra maneira. Ela explica por que as minorias dissidentes convertem a maioria[3], apesar de tudo o que se opõe a isso. Elas são como os nadadores que mergulham nas águas das consciências e das conformidades e retêm o fôlego para voltar à superfície em um ponto onde não eram esperados. Esta é ainda uma observação de experiência[4]. Nada é mais instrutivo do que ver as ideias propagadas extraírem uma força suplementar de uma censura que lhes é imposta. Esta, em vez de sufocá-las completamente, confere-lhes relevo e torna sua pressão mais insuportável. E, para aliviar a tensão, elas são adotadas a longo prazo, mesmo que não se deem conta disso. Definitivamente, uma vez estabelecida sua ascendência, o mundo parece diferente, e as relações entre os indivíduos têm um outro teor. Quando a ideia muda, a realidade em que vivemos juntos não é mais a mesma. Seria necessário

---

1. ASCH, S.E. *Social Psychology.* Nova York: Prentice Hall, 1952.

2. MILGRAM, S. *Soumission à l'autorité.* Paris: Calmann-Lévy, 1974.

3. MUGNY, G. *The Power of Minorities.* Londres: Academic Press, 1982.

4. MOSCOVICI, S. Toward a theory of conversion behavior. In: BERKOWITZ, L. (org.). Vol. 13. [s.l.]; [s.e.], 1980.

ter um ouvido pouco apurado na escuta da ciência para manter essas pesquisas de minúcias distantes dos vastos fenômenos dos quais a história se enriquece todos os dias.

Vou resumir: é uma verdade demonstrada que uma ideia tem, sob qualquer forma, o poder de nos associar, de modificar nossos sentimentos e nossas condutas, de nos coagir, tanto quanto uma condição exterior. Pouco importa que ela pareça irracional, dissidente, e até mesmo submetida à censura. Ela começa por desorientar, provoca emoções hostis, mas, por sua própria difusão, cria uma percepção e uma atmosfera coletiva que permitem admiti-la. Retrospectivamente, ela se tornará normal e racional, portanto efetiva. Caso contrário ela não evoluiria e permaneceria simplesmente uma ideia. Na vida social, o sucesso de sua propagação faz com que tenha uma potência, e não o inverso. Então ela não deixa de lançar a sua sombra sobre a imaginação coletiva e de nela suscitar a exaltação. Nunca será demais ressaltar: devemos compreender essa potência no sentido estrito. No entanto, ela é posta em dúvida, e Gandhi a explicou a um jornalista que, em sua biografia, faz o relato da seguinte forma:

"Vocês não podem perceber o que tentamos fazer e a maneira de fazê-lo a menos que se deem conta de que nós combatemos com a força da alma – Com o quê? eu perguntei. – Com a força da alma, disse ele com ênfase, e fez uma pequena pausa para ver se eu tinha realmente compreendido. Eu começava a perceber que ele era um homem de uma paciência infinita. – Nós a chamamos *Satyagrana*", continuou ele. Gandhi a conhecia por experiência, e ele não era o único. Napoleão costumava dizer: "Faço meus planos com os sonhos dos meus soldados adormecidos".

Desqualificar essa potência e tratá-la de ilusória, como é muitas vezes o caso, pode parecer cômodo. A própria facilidade da operação e a pressa com que a realizamos deveria nos prevenir contra ela. Desfazer uma ilusão não significa dissipar uma quimera para revelar uma realidade, mas enfraquecer a potência de uma ideia a fim de aumentar a potência de uma outra. A realidade da ilusão e a ilusão da realidade são a tal ponto solidárias que não podemos distingui-las. Não se deve deixar de tentá-lo, mas é um risco, na prática e na teoria. No momento em que trata da questão da cura das escrófulas pelo toque dos reis taumaturgos, Marc Bloch observa o quanto a força da crença dos doentes e da sociedade contribuía para isso. Para aqueles que pretendiam oferecer uma explicação factual, ele censura a ignorância da extensão dessa força e de sua ação nos seguintes termos: "Seu erro foi o de colocar mal o problema. Eles tinham da história das sociedades humanas um conhecimento demasiado insuficiente para medir a força das ilusões coletivas; hoje apreciamos melhor sua surpreendente potência"[5].

Para se estabelecer solidamente, certamente é preciso uma alma lúcida e um espírito firme, se for verdade que o desmoronamento das ilusões nos torna mais sólidos e que aceitamos as ilusões por uma espécie de carência da inteligência e do caráter. Mas é nesse erro tão difundido, que persiste, a despeito das tentativas para evitá-lo, que reconheço a necessidade de insistir nessa potência, apesar de nossa perplexidade. A história é testemunha de que ela não é uma quimera, e de que sem ela nada pode se realizar. Colocamo-la no cadinho de cada ação para transmudar os homens, assim como os que procuravam a pedra filosofal começavam colocando ouro no fundo dos seus cadinhos. Marx, ainda que não se preocupe com a maneira pela qual ela opera, admite-a como um axioma, e a enuncia em uma frase demasiado repetida para ser compreendida: "A teoria torna-se uma potência física tão logo se apodera das massas". Ela não mais obedece às condições do pensamento e à força das coisas, ela os comanda.

Dizer que as ideias e as crenças coletivas têm esse destino e essas consequências não representa uma novidade. Podemos achar estranho que se aproveitem tão pouco dessas verdades maduramente estabelecidas. E também é estranho o silêncio quanto às perspectivas que elas abrem para as nossas relações na sociedade. Não busco suas razões, observo que Max Weber as percebeu e conferiu-lhes uma amplitude que até então não possuíam. Para ser bem claro, toda sua obra parte do princípio que as representações e as visões do mundo difundidas pelas

---

[5]. BLOCH, M. *Les rois thaumaturges*. Paris: Gallimard, 1983, p. 420.

vias irracionais são o pano de fundo de nossos modos de vida e das práticas mais racionais. Pois, de certo modo, elas são dadas de antemão, junto com a sociedade na qual se difunde e evolui sua energia: "Os grandes tipos da vida racional e metódica [escreve ele] são caracterizados por pressuposições irracionais, aceitas como tais e incorporadas nesses modos de vida"[6]. Lembremos de passagem que, entre esses pressupostos, é preciso levar em conta as religiões e as ideologias que moldaram nossa civilização no Ocidente.

Por essa razão, encontramos em sua obra a potência da ideia expressa sob as mais diversas formas. Estritamente falando, ela está na raiz do capitalismo moderno, por intermédio da ética dos protestantes que foram seus promotores. Ela também é a energia da modernidade que associa a razão e o religioso, a renúncia aos valores da tradição e a adoção dos instrumentos da ciência e da técnica. Assim, um princípio de racionalização é o moldador e explica todos os aspectos da vida social. É um protestantismo do espírito, e tem o mesmo poder vigoroso. Todos concordarão sobre esses pontos. Para se convencer disso, basta constatar que a noção de carisma, a invenção mais popular de Weber, é um nome que se pode dar à potência de uma ideia no campo político e religioso.

É sempre em virtude de uma representação e de uma crença por meio das quais ele expressa suas qualidades e sentimentos que tomam um extraordinário vigor quando um ser humano nos subjuga e nos influencia. O efeito é o mesmo para qualquer indivíduo que se deixe hipnotizar ou que entre em possessão. O carisma é, evidentemente, uma ideia que nos penetra e que compartilhamos, sem a qual nada se produziria. Ela pode ser obscura e vaga e, no entanto, ter uma ação singularmente concreta, com a condição de permanecer única. Ela é abstrata e indeterminada e, no entanto, plena de eficácia. Sua natureza simbólica, isto é, metafórica e complexa, nos impede de ter uma reação lógica, e devemos nos contentar em sofrê-la, a exemplo de uma realidade

---

6. WEBER, M. "La morale économique des grandes religions". *Archives de Sociologie des Religions*, 5, 1960, p. 19.

física. Por conseguinte, a posição social do indivíduo pode estar na razão direta da sua posse do carisma. O poder deveria ser o efeito do carisma e, em certos casos, designa uma coletividade ou o prestígio de um partido ou de uma crença. Em resumo, as teorias de Weber postulam essa potência que, aproximadamente, se dirige do interior para o exterior, do mundo das ideias para o mundo das realidades. É a ela que as sociedades devem o seu movimento e a sua estabilidade.

Quantas vezes, no decorrer deste trabalho, pensei que em vez de me deter nas teorias, eu demonstraria mais rapidamente que elas explicam os fenômenos sociais por meio das causas psíquicas se discutisse os escritos filosóficos dos sociológicos. E não foram poucos os que eles já produziram! Meu procedimento se assemelha ao do pintor: quando um quadro despertou o seu interesse, ele o refaz à sua maneira e assim o compreende melhor. Ao passo que um crítico ou um historiador dissecariam a sua estética. Como justificar então a via escolhida e o meu silêncio sobre esses escritos filosóficos tão comentados, sem correr o risco de passar por um ignorante? Na realidade, a utilidade deles é questionada, quando sabemos que a princípio eles têm como objetivo cortar os vínculos com a filosofia. A palavra de ordem "mais filosofia da sociedade" provocou muito barulho, já que, como dizia Edgard Quinet sobre a filosofia da revolução, "não se desloca um deus sem fazer barulho". Mas, aparentemente, muito barulho por nada, uma vez que se continua praticando a filosofia por outros meios. Isso pode ser observado na ambição de cada teoria em adotar o ponto de vista da totalidade e em querer explicar os fatos distribuídos nos compartimentos mais disparatados, da economia à história, da antropologia à psicologia, sem exceção.

Seria muito difícil encontrar um exemplo igual ao de Einstein, aliás bem conhecido nas ciências. O grande físico explica os fenômenos eletromagnéticos pela teoria dos campos, e os fenômenos quânticos por uma hipótese estatística, contrária à primeira. Mesmo que isso lhe desagrade, ele o faz para se conformar ao real. Quem, dentre nós, ousaria explicar os fenômenos industriais por meio das lutas de classe, e os fenômenos políticos por meio da psicologia das massas? Certamente seria acusado de ecletismo. Mas, na medida em que cada teoria pretende deter o princípio dessa totalidade, desemboca-se, em contrapartida, em uma balcanização das ciências do homem, e cada uma tem a sua autarquia e o seu mundo, refeito à sua imagem.

Mas retornemos a Weber. Seu método, exposto em muitos lugares, busca compreender os fatos sociais antes de explicá-los. E compreender um fato significa lhe dar um sentido, remontar aos valores e às intuições dos indivíduos para inscrevê-lo na cadeia das ações das quais ele resulta. Somente dessa forma posso distingui-lo de um acontecimento, de um fenômeno bruto condicionado pelo meio. No fim das contas, seu procedimento o conduz para as perspectivas que acabamos de abordar. É à potência de uma ideia que devemos nos dirigir para perceber a vocação de certos indivíduos ou de certos grupos, a tirania com que esta os pressiona a fazer ou a desfazer os vínculos de uma sociedade. Pois este é certamente o caráter dessa energia que os induz, como um artista inspirado, ou um erudito obcecado por uma hipótese, a criar a realidade a partir de visões, de objetivos próprios, em vez de se submeter a ela. É exatamente isso que nos indica de onde provém o chamado dos valores e por que eles atraem as massas, como se estas tivessem percebido um eco.

Portanto qualquer corrente histórica começa por ser uma paixão ética, realmente vivida. Somente então ela se precipita e se cristaliza em uma ordem de Estado ou de Igreja. Weber trata como um enigma aquilo que, à primeira abordagem, mas a uma abordagem apressada, parece uma banalidade. Não suponham uma moderação de minha parte. Indico simplesmente uma linha de pensamento, fonte dessas "afinidades eletivas" entre a obra do sociólogo alemão e o nosso tempo. Ela torna interessante, e até mesmo cativante, uma experiência corrente da vida social, ao lado da qual cada um, em um momento ou outro, passou sem se deter, mas não sem refletir.

Com efeito, por mais que tivesse me dedicado, teria conseguido conferir às ideias de Durkheim uma maior atualidade? Certamente não. Devemos a ele, evidentemente, ter feito do social uma ideia nova. E também o reconhecimento por ter fundado, por meio de sua teoria da solidariedade e da religião, uma nova ciência. Admiramos suas análises do suicídio, como um exemplo de método dessa ciência. Mas suas reflexões sobre a política e a educação não prendem mais a atenção. Um pesado manto de respeito abateu-se sobre sua sociologia que se tornou exclusivamente acadêmica. Entre os muros das universidades e as capas dos manuais, ela continua dominando. E o sangue correria ainda vigoroso em suas veias se a arrancássemos da esclerose para lhe retirar o aspecto morno, maquinal – e quase escrevo, puramente sociológico – que ela tomou.

Sejamos justos: de todos os clássicos da sociologia, apenas Max Weber interessa e até mesmo entusiasma. O encanto sempre atraente de sua obra reside no seu sentido da história, no seu espírito crítico travestido de um pessimismo militante bem de acordo com nosso tempo. Apesar de sua imperfeição e de suas ruínas, essa obra possui uma grande virtude, apenas uma. Ela fala de nós, das origens e do destino das sociedades ocidentais. Faço alusão à experiência familiar da perda de sentido, da burocracia, da racionalização, da economia, do poder, que cada um observa em sua vida pessoal e na vida de seu país. Ela expressa o mal-estar de um mundo sem espírito e sem vocação, onde nada mais está em seu lugar, porque não há mais lugar onde alguma coisa deva estar, definitivamente[7].

Havia alguma coisa de místico nesse homem apaixonado pela razão, e de tribuno nesse professor que sofria nervosamente ao falar diante de um punhado de estudantes. Na sociedade contemporânea, Marx foi quem melhor dissecou o âmago do problema. Ou seja, o problema da tensão entre a tradição e a inovação, que alimenta esse mal-estar. A força de Weber está em tê-lo reconhecido, antes de interpretá-lo à sua maneira. E a sua sorte foi a de ter escolhido esse imenso adversário digno de ser combatido, ao qual dedicar admiração e com quem desejamos nos parecer. Obrigando seus adversários a chegar à sua altura, a do gênio, e obrigando-os a se defender, Marx foi para eles um incomparável estimulante. Sem ele, Weber não saberia como

---

7. ARON, R. *Les étapes de la pensée sociologique*. Paris: Gallimard, 1967, p. 568.

buscar uma solução que reabilitasse as classes superiores e burguesas, nem teria descoberto o perigo que, por meio do regime burocrático, ameaça a civilização ocidental. Ou seja, a falta de uma paixão avassaladora que lhe seja própria, de um *ethos* que ofereça uma resposta aos indivíduos quando perguntam: "O que devemos fazer?" Em nome de que devemos fazer o que fazemos? E essa falta é inevitável, para a racionalização de que as ciências são o motor e que está aumentando em nossas sociedades. Ela torna uniformes as profissões, as técnicas e as relações. Sem dúvida pode-se prever e dominar o futuro do conjunto. Mas ele está desprovido de significado, como um navio que não tem destino. E nem a física nem a biologia, nem a psicanálise nem a economia, nem a sociologia nem todas as ciências reunidas lhe podem inspirar um. Apenas às profecias reserva-se esse privilégio. O que Weber enuncia com o seu *phatos* barroco:

> O destino de nossa época caracterizado pela racionalização, pela intelectualização e, sobretudo, pelo desencantamento do mundo, conduziu os humanos a banirem os valores supremos mais sublimes da vida pública. Tais valores encontraram refúgio ou no reino transcendente da vida mística, ou na fraternidade das relações diretas e recíprocas entre indivíduos isolados. Não há nada de fortuito no fato de a arte mais eminente do nosso tempo ser íntima e não monumental, nem também no fato de, em nossos dias, encontrarmos unicamente nos pequenos círculos comunitários, no contato entre os homens, lentamente, alguma coisa que poderia corresponder ao *pneuma* profético que antes envolvia as grandes comunidades e as mantinha unidas[8].

O delicioso vapor que emana dessas linhas traz a nostalgia de um mundo repleto de emoções, cuja religião fervorosa era a alma, povoado de homens de exceção, que não tinham opiniões preconcebidas a impor, nem revanches mesquinhas contra o destino. Uma sina diferente aguarda os homens de hoje, acuados a escolher entre duas possibilidades: ou uma renovação devida a "profetas inteiramente novos ou um potente renascimento dos

---

8. WEBER, M. *Le savant et le politique.* Paris: UGE, 1963, p. 96.

ideais antigos", ou uma "petrificação mecânica enriquecida por uma espécie de vaidade convulsiva", consecutiva à burocracia e à racionalização das relações sociais. E deixando tudo nas mãos dos "especialistas sem alma nem visão e dos voluptuosos sem coração". Diante de tal dilema, como já sabemos, pelo menos a Europa escolheu não escolher, se é que ela não combinou os dois termos da maneira mais sinistra. Colhendo tanto os profetas cheios de uma vaidade convulsiva quanto um renascimento mecânico das ideias antigas e petrificadas.

Carisma e razão

Se fosse necessário definir em uma palavra as circunstâncias que envolveram os trabalhos de Weber, essa seria revolução. Durkheim se preocupa com a coesão e com o consenso social porque, durante quase um século, as revoluções se sucederam na França. Nosso país não foi o epicentro de todos os terremotos sociais e nacionais que sacudiram a Europa? Não se tinha ainda acabado de sentir as ondas de choque da Revolução Francesa, Paris já se tornara o lugar de encontro de todos aqueles, alemães, russos, italianos que preparavam uma nova revolução. Aqui amadurece o caldo de cultura, aqui se trabalha a todo vapor para resolver, de uma vez por todas, a questão social. De francês, o socialismo torna-se internacional. É um período instável que propõe seus enigmas e exige soluções da ciência. Em compensação, entre todos os grandes países do Ocidente, a Alemanha é o único a ignorar a revolução. Ela lhe resiste e passa ao largo. Para além do Reno, nas pequenas cidades serenas e industriosas, os filósofos, como dizem, sistematizam a história da época moderna que outros povos fazem sem sistema. De todo modo, não existe nem um Cromwell, nem um Robespierre, nem, *a fortiori*, um Napoleão alemão que Goethe pudesse admirar, em quem Hegel pudesse contemplar a alma do mundo. Entretanto pensam constantemente nisso. Espera-se que a próxima revolução, a do proletariado eclode em Berlim. Quem então poderia ter pensado que o maior partido operário da Europa abdicaria da perigosa honra de dar ao mundo uma nova sociedade?

Para um sociólogo alemão, portanto, era natural se colocar o problema inverso daquele que preocupa o sociólogo francês: como romper e transformar a ordem das coisas? Não que ele seja revolucionário, mas porque Weber compartilha da preocupação de uma história nas dobras da qual ele vive, e busca descobrir um sentido para ela. Toda sua sociologia é permeada pelo problema da inovação. Não uma inovação qualquer, mas a que encontra a resistência de uma tradição inveterada e a dilacera. A inovação que a antiga ordem não deixava prever e que não esperávamos. Portanto ela é considerada irracional, pois não se poderia deduzi-la daquilo que a precede e cujo sentido é percebido apenas depois.

Eis em que termos Weber a enuncia:

> A tendência psicológica interna a semelhantes regularidades (de usos e costumes) contém em si mesma inibições muito perceptíveis dirigidas contra as "inovações" e hoje cada um pode observar o fato em sua experiência cotidiana, em que ele fortalece sobremaneira a crença em seu caráter obrigatório. *Em respeito a tais observações, devemos nos perguntar como ainda pode surgir alguma coisa de novo nesse mundo, orientado como está para aquilo que é regular e empiricamente válido*[9] (o itálico é meu).

Ele não foi o primeiro a formular esse dilema. Todavia, ao longo de toda sua obra, acompanhamos o combate entre os dois princípios, tradição e novidade, que se trava em todos os níveis da história desde sua origem.

Temos o costume de buscar nas inovações uma fonte exterior a nós, quer seja o meio, as condições técnicas ou a falta de recursos. Elas deveriam se impor de fora para mudar nossa maneira de viver e de agir. Aprendemos e nos adaptamos às circunstâncias, e assim progredimos. Eis então a causa que faz dos homens, como se diz, grãos de areia levados pelas forças materiais e independentes que determinam o curso das coisas. Ora, diante dessa maneira de ver, existem bons argumentos. Pelo

---

[9]. WEBER, M. *Economy and Society*. Cambridge, Ma.: Harvard University Press, 1954, p. 22.

menos para Weber, a verdadeira inovação, cujas repercussões são as mais profundas, tem uma origem interior e se dirige ao mundo exterior. Essa passagem nos faz compreender que ela acontece apesar de tudo o que a ela se opõe e tenta sufocá-la. Que ela seja possível

> do exterior [ele escreve], isto é, sob o efeito de uma mudança nas condições exteriores da vida, não resta qualquer dúvida. Mas nada garante que essas novas condições de vida não suscitarão um declínio em vez de uma renovação. E, sobretudo, elas não são indispensáveis, mas ainda não representam nenhum papel em inúmeros casos de renovações muito importantes. Pelo contrário, as descobertas da etnologia mostram que a mais importante fonte de renovação é a influência de indivíduos que são capazes de experiências consideradas "anormais" (e vistas muitas vezes pela terapêutica atual como patológicas, nem sempre no entanto) e são assim capazes de exercer uma certa influência sobre os outros. Nós nos abstemos aqui de examinar como surgem essas experiências que, graças ao seu caráter "anormal", aparecem como novas... Essas influências capazes de superar a "preguiça" do habitual podem se revestir de diversas formas psicológicas"[10].

Que não se diga que isso diz respeito apenas a uma época ou que vale unicamente em matéria de costumes ou de direito. A observação tem um alcance geral. Em toda inovação ativa-se uma energia à parte, excessiva, que a faz nascer. Sem o seu concurso, não se vencem as inércias da razão e os conformismos da realidade. Para a menor descoberta, um ato de coragem e uma tenacidade obsessiva são necessários. E, sem dúvida, devemos considerá-los anormais. É preciso um salto de convicção para passar de um amontoado de ideias a uma ação que obedeça a uma inteligência superior, apesar dos fluxos e dos refluxos, a habitual oscilação da sociedade. E então um golpe de força para fazer dobrar a maioria que não pode senão julgá-la perigosa e de um benefício duvidoso. Ora, o dom dos indivíduos que se mostram capazes disso é o menos natural. Ele diminui a parte

---

10. WEBER, M. *Economie et societé*. T. I. Paris: Plon, 1971, p. 333.

dos outros dons, o instinto de conservação da vida ordinária. Aliás, basta ler as biografias dos profetas e dos revolucionários, para vocês verem o quanto aqueles que o possuem devem estar certos de sua missão para nem serem destruídos, nem abatidos, pois tudo se une contra eles.

Semelhante dom não pode se sustentar senão de dentro, da subjetividade dos indivíduos engajados no seio de uma cultura e dos objetivos imperativos que eles se veem obrigados a fazer triunfar. Sua loucura, aos olhos dos outros, é transformar em assunto pessoal aquilo que não o é, e de se consagrar a ele sem reservas. E muitas vezes uma inovação fracassa porque falta a seu autor ou seus autores não a penetração da inteligência, mas a têmpera de um caráter extravagante e impiedoso. Vocês me dirão que se trata de uma concepção romântica que confunde os sentimentos pessoais com a realidade objetiva. Concordo, mas não conheço nenhuma outra que lhe seja realmente oposta. E até mesmo aqueles que a denunciam se apressam em utilizá-la na prática, com menos intensidade, é verdade, como vocês poderão constatar ao abrir qualquer livro de história. De todo modo, a ela me atenho a título provisório, uma vez que é compartilhada pelos eruditos de que nos ocupamos aqui.

Vocês poderiam me perdoar por parar um instante para expor o que temo que vocês chamem uma consequência excessiva? Quando consideramos dessa maneira a inovação que parece jorrar de uma fonte interior, ela nos leva a colocar em pé de igualdade fatores psíquicos e sociais para justificá-la. Durkheim tem uma consciência tão perfeita disso que, para concluir sua recensão de um livro de sociologia que expõe o ponto de vista corrente, ele escreve:

> Em resumo, a evolução social é exatamente o inverso daquela que o autor nos descreve. Ela não se dirige de fora para dentro, mas de dentro para fora. São os costumes que fazem o direito e que determinam a estrutura orgânica das sociedades. *O estudo dos fenômenos sociológico-psíquicos não é, portanto, um simples anexo da sociologia; ele é a sua própria substância* (o itálico é meu). Se a guerra, as invasões, as lutas de classe têm uma influência sobre o desenvolvimento das sociedades, é com

a condição de agir sobre as consciências individuais. É por meio delas que tudo acontece e é delas que tudo emana. O todo apenas pode mudar se as partes mudarem, e na mesma medida[11].

As palavras empregadas por Durkheim são bem mais fortes do que aquelas que até mesmo um psicólogo ousaria. As palavras de Weber são ainda mais reveladoras. Ele descreve um ato brusco, forte, que desencadeia um movimento novo que durará até ser interrompido por um outro. E ele invoca as qualidades místicas, patológicas dos homens cuja energia transforma e agrava o estado das coisas. A primeira dessas qualidades é sentir a vocação de fazê-lo.

Portanto, nosso alvo será a inovação. Há alguns séculos, a Europa honra uma tradição de inovação, o que não impede que o escândalo surja a cada vez que uma delas aparece. Ninguém a assume tranquilamente, quer se trate dos iniciadores ou dos seguidores. Como conhecedor, Nietzsche escreve: "Ser exceção é considerado como um ato culpável". Obrigando a levar uma existência à parte, repleta de rudes provações, inteiramente dedicada a um objetivo, a existência dos homens de quem os povos fazem os seus heróis civilizadores, profetas, gênios, legisladores de uma cidade e fundadores de uma arte. Eles detêm a chave de um acontecimento único, de um começo absoluto, a razão pela qual seus nomes estão associados, Cristo, Lenin, Moisés, Freud, Maomé ou Robespierre. Explicar como alguma coisa aconteceu, o cristianismo, o islã, a revolução soviética etc. levanta a seguinte questão: como nasce uma inovação? Seria preciso supor que ela resulta de uma evolução progressiva que a prepara e culmina em uma nova variação ou na transformação daquilo que já existia? Este seria o caso das mutações: elas oferecem a possibilidade a organismos individuais de selecionar algumas delas para se adaptarem ao meio, e são então o ponto de partida de uma nova espécie. Devemos pensar, como Augusto Comte, que uma civilização passa automaticamente de uma fase religiosa a uma fase metafísica, e desta a uma fase científica ou positiva, assim

---

11. DURKHEIM, É. *Textes*. T. 1. Paris: Minuit, 1975, p. 352.

como o indivíduo vai da infância à idade adulta? Existiria uma tomada de consciência progressiva e racional das forças sociais e intelectuais que conduziriam a isso?

Qualquer que seja o valor desses pontos de vista, Weber não parece compartilhá-los. Sendo mais objetivo, pode-se dizer que ele considera a inovação, nos casos fundamentais, como uma criação e não como o resultado de uma evolução. Evidentemente ela não acontece a partir do nada. Mas, obra de um indivíduo ou de um grupo que representa o papel de demiurgo, ela constitui uma origem. Para ele, a ideia de criação é absolutamente central. Nós a vemos retornar toda vez que ele trata do desmoronamento de uma tradição e de uma nova ruptura na história.

Sob vários aspectos, a maneira pela qual ele considera a criação se aproxima da visão contemporânea do *big-bang* do qual procede nosso universo. Ela se opõe à concepção de uma evolução e de uma inovação provocada do exterior, assemelhando-se à visão que no século passado se fazia dos mundos girando uniformemente segundo um movimento de relojoaria. Quero dizer que, para Weber, ela tem alguma coisa de inesperado e de enorme, o aspecto e o alcance de um acontecimento e de uma reviravolta brusca. Está claro que aqui será interessante seguir as indicações da ciência quase que literalmente.

Tudo acontece a partir de um instante inicial, caracterizado por um estado singular da matéria. Antes dessa singularidade não existe nem tempo nem espaço, nem matéria nem movimento. Somente quando se faz a hipótese de uma extensão das leis da física atualmente conhecidas é que se pode acompanhar o universo de trás para frente e antes da "singularidade". Supomos, por exemplo, uma sequência eterna de ciclos cósmicos oscilantes, dos quais cada um nasce, à maneira da lendária fênix, das cinzas do seu predecessor. Em todo caso, segundo certos cientistas, as leis físicas ainda não se aplicam a essa fase. Haveria, portanto, um começo, que não é o do tempo, mas da era atual, precedido de uma catástrofe cujo conhecimento nos escapa. Georges Lemaître supõe que houve uma explosão da qual estamos separados por bilhões de anos. A matéria estava concentrada em um bloco de uma extraordinária densidade, uma espécie de "átomo primitivo". Ela se propagou naquilo que se tornou o espaço e nele se condensou em galáxias. Desses aglomerados nasceram, pouco a pouco, as estrelas, os sistema planetários.

Outros pesquisadores, como George Gamow, retocaram essa teoria. Segundo eles, o bloco de matéria primordial nomeado *ylem* comportava prótons, nêutrons e elétrons em uma espécie de radiação instável a uma temperatura extremamente elevada. Essa bomba superenérgica, superaquecida e superdensa explodiu, há treze bilhões de anos. Ela logo combinou os prótons, os nêutrons e os elétrons a fim de mantê-los reunidos, e se desdobrou criando o espaço de três dimensões que conhecemos. Ao consumir energia, os núcleos, sobretudo os de hidrogênio pesado, e as galáxias que se formam, absorvem-na e abaixam a temperatura. Três bilhões de anos após a explosão ou *big-bang*, surgem os primeiros astros de nossa galáxia. Mais cinco bilhões de anos e nossa Terra se consolida. Então, tudo se organiza relativamente rápido: um bilhão de anos mais tarde, a matéria viva eclode sobre um solo relativamente resfriado. E a matéria social depositou as suas primeiras marcas há cinco milhões de anos. Em suma, a uma explosão intensa e breve sucede uma lenta condensação durante a qual a radiação térmica se transforma em matéria de galáxias, de estrelas e enfim em organismos. O que aconteceu bem no início, em alguns segundos, ao longo de uma fase densa e abrasante que caracteriza o universo primordial, influenciou todos os fenômenos posteriores. Todas as formas que as galáxias tomaram, os sistemas de planetas, devem sua existência a esses acontecimentos primeiros cuja natureza está em parte obscurecida pela passagem do tempo.

Evidentemente, apresento-lhes apenas um esboço sumário dessa evolução de onde o universo surgiu. E chegamos muito naturalmente a comparar ao *big-bang* cósmico a eclosão de uma novidade, de uma religião, do capitalismo moderno, ou ainda de uma revolução[12]. Veremos mais adiante como tirar partido, para explicá-los, de um padrão de pensamento que resumo em

---

12. TROTSKI, L. *Histoire de la Révolution Russe*. T. 2. Paris: Seuil, 1950, p. 654.

termos bem simples como se segue. Admitamos que a inovação tem um ponto de origem único, o instante em que todo o antigo bascula e em que todo o novo, ainda indeterminado, se anuncia e se torna possível. Ela conhece então sua primeira fase explosiva[13]: a coletividade, semelhante a uma energia sobre-humana, abrasante, portanto instável, rompe as golilhas da tradição, chacoalha suas próprias inércias e suas lentidões. Não se resolvem os problemas que não são mais inteligíveis, mas preparam-se as condições de existência e de ação cujas consequências ainda não são previstas.

Vem então a segunda fase, de racionalização e de ajustamento às necessidades do real. Os entusiasmos e os impulsos originais se amenizam e se canalizam segundo os imperativos políticos, econômicos. Isso corresponde ao estabelecimento de um novo quadro, de uma "jaula de ferro" da qual a coletividade se torna a prisioneira voluntária. Eu até prolongaria a analogia em mais um ponto. As irradiações do *big-bang* subsistem por muito tempo após a explosão, e podemos medi-las nos interstícios da matéria que as enreda. Da mesma maneira, as irradiações de uma inovação fundadora persistem nos interstícios da sociedade. Podemos reconhecê-las nas marcas que deixam na memória coletiva, nas emoções que continuam provocando, nos desejos que às vezes os homens experimentam quando revivem esse instante intenso. A Reforma tem esse significado para os protestantes, a saída do Egito para os judeus, assim como a fundação de Roma o tinha para os latinos.

Pensando bem, essa é uma curiosa analogia entre os acontecimentos cósmicos e os acontecimentos humanos, ainda que bem antiga. Mas ela não seria completa se eu não acrescentasse que essas fases supõem um "átomo primitivo", uma matéria primordial, o *ylem*[14], que possui uma energia fabulosa, e que muitas

---

13. Na medida em que a revolução veio a significar um processo regular e racional da história, que resolve os problemas do passado, esse termo não pode mais se aplicar aqui. Em conjunção com o carisma, seria melhor usar a metáfora da explosão e da criação.

14. Eu considero aqui os primeiros esboços da teoria do *big-bang*, que são os únicos que apresentam uma analogia com as inovações sociais.

vezes é comparada a uma bola de fogo. Ora, me parece extraordinário, pois nada o impunha, encontrar-lhe um equivalente na teoria de Weber, pois, que eu saiba, nenhuma outra teoria o tem. Sob vários aspectos, podemos associar essa matéria primordial ao *carisma*. Não apenas porque a noção aponta para um estado singular de efervescência, afetivo e intenso. Mas também porque ela representa os dons extraordinários e as forças fora do comum indispensáveis para vencer as inércias do hábito e da indiferença. Que sentido dar a uma noção tão misteriosa? Há três quartos de século, nada ou quase nada foi tentado para esclarecê-la, e dela não sabemos muito mais do que no primeiro dia. Se afinal o carisma é tão somente um nome, se aceitamos sua existência ignorando quase tudo sobre sua natureza, não está na hora de confessar que cedemos a um mito fascinante? Isso pode acontecer. Mas o próprio mito não é indiferente. Voltaremos a isso em várias ocasiões.

Mas antes, observemos que as inovações explicadas pelo carisma não acontecem por vias sociais e históricas ordinárias. E o sociólogo americano Blau censura a teoria de Weber por não comportar "uma análise dos processos históricos que originam as erupções carismáticas na estrutura social"[15]. Por que ela comportaria uma, se tais inovações têm, evidentemente, uma origem a-histórica? Por outro lado, elas diferem das erupções e das mudanças que acontecem em uma sociedade constituída, assim como as explosões primordiais talvez se façam por vias diferentes das vias do universo que habitamos. Elas poderiam ser devidas a leis físicas de uma natureza diferente das nossas. No entanto, não forcemos demais as analogias. O mais importante é a maneira geral de pensar as reviravoltas e as revoluções como tantos outros *big-bangs*. O grande rio da história as envolve de uma forma racional e social, até que não mais possamos discerni-las na fonte. Voltemos, pois, ao carisma que seria sua energia criadora em seu estado primordial.

Não é a primeira vez, na história das ciências, que um erudito propõe uma noção tão estranha aos fenômenos que ela deveria

---

15. BLAU, P. "Critical remarks on Weber's Theory of Authority". *American Political Science Review*, 7, 1963, p. 355.

explicar, e também tão pouco perceptível. Os fluidos magnéticos dos físicos, os flogísticos dos químicos ou as forças vitais dos naturalistas estão aí para nos lembrar disso. Cada um à sua maneira coloca em ação uma relação causal, e isso basta ao conhecimento do real em um determinado momento. Mas, certamente, é a primeira vez na história do pensamento científico que uma noção religiosa coabita com um rigor teórico tão perfeito e usufrui semelhante reputação. Em teologia, o carisma significa a gratuidade e os dons de Deus que permitem aos homens realizar uma tarefa excepcional. Esse poder sobrenatural lhes dá a força e os constrange a ela. São Paulo o diz: "Cada um recebe de Deus o seu carisma particular, esse de uma maneira, aquele de uma outra". Respondendo a um chamado, o indivíduo se coloca a serviço dos outros, seja para ensinar ou dirigir, ajudar os aflitos ou operar curas. É um modo singular de participar de uma comunidade autêntica. São Pedro o afirma: "Cada um, segundo o carisma que recebeu, coloca-o a serviço dos outros, como os bons intendentes da graça de Deus que é diversa".

Ao longo de sua transferência para o terreno social, a noção conserva um sentido preciso. Ela designa uma "graça", ao mesmo tempo no sentido teológico de eleição divina e no sentido psicológico de segurança interna e de atração magnética pelos outros. Compreendemos que uma pessoa é dominada por uma "vocação" e possui qualidades excepcionais que lhe conferem prestígio. Em resumo, o carisma representa ao mesmo tempo a presença de um poder extraordinário e a ausência extraordinária de poder em uma comunidade em vias de criação onde "as pessoas se sentem completamente membros de sua comunidade"[16]. Ele é uma força vital, emocional que tem o poder de realizar, conforme a necessidade, a restauração da intensidade e da vitalidade das relações entre os homens.

Ao considerá-lo dessa forma, seríamos tentados a ver nele uma determinada quantidade de poder, de agir, do mesmo modo que a *libido* designa uma quantidade de energia sexual. Qualquer que seja a interpretação que possamos lhe dar, nela o

---

16. BOFF, L. *Eglise, charisme et pouvoir*. [s.n.t.], p. 273.

carisma representa alguma coisa de pré-racional, mas de uma pré-racionalidade das origens, ou seja, de um tempo em que tudo se passa diretamente entre os homens, de maneira pessoal e subjetiva[17]. Mais exatamente, ele se manifesta quando coloca entre parênteses instituições religiosas ou políticas e interesses econômicos de cada um. Desse ponto de vista, o carisma é "uma potência antieconômica típica", recusando qualquer compromisso com as necessidades ordinárias e seus proveitos[18].

É por isso que os movimentos revolucionários e comunistas fundamentados nos interesses e na razão não possuiriam carisma. Weber lhes denega expressamente o carisma:

> Todas as iniciativas comunistas modernas, escreve ele, visando criar uma organização comunista de *massa*, devem se apoiar para o recrutamento dos adeptos em uma argumentação *racional* em valor, para sua propaganda em uma argumentação *racional* em finalidade, nos dois casos em considerações especificamente racionais, ou seja – e isso os distingue das comunalizações militares e religiosas *extraordinárias* –, em considerações tiradas da vida de todos os dias. No plano cotidiano, as suas chances não se encontram no mesmo lugar que as chances das comunidades colocadas fora do curso normal da existência e orientadas segundo princípios extraeconômicos[19].

Muito evidentemente, Max Weber se engana, mas no momento isso não é o principal. Compreendamos que o carisma manifesta uma carga de emoção e de paixão suficiente para sair do real imediato e levar uma existência diferente. Cada um sente uma superabundância de forças que o atraem. Ou então ele tem a impressão de encarnar uma potência superior animada por uma ação comum que a torna irresistível. Ela o move, por assim dizer, de dentro, como um motor que repentinamente acelerado recebeu um acréscimo de energia. Para chegar a isso, as culturas conceberam procedimentos destinados a infundir

---

17. MITZMAN, A. *The Iron Cage*. Nova York: Knopf, 1970, p. 245.

18. WEBER, M. *Economie et societé*. Op. cit., p. 252.

19. Ibid., p. 159.

essa carga de emoção e de paixão. Weber as evoca com frequência:

> Poderia parecer que uma possessão bem mais durável do estado carismático é prometida por essas formas suaves de euforia que se experimenta, ou como iluminação mística, semelhante a um sonho, ou mais ativamente como conversão ética[20].

É realmente necessário reconhecer que são procedimentos que se assemelham aos da possessão, intoxicação pelas drogas, a dança ou a música. E que não estão limitados às culturas e às épocas arcaicas, nem são particulares a um carisma religioso ou mágico.

Mas por que se aventurar mais longe nesse campo de contornos tão imprecisos? Sem dúvida porque cada um dos aspectos descritos nos revela que o carisma é como uma espécie de alta energia, de *matéria-prima* que se libera nos momentos de crise e de tensão, quebrando os hábitos, chacoalhando as inércias, revelando uma novidade extraordinária. Para melhor elucidar sua natureza, falarei de um carisma primário, insensível às coerções da vida cotidiana e difuso em uma coletividade. Enquanto o carisma secundário é uma qualidade específica de um indivíduo que atrai os outros e age sobre eles – voltaremos a isso mais tarde. Um tem como conteúdo as paixões comuns que recebemos como necessidades da natureza. O outro representa um poder que imprime uma direção exata a essas paixões com o objetivo de realizar uma tarefa política ou uma vocação religiosa.

E também porque esses aspectos ressaltam os traços que os opõem à razão:

> O carisma é a grande potência revolucionária das épocas ligadas à tradição. Diferentemente da potência, igualmente revolucionária, da *ratio* que age ou diretamente do exterior mudando as condições e os problemas da vida, e desse modo, indiretamente, a posição adotada em relação a eles, ou também pela intelectualização, o carisma pode consistir em uma transformação

---

20. Ibid., p. 158.

do interior. Nascida da necessidade e do entusiasmo, esta geralmente significa mudança de direção da opinião e dos fatos, orientação inteiramente nova de todas as posições para com todas as formas particulares de vida e para com o "mundo". Nas épocas pré-racionalistas, tradições e carisma se dividem a quase totalidade das orientações da ação[21].

Justamente, aquilo que se passa sob a égide da *ratio* é uma história que nos atrai de fora e da qual seríamos passageiros. Já o carisma conduz a explosões bruscas dentro de uma sociedade e a conversão de seus membros a uma ação cujo resultado depende de suas qualidades. Uma avança no contínuo, ao passo que o segundo refaz incessantemente o descontínuo e interrompe o curso apertado das coisas. O contraste impõe a meu espírito uma aproximação com o *big-bang* da linguagem, como é evocado por Lévi-Strauss:

> As coisas não puderam passar a significar progressivamente. Em consequência de uma transformação cujo estudo não depende das ciências sociais, mas da biologia e da psicologia, efetua-se uma passagem de um estado em que nada tinha um sentido, a um outro em que tudo possuía um. Ora, esta observação, aparentemente banal, é importante porque essa mudança radical não tem contrapartida no campo do conhecimento que se elabora lenta e progressivamente. Ou seja, no momento em que o universo inteiro, de um golpe só, tornou-se *significativo*, nem por isso ele foi mais bem *conhecido*, mesmo sendo verdade que o surgimento da linguagem devesse precipitar o ritmo de desenvolvimento do conhecimento[22].

Haveria uma oposição análoga entre as transformações que o carisma primário precipita e as induzidas pela razão. As primeiras crescem até o extremo de onde surgiu um sentido e onde as tentativas anteriores se deterioram em um passado sem fundamento. Elas não são mais compreendidas, assim como se deixa de compreender uma língua, como o etrusco, que ninguém mais

---

21. Ibid., p. 252.
22. LÉVI-STRAUSS, C. *Introduction à Marcel Mauss*. [s.l.]: [s.e.], p. XLVII.

fala. E as segundas se operam com uma clareza e uma exatidão de que a economia e técnica nos ofereceriam o exemplo. Surpreendemo-nos com a insistência com que Weber retorna a esse contraste[23]. E sempre para marcar a particularidade, eu diria o caráter psíquico, do carisma. Ou, em todo caso, na sua pureza, "*estranho à economia*". Ele constitui, ali onde surge, uma "vocação" no sentido enfático do termo: enquanto "missão" ou "tarefa interior"[24].

No fim das contas, por que não dizê-lo? A oposição entre o carisma e a razão evoca a famosa parábola em que Nietzsche opõe Zaratustra e Dionísio. Nos estudos que consagra à religião, Max Weber faz de Zaratustra o campeão da "luta contra o culto mágico da embriaguez e a favor da crença em sua própria missão divina" – um passo adiante em direção à profecia. Quanto a Dionísio, ele encarna os cultos orgiásticos da autointoxicação e da crença mística na possessão divina. Mas quando Hölderlin nomeia esse deus espírito de comunhão, é preciso compreender que, para ele, cada um, o morto e o vivo, pertencem à comunidade. Daí o fervor que anima a festa dionisíaca, a fonte mais secreta de intimidade.

A sociedade instituída e a sociedade instituinte

Estou consciente das dúvidas que a noção de carisma deveria levantar. No entanto, minhas pesquisas me ensinaram uma coisa. Cada um de nós teme a tal ponto confessar que trabalha com noções um tanto quanto obscuras e das quais ignora o sentido pleno que não comunica aos outros senão aquilo que acredita ter definido bem. Ora, reconheçamos, compreendemos a maior parte das noções com o auxílio de uma faculdade justamente nomeada "senso da realidade". Ela nos permite discernir as ideias que caminham juntas e que dizem respeito a alguma coisa vital. Não que possam ser verificadas por uma busca dos fatos, mas

---

[23]. WEBER, M. *Economie et societé*. Op. cit., p. 269.

[24]. Ibid., p. 251.

porque fazem eco a certos caracteres gerais da vida e da experiência humanas. As coisas estão no seguinte ponto: quase um século se passou, e somente o "senso da realidade" nos ajuda a compreender o que é o carisma, sem, no entanto, nos levar a vê-lo como verdadeiro[25].

Seja como for, como já constatamos, ele permite reatar com a ideia de criação, tão próxima de nossa experiência e de nossa tendência a considerar a imagem do mundo como a obra de um autor. De forma que o anônimo tenha um nome, nem que seja graças a uma metáfora, como na expressão "o universo de Einstein". É importante definir o próprio sentido da ideia de criação, uma fonte de mal-entendidos. Se criar tem como sinônimo "fazer alguma coisa a partir do nada", como se afirma usualmente, não é o que compreendemos aqui. Se, pelo contrário, quisermos dizer que alguém é o iniciador e o demiurgo do universo, pelo menos do universo humano, então a palavra criar não está sendo empregada a torto e a direito. Além disso, a ideia de criação, no sentido próprio e exato, sem que exista nela uma extensão mais ou menos abusiva, é inseparável da tradição que reúne em uma linhagem única o judaísmo, o cristianismo e o islã. Se vocês se referirem aos poucos textos que citei mais acima a esse respeito, compreenderão facilmente que Weber se reúne a essa linha de pensamento com plena consciência. E por que se surpreender com isso, uma vez que ela impregna nossa cultura e nossa explicação espontânea da história e dos acontecimentos que se produzem à nossa volta. Ele próprio sempre se esforçou em permanecer perto da experiência imediata para compreendê-la. A esse respeito, Lacan observava em um de seus seminários: "A ideia de criação é consubstancial a nosso pensamento. Vocês não podem pensar, e nem ninguém, senão em termos criacionistas. O que acreditam ser o modelo mais familiar de seus pensamentos, ou seja, o evolucionismo, é em vocês, como em todos os seus contemporâneos, uma forma de defesa, de tenacidade

---

25. Em todas as épocas, encontramos o carisma associado às exigências de uma psicologia das massas. Ela o explica sem dúvida, e tentei demonstrá-lo em uma outra obra (cf. *L'âge des foules*).

a ideais religiosos, que impede que vejam o que se passa à sua volta"[26]. Um dia constataremos, e estou certo disso, que a parte mais viva das teorias de Weber nasceu desse retorno intempestivo às intuições menos científicas. Ela as incorpora fazendo assim vibrar as cordas de um pensamento ao qual não podemos resistir, porque nos toca imediatamente. Nas ciências do homem, permanecemos sensíveis e conferimos sucesso às ideias que, longe de dissipar os mistérios, conseguem resguardar os seus prestígios.

Ora, o mais denso envolve os primeiros passos de uma sociedade ou de uma instituição que se forma. É precisamente então que surge, e os etnólogos e historiadores observam isso, um campo de relações muito denso e muito intenso que Weber chama *in statu nascenti*. E nele eclode alguma coisa de "muito diferente", e por natureza incomensurável com o que preexiste; alguma coisa diante da qual os indivíduos recuam, tomados de pavor. Mas ali também surge uma chance para aqueles que propõem uma solução nova e têm força suficiente para abrir um caminho em direção à grande corrente da história em que desejam entrar e se perder. Digamos que eles têm o carisma capaz de atrair os homens, como o ímã atrai a limalha de ferro, e de mobilizá-los para realizar uma tarefa extraordinária. E, no fim, ver tomar corpo uma arte ou uma ciência, um partido ou uma religião.

Todo o campo social se torna então carismático. É realmente nesses termos que Weber descreve as primeiras associações de cristãos no Ocidente:

> O espírito se "expandia" sobre a comunidade enquanto se pregava o Evangelho. É no seio dessa assembleia e não em algum cômodo isolado que aparecem a glossolalia e as outras "manifestações do espírito" assim como a profecia. Todas essas manifestações resultavam da influência da massa ou, mais exatamente, do fato de haver uma reunião de massa; essa presença da coletividade geralmente aparecia como uma condição necessária. Se no cristianismo primitivo se dava um valor religioso à comunidade enquanto depositária do espírito, e se esse fenômeno conservou uma importância tão grande na história da cultura,

---

[26]. LACAN, J. *L'éthique de la psychanalyse*. Paris: Seuil, 1986, p. 152.

foi justamente porque a reunião dos irmãos estava mais apta a produzir tais êxtases sagrados[27].

O sociólogo acrescenta que manifestações semelhantes são encontradas nos séculos XVI e XVII, quando surgem as seitas protestantes. Sabemos que as revoluções têm os mesmos ares de efervescência e de improvisação, cada um se sentindo levado a participar da renovação das instituições e dos valores comuns. Um dia, quem sabe, talvez tenhamos a surpresa de observar o carisma primário em toda liberdade. Ou então, não estando conforme às conjeturas, veremos desaparecer a noção da paisagem científica. Neste caso, poderemos dizer, sem risco de sermos desmentidos, que ela era demasiado evasiva, e parecerá estranho que se tenha admitido isso em pleno século XX.

Enquanto isso, ignoramos muitas coisas desse campo social inicial, *in statu nascenti*. Mas uma vez que o sabemos psíquico, portanto "estranho à economia", tentarei revelar as suas propriedades. A primeira é a fluidez das relações e das regras. É evidente que elas continuam existindo de uma maneira ou de outra, senão o caos reinaria. Contudo elas perdem algo de sua inflexibilidade. Elas não estão mais acima de toda controvérsia e discussão. Deixamos de nos submeter aos princípios abstratos do direito e às máximas da tradição. Regras concretas são formuladas para cada situação particular, que se aplicam segundo as circunstâncias. Os indivíduos lhes obedecem, não por disciplina, mas ou porque acreditam que são reveladas ou divinas, ou porque confiam naqueles que as propõem. Juntos se forjam então novos deveres mútuos. "Ama o teu próximo", "A cada um segundo as suas necessidades": esse gênero de preceitos que abalam a ética no momento em que são enunciados se definem por um consenso espontâneo.

> A concepção revela [escreve Weber de maneira elusiva] que a comunidade poderia estabelecer, reconhecer, descartar o direito de acordo com a sua vontade; tanto em geral quanto em particular; ao passo que as querelas sobre o direito "justo" se

---

[27]. WEBER, M. *Le judaïsme antique*. Paris: Plon, 1970, p. 384.

regulariam muitas vezes nos fatos, no que diz respeito à dominação autenticamente carismática, por meio de uma decisão da comunidade, mas sob uma pressão psicológica a favor de uma decisão única conforme ao dever e justa[28].

Ela é assim soberana, não conhecendo outras prescrições e interditos além dos novos, aqueles que nascem em seu seio. A vida se distancia de tal modo dos atalhos percorridos, e os indivíduos o sentem tão bem que praticamente excluem o recurso às coerções legais e políticas. Somente a pressão de um sobre o outro os leva a observar uma certa ordem e a regular as ações e decisões comuns.

A segunda propriedade de uma comunidade *in statu nascenti* corresponde a uma nova solução para o problema: pelo que os homens estão vinculados? Não é difícil perceber que, tendo perdido os vínculos de dominação e de interesse, somente uma aproximação de pessoa a pessoa pode reter os homens juntos. Cada um se liberta da ascendência do passado, e somente essa aproximação é capaz de preservar o devotamento ao objetivo comum. Por essa razão, eles ousam se reunir sem a autoridade de uma hierarquia a fim de deliberar, pôr-se de acordo e conduzir os assuntos do dia. Esses homens de paixões enérgicas formam uma comunidade emocional, ao mesmo tempo flexível e coerciva, democrática e autoritária. O carisma que os reúne é, portanto, afetivo e não racional, já que toda a força desse vínculo se baseia na confiança, muitas vezes cega e fanática, na ausência de qualquer controle. Isso é constatado nos "conselhos" ou *soviets*, forma que essa comunidade toma na Europa desde a Revolução Francesa e sobre os quais Hannah Arendt escreveu que

> fizeram sua aparição em toda parte, absolutamente independentes entre si, conselhos operários, conselhos de soldados e de camponeses no caso da Rússia, conselhos de bairros nascidos nas regiões residenciais, "conselhos revolucionários" oriundos dos combates travados em comum nas ruas, conselhos de escritores e de artistas nascidos nos cafés de Budapeste, conselhos de

---

28. WEBER, M. *Economie et societé*. Op. cit., p. 276.

estudantes e de juventude nas universidades, conselhos operários nas fábricas, conselhos também no exército, entre os funcionários, e assim por diante [...] O aspecto mais impressionante dessas criações espontâneas é que, nos dois exemplos citados, esses órgãos independentes e altamente diferentes levaram apenas algumas semanas, no caso da Rússia, ou alguns dias no caso da Hungria, para começar um processo de coordenação e de integração, formando conselhos superiores regionais ou provinciais, em que se recrutavam, em última instância, os delegados para a assembleia representante do conjunto do país[29].

Tudo isso, nascido do entusiasmo, se difunde como um rastilho e não pode se conciliar com a indiferença e o cálculo. Nessas circunstâncias, com efeito, a lealdade para com a coletividade é um dever que na comunidade carismática apresenta um caráter particular. Ela forma a base de um código de honra que rege as relações e se mantém por sua própria iniciativa. Como poderia ser de outra forma, uma vez que, em princípio, cada um adere a ela em toda liberdade?[30]

Em todos esses casos, trata-se de um agrupamento emocional, às vezes de dominação, às vezes não, cujos "fiéis" comungam uma mesma crença, têm um mesmo deus ou um mesmo chefe. Basta pensar na devoção dos revolucionários pelo partido bolchevique, no amor dos soldados do Império por Napoleão. Atenuam-se as desavenças inevitáveis e as rivalidades intestinas – sem, no entanto, aboli-las – para atingir o objetivo escolhido. Ora, para isso nada os ajuda mais do que buscar e descobrir uma proximidade contínua, uma similitude do modo de vida que os una por meio de um vínculo pessoal:

> Ao "profeta" correspondem os "discípulos", ao "príncipe de guerra", os "partidários", ao "chefe geral", os "homens de confiança". Não existe nem "nomeação", nem "destituição", nem "carreira", nem "promoção"; somente um chamado, segundo a inspiração do chefe, na base da qualificação "carismática" daquele que é

---

29. ARENDT, H. *Essai sur la revolution*. Paris: Gallimard, 1967, p. 393.
30. WEBER, M. *Economie et societé*. Op. cit., p. 250.

chamado [...] Nenhuma "remuneração" nem nenhum "benefício", mas os discípulos e os partidários vivem (principalmente) com o senhor em um comunismo de amor (*Liebeskommunismus*) ou de camaradagem com meios oriundos do mecenato[31].

Discípulos, partidários, homens de confiança são tanto mais levados à fusão amorosa quanto mais se sintam reunidos por um sacrilégio que os coloque à parte. Os protestantes que desdenham os ensinamentos da Igreja e insultam o papa, os revolucionários que guilhotinam o rei, para citar apenas esses exemplos, cometeram um sacrilégio. Inúmeras são as questões que se colocam todos os dias no âmbito da vida ordinária. Ao passo que a vida extraordinária, em ruptura com a tradição, se prende a apenas uma: quem é inocente ou culpado? Ora, os homens cúmplices do sacrilégio precisam cerrar fileiras para juntos se protegerem das consequências de seu crime compartilhado. Além disso, a devoção amorosa e a culpa se mesclam toda vez que uma comunidade emocional eclode, para garantir a sua unidade.

A terceira propriedade se revela em uma racionalidade própria à ação carismática. Quando se rompem os vínculos com a sociedade e com a tradição, avança-se obrigatoriamente em território desconhecido. Nesse momento, não se dispõe de nenhum apoio externo, nem de nenhum poder ou de regras segundo as quais se possa conduzir. Improvisa-se, como pensava Lenin em plena revolução, e depois se verifica o que resulta disso. Pois

> não existe nenhum regulamento, nenhum estatuto jurídico abstrato, observa Weber, e, em consequência, nenhuma invenção da jurisprudência racional que a ele remeta, nenhuma diretiva nem nenhuma decisão de direito orientada para os precedentes tradicionais. Pelo contrário, as *criações jurídicas* se formulam caso a caso [...] em virtude da revelação, do oráculo, da inspiração, ou de uma vontade de transformação concreta reconhecida por sua origem pela comunidade de crença, de defesa, de partido ou outra[32].

---

31. Ibid.

32. Ibid., p. 251.

Por meio de criações e de improvisações segue-se, no entanto, um movimento dirigido para um objetivo, assim como uma flecha para seu alvo. Mas o que distingue um objetivo sustentado pelo carisma de um objetivo que não o é? Por que dele se diz que apenas podem alcançá-lo os homens investidos de uma missão e que dele fazem sua obra? Simplesmente porque ele se situa no infinito, ainda que, nessas épocas de transformações vastas e profundas, nós o acreditamos próximo. A vinda do Reino de Deus, a igualdade de todos os homens, o retorno à natureza, o desaparecimento das classes sociais, a independência absoluta de uma nação, e muitos outros, são fins aos quais não podemos dar um limite. Ora, como escrevia o revolucionário russo Herzen, "um fim que é indefinidamente postergado não é um fim"[33]. Ele se torna, no entanto, um sentido – não se fala de um sentido da história? – ou uma causa que adquire nos espíritos uma forma nítida e lhes obriga a agir. Ele se concretiza em uma doutrina, em uma pessoa, ou às vezes em uma entidade superior à qual todos se referem, a natureza, Deus, a história, a pátria, e assim por diante.

Se a realização do sentido, a luta pela sua causa, implica uma ação, parece razoável permanecer indiferente aos meios dos quais não se pode prever a relação com o fim. Todos se equivalem: prece, sacrifício, heroísmo, contemplação, martírio, para mencionar apenas alguns. O que então permitiria ao cristão decidir que a vinda do Reino de Deus será apressada mais pela prece do que pelo martírio? Como o revolucionário julgaria que o momento propício chegou e que a sociedade se tornará mais justa pela violência do que pela não violência, pela eficácia econômica ou pela democracia política? Do mesmo modo, um erudito não está seguro de fazer uma descoberta aplicando um método de cálculo de preferência a um outro, não mais do que um escultor de realizar uma obra-prima empregando madeira em vez de mármore. Sem dúvida é verdade que um fim, por mais nobre que seja, não justifica qualquer meio. Não que seja imoral, mas porque, no caso, semelhante justificativa é impossível.

---

33. HERZEN, A. *From the other shore*. Oxford: Oxford University Press, 1979, p. 37.

Por outro lado, é razoável pensar que cada meio fora das regras e dos usos tem chances de ser eficaz para realizar um sentido, servir uma causa. Ou seja, se aproximar um pouco mais do objetivo distante, e até mesmo inacessível, e, aos olhos da maioria, absurdo. Para os que estão imersos no calor dos acontecimentos, qualquer gesto, qualquer palavra que pareça conduzir a um resultado considerado impossível constitui certamente um milagre, uma vez que foi possível. Ele confirma os homens em sua crença e legitima sua ação. Que o milagre seja uma forma de legitimidade das sociedades *in statu nascenti*, nós já o sabemos muito bem. O indivíduo que supostamente teria conseguido o extraordinário é tratado como se possuísse um dom "sobre-humano", e a ele se atribui todo o carisma. É tão raro ter um testemunho de primeira mão sobre um momento tão excepcional que não resisto ao prazer de citar o de Trotski a respeito de Lenin, que reconhecidamente possuía esse dom:

> Mesmo aqueles que estavam mais próximos dele [escreve o historiador ao descrever a sessão de outubro do soviete russo], aqueles que conheciam bem o seu lugar no partido, pela primeira vez sentiram completamente o que ele significava para a revolução, para o povo, para os povos. Era ele que tinha a instrução. Era ele que tinha ensinado. Uma voz vinda do fundo da sala gritava algumas palavras dirigidas ao chefe. A sala parecia esperar apenas esse sinal. Viva Lenin! As emoções por que tínhamos passado, as dúvidas superadas, o orgulho da iniciativa, o triunfo, as grandes esperanças, tudo se confundiu em uma erupção vulcânica de reconhecimento e de entusiasmo[34].

Geralmente, somente aqueles que têm a fé o reconhecem e se sentem inundados de fervor. Eles saem transfigurados dessa erupção, assim como aquele que é o alvo lhes aparece transfigurado pelo carisma que encarna. Eis ainda o Cristo que conseguiu, aos olhos de seus discípulos, atingir o fim religioso que o devorava através dos meios de que dispunha. A pena de Weber retraça o seu percurso:

---

34. TROTSKI, L. *Histoire de la Révolution Russe*. T. 2. Op. cit., p. 709.

Contudo, essa fé que lhe confere a sua força mágica de fazer milagres, Jesus não a encontra em sua cidade natal, nem em sua família, nem entre os ricos e as pessoas de elevada posição da região, nem entre os escribas e os virtuoses da lei, mas entre os pobres e os oprimidos, entre os publicanos, os pescadores e até mesmo os soldados romanos. *Estes são*, e jamais isso deve ser esquecido, os componentes absolutamente decisivos de sua dignidade messiânica[35].

Mas ele precisou apelar para o veículo dos milagres que hesitava em realizar. E são sempre os milagres da economia ou das armas que são reclamados, e ainda hoje, durante um período revolucionário. Quando semelhantes atos puderam ser observados, apoiados pelo assentimento das massas, sabemos que os meios de chegar a eles são decididos bem mais pelos valores do que em função da eficácia. Por isso, somente os indivíduos e as comunidades que atravessam uma fase excepcional, *in statu nascenti,* estão aptos a isso. Eles dão assim a prova de sua missão e de sua vontade de conseguir, aconteça o que acontecer. O recurso aos valores é, para a razão, a única maneira de lançar uma ponte entre um objetivo situado em um longínquo indefinido, portanto, no interior dos homens, e uma ação, confirmando que, por um meio ou por outro, nós poderemos alcançá-lo. Não entraremos no detalhe da questão. Não existe cultura, antiga ou moderna, para a qual esses momentos, em que as energias e as paixões estão mobilizadas a serviço de uma tarefa extraordinária, sejam desconhecidos. As coerções exteriores parecem ceder, e a realidade se submete aos desejos. Então o homem é um mágico para o homem, persuadido de que tudo isso está a seu alcance. Não existe outra fórmula para expressar a potência carismática que engendra um universo de crenças e de práticas.

Como vocês puderam constatar: o conceito de carisma adquire, em alguns momentos, uma ressonância quase religiosa e significa, por outro lado, uma qualidade simbólica, e até mesmo emocional, de um indivíduo e de um grupo. Tentei aproximá-lo de uma dessas

---

35. WEBER, M. *Economie et societé.* Op. cit., p. 630.

noções sem nome que explicam por que um acontecimento único aconteceu nas origens. E designa assim a energia do *big-bang* da qual surgiu uma nova coletividade, um novo sentido dado ao curso das coisas. Percebemos nele o campo formado nos instantes primordiais de crise e de inovação. As suas propriedades – fluidez, lealdade afetiva, ação ética – são as mesmas de uma sociedade instituinte, semelhante à natureza naturante, a partir da qual tudo se desenvolve. É ela que inaugura "uma história" em que os homens vivem em uma espécie de excesso de forças, sustentados pelo entusiasmo, confiantes neles mesmos e em seu chefe. Eles agem, persuadidos da "onipotência" do pensamento e dos valores próprios, sem se preocuparem com o seu destino pessoal. Mas, em seguida, cada um novamente se fecha no círculo dos usos e costumes. São os heróis, tornados ancestrais, que agem por intermédio deles e dão a aparência de uma continuidade, de uma linhagem ininterrupta que vai dos mortos aos vivos. O entusiasmo de cada um se torna uma pressão para a conformidade que os recobre a todos. Por fim, a razão os divide e os coordena. É ela que molda a face de uma sociedade instituída, análoga, dessa vez, à natureza naturada, ou seja, impessoal e submetida às leis. À medida que ela ganha terreno, os vínculos de uns com os outros se tornam mais calculados e mais disciplinados.

O movimento descrito é o mesmo que segue, em cada caso, o pensamento de Weber. Ele é o pano de fundo de sua sociologia e, sob muitos aspectos, de qualquer sociologia. Reconhecemos nele o movimento da cosmogonia que se inicia por uma fase explosiva e se continua por uma fase de condensação e de resfriamento. Vocês sabem que as rochas mais profundas são os fósseis da criação da terra, os núcleos dos átomos e as irradiações sendo os vestígios do *big-bang* cósmico. Do mesmo modo, os órgãos de uma sociedade, as crenças e as obras de uma civilização são os fósseis do *big-bang* social. Quando Weber lamenta que no século XX nós nos desencantávamos com o mundo, é preciso compreender que o estamos resfriando e fechando sobre ele mesmo. Assim a história que se inicia de forma espetacular pelo "sacrifício do intelecto" em favor dos homens que possuem um carisma acaba "sacrificando tudo ao intelecto", que força à ascese e elimina os vestígios da confiança mágica entre eles. É o que *Entzauberung* – o desencantamento – quer dizer.

5
O GÊNIO DO CAPITALISMO

Em busca da origem do mundo moderno

> *Inventa, e morrerás perseguido como um criminoso; copia, e viverás feliz como um idiota.*
>
> Balzac

Em abril de 1518 Lutero defendeu suas teses diante dos monges agostinianos reunidos em uma convenção em Heidelberg. O assunto era da competência da ordem e não da universidade. Mas era evidente que professores, notadamente teólogos, fossem convidados. Após a morte do grande reformador, a universidade se converteu à nova religião e abraçou a doutrina calvinista. Entre seus muros nasceu, em 1563, o famoso *Catecismo de Heidelberg* que, em pouco tempo, ultrapassou as fronteiras da Alemanha e se tornou o fundamento da crença e do ensino da Igreja reformada. E então, três séculos e meio mais tarde, um professor da mesma universidade, Max Weber, confere um novo vigor ao calvinismo e o faz brilhar com uma nova intensidade. Um catecismo singular, enunciado por um sociólogo, substitui o catecismo dos teólogos que já está sem fôlego. Existe nisso uma coincidência que nenhum áugure poderia ter previsto.

Dos homens, dizem que eles sempre estão correndo atrás da idade de ouro, e não se poderia dizer melhor. Essa busca toma caminhos diversos. Uns querem reencontrar a atmosfera de uma infância feliz, outros, a de uma época que lhes valeu aventuras heroicas e sucesso. Alguns se voltam para mais longe, para a imagem de um mundo nascente onde o céu e a terra ainda não estavam separados. Os homens de ciência fazem remontar suas teorias a uma idade de ouro de que a maior parte guarda a lembrança: é a nostalgia que conta.

É esse o caso de Max Weber. Ao longo de sua obra, ele parece estar em busca de uma idade de ouro, origem de uma história. Quero dizer, esse tempo dos começos em que os profetas de uma nova religião, inspirada em Lutero, percorriam o chão da Europa, habitados por uma paixão intacta, assombrados por visões saídas da Bíblia, e proferiam verdades apaixonadas saídas dos limbos da fé. Depois vieram os heroísmos do exílio, o martírio dos fiéis que permanece a nossos olhos um holocausto, e a proclamação de um ensinamento que milhões de artesãos, de burgueses, de nobres, de camponeses, adotaram em menos de um século. Com tamanho ardor que, após mais de três séculos de distância, ainda ouvimos suas vozes atravessar as épocas da memória. Uma idade de ouro ao longo da qual os ascetas codificam a existência moderna, e que Weber evoca, não sem melancolia, ao final do estudo que nos ocupará a partir de agora:

> Ao deixar as células dos monges para se transportar para a vida profissional e começar a dominar a moralidade intramundana, o ascetismo contribuiu para a edificação desse poderoso cosmos da ordem econômica moderna que hoje determina o estilo de existência de todos com uma esmagadora coerção[36].

Pelo modo de vida protestante aplicado às necessidades e às severas virtudes de um ofício, a ética dos cristãos torna-se a ética dos homens de negócios e dos burocratas. O movimento nascido de uma explosão de liberdade transforma o mundo moderno em uma fortaleza de aço onde somos os cativos. Mas como permanecer em uma fortaleza de aço?

> Ninguém ainda sabe quem, no futuro, habitará a jaula, nem se, ao final desse processo gigantesco, surgirão profetas inteiramente novos, ou então um poderoso renascimento dos pensadores e dos ideais antigos, ou ainda – caso nada disso ocorra – uma petrificação mecânica ornada de uma espécie de vaidade convulsiva. Em todo caso, para os "últimos homens" desse desenvolvimento da civilização, essas palavras poderiam se tornar verdadeiras: "Especialistas sem visão e voluptuosos sem coração – esse vazio

---

36. WEBER, M. *L'ethique protestante et l'esprit du capitalism*. Paris: Plon, 1985, p. 224.

imagina ter alcançado um grau da humanidade até então jamais atingido"[37].

A fim de perceber esse movimento, basta que a ciência esqueça suas próprias posições, e retorne à nudez dos fatos evocados.

Nenhuma obra comporta uma quantidade de livros e de artigos de capital importância. Somente alguns fragmentos representam uma aquisição definitiva. Compreendo com isso que neles as coisas são ditas de uma vez por todas e à perfeição. Se existe uma obra de Max Weber que possui essa qualidade, essa obra é realmente a *Ética protestante e o espírito do capitalismo*, cuja primeira versão data de 1905. Ela é igualmente a mais difícil. Nenhum dos raciocínios e dos fatos que contém é convincente, confessemos isso logo. Mas, juntos, eles produzem uma impressão à qual não se pode resistir. Não estou falando do efeito que emana da delicadeza da arquitetura. Penso antes na provocação à inteligência que esse estudo do *big-bang* de onde surgiu o mundo moderno representa a cada instante. Como veremos, não existe nenhum ponto, nem mesmo nas laboriosas discussões de teologia, que ofereça o sentimento de tocar em um assunto essencial, que valha a pena nos interessarmos por ele. Concordaríamos facilmente com esse julgamento de Fernand Braudel que estudou o fenômeno sob todas as latitudes:

> Para Max Weber, o capitalismo, no sentido moderno da palavra, teria sido nem mais nem menos uma criação do protestantismo, ou melhor, do puritanismo. Todos os historiadores se opõem a essa tese sutil, ainda que não cheguem a se livrar dela de uma vez por todas; ela não deixa de ressurgir diante deles. E, no entanto, ela é manifestamente falsa[38].

Sem dúvida, mas então como explicar seu poder de choque? De onde vem o fascínio que ela exerce até mesmo naqueles a

---

37. Ibid., p. 225.

38. BRAUDEL, F. *La dynamique du capitalism*. Paris: Arthaud, 1985, p. 69.

quem ela não convence? Weber defende que o capitalismo europeu é obra dos capitalistas e não que os capitalistas são o produto do capitalismo. Ele tenta provar que os puritanos se tornaram empreendedores e industriais por vocação, em vez dos empreendedores e industriais terem se tornado puritanos por interesse. Substituindo forças cegas e mecânicas por personagens concretos e vivos, a teoria adquire um caráter dramatúrgico. São atores em carne e osso que aparecem e inspiram uma intriga que se desenrola no palco da história. Se, como é o caso, ela corresponde a uma experiência real, fica difícil livrar-se dela em seguida. A verdade do detalhe? Esse problema perturba somente os eruditos e, no máximo, choca os mais céticos, que acham que o sociólogo toma liberdades demais com os fatos.

Para Weber, o principal está em outro lugar. Ao desencarnar os capitalistas, ao despojá-los das qualidades morais e das faculdades psíquicas que lhes tivessem permitido manifestar sua novidade, os economistas os reduziram a uma ideia de classe. Eles representavam a figura esmaecida do egoísmo e da exploração. Eram descritos como aventureiros, negociantes debochados e capitães de indústria sem fé nem lei que, pela astúcia ou pela força, se apropriariam da riqueza de todos. Ora, Weber os reencarna, por intermédio da religião, em homens piedosos que obedecem a uma vocação superior. Transforma-os em santos, e até mesmo em super-homens. Se acumulam dinheiro, se são industriosos e querem vencer nos negócios, é a fim de restabelecer a glória do verdadeiro Deus, o terrível Deus da Bíblia. Servidores da primeira e da segunda aliança, das antigas e das novas tábuas da lei, não esperam de seus empreendimentos o lucro, mas, coisa mais grave, a salvação. Para merecê-la, eles suportaram tudo, com heroísmo:

> Um heroísmo que *as classes burguesas enquanto tais* raramente testemunharam antes e nunca depois. Isso foi *the last of our heroisms,* como Carlyle diz não sem razão[39].

---

[39]. WEBER, M. *L'ethique protestante et l'esprit du capitalism*. Op. cit., p. 32.

De repente, nos encontramos mergulhados na aventura da criação da sociedade capitalista. Nós a seguimos como um episódio da criação e nada mais. A história profana e a da economia se transportam para a história sagrada. Weber nos conduz a essa idade de ouro em que ainda não se separavam a religião da economia, nem o possuído pela fé do possuído pelo dinheiro, em que se calculava a sua santidade com o mesmo ábaco que se calculava a sua fortuna. Em outras palavras, ele nos remete a um acontecimento primordial, a Reforma, e a um homem excepcional, Lutero. O melhor partido consiste em segui-lo, a despeito das provas que se lhe opõem. Elas não são negligenciáveis, longe disso, mas bastante impotentes contra uma teoria que doravante faz parte da história.

Contudo ela não flutua nos ares. De todas as superstições contemporâneas, a menos insensata é, sem dúvida, o culto das estatísticas. Não contamos com elas para dizer a verdade, mas elas descrevem fielmente os seus sintomas. Ao iniciar seu estudo, o sociólogo propõe uma interessante correlação entre o lugar respectivo dos católicos e dos protestantes na região de Bade. Enquanto estes últimos são mais numerosos entre os industriais, os técnicos, os banqueiros, os primeiros são menos urbanizados, menos qualificados e ocupam a função de artesãos, de comerciantes ou de empregados de escritórios. Nas plantações do Leste e do Norte, os protestantes utilizam métodos modernos de cultura. Em contrapartida, os católicos do Sul e do Oeste permanecem fiéis à pequena propriedade e aos hábitos de uma agricultura de subsistência.

Eis o que parece indicar um paralelismo entre o sucesso econômico e técnico e as convicções religiosas dos indivíduos. É preciso concluir que esses sucessos são determinados por essas convicções? Que o atento fiel de uma Igreja seja, ao mesmo tempo, um homem de negócios prudente não constitui, literalmente falando, uma descoberta. Marx, com muito amargor, já afirmara isso em relação aos judeus. E também que:

> o judaísmo atinge o seu apogeu com a perfeição da sociedade burguesa; mas a sociedade burguesa não atinge sua perfeição senão no mundo cristão. E é somente sob o reinado do cristianismo, que

exterioriza todas as relações nacionais, naturais, morais e teóricas do homem, que a sociedade burguesa poderia se separar completamente da vida do Estado, destruir os vínculos genéricos do homem e colocar em seu lugar o egoísmo, a necessidade egoísta de compor o mundo em uma massa de indivíduos atomísticos hostis uns aos outros[40].

Mas Weber não se atém às estatísticas. Elas delimitam primeiramente uma possibilidade: o cristianismo que apoia o advento da burguesia e da empresa capitalista é o cristianismo dos protestantes. E ainda mais exatamente, o capitalismo dos puritanos. No entanto, para nascer e romper com a ordem das coisas eram necessários novos valores e novas motivações psíquicas. Só o *espírito do capitalismo* é o motor verdadeiramente revolucionário, o único que carrega em si esses valores e essas motivações tão contrárias à tradição. Uma tradição, poderíamos acrescentar, de que todas as civilizações compartilham.

> Em geral [esclarece Weber] essa revolução não depende de um afluxo de dinheiro recente... mas de um espírito novo: o "espírito do capitalismo" entrou em ação. O problema maior do capitalismo moderno não é o da origem do capital, mas o do desenvolvimento do espírito do capitalismo. Em toda parte onde desabrocha, em toda parte onde é capaz de agir por si mesmo, ele cria o seu próprio capital e as suas reservas monetárias – seus meios de ação –, mas o inverso não é verdadeiro[41].

Como definir esse espírito? E onde percebê-lo? Entre os escritos dos puritanos que são a outra fonte documental do estudo de Weber. Talvez julguemos estranho que, de início, ele se volte menos para os teólogos do que para os práticos. Aqueles que se consagram ao exercício cotidiano dos negócios oferecem uma representação social mais exata desse espírito e de sua ação. É entre eles, e sobretudo nesse Voltaire puritano que foi Benjamin Franklin, que o sociólogo encontra as

---

40. MARX, K. *La question juive*. Paris: UGE, 1968, p. 54.

41. WEBER, M. *L'ethique protestante et l'esprit du capitalism*. Op. cit., 71.

máximas, o guia e o breviário do capitalismo. É preciso dizer que o bom homem está obcecado pela preocupação de tudo racionalizar. Ainda criança, ele diz a seu pai, homem piedoso que dava graças intermináveis a Deus: "Pai, parece-me que se você agradecesse de uma vez por todas, pelo conjunto das barricas, seria uma grande economia de tempo". É evidente que Franklin aconselha a todos um comportamento racional. Um solteiro terá interesse em preferir uma mulher velha a uma jovem: sua bondade ainda perdurará quando sua beleza tiver esmaecido. O risco de ter filhos será menor, portanto também o pecado. É uma horrível infelicidade perverter uma virgem, e o homem carrega seu peso por toda a sua vida. Mais próximo de nossos propósitos, eis suas injunções àqueles que querem empreender:

> Vós vos ocupareis com um zelo incessante de vossos negócios legítimos. O tempo é dinheiro, portanto não o desperdiceis. Mas o crédito também é dinheiro, portanto cuidai de vosso crédito e utilizai-o com bom discernimento. Pagai com pontualidade os vossos compromissos. Quem paga suas dívidas e reembolsa seus credores garante para si a possibilidade de novos empréstimos, e dispõe assim do capital de outro. Mantende vossas contas com exatidão, sede sóbrios em vossa vida pessoal e não desperdiçai o dinheiro em futilidades. Cada centavo conta, que pode crescer e se multiplicar, aumentando em muito o lucro.

Que semelhante conduta de vida, cujo rigor parece evidente, seja a expressão de um dever, surge claramente:

> De fato [observa Weber], não é apenas um modo de fazer seu caminho no mundo que é assim pregado, mas uma ética particular. Violar suas regras não é não insensato, mas deve ser tratado como uma espécie de esquecimento do dever. Aí reside a essência da coisa. O que é ensinado aqui não é simplesmente o "sentido dos negócios" – semelhantes preceitos são bastante difundidos – é um *ethos*[42].

---

[42]. Ibid., p. 47.

Encontramo-nos diante de uma verdadeira obrigação que é preciso respeitar em todas as circunstâncias. É incontestável que prescrevendo ao homem trabalhar sem descanso, amealhar riquezas sem delas desfrutar, sacrificar a sua felicidade pessoal ao sucesso de seu empreendimento mais do que imolar sua prosperidade sobre o altar da felicidade, esse dever parece irracional. Ou, pelo menos, parece contrário à "natureza humana". Mas quem quer que tenha ouvido o chamado a ele se submete e a ele se conforma. E o aceita ainda melhor porque ele se inspirou em uma visão religiosa que impõe sua necessidade.

Para explicar o surgimento dessa ética e interpretar suas consequências, duas únicas questões importam. Como, com efeito, explicar que esse "espírito do capitalismo" tenha emergido na Europa e tenha suscitado uma civilização única em seu gênero? Por que aquilo que pareceria contrário à "natureza humana" e aos instintos mais sólidos do homem se torna a sua regra e molda a sua personalidade? Segundo Weber, não há dúvida de que esse espírito, desde a origem, conduz a uma racionalização tanto da economia quanto da cultura. Por um lado, pelo triunfo do cálculo e do método científico. Sob o seu impulso, os trabalhos são organizados e as diversas atividades coordenadas, de maneira a empregar melhor os meios e a prever os efeitos, com o objetivo de um melhor rendimento. A racionalização que se inicia na indústria e no comércio penetra em seguida em todos os campos da vida. Ela determina assim as condutas dos indivíduos que fazem o balanço dos custos e dos ganhos em suas relações, desconfiam dos afetos e dos prazeres que não lhes fornecem nenhum lucro.

Por outro lado, a racionalização faz cair em deliquescência a visão mágica do mundo, herdada do passado. A experiência instrui os homens: eles não mais acreditam nos espíritos e nos demônios, nem se deixam mais submergir pelos êxtases coletivos. Libertados das coerções do sagrado, os indivíduos tomam como guias seus interesses egoístas. Verdadeiramente, não foi o materialismo econômico ou o ateísmo filosófico que arruinou a autoridade das religiões, como é excessivamente repetido. Foi a espiritualização do capital e da existência ordinária que isolou o indivíduo na sociedade, ensinando-o a confiar apenas nas técnicas e nas ações previsíveis. Ele admite a onipotência do real e se esforça para dominá-lo por meio da ciência e da razão. Sob o impulso do protestantismo se aperfeiçoa, na Europa, a racionalização do mundo que deixa os homens sozinhos face ao universo, sem nenhum meio de consolo ou de evasão. A fórmula, uma vez descoberta, poderá servir para as outras civilizações. Max Weber estava convencido de que ela resume o sentido que a história toma.

A primeira questão tem, portanto, a ver com a gênese do capitalismo ocidental e com sua origem nas seitas puritanas que o criaram. A segunda é relativa à inovação em geral, à maneira pela qual as ideias e as crenças motivam os homens e se tornam forças agentes. Trata-se de saber como atividades lucrativas por tanto tempo depreciadas ou toleradas como um mal necessário, tais como o lucro, o ganho em dinheiro, a usura, se tornaram uma vocação. Esse fenômeno de inovação, muitas vezes evocado na obra de Weber, é sempre concebido da mesma maneira. Eis os seus termos:

> O primeiro precursor muitas vezes se chocou com a desconfiança, às vezes com o ódio, e sobretudo com a indignação moral – e conheço um caso bem específico a esse respeito. Uma verdadeira lenda se formou sobre a sua vida passada, que sombras misteriosas recobriam. Como não reconhecer que somente um caráter de força incomum pode garantir o sangue-frio a um empreendedor desse "estilo novo" e protegê-lo do naufrágio moral e econômico? Além disso, independentemente da segurança da intuição e da atividade realizadora, foi apenas em virtude de qualidades éticas bem determinadas e fortemente desenvolvidas que ele foi capaz de inspirar a seus clientes e operários uma confiança absoluta em suas inovações. Nada mais lhe teria dado a força para superar os inúmeros obstáculos, para assumir o intenso trabalho que se exige do empreendedor moderno. Mas essas qualidades éticas são bastante diferentes daquelas que, outrora, eram requisitadas pela tradição[43].

---

43. Ibid., p. 71.

A anedota pessoal ilustra um fato preciso: o empreendedor é *uma minoria composta de apenas um*. A sua posição, tanto quanto o seu sucesso, depende mais de suas qualidades éticas do que de sua competência ou dos meios de que dispõe. Elas formam o seu caráter psicológico e lhe ditam uma ação consistente[44]. Elas estão na base da tenacidade graças à qual ele enfrenta um meio hostil e acaba por obter o apoio e a adesão de todos. Para além desse exemplo particular, a anedota serve para provar que o "espírito do capitalismo" decorre dos valores que subverteram a tradição.

As duas questões, a questão da unicidade da civilização ocidental e a questão da inovação, conduzem Weber a examinar o papel da crença e, sobretudo, da religião. Esta não é para ele um fenômeno secundário, um apêndice da economia, se assim posso dizer. Pelo contrário, seus preceitos e suas regras forjam uma mentalidade disciplinada e criam as condições de uma prática. A piedade do fiel, a busca da salvação não são "efeitos" ideológicos, mas figuram entre as causas primeiras da ação. Elas moldam um certo tipo de indivíduo e, para encerrar, um certo tipo de regime econômico. Weber sabia que a superioridade dos protestantes sobre os católicos em matéria de finanças e de indústria era um lugar-comum. A única originalidade que ele pretendia era a de explicar essa superioridade pela "vocação" ética dos primeiros.

> Assim o presente estudo [ele escreve] poderia sem dúvida contribuir, humildemente, para fazer compreender de que maneira "as ideias" se tornam forças históricas eficazes"[45].

Inclino-me a pensar que, sob esse aspecto, a resposta à segunda questão é bem mais importante e geral do que a resposta dada à primeira, que agora sabemos ser falsa.

Na realidade, se a *Ética protestante e o espírito do capitalismo* ainda inspira a sociologia e a história, é primeiramente

---

[44]. MOSCOVICI, S.; MUGNY, G. & VAN AVERMAET, E. (orgs.). *Perspectives on Minority Influence*. Cambridge: Cambridge University Press, 1985.

[45]. WEBER, M. *L'ethique protestante et l'esprit du capitalism*. Op. cit., p. 102.

pelo esboço de uma teoria da inovação que determina o *tête-à-tête* com os fatos. Associada a uma teoria das minorias agentes, como veremos mais adiante, ela nos permite considerar a ética e a ação coletiva em termos que vão além do capitalismo e se aplicam a qualquer movimento que surja em uma sociedade. Ainda mais que podemos dar uma resposta geral à questão colocada por Gibbon no caso particular do cristianismo: por que meio a nova visão obteve uma vitória tão notável? O estranho, nesse caso, é não se ter reconhecido que nisso se encontra o seu principal interesse[46]. É evidente, no entanto, que essa teoria revela os atributos psicológicos por meio dos quais Weber busca explicar a ruptura com a tradição e a potência inovadora das "ideias" na sociedade moderna. Na sociedade capitalista *in statu nascenti*, para ser mais preciso.

Ainda recentemente, o economista americano Hirschman escrevia a esse respeito:

> Para Weber e seus críticos, assim como para a maioria de seus discípulos, trata-se, em primeiro lugar, de esclarecer os processos psicológicos que puderam conduzir alguns grupos de homens a se consagrarem exclusivamente, seguindo normas racionais, à acumulação capitalista[47].

Sob a constatação transparece uma crítica a um só tempo excessiva e imprecisa. Todavia é verdade que, por detrás das análises aparentemente distantes de Weber, agita-se uma vontade de recuperar a experiência vivida e as motivações íntimas dos homens que moldaram a história moderna. Uma minoria de homens que romperam com a fé de seus ancestrais, que se chocaram com as autoridades e evidentemente sofreram em razão de sua heresia. Aqui, convém citar Nietzsche:

---

46. Os estudos dos fenômenos de inovação permanecem relativamente raros, particularmente para as nossas sociedades. Kenniston tinha razão ao escrever: "A maior parte das discussões eruditas sobre a inovação se concentra no modo primitivo, ou em algum segmento relativamente menor da sociedade moderna" (KENNISTON, K. "Social Change and Youth in América". *Daedalus*, 91, 1962, p. 146).

47. HIRSCHMAN, A.G. *La passion et les interest*. Paris: PUF., 1980, p. 116.

Não se pode avaliar o que sofreram ao longo da história os espíritos mais raros, os mais refinados, os mais originais, por terem sido sempre considerados como maus e perigosos, e, mais ainda, por terem sempre se considerado a si próprios dessa maneira.

Na realidade, a culpa viaja, desde o início, nos porões do capitalismo.

A questão da inovação se revela em três momentos: o desarraigamento da tradição pela reforma protestante, a criação de uma conduta e de uma ética novas – o "espírito do capitalismo" – e, por fim, a infusão desse espírito na economia burguesa, cuja hegemonia ele garante. Ao longo da passagem de um para outro, o mundo interno de uma nebulosa de seitas se torna o mundo externo da civilização moderna. Com certeza seria vão estabelecer entre esses momentos uma sucessão rigorosa, mas eles me servirão de fio condutor.

A diáspora puritana e o desencantamento do mundo

Ao vasculhar os arquivos da história, observamos que a brusca rasgadura do tecido social, a emergência dos movimentos revolucionários estão sendo lenta e cuidadosamente preparadas, como a fissura na crosta terrestre sob a pressão da lava que jorra durante uma explosão vulcânica. O fluxo das heresias que fermentam na Europa desde o século XII é contínuo. Sua perseguição que nem é um objeto de curiosidade, nem uma lembrança de museu, situa-se à margem dos grandes acontecimentos. Ela se espalha de um canto ao outro do continente, com uma obstinada energia. Sendo impossível manter a integridade da Igreja e fazer reinar a fé católica sem combater aqueles que a colocam em discussão. Ela justificaria, no caso contrário, a apatia e a corrupção de que é acusada e de que autores da época se fazem os cronistas. Tudo o que a desafia, a corrente dos indisciplinados e dos infiéis que se expõem, se choca com a barreira das inquisições e das excomunhões. Fora da Igreja não há salvação, apenas a fogueira. E, no entanto, nada consegue apagar a heresia dos artesãos e dos mercadores, que renasce da cinza sacrílega em uma proliferação extraordinária. Assim que se julga tê-los vencido em uma região e eles já reaparecem em uma outra, e ainda mais numerosos.

A ininterrupta vaga de dissidências desemboca na Reforma, seu ponto máximo, com a eclosão das seitas protestantes que a acompanha. Não me é possível tratar em algumas linhas semelhante emergência de indivíduos e grupos que transfiguram a Europa. Evoco apenas um fato importante: todas essas minorias experimentaram o desprezo e o exílio, sofreram o assassinato coletivo. Com exceção de Lutero que convenceu os príncipes e as massas alemãs, sua religião é em toda parte a obra de banidos e refugiados. Por isso, menciono apenas um nome, o de Calvino. Expulso da França, ele vai a Genebra onde muitos homens que conheceram o seu mesmo destino tinham se reunido. Os partidários da nova fé, oriundos das mais diversas camadas da sociedade, eram como uma tocha prestes a se inflamar por qualquer tipo de sedições e de empreendimentos. Nos países que os acolhem, anabatistas, huguenotes, quakers difundem com ardor um ensinamento dirigido contra a autoridade do Estado, contra a hierarquia das Igrejas e contra a humilhação dos pobres. Mas também se lançam nos empreendimentos econômicos, em razão de suas habilidades comerciais e industriais. Principalmente na Inglaterra e nos Países Baixos, onde, sobretudo, os calvinistas estimulam o desenvolvimento do capitalismo. Com razão, "a diáspora calvinista" pôde ser definida como "a sementeira da economia capitalista"[48]. A cada vez, uma dessas minorias dispersas rompe com os costumes e com as instituições religiosas para se lançar em um empreendimento novo, forçosamente "herético", ainda que seja no campo da economia. Durkheim ou Tocqueville veem na Revolução Francesa a principal virada da sociedade moderna. Quanto a Weber, ele a situa na Reforma e na proliferação das seitas protestantes. É muito provável que cada um conceba a sociedade à luz dessa escolha.

Que minorias estejam na origem das grandes inovações da arte, da ciência, da religião, isso nos parece evidente. Que lhes

---

[48]. Ibid., p. 129.

devamos os grandes desenvolvimentos da caça, da agricultura, da indústria e da economia em geral nos parece menos evidente. Não somente sua exclusão da vida política e social as obriga a empreender para se garantir uma vida material como as incita a perseverar. Mas também a democracia do acaso, que reúne os indivíduos e os mescla sem ideias preconcebidas, os estimula e os liberta. Além disso, ela os canaliza para atividades ou profissões que a maioria rejeita, e até mesmo despreza. Portanto, os capitalistas da época são recrutados entre os emigrados e os filhos de emigrados[49]. Que eles fossem calvinistas ou não, sabe-se que vinham, em sua maioria, dos grandes centros comerciais, Antuérpia, Liège, Como, Lisboa[50]. O duque de Alba persegue os flamengos, enquanto que o príncipe de Farnese obriga os valões a escolherem entre a submissão a Roma ou o exílio. Sem mencionar os judeus que, expulsos pelas diversas inquisições, estão em busca permanente de um asilo. A Suíça serve como terra de refúgio aos huguenotes italianos ou franceses. De acordo com as circunstâncias, os Países Baixos lhes permitem ou não que se instalem. A própria noção de refugiado aparece no vocabulário e se aplica aos protestantes que fogem da perseguição. Muitos veem esses emigrados com um olhar favorável e os consideram como uma fonte de riqueza.

> Sem o aumento dos estrangeiros, declara o grande chefe da administração da Holanda, Jean de Witt, não poderíamos aumentar nossa pesca, nossa navegação, nem nossas manufaturas [...]. E se algum recém-chegado, por sua capacidade, inventa algum novo método ou comércio, os habitantes poderão ainda participar de suas vantagens.

Ora, as minorias que então surgiram encontraram diante delas uma forma econômica difundida em quase todas as partes do mundo, sobretudo na Europa. Refiro-me à empresa capitalista, com a sua separação – de um lado os negócios, do outro a vida doméstica – e a sua organização que implica uma mão de obra

---

49. MOSCOVICI, S. *La societé contre nature*. Paris: UGE, 1972.
50. TREVOR-ROPER, H. *De la Réforme aux Lumières*. Paris: Gallimard, 1972.

em princípio livre e uma técnica racional. O cálculo é indispensável em todos os níveis e a contabilidade das receitas e das despesas se torna matemática. Mas os homens que dão continuidade a essa empresa o fazem de acordo com a tradição, compartilhando os motivos e os valores de seus predecessores.

> Sob todos os ângulos, era uma *forma* de organização capitalista: o empreendedor exercia uma autoridade puramente comercial; o emprego de capitais era indispensável; finalmente o aspecto objetivo do processo econômico, a contabilidade, era racional. De fato, tratava-se de uma atividade econômica tradicional, caso se considere o espírito que animava o empreendedor: tradicional, o modo de vida; tradicionais, as taxas de lucro, a quantidade de trabalho fornecida, a maneira de conduzir a empresa e também as relações mantidas com os operários; essencialmente tradicionais, enfim, o círculo da clientela, a maneira de buscar novos clientes e de escoar a mercadoria. Tudo isso dominava a conduta dos negócios[51].

Nessa forma de organização, os homens são inspirados pelo desejo de adquirir e pela sede de enriquecer. Vencedores ou perdedores, todos querem participar, nas melhores condições, do banquete da vida. Eles veem na empresa um meio de ocupar uma posição na sociedade, de se garantir uma existência tranquila, e até mesmo luxuosa, e de impor sua superioridade aos outros. Por que se surpreender com isso? Qual a sua serventia senão fornecer a seus possuidores a segurança, um sentimento de potência e os prazeres que a fortuna sempre ofereceu? Isso é razoável e responde à profunda aspiração dos homens à felicidade.

Seria necessário relembrar aqui, mais uma vez, que os protestantes, pelo menos os membros de certas seitas, dão as costas a essa tradição? Indiferentes à busca da felicidade, a prosperidade da empresa é para eles um dever, e sua direção, um ofício ou uma profissão como as outras. E, mais ainda, eles acreditam encontrar nela uma vocação à qual devem consagrar toda sua vida afetiva e intelectual. A questão fundamental da ética: o que devo

---

51. WEBER, M. *L'ethique protestante et l'esprit du capitalism*. Op. cit., p. 70.

fazer? torna-se para eles a questão fundamental da economia. Ganhar dinheiro deixa de ser, aos olhos dos protestantes, um meio de alcançar o prazer ou a segurança, e se transforma em um objetivo em si mesmo. Aumentar o capital sem o consumir nem desfrutá-lo, mas com o único objetivo de aumentá-lo, este é seu imperativo. Trabalhar de maneira conscienciosa e empregar da melhor maneira suas capacidades satisfaz a uma vocação que eles colocam acima do ganho previsto. Se não a respeitassem e relaxassem seu esforço, eles deixariam de ser os homens de um dever e recairiam em um estado quase pecaminoso.

Certamente, essa maneira de encarar o trabalho e o capital é contrária à inveterada propensão de cada um a buscar na vida primeiro o bem-estar e o prazer, aquilo que o incita a trabalhar ou a enriquecer. Apesar disso, segundo Weber, ela abala a longo prazo o próprio fundamento da empresa capitalista:

> Salvo exceção, aqueles que se encontram na origem dessa virada decisiva, tão insignificante em aparência, mas que insufla um novo espírito à vida econômica, não eram especuladores, imprudentes sem escrúpulos, aventureiros como aqueles encontrados em todas as épocas da história econômica, nem mesmo simplesmente grandes financistas. Pelo contrário, esses inovadores foram criados na dura escola da vida, calculadores e audaciosos ao mesmo tempo, homens antes de mais nada sóbrios e perspicazes, inteiramente devotados à sua tarefa, professando opiniões severas e rígidos "princípios" burgueses[52].

De onde vem que eles se tenham imposto semelhante disciplina, que tenham adotado atitudes psíquicas que lhes ditam uma conduta rigorosa para cada circunstâncias da vida? Como acontece que um código definitivamente moral e religioso tenha fornecido o estímulo para a busca do lucro, que acabou se tornando uma profissão específica? Abrindo assim a via para a expansão voraz de uma economia tão racional quanto a economia capitalista. Tudo isso seria a obra das minorias que acabamos de mencionar.

---

52. Ibid., p. 72.

Essa constatação não surpreende, por mais que o olhar mergulhe até o fundo das coisas. Nas épocas de desordem e de crise, somente uma fração das massas sociais é capaz de desafiar a autoridade, de preferir os perigos da dissidência aos confortos da servidão e buscar novas soluções. Weber tem consciência disso. Mas hesita em reconhecer um vínculo entre essas minorias e a inovação econômica:

> E mais [escreve ele], é um fato que os protestantes [...] demonstraram uma disposição bem especial para o racionalismo econômico, quer eles constituam a camada dominante ou a camada dominada, a maioria ou a minoria; o que jamais foi observado da mesma maneira entre os católicos, em *uma ou outra* dessas situações. Em consequência, o princípio dessas atitudes diferentes não deve ser buscado unicamente nas condições exteriores temporárias, histórico-políticas, mas nos caracteres intrínsecos e permanentes das crenças religiosas[53].

O argumento é demasiado vago, em flagrante contradição com os fatos para ser levado em conta. Weber teme que, ao dar mais peso às circunstâncias que insuflaram um novo conteúdo na forma da economia, não se diminua a importância das crenças religiosas. Como veremos mais adiante, esse temor é pouco fundado. Mas, uma vez apresentado, esse argumento contribui para mostrar até que ponto essas crenças nasceram com as seitas[54] e carregam a marca de uma existência precária em um meio hostil[55]. Em resumo, o protestantismo deve tanto ao fato de ser a religião de uma multidão de minorias quanto essas minorias ao fato de serem protestantes.

Em ruptura com o resto da sociedade, elas retiram desse fato uma capacidade de resistência excepcional. Em primeiro lugar, a

---

53. Ibid., p. 38.

54. NELSON, B. "Max Weber on church, sect and mysticism". *Sociological Analysis*, 34, 1973, p. 148.

55. O teólogo alemão Troeltsch mostra a mesma ambiguidade em relação às seitas. Ele, portanto, segue Weber. "Se, como teologia [observa Jean Séguy], ele os critica, como historiador, sociólogo, ele precisa delas para explicar o nascimento do mundo moderno" (SÉGUY, J. *Christianisme et societé*. Paris: Cerf, 1980, p. 97).

capacidade de dissentimento e a tenacidade necessárias à busca de um objetivo. O protestantismo lhes oferece uma fé que responde ao desejo recorrente de um início puro, de uma origem sem precedente, a realização cotidiana de uma harmonia entre o que se diz e o que se faz. Por essa razão, elas são capazes de romper com a psicologia das massas que mantém os homens na obediência a uma hierarquia política e religiosa. As cerimônias orquestradas pelos padres, os confortos oferecidos a seus sofrimentos e os rituais com efeitos mágicos, eis o pão cotidiano da maioria, o alimento da sua fé. Música e preces nas igrejas monumentais estimulam uma sugestão quase hipnótica que os desviam de uma realidade indesejável. É uma particularidade de todas as religiões quando elas se dirigem às massas.

> Por elas mesmas, como veremos, Weber constata mais adiante, as massas permaneceram em toda parte absorvidas no tumor maciço e arcaico da magia – a menos que uma profecia que lhes apresentasse promessas específicas não as tivesse varrido em um movimento religioso de caráter ético[56].

Ora, as minorias protestantes, a exemplo de qualquer minoria que se crê depositária de uma semelhante profecia, tiveram de combater nelas mesmas essa psicologia e se forjar uma outra, mais sóbria, mais voluntária. Esse ponto merece a nossa atenção. Quais as condições para que um punhado de indivíduos excluídos, desviantes, estrangeiros, crie uma nova religião, funde uma nova cidade ou lancem um novo movimento? Em primeiro lugar eles devem encontrar uma camada social perturbada, dominada, mas aspirando a se libertar. E, ao mesmo tempo, propor a cada indivíduo a via da salvação que o reúna aos outros e lhe dê o sentimento de estar em comunhão de destino com eles. Então esse punhado de párias se transforma em uma minoria enérgica e ativa. Ela cristaliza as massas, justifica sua inquietação e pode conduzi-las a um mesmo objetivo. Disso resulta um movimento social: a minoria o desencadeia, a maioria fornece as tropas e a

---

56. GERTH, H.H. & MILLS, C.W. *From Max Weber*. Nova York: A Galaxy Book, 1958, p. 277.

força necessárias. As grandes conquistas, as grandes transformações[57] da história são a obra desses homens especiais que se destacam em relação às coletividades associadas. Portanto vocês não se surpreenderão que o carisma, ao um só tempo estigma e emblema, qualifique seus dons excepcionais e o reconhecimento de que são objeto. Assim como os criadores de uma arte ou de uma ciência, os criadores de um povo, de uma corrente religiosa ou política que une, fato raro, a minoria e a maioria, devem possuí-los.

Essa psicologia das minorias atuantes é fundamental. Seria um erro querer deduzi-la do conteúdo da crença ou do interesse que as anima, tanto ela é geral. Pelo contrário, a crença e o interesse são marcados, *in statu nascenti*, por essa psicologia. Claro, seria exagerado dizer que a marca deixada pelo protestantismo na mentalidade e na economia do Ocidente se deve exclusivamente a seu caráter de seita ou de confissão local. Todavia, a afirmação comporta uma grande parte de evidência. Vocês me perguntarão, a esta altura, como se consegue educar uma tal psicologia. Levaria muito tempo e seria difícil de dizer. Mas aquilo que Weber nomeia "o desencantamento do mundo" é um dos seus veículos. Talvez até mesmo o veículo principal. Mas por quê? Por um lado, ele dá início a um combate contra as crenças existentes entre as massas e semeia a descrença. Isso, no entanto, não significa que ele difunde o ceticismo, a indiferença ou a irreligião. Menos ainda que mina qualquer convicção afetiva por meio do livre exame e da razão. Mas, simplesmente, que desvia a crença do objeto para o sujeito, mostrando que "no mundo" ela não existe fora daqueles que a compartilham por meio de uma adesão voluntária.

Desse modo, "desencantar o mundo" significa, como já sabemos, arruinar os fundamentos "artísticos" do poder, despojá-lo dos prestígios que o justificam e das suntuosidades que oferecem à submissão uma sensação voluptuosa. Isso, em muitos casos, suscita uma franca hostilidade para com qualquer autoridade inclinada a abusar do poder e o desejo de se constituir como seita.

---

[57]. MOSCOVICI, S. *Essai sur l'histoire humaine de la nature*. Paris: Flammarion, 1968.

Ele se manifesta entre os puritanos pelo "caráter fundamentalmente *antiautoritário* da doutrina que depreciava, em princípio, como inútil, qualquer intervenção da Igreja ou do Estado em matéria ética ou de salvação", e que lhes valeu serem proibidos "como, por exemplo, pelos Estados Gerais da Holanda. A consequência disso sempre foi a formação de conventículos (como depois de 1614)"[58].

Se vocês desejarem saber como a magia dos fundamentos artísticos do poder pode desaparecer, basta ler o admirável livro de Marc Bloch *Os reis taumaturgos*. Nele, o autor relata um fato bastante conhecido: durante séculos, o povo creditou aos reis da França e da Inglaterra o dom de curar. Acreditavam que, ao tocar as escrófulas, essas inflamações, que os médicos chamam de adenite tuberculosa, eles poderiam fazê-las desaparecer. O seu carisma aos olhos das massas e a sua ascendência sobre elas provinham desse tipo de milagres, atribuído ao caráter sagrado da realeza. Que, por sua vez, supunha uma visão da religião e do mundo em que esse caráter era possível, e denotava em seu possuidor uma qualidade "sobrenatural" ou "sobre-humana".

Os protestantes evidentemente eram insensíveis a isso. Para se libertarem da psicologia das massas e da ascendência da Igreja Católica, eles acabaram rejeitando muitas práticas: missa, culto da Virgem, preces pelos mortos. E com elas a maior parte das "economias idólatras", "dos abusos dos papas", que compõem uma arte refinada de manipulação das multidões. Eles até mesmo abolem o padre, mágico à sua maneira, que tem o poder de curar, de absolver e de realizar o milagre da transubstanciação. Ou denunciam as crenças que o justificam: como a ilusão de que a alma adormece quando o corpo morre, e espera a ressurreição, crença que julgam mágica. Certas seitas fazem da religião um assunto de fé pessoal e não de cerimônia pública, uma fé que não se conquista na ponta de uma espada[59]. Seria um acaso serem chamados *dissenters*, ou ainda independentes rígidos? A favor

---

58. WEBER, M. *L'ethique protestante et l'esprit du capitalism*. Op. cit., p. 120.
59. WATTS, M.R. *The Dissenters*. Oxford: Clarendon Press, 1978.

dessa rejeição, a consciência individual desperta, e a discussão dos rituais e dos artigos da fé destrói as aparências.

Então como poderiam não repelir, com desgosto, esse gênero de curas miraculosas? Como toda intervenção das potências sobrenaturais na vida ordinária, eles ali denunciavam, com razão, uma superstição.

> Mas não é apenas [escreve Marc Bloch], não é, sobretudo, por sua ação religiosa que a Reforma colocou em perigo o velho respeito pelo poder medicinal dos reis. As consequências políticas foram, sob esse ponto de vista, bastante graves. Nos distúrbios que ela desencadeou ao mesmo tempo na Inglaterra e na França, os privilégios da realeza acabaram sofrendo um temido ataque: entre eles o privilégio taumatúrgico[60].

Como separar, nessa época, a ação religiosa de seus efeitos políticos? Seja como for, ao tornar sem objeto o conjunto dessas crenças, os protestantes são capazes de lhes fornecer um outro objeto, de investi-las mais sobriamente em sua comunidade e em sua profissão. Isso parece evidente: nenhum movimento religioso ou político pode se destacar de um meio intelectual e moral sem lhe denegar suas razões de ser e renunciar às seduções, e até mesmo à segurança que seus subterfúgios prometem:

> Ao mundo dos homens, tendo sido desencantado [observa Weber a propósito das seitas batistas], não restava outra saída psicológica senão a prática do ascetismo no interior desse mesmo mundo. Para as comunidades que não queriam lidar com os poderes políticos nem com sua ação, resultava logicamente uma impregnação da vida profissional por essas virtudes ascéticas. Os chefes do movimento batista em seus primórdios tinham mostrado uma brutalidade radical em seu empreendimento de separação do mundo[61].

Eles não foram nem os primeiros nem os únicos. Eis o que atesta que a causa não era a religião pregada por eles, mas sim a situação, pelo menos no início.

---

60. BLOCH, M. *Les rois thaumaturges.* Op. cit., p. 332.
61. WEBER, M. *L'ethique protestante et l'esprit du capitalism.* Op. cit., p. 179.

Por outro lado, o desencantamento do mundo representa a descoberta de uma via estreita, a via de uma vigilância incansável da vida dos sentidos e das emoções. Nem por hábito nem por temor de sua virulência intempestiva. Mas porque aqueles que se creem investidos de uma missão não teriam uma alternativa. Eles não querem se deixar levar por uma existência diferente, mas não veem outra que esteja à altura. "Tu permanecerás aquilo que és", dizia Goethe. Como se, ao dominar os sentidos e as emoções, provassem a si mesmos que certamente é o mundo que irá se adaptar a eles, que seguirá as prescrições de sua razão e de sua doutrina, e não o inverso. Isso os levava a supervalorizar as próprias qualidades e a confiança que têm em si mesmos, e até mesmo a se sentirem capazes de cometer um crime, já que estão certos de que se libertaram de qualquer ilusão e de que se encontram diante do real. Um crime muito especial: não o de violar uma lei, mas o de pensar e de agir como se os homens tivessem o poder de criar uma lei. Daí seu caráter herético.

> Nesse último caso [escreve Weber] o mundo é um "dever moral" imposto ao virtuoso religioso, que é então obrigado a transformar o mundo para colocá-lo em harmonia com os ideais ascéticos. O asceta torna-se reformador ou revolucionário racional por "direito natural"; vimos um exemplo disso com o "Parlamento dos santos" sob Cromwell, o Estado quaker da Pensilvânia e sob a outra forma do comunismo de conventículo pietista radical[62].

Sem dúvida, vocês reconhecem essa figura do virtuoso entre os reformadores e revolucionários, religiosos ou não, de nosso século. Quem poderia duvidar que desde a Reforma até as transformações modernas existe uma única estrada, e que todos a tomam? Do ponto de vista psíquico, aqueles que a seguem se assemelham. Eles recorrem a meios espirituais análogos, isso é incontestável. Os protestantes, para tratar apenas deles, atribuem esse pertencimento a um estado de graça, religiosamente falando. Os sacrifícios que consentem ao levar uma vida ascética, intoleráveis para a maioria de seus congêneres católicos, talvez

---

62. WEBER, M. *Economie et societé*. Op. cit., p. 555.

sejam reconhecidos apenas muito tempo depois. Pelo menos eles estão certos de não realizá-los em vão.

> Doutrina magnificamente coerente [insiste Weber] que, naquela época fatídica do século XVII, apoiou nos defensores militantes da "vida santa" a crença de que eles eram o instrumento de Deus, o agente executor da Providência. É ela ainda que impede uma ruína prematura em uma busca exclusiva de santificação pelas obras neste mundo, busca que jamais poderia ter motivado sacrifícios tão estranhos para fins irracionais e ideais[63].

A doutrina lhes ensinou, como recentemente na Europa entre os socialistas e os nacionalistas, que, fora da tirania de um ideal, não existe paixão, nem vida religiosa digna deste nome. Cada seita, evidentemente, concebeu a "vida santa" à sua maneira e a impôs com maior ou menor rudeza. Seus fiéis, vinculados à tarefa ditada por Deus, são colocados nos postos avançados de uma busca. Todos os dias eles a provam pelo rigor de seu trabalho, pela frugalidade de sua existência e pela leitura assídua da Bíblia. E também por seu espírito de iniciativa que fez deles os inventores de ofícios ou de ciências, os profetas infatigáveis de uma reforma política, ou os pioneiros de um novo povo, o da América, por exemplo. Os Pais Peregrinos atravessaram o oceano como se fossem os hebreus atravessando o Mar Vermelho, antes de atravessarem o deserto sob a conduta de Moisés, em busca da Terra Prometida onde poderiam viver sua fé. E não como os conquistadores de Colombo que queriam encontrar uma rota mais rápida para as Índias para escoar as mercadorias e trazer o ouro.

Inventores, pioneiros ou profetas, os puritanos se submetem tanto mais humildemente aos deveres religiosos quanto mais orgulhosos se sentem de serem os "eleitos". Aqui subsiste uma das inúmeras marcas da crença judaica, com a diferença de que agora eles são o povo eleito. A ética das minorias devotadas inteiramente a uma "causa" sempre traz essa marca: elas se creem destinadas, por uma vontade superior, a regenerar o mundo. Têm o sentimento de que sua missão as distingue e as coloca à parte.

---

63. WEBER, M. *L'ethique protestante et l'esprit du capitalism*. Op. cit., p. 145.

> Às relações já indicadas [observa Weber] é preciso acrescentar, o que é importante para a mentalidade dos puritanos, que a crença de ser o povo eleito conheceu com eles um renascimento extraordinário. O próprio Baxter agradece a Deus tê-lo feito nascer na Inglaterra, na Igreja verdadeira, e não em um outro lugar. Essa gratidão por sua própria perfeição, efeito da graça de Deus, impregnava a atitude da burguesia puritana e determinava a correção formalista, a rigidez de caráter própria aos representantes dessa época heroica do capitalismo[64].

Quão minucioso esse olhar lançado sobre essa época que transformava os heróis da fé em burgueses do capital, os objetos dessa fé, os pobres, em objetos do capital. O grito de Lutero, "Santo eu era, não matava ninguém, só a mim mesmo", era agora arrancado dos milhares de mulheres e de crianças esmagados diariamente pela nova piedade, o rolo compressor do novo dever: ganhar dinheiro. Está na ordem das coisas: quanto mais se acreditam eleitos, mais se mostram impiedosos consigo e com os outros, pois, na verdade, mais se creem condenados. Não é uma qualidade do santo se perguntar incessantemente se não está cometendo um pecado, ou se até mesmo já o cometeu somente por ter pensado nisso? Daí a disciplina dos puritanos representados por Max Weber com cores pálidas, são homens tenazes, obedientes e laboriosos.

Quanto mais olhamos de perto, mais nos inclinamos a acreditar que o "desencantamento do mundo" se reconhece pelo seu poder de coerência entre as convicções e os atos, do qual ele faz para os indivíduos um dever de consciência. Ele funda uma ética que os conduz a um extremo rigor em relação a eles mesmos e à coletividade à qual pertencem.

Considerada sob esse ângulo, a psicologia de uma minoria se apoia no senso ético de seus membros. Em que outra coisa ela poderia se apoiar quando lhe falta a força de coerção, e que todo consenso é, por definição, frágil? Se parece conforme à razão é porque os deveres de cada um estão claramente definidos, lem-

---

64. Ibid., p. 203.

brados à consciência e submetidos a uma discussão que engaja a pessoa como um todo. Esse sentido do "eu devo" a convoca a uma fidelidade ao objetivo comum, quer seja a fé no Cristo, a revolução, os direitos do homem, de acordo com o momento e o lugar. Ele reúne todos aqueles que se prevalecem de uma seita, por exemplo, e determina suas relações com seus próximos, seus companheiros de trabalho, seus compatriotas. Exatamente por isso se reconhecia um puritano. Sua qualidade de anabatista ou de quaker comandava sua vida em família e todos os atos que poderia realizar enquanto cidadão, detentor de uma profissão etc. Assim, participar de uma seita engaja completamente o homem ou a mulher, no mais profundo deles mesmos, e os distingue no meio dos outros. O mesmo acontecia, até recentemente, com aqueles que pertenciam ao partido comunista, quando este ainda representava uma minoria de vanguarda entre a classe operária.

> É somente [escrevia a esse respeito o filósofo húngaro Lukács] quando a ação no seio da comunidade se torna o assunto pessoal central de qualquer indivíduo que dela faz parte, que pode ser suprimida a separação entre direito e dever, forma de surgimento organizacional da separação entre o homem e sua própria socialização, forma do seu esfacelamento pelas potências que o dominam[65].

Aliás, ele está consciente disso e relembra que esse senso ético que mobiliza inteiramente a pessoa é comum aos movimentos revolucionários e às seitas do passado, inclusive as que nos ocupam aqui.

Sem dúvida, esse desencantamento é o resultado de uma longa história e é um fenômeno de civilização. Por outro lado, é necessário constatar suas afinidades com a psicologia das minorias – Weber frequentemente as nomeia com o termo de "párias" –, obrigadas a exercer uma faculdade de crítica e a forjar sua própria maneira de pensar, de sentir e de agir. Elas parecem ter concebido esse desencantamento e garantido sua eficácia profunda. Esse ponto se destaca na análise de Weber:

---

65. LUKÁCS, G. *Histoire et conscience de classe*. Paris: Minuit, 1960, p. 360.

Assim, na história das religiões, encontrava seu ponto final esse vasto processo de "desencantamento" do mundo iniciado com os profetas do judaísmo antigo e que, em harmonia com o pensamento científico grego, rejeitava todos os meios *mágicos* de alcançar a salvação como tantas superstições e sacrilégios. O puritano autêntico chegava a quase rejeitar qualquer suspeita de cerimônia religiosa à beira do túmulo: ele enterrava seus próximos sem canto nem música, para que não corresse o risco de transparecer nenhuma "superstição", nenhum crédito na eficácia salutar das práticas mágico-sacramentais[66].

De que processo poderíamos dizer que ele encontrou um ponto final? De uma forma ou de outra, esse gênero de prática recebe constantemente uma nova mão de tinta, em religião, em política ou em comunicação de massa. É bastante estranho ver os herdeiros dos batistas e de outros puritanos utilizarem hoje em dia, nos Estados Unidos, os meios supersticiosos que seus ancestrais condenaram de forma tão nítida. Pelo menos tão estranho quanto constatar com que devoção os descendentes dos revolucionários russos, imbuídos das verdades de uma ciência racional, conservam um cadáver embalsamado, como faziam os sacerdotes do Egito, e se inclinam diante dele. Definitivamente, a psicologia das massas, assim como uma lei da natureza, retoma os seus direitos.

As minorias puritanas criam uma cultura do dissentimento

Ao denegar com tanta veemência o lugar da minoria, ao querer excluí-la de suas preocupações e de suas explicações, Weber não faz, afinal, senão indicar as suas características. Ele designa exatamente aquilo contra o que ela se forma, aquilo que ela recusa e como ela se fundamenta em uma ética que se tornará dominante no mundo moderno. O mais notável não é o isolamento, nem a seleção das características que se opera. Sem dúvida, os indivíduos assim afastados da vida política são incitados a

---

[66]. WEBER, M. *L'ethique protestante et l'esprit du capitalism.* Op. cit., p. 145.

se consagrar muito mais a seu ofício, ou a cultivar as virtudes religiosas, como compensação. Para nós, uma importante consequência é que eles formam uma comunidade fechada, intensa, "construída em homens", da qual cada um participa inteiramente. "Aquilo que caracteriza qualquer seita [escreve Weber] [...] é que ela está diretamente fundamentada na associação fechada das comunidades emocionais *locais* individuais". Desse princípio, que foi representado no protestantismo pelos batistas e pelos "independentes", e, mais tarde, pelos "congregacionistas", passa-se imperceptivelmente à organização da Igreja reformada[67]. O indivíduo que a ela adere deixa seus interesses para trás e interioriza as qualidades exigidas pelo grupo: esquecimento de si, consciência orgulhosa de sua singularidade, paixão pela crença compartilhada. Espírito ingênuo e fanático: é o que se diz de todos os grupos párias desse gênero. Os protestantes adquiriram essas qualidades no seu mais alto ponto, e quando falamos da ingenuidade desses homens coriáceos que são os americanos, são elas que nos chocam.

Como o caráter de minoria dessas seitas, igrejas e conventículos protestantes marcou a religião oriunda da Reforma? Se sua marca aparece em algum lugar, é primeiramente na inversão deliberada dos valores e das regras imperativas para qualquer cristão. Prescrever o que está interdito: "Faça o que você não deve fazer" nunca foi coisa fácil de se pedir, nem de realizar. E, no entanto, é por aí que os protestantes começam, ao mesmo tempo para se sobressair das maiorias católicas, daquilo que elas representam, e para se libertar de sua ascendência. As seitas que vilipendiam a credulidade, a idolatria e o culto das imagens têm, sem dúvida, motivos teológicos válidos. Mas quando tomam a direção contrária ao ritual da Igreja, elas ao mesmo tempo o solapam. Essa é uma distinção que age no plano da religião.

Isso se constata em relação aos anabatistas, que seus adversários nomeiam familistas na Inglaterra. Sua doutrina proibia batizar os recém-nascidos. Segundo eles, aquele que abraça a fé não pode fazê-lo senão por um ato pessoal e voluntário, portanto

---

67. WEBER, M. *Economie et societé*. Op. cit., p. 479.

na idade adulta. Eis o que claramente contradiz o dogma católico pelo qual o ser humano faz parte da Igreja assim que tenha recebido, conscientemente ou não, a água batismal. Coerentes com eles mesmos, os anabatistas procedem da mesma maneira em relação a qualquer instituição. Assim se recusam a prestar juramento, alegando que fazer uma cerimônia religiosa servir a fins militares ou políticos, portanto profanos, seria o mesmo que degradá-la. Outras congregações rejeitam a obrigação de portar armas ou ir para a guerra. O mesmo acontece no campo da economia. É conhecido com que interdito a Igreja atingia a prática de emprestar dinheiro a juros, a usura. Na época, ela fechava os olhos, mas a regra e o dever do cristão não eram menos claros sobre esse ponto. Emprestar a juros era um pecado que se descarregava sobre os judeus. Ora, as seitas aboliram esse interdito e se entregaram a essa atividade, considerada geralmente como desprezível e sacrílega.

Impossível enumerar todas as inversões de dogmas e desvalorizações das práticas a que se procedeu. Elas atingem todos os aspectos da vida dos fiéis e são uma marca de cada movimento dissidente. Os primeiros cristãos, em Roma, se desviavam das leis da cidade, se recusavam a assumir funções e a prestar juramento. Mais próximos de nós, os Cátaros rejeitavam qualquer submissão, qualquer sentença do tribunal, qualquer recurso à violência, estimando qualquer guerra condenável. Eles denegavam a autoridade ao poder laico e, por extensão, à própria Igreja Católica. É isso que reaproxima, apesar de todas as diferenças, as minorias protestantes de todas as heresias que as precederam. Elas afirmam, por esse meio, sua individualidade e traçam uma fronteira que as separa do resto da sociedade. Ele as protege contra a tentação do relaxamento da fé e justifica a nova solidão daqueles que a ela aderem. Solidão que nasce do dever de não pensar e de não fazer como seus congêneres. A virtude aquém da fronteira torna-se vício além, e reciprocamente. Isso produz o homem de condutas rígidas, de regras simples e sublimes, repleto de um sentimento de superioridade.

Malditas por muitos, admiradas por poucos, as minorias que acreditam ter como missão quebrar ídolos e interditos rebaixam com o mesmo gesto seus adversários. Elas os declaram impuros, inimigos da verdadeira religião e da verdadeira justiça. A seita dos qumran em Israel declarava que "eles se separam dos homens de perdição [...] que se separam de toda impureza". E, em seu recente estudo sobre a profecia antinuclear, Alain Touraine, Zsuzsa Hegedu, François Dubet e Michel Wierinka mostraram quanto os ecologistas rejeitam e condenam os poluidores e o mundo daqueles que, por seu jeito de viver e de trabalhar, degradam o equilíbrio da natureza.

Em contrapartida, cada uma dessas minorias se proclama formada de puros, portadores da verdadeira justiça e da verdadeira religião. Nos agitados primórdios da Reforma, Sébastian Frank, simpatizante dos anabatistas, declara: "Os verdadeiros cristãos deste mundo são todos heréticos". Inúmeras seitas expressam isso por meio de um nome emblemático. Assim os Cátaros são os Perfeitos, os independentistas ingleses começam se designando "crentes", *Believers* e, em seguida, "santos", *Saints*. A exemplo do exército de Cromwell durante a revolução inglesa do século XVII, toda a congregação acabou por adotar esse termo. Foi para se diferenciar dos social-democratas, a quem julgavam oportunistas e traidores, que os partidários russos de Lenin escolheram o nome de "comunistas". Queriam assim ressaltar que eram a única vanguarda da classe operária, os verdadeiros revolucionários, os únicos fiéis ao socialismo. Em todos esses casos, as minorias transformam em estigma aquilo que até então era um símbolo respeitado por todos. Sua própria existência se torna, dessa maneira, uma constante recriminação dirigida a uma classe de privilegiados ou a uma Igreja, as quais falharam em sua missão.

Mas não se tem a audácia de prescrever aquilo que está interdito, de derrubar um costume, quando não se tem uma certeza legítima. Em nome de quem e de que isso é feito? Encontrar uma resposta clara a essa questão é uma segunda necessidade psíquica e social. Assim como a natureza tem horror ao vazio, uma minoria que atenta às crenças e enfrenta o poder tem horror à dúvida e à incerteza sobre o fiador de suas ações. Como encontrar a energia necessária, se ela não é apoiada por outras crenças, por outros poderes reconhecidos? Estes últimos podem ter muitas faces: a história, a revolução, Cristo, Lenin, Freud, Lutero etc. O essencial é a existência de um fiador, que pode se tornar concreto e, se necessário, ativo. De que maneira? Fazendo-o ressurgir do fundo dos sentimentos, dos símbolos e dos personagens comuns. É um despertar quase cênico daquilo que foi vivo no passado e subsiste nas memórias. Assim, aqueles que transformam uma religião ou uma sociedade se consideram herdeiros e têm a sincera convicção de reatar com as origens para regenerá-los. Mesmo nas ciências, ainda que os pesquisadores tenham feito de forma que o conhecimento desse um salto adiante, eles declaram, no entanto, retornar a "um estado primitivo da ciência cuja pureza de algumas hipóteses deveria constituir um caráter original"[68].

Marx observou, não sem um certo desconforto, que as minorias revolucionárias invocam a seu favor uma tradição no exato momento em que erguem uma mão sacrílega sobre toda tradição:

> É exatamente [escreve ele] nessas épocas de crises revolucionárias que eles (os homens) invocam temerosamente o auxílio dos espíritos do passado, que lhes tomam emprestado seus nomes, suas palavras de ordem, seus costumes, para representar uma nova cena da história, sob esse disfarce respeitável e com essa linguagem emprestada. Foi assim que Lutero tomou a máscara do Apóstolo Paulo, que a Revolução de 1789 a 1814 se cobriu sucessivamente com as vestes da República romana, depois com as do Império Romano, e que a Revolução de 1848 não soube fazer nada melhor do que parodiar ora 1789, ora a tradição revolucionária de 1793 a 1795[69].

Evidentemente, na ressurreição das imagens do passado, entra um certo grau de encenação e de exibição. E, no entanto, que bênção ter modelos pelos quais se guiar, aos quais dedicar

---

68. HOLTON, G. *Thematic Origins of Scientific Thought*. Cambridge, Ma.: Harvard University Press, 1973, p. 110.

69. MARX, K. *Le dix-huit brumaire de Napoléon Bonaparte*. Paris: Sociales, 1984, p. 70.

um culto esperando secretamente igualá-los, e então superá-los, assim como uma criança espera igualar, e então superar os seus pais. Deles se extrai uma energia psíquica à altura da tarefa excepcional que se está realizando[70]. Marx reconhece isso, quando abandona o tom irônico para acrescentar:

> A ressurreição dos mortos, nessas revoluções, serviu consequentemente para glorificar as novas lutas, e não para parodiar as antigas, para exagerar na imaginação a tarefa a ser realizada, e não para fugir da solução na realidade, para reencontrar o espírito da revolução e não para trazer de volta o seu espectro[71].

Todas essas observações podem lhes parecer distantes do nosso assunto; no entanto, elas se aplicam a ele, quando observamos como agem as seitas e as igrejas puritanas. A maioria delas invoca os primeiros cristãos e espera reencontrar os primeiros tempos da Igreja. Antes que esta se transforme em um palácio de paredes decoradas por quadros da vida dos santos, com cofres transbordando de joias, com chãos de mármore. Antes que seus padres não se entreguem à corrupção, não se vistam com roupas ofensivas, não se organizem em uma hierarquia. O que inspira aos fiéis o pensamento de que a corrupção, caso ela exiba ornamentos tão esplêndidos, não é mais um pecado, mas uma estranha virtude cristã. E conduz gerações inteiras de cristãos a venerar o que provavelmente inspirou a Lutero a famosa apóstrofe: "Sois o dejeto que vem ao mundo pelo ânus do diabo".

Sim, os puritanos buscam com uma terrível obstinação fazer reviver neles a fé dos primeiros cristãos, recriada em sua ingênua simplicidade. Banidos e perseguidos, nem por isso lutaram menos para converter, seguindo o exemplo dos antigos mártires. Se tivessem podido mudar sua crença sem se exporem à hostilidade, ao ostracismo do mundo e à pobreza, a sua própria conversão não teria parecido aos protestantes tão autêntica e sincera quanto o foi. Por essa razão, recusam os compromissos da fé

---

70. Sobre esse fenômeno, cf. meu estudo consagrado a Soljenitsyne "La dissidence d'um seul" (MOSCOVICI, S. *Psychologie des minorités actives*. Paris: PUF, 1979, p. 241-266).

71. MARX, K. *Le dix-huit brumaire de Napoléon Bonaparte*. Op. cit., p. 71.

com o poder do Estado, persuadidos, assim como os apóstolos, de que a redenção é possível apenas em uma comunidade livre e separada dele.

> Em primeiro lugar [observa Weber a respeito das seitas batistas], a recusa em aceitar cargos públicos, recusa consecutiva ao dever religioso de repudiar as coisas deste mundo. Mas, mesmo após ter sido abandonado, esse princípio conserva os seus efeitos práticos – pelo menos entre os menonitas e os quakers –, pois a recusa de portar armas ou de prestar juramento desqualificava para todos os cargos públicos. Além disso, as seitas batistas alimentavam uma hostilidade insuperável em relação a qualquer estilo de vida aristocrático[72].

Poderíamos pensar que voltamos a Roma, onde os cristãos agiam da mesma maneira e assumiam todas as consequências de sua exclusão da vida pública.

Mas de que arsenal devem tirar as armas quando afirmam se transportar a essas origens autênticas e voltá-las contra a formidável teologia da Igreja da qual ainda se é cativo? Existe apenas um, a Bíblia, lida e reverenciada pelos discípulos do Cristo. Certamente o Novo Testamento abolira as prescrições e os rituais dos hebreus. Contudo, a lei de Moisés e seus mandamentos permanecem em vigor. Sob a sua aparente diversidade, o conjunto dos puritanos se apresenta como os herdeiros do povo da Bíblia, os filhos espirituais de Israel: "O puritanismo [escreve Weber] sempre percebeu o seu íntimo parentesco com o judaísmo, assim como os limites desse mesmo parentesco"[73].

Por esse meio também se legitimou uma nova piedade e uma fé pessoal cujas raízes mergulham em uma antiguidade profunda. Eles se dedicam a demonstrá-las na vida de todos os dias: "Devemos agir na vida como se o próprio Moisés tivesse autoridade sobre nós", declara o catecismo genebrino. E, de fato, rezam, leem e respeitam os ensinamentos do Antigo Testamento

---

[72]. WEBER, M. *L'ethique protestante et l'esprit du capitalism*. Op. cit., p. 181.

[73]. WEBER, M. *Economie et societé*. Op. cit., p. 622.

cujos relatos e personagens povoam novamente o imaginário dos crentes. Impõe-se a ideia de que, sob essa condição, se preparam as vias de uma verdadeira salvação.

> Em toda a atitude do fiel em relação à existência [observa ainda Weber] percebe-se a influência da sabedoria hebraica e de sua intimidade com Deus desprovida de emoção, da mesma forma como ela se manifesta nos livros mais praticados pelos puritanos: os *Provérbios* e inúmeros salmos. Particularmente, o caráter *racional*, a supressão do lado místico, e mais geralmente do lado emocional da religião, foram atribuídos com razão por Sanford à influência do Antigo Testamento[74].

Não acredito que a palavra supressão seja justa. Mas, entre esses novos "hebreus", o Deus filósofo dos teólogos cede o lugar a Jeová, o Deus invisível e terrível da Bíblia.

Principalmente, é nas comunidades carismáticas que se expressa mais visivelmente a fé em Cristo, e os heréticos querem a todo custo igualá-lo e a seus discípulos. Para impressionar as imaginações e satisfazer o desejo difundido de uma vida autêntica, elas retornam a um culto simples e quase secreto. Consideradas do ponto de vista psicológico, vemos essas seitas perseguirem por caminhos diferentes um objetivo idêntico: reviver a gesta do cristianismo nascente. Inclusive os vínculos íntimos com o povo judeu que foi seu missionário e sua heroica vítima. O zelo da redescoberta palpita entre os sectários e lhes permite superar as crises e entregar-se às profecias. Melhor ainda, ele os protege contra as decepções, quando aquilo que está anunciado fracassa em se realizar. Em vez de se deixar desencorajar pelos fracassos infligidos pela realidade, extraem dele um suplemento de energia. Antes de considerar essa reflexão como uma observação a pegar ou largar, convém procurar estabelecer a sua verdade.

Uma equipe de psicólogos sociais liderada por Festinger dedicou-se há uns vinte anos, a um soberbo estudo experimental[75]

---

74. WEBER, M. *L'ethique protestante et l'esprit du capitalism.* Op. cit., p. 142.

75. FESTINGER, L.; RIECKEN, H. & SCHACHTER, S. *When Prophecy fails.* Mineápolis: University of Minnesota Press, 1956.

sobre esse ponto. Ela tomou como objeto de estudos uma das inúmeras seitas dos Estados Unidos, cujos adeptos se batizavam *seekers* (investigadores). Eles formavam conventículos bastante restritos e bastante fechados, que acreditavam na iminência do fim do mundo pelo dilúvio. Somente eles deveriam ser salvos por seres de aparência humana vindos de um outro mundo, que aterrizariam em uma data e local precisos, com astronaves, para recolher os verdadeiros crentes e livrá-los da catástrofe. Vocês desconfiam que o acontecimento, cujo prazo foi várias vezes transferido, não ocorreu. Poder-se-ia prever que os membros da seita se desencorajariam e a deixariam. Mas, como Festinger tinha previsto, salvo uma ou duas exceções, a maioria permaneceu fiel e até mesmo a coesão entre eles se fortaleceu. Para superar o risco de apatia e de abatimento, eles se dedicaram a uma maior propaganda e conseguiram mais seguidores do que antes. Já que a profecia não se realizou, e para reduzir sua dissonância, os "investigadores" sentiram a necessidade de se organizar melhor e de converter à sua fé o maior número possível de pessoas. De certa forma, eles se atribuíam o mérito de ter evitado a catástrofe pelo caráter exemplar de seus conventículos e pela qualidade de seus fiéis. Assim, o fracasso, que deveria humilhá-los, os revaloriza, e a prova da realidade, que deveria enfraquecê-los, os fortifica e entusiasma.

As grandes religiões, como o cristianismo e o islamismo, ilustram essa atitude diante dos desafios de uma escatologia não realizada. Desde os seus primórdios, as seitas protestantes tiveram de superar crises análogas e o fracasso das mais variadas profecias às quais se entregavam a exemplo das primeiras igrejas cristãs. Em pleno século XVI, visões e promessas esquecidas desde os apóstolos se propagam como se eles tivessem retornando à terra. Os puritanos não perdem nenhuma ocasião de deixar transparecer, sob seus atos modernos e revolucionários, o fundamento original de referência. É verdade, mas nada daquilo que se lhes assemelha nos é acessível. Mas uma coisa é certa: eles extraíram desse passado ressuscitado uma força coriácea para enfrentar as provas que a história lhes impõe.

A ação das minorias, portanto, se guia por dois princípios necessários. Primeiro, derrubar as regras que lhes são prescritas.

Depois, extrair uma legitimidade não apenas das ideias e das técnicas da época, mas de uma fonte de sentimentos e de personagens que elas fazem ressurgir do passado, como testemunhos de sua missão. É evidente que isso não basta para preencher o fosso de desconfiança que os cerca, nem para atrair a adesão da maioria. Assim como os chefes carismáticos, elas devem fornecer uma prova de sinceridade, demonstrar o poder superior de sua fé. Mas que método permite que isso seja alcançado? É sempre a *ação exemplar* que, por seu caráter extremo e consistente, força a confiança e atrai prosélitos. "O fascínio que combate por nós [escrevia Nietzsche], o olho de Vênus que fascina e cega nossos próprios adversários, é a *magia do extremo*, a sedução de qualquer coisa extrema". Pelo menos isso se admite quando semelhante ação surpreende e traduz, aos olhos do outro, uma força de convicção. Isso pode ser observado, sobretudo, quando a crença se une ao exemplo: o batista prefere a exclusão da vida pública ao juramento que seria contrário à sua fé, ele se torna um pária mais do que um perjuro.

Sob sua forma absoluta, essa ação consiste em uma prova que cada um aspira a dar, sem poder vencer o temor que o paralisa: o sacrifício de sua vida. Aquele que não julga infamante morrer por uma causa, pela comunidade a que pertence, atesta seu caráter necessário, inevitável. Confere uma credibilidade às palavras e às ideias proclamadas. "O que se pode objetar [perguntava Robespierre] àquele que quer dizer a verdade e que consente em morrer por ela?" E antes de comparecer em Augsburgo diante do representante do papa, Lutero escreveu a seu amigo Link:

> Sei que, desde o início, quem quer que almeje levar ao mundo a palavra de Deus deve estar pronto a abandonar tudo, a renunciar a tudo, a sofrer a morte. Se não fosse assim, essa palavra não seria a palavra da salvação.

Salvo uma minoria aguerrida, o mundo se divide entre os que falam por hábito e os que não acreditam naquilo que dizem e não estão prontos a assumir suas consequências. Mas ao eleger, sofrer e lançar sua vida na balança, o indivíduo age de forma extrema. A sua vitória sobre a angústia da morte e o temor da dor é ao mesmo tempo o triunfo sobre um outro terror: o terror inspirado por uma verdade que choca e causa escândalo. Novamente Lutero: "Sei que é necessário que o escândalo aconteça. Não é um milagre que um homem caia, mas é um milagre que um homem se levante e se mantenha em pé". Dar as costas ao instinto de conservação é uma maneira de não olhar as consequências, de seguir o seu *élan*.

Mas uma coisa é certa: o sofrimento, sob todas suas formas, atesta o valor e a superioridade de uma convicção. Existe miséria maior do que rememorar, dia após dia, que não se teve a força de suportá-la, já que se devia, perdendo-se completamente? Que suas oportunidades de prová-la estão comprometidas, que o objetivo está ali e, com ele, um arrependimento que ninguém pode apaziguar e que irá consumir a pessoa para sempre? Tolstoi sabe o quanto pesa a experiência do sofrimento nesse caso: "Se tivesse sofrido por minhas ideias [ele escreve a Gorki], elas produziriam uma impressão bem diferente".

Ora, aquilo que representa e prolonga a experiência no cotidiano é o *dever ascético*. Por essa razão, é um dever praticado em cada minoria, quer ela seja religiosa ou não, até mesmo em nossa época. Isolados, entregues a si mesmos, seus membros estão expostos à agonia da dúvida, à tentação de ceder ao "humano, demasiado humano", às seduções e aos confortos do mundo exterior. Impedi-los de sucumbir exige uma constante disciplina. É preciso, portanto, prepará-los para que se mostrem à altura de sua missão, quando o momento chegar, fazendo-os viver conforme os princípios rígidos. Dessa forma, provam a seus partidários, bem como a seus adversários, que valor atribuem à sua crença, a que ponto se identificam com ela. Quem não se contenta apenas com palavras, se contenta com sacrifícios. Não existe ação mais violenta contra uma religião ou uma igreja dominante, mas não apenas contra ela, do que conduzir sua vida de acordo com um ideal que exija grandes renúncias. O homem que concorda com isso se torna essa testemunha em quem cada um se inclina a acreditar, que cada um inveja secretamente. "Acredito apenas nas testemunhas que se fazem degolar", declara Pascal. Sem chegar a tanto, aumentando o teor autoritário da atmosfera coletiva, o desafio ascético lançado por uma minoria logo torna irrespirável o ar da existência ordinária. Uma onda de culpa invade todos os atingidos pela lufada de ar puro de uma vida autêntica e os prepara para uma conversão.

O fato é que as seitas protestantes têm constantemente recorrido a esse método. Se existiram homens que se dedicaram à furiosa tarefa de provar a autenticidade de uma fé usada até o osso, estes foram decididamente os membros dessas seitas. Todos eles querem se mostrar à altura dos primeiros adeptos de Jesus que deveriam se preparar para a vinda do reino de Deus. A sua própria conduta condena de uma crítica viva os católicos que levam uma existência decaída e uma Igreja que se acomoda ao mundo tal como ele é. Em todas as circunstâncias, nós os vemos se absterem de marcas de ostentação, apresentarem uma atitude de humildade e de reserva, não terem outro cerimonial a não ser aquele, despojado, da prece. As realidades da vida se tornaram tão severas, que eles desdenham as suas belezas e negligenciam as suas aparências exteriores.

Os pietistas, por exemplo, reúnem os fiéis em "conventículos", lugares de reuniões e de exercícios ascéticos.

> Sem conseguir formar uma seita separada [escreve Weber a respeito deles], seus membros tentavam, nessa comunidade, levar uma vida que estivesse protegida das tentações do mundo e que fosse guiada em todos os detalhes pela vontade de Deus. Eles se propunham a adquirir dessa maneira a certeza de sua própria regeneração graças aos "signos exteriores" que se manifestavam em sua conduta cotidiana[76].

Assim, como tantas outras seitas ou igrejas puritanas, eles se interditavam o esporte que alegra o corpo, o teatro e os divertimentos mundanos, o adorno e a preocupação com a elegância. Inoculados contra as tentações do entorno, os prazeres dos sentidos, o escândalo da beleza, o que lhes resta senão o pudor virtuoso e cinzento da temperança? Ao querer merecer a

---

76. WEBER, M. *L'ethique protestante et l'esprit du capitalism*. Op. cit., p. 152.

santidade e santificar a família, os puritanos – seriam eles os únicos? – pregam uma continência que não difere "em seu princípio fundamental da castidade monástica"[77]. Como se a única emoção que lhes fosse permitida aqui neste mundo fosse a anedonia do mundo rude, incolor, estranho e enfadonho.

Essas constatações não contêm nada de novo e são conformes à ordem das coisas. E vamos mais longe. Como vocês sabem, o dever ascético exige a renúncia aos instintos e aos prazeres mais comuns.

> Os profetas [escreve Freud] não se cansam jamais de afirmar que Deus nunca pede a seu povo nada além de uma conduta justa e virtuosa, isto é, a abstenção de qualquer satisfação instintual que nossa moral de hoje também condena como viciosa[78].

As práticas dos protestantes, obedecendo às admoestações dos profetas que cada um lê e reverencia, evidentemente almejam a isso. Nessas condições, o dever ascético não é apenas uma ação exemplar a serviço da verdade que se carrega dentro de si, mas também uma disciplina que prepara os indivíduos a uma conduta racional de sua vida. Eles realizam assim o progresso que passa, segundo Freud, pelo fato de renunciar aos desejos e aos sentidos: "[...] ao longo do desenvolvimento da humanidade [escreve ele], a sensualidade é pouco a pouco vencida pela espiritualidade e exaltada por esse progresso. Mas somos incapazes de dizer por quê"[79]. Em todo caso, os indivíduos que o conseguem, um punhado, ganham uma confiança em si mesmos. Retiram disso a satisfação que os garante em sua ação e lhes dá a impressão de ter êxito ali onde a maioria cede. Em seguida, eles chegam a se conceber como "puros" ou "regenerados"; esse foi o caso de inúmeras congregações puritanas.

Apesar de tudo, o dever ascético foi praticado com zelo no próprio seio da Igreja Católica. Personagens santos, ordens

---

77. Ibid., p. 191.

78. FREUD, S. *Moses and monotheism*. Vol. XXIII. Londres: Hogarth, 1966-1974, p. 119.

79. FREUD, S. *The future of an illusion*. Vol. XXI. [s.l.]: [s.e.], p. 48.

monásticas e anacoretas pregaram, por exemplo, a austeridade dos costumes e uma vida conforme os preceitos do Evangelho. O sacrifício contínuo realizado por esses homens e essas mulheres que voluntariamente se colocaram "fora do mundo" manifesta o caráter excepcional, e até mesmo herético, de uma vida autenticamente religiosa. Ora, segundo Weber, os protestantes se inspiraram nesse ascetismo "fora do mundo" para introduzi-lo no mundo e ali o praticar. A palavra "religioso" evoca um asceta, um monge que leva uma vida reclusa. Lutero lhe deu um novo sentido: ele e seus iguais declararam que o religioso se estende à vida por completo, a começar pela vida de trabalho no meio do mundo. Tornar-se útil a seus semelhantes significa para eles se colocarem "a serviço" de Deus. Ao abolir a vida monástica, os protestantes a teriam generalizado. Ao fechar os conventos, teriam feito de cada casa um convento. Ao libertar os monges, Lutero teria almejado que cada leigo se tornasse um monge. A ideia é atraente e possui esse fascínio perverso de nos apresentar as coisas e os seres de maneira diferente do que são. O que seria mais intrigante do que ver em cada mercador, capitalista e empreendedor austero diante de seu balcão, um monge diante de seu púlpito e que teria renunciado, no mundo, ao mundo?

Tomemos a ideia como ela é. Certamente ela precisa ser corroborada. Seja como for, tanto os monges quanto os protestantes realizaram um dever ascético e pelas mesmas razões. Constatamos que os primeiros representam uma minoria na e a favor da Igreja, e os segundos fora da Igreja e contra ela. Por um lado, temos aquilo que chamei na *Psychologie des minorités* actives [*Psicologia das minorias ativas*] uma minoria *anômica* que leva ao pé da letra e ao extremo os princípios da ortodoxia; por outro lado, uma minoria *nômica* que lhe opõe uma outra fé e outros princípios e, por isso mesmo, beira a heresia. Não foi, aliás, a primeira vez que uma minoria escolheu uma vida ascética, e até mesmo monástica, no mundo cristão. Os bogomilos que se espalharam pela Península Balcânica, por volta do ano 940, ensinavam a resignação, o espírito monacal, os costumes apostólicos. Eles viviam, principalmente os Perfeitos, como monges mendicantes e errantes. E, como os protestantes, condenavam as pompas da

Igreja, as imagens e as preces, e a autoridade do Estado. Pode-se pensar que o "desencantamento do mundo" começa com eles. Em todo caso, as minorias anômicas e nômicas estão obrigadas a fornecer provas de sua missão exemplar entre os povos[80].

Sabemos que as ordens religiosas não esperaram a Reforma para se manifestar. Elas não constituíam para a Igreja apenas um exército simbólico e sacramental, mas também forneciam os lavradores e os pastores que transformaram a agricultura na Europa, os artesãos que instalaram os primeiros moinhos. Essa habilidade não ilumina somente as artes e as ciências, ela também traz ao sistema teológico os materiais de que ele necessita. De acordo com a época, educar os funcionários dos imperadores, os inquisidores do papa, os conselheiros itinerantes foi prerrogativa desta ou daquela ordem religiosa.

Saber se pregaram uma vida ascética, ou se alguém a considerou como o seu dever, depende da pessoa a quem nos dirigimos para obter a resposta. Houve disciplinas monásticas que a exigiam, e homens que a respeitaram escrupulosamente. No conjunto, isso é antes a exceção do que a regra. Nada permite pensar, na realidade, que o ascetismo protestante dela se originou. A não ser que, tendo as mesmas causas produzido os mesmos efeitos, ele seja a marca de um grupo à parte e de uma dissidência na sociedade. Testemunhando assim a dedicação exclusiva a um objetivo e fascinando tanto os partidários quanto os adversários. Esse foi o caso das minorias socialistas, comunistas ou nacionalistas que se impuseram regras de vida muitas vezes rigorosas e restrições em matéria de sexualidade e de conforto em geral. É surpreendente até mesmo a dose de ascetismo existente entre os anarquistas, os punks, os hippies e outros marginais dispostos a se livrar de qualquer interdito. A tal ponto que nos perguntamos por que seres tão desejosos de viver naturalmente como se respira renunciam a isso espontaneamente.

É difícil apreciar o verdadeiro significado dessas coisas. Os próprios fatos são incertos. Todavia, é certo que, de maneira re-

---

80. MUHLMANN, W.E. *Messianismes révolutionnaires du tiers monde*. Paris: Gallimard, 1968.

lativamente permanente, o ascetismo marca a religião protestante mais do que qualquer outra, por uma razão suplementar. Porque ela jamais conseguiu adotar uma forma universal com um mesmo credo nem possuir uma Igreja com uma hierarquia exclusiva. Ali, onde essa Igreja existe, "ela faz a qualidade de fiel depender da entrada contratual em uma comunidade emocional particular"[81]. Portanto, uma comunidade que tem afinidades com uma seita ou um conventículo do ponto de vista social. Acrescentemos ainda algo que é interessante. Em toda parte, o protestantismo fez germinar seitas, congregações, denominações, igrejas, muitas vezes transitórias, mas sempre em luta umas contra as outras[82]. Ora, o ascetismo é a forma que a competição entre elas adota, para se distinguir e fazer prosélitos. Cada uma pretende testemunhar assim a sua superioridade. Em matéria religiosa, ela se mede pela falta de prazer, pelo grau de pureza na realização de seus deveres. De seus adeptos, elas exigem a obediência aos mandamentos do Evangelho e uma probidade sem falhas na vida de todos os dias.

> Cada comunidade batista se considerava uma igreja pura, isto é, que exigia de seus membros uma conduta irrepreensível. Uma rejeição sincera do mundo e de seus interesses, uma submissão incondicional à autoridade de Deus que fala à consciência, eram os signos incontestáveis de uma verdadeira regeneração e, consequentemente, o tipo de conduta correspondente se tornava indispensável à salvação. Dom da graça divina, essa regeneração não poderia ser adquirida: somente um indivíduo vivendo segundo a sua consciência poderia se considerar regenerado[83].

Viver e se conduzir de maneira ascética significava acreditar na realidade do ideal, dia após dia. Os sacrifícios pelos quais o crente consente o intolerável tonificam essa fé simples, sem ritos, sem ornamentos, sem padres. Mas não sem disciplina rígida. Relembro que, por exemplo, o metodista deveria anotar a cada dia as suas boas ações e as suas transgressões, e então fazer delas

---

81. WEBER, M. *Economie et societé*. Op. cit., p. 479.

82. SCHAUB, M. *Müntzer contre Luther*. Paris: Arbre Verdoyant, 1984.

83. WEBER, M. *L'ethique protestante et l'esprit du capitalism*. Op. cit., p. 178.

publicamente a leitura a fim de ser julgado e, eventualmente, punido. Outras vezes, eram os arrependimentos em grupo no "banco de angústia", ou a exclusão da comunidade para os não santificados, que tinham o mesmo efeito. Eis algumas práticas que são comuns no purgatório dos protestantes. Como se os homens não buscassem senão a ocasião para calar a voz de seus corpos e até mesmo trazer a oferenda de suas mortes. Apesar disso, Nietzsche tem razão quando escreve que "o ideal ascético é uma artimanha da conservação da vida"[84]. Artimanha de minorias, compreenda-se, cuja vida está em constante perigo, e para as quais a questão se coloca. Será que, ao adotar regras tão rigorosas, elas creem se proteger contra as acusações frequentes de desregramento e de irreligião, e provar seu direito de existir? Certamente. Mas, além disso, inspirar a confiança na possibilidade de ser "outro", e dobrar a natureza humana a serviço de alguma coisa maior do que ela. Inútil dar exemplos particulares. Aqueles examinados sobre os puritanos, a necessidade de sua "revolução dos santos"[85], bastam.

O caráter de minoria das confissões puritanas explica os traços importantes de sua ética e de sua religião, e ainda muito se poderia dizer sobre isso. O tipo psíquico humano que elas criaram carrega suas marcas: primeiramente, crítica e mudança das regras até então consideradas como universais; em seguida, ressurreição dos vínculos simbólicos com o cristianismo das origens e com o judaísmo da Bíblia; e, por fim, dever ascético como ação exemplar no mundo. Juntas, elas moldaram um modo de vida racional e uma crença que o apoia:

> O asceta vivendo no mundo [relembra Max Weber] é um racionalista, tanto no sentido de sistematizar racionalmente sua conduta pessoal da vida quanto no de recusar tudo aquilo que é irracional no plano ético – quer seja a arte ou a sentimentalidade pessoal no mundo ou suas organizações[86].

---

84. NIETZSCHE, F. *Généalogie de la morale*. Paris: Gallimard, 1971, p. 310.

85. WALZER, M. *The Revolution of the Saints*. Cambridge, Ma.: Harvard University Press, 1973.

86. WEBER, M. *L'ethique protestante et l'esprit du capitalism*. Op. cit., p. 557.

Estamos em terreno firme quando observamos que esse tipo humano, com as marcas que carrega, teve muita importância na sequência dos movimentos de reforma e de revolução que a civilização ocidental conheceu até os dias de hoje. Em parte pelo menos, isso se deve à sua situação comum de cismáticos, de não conformistas, em resumo, a uma psicologia de párias. Weber sabe tão bem disso que não perde uma ocasião de ressaltar suas semelhanças com a ética e com a crença do povo pária por excelência a seus olhos. Ele escreve:

> A rígida observância dos ritos, e a segregação em relação ao meio ambiente que disso resulta, não eram senão um aspecto dos mandamentos que tinham sido prescritos aos judeus. A eles se acrescentava uma ética religiosa do comportamento social, ética altamente racional, isto é, livre de qualquer magia assim como de qualquer busca irracional da salvação, portanto sem nenhuma relação com as buscas de salvação que caracterizam as religiões de libertação asiáticas[87].

Se as seitas e as igrejas protestantes reatam diretamente com o judaísmo – mas não com os judeus que elas perseguiram! – foi por causa de sua situação análoga ainda que com tantos milhares de anos de distância.

Outrora, a Europa compartilhava uma cultura do consentimento. O conformismo da fé e a submissão à hierarquia são seus valores, por mais absurdos que algumas vezes possam parecer aos olhos da razão. O comportamento ético em si, afinal de contas, não era mais do que a obrigação para o homem de colocar esses valores acima de todos os outros. É evidente que as três grandes forças da teologia, da arte e da Igreja concorrem para isso. Alguns privilegiados talvez consigam se desviar delas, mas isso não compromete a harmonia do conjunto que se quer universal.

Em seguida, a heresia e as secessões dos protestantes desenvolveram uma cultura do dissentimento em que prevalecem a crítica, o desacordo, a autonomia, a resistência e tudo aquilo que

---

87. WEBER, M. *Le judaïsme antique*. Op. cit., p. 20.

é particular. Não foram eles os primeiros a usarem esses nomes de independentes, *dissenters*, não conformistas, *antinomians*, e muitos outros que são bem reveladores? O recurso ao dissentimento não deve ser interpretado como uma forma de anarquia ou de rebelião, ainda que a tentação seja forte. Mas realmente como uma exigência de seguir a sua consciência e a sua razão pessoais, e de prová-lo indo até mesmo à separação para recriar uma comunidade de crenças, de práticas, para impor o seu próprio estilo de ação. E até a essa obstinação insensata que se demonstra pela iniciativa no menor empreendimento, no zelo pelo trabalho e na certeza de superar indefinidamente aquilo que existe. Pelo dissentimento, o Ocidente revela a sua singularidade. Atinge essa dimensão moral que lhe permite se recolocar ininterruptamente em julgamento, e tirar disso, no entanto, um aumento de energia.

Do *homo religiosus* ao *homo œconomicus*

Sabemos como e por que todo um mundo de confissões se separou do catolicismo. Mas por que essas confissões inventaram o "espírito do capitalismo"? Portanto, coloquemos uma vez mais a questão: por que razão homens tão marcados pela ética protestante se lançaram de corpo e alma aos negócios? Apesar de tudo, não foi para obter lucro, praticar a usura, ganhar dinheiro, que aderiram à nova religião e cometeram o crime religioso por excelência, o crime de heresia. Essas atividades profanas fazem parte daquelas que a fé cristã condena, e até mesmo considera como pecado. Ora, os protestantes entram no circuito da economia, como todas as outras minorias perseguidas da época[88], já que não existe outro meio de subsistir. No entanto, longe de se contentarem em seguir a tradição, eles a revolucionaram, com o mesmo ardor que dedicaram a revolucionar a fé e as ideias políticas, criando o "espírito do capitalismo", caso se acredite em Weber. Portanto, superando o desprezo pelo dinheiro, eles acumularam capital, segundo um método comparável ao método que

---

88. HESSION, C.H. *John Maynard Keynes*. Paris: Payot, 1985.

seguiam para salvar suas almas, acumulando virtudes. Trata-se, em suma, de decifrar as

> motivações psicológicas que tinham sua fonte nas crenças e nas práticas religiosas que traçavam a conduta do indivíduo e nela o mantinham. Ora, essas motivações provinham em grande parte das representações oriundas dessas crenças. Naquela época, o homem repetia dogmas abstratos a um grau que não podemos compreender a não ser que examinemos detalhadamente e desenredemos as relações que esses dogmas mantinham com os interesses religiosos[89].

Não entraremos no detalhe desses dogmas, mas encontramos seu germe em Lutero que, quanto a ele, não os repetia com frequência. Eis um espírito transbordante que sai bruscamente da rotina da Igreja para clamar uma visão de Deus mais agressiva, mais efervescente. Ao mesmo tempo, ele o torna mais presente para o homem. É um teólogo que se engaja nessa obra surpreendente: uma religião para si mesma. Ao traduzir a Bíblia para o alemão e ao colocá-la nas mãos de todos, Lutero reconhece, aliás, a soberania do fiel. Antes, como se sabe, os cristão se voltavam para os mais piedosos dentre eles, pedindo-lhes que intercedessem por eles pela prece e pelo culto. A cristandade vivia, se o termo convém, sob um regime de propriedade coletiva da salvação. A Reforma o transforma em um regime de propriedade individual. Doravante, cada um deve se responsabilizar por si próprio, acumular os méritos e contar apenas com as próprias preces.

São lendárias a cólera de Lutero e a sua denúncia de uma Igreja que fazia do divino um feudo do clérigo e dos papas. Incansável, ele protesta contra os males da época, volta-se contra Roma e recusa qualquer autoridade ao dizer que "ser príncipe e não ladrão é algo quase impossível". Não contente em fustigar os vícios clericais, ele restitui a satã o lugar de contestador e o poder aterrorizador que ele possuía na alma popular. É o próprio satã, afirma Lutero, que preside às missas ou jejuns, preces ou

---

89. WEBER, M. *L'ethique protestante et l'esprit du capitalism*. Op. cit., p. 108.

boas obras, procissões e festas, sob a proteção da piedade e da santidade. Quem quiser ganhar o céu deve contar apenas com sua própria fé para ser salvo. A essa convicção se refere toda verdadeira direção de consciência: ela derruba o muro que separa a vida comum da vida religiosa. E instaura a igualdade entre os homens e a unidade de sua existência. Quando Lutero proclama que doravante cada cristão deve seguir sua vocação – *calling*, em inglês – ele confere um valor moral e religioso pleno às profissões e aos ofícios da vida comum. A noção é sediciosa. Não apenas porque rejeita a distinção entre os preceitos éticos que se dirigem à maioria dos homens e os *consilia*, os conselhos reservados à elite das ordens religiosas. Mas também porque garante que se pode obter a salvação por meio de sua própria atividade, onde quer que ela se exerça, e não em um ambiente especial, como o monastério que é concebido em oposição ao mundo. Para dar prova de sua fé, basta desempenhar os seus deveres.

Penso em uma analogia, a da não violência. Na civilização hindu, ela era o apanágio de uma minoria de indivíduos, os *renunciantes*, que viviam fora do mundo. Eles evitavam matar um animal, levantar a mão contra uma pessoa, responder pelas armas ou de uma outra maneira a um agressor. A grande inovação de Gandhi foi trazê-la do campo religioso ao campo político, de ensiná-la às massas. Em resumo, da não violência até então reservada a uma categoria particular, ele fez uma conduta e um dever para todos que seguiam o Mahatma. A mesma coisa pode ser dita da vocação. Ela estava reservada a um punhado de homens consagrados à "vida santa", ou então a homens que exerciam certos ofícios. Lutero os surpreende e valoriza todos os cristãos que a possuem, quando realizam seus trabalhos, iluminados pela fé.

Como se sabe: é a missão de qualquer minoria, e de seu chefe, difundir entre a maioria as ideias e as práticas que pareciam o apanágio de uma minoria. Ela quer instilar no fluxo ordinário da sociedade qualidades raras, tidas até então como inacessíveis, e assim transformá-la, intencionalmente. Mas esse é o melhor meio que ela tem de alcançar as pessoas e de fazer com que a sigam. Os fatos mostram que tudo que começou na solidão acabou na multidão[90].

Ora, a salvação que resulta de uma vocação, antes restrita a alguns, é prometida a todos pela Reforma. Ela fortalece a doutrina e a ação de Lutero, sobretudo no início. Não se exige dos homens sacrifícios fora do comum, nem se lhes pede que forcem seus sentimentos e sua natureza para consegui-la. O temor acumulado das profundezas do inferno, as visões de pecados e de danações, a multidão de demônios e as tropas de almas penadas da cadeia de angústias que paralisam o cristão na Idade Média, não têm mais nenhum poder sobre ele a partir do instante em que se consagra à sua tarefa:

> O primeiro resultado da reforma foi – por contraste com as concepções católicas – aumentar consideravelmente as recompensas de ordem religiosa oferecidas ao fiel pelo seu trabalho cotidiano, realizado no âmbito de uma profissão, e fazer dele um objeto de moral[91].

Não se lhe prega uma vida especial destinada a confirmá-lo em sua dignidade religiosa. Também não se tenta lhe inculcar essa moral por meio de preceitos racionais e sistemáticos. Isso virá mais tarde, obra dos puritanos.

> Um gênio religioso como Lutero [acrescenta Weber] poderia viver sem constrangimento nessa atmosfera de abertura para o mundo e de liberdade tanto tempo quanto a potência de seu *élan* lhe permitisse, sem correr o perigo de cair no *status naturalis*. E essa forma de piedade sensível, simples e particularmente emocional que faz a glória de inúmeros luteranos entre os maiores, raramente encontra seu paralelo no puritanismo autêntico, mas antes no anglicanismo complacente de homens como Hooker, Chillingsworthe etc.[92]

---

90. MOSCOVICI, S. *Psychologie des minorités actives.* Op. cit.

91. WEBER, M. *L'ethique protestante et l'esprit du capitalism.* Op. cit., p. 94.

92. Ibid., p. 147.

E por que então? Weber não nos esclarece, mas podemos adivinhá-lo. A nova fé converteu príncipes e nobres, camponeses e artesões, monges e eruditos, portanto pessoas de todas as condições, por sua abertura. Ela penetrou nos lares e nas comunidades, transpôs as portas das igrejas e das instituições políticas com uma rapidez desconcertante. Enquanto a Reforma conserva esse ímpeto, atrai um grande número de católicos, cria novos usos e costumes com um espírito de comunhão, ela permanece fiel a essa religiosidade emocional e simples. Dirigindo-se às massas, certa de conquistá-las, ela se adapta à sua psicologia, às suas necessidades espontâneas. Mas a doutrina luterana logo se choca com as forças políticas e sociais. A Igreja Católica se refaz, organiza uma reação e a põe em xeque. A partir de então, uma profunda mudança se opera na maneira pela qual os reformados encaram a sua situação. Ainda que triunfem aqui e acolá, apenas comunidades mais ou menos limitadas aderem à nova fé. Combatidos e perseguidos, eles devem perseverar, ou evoluir no interior de certas fronteiras. Devem também justificar o seu pertencimento a uma sociedade religiosa que não é senão uma sociedade entre outras, sua adesão à particularidade de sua fé. Sem falar de sua doutrina que apenas poderia engendrar novos cismas. Eles ainda são reformados, mas também protestantes.

Permitam-me uma comparação. No espírito de todos os fundadores do socialismo, de Marx a Lenin, a doutrina, e depois a revolução, deveriam se propagar como um incêndio na floresta e inflamar os proletários do mundo inteiro. Quando a revolução de Outubro eclode, espera-se que, de russa, ela se torne mundial. Mas os países capitalistas reagem e as circunstâncias não permitem a expansão almejada. A partir de 1930 acontece uma transformação. Os revolucionários aderem à concepção do socialismo em um único país. Stalin na Rússia, Mao na China e muitos outros se fazem os doutrinários dessa concepção. Essa mudança ocasiona novas atitudes e práticas que antes poderiam ser inconcebíveis. Do mesmo modo, o protestantismo se encontra obrigado a se modificar. Ele se adapta à existência de comunidades restritas, seitas ou igrejas, que vivem em um meio que permanece predominantemente católico. Por essa razão, o gênero de salvação que se desejava compartilhar com toda a humanidade se encontra reservado a grupos limitados. Essa não é a única razão, mas é certamente uma das principais razões que conferem à doutrina de Calvino a sua força, que facilitam a sua difusão e permitem que ela substitua a doutrina de Lutero. A única doutrina a qual podem aderir os crentes perseguidos, porque ressalta a sua aliança com o divino.

Ela faz deles os eleitos de uma Igreja invisível, separados para sempre de uma massa que deles é apenas a sombra e o reflexo maldito.

> Ao fundar sua ética [escreve Weber a propósito de Calvino] sobre a doutrina da predestinação, ele substituía a uma aristocracia espiritual dos monges que se mantinham acima deste mundo, a aristocracia espiritual – neste mundo – dos santos predestinados por Deus por toda a eternidade. Nova aristocracia que, por seu *character indelebilis*, estava separada do resto da humanidade, condenada por toda a eternidade, por um abismo bem mais profundo e mais aterrorizador pela sua própria invisibilidade do que o abismo que, na Idade Média, separava o monge do resto do mundo. Nele, todos os sentimentos sociais estavam repletos de um brutal rigor. Para os eleitos – santos por definição –, a consciência da graça divina, longe de implicar, em relação aos pecados alheios, uma atitude generosa e indulgente fundada no conhecimento de suas próprias fraquezas, harmonizava-se com uma atitude de ódio e de desprezo por aquele que consideravam como um inimigo de Deus, marcado com o selo da danação eterna. Esse sentimento podia se tornar tão intenso que às vezes culminava na criação de seitas[93].

Em boa lógica, deveria ser o contrário. Os sentimentos eclodem entre aqueles que suspenderam acima de suas cabeças a espada de Dâmocles dos exílios e das perseguições e a certeza de estarem expostos a isso por boas razões. Quando se atinge tal grau de convicção, próximo do fanatismo, em que a fé protege de tudo, o desprezo e o ódio se desenvolvem, sob o amor por seus irmãos, no homem que fez uma cruz sobre as felicidades da vida ordinária. Pois o terror angustiante da danação, apenas ele o

---

93. Ibid., p. 150.

conhece quando permanece entre os eleitos. Reflitam a respeito; não é uma especulação. Esses são os fatos tais como nos são apresentados pela história. Mas *abyssus abyssum invocat*: um abismo atrai outro abismo.

Por que então, entre esses arroubos messiânicos e esses sonhos de heroísmo, o "espírito do capitalismo" nasce da doutrina de Calvino? A resposta a esta questão permite explicar a criação do novo regime econômico, mas não a maneira pela qual ele funciona. Da mesma forma que a explicação da origem do universo se distingue da explicação de seu desenvolvimento presente e ordinário. Ora, vamos dizê-lo logo, a resposta se apoia nas causas "psicorreligiosas"[94]. A tese essencial da doutrina de Calvino é a recusa de qualquer dualismo entre o mundo da natureza e o mundo da graça, entre o deus oculto e o deus revelado, entre a lei do Antigo Testamento e a lei do Novo Testamento. Oposto nisso a Lutero, ele propaga uma fé ativa que apenas os eleitos podem viver. Estes são predestinados, portanto salvos ou condenados pela divindade sem que o saibam, e sem que possam, por sua conduta, mudar a decisão dela. Assim, o que vai acontecer é o que deve acontecer e o que já está determinado pelo senhor absoluto. "Ele tem misericórdia [diz o Apóstolo Paulo] de quem ele quer e endurece quem ele quer". É a tese da predestinação, segundo a qual Deus está separado dos homens por uma distância intransponível. Contrariamente ao Deus de Lutero que se dá aos homens, o de Calvino os ignora e os condena ao terror da danação. Todos esses ensinamentos estão resumidos pela confissão de Westminster de 1642:

- Existe um Deus absoluto, transcendente, que criou o mundo e o governa, mas que é impenetrável ao espírito finito dos homens.
- Esse Deus todo-poderoso e misterioso predestinou cada um de nós à salvação ou à danação sem que, por meio de nossas obras, pudéssemos modificar um decreto divino tomado de antemão.

---

94. ARON, R. *Les étapes de la pensée sociologique*. Op. cit., p. 535.

- Deus criou o mundo para sua própria glória.
- O homem, quer deva ser salvo ou condenado, tem como dever trabalhar para a glória de Deus e criar o Reino de Deus sobre esta terra.
- As coisas terrestres, a natureza humana, a carne, pertencem à ordem do pecado e da morte, e a salvação não pode ser para o homem senão um dom totalmente gratuito da graça divina[95].

Certamente existem proposições semelhantes em outras religiões. Mas o seu conjunto é único. Sem nenhum meio de influência nem de intercessão, como o homem poderá saber se será salvo ou condenado? Existiria tormento mais terrível para o homem de fé do que essa incerteza à qual nada lhe permite escapar? O protestante não tem a possibilidade de recorrer à magia, e nenhum padre lhe poderá oferecer um consolo[96].

Diante de um Deus tão severo, com intenções indecifráveis, o adepto de Calvino, se fosse realmente um "santo", antes deveria se imaginar engrossando as fileiras dos homens destinados aos tormentos do vale de Geena do que admitido entre a pequena corte dos eleitos entrando no Paraíso. Ninguém poderia socorrê-lo, uma vez que o próprio Filho de Deus morreu unicamente para os eleitos. A morte de Cristo, diziam-lhe, não resgatava os pecados dos homens condenados por toda a eternidade. Soberano nessa solidão, o fiel não conhece as festas da inocência. Então, com que objetivo ele vive? Por que, deveria se perguntar, ter tanto trabalho e realizar obras piedosas ou não, se nada poderia aliviar seus futuros tormentos? Impotente para dirigir sua salvação, igualmente impotente para conhecer o seu destino, o indivíduo predestinado definitivamente tem como solução *lógica* o fatalismo. A conclusão da doutrina calvinista poderia então ter sido, como para outras religiões análogas, resignar-se e abandonar os deveres econômicos e sociais. E, no entanto, o resultado não foi esse. Por quê?

---

95. Ibid., p. 537.

96. WEBER, M. *L'ethique protestante et l'esprit du capitalism.* Op. cit., p. 125.

Segundo Max Weber, prevaleceu uma solução *psicológica*, cujo efeito foi exatamente o contrário. Para o protestante o que mais importava era saber-se em estado de graça. Submetido a semelhante pressão, para ele o único meio de diminuir a incerteza, de diminuir o mal-estar psíquico, colocando todas as chances do seu lado, era se entregar a uma incessante atividade. Os pastores reconheciam isso, dizendo que o sucesso econômico trazia a prova de uma bênção divina. Ela contrabalançava o peso esmagador da predestinação[97].

Gostaria de reformular essa explicação em termos mais precisos. Cada indivíduo experimenta um conflito devido à oposição entre duas crenças, aquilo que se nomeia, depois de Festinger[98], uma *dissonância cognitiva*. Por um lado, existe a ideia de que o protestante tem uma vocação, *Beruf*, destinada, segundo Lutero, a oferecer a todos o acesso a uma vida religiosa plena. Ela o qualifica para a salvação. Por outro lado, existe a ideia da predestinação que permite esse acesso a alguns eleitos e o interdita a outros. E isso em virtude de um decreto divino que lhes permanece desconhecido e anula de certo modo o sentido da vocação. Como resolver o conflito entre a primeira que promete ao crente a salvação pela qualidade de suas obras, e a segunda que a denega e retira dessas obras qualquer justificativa para obter a graça? Não existe saída racional a semelhante tragédia do destino, a esse *Schicksalsdrama* sobre o qual o alemão Lessing escrevia: "No final, estamos cheios de terror com a ideia de sermos arrastados por uma torrente como aquela e cometermos atos que, a sangue-frio, acreditaríamos distantes de nós". A única maneira de resolver a dissonância consiste em pensar que a vocação é um signo de predestinação. O trabalho do dia a dia no exercício de um ofício adquire o sentido de uma prova a que o homem está submetido e que poderia inflectir o seu destino religioso. Por isso, é preciso que ele realize seu trabalho, regular e intensamente.

---

97. ARON, R. *Les étapes de la pensée sociologique.* Op. cit., p. 538.

98. FESTINGER, L. *A Theory of Cognitive Disonance.* Evanston, Ill.: Row Peterson, 1957.

Pela razão que vocês acabam de observar, Weber explica o nascimento desse "espírito" como o resultado psicológico da doutrina de Calvino. Muito particularmente, ao selecionar os escritos dos pastores puritanos, ele mostra que suas pregações visam santificar o trabalho que apazigua o sentimento de indignidade e evita a depreciação de nossas breves vidas pelo pecado. Eles fazem uma lista interminável das tentações de que se devem guardar: prazeres mundanos ou conversas estéreis, sono prolongado e lazer ocioso, até e inclusive a meditação religiosa, caso ela desperdice o tempo que é necessário dedicar à sua vocação, desejada pelo próprio Deus.

> Sobre esse ponto [declara Weber] o ascetismo protestante não trouxe, em si, nada de novo. Contudo, ele aprofundou sensivelmente essa concepção, e criou, além do mais, a única norma que foi decisiva para sua eficácia: a *motivação* psicológica pela qual o trabalho enquanto *vocação* constitui o melhor, senão o *único* meio de se garantir do seu estado de graça[99].

Dedicando-se ao seu trabalho com toda a sua alma, ricos e pobres estavam convencidos de praticar uma forma de devoção. Mas como julgar sua eficácia? Pelos seus frutos, evidentemente, sinal de que ele agrada a Deus. O lucro e a riqueza só têm sabor de pecado se desviam do labor e conduzem à satisfação. Eles adquirem, pelo contrário, um valor de confirmação religiosa quando encorajam a procura do lucro para reinvesti-lo. Portanto, o capitalismo puritano

> se opôs com uma grande eficácia à *satisfação* espontânea das riquezas e freou o *consumo*, principalmente o dos objetos de luxo. Em contrapartida, ele teve como efeito psicológico livrar das inibições da ética tradicionalista o *desejo de adquirir*. Rompeu as correntes [que entravavam] semelhante tendência a adquirir, não somente legalizando-a, mas também, como já expusemos, considerando-a como diretamente desejada por Deus[100].

---

99. WEBER, M. *L'ethique protestante et l'esprit du capitalism*. Op. cit., p. 220.

100. Ibid., p. 209.

Sendo Deus assim melhor servido, o crente se vê obrigado a examinar sua vida, a fim de realizar o seu trabalho segundo as mais rígidas regras. Uma racionalidade minuciosa se introduz em todos os departamentos da vida ordinária. Tomando o seu desenvolvimento na vida econômica, ela penetra em todas as fibras das pessoas e transforma as suas reações mais íntimas.

A teoria que explica o nascimento do "espírito do capitalismo" pela incerteza da salvação e pelo conflito que provoca na alma dos fiéis faz uma suposição oculta, sem a qual ela estaria incompleta. Por que os protestantes levavam tão a sério a ideia de predestinação? O que lhes tornava tão insuportável a dissonância com a ideia de vocação? Com efeito, muitos indivíduos e grupos se adaptavam a tais doutrinas. E muitas vezes toleramos esse gênero de dissonância e de conflitos sem buscar resolvê-los a qualquer preço. Os cristãos suportaram algo semelhante, durante séculos, sem procurar forçar a sua solução. Ideias e crenças, por si só, não provocam uma incerteza ou uma tensão intoleráveis. Hoje, nós nos adaptamos muito bem à dissonância entre a liberdade e a igualdade, que provocava enfrentamentos sangrentos há menos de meio século.

Ora, essa suposição é bastante simples. Como todas as minorias e todos os heréticos, para evitar a dúvida, o desencorajamento, os protestantes são forçados a aderir à sua crença como uma ostra à sua rocha. A adesão é fortalecida por um consenso que esses grupos se impõem e têm uma tendência a superestimar. Sob essa condição, seus membros adquirem um caráter realmente forte e vencem a hostilidade do mundo exterior. Podemos dizer de inúmeras comunidades puritanas o que o escritor americano Arthur Miller dizia da comunidade de Salém no século XVII:

> Era, contudo, uma autocracia de consenso, pois estavam unidos do alto até a base por uma ideologia comum cuja perpetuação era a razão e a justificativa de todos os seus sofrimentos. Por isso a sua abnegação, a sua determinação, a sua desconfiança para com todas as buscas vãs, a sua justiça intransigente, eram instrumentos em todos os pontos perfeitos para a conquista desse espaço tão hostil ao homem[101].

---

101. MILLER, A. *The Crucible*. Harmondsworth: Penguin, 1968, p. 15.

Essas comunidades têm, portanto, como preocupação maior preservar o consenso. Qualquer discordância e qualquer hesitação em matéria de salvação lhes parece insuportável, assim como em outras matérias religiosas. Nessa perspectiva, elas se obstinam, com uma gravidade fanática, em reencontrar a coerência, fiadora da solução encontrada para as suas crises morais e filosóficas. Segundo uma lógica impiedosa, provar a sua fé pelo trabalho e pelo sucesso profissional as impulsiona a se superarem na busca da salvação:

> Considerado do ponto de vista psicológico, o homem em busca da salvação se preocupou com as atitudes a serem adotadas aqui e agora. A *certitudo salutis* do puritano, o estado de graça permanente que se baseia no sentimento de "ter testemunhado o seu valor" era psicologicamente o único objeto concreto entre os valores sagrados dessa religião ascética[102].

Ainda uma palavra a esse respeito. Nos templos da Reforma pregam-se sermões destinados a fortalecer esses cristãos em sua nova fé. Aqueles que correram o risco de propagá-la não esperavam nenhuma outra consequência e não visavam outro objetivo. Ora, as necessidades da luta e a evolução das doutrinas os engajam nos negócios e na economia[103]. Assim, o "espírito do capitalismo" é uma consequência não desejada, mas necessária, da disciplina protestante. Puros princípios filosóficos ou ideológicos não teriam dado semelhante têmpera a esses comerciantes e artesãos, não teriam feito deles "santos conscientes deles mesmos"[104]. Somente uma ética ancorada na religião, Weber está convencido disso, dispensa esses benefícios psicológicos e provoca mudanças tão duráveis. Vamos ouvi-lo:

---

102. GERTH, H.H. & MILLS, C.W. *From Max Weber*, p. 278.

103. Meu mestre Alexandre Koyré tinha uma posição relativamente crítica em relação às interpretações weberianas da doutrina de Calvino. E ele lhe fez uma surpreendente censura de ter negligenciado a realidade econômica e social. Ele defendia que "as minorias calvinistas da Inglaterra e dos Países Baixos, estando excluídas da política e dos cargos do Estado, entregam-se ao econômico, opondo a liberdade econômica à dominação do estado opressor" (KOYRÉ, A. *De la mystique à la science*. Paris: Ehess, 1987, p. 46). Isso também poderia explicar por que eles o investiram de um valor teológico.

104. WEBER, M. *L'ethique protestante et l'esprit du capitalism*. Op. cit., p. 132.

Não é a doutrina *ética* de uma religião que torna possível benefícios psicológicos, mas a conduta ética que ela determina. Esses benefícios, segundo [aquilo que a religião entende por] bens de salvação, constituem o seu *ethos* específico, no sentido social do termo. Para o puritanismo, essa conduta era um modo de vida determinado de forma metódica e racional que – em condições dadas – abriu a via ao "espírito do capitalismo" moderno. Em *todas* as denominações puritanas, esses benefícios psicológicos estavam ligados à "confirmação" do cristão diante de Deus, no sentido de garantia da salvação; no interior das seitas puritanas, eles estavam centrados no "testemunho" diante dos homens, no sentido de afirmação social de si mesmos. Esses dois aspectos se completavam em sua ação em uma mesma direção, ajudando assim o "espírito" do capitalismo moderno a engendrar o seu *ethos* específico, isto é, o *ethos* da *burguesia* moderna[105].

Essas proposições tão formais e, no entanto, tão vibrantes me arrebataram a primeira vez que as li. Observando o sol se pôr, imaginei a época em que elas tinham vindo ao espírito do autor, mescladas aos rumores da guerra. Não estaria ele descrevendo uma humanidade que chega a seu termo? Esse termo parecia ser então uma revolução, uma "angústia" semelhante àquela que o homem experimenta quando se pergunta se será salvo por uma história que está oscilando, e nela se lança, no entanto, como se tivesse certeza disso. Mas o pensamento de Weber se desenrola sobre um fundo de nostalgia ainda mais sóbrio já que o passado de que ele fala subsiste apenas por suas marcas evanescentes.

Diríamos, aliás, que a gesta heroica dos puritanos que o homem Weber reverencia é desagradável ao erudito. Realmente, ele confere menos relevo à luta e ao martírio pela fé dos puritanos no solo da Europa do que atribui ao heroísmo deles nas lojas e nos bancos. Mas como e, sobretudo, por que querer isolá-los? O véu lançado sobre o lado político e mais geralmente social desses "santos" de que a revolução inglesa fornece um exemplo, revela unicamente o puritano realizando o seu modesto ofício profissional, sob o olhar de um Deus "severo e inescrutável". Ocorre que

---

105. Ibid., p. 271.

nosso autor se mostra muito surpreso com o fato de que, sob esse aspecto, a sua descoberta seja desconhecida, incompreendida. Isto é, que uma doutrina ética, pelos benefícios psicológicos que oferece aos indivíduos, determina a conduta deles e o regime econômico.

> Contudo [escreve ele] na medida em que esses benefícios produzem um efeito, a direção na qual este se faz sentir, e que muitas vezes diverge da *doutrina* dos teólogos (para eles, simples doutrina), faz com que essa ética exerça uma influência independente sobre a conduta e por isso mesmo sobre a economia. Devo confessar que esse é o único ponto deste ensaio que eu não esperava ver passar tão completamente desapercebido?[106]

Um silêncio que corre o risco de se prolongar, caso não se veja ali um postulado fundamental da sociologia. Ele serve para colocar as balizas de uma explicação psicológica, agora evidente, como eu espero, mas que não adquire no espírito de Weber uma forma sistemática. Ainda que nascida da observação e da análise, ela tem esse grau de verossimilhança que nos autoriza a completá-la. Ao mesmo tempo, compreendemos que, uma vez realizadas as grandes inovações, a solução para o problema da salvação encontrada, o entusiasmo sectário diminui, e os benefícios da busca da salvação se transformam em uma simples busca de benefícios. Em lugar da graça, procura-se a utilidade. O indivíduo, despojado de sua vocação religiosa, preocupa-se em primeiro lugar com a sua competitividade econômica e com o seu sucesso no campo temporal. Portanto, no caso, o essencial é o movimento de reversão. Em resumo, o sentido da salvação se inverte. Na religião, ele é a finalidade da vida humana. Fora dela, ele se torna o seu meio. Nasce então, "na imaginação popular, Robinson Crusoé, o *homo oeconomicus* isolado, que persegue, ainda por cima, sua obra missionária. Assim estava substituída a imagem do peregrino de Bunyan atravessando às pressas a Feira das Vaidades, entregue à sua solitária busca espiritual do Reino dos Céus"[107]. E,

---

106. Ibid., p. 56.
107. Ibid., p. 217.

em seu lugar, surge uma feira de mercadorias. E o homem, livre da paixão de ter o seu reino, supostamente obscuro por tanta vida ascética e por tantas inquietações, torna-se uma mercadoria entre tantas outras. Essa é a figura propriamente moderna da predestinação.

Uma sociedade de solitários

Como afirmar o momento em que o sonho protestante terminou e o pesadelo capitalista começou? Certamente, Marx pronuncia o requisitório solene que denuncia a culpa dos capitalistas. Difundindo em toda parte o veneno amargo e pernicioso do lucro, eles corromperam mulheres, crianças e trabalhadores. E, ainda mais, estimularam, em todos, os mais baixos instintos, entregaram cada indivíduo à promiscuidade moral e sexual, aos vícios do consumo, para transformá-lo em mercadoria. O que demonstra a impecável justeza de toda acusação dos operários contra os capitalistas, e o valor de uma justiça elementar.

Mas o relato de Max Weber, ainda que não seja verídico – sobretudo! –, reabilita em sua inocência esses devotos do capital, dedicados de corpo e alma ao seu empreendimento. Ele revela um passado das origens em que os nobres puritanos – e pensamos nos nobres selvagens da literatura – praticam virtudes sóbrias e eficazes que glorificam seu próprio deus. Santos que preparam, involuntariamente, o nascimento na Europa de uma economia e de uma civilização da razão. O que quer que pensemos de sua teoria – o espírito do capitalismo deriva da busca da salvação –, ela contém importantes implicações sobre a compleição psicológica da sociedade moderna. Pois, segundo Weber, ela interdita qualquer prazer, qualquer emprego ocioso de suas forças e de seu tempo. O homem deve renunciar a qualquer satisfação que vier da riqueza, dos sentidos, das artes. Dele se exige que exista em função de sua profissão, e não o inverso.

Contudo, os indivíduos conseguem se submeter a isso por intermédio de um trabalho de sublimação que metamorfoseia as tendências egoístas, sensuais, em tendências de ordem intelectual, prática ou ética. É destas últimas que eles esperam toda satisfação, assim como o artista que dedica toda sua existência a realizar uma obra, o pesquisador que vive apenas na esperança de uma descoberta, o militante que se consagra a uma causa. O mesmo ocorre com o homem inteiramente apaixonado por uma única ideia e completamente absorvido em uma tarefa que exclui todo o resto. Freud ressaltou o valor da sublimação sobre a qual escreve:

> Nenhuma outra técnica de conduta vital vincula mais solidamente o indivíduo à realidade, ou pelo menos a essa fração da realidade constituída pela sociedade, e à qual uma disposição de demonstrar a importância do trabalho fatalmente nos incorpora. A possibilidade de transferir os componentes narcísicos, agressivos, e até mesmo eróticos, da libido para o trabalho profissional e para as relações sociais que ele implica, confere a este último um valor que não é inferior ao que lhe confere o fato de ser indispensável ao indivíduo para manter e justificar a sua existência no seio da sociedade[108].

Essa passagem notável nos faz entrever o que está em ação nas seitas puritanas e na cultura dos empreendedores capitalistas. Pois, para ir até o final, eles devem sacrificar também e, sobretudo, o prazer que é oferecido pelas relações sociais nas quais investiram seus instintos pessoais e suas pulsões sociais. Essa é a técnica do protestantismo: sublimar por sublimar. Por conseguinte, todo o resto, divertir-se, conversar com seus amigos ou alegrar-se em família, tudo isso se transforma em tentações do soberano mal. Para evitá-las, a ética protestante exige do indivíduo que ele se isole de seus congêneres, seja para se dedicar à sua "vocação" profissional, seja para comungar – desse modo os batistas e os quakers estavam convencidos de entrar em comunicação direta com o divino. Quando nossas ciências afirmam que os homens vivem em sociedade para trabalhar, defender-se, maximizar sua utilidade, sobreviver, e não para se comunicarem e serem felizes juntos, elas expressam em linguagem moderna a ética do soberano mal. De todo modo, Raymond Aron descreve perfeitamente a sua consequência: "Essa derivação psicológica de

---

108. FREUD, S. *Malaise dans la civilization*. Paris: PUF, 1971, p. 25.

uma teologia favorece o individualismo. Cada um está só diante de Deus. O sentido da comunidade com o próximo e do devir com relação aos outros se enfraquece"[109]. Eu não saberia dizer se ele se enfraquece. Mas ele certamente combina uma obediência coletiva e uma iniciativa pessoal que, juntas, tendem para o ponto mais alto.

Ora, aquilo que permite transformar a solidão regular em uma motivação a serviço do sucesso profissional mais forte do que a associação com o outro é a *sublimação coletiva*. Ela explica aquilo que se passa, uma vez que o "espírito do capitalismo" se impõe e facilita a sua realização. Permanecemos, contudo, na superfície das coisas quando dizemos que sublimar é o mesmo que purificar, metamorfosear as tendências instintuais e sociais dos indivíduos para adaptá-los a uma atividade constante e rentável. Atingiremos uma realidade mais profunda se reconhecermos, ao mesmo tempo, uma emoção particular: a emoção de fazer a experiência das coisas mais ordinárias e naturais que existem em nós e à nossa volta. Em suas *Recherches philosophiques sur l'origine de nos idées de sublime et de beau* [Pesquisas filosóficas sobre a origem de nossas ideias do sublime e do belo], Burke a descreve da seguinte maneira:

> Tudo aquilo que é suscetível de exaltar de uma maneira qualquer as ideias de dor e de perigo; isto é, tudo aquilo que é de alguma maneira terrível, ou que tem relação com objetos terríveis, ou age de uma maneira terrível análoga ao terror, é uma fonte de sublime, isto é, de produzir a mais forte emoção que o espírito seja capaz de sentir.

A solidão é, sem dúvida, a forma mais realizada da recusa moderna de qualquer prazer na relação com o outro, consequentemente, o lugar em que a necessidade desta se afirma da maneira mais visível.

É por essa razão que a sublimação coletiva confere, ao que me parece, um sentido às manifestações imputadas por Weber

---

109. ARON, R. *Les étapes de la pensée sociologique*. Op. cit., p. 539.

à difusão do espírito do capitalismo. Retornemos aos fatos. Eis, primeiramente, um paradoxo. As seitas e as confissões protestantes, nascidas do cisma, o crime religioso por excelência, exigem de seus membros uma vida mais dura do que a normal. Elas exigem deles uma participação constante e uma prova de fidelidade em todos os campos, até os mais íntimos. As pessoas admitidas na comunidade devem possuir qualidades particulares, passar por uma espécie de iniciação e levar uma vida de monótona virtude para justificar o seu pertencimento. O que decide o seu engajamento entre os eleitos é o "carisma do estado de graça" que transparece através da energia de sua fé.

> Observamos [escreve Weber], quer se tratasse da autoridade ou do pertencimento à própria comunidade, que não se perdia de vista o caráter carismático. No exército de Cromwell, os santos só aceitavam conviver com aqueles que estavam religiosamente qualificados, o soldado se recusava a combater sob as ordens de um oficial que não pertencesse como ele a essa mesma comunidade sacramental. Pelo menos entre os batistas e nas denominações que deles derivam, exigia-se que o espírito fraterno dos primeiros cristãos reinasse entre os membros. Entre as seitas, muitas consideravam como estritamente proibido qualquer recurso aos tribunais do Estado e a ajuda mútua em caso de depressão era um dever[110].

Observamos até que ponto esses apóstolos e esses seguidores se fundem em sua comunidade, obedecem sem protestar a seus deveres de prece, de assistência, de julgamento. Alguns se dizem os filhos do Pai, eles se tratam pelo nome de "irmãos" ou "irmãs" em sinal de amor mútuo. E, no entanto, a mesma comunidade lhes proibia encontrar repouso em seu seio e o prazer em companhia dos seus. Ela lhes recusava tudo aquilo que garante e embeleza tanto a vida em comum quanto o culto dado à divindade e às coisas sagradas. Sob esse ponto de vista, os adeptos são forçados a se desligar de qualquer arte que pudesse transformar as relações sociais em um fim em si. O que deles exigia o protestantismo,

---

110. WEBER, M. *L'ethique protestante et l'esprit du capitalism*. Op. cit., p. 256.

> não era a castidade a que o monge está sujeito, mas a eliminação de qualquer "prazer" erótico; não era ser pobre, mas evitar desfrutar de suas rendas e se abster da alegre ostentação feudal da riqueza; não era se mortificar em um claustro, mas ter uma conduta racionalmente controlada sempre em alerta; era também recusar o abandono à beleza do mundo, à arte ou aos homens e aos sentimentos pessoais[111].

Nessa perspectiva, a sublimação é coletiva, não somente porque requer a cooperação de todos, mas também porque troca de objeto. Após ter permitido a transferência dos componentes instintuais do indivíduo para a sociedade, agora ela diz respeito à renúncia da própria sociedade em favor da atividade puramente econômica. Ora, o verdadeiro resultado dessa sublimação, a sua realização visível, é o interesse egoísta erigido como virtude. Ainda dessa maneira, o puritano se qualifica do ponto de vista religioso, tanto quanto pelo seu labor incessante. Nada lhe é mais desaconselhado do que os sentimentos de amizade e de fidelidade, e até mesmo de caridade, na esfera profissional. Por um estranho movimento, dele resulta uma "*epoché* da fé", isto é, de uma colocação entre parênteses dos valores cristãos assim que se penetra nessa esfera.

> A título de exemplo [indica Weber], ela se manifesta, principalmente na literatura puritana inglesa, por uma frequência impressionante de advertências contra a fé na ajuda mútua, na amizade humana. O próprio Baxter aconselha a desconfiar do amigo mais próximo, e Bailey recomenda em termos próprios não confiar em ninguém, não confiar qualquer coisa que seja comprometedora. Só existe um confidente possível: Deus[112].

Claro, a religião cristã se quer uma religião do amor. E o protestante, como bom cristão repete: "Amarás o teu próximo como a ti mesmo", mas compreende isso ao inverso, amando-se como a seu próximo. Ou seja, muito pouco, e secretamente devotando

---

111. WEBER, M. *Economie et societé*. Op. cit., p. 567.
112. WEBER, M. *L'ethique protestante et l'esprit du capitalism*. Op. cit., p. 119.

a si mesmo um sólido ódio, como o ódio que se devota a seu próximo, que pode ser um inimigo, o católico estigmatizado com o nome de papista, um estranho à seita, ou ainda um concorrente na profissão. Acima de tudo importa, e isso é evidente, o cálculo do "quanto", a quantidade de amor que cada um deve dar ou receber. E que se traduz ostensivamente em tempo ou em dinheiro, em resumo, em filantropia. O culto do amor que não se dirige a ninguém agrada a Deus e "se reveste assim do aspecto propriamente objetivo e impessoal de um serviço efetivo no interesse da organização racional do universo social que nos cerca"[113].

Profunda indiferença em relação ao próximo, quando isso não chega ao desprezo, essa é a condição favorável à rivalidade econômica e ao sucesso individual. O empreendedor não está impedido pelas solidariedades de família ou de linhagem, nem pela lealdade a seus correligionários. Vinculado pelo pertencimento à seita ou à congregação, cada um é livre para se dissociar e perseguir o seu próprio objetivo fora dela. Pelo efeito de uma convicção sem falhas, ele evita a satisfação oferecida pelas relações com o outro, com o mundo das pessoas. E dela se afasta para privilegiar o contentamento que decorre das relações com o mundo das coisas[114]. Isso explica por que o tema da solidão encontra a sua expressão suprema na literatura dos Estados Unidos da América. Nem bênção nem maldição devem ser buscadas, nem evitadas, os americanos nelas veem simplesmente o destino do homem[115].

Certamente aqui encontramos uma das raízes dessa sociabilidade calculada e superficialmente hospitalar sobre um fundo de indiferença encontrada, ainda hoje, nos países de tradição protestante. Ela permite manter relações sociais que não levam em conta a singularidade das pessoas. Estas são colocadas nas categorias gerais segundo normas preconcebidas. Essa espécie

---

113. WEBER, M. *Economie et societé.* Op. cit., p. 129.

114. WEBER, M. *L'ethique protestante et l'esprit du capitalism.* Op. cit., p. 122.

115. FIEDLER, L.A. *Love and Death in the American Novel.* Londres: Cape, 1967.

de evitamento distante de qualquer risco de felicidade oferecido pela vida em comum prepara uma adequação da consciência do indivíduo à realidade da economia. Além disso, ele garante de maneira objetiva a promoção da burocracia de Estado e de empresa que será tanto mais ela mesma "quanto mais perfeitamente tiver realizado a qualidade específica que se celebra para ela como uma virtude: a eliminação, na execução das funções públicas, do ódio e de todos os elementos pessoais da sensibilidade, particularmente de todos os elementos irracionais que se subtraem à previsão"[116].

Mais importante me parece o resultado a longo termo, e nós o conhecemos. A maneira pela qual os protestantes ligaram a busca da salvação à ética da profissão é única. Desse modo, eles conferiram ao mundo um significado religioso enquanto objeto de uma prática racional e econômica, conforme a vontade de um Deus transcendente. Ora, à medida que essa prática se estende e triunfa, obrigando o homem a viver em harmonia com sua razão, ela acaba distanciando Deus e o torna estranho ao mundo. Assim como a terra gira e se fossiliza sem que nos rendamos conta, assim o mundo, e definitivamente a sociedade que os protestantes moldavam, desviou-se, à sua revelia, da divindade que os habitava. Mas também da paixão e da graça éticas, da fé pessoal, que fizeram a modernidade. E então a desertaram[117].

Honesto como um huguenote

Comentando o estudo de Weber, o filósofo italiano Gramsci se pergunta: "Como e por que as concepções do mundo se difundem?"[118] Quando pensamos na extensão do problema, hesitamos em abordá-lo. A dificuldade vive na pletora de razões que explicam essa difusão, mais do que na sua penúria. Contudo,

---

116. WEBER, M. *Economie et societé*. Op. cit., p. 563.

117. COSER, L.A. *Masters of Sociological Thought*. Nova York: Harcourt Brace Jovanovitch, 1977, p. 233.

118. GRAMSCI, A. *Il materialismo storico e la filosofia di Benedetto Croce*. Turim: Einaudi, 1952, p. 15.

pensem nisso: se o "espírito do capitalismo" venceu as resistências e se difundiu, foi graças à influência exercida pela "Igreja invisível" das seitas, às imitações suscitadas. Em suma, sua difusão é devida ao estilo de conduta rigoroso e tenaz dos puritanos. Antes de abordar esse aspecto da questão, é importante evocar o quanto nossas pesquisas testemunham isso. Pois é permitido supor que uma minoria, desprovida de meios físicos e econômicos, dissidente e além do mais rejeitada, não tenha outro apoio além da força de suas convicções e a maneira de expressá-las. Portanto, ela tem de adotar um estilo consistente, pleno de repetições e de coerências entre aquilo que ela diz e aquilo que ela faz. Ela cria tensões e conflitos propícios a um questionamento das concepções dominantes, que favoreçam a inovação em geral.

Em toda uma soma de experiências, já provamos[119] que uma minoria modifica os julgamentos e as atitudes da maioria quando expõe seu ponto de vista de uma maneira persistente e até mesmo rígida. Ela chega até mesmo a mudar a percepção da cor de um objeto quando, por exemplo, afirma de maneira consistente que ele é verde, ao passo que todos o veem azul. Portanto, ela consegue compartilhar uma resposta que alguém julga *a priori* absurda. Graças a seu estilo, é possível a uma minoria exercer uma influência muito mais durável e muito mais profunda do que a de uma maioria. Caso se acredite que as inovações penetram mais longe no psiquismo humano do que as conformidades e os hábitos. Em contrapartida, e são sempre as experiências que nos ensinam isso, assim que se torna hesitante e inconsistente, uma minoria perde sua ascendência e não exerce mais nenhuma influência. Não seria exigir demais dos fatos dizer que, quanto mais ela se agarra a seu ponto de vista e o expressa em todas as circunstâncias, mais o conflito que provoca é intenso, mais ela tem chances de mudar as mentalidades e converter os membros de um grupo. Pelo contrário, acontece com frequência que um compromisso a enfraqueça e que uma concessão a desqualifique.

---

119. MOSCOVICI, S. *Psychologie des minorités actives.* Op. cit. • MOSCOVICI, S.; MUGNY, G. & VAN AVERMAET, E. (orgs.). *Perspectives on Minority Influence.* Op. cit.

Não quero fazer disso uma filosofia, pois é sempre necessário levar em conta as situações concretas, mas a consistência é a chave que abre a uma minoria as portas mentais e físicas do mundo social. E isso apesar da reticência e da hostilidade que não se cessam de lhe manifestar. Em tudo isso, apenas é dado um certo estilo de se conduzir e de se expressar, o signo evidente de uma vocação destinada a impressionar, a dar relevo às ideias e às convicções, a suscitar uma dose de respeito, senão de admiração. Ora, acontece que a convicção demonstrada pelos puritanos se assemelha, sob vários aspectos, à convicção que estudamos nos laboratórios e nos campos de pesquisa. Em cada situação eles testemunham a coesão entre os diversos aspectos – econômico, político, religioso – de sua existência, sem se deixar desviar. Poderíamos pensar que, apenas lendo a Bíblia, eles tomaram dos judeus essa "cerviz dura" de que ela fala. Vemos as seitas obstinadas em perseverar na sua singularidade e na sua resolução, que deve ter parecido ou louca ou escandalosa, em querer aplicar aos negócios as mesmas regras da vida religiosa e moral. Como se toda a realidade devesse se dobrar a ela, e acabou se dobrando. Existe, nesse desprezo pela realidade, portanto pelos comportamentos e pelas regras habituais, tanta confiança quanto consciência de uma situação desesperada, em que não se pode distanciar do caminho traçado por sua crença. Foi assim que os batistas e os quakers, por exemplo, começaram a respeitar seus compromissos comerciais com um escrúpulo surpreendente. Eis o que definia os hábitos de uma sociedade em que os homens de negócio tinham o costume de não manter a palavra, de enganar no peso ou nos preços, de não pagar suas dívidas, e assim por diante. Contudo, semelhante respeito não somente evitava o aumento de uma culpa nascida da prática do negócio para obter uma graça divina, mas ainda estabelecia um vínculo entre os membros de uma congregação invisível.

> Em suma [escreve Weber], pertencer a uma seita era, para o indivíduo, o equivalente de um certificado de qualificação ética: em particular isso era um testemunho de sua moralidade nos negócios, ao contrário do pertencimento a uma "Igreja" na qual

se "nasceu" e que difunde sua graça tanto sobre o justo quanto sobre o injusto[120].

Tanto e tão bem que o "dever", que poderia tê-los desfavorecido diante de seus concorrentes a quem tudo era permitido, torna-se um "fato" que os favorece. Começou-se a dirigir de preferência aos bancos e aos comércios mantidos pelos puritanos, pois os outros não ofereciam as mesmas garantias de honestidade relativa. Não surpreende que seus benefícios psicológicos fossem fortalecidos pelos benefícios econômicos. George Fox dizia que as pessoas vinham até eles "em tal proporção que os Amigos faziam o dobro do comércio que qualquer outro de seus vizinhos"[121]. A convicção de que um homem honesto pode ganhar mais dinheiro do que um outro é evidentemente um paradoxo. Mas que talvez contenha o segredo de sua poderosa sedução. Mesmo contradizendo uma sabedoria milenar, ele fala a linguagem das emoções humanas. Ele expressa o desejo de "purificar" e tornar virtuosas ocupações julgadas impuras e pecaminosas. Ao aplicar de maneira resoluta uma regra ética, "a honestidade é a melhor política", àquilo que parecia excluí-la, os puritanos respondem ao mesmo tempo a esse desejo e garantem a sua superioridade. Uma superioridade vital, como vocês podem imaginar, para "uma minoria perpétua que exige tanta confiança em si"[122]. E que, por seu sucesso, exerce uma influência tanto nos seus adeptos quanto nos seus adversários, forçados a seguir o exemplo deles.

De forma que o espírito do capitalismo se difunde muito além das fronteiras da coletividade puritana, até se tornar geral. Se praticar preços honestos e fixos permite aumentar a sua clientela e a sua fortuna, então aceita-se a honestidade. Eis o que engendra uma atmosfera favorável ao crédito e às trocas, monetárias sobretudo. A confiança é indispensável. Ela facilita e acelera o andamento dos negócios, tornando-se a qualidade de uma parte da burguesia:

---

120. WEBER, M. *L'ethique protestante et l'esprit du capitalism.* Op. cit., p. 236.

121. WATTS, M.R. *The Dissenters.* Op. cit., p. 365.

122. WOOLF, V. *Beau Brummell.* Paris: Obsidiane, 1985, p. 59.

É sabido [evoca Weber] que os batistas sempre reivindicaram a honra de ter erigido essa atitude como princípio. Sem dúvida é uma crença universal que os deuses abençoam com a riqueza aquele que soube agradá-los, quer seja pelo sacrifício ou pelo modo pelo qual ele se comportou. Se as seitas protestantes certamente não foram as únicas a vincular conscientemente essa ideia ao tipo de conduta religiosa que convinha no início do capitalismo: *honesty is the best policy*, elas foram contudo as únicas que deram essa continuidade e essa coerência[123].

Esse é apenas um exemplo entre outros. Ele me parece característico das inovações concebidas por essas seitas e da consistência com que elas foram propagadas. Ao agrupá-las em um sistema de ação exemplar conforme aos seus valores, os puritanos mudaram, como se diz, as regras do jogo. E desse modo, o próprio jogo, isto é, a sociedade em torno. Sem a metamorfose desses valores em ações que reconhecem as implicações econômicas da doutrina de Calvino, não se pode explicar seu extraordinário impacto sobre o empreendimento capitalista, sobre o método com o qual ele foi conduzido. Mas uma vez a mutação finalizada, o meio de salvação se torna um fim. O capitalismo subsiste, o "espírito" que o inspirou se evapora. Ele não precisa mais seguir suas máximas éticas, e pode funcionar aplicando-as sob a forma de receitas técnicas, racionais. Assim, aquilo que se anunciou como uma busca de graça e de vocação interior tornou-se, por seu próprio sucesso, uma coerção e um trabalho exterior que se é forçado a executar.

Dessa epopeia da salvação em que se destruíram tantas almas, temos apenas lembranças emaciadas. O capitalismo triunfante se desviou do seu passado, e aquilo que começou pela fé dos homens continuou pela mecânica das coisas. "E a ideia de realizar seu dever por meio de um trabalho obseda, doravante, a nossa vida, como o espectro de crenças religiosas desaparecidas"[124]. Isso significa dizer muito pouco, pois essas próprias crenças se

---

123. WEBER, M. *L'ethique protestante et l'esprit du capitalism.* Op. cit., p. 245.

124. Ibid., p. 224-225.

tornaram um negócio para as seitas e para as igrejas, nos Estados Unidos por exemplo, que rivalizam em riqueza e competem entre si no mercado da fé. Nesse ponto acaba a explicação sobre a origem do capitalismo e da inovação em geral, na sociedade moderna. Saber como ela funciona e se reproduz para continuar[125] é uma outra questão.

Isto não é psicologia

Parece até uma história santa! E por que se surpreender com isso? Apesar de suas repetidas referências à ciência, o importante da *Ética protestante e o espírito do capitalismo* é a de ser um mito. Talvez o único mito sobre as origens da época moderna que a sociologia tenha sido capaz de engendrar. Que esse fato possa ser mudado no que quer que seja me parece uma ilusão contra a qual muita energia já foi desperdiçada. Não podemos nem prová-lo, nem desmenti-lo, apenas reconhecê-lo. É precisamente isso que constitui a unidade, a grandeza do procedimento e seu incontestável valor. Daí vem sua popularidade atual. Para nós que desejamos discutir a teoria de Weber por sua própria natureza, e sem nos preocuparmos com sua verdade histórica, devemos nos lembrar de que ela aborda o nascimento do capitalismo através de uma questão geral: "De que maneira certas crenças religiosas determinam o aparecimento de uma mentalidade econômica, ou seja, do *ethos* de uma forma de economia?"[126]

Observem logo que, segundo ele, o capital tem como condições exteriores interesses e relações sociais criados por uma classe particular, os capitalistas. Mas a etapa seguinte, a sua origem moderna, é preciso buscá-la na lógica das representações religiosas, em resumo, na potência de uma ideia, a predestinação, que molda o regime econômico no Ocidente. Sob a sua ascendência, os protestantes transformam o trabalho de necessidade em vocação, e o dinheiro de ganha-pão em ganha-salvação. No momento

---

125. Sobre a oposição entre os dois processos, cf. MOSCOVICI, S. *Essai sur l'histoire humaine de la nature*. Op. cit.

126. WEBER, M. *L'ethique protestante et l'esprit du capitalism*. Op. cit., p. 21.

em que o poder das velhas mentalidades está consideravelmente abalado, eles as substituem por uma nova, e conferem um outro sentido aos interesses e às relações capitalistas. O "espírito" que os habita constitui, aos olhos dos deserdados da fé, mais uma manifestação de ordem divina do que de ordem humana. Eis por que somente a Europa cristã, entre todas as civilizações, inventou uma economia largamente racional. Foi o início de uma longa metamorfose que vai do interior para o exterior, que inverte os termos de uma equação da ciência. Em vez de explicar, como convém, a crença que a anima pelos fatores da economia, podemos explicar o regime econômico que dela resulta pelos fatores religiosos. Weber afirma que essa é apenas uma das hipóteses possíveis[127], por prudência, senão por modéstia. Mas todo autor que propõe uma teoria considera-a ao mesmo tempo verdadeira e única: isso é evidente. Vocês não percebem nem a sombra de uma dúvida quando ele escreve, a respeito dos inventores do "espírito do capitalismo": "Ali reside a razão da ação econômica profunda das *minorias* ascéticas protestantes, o que não se aplica aos católicos"[128].

Será que eu poderia lhes dizer que o mais impressionante é que a teoria faz da ética uma força criadora e o elemento faustiano da sociedade? Sob seu impulso, a representação de um grupo ou de um indivíduo se transforma em seu contrário, a realidade; o verbo se faz carne. Isso já está claro. De todo modo, em seus limites, essa teoria se abre para uma psicologia das massas e, principalmente, para uma psicologia dos indivíduos. Mergulhado novamente na atmosfera da Bíblia, muitas vezes me veio ao espírito, lendo Weber, o episódio do velho Isaac. Quando, já cego pela idade, ele recebe seu filho Jacó, vestido com peles de cabra, que almeja a herança do filho primogênito Esaú, Isaac lhe diz ao tocá-lo: "As mãos são as mãos de Esaú, mas a voz é a voz de Jacó". É exatamente a mesma coisa com a teoria do sociólogo alemão. Os fatos são sociais, sem a menor dúvida, mas as causas, o som que expressam, são psíquicos.

---

127. Ibid., p. 226-227.

128. Ibid., p. 184.

Impressionante também me parece a arrogância rude, e até mesmo o desdém com que Weber trata a ciência sobre a qual se fundamenta seu trabalho e com a qual, evidentemente, ele tem muita familiaridade. Essa atitude incompatível com a objetividade merece uma reflexão. Quando ele resolve seu problema, quando explica por que a doutrina da predestinação teve como consequência transformar as práticas econômicas e sociais, Weber invoca motivações psicológicas. Aqui como em outro lugar, trata-se de um procedimento frequente que até mesmo os sociólogos mais patriotas reconhecem, seja para justificá-lo, seja para criticá-lo. Parsons, por exemplo, o recrimina nos seguintes termos: "Em segundo lugar, a rigidez tipológica aparece, nas suas análises [as de Weber] da passagem de um para outro, tendendo assim a unir as categorias de motivos a tipos de ação. Assim, ele 'psicologiza' sobremaneira a interpretação da ação social no âmbito dos sistemas sociais"[129].

A tendência é mais acentuada e mais determinante na *Ética protestante*. Em tom de constatação, um sociólogo inglês resume a sua tese: "As pressões lógicas e psicológicas engendradas pelas ideias de Calvino conduzem ao desenvolvimento daquilo que Weber chama ascetismo mundano, que é ao mesmo tempo uma atitude ética nova e uma nova estrutura de personalidade"[130]. Daí o espírito do capitalismo. E, em tom de censor, o erudito americano Strauss conclui: "Mas [Weber] só consegue ligar o espírito do capitalismo à Reforma ou mais especialmente ao calvinismo, apelando para a dialética histórica ou para construções psicológicas contestáveis"[131]. Poderíamos compilar um dossiê, a coisa tendo sido observada muitas vezes[132].

Todavia, o próprio tom de Weber, quando se trata de psicologia, chama muito mais minha atenção. Logo surge uma irritação,

---

129. PARSONS, T. "Preface". WEBER, M. *The Sociology of Religion*. [s.l.]: [s.e.], p. LXXI.

130. BRUBAKER, R. *The Limits of Rationality*. Londres: Allen and Unwin, 1984, p. 24.

131. STRAUSS, L. *Droit naturel et histoire*. Paris: Flammarion, 1986, p. 136.

132. HABERMAS, J. *Après Marx*. Paris: Fayard, 1985. • MARSHALL, G. *In Search of the Spirit of Capitalism*. Londres: Hutchinson, 1982.

aspas vingadoras selecionam e crivam o texto, estigmatizando aquilo que deve ser mantido a distância. Poderíamos dizer que a presença de certas palavras o incomoda, e que ele tem necessidade de se desculpar por elas. Não somente a pretensa serenidade o abandona, mas a lógica se eclipsa. Simples reação epidérmica, um caso de humor filosófico? Lógico que não. Elas são demasiado sistemáticas para isso. Eis aqui algumas amostras. Weber se interessa pela inovação e esta, em sua ótica, devendo superar a "preguiça" dos hábitos, supõe que indivíduos ou um grupo exerçam uma influência, psicológica pela força das coisas, nesse sentido[133]. E ele esclarece:

> Os efeitos da intuição, e em particular da "inspiração" – que muitas vezes são confundidos sob o nome ambíguo de "sugestão" –, constam entre as fontes principais de onde decorre a introdução de inovações reais[134].

O que significa então a necessidade de colocar a palavra sugestão entre aspas qualificando-a, além do mais, como ambígua? Evidentemente, ela não é mais ambígua do que as noções de intuição e de inspiração. No momento em que ele escrevia, consideravam-na como suficientemente clara em psicologia. Era perfeitamente lícito afirmar que um pensamento ou uma ação original transforma, por causa de uma sugestão, o comportamento de uma sociedade.

O mesmo procedimento é encontrado com efeitos mais acentuados. Weber não perde uma ocasião, em todos os seus livros, de descrever os estados emocionais dos grupos, suas oscilações entre o êxtase e o abatimento. Como todos os psicólogos das massas da época, ele vê nelas as manifestações ora da potência mágica e ora de um chamado profético. Após ter evidenciado o papel dessas emoções na vida de uma seita, ele acrescentou em uma nota:

> Por excelentes razões, negligenciamos voluntariamente discutir aqui o aspecto "psicológico" – no sentido científico, técnico,

---

133. WEBER, M. *Economie et societé*. Op. cit., p. 153.

134. Ibid., p. 226.

da palavra – desses fenômenos religiosos: e evitamos até mesmo, na medida do possível, a terminologia correspondente. As aquisições certeiras da psicologia, da psiquiatria inclusive, são, até nova ordem, insuficientes para serem utilizadas desde agora nas pesquisas históricas que, relativas a nossos problemas, pelo menos sem que represente um risco de perturbar a objetividade do julgamento histórico[135].

Deixemos de lado o fato de que poderíamos dizer a mesma coisa de toda ciência em qualquer momento. Mas não passa de argumentos vagos para justificar a recusa de se referir aos trabalhos dos psicólogos e discuti-los, justo ele que os leu e por eles foi marcado. E isso, no mesmo instante em que deles se serve para examinar esses fenômenos religiosos em termos que nenhum psicólogo teria recusado.

Um pouco mais adiante, na *Ética protestante*, Weber não esconde a sua irritação com os autores que se sentiram atraídos a extrair uma consequência, explícita, de suas análises:

> Sem dúvida, o presente estudo não levou em consideração senão as relações em que uma influência das ideias religiosas sobre a civilização "material" é indubitável. A partir de então, teria sido fácil passar a uma "construção" formal que teria *deduzido* logicamente do racionalismo protestante *tudo* o que "caracteriza" a civilização moderna. Mas deixemos isso aos diletantes que acreditam na "unidade" de um "psiquismo coletivo" que seria redutível a uma fórmula[136].

Estranhas observações! Quem seria leviano o suficiente para tentá-lo com mais gênio do que ele próprio o fez? Então, não seria leviandade pensar que fosse possível delimitar um conjunto de relações sociais em que a influência das crenças sobre a economia material fosse *indubitável*? Mesmo podendo afirmá-lo em princípio, não conhecemos nenhum critério lógico, nem empírico, exceto a convicção íntima, que o permita. Suponho que

---

135. WEBER, M. *L'ethique protestante et l'esprit du capitalism*. Op. cit., p. 122.

136. Ibid., p. 214.

as observações de Weber seriam justificadas se os "diletantes" fossem recrutados entre os clínicos da psicologia. Ora, estes não tinham necessidade de inventar um psiquismo coletivo, pela simples razão de que ele já lhes era dado. O que seria então, a seus olhos, o "espírito do capitalismo"? Nem doutrina teológica, nem método econômico, nem instituição, e sim uma representação social, nem mais nem menos. Enfim, a quem se dirigem essas observações, a quem elas visam? Desejaríamos realmente saber os nomes desses diletantes e saber por que se deve associá-los a esse gênero de psicologia estreita.

Os escritos de Weber estão repletos de alusões semelhantes, tão cáusticas que o erudito passa dos limites, mesmo sem perceber. E eis que o principal está estipulado, colocado entre aspas no preâmbulo de sua imensa obra inacabada de sociologia:

> Contudo, a sociologia *não mantém* com a psicologia relações gerais mais estreitas do que com qualquer outra disciplina. O erro tem sua origem no conceito de "psíquico": aquilo que não é "físico" seria "psíquico". O *sentido* de uma operação aritmética não é, no entanto, "psíquico". A reflexão racional de um homem que se pergunta se uma determinada atividade é, de acordo com os interesses estabelecidos com precisão, proveitosa ou não às consequências que ele espera dela, e a decisão que então toma em função do resultado em nada se tornam mais compreensíveis pelo intermédio de considerações "psicológicas"[137].

E muito menos por meio de considerações "sociológicas". Pois, se tais homens existissem em carne e osso, a reflexão perderia um pouco de seu esplendor mágico; e se pudéssemos conhecer os seus interesses com exatidão, quem ainda necessitaria de qualquer tipo de ciência? Sobre esse ponto, psicologia e sociologia, sociologia e psicologia, tanto faz! Incontestavelmente, somar, subtrair, multiplicar não têm um sentido psíquico, desde que não nos ocupemos em saber quem o faz e o que se soma, multiplica, subtrai.

---

137. WEBER, M. *Economie et societé*. Op. cit., p. 17.

Se adotarmos esse ponto de vista para explicarmos o comportamento racional de um médico que diagnostica uma doença seguindo as regras da arte, não há nenhuma necessidade de considerar a sua experiência e o seu estado psíquico, sendo evidente o sentido de sua atividade. Assim como para um engenheiro, ou para um general no campo de batalha, que agem de maneira racional. "'Explicar' uma atividade desse gênero [escreve Weber em seus *Ensaios sobre a teoria das ciências sociais*], nunca poderia significar que a fazemos derivar das 'condições psíquicas', mas pelo contrário que a fazemos derivar das expectativas, e exclusivamente das expectativas, que subjetivamente alimentamos a respeito do comportamento dos *objetos* (racionalidade subjetiva por finalidade) e que tivéssemos o direito de alimentar tendo como base experiências válidas". Mais uma vez as aspas, mas que, uma vez retiradas, revelam que se trata apenas de uma meia-explicação. Limito-me apenas ao caso do médico. Para tratar o seu paciente como um objeto, como todos nós sabemos, ele deve se ater a uma representação orgânica da pessoa. A todo instante, ele deve reprimir simpatia ou antipatia, evitando se identificar com o doente. E é essa espécie de indiferença pelo sofrimento que se atinge por meio de uma ginástica das emoções, após muitos esforços. Essas são as suas condições psíquicas, e elas são necessárias para explicar as expectativas e o agir racional do médico.

É um sinal de saúde dos instintos de Weber querer provar a si mesmo que a ciência da sociedade possui títulos de independência. E evidentemente sua obra sobreviverá quando forem esquecidos todos os argumentos empregados, que apenas o respeito nos impede de qualificar. Todavia, se existe uma ciência com a qual ele procura ao mesmo tempo evitar um frente a frente e mantém um comércio profundo, é realmente a psicologia, e sem as aspas. Ela lhe fornece a trama de seus relatos e as respostas às questões que se colocam os indivíduos de carne e osso que ele põe em cena nos palcos da sociedade. Raymond Aron tem razão em dizer que ele jamais pôde dispensá-la e que para ele a compreensão de fenômenos sociais oscila "entre o 'psicologismo' de Jaspers [...] e a via indireta do neokantismo que só chega à significação passando pelo valor"[138]. A coisa é provável, e inclino-me a pensar que não poderia ter sido de outra forma.

Em um breve artigo Freud observa o quanto a denegação de uma coisa ou de um sentimento, o fato de constatá-los e de recusá-los, expressa uma tendência a recalcá-los, a fim de evitar um conflito. Dizer a alguém: "Não tenha medo, não vou matá-lo" significa muitas vezes o contrário, o desejo de assustá-lo, e até mesmo de matá-lo que reprimo por razões morais. É por isso que, segundo ele, "julgamento de condenação é o substituto intelectual do recalcamento; seu 'ego' é a marca deste, um certificado de origem como, se poderia dizer, um *made in Germany*".

Ora, esse tipo de julgamento nós o encontramos em Weber nas denegações, nas aspas que desqualificam tudo aquilo que, nas suas teorias, leva o certificado de origem *made in psychology*. O que então ele pode ganhar deixando-se guiar pela denegação? Como faz avançar sua ciência? Reservando incontestavelmente à sociologia o lado racional das ações humanas, as escolhas que os indivíduos fazem conscientemente dos meios para atingir seus fins econômicos ou políticos. No entanto, o recurso à denegação corresponde a uma tensão bem mais profunda que aqui se torna aparente. Sem dúvida, a convicção de que qualquer sociedade é uma sociedade ética, em que os interesses morais e religiosos são considerados mais reais do que os interesses materiais da existência ordinária, está por trás do pensamento de Weber. Percebe-se isso quando ele disseca a anatomia de nossa sociedade para desnudar os estratos teológicos e culturais, e até mesmo os da magia. É preciso uma enquete minuciosa e sem falhas para reconhecer, por detrás das práticas do comerciante de Amsterdã e do empreendedor de Londres, os ensinamentos de Lutero e de Calvino. Não são imaginações, mas hipóteses sobre o porquê dos comportamentos sociais e sobre a natureza das instituições. Elas permitem concluir que as energias religiosas dirigem essa longa ascensão da economia na história de nossa sociedade:

---

[138]. ARON, R., apud WEBER, M. *Le savant et le politique*. Op. cit., p. 10.

Mas as ideias religiosas [ele observa] *não se deixam deduzir* simplesmente das condições "econômicas"; elas são exatamente – e não podemos nada contra isso – os elementos mais profundamente formadores da mentalidade nacional, elas carregam em si a lei do seu desenvolvimento e possuem uma forma coerciva que lhes é própria. Enfim, na medida em que intervêm fatores exteriores à religião, as diferenças mais importantes – como aquelas entre luteranismo e calvinismo – são determinadas sobretudo pelas condições políticas[139].

Seria difícil ser mais direto e dar a entender mais claramente por que foi dedicada a essas ideias, como fez Weber, a parte mais importante de sua obra. Sabemos que elas se assemelham pelos métodos a que recorremos para colocá-las em ação: confissão, contabilidade das boas e das más ações, cura das almas, êxtase, ritos de iniciação do fiel ao grupo. Mas, quase em toda parte, as crenças se distinguem pelo seu conteúdo, segundo a classe social e a forma da sociedade. Os intelectuais ou a burguesia, por exemplo, determinam um cristianismo diferente do cristianismo dos camponeses ou da massa dos cidadãos. Remontar às origens de uma religião ou de uma doutrina, pronunciar-se sobre sua eficácia, sempre consiste em descobrir os benefícios psíquicos que cada indivíduo espera delas. Pressentimos uma das implicações de semelhante concepção e que é difícil de aceitar. Quero dizer, vivendo no mundo contemporâneo, estamos persuadidos de que a ciência e a tecnologia são, em última instância, os fundamentos mais seguros e perfeitos de uma sociedade. Estimamos que esta está tanto mais apta a sobreviver quanto mais se edificar sobre critérios racionais. Ora, a experiência histórica está aí para nos ensinar que, entre as crenças e os conhecimentos, a religião apresenta vantagens notórias e até mesmo superiores. As instituições que lhe dão forma e as coletividades que a encarnam parecem robustas, feitas para durar. E elas duram e perduram. Pensem nas diversas Igrejas que, apesar das vicissitudes políticas e econômicas, dos cismas que as minam, estão sempre de pé, após milênios.

---

139. WEBER, M. *L'ethique protestante et l'esprit du capitalism*. Op. cit., p. 211.

Prática e crença, a religião reivindica justamente o privilégio de não se fundamentar na razão e de não se submeter ao seu veredito. Ninguém lhe pede para ser verdadeira, conforme ao real, mas que garanta a salvação dos homens tornando-os culpados ou virtuosos em um grau qualquer.

Sob um verniz de banalidade, isso significa constatar que a religião é um conjunto de ideias e de instituições que se adapta tão bem, e até mesmo melhor do que a ciência e a técnica, aos movimentos da história. Ao contrário do que se pensa, ela possui um valor para compreender as ações dos homens no tempo e a maneira pela qual uma sociedade se perpetua. Chega-se, então, e Weber certamente o faz, a fazê-la representar o papel de uma força essencial que em toda parte ora resiste, ora obriga a história a se bifurcar em uma nova direção:

> Podemos dizer [escreve ele] que por mais longe que se tenha estendido a influência da concepção puritana da existência – e isto é muito mais importante do que o simples encorajamento à acumulação do capital – essa concepção favoreceu a tendência a uma vida burguesa, economicamente mais racional; ela foi o seu fator mais importante e, sobretudo, o único que foi consequente[140].

Em nossos dias, a coisa é mais difícil. Mas inventamos concepções análogas que determinam os homens em seus sentimentos, seus julgamentos e seus atos. Weber está tão convencido disso que não hesita em afirmar:

> O racionalismo do proletariado – assim como o da burguesia do capitalismo altamente desenvolvido, em plena posse de sua potência econômica, de que ele é o fenômeno complementar – não pode, consequentemente, revestir-se facilmente de um caráter religioso; de todo modo, ele não pode facilmente engendrar uma religiosidade. Aqui, a religião é geralmente substituída por outros sucedâneos ideológicos[141].

---

140. Ibid., p. 214.

141. WEBER, M. *Economie et societé*. Op. cit., p. 506.

É possível. Não procuro nem criticar, nem defender essa maneira de ver. Quero apenas que vocês percebam o quanto ela é coerente. Mas, e Weber não ignora isso, esse fator que molda uma ética dos povos e dos cultos históricos é irracional. Muito naturalmente por sua ação, e não porque as crenças que o compõem sejam um emaranhado de noções contraditórias, ou porque as práticas tenham um caráter mágico. São sempre os conteúdos subjetivos de um dever ou de um ensinamento que forçam o movimento dos homens e associam o seu universo visível a um universo invisível. Ora, a teoria que confere a esse fator essa coerência não pode deixar de lado a psicologia. É preciso que recorram a ela, a fim de compreender por que esses conteúdos fazem com que os homens ora defendam e ora rompam os diques para se lançarem à aventura de uma nova sociedade. Onde eles encontrariam a espontaneidade, a paixão, a tenacidade e também os entusiasmos e os heroísmos necessários? Weber o reconhecia, por ter insistido nisso, quando declara:

> Ora, é sobre esse gênero de pressuposições racionais que a sociologia (inclusive a economia política) constrói a maioria de suas "leis". Em contrapartida, quando se trata de explicar as irracionalidades da atividade, é indiscutível que a psicologia *compreensiva* pode efetivamente prestar serviços definitivamente importantes. Mas isso não modifica em nada o problema fundamental da metodologia[142].

Será que nada se modificou? Talvez não do ponto de vista do método, mas certamente do ponto de vista da teoria. Observem o quanto a convicção de Weber relativa às forças subjetivas e morais que movimentam toda a sociedade, a ética em suma, é profunda. E, no entanto, aquilo que ele se propõe explicar, e que o obseda, é algo exclusivo da Europa. Isto é, a origem de uma sociedade econômica, que se quer objetiva, racional, indiferente aos conflitos dos afetos e das tendências pessoais. Homem do século XIX vê a história seguir a trama de um romance de aprendizagem: nele o herói progredia dos excessos românticos

---

142. Ibid., p. 17.

da juventude à sabedoria e à moderação da idade madura. Cada aventura, cada erro trazia uma lição. Ao final ele concluía uma paz honrosa com a sociedade que o reconhecia e o apreciava. Do mesmo modo, Weber acredita observar uma linha de desenvolvimento de uma sociedade que começa por ser emocional e cujos membros estão em relação de pessoa a pessoa e dominados por uma ideia carismática. O desenvolvimento natural a conduz, de acordo com as circunstâncias, mas nem sempre, para uma situação em que ela se torna racional, e as relações entre os seus membros impessoais, e até mesmo burocráticas. Dessa maneira se encontra comprimido, e até mesmo eliminado, o movimento subjetivo que determina a existência dos homens sempre e em toda parte.

> Os grandes tipos de vida racionais e metódicos [leva-o a observar] eram caracterizados por pressuposições irracionais, aceitas como tais e incorporadas nesses modos de vida[143].

O modo de vida capitalista foi mais longe e rompeu com isso. Ele substituiu por soluções de natureza econômica as soluções de natureza ética e religiosa que estavam em andamento. É por isso que a civilização que conhecemos, e que é o seu resultado,

> não tem de fato mais necessidade de se conduzir pela aprovação de uma ou de outra potência religiosa, e sente a influência exercida pelas normas eclesiásticas sobre a vida econômica, por mais que ainda seja sensível, tanto como um entrave como uma regulamentação estatal. Então, em geral, as condições de interesse de política comercial e social determinam a *Weltanschauung*[144].

Ora, a esse respeito, a denegação da psicologia recalca uma incerteza. Ela é indispensável, como já observamos, para compreender a força interior, se posso dizer, da evolução histórica,

---

[143]. WEBER, M. "La morale économique des grandes religions – Essai de sociologie religieuse comparée". *Archives de Sociologie des Religions*, 5, 1960, p. 20.

[144]. WEBER, M. *Economie et societé*. Op. cit., p. 74.

inclusive a do capitalismo em seus primórdios. Mas até onde e em que medida ela ainda contribui para explicar essa imensa corrente de racionalização que atravessa o mundo moderno? Este não parece obedecer aos mecanismos gerais, ele escapa às normas que moldaram tudo, antes que os interesses da economia predominem em nossa *Weltanschauung*, nossa visão do mundo. Existe então um limite para o emprego da psicologia, no entanto não sabemos onde traçá-lo.

E isso não é tudo. As denegações e as aspas de Weber são destinadas a mascarar uma tensão mais viva. Na realidade, ele não aceita que a nossa sociedade possa se distanciar daquilo que ela tem em comum com as outras. Nós o vemos oscilar incessantemente entre o seu princípio de que no âmago de qualquer autoridade social persiste um dado moral e irracional, e a realidade evidente dessa estrutura particular, ocidental e capitalista, que parece ser exceção. A partir de então, ele utiliza à sua maneira noções psíquicas, criando-as segundo as suas necessidades, recusando se comprometer com a ciência da qual elas provêm ou à qual pertencem. Uma maneira de não amarrar as próprias mãos e de se esquivar das controvérsias que faziam sucesso na época. Acrescentarei, de passagem, que essa tensão, longe de ser absorvida, parece aumentar ao longo de sua vida. Um de seus biógrafos observou:

> Pois sempre somos confrontados com o outro lado de Weber, a sua rejeição da Modernidade e da racionalidade, essa grande fera surge do subconsciente vitoriano. Nos últimos dez anos de sua vida, tanto a sua sociologia política quanto a religiosa foram de tal modo impregnadas por ele que, mesmo em suas críticas mais severas da louca agitação política que observava em seu entorno, o carisma, o mais dionisíaco dos conceitos, ainda que cuidadosamente cercado por barreiras socráticas e apolíneas, domina a cena[145].

A partir de então, torna-se cada vez mais difícil de se prender às noções próprias da sociologia. A mobilidade das interpretações

---

145. MITZMAN, A. *The Iron Cage*. Op. cit., p. 256.

se generaliza em sua obra e temos cada vez mais dificuldade, felizmente, em etiquetá-las. Essa imprecisão é um trunfo, uma vez que lhe permite adaptá-las aos objetos mais variados. Às necessidades das mais diversas disciplinas, que vão da economia à antropologia. E, desse modo, testar uma fecundidade que desde então não se enfraqueceu.

Por outro lado, a obra de Max Weber é inegavelmente uma psicologia. Ela toma corpo nas entranhas dos movimentos puritanos. Para que conseguissem conquistar uma forma econômica que constitui o segredo de sua potência, era necessário que inculcassem em seus adeptos uma disciplina para todos os momentos. Com tudo o que ela implica: iniciação muitas vezes difícil, controle severo pelos correligionários, ascetismo na vida cotidiana, mas também reciprocidade dos deveres. O objetivo disso? "Uma personalidade no sentido formal e psicológico do termo"[146], combinando as exigências contrárias de uma solidão da alma erigida como virtude e de uma existência no meio da comunidade e a seu serviço. Quaker, batista ou metodista, o indivíduo aprende a se tornar ardentemente racional e ardentemente impessoal. Uma personalidade que ainda é encontrada nos países em que as seitas protestantes guardam alguma ascendência.

Exatamente, ao comparar a maneira pela qual Weber a aborda com a maneira de Durkheim, percebemos a singularidade de sua psicologia. E alguma coisa a mais. Em poucas palavras, vocês sabem que, de qualquer maneira que consideremos a evolução da sociedade, vemos emergir, graças ao Renascimento e à Reforma, uma noção de indivíduo[147]. E, segundo Durkheim, à medida que a divisão do trabalho avança e que a consciência coletiva recua, a autoridade da sociedade se abranda. De forma que a autonomia do indivíduo aumenta na proporção em que a influência desta sobre sua consciência se torna mais abstrata. Até ser uma causa de anomia, o sintoma de uma desintegração e de uma falta de coesão mortais. Em resumo, a personalidade se constitui

---

146. WEBER, M. *L'ethique protestante et l'esprit du capitalism*. Op. cit., p. 137.

147. Cf. DUMONT, L. *Essai sur l'individualisme*. Paris: Seuil, 1983.

em luta contra uma sociedade que tem como objetivo retê-la e conformá-la. Seja pela divisão do trabalho ou pela anomia, o ser que disso resulta é um *indivíduo emancipado*.

E agora, se seguirmos a psicologia aceita por Weber, uma coisa ressalta claramente: ser indivíduo aparece como um dever. Membro de uma comunidade dissidente, que desejou e da qual aceita as condutas de vida, ele se sente ainda mais ele mesmo na medida em que depende dela para a sua salvação. Ora, não é contra ela, mas por sua injunção, que se interdita a satisfação que poderia retirar do comércio com seus semelhantes. Ele está restrito a uma distância que o mergulha em uma "solidão interior extraordinária". Aquele que adere a uma seita ou confissão puritana é chamado a se individualizar, a seguir o seu próprio caminho sem esmorecer, pois ninguém pode interceder entre ele e o seu Deus. Assim como se morre como pessoa, assim se é salvo ou condenado como pessoa. Como se uma lei não escrita ditasse às consciências que não pode existir a solidão de uma pessoa sem a solidão de todos.

> Esse ponto [escreve Weber] é especialmente importante para uma interpretação dos fundamentos psicológicos das organizações sociais calvinistas. Seus motivos íntimos são sempre "individualistas", "racionais". O indivíduo não se engaja nessas organizações com suas emoções. A "glória de Deus" e a salvação *pessoal* permanecem constantemente abaixo do limite da consciência[148].

Isto significa ir um pouco rápido e não levar a sério o poder das emoções. É, no entanto, provável que, por meio de uma sublimação coletiva, o puritano renuncie às suas relações com os outros, aos motivos "irracionais" que tem para se associar com eles. E o consegue tanto melhor quanto mais rejeitar, como lhe é ensinado, qualquer exuberância da afetividade e qualquer alegria nascida da vida em comum. Em sua linguagem alusiva, Weber escreve:

---

148. WEBER, M. *L'ethique protestante et l'esprit du capitalism.* Op. cit., p. 120.

Trata-se de uma *sublimação* quando a atividade condicionada pelos afetos aparece como um esforço *consciente* para aliviar um sentimento; nesse caso ela se aproxima a maior parte do tempo (mas nem sempre) de uma racionalização "em valor" ou de uma atividade em finalidade, ou de ambas ao mesmo tempo[149].

Por conseguinte, o puritano se preocupa cada vez mais com seus estados de consciência (*Gesinnung*) e cada vez menos com o andamento exterior da ação. Na medida em que essa sublimação acontece, as condutas particulares dos fiéis não são objeto de um exame à parte com o objetivo de se garantir a conformidade deles às prescrições da ética ou às normas da sociedade. Elas são tratadas como a expressão de uma personalidade interna e autônoma. Desse modo o indivíduo torna-se uma mônada sem comunicação com as outras, não por não ter suficiente consciência coletiva, mas por tê-la em demasia, não porque ela se distancia dele, mas porque ele está próximo demais dela[150]. Nesse sentido, podemos dizer que o puritano é o protótipo do *indivíduo sublimado*.

Por intermédio da oposição entre o pensamento de Durkheim e o de Weber, podemos ler uma outra, desta vez entre os dois princípios de individuação que eclodiram na Europa. O primeiro corresponde ao movimento de emancipação da pessoa em relação à Igreja e ao Estado, como um direito natural; o segundo, à tendência de sublimar, na pessoa, em um novo tipo humano, as paixões que a impedem de formular seus interesses egoístas diante do mundo tal como ele é. E que afirma uma vontade própria e seguida até o fim, resumida pela apóstrofe de Lutero: Aqui eu me controlo.

---

149. WEBER, M. *Economie et societé*. Op. cit., p. 22.

150. Poderíamos dizer que o tipo de indivíduo que representa o protestante sublima, sem idealizar, as relações com os outros, portanto, sem se identificar com eles. Ao passo que a identificação é absolutamente indispensável ao indivíduo emancipado para superar a oposição com os outros e seu grupo. Ele deve idealizá-los para poder permanecer unido a eles. Em sua *Einführung des Narzismus*, Freud acentua a oposição entre as sublimações e a idealização. Segundo ele, a idealização faz intervir uma identificação do sujeito com seu objeto, ao passo que a sublimação segue uma outra via.

Na maioria das vezes, os homens se propõem tarefas que jamais poderão realizar e problemas que ninguém poderia resolver. Mas não poderiam ter feito o que fizeram se tantos deles não tivessem sido levados a renunciar, de uma forma estranha, aos desejos sociais para os quais os sentidos e o instinto de conservação os inclinam de modo natural. A *Ética protestante e o espírito do capitalismo* é, até onde sei, o único estudo em que a psicologia dessa sublimação coletiva foi considerada sob tantos aspectos – inclusive o aspecto inumano – e a propósito de fenômenos sociais tão vastos. Não diremos mais nada a respeito, pois outras ideias nos ocupam aqui além da comparação ou do julgamento dado a uma obra que, com toda razão, é definitiva.

6
O *mana* e os *numina*

A sociedade revolucionária e as sociedades normais

Suas observações pessoais, seus estudos e suas incursões abortadas na vida pública conduziram Weber à conclusão de que uma nação vale pela sua potência, e que sua história não tem outro objetivo. Sem dúvida isso deslocou, ao longo do tempo, seu ponto de vista sobre a sociedade. Vemos o plano inclinado que o leva de um ponto a outro. No início, nós o sentimos preso à concepção de uma sociedade ética cujos dois elementos, religião e economia, são tão irredutíveis quanto os elementos da matéria. Ora, à medida que as revoluções sociais, a guerra e os perigos ameaçam a Alemanha, uma outra concepção toma cada vez mais o seu lugar. A concepção de uma sociedade política, que tem como centro explosivo o carisma, assim como o urânio está no centro de um reator nuclear. Ela é governada por paixões que é preciso deixar agir, e até mesmo estimular, para então poder ser novamente o seu senhor, dobrá-las ao jugo da razão. Sem essa energia interna, opaca a qualquer reflexão, nada de original, nem de eficaz, acontece. Assim, na sua *Política como vocação*, Weber oferece um indício do dilema.

> Pois o problema é exatamente: como forçar a paixão ardente e serenidade da moderação a coexistirem na mesma alma? A política se faz com a cabeça, e não com outras partes do corpo ou da alma. E, no entanto, somente a paixão pode engendrar e alimentar o fervor por ela, a não ser que ela não permaneça um jogo frivolamente intelectual, mas se torne ação autenticamente humana.

Aqui como em outros lugares, os inconciliáveis não se reconciliam senão de tempos em tempos, e somente de maneira imperfeita. Mas a dominação é o apanágio daqueles a quem uma paixão insaciável por uma causa, pelos deuses ou pelos demônios que são os seus mestres, cria o direito e o dever de agir sobre os outros homens. Portanto, é isso que nos ocupará na sequência deste trabalho. Um assunto importante, vocês diriam, e vasto. Sim, tão vasto que me esforçarei para lhes apresentar apenas alguns de seus traços. Poucos de nós, evidentemente, tiveram ocasião de conhecer os efeitos dessa paixão sobre as pessoas e a sociedade. Creio, contudo, que a maioria de nós tem uma imagem de sua potência e de seu papel de impulsionador em situações familiares.

Ora, ao mesmo tempo, aquilo que subentende as duas concepções da sociedade, e permanece o problema diretor da teoria, é a inovação. Essencial a esse respeito é a erupção das forças coletivas, a fluidez de suas relações e, por conseguinte, os *big bangs* sociais cujo princípio já vimos. Ele tem como consequência traçar uma linha divisória e opor duas espécies de sociedades. Weber não as define com toda a clareza desejável, mas podemos encontrá-las graças a uma analogia. Logo fará trinta anos que o historiador americano Kuhn propôs a distinção entre duas ciências que ele nomeia uma de ciência normal, e a outra, de ciência revolucionária. A primeira corresponde a uma situação ordinária. Os pesquisadores estão de acordo sobre as ideias teóricas comuns, falam a mesma linguagem e se dedicam a resolver os problemas correntes, verificando as soluções lógicas e medindo os seus efeitos com uma precisão crescente. Dessa maneira, os resultados se acumulam e os conhecimentos progridem continuamente.

Tudo se passa dessa maneira até o momento em que erros e anomalias insolúveis provocam uma crise entre os pesquisadores e mergulham a pesquisa na confusão. Segue-se uma tentativa de vencer a crise, tarefa que pertence a uma ciência revolucionária. O mundo fechado diante dos pesquisadores é como uma ostra que se trata de reabrir. E eles sabem melhor do que ninguém que ela opõe uma resistência maior à medida que os homens que se esforçam para abri-la envelhecem. São então outros pesquisadores, mais jovens, que tomam a extraordinária iniciativa de criar uma nova série de conceitos e de métodos, um novo paradigma que, com um único golpe, destrona o antigo. A sua ciência marca uma profunda descontinuidade com a ciência do passado e lança a evolução do saber em uma direção original.

Qualquer que seja o valor dessa descrição, a dualidade das ciências serve como ilustração para a nossa. Aqui o contraste é entre uma sociedade revolucionária ou anômala, que resulta de um *big-bang*, e a sociedade normal que se forma, uma vez amortecidas as forças de explosão e banalizadas as inovações que a provocaram. A primeira se reconhece pela efervescência de seus membros e pelo impulso criador de que dão provas. Graças à superexcitação coletiva, as energias históricas e morais se liberam e mudam o curso da sociedade que se supunha tão pouco variável quanto a trajetória de um planeta. Saídos de seus círculos de interesses e de necessidades, os indivíduos participam de uma vida mais simples ou mais intensa. Conhecemos o quanto as modernas manifestações de massa, as primeiras comunidades cristãs, as reuniões na Ágora grega, as repúblicas de conselhos oriundas de uma revolução, nos oferecem imagens concretas dessa sociedade. Reunidos por um novo carisma em coletividades de exceção, os homens têm o sentimento de ser, de tocar as próprias fundações de seu mundo. "Esse fervor carismático [escreve o sociólogo israelense Eisenstadt] está enraizado na tentativa de entrar em contato com a própria essência do ser, de chegar até as próprias raízes da existência, da ordem cósmica, social e cultural, àquilo que é visto como sagrado e fundamental"[151].

Todavia, esse tipo de sociedade, reduzida ao essencial e vivida apenas do interior, não pode ser senão de curta duração, *in statu nascenti*, segundo a expressão consagrada. Ela é, continuando a analogia, como uma ostra que se fecha com um brusco estalido, assim que se retira a ponta da faca que nela foi inserida. Na medida em que as funções correntes de administração, de produção e de troca de bens devem ser garantidas, as exigências da vida cotidiana respeitadas, elas retomam a preponderância. A sociedade não poderia desempenhá-las e voltar a ser estável se suas instituições legais ou costumeiras

---

151. EISENSTADT, S. *Max Weber on Charisma and Institution Building*. Chicago/Londres: University of Chicago Press, 1968, p. XIX.

não se restabelecessem, formando uma unidade. Nesse sentido, ela se torna normal, apta a prescrever a um grande número de pessoas os critérios de conduta e de interesses que passaram pelo teste da experiência, permitindo-lhes se associarem por um longo período de tempo[152].

Certamente muitas palavras seriam necessárias para descrever o impreciso. No entanto, algo de evidente se destaca. Em oposição a um Durkheim, por exemplo, que se empenha em escolher uma sociedade normal, preservada da mudança e da crise, Weber toma, geralmente, como ponto de partida uma sociedade anômala, a exemplo de um pesquisador em medicina que parte de um estado patológico. Como se fosse ela que primeiramente tivesse de ser compreendida, para então fazer a sua teoria. De onde decorre em seguida, por extensão, a possibilidade de descrever e de explicar a outra sociedade, o seu resultado. Em princípio, o dado pelo qual ele começa tem um caráter raro e irracional. Por intermédio do excepcional, que não se repete, consegue-se dessa maneira compreender alguma coisa de habitual e de rotineiro. De um para o outro, desenvolve-se um trabalho de racionalização ao longo do qual a inovação se reproduz e se torna normal para os homens[153]. Existe aí um método de pesquisa que contrasta com outros métodos sobre os quais não é necessário se debruçar. Se a obra de Weber pende para a psicologia, se nisso ela é pioneira, é sob esse aspecto.

Na realidade, nós nos impressionamos menos, em sua visão da dominação, pela riqueza, pela finesa de suas análises do que por alguma coisa mais forte e de mais imediato, pois ele fala de uma ideia considerada tabu. Ele a reintroduz nas ciências da história e da sociedade que se interessam apenas pelas massas e pelas forças objetivas e que a consideram ultrapassada, e até mesmo contrária à razão. Contudo ela corresponde a uma convicção vivida, representa um fundo comum dos povos e é posta em prática pelos partidos mais modernos. Vocês conhecem essa

---

152. MOSCOVICI, S. *La societé contre nature*. Op. cit.
153. MOSCOVICI, S. *Essai sur l'histoire humaine de la nature*. Op. cit.

ideia: os heróis, os grandes homens, chefes, profetas ou gênios são os rizomas e as raízes das criações humanas. Sem eles a história patina e não se faz.

O culto ao indivíduo de exceção é um dos sintomas de nosso tempo. Ele nos constrange tanto mais que esperávamos vê-lo desaparecer em consequência da crítica, da hostilidade contra qualquer autoridade pessoal e idólatra. Sua persistência nos deixa estupefatos, uma dolorosa crise de vigor mais do que uma crise de valores. No Iluminismo, a preocupação era arrancar a sociedade das garras dos grandes homens. Atualmente, parece que nos preocupamos em nos proteger contra o anonimato de massa. Diante dos deuses do Olimpo, diante do Deus judeu ou cristão, até mesmo os grandes homens permanecem homens. Por um efeito perverso, diante da ausência de deuses, os grandes homens puderam complacentemente fazer de si mesmos deuses ou heróis, onipotentes e oniscientes. Entretanto, não nos surpreendamos com isso. Thomas Carlyle já o anuncia nos escritos que repercutiram primeiramente na filosofia, e depois na ciência. Ele está convencido de que as grandes revoluções pertencem ao passado: a Reforma de Lutero, a insurreição dos puritanos contra a monarquia inglesa, e por fim a Revolução Francesa, que coroa esse movimento. Após esse último ato, segundo o escritor inglês, o mundo precisava de equilíbrio e de sentido. Quem mais poderia oferecê-los além de um herói? O herói está no centro da história e da cultura para dar o impulso que todos esperam e colocar as coisas em movimento.

> O culto aos heróis, declara Carlyle, a admiração servil, sentida do fundo do coração, a submissão ardente, sem limites, à forma mais nobre, divina, do homem – não é o germe do próprio cristianismo?[154]

Carlyle assimila o herói ao santo e ao profeta, ainda que sua missão seja profana. A época sofre com a ausência deles. Mas como reconhecê-lo? Quais são os sinais que permitem distin-

---

154. CARLYLE, T. *On Heroes, Hero-Worship and the Heroic in History*. Nova York: Longman, Green & Co., 1896, p. 11.

guir os verdadeiros dos falsos profetas, descartar os pretensos heróis para conservar aqueles que encarnam uma grande ideia? O povo precisa deles – esse povo que Carlyle designa pelo nome de "empregados", e que mais tarde será a massa. Duas qualidades são essenciais e deixam reconhecer os heróis: a sinceridade e a intuição. Eles as possuem em justas proporções e delas se servem para enfrentar a realidade das coisas. Nada parece mais detestável a Carlyle do que essas teorias mecânicas da vida política que silenciam sobre o papel dos indivíduos de exceção. Sua inspiração é poética, e sua voz se considera antiga e pagã. Mas ela é ouvida, segundo a observação do filósofo alemão Cassirer, como um eco da religião protestante: "A teoria política de Carlyle é, no fundo, apenas um calvinismo disfarçado e transformado. A verdadeira espontaneidade está reservada aos raros eleitos. Quanto aos outros, a massa dos reprovados, devem se submeter à vontade desses eleitos, os dirigentes natos"[155].

Apesar dos floreios de eloquência e das imprecisões históricas, essa visão seduz e conquista um amplo público. Desse modo ela novamente integra os grandes homens, os inventores de nações e os profetas de religiões e de civilizações, no espírito e naquilo que se nomeia o mito do século XX. Ela renova mais a lógica do indivíduo levada ao extremo do que a nostalgia do tempo em que o herói era a medida de todas as coisas. Podemos ver nessa visão o caminho seguido por Nietzsche na direção do super-homem, e pela psicologia das massas na direção do chefe. Weber também o seguiu, pois sua inspiração política e religiosa bebe nas mesmas fontes, e a herança comum com Carlyle o convida a isso. A repercussão de sua teoria da dominação vem, por um lado, do fato de que ela se enxerta nesse mito que a maioria despreza, sem escapar a ele. E cobrir de noções científicas uma convicção viva e entusiasmada representa um trabalho considerável. Assim, para ele, a ideia de que os grandes homens são os moldadores de nossa vida coletiva e os desatadores dos nós górdios da história passa da poesia à ciência.

---

155. CASSIRER, E. *The Myth of the State*. Garden City, NY: Doubleday & Co., 1955, p. 241.

Legitimidade, interdito da crítica e dominação do carisma

Sem dúvida o poder é a fonte inevitável das relações entre os homens. Nós o vemos se exercer em toda parte, na escola assim como no lar, no mercado assim como na administração, e, evidentemente, no Estado e na Igreja. "Obedeçam uns a alguns outros" é o único imperativo categórico comum a todas as crenças. Dois lados caracterizam o poder. No lado direito, é um princípio de *ordem* que separa os governantes dos governados e indica de que maneira a maioria deve obedecer à minoria que comanda. Se uma instituição o aplica com rigor, ela desvia os primeiros da tentação de comandar e os segundos de ceder à forte tentação de obedecer. No lado avesso, o poder é um princípio de *ação* com que uma sociedade conta. Ele impõe um objetivo a seus membros e lhes dita a conduta a ser seguida para realizá-lo. Sem ele, não se pode aplicar as decisões tomadas e exigir dos indivíduos os meios necessários em tempo, riqueza e, às vezes, em vidas humanas, como durante as guerras. É evidente que sempre permanece uma margem de escolha e de liberdade, sem o que a dominação seria inútil. Mas assim que esse princípio começa a se enfraquecer, as próprias ditaduras se desagregam e viram pó. Como se o poder se tornasse impotente, a partir do instante em que a ordem é mantida sem ser capaz de agir, a exemplo de um belo corpo intacto e, no entanto, paralisado.

Essa é a questão dos instrumentos do poder que devemos observar mais de perto, para nos aproximarmos de nosso assunto. O princípio de ordem se manifesta por meio de uma ferramenta singular, a violência. Ocasionalmente metamorfoseada até se tornar invisível, e isso não podemos negar, ainda assim é impossível que esteja ausente ou que se possa dispensá-la. Quando ela não é mostrada, é ela que se mostra, e quando é negada, é ainda ela que se afirma. "Todo Estado é fundado na força", disse um dia Trotski. Essa verdade é usada em toda parte e ninguém a desmentiu. Princípio de ação, o poder se assemelha ao postulado de uma ciência. Ele não é escolhido a partir das provas de experiências, nem das provas de teoria, mas a partir de uma evidência primeira ratificada pelos cientistas. Como, por exemplo, o postulado do paralelismo de duas linhas retas que passam por um ponto, em geometria, ou o da conservação da energia, em física. Do mesmo modo, "escolhe-se" o postulado de ação em uma sociedade para justificar com que objetivo e por meio de que método, a quem, em nome de que e a que título os seus membros devem obedecer. Quando um partido ou um homem político elabora um projeto e o propõe à nação, quaisquer que sejam suas intenções no momento, eles se dão uma carta para governar. De uma maneira ou de outra, o poder se reveste de uma superioridade moral. Por isso ele nunca é brutal, força pela força, luta pela luta.

Qualquer que seja o poder com que os homens são confrontados, uma questão se coloca: "Em que condições eles se submetem, e por quê? Em que justificativas internas e em que meios externos essa dominação se apoia?"[156] Entre essas condições, Weber leva em consideração inicialmente a força militar e política do exército, por exemplo, ou o interesse econômico. Em seguida, a obediência à autoridade em razão de um direito reconhecido, digamos pela eleição ou pela herança, a um indivíduo de comandar os outros. Por um lado, portanto, a violência sob diversas formas e, por outro, a legitimidade que justifica e consagra a dominação. Ouçamos, para ilustrar esse contraste, esta apóstrofe do Corão: "Os beduínos dizem: 'Nós acreditamos' Diga: 'Vós não acreditais'. Digam antes: 'Nós nos submetemos', enquanto a fé ainda não entrou em vossos corações".

Uma fé interior acrescida à violência exterior em proporções variadas, eis a fórmula da legitimidade. De acordo com aquilo que já sabemos, Weber considera, e esse é o fundamento de sua teoria, a dominação exclusivamente sob esse ponto de vista. Não que as pressões econômicas e militares sejam negligenciáveis. Mas é consentindo que melhor se obedece e obtendo a confiança, e até mesmo o amor, que melhor se comanda. O pensador inglês Ruskin escrevia com razão:

---

156. WEBER, M. *Le savant et le politique*. Op. cit., p. 101.

> Contudo o rei visível também pode ser um rei verdadeiro caso chegue o dia em que ele queira avaliar o seu reino segundo a sua verdadeira força e não segundo os seus limites geográficos. Pouco importa que a Trent vos conquiste um castelo aqui ou que o Reno abrace um castelo de menos acolá. Mas importa a vós, rei dos homens, que possais realmente dizer a esse homem "Vai" e que ele vá, e esse outro "Vem" e que ele venha... O que vos importa, rei dos homens, é saber se vosso povo vos odeia e morre por vós, ou vos ama e vive por vós[157].

Quaisquer que sejam as causas, submeter-se equivale, em suma, a confiar. Retornaremos a esse ponto para compreender o seu significado psíquico. Basta no momento lembrar que um grão de dúvida em milhões de pessoas leva à queda de um tirano, ainda que poderoso. As ditaduras não são apenas contrárias aos direitos do homem, mas também à verdadeira natureza do poder. O recurso à violência permanente suscita a apatia, a indiferença e a hostilidade. Sem deixar de lado essa prudência que La Fontaine chamava "mãe da segurança". Em um terreno tão estéril não pode germinar nem a menor confiança nem a adesão profunda. Nessas circunstâncias, uma minoria, mesmo ínfima, pode desfazer os temores e minar as convicções que subsistem. Principalmente quando ela sabe persuadir as massas de que elas estão certas em recusar a confiança que delas se exige.

Constatemos que Weber certamente considera a dominação sob esse ângulo e julga como subsidiário o que é relativo ao interesse ou à força.

> Alguns motivos estritamente materiais e racionais em finalidade [escreve ele], de aliança entre o detentor do poder e a direção administrativa significam uma permanência relativamente instável desta. Geralmente outros vêm se acrescentar – afetivos e racionais em valor. Em casos extraordinários somente estes podem ser decisivos. Na vida ordinária a tradição, e com ela o interesse material, racional em finalidade, os dominam assim como eles dominam as outras relações. Mas tradições ou interesses

---

157. RUSKIN, J. *Sésame et le lys*. Bruxelas: Complète, 1987, p. 230.

não podem, não mais do que motivos de aliança estritamente afetivos ou racionais em valor, estabelecer os fundamentos certos de uma dominação. Normalmente um fator decisivo mais amplo se adiciona a eles: a crença na legitimidade[158].

Em suma, o poder de um partido sobre uma nação, de um professor sobre uma classe, de um chefe sobre uma massa, exerce-se sob a condição de que a nação, a classe ou a massa tenham fé nele, não contestem a sua legitimidade. Essa fé expressa a pressão da sociedade no indivíduo que lhe inculca uma disciplina e lhe ensina aquilo que é o bem ou o mal, justo ou injusto. Até que as regras e os valores acabem se tornando uma única coisa com ele, incorporando-se à sua constituição. Ele acredita naquilo que lhe pedem para fazer e o executa, levado por potências invisíveis que emanam dele próprio, pelo menos de sua vontade. Um poder que tem como centro de gravidade esse tipo de disciplina é legítimo. O sociólogo alemão Habermas oferece dele uma definição mais geral. Na minha opinião, ela é realmente definitiva, por isso a reproduzo:

> A legitimidade de uma ordem política se mede pela *credibilidade* de que ela se beneficia entre aqueles que estão submetidos a essa dominação[159].

É isso o que as sondagens semanais devem medir sobre nossos homens políticos, ou então o que o papa vai procurar em terras distantes quando reúne milhares e milhões de pessoas. É também o que se compreende quando se diz que o presidente da República se beneficia de um "estado de graça". A legitimidade é então tão grande que espontaneamente adquire o aspecto do amor pessoal. Ela transporta os indivíduos para uma outra realidade, mais calorosa e mais íntima, da qual não duvidam que seja fruto de sua escolha e de seu feito.

A credibilidade é, portanto, o principal problema da dominação. Mas uma credibilidade particular que, ao contrário de qual-

---

158. WEBER, M. *Economie et societé*. Op. cit., p. 220.

159. HABERMAS, J. *Après Marx*. Op. cit., p. 283.

quer outra, não pode se apoiar unicamente no sentimento e na opinião. Podemos compreendê-la apenas em parte, caso nos contentemos com índices tão vagos. É surpreendente observar que tantos sociólogos e especialistas em ciências políticas tenham sido tão pouco explícitos sobre isso quanto o próprio Weber o foi. Como a credibilidade se mantém protegida das flutuações de humor e de julgamento? Em matéria de legitimidade, a duração se impõe de forma imperativa, isso se observa muito bem na preocupação que os dirigentes têm em garantir continuadores e fixar uma doutrina.

Nesse sentido, o seu conteúdo psíquico e subjetivo pressupõe uma expressão social. Creio que devo esclarecer melhor. Certamente a sua natureza é de um consenso sobre as crenças e os valores. Mas se esse consenso resulta de uma deliberação e de uma troca de argumentos que têm força de convicção, ele não pode se apoiar nessas crenças e valores. Porque lhe seria necessário exercer uma constante influência para manter os membros do grupo em uníssono e obter o seu consentimento por cada coisa. Pelo contrário, a confiança nesse consenso, nas relações entre governados e governantes, se apoia e se reconhece justamente na ausência de discussão. Em outras palavras, ela tem a particularidade de se fundamentar em um interdito, não expressado, mas onipresente, *o interdito da crítica*. Por esse meio, uma coletividade protege aquilo que lhe é caro das controvérsias e das dissonâncias, pelo menos em praça pública. As convicções e as regras vitais são postas à parte e acima de todas as outras, assim como o ouro está acima do papel-moeda.

Podemos debater o melhor modo de escrutínio, mas o próprio princípio do escrutínio é inatacável. Podemos definir as restrições feitas às liberdades, e os códigos servem para isso, por exemplo, o código da imprensa. Mas a própria liberdade é intocável, e ninguém ousaria apagá-la do frontão de nossas prefeituras. O mesmo acontece com a igualdade, apesar de alguns desrespeitos que ela sofre na prática.

Aquilo que se proíbe criticar, não devemos prová-lo assim como não podemos refutá-lo. Nesses assuntos, todos se dobram à regra sintética: "Não discutirás". Ela encontra naturalmente um eco no pensamento do filósofo italiano Vico: "A dúvida deve ser eliminada de qualquer doutrina, sobretudo de qualquer doutrina moral". Já que ela conota uma carência ou uma fraqueza à qual apenas se pode opor a força, e não a sua convicção. Eu não poderia enumerar todos os exemplos desse interdito nem ilustrar sua universalidade. Todo mundo se inclina espontaneamente diante dele. Obstáculo invisível e intangível, ele constrange pela violência das paixões que desperta entre nós. Quem quer que tenha a intenção de recolocar em discussão aquilo que não é contestado se expõe a um dos mais violentos ressentimentos. Observem com que prontidão igrejas ou partidos excomungam pela mais insignificante dissidência ou até mesmo discussão, e terão uma ideia. Coloca-se como regra que o direito de criticar está inscrito em nossas leis e em nossos costumes. Com certeza, mas evidentemente o interdito o limita a fim de fazer respeitar e legitimar o poder de nossas leis e costumes. E ele está subentendido nessas banalidades que continuam em uso como "É o meu país, quer esteja certo ou errado", "Fora da Igreja não há salvação", ou ainda "Quem cala consente".

A força do interdito! Diante dele se calam a consciência e a vontade de exame. "Mas o silêncio, escrevia o filósofo Kierkegaard, ou o ensinamento que nele buscamos, a arte de nos calarmos, é a condição da verdadeira obediência"[160]. Por esse silêncio, que todos conhecemos por tê-lo guardado mais de uma vez, damos uma garantia de submissão e atestamos nossa confiança.

Estou ciente de simplificar as coisas. Mas de todo modo a proibição da crítica não pertence à história antiga. Em toda parte e sempre, ela manifesta, e esta é a sua singularidade, a existência de uma legitimidade e a garante. Pela simples razão de colocar acima da dúvida e da controvérsia as crenças e práticas indispensáveis para dominar. Seria um erro igualar semelhante silêncio a um desconhecimento ou a uma dissimulação que fariam de nós, a maioria de uma sociedade, inocentes servidores de uma força que se orgulha de seus símbolos. Nem signo nem símbolo, o poder reside tanto no interdito proclamado e explícito

---

160. KIERKEGAARD, S. *Œuvres completes*. T. XVI. Paris: Gallimard, 1962, p. 312.

que o torna infalível a nossos olhos quanto na violência destinada a expressá-lo[161].

O que nos leva a lançar sobre os homens de poder um olhar meio inquieto, meio arrogante? Não é a diferença entre o que dizem e o que fazem, ainda que ela transpareça a todo momento na demagogia em que tão frequentemente e depressa caem e se perdem. Nem tampouco a falta de probidade, às vezes tão evidente, apesar do clamor virtuoso que discretamente sai de suas bocas. Todos se consideram pessoas que se teriam alçado a suas posições eminentes, levados por um sentido das responsabilidades e por uma coragem sem igual, diante dos perigos de uma situação de incertezas e de ameaças. Não, a nossa perplexidade vem de uma impressão obscura e indefinível. A todo instante, apesar de tudo, estaríamos prontos a lhes reconhecer todas as qualidades que não têm, a abandonar nossa atitude reservada para segui-los. Mas, semelhantes a sacerdotes que exortariam os fiéis a pecar contra a sua fé, eles nos obrigam, pelos excessos e pelas astúcias, a sairmos de nós mesmos e a violarmos a única regra que tornaria a sua autoridade legítima. E quem não se cala não consente mais. Ora, o silêncio consentido é a condição intrínseca da presença de um poder verdadeiro. O filósofo Wittgenstein a resumiu em uma fórmula concisa da potência da linguagem: "Sobre o que não se pode falar, é preciso calá-lo".

Petrificado em cada consciência, o interdito exaure as dúvidas e sufoca as intermitências do coração. Pois um poder discutido e interpretado de maneira contraditória já não é mais um poder. Foi porque souberam manter uma zona de princípios protegida das controvérsias e as evitaram na hora certa que os homens e os grupos souberam manter por mais tempo a autoridade. Um po-

---

161. Uma importante lacuna das teorias da legitimidade me parece ser elas não aprofundarem as condições nas quais a "credibilidade" se estabelece e dura. Convém reconhecer que esse interdito lhe é específico e garante a conformidade das opiniões e dos sentimentos (cf. MOSCOVICI, S. The Conspiracy Mentality. In: GRAUMANN, C. & MOSCOVICI, S. (orgs.). *Changing Conceptions of Conspiracy*. Nova York: Springer, 1987, p. 151-169). Compreendemos essa lacuna. Todas essas teorias são fundamentadas em uma psicologia individual e ignoram esse interdito essencial da psicologia coletiva.

der que tem o sabor do fruto proibido: todos desejam consumi-lo, mas poucos ousam mordê-lo.

Não é a dominação que interessa a Weber, mas seu caráter único. A economia, a família, a religião têm um lugar definido na ordem social que corresponde a interesses e a princípios permanentes. Ora, a dominação, que é difusa, tem um estatuto à parte. Enquanto instituição política, ela coloca um problema de método: como governar? Mas, enquanto relação, ela depende de uma obediência no dia a dia que coloca o problema da legitimidade: em nome de quem e em nome do que acreditar, ter confiança? Se esta última vier a faltar, dirigentes e dirigidos ficam indecisos: o leme do navio, o Estado, por exemplo, está em seu lugar, mas falta energia na casa das máquinas.

Hoje essa situação existe em muitos países da Europa e da América. Weber já se preocupava com isso, e via essa energia diminuir na Alemanha, sobretudo entre as classes burguesas. Confinadas ao mundo dos negócios e da indústria, o seu ofício, não se davam nem os funcionários nem as ferramentas intelectuais para governar a nação com uma mão firme. Ele não acreditava que a classe operária pudesse fazê-lo melhor. No fundo, tanto uns quanto outros estavam persuadidos de que o poder era desprezível, um elemento instável ou um elemento desconexo do edifício social. O avanço de Weber foi o de fazer dele a dimensão última da existência social, de transformar um epifenômeno em fenômeno completo. Todo o resto vem daí; as questões vitais da economia, da administração e da religião, entre outras, são reguladas internamente por uma forma de dominação que impõe as suas soluções. Nada é mais instrutivo do que observar como os marxistas resvalaram, tocaram e, no entanto, não perceberam esse fenômeno. Em consequência, à luz dessa maneira de ver, as forças que fazem mover e transformar a sociedade não estão mais vinculadas, "como Marx poderia ter expressado, ao desenvolvimento das forças de produção, mas aos motivos psicológicos dos dirigentes e dos dirigidos"[162]. Mesmo dito de forma um tanto rápida, o principal está aí.

---

162. MITZMAN, A. *The Iron Cage*. Op. cit., p. 202.

Por fim, e para resumir, são os tipos de legitimidade, portanto as crenças, que condicionam a forma adquirida por uma dominação[163]. Eis a pedra angular da teoria de Weber e a que mais marcou a ciência moderna. Ora, o primeiro tipo de legitimidade, e ao qual ele confere uma extrema atenção é, como vocês sabem, aquele que nasce em um período de turbulência e de crise. Poderíamos dizer que ele toma corpo em uma sociedade anômala e às vezes revolucionária. E esta é a única para a qual o problema de criar uma legitimidade se coloca em termos absolutos, antes mesmo que o poder se instale. Não seria esse o caso de uma nação que se forma, de um movimento social que mobiliza as suas tropas, de uma igreja que surge da exuberância das seitas sem levar em conta a tradição estabelecida? E é justamente porque não percebem a sua necessidade e o seu destino e até mesmo os consideram como absurdos. Assim que a crença neles se difunde na massa, sua absurdidade desaparece, o anátema deixa de atingi-los.

Em seguida os membros dessa sociedade não têm, para mantê-la unida, outra força senão o vínculo direto, pessoal, entre dirigentes e dirigidos. Os interesses são demasiado frágeis e as competências particulares demasiado secundárias para que contribuíssem para isso de modo espetacular. É por isso que o poder que exige pesados sacrifícios com vistas a uma solução incerta se impõe, quando consegue, a manutenção de uma presença quase física, ao alcance dos olhos e da voz. Como nos tempos de guerra e de revolução, as qualidades de caráter e de sentimentos se notabilizam. Na ausência do que, os participantes podem se manter à parte do empreendimento comum.

Quaisquer que sejam as circunstâncias, nesse tipo de sociedade prevalece a ideia de que apenas indivíduos excepcionais podem enfrentar a incerteza em terreno desconhecido. Uma ideia tão sólida quanto a que deseja que nos momentos de desordem surja um chefe ou um salvador. Em sua presença, eles são cativos de suas próprias emoções, soterrados sob a abundância dessas emoções, fascinados, e já obedientes. É o germe de um poder de

---

[163]. WEBER, M. *Economie et societé.* Op. cit., p. 57.

alguma forma sobre-humano e pessoal. Mas o que ele significa? Como reconhecê-lo, senão pelo seu caráter estranho e inquietante? Esse germe, "causa" ou "origem" da legitimidade, tem o nome de *carisma*.

Não é assim que se designa um poder determinado ou determinável, que permite agir nestas ou naquelas circunstâncias, realizar isto ou aquilo. É simplesmente o poder de agir, de mudar as coisas, confiado a um homem. Ele exige por isso mesmo uma extraordinária submissão à pessoa[164], ao seu valor heroico e à ordem que ela encarna.

> No que se segue [escreve Weber] é preciso compreender que o termo "carisma" se refere a uma qualidade extraordinária da pessoa, independentemente do fato de que essa qualidade seja real, pretensa ou suposta. A "autoridade" carismática se referirá, portanto, a uma dominação sobre os homens, quer ela seja sobretudo externa ou sobretudo interna, à qual os governados se submetem porque têm fé na qualidade extraordinária de uma pessoa específica[165].

Estranha noção, como vocês podem observar, e que desafia qualquer expressão evidente. Aqui também, o pensamento de Weber não está claro. Ele afirma resolutamente uma proposição geral a respeito de um fenômeno ou de um conceito e acumula exemplos para apoiá-lo. O resultado dessa operação incerta chama-se um tipo ideal. Levando-se em consideração seus vastos conhecimentos históricos, nada do que ele avança carece de fundamento, mas as provas que oferece são antes de ordem intuitiva. O que se apresenta é uma impressão de conjunto, balanço de argumentos a favor e contra. Nesse caso, a impressão é de que, em uma sociedade em estado de ruptura em que todos os valores se tornam insípidos, a crença na qualidade excepcional de homens como Jesus, Maomé, Napoleão, Gandhi ou Lenin é a verdadeira base da autoridade deles. Juntos, eles compõem uma categoria social que, através dos séculos, domina de ma-

---

164. Ibid., p. 222.
165. GERTH, H.H. & MILLS, C.W. *From Max Weber*. Op. cit., p. 285.

neira pessoal e direta. Assim que a crença se enfraquece, a sua influência tende a desaparecer. Um fenômeno a que assistimos, há uns vinte anos, quando o General de Gaulle pediu demissão.

Weber oferece alguns outros exemplos:

> O carisma de um "guerreiro furioso" (atribuiu-se, aparentemente de forma equivocada, os ataques maníacos a que ele se entrega à utilização de certos venenos: em Bizâncio, na Idade Média, considerava-se um grande número desses indivíduos dotados do carisma do frenesi guerreiro como uma espécie de instrumentos de guerra), o de um "xamã" (mago em quem, no tipo puro, a possibilidade de ataques de epilepsia é vista como condição prévia ao êxtase), o do fundador dos Mórmons (que, sem dúvida, representa, mas não com certeza, um tipo refinado de charlatão), o de um literário como Kurt Eisner, entregue a sucessos demagógicos particulares, são considerados por uma sociologia axiologicamente neutra, de maneira absolutamente idêntica ao carisma dos heróis, dos profetas, dos "maiores" salvadores, segundo a apreciação comum[166].

Poderíamos ainda acrescentar o *mahdi* do islã, ao mesmo tempo teólogo e guerreiro, imã, líder e combatente. Em sua pessoa estão reunidos o poder religioso e o poder de levantar os homens visando a ação.

Nessa classe, podemos acrescentar, em nossa época, os secretários-gerais dos partidos comunistas da primeira geração, caso possa me expressar assim. Eles devem revolucionar as massas e lhes insuflar o desejo de combater os inimigos de classe, de mudar a vida de seu povo e de lhe forjar um futuro ao fundar um partido. Reunindo em sua pessoa o prestígio de uma doutrina – não eram chamados cúmplices da ciência? – e o poder de uma vanguarda, eles são considerados de antemão como os filhos desses pais espirituais que são Marx e Lenin, qualificados como grandes e investidos de uma confiança sem limites. Cada um constrói em torno de si um panteão fictício – seja Stalin ou

---

166. WEBER, M. *Economie et societé.* Op. cit., p. 249. • HEGEL, G.W.F. *La raison dans l'histoire.* Paris: UGE, 1979, p. 123.

Mao, Thorez ou Castro – no qual ele ocupa o lugar de honra. Observamos muito concretamente nas estátuas que lhes erigimos, nas cidades rebatizadas com seus nomes, nos rios de louvores que se derramam à passagem deles, que eles não podem ser homens como os outros.

Ao acreditar na tese de que o curso da história é inflectido por esses personagens carismáticos, que as suas qualidades excepcionais imprimem às massas um *élan* para o futuro, Weber parece caminhar no contrafluxo. Por essa razão ele afirma, por um lado, o caráter à parte do poder e, por outro, a sua singularidade em uma sociedade que perdeu o seu equilíbrio e se transforma. No entanto ele não está isolado. Em todos os pontos, as marcas do portador de carisma são análogas às marcas do místico definido por Bergson. Podemos também aproximá-lo dos personagens cujo retrato é feito por Freud:

> Iluminados [escreve este último], visionários, homens que sofrem de ilusões, de neuroses e loucos sempre representaram um importante papel na história da humanidade, e não somente quando os acidentes do nascimento lhes legaram a soberania. Em geral, eles causaram desastres; mas nem sempre. Tais personagens exerceram uma profunda influência sobre o seu tempo e sobre os tempos ulteriores, deram impulso a importantes movimentos culturais e fizeram grandes descobertas. Puderam realizar tais proezas, por um lado, graças à parte intacta de sua personalidade, isto é, apesar de sua anomalia; mas, por outro lado, são muitas vezes os traços patológicos do caráter deles, seu desenvolvimento unilateral, o reforço anormal de certos desejos, a entrega sem crítica e sem freio a um único objetivo, que lhes dá o poder de conduzir os outros em seu rastro e de vencer a resistência do mundo[167],

Seria uma bela página autobiográfica ou um comentário sobre a exclamação do salmista: "Minha presença suscita temor e admiração?" Pouco importa. A vontade de acreditar nesses homens, o dom que se lhes confere para inflectir o curso dos

---

167. FREUD, S. & BULLIT, W.C. *Thomas Woodrow Wilson*. Londres: Weidenfeld/Nicholson, 1967, p. XV e XVI.

acontecimentos, a obediência sem reserva e o amor daqueles que os seguem, foram testemunhados por todas as culturas. Em toda parte, o carisma desses personagens separa a classe dos eleitos, que o receberam como dom, da classe dos escolhidos, a maioria, que dele é desprovida. Uma posse que não tem nada a ver com a posse de uma propriedade, de um ofício, de um grau administrativo ou militar. Ele nem pode ser comprado nem vendido, nem ensinado, nem imposto por uma hierarquia, nem transmitido por herança: ele é apenas reconhecido naquele que possui o seu privilégio. Ao separá-los dos outros, o carisma vale para esses eleitos o exorbitante monopólio da confiança de todos.

Em regra geral, os portadores de carisma acedem ao poder em situações excepcionais. Esse foi o caso de João Paulo II após o Concílio do Vaticano, do General de Gaulle após a Segunda Guerra Mundial, de Castro após o desmoronamento da sociedade americano-cubana, de Khomeini após a derrubada da monarquia no Irã, para mencionar apenas alguns exemplos contemporâneos nesse século onde eles abundaram. A tal ponto que, em vez de nomeá-lo a era da razão, por um efeito de inércia, deveríamos nomeá-lo a era do carisma, para ressaltar o seu paradoxo e permanecer mais próximo da realidade.

Ora, nessas situações, os homens não podem contar senão com as qualidades pessoais de seus chefes. E a esperança de neles encontrar um apoio bastou, mais de uma vez, para metamorfosear um punhado de indivíduos em uma comunidade de "adeptos", mobilizados pela cólera e pelo entusiasmo, prestes a levar uma vida que se distancia da vida normal. Eles se consideram marcados pelo eleito com um destino "sobrenatural" ou "sobre-humano" e o seguem sem reticência. Hegel descreve bem esse sentimento:

> Seria inútil resistir a essas personalidades históricas porque elas são irresistivelmente levadas a realizar a sua obra. Fica evidente em seguida que eles estavam certos, e os outros, ainda que não acreditassem exatamente naquilo que desejavam, a ele se apegam e se deixam conduzir. Pois a obra do grande homem exerce sobre eles um poder ao qual não podem resistir, ainda que o

considerem como um poder exterior e estranho, ainda que ele se oponha àquilo que acreditam ser a vontade deles[168].

É o poder dos profetas, judeus e cristãos, dos legisladores e dos demagogos que sabem fundar uma nova fé, um partido ou uma cidade, criar um império. Ou ainda de todos esses reis germânicos ou normandos que moldaram a Europa reivindicando a legitimidade, não em razão de sua linhagem humana, mas se proclamando os descendentes dos deuses que lhes tinham conferido os dons "sobrenaturais" da personalidade e do caráter[169]. Observando mais de perto, o carisma que conduz os homens a agirem fora do ordinário e a se submeterem contra a sua vontade é a versão, em linguagem moderna e ocidental, dessa virtude que os povos atribuem aos mágicos, o *mana*.

> São, sobretudo [escreve Weber], e quem sabe exclusivamente, esses poderes *extraordinários* que foram designados por nomes particulares como *mana, orenda* e o iraniano *maga* (daí magia). E daremos doravante o nome de carisma a esses poderes extraordinários[170].

Inútil dizer que se trata de uma ilusão compartilhada de maneira coletiva. Mas em que se apoia essa ilusão?

Weber teria realmente percebido o que o emprego da palavra *extraordinário* denota nesse contexto? Ter fé no carisma não quer dizer confiar nas qualidades fora do comum de um indivíduo. Significa ter fé na sua onipotência, que responde aos desejos do grupo, a exemplo de um deus para os seus fiéis e de um pai aos olhos de seus filhos pequenos. O que se encontra assim legitimado em aparência é uma dominação, pessoal, sem dúvida, mas uma instituição entre outras. Em um outro nível e para além dele, é uma onipotência que não é apenas fora do comum, mas também fora da realidade, capaz de realizar milagres, e que

---

168. HEGEL, G.W.F. *La raison dans l'histoire*. Paris: UGE, 1979, p. 123.
169. SAGAN, E. *At the Dawn of Tyranny*. Nova York: Knopf, 1986.
170. WEBER, M. *Economie et societé*. Op. cit., p. 430.

se torna legítima com o consentimento de todos. Assim, em razão do caráter "naturalmente *emocional* da entrega ao chefe em quem confiam", a submissão pode se tornar total e, consequentemente, totalitária. Mas o carisma pode se reconciliar com um ideal de liberdade e de reciprocidade levado ao extremo. Ele se torna então fator de subversão e de um sentimento invencível de poder derrubar a ordem.

> O princípio carismático [escreve Weber], interpretado em um primeiro sentido como autoritário, pode ser interpretado pelo contrário em um sentido antiautoritário[171].

Nas épocas revolucionárias se produz justamente a oscilação de um a outro, o permanente plebiscito do poder que rapidamente troca de cabeças e de mãos. A massa dos partidários se desloca de um chefe a outro – como a Revolução Francesa ou a Russa mostraram – e o poder perde momentaneamente o seu caráter fixo e opressivo. "Hoje tu reinas sobre mim, amanhã reinarei sobre ti", eis o que ela parece lhe dizer. Mas é preciso acreditar que o carisma também é antiautoritário uma vez que o chefe pode, a qualquer momento, revogar uma decisão dos burocratas, mudar uma lei ou a maneira de aplicá-la, responder imediatamente a um pedido, e dar assim a impressão de liberdade e de escolha. É por representar duas possibilidades opostas que ele atrai com tanta frequência as massas: elas podem esperar tudo dele.

Eis a minha segunda observação: o carisma de um indivíduo se encarna nas qualidades "sobrenaturais" ou "sobre-humanas", exteriores, portanto, à sociedade. Atribuem-lhes uma origem divina, quando elas não têm a sua suposta origem em uma entidade superior – a verdade, a história, a nação – à qual se está profundamente ligado. Ao mesmo tempo, acredita-se que são únicas e próprias ao indivíduo que bem cedo as manifestou: o carisma de um De Gaulle ou de um Lenin não é redutível a nenhum outro. Elas fazem dele um solitário que segue a sua vocação como um planeta a sua órbita, um antissocial por definição. Tudo o que faz

---

171. Ibid., p. 275.

e diz escapa ao controle, choca as convenções. Como o profeta que se retira da comunidade e ameaça ou amaldiçoa aqueles que dela fazem parte. A tal ponto que ela se pergunta se ele não é seu inimigo. Ora, é justamente isso que o coloca "acima" dos outros, que lhe permite ocupar o lugar central e dominar. Ele fascina, e os seus atos, como as suas palavras, produzem um efeito.

De modo geral, essa fusão de poderes impessoais e extraordinários e de qualidades pessoais se observa no fato de que os chefes carismáticos, como os magos e os xamãs, devem ter uma história singular, um defeito físico, ou uma tara psíquica. Esses traços os designam e os revelam, estigmas de que os acreditamos portadores. São muitas vezes desequilibrados, desviantes, excêntricos que possuem um olhar singular, uma inteligência anormal, uma fala irregular. Fanáticos que não hesitam em sacrificar os seus interesses, os confortos da existência e a sua própria família, para seguir um objetivo muitas vezes quimérico. Sua posição também é excêntrica, Weber os denomina "acima do mundo"; de fato, eles são exteriores à sociedade. Eles vêm de uma outra região ou de um outro país: Calvino, da Picardia; Napoleão, da Córsega. Não pertencem à etnia dominante. Stalin é georgiano, Marx judeu e o Papa João Paulo II, polonês. Outros se distinguem por um traço: a gagueira de Moisés, a paralisia de Roosevelt, a pouca estatura de Napoleão.

De um modo ou de outro, eles parecem excepcionais no sentido concreto, vulgar, pois aquilo que, para a maioria, é um defeito, portanto um estigma, torna-se para eles uma qualidade, o símbolo de um poder mágico, em suma. E, no entanto, os isola. Essa observação já foi feita a respeito dos santos:

> Na sociedade romana tardia [escreve Peter Brown], o santo homem, de propósitos deliberados, não era humano. Era o estrangeiro *por excelência*. Ora, observou-se que, em muitas pequenas comunidades, o peso das decisões difíceis ou impopulares acaba inevitavelmente recaindo sobre um indivíduo que é estrangeiro – o padre de uma capela de vilarejo no País de Gales, o médico separado do grupo em uma tribo africana[172].

---

[172]. BROWN, P. *La societé et le sacré dans l'antiquité tardive*. Paris: Seuil, 1985, p. 75.

A esse *outsider* incumbe a tarefa de organizar a desordem que ameaça a existência e mostrar o caminho de uma ação. Em linguagem familiar, dir-se-ia que esse homem que nada tem a perder assume o risco de "se molhar" quando todos os outros não o podem sem comprometer a posição deles. Mas em caso de fracasso, é também mais fácil para o grupo rejeitá-lo ou transformá-lo no seu bode expiatório do que caso se tratasse de um autóctone. Não vamos concluir disso que todos os chefes carismáticos são estrangeiros, deficientes, desviantes, fanáticos. No entanto, as crenças e sentimentos que esses traços suscitam colocam esses homens de lado e fazem remontar sua autoridade a uma origem sobrenatural. O rumor e a lenda se apoderam deles com mais eficácia quando falam mais à imaginação, relatando milagres, curas impossíveis, vitórias que invertem completamente uma situação catastrófica. Mesmo quando não chegam a divinizá-los, as biografias desses chefes ou as histórias dos movimentos que eles suscitaram seguem esse padrão, ainda que invoquem a ciência a seu favor.

Concluamos provisoriamente que o retrato que Weber traça do chefe carismático não é desprovido de verossimilhança. E muitos fatos descritos pela antropologia e pela história confirmam essa impressão. Mas, considerado sob um ângulo diferente, ele não passa de um retrato falado. Sem grandes modificações, ele conviria a um bom número de personagens, na realidade, a um número demasiado grande: o mago, o papa, Stalin e Mao, Roosevelt ou Gandhi, Hitler, Fidel Castro, Einstein, Picasso, Carlitos, uma estrela da televisão, e tantos outros. Concordemos, até prova em contrário, que esses indivíduos excepcionais exercem uma forma de dominação que vai diretamente de pessoa a pessoa. Cada um se sente ligado por um forte vínculo ao chefe que ele venera e teme. O vínculo se reforça quando se tem a ocasião de aclamar esse chefe em meio à multidão, de vê-lo e de tocá-lo em uma assembleia, ou ainda quando um comandante influente vistoria os acampamentos e compartilha a refeição com as tropas. Max Weber ressalta isso mais de uma vez:

> Em sua forma autêntica, a dominação carismática é de caráter especificamente extraordinário, e apresenta uma relação

social, ligada ao valor carismático das qualidades pessoais e à sua confirmação[173].

A relação é sem dúvida pessoal, mas a autoridade desse líder se situa acima e além de qualquer relação. Ele é o seu monstro quente, assim como o Estado é o seu monstro frio. Dizer-se seu partidário, seu discípulo ou seu subordinado não causa nenhum rebaixamento e nenhuma humilhação. Pelo contrário, sentem-se realçados por "um personagem que é, por assim dizer, dotado de forças ou de características sobrenaturais ou sobre-humanas, ou pelo menos fora da vida cotidiana, inacessíveis ao comum dos mortais; ou ainda que é considerado como enviado por Deus ou como um exemplo e, em consequência, considerado como um 'chefe'"[174].

Em suma, o indivíduo que se coloca sob a sua bandeira se sente em contato com um futuro imortal. Graças a ele escapa, pelo menos por um instante, à certeza de sua própria morte. Mas as palavras são deficientes para descrever a relação que, aos olhos de Weber, é superior a todas as outras e suscita em nós as únicas paixões autênticas que existem. As nossas sociedades moldadas pela ciência e pela técnica ainda lhe reservam um lugar, ou seria necessário colocá-lo entre as lembranças do passado? A história contemporânea já respondeu a essa questão: o carisma não está morto.

Como reconhecer se os poderes mágicos são verdadeiros ou falsos?

O traço comum aos portadores de carisma é que cada um é diferente dos outros e representa uma exceção. Trata-se então de um dom para o qual não se pode encontrar antecedentes e que ninguém adquire voluntariamente[175]. Algo absolutamente pessoal,

---

173. WEBER, M. *Economie et societé*. Op. cit., p. 253.

174. Ibid., p. 249.

175. Ibid., p. 256.

ele exerce uma atração sobre as almas e suscita a obediência delas. E é exatamente isso que nos faz pressentir que a legitimidade, no caso, "repousa na crença nos poderes mágicos, na revelação ou culto aos heróis"[176].

No entanto, duas questões sempre se colocam: como validar esses poderes mágicos? Por que meio se garantir de sua existência naquele que pretende possuí-los? Ou, em resumo: em que se distingue o verdadeiro chefe carismático do falso? A solução proposta é preciso nomeá-la psicológica. Ela não poderia ser diferente, vocês adivinham por quê. Nada de lógico nem de objetivo permite decidir pela existência de uma qualidade tão pessoal e, de certa forma, inata. Não se pode atribuí-la a uma classe, a uma posição, a um interesse, nem a uma força ou a uma tradição. Também não se poderia, em princípio, obtê-la por meio de uma técnica socialmente válida ou por meios econômicos. No entanto, nenhum profeta, guerreiro, fundador, líder revolucionário ou outro chefe poderia se esquivar da necessidade de provar as suas aptidões, se quiser obter a confiança de seus partidários, e muito mais.

O primeiro indício que deixa supor neles a presença de aptidões excepcionais, de uma vocação para conduzir, é uma ação exemplar. Esses homens devem ser inspirados por uma energia incomparável e por uma tenacidade a toda prova. Expressando constantemente as mesmas ideias, realizando os mesmos gestos até o excesso, eles banem qualquer incerteza e qualquer apatia. São percebidos totalmente engajados na tarefa de garantir a qualquer preço o triunfo de um exército, de uma religião, de um partido ou de uma nação. A coragem deles para ir até o fim comove profundamente, como testemunham aqueles que assistiram Sócrates ou Cristo enfrentando os seus respectivos juízes. Vemos neles a marca de uma sinceridade, de uma harmonia entre o que dizem e o que fazem, ao passo que o homem sadio e normal nem sempre percebe a sua necessidade e se mostra incapaz disso. A respeito de Robespierre, personagem carismático, François Furet observa: "Enquanto Mirabeau, ou ainda Danton,

---

176. GERTH, H.H. & MILLS, C.W. *From Max Weber.* Op. cit., p. 173.

outro virtuose da palavra revolucionária, são artistas divididos, bilíngues da ação, Robespierre é um profeta: ele acredita ser aquilo que diz, e expressa aquilo que diz na linguagem da Revolução [...] O que quer dizer que não existe nele nenhuma distância entre o poder e a luta pelos interesses do povo que coincidem por definição"[177].

Portanto, existe um sentimento de fusão entre o destino individual e coletivo, uma convicção de dever realizá-lo. Ele os conduz a desencadear o ato diante do qual a maioria recua, Lenin a lançar a revolução em meio às hesitações de seus partidários, César a atravessar o Rubicão, De Gaulle a deixar a França e convocar os franceses à Resistência quando todos à sua volta mergulhavam na covardia, Moisés a quebrar as Tábuas da Lei diante do povo hebreu cansado do deserto e querendo retornar à escravidão. As ações exemplares são um chamado e suscitam a exaltação e a emulação. Ou, para dizer melhor, elas levam a acreditar que uma potência desconhecida se manifesta que inspira esses atos inesperados ou que violam as leis comuns. Por isso nos unimos a eles, cheios de entusiasmo e de "fé". Pelo menos é assim que interpreto Weber quando ele escreve que a sua validação acontece "em virtude de uma crença de ordem *afetiva* (muito especialmente emocional): validação da nova revelação ou exemplaridade"[178]. Reconheçamos que é difícil ser mais crítico sobre um assunto que se julga importante.

Mas, e chego ao segundo indício, o carisma é tido como um poder "sobrenatural": um homem o possui ou não o possui. Como demonstrar e fazer conhecer aquilo que ele "vale"? Sem dúvida mediante atos de um teor excepcional e visível, milagres, curas ou vitórias que tranquilizam as massas. Todas as emoções se tornam fortes, contagiantes e vivificantes em presença desses efeitos raros e inesperados. Eles testemunham que o homem realmente possui o *mana* intacto. Definitivamente, a autoridade do carisma baseia-se na lei do sucesso e do fracasso. Enquanto

---

177. FURET, F. *Penser la Révolution Française*. Paris: Gallimard, 1978, p. 85.
178. WEBER, M. *Economie et societé*. Op. cit., p. 36.

obtém vitórias, converte os adversários, efetua curas, faz descobertas, garante a prosperidade de seus partidários, o sucesso confirma as qualidades do chefe. Mais ainda: confia-se na sua "estrela", na sua "graça" divina. "Sem dúvida um exame mais cuidadoso evidenciaria a parcela das ilusões e os pontos exatos em que os seus cálculos e os seus sucessos dependem de condições objetivas – como o sol de Austerlitz[179]. Apesar disso, seu valor se mede unicamente pelos resultados. Milagres menos numerosos, fracassos na continuidade de um empreendimento, uma sequência de derrotas militares, de erros acumulados na ação e logo a sua supremacia enfraquece. O céu parece lhe retirar a sua bênção, a magia se evapora".

> Se a confirmação tarda a chegar, se aquele que possui a graça carismática parece abandonado pelo seu deus, pela sua potência mágica ou pela sua potência heroica, se o seu sucesso parece duravelmente recusado e, sobretudo, se o seu governo não traz nenhuma prosperidade para aqueles que ele domina, então a sua autoridade carismática pode desaparecer. Este é o sentido carismático autêntico da "graça divina"[180].

Tudo se passa como se o dom que lhe fora dado tivesse perdido a sua autenticidade, tendo se transformado de ouro puro em chumbo vil. O carisma que fracassa não é mais um carisma. A reação é tanto mais violenta quanto maior é a decepção. Pois é com furor que os crentes quebram as estátuas de seus antigos deuses e sacrificam seus profetas tornados impostores. De todo modo, essas provas de exemplaridade e de infalibilidade no sucesso são exigidas daquele que afirma a sua vocação em dominar.

De acordo com a concepção aqui esboçada, o líder está convencido de estar investido de uma missão. Ele oferece provas aos outros, mas não necessita ser aprovado por eles para ter certeza absoluta de deter poderes carismáticos, nem da opinião deles para formar a sua. Portanto, parece lógico que as suas decisões

---

[179]. Referência à batalha do mesmo nome vencida por Napoleão [N.T.].
[180]. WEBER, M. *Economie et societé*. Op. cit., p. 250.

e movimentos não sejam demasiado limitados pelos vínculos sociais, e que o seu julgamento sobre os seus companheiros dependa da maneira pela qual eles servem a seus desejos. "Nenhum profeta [declara Weber] considerou a sua qualidade como dependente da opinião da multidão a seu respeito. Nenhum rei coroado, nenhum duque carismático tratou os seus oponentes, todos os que se mantêm distantes, a não ser como desleais: aquele que não tomasse parte na expedição militar conduzida por um chefe, nas fileiras formalmente recrutadas por voluntariado, seria esmagado sob sarcasmos unânimes"[181].

E, no entanto, um grupo de "adeptos" ou de "discípulos" se forma em torno dele. Na teoria, ele não dispõe de nenhum meio de justiça, de polícia e de administração para coagi-los e mantê-los ao alcance de sua mão. Nem de recursos financeiros ou alimentares para criar uma sólida rede de interesses. Fora das condições econômicas normais, esses grupos se dedicam à pilhagem ou ao confisco, levam a vida precária dos mendigos, ou a vida arriscada dos predadores. Se pudessem, talvez rejeitassem a busca de meios de existência mais certos e mais lucrativos como indigna deles.

> É apenas *in statu nascenti* e pelo tempo em que o senhor carismático governe de uma maneira autenticamente extraordinária, que a direção administrativa pode viver do mecenato, do butim ou de rendimentos de circunstância com esse senhor reconhecido pela fé e pelo entusiasmo. Somente uma pequena camada entusiasta de discípulos e de partidários está disposta duravelmente e somente pelo "ideal", a "fazer" de sua "vocação" a sua vida. A massa dos discípulos e dos partidários também quer fazer materialmente de sua vida (a longo prazo) a sua vocação e ela deve fazê-lo para não desaparecer[182].

Sua contribuição requer contatos mais ou menos pessoais que os motivem e justifiquem a sua existência anormal. O que exige, como acabamos de ver, uma fé nas qualidades do chefe ao qual se submetem. Ainda mais que a coletividade não possui

---

181. Ibid., p. 249.

182. Ibid., p.256.

hierarquia, posições fixas, regras e rituais que determinem as relações entre seus membros. Evoco o caso das primeiras igrejas cristãs, das seitas puritanas na época da Reforma, dos partidos comunistas antes da revolução russa, e da maioria dos movimentos ecologistas, feministas ou pacifistas contemporâneos.

Ora, existe um vínculo social, característico do poder carismático, que cimenta as coletividades em regime transitório e de crise. Talvez seja o único vínculo que predomina: o *reconhecimento*. Os indivíduos se afastam de suas relações anteriores com uma família, uma classe, um grupo profissional ou até mesmo uma nação. Sem dúvida, seu pertencimento de origem, cujos valores e hábitos estão integrados à personalidade, continua a marcá-lo. Mas, voltando-se para a busca de um novo princípio de vida e de uma nova comunidade, a sua associação toma o aspecto de uma "escolha" e de uma "vontade". Essa "escolha", essa "vontade" determinam uma nova relação que passa pelo carisma de um personagem, eleito por razões afetivas e muitas vezes inconscientes. O indivíduo nele reconhece o chefe ao primeiro olhar, assim como Joana d'Arc soube distinguir o rei oculto no meio de seus cortesões.

O reverso da medalha, vocês conhecem: a adesão e o dom puro de cada um. O adepto não procura fazer carreira, o discípulo não espera ser remunerado. Ele renuncia à sua vontade própria em proveito da vontade do chefe ao qual se une e do qual espera uma direção e o sucesso:

> O *reconhecimento* por aqueles que são dominados [afirma Weber], reconhecimento livre, garantido pela confirmação (originariamente, sempre por intermédio do prodígio) nascida da entrega à revelação, à veneração do herói, à confiança na pessoa do chefe, decide a validade do carisma. Ele não é (no carisma autêntico) o fundamento da legitimidade; mas um *dever*, para aqueles que são escolhidos, em virtude do chamado e da confirmação, de reconhecer essa qualidade. "Reconhecimento" que é, psicologicamente, uma entrega absolutamente pessoal, plena de fé, nascida ou do entusiasmo ou então da necessidade ou da esperança[183].

---

183. Ibid., p. 249.

Na verdade, eles o admiram e buscam assimilar os seus traços. Querem ser como ele, na medida em que esse vínculo de reconhecimento é indispensável para levar uma vida fora do ordinário e para se mobilizar permanentemente, a exemplo de uma nação em guerra. Distantes por um certo tempo dos interesses da economia, das exigências da hierarquia e da disciplina das regras, seus membros vivem em uma exaltação e em uma participação intensas. Os acontecimentos mais banais adquirem a dimensão de experiências extraordinárias e primordiais. Simples como um mito, dramático como um sonho, com tudo que isso comporta de inocência e de crueldade, essa vida os metamorfoseia. Depois a personalidade carismática se torna mais próxima no tempo e confere uma presença no espaço às ideias e às crenças difusas. De uma abstração distante, de um frio pensamento, ela faz uma realidade psicológica imediata e prática[184]. Assim, Cristo faz crer na iminência do Reino de Deus sobre a terra, Moisés, na existência de uma Terra Prometida que nenhum hebreu havia conhecido; Churchill e De Gaulle colocaram a vitória ao alcance da mão de seus povos; Robespierre e Lenin fizeram se materializar na história os contornos de uma sociedade ideal.

Na ausência desses líderes, o mundo seria afetado por uma certa irrealidade prejudicial à ação, pouco propícia a resolver as crises. Aproximando aquilo que deve ser e aquilo que é, o chefe transforma a mentalidade de seus adeptos e partidários. Eles trocam de pele, se posso me expressar assim, e se purgam de suas antigas crenças e hábitos e se sentem purificados pelo contato com ele e com os seus próximos. Melhor ainda, essa "catarse" plena de fervor lhes dá a impressão de renascer e de se renovar, de se tornarem homens diferentes. E isso é testemunhado por uma *conversão* que coroa, muitas vezes de maneira brusca e inesperada, o reconhecimento sem reserva da autoridade. O novo adepto prolonga e completa o seu mestre. De certa forma, o talento do chefe carismático em provocar conversões é a função do seu poder, das grandes inovações que revolucionam a história e que somente as massas assim governadas podem realizar.

---

184. ALBERONI, F. *Movimento e istituzione*. Bolonha: Il Mulino, 1977.

A ideia não é nova, mas resulta em um paradoxo. Sob muitos aspectos, a dominação carismática é a mais tirânica, já que, exercida por uma pessoa sobre pessoas, ela não leva em conta a lei, os freios do costume ou os princípios da razão. A vontade de um indivíduo hipnotizado por aquilo que acredita ser a sua missão pode chegar aos extremos da destruição e do massacre. Observamos isso em Hitler na Alemanha, em Pol Pot no Camboja. No entanto, deixemos de lado esses exemplos-limite. A validade das qualidades "mágicas", "sobrenaturais", uma vez reconhecida, conduz a uma obediência quase completa. E, contudo, a lógica da conversão ao portador do carisma faz a submissão aparecer como uma liberdade, quase um favor.

É um efeito surpreendente, mas explicável, do vínculo de reconhecimento que os associa. As massas se sentem valorizadas por aquilo que as diminui, unidas por aquilo que as separa: o carisma. Encontramos uma descrição semelhante desse paradoxo em Tocqueville, que relata a atitude dos franceses para com o monarca do Antigo Regime. Mas cada um de nós já teve essa experiência pelo menos uma vez.

> Tinham por ele [escreve Tocqueville], ao mesmo tempo, a ternura que se tem por um pai e o respeito que se deve apenas a Deus. Submetendo-se a seus mandamentos mais arbitrários, eles cediam ainda menos à coerção do que ao amor, e muitas vezes lhes acontecia conservar a sua alma muito livre e até na mais extrema dependência[185].

Agora não é o momento nem o lugar de retocar esse quadro idílico evocando as jaquerias e as repressões do Antigo Regime. Existe aí um desses fatos enigmáticos da vida humana: os dons singulares imputados a uma pessoa metamorfoseiam a dominação em liberdade, a submissão toma uma forma voluntária. Talvez isso valha para qualquer dominação[186].

---

185. TOCQUEVILLE, A. *L'Ancien régime et la Révolution*. Paris: Gallimard, 1985, p. 204.

186. WEBER, M. *Economie et societé*. Op. cit., p. 271.

Mas nós a observamos de maneira mais aprimorada em uma sociedade anômala, *in statu nascenti*, em que a confiança dada aos indivíduos atinge a sua expressão mais enérgica. Quaisquer que sejam as suas origens, o prestígio deles se mantém pelo menos enquanto eles realizam o impossível, aquilo que ninguém pensa, aquilo que ninguém ousa, e enquanto o sucesso coroa o seu empreendimento. E assim se amplia, pela conversão, o círculo dos adeptos e a ascendência das ideias propagadas por esses "eleitos". É verdade que, para muitos, a ocasião não se apresentará, mas a dinâmica psíquica que oferece uma chance de dominar e de revolucionar está aí.

> O caráter naturalmente *emocional* da entrega ao chefe em quem se confia [ressalta Weber], de onde resulta a inclinação para seguir como chefe aquele que foge ao ordinário, aquele que promete mais, aquele que opera com o máximo dos meios de excitação, é próprio, geralmente, da democracia com chefe. O lado utópico de todas as revoluções tem aqui o seu fundamento natural[187].

Eu teria pensado que o inverso é mais verdadeiro. As fantasias da utopia que se apoderam dos espíritos imaginativos e entusiasmados se inclinam a seguir aquele que promete acelerar o seu advento. E como tudo depende dele, o seu poder sobre os homens é absoluto. Os dons extraordinários e mágicos que eles lhe conferem não são mais vistos como um fato da ilusão, são vistos como a ilusão de um fato.

O ciclo do carisma: da emoção à razão

Seria necessário considerar o carisma como uma forma de dominação? Ele seria realmente, como pensava Weber, "a força especificamente criativa revolucionária da história"? Sua existência intriga tanto quanto as questões colocadas sobre sua origem e sua eficácia. Faltam-me palavras para expressar a surpresa que experimento ao ouvir mencionar o carisma deste chefe de partido

---

187. Ibid., p. 277.

ou daquele personagem histórico, até mesmo por parte de eruditos razoáveis, como se as nações fossem governadas pela magia, como se uma vocação pudesse comprá-las ou vendê-las, um dom sobre-humano conquistá-las. E depois, os mesmos homens expressam dúvidas sobre as hipóteses da psicanálise e desprezo pelas especulações da psicologia das multidões. Curiosa complacência em querer explicar o obscuro pelo mais obscuro.

Contudo, admitir o carisma também significa aceitá-lo como a matéria-prima que perdura através de todas as formas de dominação. Apesar de suas vacilações, é isso o que Weber pensa quando declara que ele é "o fenômeno inicial tipo das dominações religiosas (ou políticas)", e acrescenta: "Mas ele cede às forças cotidianas assim que a dominação está garantida e, sobretudo, assim que ela adquire um caráter de massa"[188]. Vocês conhecem as suas condições. Poder extraordinário, mas contingente, estranho às tradições e à razão, surge durante um estado de urgência, essencialmente transitório. Os homens vivem uma vida diferente, mais intensa do que normalmente e, sobretudo, determinada. Pois, segundo a palavra de Goethe, "viver na ideia quer dizer tratar o impossível como se fosse possível". O próprio carisma, obrigado a ser bem-sucedido, penetra lentamente no interior das instituições já estabelecidas por uma lei ou por uma técnica, como a justiça, o exército ou a administração. A sua legitimidade "mágica" se duplica e se prolonga por meio de uma força material que nada tem de mágica e dela se apropria. Da mesma forma que os chefes das revoluções francesa e russa se apropriaram das engrenagens do Estado, do aparato militar, primeiramente para defender a sua obra e, em seguida, para transformá-los em um instrumento de conquista.

Por outro lado, os indivíduos aspiram reencontrar a existência familiar e privada, assim como soldados que se entregaram a grandes batalhas querem retornar a seu país e fundar um lar. Questão de intendência, sem dúvida. Mas realmente é preciso se ocupar dos assuntos comuns, exercer seu ofício, educar seus filhos, cultivar os campos e fazer funcionar as fábricas. Enquanto

---

188. Ibid., p. 260.

se trata de abrir uma brecha na ordem das coisas, de criar para si o paraíso nesta terra, todos os esquecem. Contudo, uma vez passado o momento culminante, a voz dos interesses e das necessidades ecoa novamente, e com muito mais força porque se calou por muito tempo. A vida lânguida e terna se enfeita de poesia. Espera-se então, para empregar uma expressão inexata, mas conveniente, uma *rotinização* do carisma. O que isso significa? O poder, que até então era um princípio de ação garantido e de rebelião contra os arranjos da sociedade, reconcilia-se com ela e se transforma em um princípio de ordem. Seus profetas cedem o lugar aos sacerdotes. Os artistas da história são substituídos pelos teólogos e pelos especialistas. É inevitável que toda singularidade renuncie às suas prerrogativas. No caminho do carisma que diminui de intensidade enquanto a temperatura afetiva baixa, os companheiros, camaradas ou irmãos se transformam em sujeitos, membros de uma igreja ou de um partido, soldados obrigados a servir, cidadãos submetidos às leis. Pouco importa o ritmo: o fato é que se passa de uma sociedade anômala, *in statu nascenti*, a uma sociedade normal, estabelecida internamente.

Abramos aqui um parêntese para ilustrar a que ponto a teoria de Weber é o oposto da teoria de Durkheim. Uma imagina, nas origens, um acontecimento, e a outra, uma situação ou uma organização. Que diferença existe entre um acontecimento e uma situação? O primeiro é extraordinário, irregular; a segunda se apresenta regularmente, segundo um padrão relativamente uniforme. Os acontecimentos se produzem de maneira inesperada, intermitente, ocasional; uma situação tende a ser contínua, estável e coerciva. Um acontecimento cria um precedente, uma situação expressa uma lei. E isso se verifica tanto em física quanto em política.

Weber considera, portanto, no início um acontecimento único, o carisma que é, de certa forma, rebelião contra a tirania das coisas, revolta contra o enclausuramento na tradição. O indivíduo que age nessas circunstâncias pode fazer uso das palavras da Bíblia: "Foi para mim que o mundo foi criado". Quanto a Durkheim, ele supõe uma consciência coletiva que subsiste desde tempos imemoriais, renova-se e subsume tudo o que se pensa e se sente em sociedade. Quem quer que participe disso deve se dizer: "Foi para o mundo que eu fui criado". O sociólogo alemão concebe um sistema de relações abertas, mantidas unidas pelos poderes mágicos de um indivíduo; o sociólogo francês, um sistema de relações fechadas pelo poder coletivo dos membros da comunidade, apaixonadamente ligados aos seus modos de se conduzir e de pensar. Por um lado, o ideal é a dominação eleita de um só sobre todos; por outro lado, a dominação unânime de todos sobre um só.

Na perspectiva de Weber, a evolução desencadeada pelas inovações e pelas revoluções deve em seguida se restringir e desacelerar até que todos se conformem à continuidade e à razão comuns. Ao contrário, segundo Durkheim, a evolução conduz de fato a um relaxamento das tradições e do controle social, à medida que a consciência coletiva se enfraquece e se divide para deixar o campo livre às dissidências dos indivíduos. Eis por que aquilo que para um é uma solução, a ocasião dada às pessoas de se perderem ou de dominarem a sociedade, é, para o outro, ao extremo, um problema, a anomia ou o suicídio, "a paixão particular da vida moderna", como Baudelaire observou. Concluir então que a sociologia de Weber é antes uma ciência das sociedades anômalas e a de Durkheim uma ciência das sociedades normais seria ir longe demais.

Mas fechemos esse parêntese que diz respeito a um objeto demasiado vasto e pouco iluminado para retornar à rotinização do carisma. Apesar da vaga descrição, ela é apresentada como um resfriamento contínuo, como o de um líquido que se solidifica, ou como a desaceleração de um corpo, após o impulso inicial, quando é freado pela resistência do ar. Observamos que existe uma contradição nos termos usados para falar da rotinização do carisma: aquilo que é excepcional jamais se torna familiar. Tanto quanto uma cópia de uma obra-prima não passa de uma pintura sem qualidade ou um deus, se é que existe um, ainda que imitado pelos homens, não se transforma em um homem. Poderíamos até mesmo dizer o contrário. Se carisma existe, então as coletividades não medem esforços para lutar contra a erosão do tempo e preservar o seu caráter único e fundador. Os hebreus assim fizeram de Moisés o último profeta; os cristãos, do Cristo o Filho de Deus. E, para os franceses, Napoleão não foi um imperador, mas o Imperador.

Todavia, é verdade que a duração de um carisma está marcada e fixada: do nascimento até a morte. Quando esta ocorre, dois problemas se colocam. Weber se preocupou principalmente com o problema da rotinização, do retorno às realidades ordinárias e principalmente econômicas. O segundo, o da legitimidade, reteve menos a sua atenção, como se o poder devesse revelar um sentido e justificar as relações entre os homens. O chefe carismático e seus partidários não se sentem imbuídos de uma missão porque seus compatriotas a teriam confiado a eles. Essa missão e a autoridade que dela decorre, eles a usurpam, este é o traço característico deles. Enquanto atraem as multidões e suscitam o reconhecimento, são poucos os que se surpreendem por terem legitimado o ilegítimo, e até mesmo o iníquo. Quando o chefe desaparece, a dissonância explode. A dominação subsiste, mas se trata de encontrar para ela uma justificativa e renovar a sua credibilidade. É preciso que ela possa se apoiar em uma certa duração para que os sucessores do chefe se tornem legítimos e para que os traços da usurpação se apaguem. O retorno ao tempo do carisma que vivia fora do tempo, em outras palavras a sua normalização, opera-se em meio às lutas entre os rivais e sucessores que lhe retiram a sua magia. À medida que se distanciam do acontecimento original, os indivíduos despertam desse sonho comum e rompem o encantamento dos vínculos emocionais que os uniam. De certa forma, eles exorcizam o carisma e reencontram os seus próprios movimentos e o uso de uma razão que a comunhão com o profeta ou o com herói lhes havia privado. Claro, ninguém é mais o mesmo; representações e valores estão transformados. Mas doravante eles procuram vivê-los fora do estado de exceção, submetê-los à experiência do cotidiano e da discussão corrente. O carisma é então desdemonizado e confiado à memória e à história.

Ou então, desviando uma certa agressividade contra ele, começa-se até mesmo a odiá-lo, a querer destruí-lo, nem que fosse em efígie. Por quê? Seria porque não se consolam com a sua perda, ou porque, uma vez despertados, não suportam mais a sua insaciável ascendência? Em todo caso, a história recente mostra que a desdemonização do carisma é uma passagem obrigatória – nós já a tínhamos observado após a morte de Stalin ou de Mao – para a legitimidade do poder que eles criaram ou consolidaram. Quaisquer que sejam as suas circunstâncias, o despertar se assemelha à saída de uma hipnose. O paciente executou, sem ter consciência disso, tudo o que o hipnotizador lhe havia mandado fazer. Ao voltar à realidade, ele se encontra diante de um estranho, de um homem como ele, mas ao qual ele se entregou. A decepção coletiva é frequente, mesmo que ela não represente a regra. Penso que é o núcleo íntimo daquilo que o grande sociólogo alemão expressou como uma simples maneira de se adaptar à realidade exterior.

Dar continuidade a uma ação coletiva, e então decidir que ela perdeu o seu sentido, este seria o ciclo de vida de uma dominação que a faz passar do carisma à racionalidade. Pouco importa a natureza dessa ação. Quer seja a serviço da revolução social, da potência de um império ou do triunfo de uma religião social, ela criará uma forte unidade de sentimentos e de pensamentos. Mas, cada vez que eclode a crise da legitimidade que evoquei, coloca-se um problema de sucessão. Um problema insolúvel, em princípio, pois se o líder recebeu seu carisma pelo favor divino ou em condições extraordinárias, ele nem pode transmiti-lo nem ter sucessores. Que isso fique bem claro. Não é a impossibilidade de seus próprios companheiros ou discípulos recolherem a sua herança que está em discussão. Pelo contrário, é a possibilidade que cada um deles tem de pretendê-la que é fonte de dificuldades e retira a esses dons o seu caráter "sobre-humano". Assim, todos os apóstolos de Cristo ou todos os camaradas de Lenin teriam podido sucedê-los. Raymond Aron resume em algumas frases luminosas a solução desse problema na história:

> Pode haver uma busca organizada de um outro portador de carisma, como na teocracia tibetana tradicional. Os oráculos e o recurso ao julgamento de Deus também podem criar uma institucionalização do excepcional. O chefe carismático pode escolher o seu sucessor, mas ainda é necessário que este seja aceito pela

comunidade dos fiéis. O sucessor pode ser igualmente escolhido pelo estado-maior carismático, e depois reconhecido pela comunidade. O carisma pode ser considerado inseparável do sangue e se tornar hereditário. Nesse caso, a dominação carismática resulta em uma dominação tradicional. A graça de que era dotada uma pessoa se torna a posse de uma família. Por fim, o carisma pode ser transmitido segundo certas modalidades, mágicas ou religiosas. A sagração dos reis da França era um modo de transmissão da graça. Dessa maneira, esta pertencia a uma família e não mais a um homem[189].

É evidente que cada solução é o fruto de uma dura luta entre os candidatos ao poder e consagra a vitória de uma facção. É sabido que a eleição de um papa é o resultado de uma cerrada competição nos bastidores, ou então de uma implacável batalha que outrora poderia durar anos. De todo modo, a confiança da maioria no *mana* pessoal se fixa, ao sair da crise de legitimidade, nos *numina* impessoais de uma família, de um partido ou de uma função, quer seja a de secretário-geral na União Soviética ou de presidente em nossas repúblicas. Potências inveteradas, os *numina* têm o seu prestígio e as suas regras que garantem a sua duração. Eles podem parecer mágicos porque conservam a aparência desejada pelo iniciador – como o General de Gaulle para a linhagem dos presidentes da V República – que é, na realidade, um edifício prosaico que se assemelha a muitos outros. Mas nenhum desses *numina* possui essa virtude misteriosa de iniciar um novo ciclo de vida e de realizar uma missão criadora em meio ao tumulto quando se parte a cadeia do tempo.

Assim, alguma coisa do carisma adquire um caráter normal e se adapta às exigências das massas. Compreendo que depois de ter forjado as condições subjetivas de uma ação em comum e de ter reunido a maioria, é preciso que ele invente os meios para que a dominação seja aceita de maneira objetiva. Esse momento inevitável é sempre marcado pelo revigoramento da economia, e o desdém cede lugar à submissão diante de suas necessidades. Segundo Weber,

---

189. ARON, R. *Les étapes de la pensée sociologique*. Op. cit., p. 561.

a rotinização do carisma é essencialmente idêntica à adaptação às condições da economia, essa potência que age de uma maneira contínua na vida cotidiana. Nela a economia é dirigente e não dirigida. De uma forma mais ampla, a transformação carismática hereditária ou carismática de função serve ao mesmo tempo de *legitimação* dos poderes de disposição existentes ou adquiridos[190].

À medida que a economia retoma os seus direitos, ela põe fim à ilusão de onipotência e à solução de continuidade representada pelo carisma.

Existe, portanto, uma filogênese do poder. Tentemos reconstituí-la, de maneira hipotética, é verdade. Em um primeiro nível, o mais antigo, o tipo de legitimidade consiste em reconhecer o dom "sobre-humano" e "sobrenatural" do chefe que assume uma missão extraordinária. O que esse reconhecimento tem de particular é poder se tornar "o fundamento da legitimidade ao invés de ser a sua consequência [...]. O detentor do poder em virtude de seu próprio carisma se torna então o detentor do poder pela graça dos governados"[191].

No segundo nível, a dominação recebe um tipo de legitimidade que se baseia na tradição, na crença na autoridade dos hábitos e das ideias recebidas pela maioria. Podemos ver nisso uma reincidência do *big-bang*, já que o carisma provocou a irrupção de novos valores e de novas relações sociais. Propagados entre as massas, eles criam uma completa mudança das consciências. A tal ponto que condutas e opiniões que, antes, teriam suscitado a reprovação, acabam sendo julgadas normais e inevitáveis. A indignação por elas levantada se torna simplesmente incompreensível e até um pouco risível. É possível até mesmo ver naquilo que rompe com a tradição uma espécie de continuação desta, vivida com o sentimento que se conferia à original. Quando o Exército Vermelho dos comissários da revolução paramentou-se com os uniformes do exército branco dos oficiais do czar, ou

---

190. WEBER, M. *Economie et societé*. Op. cit., p. 261.

191. Ibid., p. 275.

quando Napoleão conferiu a seus generais plebeus os títulos dos aristocratas, o novo reeditou a legitimidade do antigo. Representações e sentimentos de ontem foram mobilizados para incluir e para se apropriar do passado. Aqueles que comandam o fazem em nome do eterno ontem e são obedecidos em nome de um privilégio hereditário que não deveria ter cessado, pois "as normas carismáticas bruscamente se transformam de bom grado em normas tradicionais de uma ordem"[192].

O mais frequente, no entanto, são as sociedades antigas, as corporações e a maioria das igrejas que justificam a autoridade pelo intermédio do apelo aos costumes, do julgamento dos pais. Obedecem aos chefes em virtude de disposições sagradas e transmitidas ao longo do tempo, evocando a sabedoria dos ancestrais, assim como os americanos evocam os Pais fundadores, o papa se declara o sucessor de São Pedro, e os puritanos se prevalecem da Bíblia. Essa maneira de se referir a seus predecessores, de instituí-los como juízes, encontra-se no sistema patriarcal e patrimonial, característico do tipo da legitimidade tradicional. O mesmo ocorre com a confusão entre propriedade privada e coletiva, ou com o fato de que os personagens poderosos se apropriem dos cargos e de seus benefícios de maneira arbitrária. E quer atribuam favores ou precipitem na desgraça, eles assumem o risco de fazê-lo enquanto lhes agradar, desde que as formas da tradição não sejam violadas. Essencialmente, trata-se de respeitar os "precedentes", os "preconceitos", o "exemplo" e, quanto ao resto, as decisões do chefe são pessoais. Assim como o senhor feudal, ele pode esperar uma fidelidade não menos pessoal de seus subordinados. Não se obedece mais, nesse caso, a regulamentos oficiais ou a imperativos sagrados, mas ao indivíduo consagrado pelo "direito costumeiro", em razão de sua família, de sua idade, de sua antiguidade etc. e designado como ápice da hierarquia.

Que a tradição tenha recentemente nascido de uma revolução, ou seja imemorial, a confiança que se lhe dedica vem do

---

[192]. Ibid., p. 256.

fato de ela estar acima de qualquer controvérsia. Sua "imunidade diante de qualquer crítica racional ou outra"[193] lhe confere o invejável poder de ser aceita sem reflexão e de anular qualquer resistência. Ora, a proibição que é a sua origem, e da qual falei mais acima, substitui-se aqui ao carisma naquilo que ele tem de fascinante e de "sobre-humano", portanto, ao abrigo da dúvida e da discussão. Ela deve ser necessária, uma vez que os movimentos religiosos e políticos – pensem nos partidos comunistas e nas confissões puritanas – que prosperaram recolocando tudo em questão, uma vez as massas conquistadas não tiveram nada de mais urgente senão declarar como infalíveis tanto eles quanto suas doutrinas. Restaurar o interdito da crítica é ainda e em toda parte o sinal de uma legitimidade tradicional – ou dogmática, se vocês quiserem – que coloca sob a proteção do tempo aquilo que o chefe carismático coloca fora do tempo. Isto é, a ação do poder.

> Uma dominação tradicional [escreve Weber], age em primeiro lugar sobre o tipo econômico. Por meio de um certo fortalecimento do espírito tradicional, são sobretudo a dominação gerontocrática e a dominação patriarcal que, não se apoiando em nenhuma direção administrativa especial do detentor do poder que se opõe aos associados do grupo, são determinadas, na validade da própria legitimidade delas, pela manutenção da tradição sob todos os aspectos[194].

Observamos uma preocupação análoga nos regimes feudais de outrora e nos partidos de notáveis de hoje. E, como eu suponho, no que é chamado "nomenklatura" no poder nos países da Europa do Leste. A crença nas virtudes herdadas se torna, como podemos perceber, um pilar que se eleva de baixo para cima e sustenta a obediência automática das massas. "Está dito": e logo, sem hesitar, cada um executa o que lhe foi ordenado.

---

193. PARSONS, T. *The Structure of social action*. T. 2. Nova York: Free Press, 1968, p. 104.
194. WEBER, M. *Economie et societé*. Op. cit., p. 245.

No terceiro nível aparece a legitimidade de tipo legal[195]. Os vínculos de dominação criados pela tradição não se mantêm senão por um constante esforço de repetição. E se forem obrigados a mudá-los, será para economizar esforços e alcançar uma maior eficácia. A disciplina interna estabelecida pelo hábito se transforma então em disciplina externa cuja expressão são as regras jurídicas e administrativas. Somente então a autoridade adquire um caráter realmente impessoal, e é por essa razão que nela acreditamos. Mesmo herdadas e sustentadas pelo consenso das gerações, essas regras podem ser ajustadas e tornadas conformes à razão por cada geração. Elas são aceitas somente sob essa condição, e a frase de Goethe: "Aquilo que adquiristes de vossos ancestrais, é preciso conquistá-lo para realmente possuí-lo", dita a conduta de todos. Trata-se aqui de uma verdadeira racionalização, de um processo que está nos antípodas do poder carismático. É uma reação que tende a eliminar a inspiração em proveito da técnica, colocar um objetivo preciso no lugar de uma vocação vaga.

---

195. Segundo Leo Strauss (*Droit naturel et Histoire*), a distinção entre tradição, legalidade e carisma é oriunda de uma situação particular. Foi ela que criou a Revolução Francesa ao opor a tradição e a razão, a monarquia do Antigo Regime e a república. A fim de dar a impressão de que sua teoria está completa, Weber teria acrescentando uma terceira forma de poder, o poder carismático. Encontro nessa interpretação um caráter de artifício que me desagrada. Tanta tinta já foi gasta em relação a essa teoria que vocês me perdoarão que eu volte ao assunto. Acabamos de ver que esses poderes podem ser abordados, ou do ponto de vista classificatório – caso mais frequente – ou do ponto de vista genético. Neste último caso, podemos adotar a hipótese de um paralelismo rigoroso entre as formas do poder e os aspectos do corpo social. Estes são em número de três: a nação, a sociedade civil e o Estado, que reúnem os indivíduos de maneira diferente. Seria lícito supor que a dominação carismática é legitimada pelo corpo social enquanto nação, a dominação tradicional enquanto sociedade civil, e a dominação legal enquanto Estado. Portanto, a combinação dos três poderes em um, mas de acordo com proporções variáveis, seria o fundamento da teoria de Weber. Voltando a Leo Strauss, a Revolução Francesa, sem sombra de dúvida, viu se oporem a tradição e a razão. Ao mesmo tempo e depois, de uma maneira crescente, a nação se impôs enquanto fator político. Não foi, portanto, para completar sua teoria com um terceiro elemento que Weber teria introduzido o poder carismático, mas para reconhecer a nova fonte de poder. Para ele, assim como para Durkheim, "a coletividade política, territorial, soberana, no interior das fronteiras traçadas no solo, é considerada como 'a sociedade por excelência, suprema'" (ARON, R. *Socialisme et sociologie*, p. 1.048). À questão nacional que importava aos dois tanto quanto a questão social, o carisma traz uma resposta, um princípio de ordem.

Em primeiro lugar, aqueles que nisso se engajam querem desfrutar de uma autoridade monótona, da ascendência previsível e tranquila garantida pela competência. Eles formam grupos, como as grandes corporações do Estado, interessados em gerir a ordem social em seu favor. Eles moldam as administrações, as burocracias compostas de funcionários, escolhidos por meio de procedimentos regulares, nomeados por sua qualidade de especialistas e com muita frequência cooptados por seus pares. Pensem, como ilustração, que os quadros políticos na França são em grande parte recrutados nas Grandes Écoles, na União Soviética entre os engenheiros da indústria e os funcionários do partido. A impessoalidade e o formalismo aprendidos devem preservar a inclinação deles para "tratar de uma forma material e utilitária as suas tarefas da administração a serviço da felicidade dos administrados"[196].

Vocês devem ter notado que fazer carreira nessas instituições implica, para o funcionário ou o agente do Estado, assimilar os regulamentos escritos aos quais todos devem obedecer e adquirir as qualidades de desprendimento requisitadas para aplicá-los de maneira objetiva. Às vezes isso pode ser "uma vida de tranquilo desespero", mas que se desenrola segundo critérios definidos e no interior de uma hierarquia racional. Segundo uma lógica impecável, ela estipula uma promoção regular, uma remuneração fixa e honrarias metódicas. Em princípio, tudo isso constitui uma dominação motivada pela razão em virtude do conhecimento. E certamente com esse objetivo.

É somente nesse sentido que servidores do Estado, funcionários de partido, prelados da Igreja, especialistas internacionais ou dirigentes sindicais se harmonizam para manter uma mesma forma de dominação. Por si só, a máxima: saber é poder, parece válida. Nada mais distante do subjetivo e do afetivo do que esse regime que exige que nos submetamos, não a homens, mas a leis.

A sequência que vai do *mana* carismático aos *numina* da tradição e da legalidade significaria um movimento no sentido

---

[196]. WEBER, M. *Economie et societé*. Op. cit., p. 231.

de mais razão, mais autonomia dos indivíduos? A lógica em ação é mais complexa e mais interessante. Da primeira dominação que surge, por meio de um *big-bang*, fora da história, às segundas que trabalham dentro da história, tudo se passa como se uma corrente de crenças vivas e orais começasse por legitimar um grupo na pessoa de seu chefe, um herói. Depois ela se torna um costume não escrito, aureolado pelo eterno ontem, antes de se enclausurar em regras e instituições que se impõem como lei. Em suma, na escrita que resume a vida do poder, não em movimento perpétuo, mas em busca de um equilíbrio. Observem o movimento da Igreja romana desde a sua criação, o dos soviets na Rússia desde a revolução, os dois casos exemplares na Europa, e vocês terão uma imagem dele. É patente que a força do ordinário acaba suplantando a magia do excepcional. "É assim que acaba o mundo [escreve T.S. Eliot], não com uma explosão, mas com um murmúrio".

Isso é psicologia

Na história, esses diferentes tipos de dominação nunca são encontrados um sem o outro. Cada um possui apoios incorporados e instituições, fiadores de particularidade. Podemos considerá-los sob dois pontos de vista. Primeiro, como um meio de classificar as relações políticas e religiosas em uma sociedade ou através das sociedades. Esta é a tendência geral. Mas essa classificação dos fenômenos de dominação em diversos tipos não nos poderia bastar. Ela não explica nada e apenas organiza a sua catalogação. Ela seria útil se permitisse a descoberta de traços gerais e trouxesse um modo rigoroso de descrevê-los, a exemplo da taxonomia dos elementos químicos da tabela periódica de Mendeleev ou das espécies animais no sistema de Carl Lineu. Não há nada semelhante no caso que nos ocupa. Não só Weber é dúbio em sua maneira de classificar os tipos de dominação, mas também não fornece nenhum critério de divisão, nem oferece ao leitor a garantia de que esgota o universo dos fenômenos estudados. Como se apoiar nessa taxonomia, quando ela serve principalmente para reunir um grande número de exemplos, sem se deter em nenhum deles para verificá-lo?

Temos poucas provas de que ele tenha tentado, e nenhum dos sociólogos que vieram depois dele compensaram essa insuficiência. Ele nos deixa em posse de um feixe de metáforas ilustradas que podem ser desmentidas, não como uma noção, por meio das observações rebeldes, mas a exemplo de um mito gasto pelo espírito do tempo. Isso é preocupante para a ciência à qual pertence essa teoria.

Em seguida, podemos considerar os tipos de dominação – o que já fizemos – do ponto de vista da filogênese. Isso nos leva à ideia da unidade essencial do poder. Vimos de que maneira as diversas crenças que o legitimam seriam oriundas de uma única: a crença no carisma dos fundadores. Claro, uma tradição ou uma lei são coisas estranhas e até mesmo opostas a esse carisma. Mas elas sempre supõem alguma coisa de mais cativante do que a autoridade do passado e a competência da razão para obter a confiança dos governados. Elas necessitam de uma majestade das palavras, de um cerimonial dos atos, que as coloquem acima da disciplina e do cálculo vulgar, um culto que conduza o respeito de todos. O Templo de Lincoln em Washington, o Mausoléu de Lenin em Moscou, o Panteão em Paris têm como única razão de ser que eles desafiaram a razão e as leis para se fazerem obedecer. Compreendemos assim por que cada forma de dominação conserva, em última análise, um elemento carismático. Um vestígio de sua explosão inicial sobrevive em toda parte, como a irradiação da primeira bola de fogo de onde surgiu o universo. Ela nos fornece o principal documento das zonas de tempo e de espaço atravessadas. Em períodos de transtorno e de crise, é o único elemento que permite a um país reencontrar a identidade e a legitimidade de suas instituições.

Considero, portanto, que a teoria é mais coerente quando tenta explicar a genealogia das formas de poder do que quando pretende estabelecer uma taxonomia. Mas não nos detenhamos demais no que para nós se tornou evidente. Surpreendamo-nos antes ao ver que, explicando a origem do carisma, ela supõe uma inovação de que ele seria a força primeira, afetiva sem dúvida, e por isso desprovida de causa racional.

O que ocorre na dominação carismática é que ela é "irracional" com relação à ordem que preexiste, pois, sob sua forma pura, ela depende apenas da crença no poder extraordinário do líder[197].

Uma vez que o carisma é pessoal, ocorre que, sob sua influência, as coisas não advêm segundo uma ordem lógica e completa. Tudo depende de escolhas feitas pelo chefe no dia a dia e do entusiasmo dos que o seguem. Em suma, se aceitarmos a ideia de Weber, são os fatores julgados subjetivos que oferecem o impulso que permite sair de uma situação de crise. Do mesmo modo, uma revolução é preparada pelos crentes e desencadeada por um ato brusco. Ao descrever a Revolução de Outubro de 1917, na Rússia, o escritor comunista Fischer oferece uma ilustração concreta dessa ideia: "Ainda que os bolchevistas [escreve ele] tivessem em outubro o apoio das grandes massas de operários e de camponeses, a revolução socialista na Rússia não era uma necessidade, é preciso atribuí-la ao gênio de Lenin, à natureza de seu partido, a uma enorme concentração de audácia, de inteligência e de vontade. Esse peso dominante dos fatores subjetivos, essa fé na onipotência da vontade quando aliada a um alto nível de consciência, foi determinante, conduziu essa vitória e sua problemática de forma exemplar. A consolidação dessa vitória parecia quase impossível e dependente de um milagre; e quando pessoas que não eram as mais desavisadas do Ocidente prediziam que o poder desmoronaria, elas se apoiavam em argumentos pertinentes"[198].

Não quero reabrir um debate gasto, nem me pronunciar sobre a sua natureza. Mas simplesmente dar uma ideia dessa irracionalidade, associada ao carisma revolucionário. Ela poderia ser negligenciada, ser atribuída a inúmeros acidentes, e ser assim considerada como subsidiária. Ora, Weber inverte as prioridades e nos convida a considerá-la como um fenômeno social completo. A convicção que se expressa é de que a história humana, ao

---

197. GIDDENS, A. *Studies in Social and Political Theory*. Nova York: Basic Books, 1977, p. 144.

198. FISCHER, E. *A la recherche de la realité*. Paris: Denoël, 1970, p. 75.

contrário do que pensavam Durkheim e Marx, não é racional. Assim, tratando-se da gênese do poder, de suas motivações e da fé que ele suscita nas qualidades de uma pessoa dominante, é normal que as explicações de Weber sejam de natureza psíquica. E o que mais elas poderiam ser? Com certeza, em método, ele recomendou abandonar semelhantes facilidades e se ater aos rigores da sociologia. Mas ele fala como os ricos que ainda pregam a renúncia cristã, porque jamais foram chamados a renunciar ao que quer que fosse. Quanto a Weber, ele reconstitui no interior de sua ciência, como para viver em autarquia, uma psicologia que tem suas próprias originalidades.

Mudemos o ponto de vista. Vocês poderiam me levar a observar que insistir no aspecto irracional das relações de poder não implica que se deva explicá-lo por meio das causas psíquicas. Apesar de tudo, são relações sociais. Por que não explicá-las a partir das condições da ciência? Nenhuma ciência, nem mesmo a psicologia, possui o monopólio do conhecimento daquilo que é irracional ou anormal. E a transferência de conceitos e de uma linguagem da psicologia não significa que o próprio fenômeno, como o carisma, seja psíquico. Muitas vezes transferimos noções de uma ciência para outra como, por exemplo, a noção de informação da cibernética para a biologia, ou a noção de átomo da mecânica para a química, sem que os fatos biológicos se tornem cibernéticos, ou os fatos químicos, mecânicos.

Ainda que concorde, em relação à teoria de Weber, não estamos lidando com empréstimos, com metáforas, mas com um resultado de seu método, e até mesmo de sua filosofia. Ela idealiza, por princípio, o sentido dos fenômenos, quer sejam religiosos, políticos ou econômicos. Contudo, por uma preocupação com o concreto, a idealização permanece próxima da experiência vivida – a experiência da salvação, a racionalização burocrática etc. – e ancorada na consciência dessa experiência que os homens têm. Contrariamente a Durkheim, Weber não as une, a qualquer preço, a índices exteriores, ou mesmo independentes, como o direito penal ou o direito restitutivo e as estatísticas do suicídio. Em suma, o significado da ação para aqueles que agem é um de seus elementos determinantes:

O processo exterior do comportamento religioso [mas isso vale para qualquer comportamento] [escreve ele] reveste formas extremamente diversas cuja compreensão não pode ser alcançada senão a partir das experiências subjetivas, das representações, dos objetivos perseguidos pelos indivíduos – isto é, a partir do "significado" desse comportamento[199].

Em seguida, ele busca uma dinâmica que reveste uma forma simples em um momento raro da história, quando motivações e mentalidades se transformam. E, por isso, o fenômeno escolhido é definido como absolutamente estranho às realidades da economia e às coerções sociais que se impõem de fora. Eis o que deixa um amplo campo às interpretações não sociológicas, para dizer apenas isso. Em outras palavras, não é o caráter das relações, mas o método que leva a privilegiar os aspectos psicológicos.

Voltemos, para observá-lo melhor, ao poder carismático. Em certas circunstâncias, e somente então, um indivíduo possui qualidades diferentes, por natureza, das qualidades da maioria dos homens. Elas motivam uma dominação pessoal, sem dúvida, mas que imprime aos sentimentos e aos comportamentos de todos uma mesma direção. Sinal às vezes inconsciente de que estamos submetidos ao apelo heroico ou profético do chefe, fora de qualquer consideração de interesse e de oportunidade histórica. "Pois, assim como se observou, Weber define o carisma como especificamente a-histórico. De fato, ele conota mais uma propriedade psicológica do que uma propriedade sociológica ou histórica"[200].

Vamos dar mais um passo. A dominação carismática se distingue por um traço essencial. Pois bem, as outras formas de dominação podem se apoiar, desde o início, em uma instituição (partido, igreja, exército, burocracia etc.) e em costumes, em recursos econômicos e intelectuais acumulados. A hierarquia sempre fornece um quadro, técnicas jurídicas, ideológicas, e até mesmo educativas, para impor uma crença e legitimar a

---

199. WEBER, M. *Economie et societé*. Op. cit., p. 429.

200. MITZMAN, A. *The Iron Cage*. Op. cit., p. 246.

autoridade das camadas dominantes. Quando um papa ou um presidente da República são eleitos, eles dispõem de todos esses elementos. Pensem, por outro lado, no indivíduo que, como se poderia dizer, surgido de um lugar qualquer, tem um nome antes de ocupar uma função – De Gaulle, antes de ser presidente da República; Bonaparte, antes de ser imperador – e declara que sua tarefa é mobilizar os homens para romper a ordem das coisas. Ele não possui nada disso. E é forçado a criar uma posição a partir da qual obter esses recursos e transformá-los em poder. E para conseguir isso o que ele tem além de sua "boa palavra" e de sua "boa aparência", de seus escritos ou de suas ações fora do comum, capazes de levantar o entusiasmo e de insuflar a fé em sua pessoa? Sabemos bem que isso basta para o reconhecimento do carisma. Podemos constatá-lo nos profetas que, aos olhos de Weber, representam o símbolo por excelência de todos os possuidores de carisma. Encontramos neles

> uma verdadeira *predicação* emocional, pouco importa que essa predicação espalhe suas revelações por meio da palavra, do panfleto ou de qualquer outra forma de escrita (como as sutras de Maomé). O profeta está sempre mais próximo do demagogo, do publicitário político, do que do mestre e do seu "empreendimento"[201].

O poder carismático tem então como premissa um dom pessoal de convencer, ao passo que o poder tradicional ou o poder legal existem imediatamente, apoiados em qualidades e em meios impessoais. Imaginem, com efeito, que um determinado indivíduo ou grupo queira obter a confiança valendo-se de uma nova religião, invocando a criação de uma ciência, a psicanálise por exemplo, ou fundando um movimento revolucionário. A maioria nem reconhecerá a sua autoridade, nem aceitará as suas verdades e só o seguirá sob a condição de mudar de opiniões ou de sentimentos. Ela deve assim ser persuadida das virtudes do profeta, levada a acreditar que a psicanálise é uma verdadeira ciência preferível à psiquiatria ortodoxa, ou

---

[201]. WEBER, M. *Economie et societé*. Op. cit., p. 469.

que a revolução, longe de representar uma quimera, é a única saída para uma crise. Mesmo que Jesus faça milagres, é necessário ainda apresentá-los e persuadir o povo de que são os sinais da vontade de Deus. Ainda que Mao levante as massas camponesas, é necessário convencê-las de que estão fazendo uma revolução de que ele possui a chave, e não uma jaqueria, e assim por diante. As diversas camadas da sociedade têm opiniões divergentes quanto ao sentido dos "milagres", quanto às chances desses movimentos, e quanto ao seu valor. Assim se deve exercer uma sugestão contínua sobre os sentimentos e as opiniões para se conseguir "adeptos", recrutar "discípulos" e conseguir os seus objetivos.

O que mais dizer, senão que o carisma antes de se exercer deve criar a crença em sua legitimidade, ao passo que seria o contrário para as outras formas de poder? Mas não é necessário que eu insista mais. Está claro que o poder carismático é criado e acumulado por meio da influência, assim como o capital por meio da troca. É por isso que se pôde escrever, de maneira um tanto quanto obscura, que ele representa prioritariamente "a capacidade de um ator em exercer uma influência sobre as orientações normativas de um outro"[202].

Ele se confunde em grande parte com ela, e podemos considerá-lo como o seu efeito. Cada um de nós pôde verificá-lo por si mesmo. Em presença de semelhante chefe, quando a palavra e a atmosfera que o cercam se espalham lentamente, ele provoca devoções absolutas. Quer se queira ou não, essa relação que explica a autoridade do carisma tem um fundamento psicológico. Existe sob esse ponto de vista um consenso, e um sociólogo alemão resume da seguinte maneira:

> O carisma pertence, por um lado, ao campo daquilo que hoje se nomeia a teoria da influência; ele depende dos modos de comportamento que governam a relação mútua entre um chefe e aqueles que o seguem. Incontestavelmente, o carisma tem a sua origem na pessoa do chefe carismático. Mas não pode ser

---

[202]. ETZIONI, A. *A comparative Analysis of Complex Organisations*. Glencoe, Il.: The Free Press, 1961, p. 232.

efetivo a não ser que suscite uma reação por parte daqueles para quem é dirigido, isto é, se ele faz surgir a crença na missão sobrenatural e excepcional do chefe. O carisma é, portanto, uma categoria que pertence às disciplinas da psicologia de massa e da psicologia social[203].

Não exijo tanto. Mas isso já não seria perceptível na escolha dos exemplos, nas observações de Weber e na linguagem, plena de emoções, de que ele se serve? Sob sua pena, tanto a palavra quanto a coisa retornam com a mesma frequência. Estamos familiarizados com a ubiquidade desses fenômenos nos regimes políticos e religiosos. Sociólogos e antropólogos fizeram a sua catalogação precisa e luxuriante. Desse modo se justifica o pertencimento deles a uma ou outra ciência. Somente as explicações sobre a autoridade do carisma se situam aquém da sociologia e da antropologia. Elas dependem muito naturalmente da psicologia dos fenômenos coletivos.

Essas explicações são simples e podemos reduzi-las em algumas palavras, pois de fato nós já as abordamos. Nada toca mais a imaginação do que a situação na qual se produz a qualificação carismática. Quaisquer que sejam as suas razões, as distâncias entre os membros de uma coletividade são abolidas e os mimetismos recíprocos se multiplicam. A vida social se povoa de forças aceleradoras que quebram as resistências mentais, rompem as amarras com o passado. Graças a essa participação e a essa superexcitação, energias morais e históricas se mesclam e os indivíduos, até então apáticos, tornam-se ativos novamente. Toda a coletividade experimenta ao mesmo tempo um jorro de "graça infusa", de valor e de confiança superiores oferecidos pela adesão exclusiva de seus membros. E enquanto essa graça perdura, cada um sente levar uma existência diferente, possuir uma coragem e uma moralidade que ordinariamente nunca são praticadas. Como se, arrancados às condições normais, a seus compromissos e a seus hábitos, eles se purificassem e reencontrassem o sentido de

---

203. LOEWENSTEIN, K. *Max Weber's Political Ideas*. Boston: The University of Massachusetts Press, 1966, p. 62.

uma paixão autêntica. Não é um estado de possessão análogo ao que descrevi no ensaio sobre Durkheim, mas um estado de regeneração: o homem realmente acredita estar transformado e ter vencido os limites objetivos da realidade. Daí as expressões que muitas vezes se encontram para descrever o indivíduo: "regenerado", "purificado", "eleito", e assim por diante.

Ao longo dessa metamorfose, os homens mais dessemelhantes por suas crenças, por suas posições, por sua inteligência etc., se encontram dispostos em um mesmo sentido, como as ondas do mar, e prontos a agir com a mesma intensidade. Weber a percebe à maneira de uma catarse, noção-chave de sua psicologia dos fenômenos coletivos. Ela pontua todas as grandes reuniões e todos os grandes movimentos, nas épocas de crise e de reviravolta. Ele atribui a ela os efeitos que o filósofo marxista Gramsci descreve em termos que poderiam ser os dele:

> Isso também significa [escreve ele a propósito da catarse] a passagem do "objetivo" ao "subjetivo" e da "necessidade" à "liberdade". A estrutura da força exterior que esmaga o homem, que o assimila a ela, que o torna passivo, transforma-se em meio de liberdade, em instrumento para criar uma nova forma ético-política, em origem de novas iniciativas[204].

Certamente é necessário um objeto comum de interesse que suscite ideias e emoções próximas no espírito de cada participante. Além disso, um sentimento de entusiasmo devido ao fato de que essas ideias e essas emoções da coletividade serem capazes de tramar a realidade. Assim aumenta a probabilidade de que até mesmo as mais loucas visões estejam destinadas a durar. Mas, por meio dos símbolos e das ações exemplares, esse objeto acaba se confundindo com um personagem especial, De Gaulle com a Resistência, Galileu com a ciência nova, Lutero com a Reforma etc. – dotado de qualidades "sobrenaturais" e "sobre-humanas". A natureza dessas qualidades varia segundo as épocas, mas elas sempre tiveram como condição preliminar uma atmosfera catártica. O seu ponto culminante é o reconhe-

---

204. GRAMSCI, A. *Il materialismo storico e la filosofia di Benedetto Croce*. Op. cit., p. 40.

cimento do portador de carisma, eleito por aclamação, plebiscitado pelo fervor dos olhares, pelo aplauso das mãos, ou pela limalha das vozes que convergem para ele como para um polo magnético. Poder-se-ia dizer que a descoberta do novo mestre liberta a comunidade do seu fardo de incertezas e de tensões, que finalmente ela conhece quem será capaz de purificá-la e de regenerá-la. Vocês se lembram do quadro traçado por Trotski desse instante memorável em que um membro do soviete russo designa Lenin que logo é eleito.

Certamente é preciso um pouco de cautela nesses assuntos, tanto os fatos incontestáveis são raros e as impressões variadas. Com efeito, o que sabemos das prerrogativas e dos meios que são o apanágio dos heróis, dos profetas, dos demagogos modernos? Muito pouco. Mas, afinal, o poder deles parece ser o mais absoluto que se possa imaginar, não porque nada o detém na realidade, mas porque nada o detém no ideal. Devemos realmente supor uma lógica que dê conta disso, que explique por quais razões obedecemos ao possuidor desse poder. Ora, essa lógica, como vocês sabem, é a lógica da identificação com a pessoa que o detém e que pode confirmar seu carisma.

> É, com efeito, com esse autocrata como chefe [observa o sociólogo alemão Elias], considerado como a encarnação viva do grupo, que se identifica a maioria de seus membros durante tanto tempo quanto se mantenham vivas as confianças, a esperança e a firme convicção de que se dirige para o objetivo desejado ou de que ele defende vitoriosamente as posições-baliza conquistadas[205].

Na realidade, os participantes dessa maioria não sabem exatamente por que se submetem a ele. Invocam uma decisão refletida, uma convicção íntima, e às vezes ambas. O resultado é o mesmo: o carisma de um só é autenticado pela adesão espontânea de todos. Ou seja, e convém insistir nisso, a dominação, no caso, nem depende de um interesse, nem de uma força, nem de um cálculo racional, subsidiários sob muitos aspectos. Podemos até mesmo

---

205. ELIAS, N. *La societé de cour*. Paris: Flammarion, 1985, p. 126.

afirmar que a maioria se abstrai deles, desprezando-os e julgando que eles fazem sombra à crença em sua legitimidade. Os indivíduos renunciam à sua autonomia, não para usufruir uma vantagem ou por coerção, mas para se identificar ao chefe, à causa daquilo que ele encarna para cada um na comunidade: um herói, um gênio, um pai. Todavia o vínculo de autoridade assim estabelecido age, evidentemente, de maneira diferente sobre o líder e sobre os seus partidários. O líder adquire maior certeza quanto ao caráter real das qualidades que se lhe atribui, age com maior vigor e ousa dizer o que não ousaria dizer em condições normais. Os partidários estão prontos a assimilar as suas marcas e a carregar o seu nome, nele reconhecem de bom grado um personagem ou um ancestral caro à memória coletiva. Creem vê-lo ressuscitado e em contato com esse homem venerado de geração a geração. A confiança que lhe dedicam prolonga a confiança dada ao personagem vindo do passado[206]. Deste, a legitimidade é transferida para o chefe ao mesmo tempo em que a identificação[207]. Por exemplo, de Cristo para os papas, de César para os imperadores romanos ou alemães, de Gandhi para Indira Gandhi.

Apesar de nossos esforços para percebê-lo, o carisma nos elude e escapa à nossa crença. Levando-se em consideração nossas reticências em querer explicar aquilo que não observamos, ou observamos tão mal, é necessário reter essas duas noções, participação catártica e identificação que permitem a sua abordagem. Pelo menos, elas esclarecem a psicologia que Weber expressou sob vocabulários cambiantes e diversos. Ele parece se esquivar de uma fórmula que poderia aprisionar uma multidão de imagens e de fatos entrevistos. Mas, ao excluir de sua teoria semelhante fórmula, ele se recusou o controle empírico indispensável de suas proposições.

Sem realmente se dar conta disso, consideramos estranho que Weber seja tão impreciso quanto às razões da ascendência

---

206. MOSCOVICI, S. L'âge des foules. Apud The Discovery of the Masses. In: GRAUMANN, C. & MOSCOVICI, S. (orgs.). *Changing Conceptions of Crowd Mind and Behavior.* Nova York: Springer, 1986, p. 5-25.

207. A rotinização do carisma não é, em substância, senão uma forma de identificação.

do chefe carismático sobre as pessoas. Por que elas o seguem? Seria porque o estado de crise as predispõem a acreditar nas qualidades pessoais de um salvador, ou por causa da doutrina e das ideias que ele representa? O que reuniu as multidões em volta de Gandhi, de João Paulo II ou de De Gaulle: a confiança na pessoa ou nas ideias propagadas? Em um caso, elas obedeceriam a um indivíduo que admiravam, no outro, às convicções que compartilham com ele[208]. Por um lado, a causa da potência é pessoal, e por outro lado ela é coletiva. Weber parece preferir o brilho pessoal do chefe[209]. Às vezes, no entanto, ele se refere à religião ou à doutrina que ele encarna. Daí uma oscilação permanente: ora ele retém apenas a aptidão do líder para dominar, ora a sua ação de sugestão sobre as massas que ele busca converter. O chefe os conduz facilmente a combater pelo triunfo de uma crença durante a revolução, para defender o solo pátrio, ou mesmo, durante competições esportivas, pela glória e pela honra. O sociólogo italiano Cavalli me conforta nessa impressão quando escreve:

> Weber dedicou muita importância a esse ponto, mas jamais o examinou a fundo. Contudo, ele sugeriu uma distinção útil entre a época pré-moderna e a época moderna, sendo a primeira influenciada inicialmente pela magia ou pela religião. Em nossa época moderna, a confiança do povo parece provir sobretudo da personalidade do líder, e principalmente da força da própria convicção do líder. Isso confere ao líder esse poder de sugestão de que Weber falou um pouco aqui e ali, conferindo ao termo um duplo significado já desenvolvido por Hellpach e deixando de lado [...] os problemas filosóficos e psicológicos conexos a essa tomada de posição [...]. Segundo Weber, esse desenvolvimento tem como condição geral a irracionalidade e a emocionalidade que caracterizam as massas – duas qualidades que também estão em ligação evidente com o fenômeno de sugestão, ainda que Weber não o tenha tratado nesse contexto[210].

---

208. BOND, R.J. "Toward a Social Psychology of Charismatic Social Influence Processes". *Social Form*, 53, 1975, p. 485-497.

209. NISBET, R.A. *La tradition sociologique*. Paris: PUF, 1984, p. 317.

210. CAVALLI, L. Apud GRAUMANN, C. & MOSCOVICI, S. (orgs.). *Changing Conceptions of Leadership*. Nova York: Springer, 1986.

Talvez o sociólogo esteja inspirado pela preocupação de limitar, em uma certa medida, as facetas do fenômeno. Todavia uma coisa chama a atenção. Ou seja, que as qualidades "sobrenaturais" ou "sobre-humanas" de um indivíduo possam bastar, por elas mesmas, para despertar a confiança em relação a ele. Assim se explicaria o milagre dessas qualidades, dom de um deus e não obra humana, por um outro milagre, o da conversão espontânea[211] daqueles que o ignoravam até então. Portanto, sem que o chefe exerça uma influência para se fazer reconhecer pelas massas. É, no entanto, esse milagre que Weber parece subentender ao escrever que o poder carismático é

> oriundo da submissão dos sujeitos ao "carisma" puramente pessoal do "chefe". De fato, esse tipo (de dominação) nos conduz à origem da ideia de vocação, onde reencontramos os seus traços mais característicos. Se alguns indivíduos se entregam ao carisma do profeta, do chefe em tempos de guerra, de um grande demagogo no seio da *ecclesia* ou do Parlamento, isso significa que estes últimos são considerados interiormente "chamados" ao papel de líderes e que são obedecidos, não em virtude de um costume ou de uma lei, mas porque se tem fé neles. Certamente, se ele for mais do que um arrivista presunçoso do momento, ele vive para a sua classe, e busca realizar a sua obra. Por outro lado, é unicamente à sua pessoa e às suas qualidades pessoais que se dirige a dedicação dos seus, quer eles sejam discípulos, fiéis ou ainda militantes ligados a seu chefe[212].

Como explicar esse devotamento? De onde vem essa crença nas qualidades extraordinárias de uma pessoa? Provavelmente ela se deve a alguma doutrina ou representação social relativa ao chefe com quem as pessoas estão engajadas. Não se poderia conceber essas qualidades sem essas doutrinas ou representações que as codificam e lhes conferem um sentido. Manejando-as

---

[211]. FRIEDRICH, C.J. "Political Leadership and the problems of charismatic Leadership". *Journal of Politics*, 23, 1961, p. 3-24.

[212]. WEBER, M. *Le savant et le politique*. Op. cit., p. 103.

de forma correta, o chefe persuade a coletividade e consegue se fazer reconhecer, fazer aceitar a sua autoridade[213].

Para resolver essa situação existe apenas um meio: partir do fato de que a influência é a origem e o agente do poder carismático. Acreditar nessas qualidades fora do comum significa persuadir os outros e fazê-los acreditar. É incontestável que a balança ora pode pender em favor das qualidades "sobre-humanas" da pessoa, ora em favor das qualidades "infalíveis" da doutrina. Por um lado, as pessoas são convertidas às ideias que o chefe representa; por outro lado, é suscitado o entusiasmo pelos seus dons superiores, fabricando nos mínimos detalhes o culto de sua personalidade. E as mídias modernas, por exemplo, conhecem bem a receita, considerando-se a sucessão de ídolos que são adorados e de ídolos que são destruídos. De fato, as oscilações que ressaltei se explicam pela confusão entre os dois modos de influência, um dirigido para a potência da ideia e outro para a potência do indivíduo, e entre as duas formas de dominação reduzidas a uma só. E também pela confusão entre as duas classes de chefes que contrapus, na psicologia das massas, os chefes mosaicos e os chefes totêmicos. Por um lado, pensando em Robespierre, Lenin, Calvino, Marx, Freud, Gandhi, e, por outro lado, em Stalin, Hitler, Mussolini, Castro, Napoleão – a lista poderia se alongar até o infinito. Pelo menos é o que vemos à nossa volta, onde o carisma se tornou um dos bens mais raros e preciosos. E eu me surpreendo que se lance um olhar tão indolente para aquilo que, junto com a bomba atômica, é uma de nossas mais dramáticas descobertas.

Os chefes mosaicos se preocupam muito mais em fazer penetrar doutrinas e crenças entre as massas do que em seduzi-las através de suas pessoas. Repletos de zelo, conhecendo apenas o objetivo a ser alcançado, eles adotam uma atitude de reserva e de discrição, como se temessem empanar o brilho de sua missão. Capazes de uma receptividade tão flexível quanto profunda, eles guiam à maneira dos mestres, mesmo quando seguem os seus

---

213. WEBER, M. *The Sociology of Religion*. Op. cit., p. 46.

discípulos. Essa passividade espontaneamente ativa e apaixonada atesta a compreensão que possuem da humanidade ordinária, a sua vontade de permanecer como os outros, ainda que deles se diferenciem. A máxima grega: "Saiba que tu és um homem e nada mais", advertência contra a presunção, parece comandar a ação e as palavras desses modeladores de consciências coletivas. É assim que de longe nos parecem Sócrates, Moisés, Marx, Lenin, Gandhi ou Freud. Em todas as circunstâncias, a autoridade deles dispensa o aparato e permanece marcada de sobriedade. Esses chefes magnetizam seus adeptos e as multidões pelo ardor de sua convicção, pela autenticidade de sua confiança no ideal e pela tenacidade com que o perseguem. Vem daí a humildade que se lhes atribui, a de Moisés, a de Lenin ou ainda a de Maomé, de quem o poeta Rumi dizia: "O Profeta (que a salvação esteja nele) era muito modesto, pois todos os frutos do mundo, do começo ao fim, nele estavam reunidos. Por isso ele era o mais modesto".

Quando eles descrevem um líder, as palavras de humildade e de modéstia evocam uma imagem simples: a pessoa do chefe é insignificante em comparação com os méritos da "causa", com a importância das ideias. Ele as espalha por elas mesmas, e não por causa de um salário ou das vantagens materiais e do aparato a que ele poderia pretender. O desinteresse e a gratuidade de sua ação, a sua recusa em fazer dela o seu verdadeiro ofício, eis os signos de sua vocação. Converter e formar pouco a pouco uma comunidade, um partido ou um movimento que a compartilhe atesta o vigor de sua convicção.

> Constituir uma comunidade emocional permanente com os adeptos pessoais é, portanto, um processo normal que faz a doutrina do profeta penetrar na vida cotidiana, enquanto função de uma instituição permanente. Os alunos ou os discípulos do profeta se tornam então mistagogos, mestres, sacerdotes, diretores de consciência (ou tudo isso ao mesmo tempo) de uma associação a serviço exclusivo dos fins religiosos: *a comunidade emocional dos leigos*[214].

---

214. WEBER, M. *Economie et societé*. Op. cit., p. 477.

O mesmo ocorre quando os objetivos são nacionais ou políticos. O chefe deve necessariamente ligar a si uma multidão trazida pela corrente das ideias e capaz de suportar a tirania dessas ideias na existência normal. Aquilo que ele possui ao mesmo tempo de fanático e de reservado restitui um sentido unitário aos acontecimentos sociais e históricos. Em resumo, esses chefes não pedem que obedeçam à sua pessoa, mas à vocação a que eles obedecem. Quer ela seja a justiça, a liberdade de uma nação, a reforma da sociedade, a lei de uma divindade, pouco importa. Somente essa vocação deve ser reconhecida por seus discípulos e partidários.

Os chefes totêmicos, pelo contrário, buscam propagar a ideia de que os dons "excepcionais", "mágicos", necessários para sair de uma crise, encontram-se reunidos em sua pessoa. Eles encorajam as massas a acreditarem que tais dons existem e conferem o poder indispensável para colocar em ação as crenças e as ideias de que são os porta-vozes. Habitualmente se apresentam como os salvadores pessoais de uma massa em crise que não tem nem a paciência nem o tempo de verificar a autenticidade de sua vocação. Por isso, qualquer que seja a época, desejosos de atingir a multidão, esses chefes entram em cena para melhor suscitar as emoções coletivas, para enredar as imaginações por meio das artes da marcha, da dança, da música, muitas vezes reunidas.

> Quem quer que possua o carisma [observa Weber], para utilizar os meios apropriados é mais forte do que um deus e pode submeter esse deus à sua vontade. A atividade religiosa então não é mais serviço divino, mas "coerção do deus", a invocação não é mais uma prece mágica. Trata-se então de um fundamento inexpugnável da religião popular – sobretudo na Índia, mas esse é universalmente difundido [...] Isso está na origem [...] dos componentes orgíacos e gestuais do culto religioso – sobretudo o canto, a dança e o drama, sem falar das fórmulas fixas de prece[215].

Esta é, com certeza, a via seguida pela maioria desses chefes para combinar um relaxamento dos sentimentos mais elementares

---

215. Ibid., p. 447.

e uma obediência mecânica às fórmulas mais monótonas e mais simples. Que é simplesmente a via do ritmo e da repetição, que retira das massas o seu espírito crítico. Fascinadas, elas se limitam a ouvi-los e a venerá-los à maneira de um ídolo, como Napoleão, Mao ou João Paulo II. As ideias que reivindicam, a doutrina que querem propagar se confundem com o culto dedicado à sua pessoa.

Teria a psicologia nos dado tudo o que tínhamos o direito de esperar? Ela não elucidou o suficiente a relação entre a influência e o poder. É evidente, e isso é lamentável, que Weber considerou principalmente o carisma totêmico. E é somente nesse caso que a força anormal de um indivíduo age sobre os homens e provoca a sua obediência[216]. A tal ponto que estes se tornam indiferentes àquilo que ele faz e como o faz, já que ele o faz, e àquilo que ele diz e como o diz, já que ele o diz.

As duas classes de líderes, é evidente, se equivalem. Não é o momento de julgar o papel delas e as suas consequências para a vida de uma sociedade. A questão de sua psicologia um dia encontrará solução. Enquanto isso, estas são as constatações a que nos conduz o olhar lançado sobre essas formas de dominação. Isso significa dizer que considero como bastante verossímil, e até mesmo inevitável, a sua explicação em termos psíquicos. Pelo menos enquanto o quadro traçado por Weber conservar a sua validade. Sabemos de sua paixão pela coisa política e de sua ambição em promover uma elite capaz de governar. Mas também de sua certeza da impotência que existe no fundo do poder quando aqueles que são chamados a exercê-lo não têm esse valor indefinível que é o carisma. Nenhuma dominação verdadeira poderia descartá-lo, e todas se combinam quimicamente para sobreviver:

> Essa crença [na legitimidade] muito raramente possui um significado único [observa Weber]. Ela nunca é crença em uma dominação "legal" puramente legal. Pelo contrário, a crença na

---

[216]. FAGEN, R. "Charismatic Authority and the Leadership of Fidel Castro". *Western Political Quartely*, 18, 1965, p. 275-284.

legalidade é "aclimatada" e, por essa razão, condicionada pela tradição; o esfacelamento da tradição pode reduzi-la a nada. No sentido negativo, ela é também carismática: os fracassos estrondosos e repetidos de um governo, qualquer que seja, contribuem para a sua perda, destroem o seu prestígio e fazem amadurecer o tempo das revoluções. As derrotas militares são, portanto, perigosas para as monarquias, pois revelam um carisma "não confirmado"; as vitórias não o são menos para as "repúblicas", pois elas consideram o general vitorioso como carismaticamente qualificado[217].

As primeiras foram fatais, durante a Primeira Guerra Mundial, para os imperadores da Alemanha e da Rússia; as segundas levaram ao auge César ou Napoleão.

A essas sensatas conclusões sobre a unidade essencial do poder não há nada ou quase nada a acrescentar. Senão que elas escondem a incessante luta dos homens para conquistá-lo ou dele se libertar. A violência dessa luta arrancou ao poeta russo Babel esse pensamento: "Indestrutível é a crueldade dos homens!" Ele possui a precisão de uma observação irrefutável e a força de um grito.

---

[217]. WEBER, M. *Economie et societé*. Op. cit., p. 271.

PARTE III

Um dos maiores mistérios do mundo

7
A CIÊNCIA DAS FORMAS

O estilo, isso é a sociologia

Compreende-se mal uma obra nômade e feita de esboços. Concentrada em uma busca única ela se dispersa, no entanto, por uma variedade de objetos sem relação aparente. Como classificá-la se de antemão ela frustra qualquer tentativa feita nesse sentido? Que economia buscar naquilo que se desperdiça com tanto método? Um olhar penetrante pode descobrir, muito tempo depois, a lógica dessas errâncias. Mas isso será forçosamente um artifício ótico. Ninguém refaz uma obra que não se fez, nem uma história da qual ela não teve controle.

É por isso que hoje lemos Simmel, já que é dele que se trata, com uma mescla de admiração e pesar. Admiração pelo olhar e pela potência das ideias. Quanta espontaneidade, quanta impulsividade manifestam a sua necessidade de tocar em tudo, a bulimia da descoberta, o donjuanismo da inteligência que a todo momento troca de objeto! Essa pressa que oferece tantas intuições desordenadas e tantos pensamentos inacabados. E ainda assim invejamos o sucesso do pesquisador inconstante quando, apesar das prevenções, a ciência finalmente lhe diz sim, de todo o coração. Aliás, um pesar de ver todos esses trabalhos e essas invenções fracassarem, cristalizando-se em uma dessas fórmulas distintivas – desencantamento do mundo, anomia, luta das classes etc. – à qual se reconhece a marca deixada por um homem de talento sobre toda uma época. Certamente, Simmel brilhou entre os seus contemporâneos. Um de seus alunos mais conhecidos, o filósofo marxista Lukács, até mesmo declarou que:

> Uma sociologia da cultura, da forma como empreenderam Max Weber, Troeltsch, Sombart e outros – não importa que distância

todos desejassem tomar a seu respeito do ponto de vista metodológico – sem dúvida só se tornou possível a partir das fundações criadas por ele[1].

Ora, essa radiância permaneceu limitada a um pequeno círculo de intelectuais e não ultrapassou os iniciados da sociologia na França e na Alemanha. Simmel certamente teria julgado estranho ser colocado entre os fundadores de qualquer tipo de ciência. E ainda mais ser proclamado o "Freud da sociologia"[2], como foi o seu caso. Ele realmente foi o sociólogo que, em vez de tratar o devir e a mudança como perturbações de uma coisa normalmente estável nomeada sociedade, viu na própria estabilidade um equilíbrio temporário entre forças opostas que a moldam. Em resumo: no fundo de qualquer sociedade existe um conflito do qual ela nasce e que a dissolve. Esse problema retorna com frequência nos escritos de Simmel. Contudo, ele não descreve as forças que estão na origem desse conflito, assim como fez Freud. De todo modo, ele não se tornou um herói da cultura, cercado, idolatrado por uma infinidade de discípulos, mas, pelo contrário, um de seus esquecidos.

Daquilo que semeou, Simmel não parecia esperar nenhuma colheita. Ele estava convencido de desaparecer sem descendência e tinha previsto com exatidão o futuro de seus trabalhos:

> Eu sei [escreveu ele em sua breve autobiografia] que vou morrer sem herdeiros espirituais (e isso é bom). A herança que deixo é como dinheiro distribuído entre vários herdeiros, e cada um utiliza a sua parte em alguma ocupação compatível com a sua própria natureza, mas que não pode mais ser reconhecido como fruto da herança[3].

---

1. GASSEN, K. & LANDMANN, M. (orgs.). *Buch des Dankes na Georg Simmel*. Berlim: Dunker/Humbolt, 1958, p. 175.

2. HUGHES, E.C. Apud NISBET, R.A. *The Sociology of Emile Durkheim*. Nova York: Oxford University Press, 1944, p. 9

3. GASSEN, K. & LANDMANN, M. (orgs.). *Buch des Dankes na Georg Simmel*. Op. cit., p. 15.

Estranha maneira de se despojar, e de se deixar despojar dessas inúmeras questões e ideias que circulam nas ciências do homem sob tantos nomes, mas provêm da sua herança. Ele não é mais mencionado, assim como a maioria dos usuários do telefone ou do computador ignoram o nome dos inventores desses aparelhos que transformaram as suas vidas.

Alguns dados biográficos são bem interessantes. Simmel nasceu em 1858, no mesmo ano que Durkheim, em uma família de judeus berlinenses. Desde sua infância ele viveu em um meio cultivado em que as artes, sobretudo a música e a literatura, desempenhavam um papel essencial. Ele fez todos os seus estudos superiores na Universidade de Berlim, filosofia, história e psicologia, ao passo que a regra era mudar de universidade quase a cada ano. E foi também em Berlim que lecionou, por cerca de trinta anos, filosofia das ciências, ética, sociologia e psicologia social. Seus cursos atraíam muitos ouvintes, mas não conseguiu se fazer nomear professor titular. Um sociólogo francês, no entanto, conhecedor de sua vida e de sua obra, oferece como razão para isso o ciúme: "O sucesso de Simmel foi comparável ao de Bergson na mesma época, salvo que, não sendo professor, ele suscitou um ciúme que prejudicou a sua carreira universitária"[4]. Mas seus contemporâneos não se incomodam com tais subterfúgios piedosos. E é de conhecimento público que o obstáculo à sua carreira foi o caráter pouco sistemático de seus trabalhos, mas, sobretudo, o antissemitismo. Se Heidelberg o recusou em 1908, foi porque o sabiam de origem judaica e porque temiam que trouxesse junto os judeus da Europa do Leste tão numerosos entre os seus ouvintes[5]. Seus últimos anos se passaram em Estrasburgo onde finalmente uma cátedra lhe foi atribuída. Foi lá que morreu em 1918.

Que razão invocar para explicar o prolongado desprezo em que caiu a sua obra? Dever-se-ia incriminar a sua situação à

---

4. FREUND, J. Prefácio. In: SIMMEL, G. *Sociologie et épistémologie*. Paris: PUF, 1981, p. 13.

5. LUDWIG, E. Apud GASSEN, K. & LANDMANN, M. (orgs.). *Buch des Dankes na Georg Simmel*. Op. cit., p. 223.

margem da universidade? Com certeza não. As concepções que marcaram tanto a nossa ciência e a nossa sociedade, ou seja, o marxismo e a psicanálise, nasceram fora das instituições acadêmicas e se propagaram à revelia delas. Ora, a forma como ocupou essa margem me parece mais significativa. Existe apenas um fato sobre o qual concordam praticamente todos os escritos consagrados a Simmel, quer emanem de pensadores hostis ou favoráveis à sua obra. A saber, que ele se interessava por vários assuntos ao mesmo tempo e os tratava sob vários pontos de vista. Isso lhe valeu o apelido de "senhor do corte transversal", dado pelo escritor alemão Emil Ludwig.

Em uma época em que a contínua mobilidade da sociedade molda a mentalidade coletiva e em que nacionalidades, profissões, classes se enfrentam, uma nova vida se desenvolve. Ela se manifesta tendo como pano de fundo a cidade grande, com suas concentrações industriais, os primórdios das lojas de departamentos, da alta finança, do afluxo rural e da proliferação das ciências. Compreendemos que semelhante transformação tenha provocado paixões novas, tenha inervado as correntes sociais e alimentado os combates em torno das possibilidades de futuro, dentre as quais a mais imperiosa é o socialismo. "A questão do socialismo [dizia Simmel], é o 'rei' secreto de todas as questões sociais". Ela ocupa um lugar privilegiado na cultura que se esboça através das inovações da arte e da literatura, que são as primeiras a registrar todos esses sintomas. E esse personagem complexo, sempre à espreita, preocupado em não perder uma simples migalha desses acontecimentos sociais, filosóficos, artísticos ou políticos, tira partido desses materiais superabundantes. E se torna ainda mais o seu sismógrafo e o seu analista já que mora em Berlim, uma das metrópoles nascentes. Do seu posto de observação, ele capta melhor os sinais, pois recebe e frequenta os círculos mais diversos, onde se encontram os espíritos mais agudos da ciência e da arte. Como diletante, talvez – mas quem não o é, mais ou menos, no coração dos fluxos e refluxos de um período em que se cruzam tantas revoluções?

Claro, tudo isso ajuda a dispersar a sua atenção pelas várias correntes da sociedade sem que privilegie nenhuma delas. Ainda mais por não estar comprometido com uma situação universitária ou com um engajamento político que lhe impusesse uma escolha, portanto uma restrição. De certa forma, ele próprio não era o *estrangeiro* sobre o qual tanto escreveu? Creio que é isso que explica tanto a sua impossibilidade de se fixar quanto a sua necessidade de tratar as questões mais heterogêneas, suscetíveis de interessar os auditórios mais opostos e seduzi-los. Simmel é, sem dúvida, entre os grandes sociólogos, o único verdadeiramente cosmopolita, em grande parte livre de obsessões nacionais, de nostalgias religiosas e de ambições políticas. Na realidade, elas lhe eram interditas. Daí o relativismo completo de seu procedimento e a sua curiosidade polimorfa pelas mínimas facetas da cultura. Isso pode ser observado na quantidade de artigos e de livros pioneiros em tantos campos da sociologia e da psicologia social. Tanto quanto na variedade dos assuntos tratados. Eles vão da análise do segredo à do estrangeiro, da diferenciação social à psicologia das massas, do conflito ao dinheiro, e muitos outros. Sem falar da constante atenção dedicada à poesia e à arte, à estética, atestada por seus estudos sobre Goethe, Miguelângelo ou Rembrandt. Em toda parte, constatamos em Simmel essa tendência que nele se percebe de tratar os assuntos "na moda", e paralelamente a tendência complementar de se interessar a fundo por um pequeno número de assuntos e de se preocupar com eles durante toda a sua vida. Por trás dos materiais mais triviais, e é nisso que reside o seu imenso talento, ele nos revela novos aspectos da realidade psíquica e social. Ele lhes confere um significado filosófico, à maneira de um poeta que transfigura as palavras de todos os dias. Certamente, o seu registro ultrapassa o de seus contemporâneos que trabalharam com os mesmos materiais, e a sua paleta comporta uma infinidade de nuanças que não são encontradas na paleta deles.

A fluidez do movimento, a falta de acanhamento nas questões precisas muitas vezes irritaram os seus alunos e os seus colegas. Se quiséssemos compará-lo a alguém pelo seu pensamento desconcertante, pela sua pulsão enciclopédica, pela sua imaginação "quase antiacadêmica"[6], por seus saltos de um campo de conhecimento a outro, poderíamos dizer que Simmel é o Borges da literatura sociológica. Assim como o escritor argentino, ele toca nas questões mais sérias com desenvoltura e pertinência, avalia uma possibilidade após a outra, e de bom grado deixa ao leitor o cuidado de concluir. Sem esgotar o assunto, ele passa para um outro, consagra-se a ele com a mesma paixão doentia pelas nuanças e com a mesma preocupação com a elegância. A seu respeito, falou-se de uma sociologia de esteta, de uma sociologia dos salões literários. E isso não é falso. Mas a sua busca vai tão longe e remexe em tantas coisas importantes que o qualificativo não lhe faz justiça. A menos que se deva compreender esse julgamento em um sentido diferente.

Como a sociologia surge na obra de Simmel? Vamos relembrar: para Augusto Comte que criou a palavra antes da coisa, ela é o saber último. Para ele, a sociologia deve ser para o mundo moderno aquilo que a teologia foi para o mundo medieval: a rainha das ciências. Ou seja, o sistema completo da verdade científica, o mais completo estudo positivo da realidade que o homem conhece: a própria sociedade. Inspirados por uma visão tão grandiosa, Durkheim e, em menor grau, Weber, mencionando apenas os dois nomes que o rio da história deixou nas margens da memória, desenharam as plantas e deram início aos trabalhos com o objetivo de erigir essa ciência, dominando todas as outras.

Nada poderia ser mais antagônico ao pensamento de Simmel. Uma sociologia desse tipo estaria por demais emperrada de dogmatismo e de transcendência para uma época às voltas com a relatividade dos valores e com a complexidade crescente das relações. De todo modo, ela seria incapaz de adotar o fluxo de uma cultura em crise, destinada ao trágico. A sociologia que ele pretende não é feita para ocupar o lugar da teologia. Por que reunir, sob essa nova etiqueta, fatos que já são tratados em economia política, em história das religiões, em demografia ou estatística?

---

[6]. SIMMEL, G. *The Philosophy of Money*. Londres: Routledge & Kegan Paul, 1978, Introduction, p. 13. Utilizarei essa excelente tradução, já que a principal obra de Simmel não foi traduzida para o francês.

> Pois [escreve Simmel em sua coletânea de ensaios *Brücke und Tür*], uma vez que a ciência jurídica e a filologia, a ciência da política e a da literatura, a psicologia e as outras, que dividiram entre si o campo do humano, continuarão a sua existência se jogarmos a totalidade das ciências em um único pote e nele colarmos a nova etiqueta – sociologia –, não teremos feito estritamente nada.

A etiqueta não faz o conhecimento, como o hábito não faz o monge, e uma nova etiqueta não faz um novo conhecimento. Portanto, apesar das aparências, ela deve ser uma ciência entre as outras, em uma sociedade que criou muitas delas e as transforma constantemente. No rebanho das ciências do homem, a sociologia não deve ser o pastor, guardião de uma ordem, mas antes o cão vigilante e bravo, aumentando a mobilidade e as trocas entre elas. Nessa democracia do saber, Durkheim, com palavras veladas, o recriminou.

Definitivamente, a sociologia é antes de tudo um estilo. Aos olhos de Simmel, ela não seria senão um novo ponto de vista de onde observar fatos já conhecidos enquanto produzidos na e pela sociedade. Sua posição lhe permite intervir "em cada campo particular de pesquisa, quer seja o da economia política ou da história da cultura, o da ética ou da teologia"[7], sem querer absorvê-los. É realmente como estilo que uma ciência em geral se afirma, assim como uma arte obedece a uma técnica, e um gênero literário às formas de composição.

A busca de uma terceira via entre o indivíduo e a coletividade

Uma das manias do nosso tempo é a de explicar os fenômenos importantes por meio de causas banais. Esse vício se revela particularmente quando se combinam, em uma teoria, uma causa bem banal – um interesse material, uma escolha esclarecida, uma relação de forças – e uma variedade de efeitos, constatados

---

7. SIMMEL, G. *Sociologie et épistémologie*. Op. cit., 93.

em centenas de sociedades, mas reduzidas ao menor denominador comum. Greve ou revolução, crença religiosa ou opinião efêmera, preconceito de raça ou oposição de classe, são tratados da mesma maneira e por meio de uma causa única. Mas, de antemão, ter-se-á distinguido a causa econômica da causa política, a causa política da causa social ou psicológica, e assim por diante. Isso independentemente da experiência que lhe corresponde entre os homens que pertencem a uma mesma cultura. Dessa forma, a realidade é recortada em pedaços inferiores e pedaços nobres, causas secundárias e causas primárias, que podem ser distribuídos entre as diversas ciências do homem segundo a sua categoria. A carcaça da sociedade é tomada pela sociedade viva. Isso resulta em uma visão epidérmica do homem que reage, consciente de seu interesse, de suas necessidades ou de sua posição, de modo a poder se adaptar às circunstâncias exteriores.

Esse racionalismo emaciado tem por responsáveis uma vida social sem drama, um individualismo sem liberdade e uma ação indiferente às fugas de uma realidade imprevisível. De fato, o temor da subjetividade e o automatismo das ciências do homem caminham juntos. Nada do que é, digamos passional e enigmático, tem consistência para eles. À maior parte das obras de psicologia e de sociologia se poderia dirigir a recriminação que Marc Bloch fazia aos livros de história:

> Contudo, trata-se menos de psicologia do que de consciência clara. Lendo certos livros de história, poderíamos pensar que a humanidade é composta unicamente de vontades lógicas para quem as razões de agir jamais teriam o menor segredo[8].

Essa questão pode lhes parecer secundária. Todavia somos surpreendidos pela extrema atenção com que Simmel busca se premunir contra essa visão epidérmica cujo destino pressentia. Assim como um médico, ele supõe que relações causais exclusivas não existem em nenhum campo do comportamento social. Da mesma forma que um pesquisador em cancerologia não excluiria a poluição atmosférica das causas do câncer, só porque o

---

8. BLOCH, M. *Apologie pour l'histoire*. Paris: Colin, p. 46.

tabaco é reconhecidamente uma causa dessa doença, da mesma forma Simmel não exclui uma causa psíquica de um fenômeno histórico só porque este foi explicado por uma causa econômica. Para ele, cada ciência é um promontório de onde se pode observar o real e perceber o movimento. E a sociologia serve de ponte destinada a ligar esses promontórios que se lançam sobre um abismo. Como a matemática, sobre a qual o romancista Musil escrevia: "Não parece uma ponte que, mesmo possuindo apenas pilares extremos, ainda assim não deixaríamos de atravessá-la menos tranquilamente do que se estivesse completa?"[9]

Poder atravessá-la contra qualquer expectativa, aí se encontra a justificativa dessa ciência. É preciso ter isso em mente se quisermos penetrar em seu território. Simmel, um espírito abstrato e livre e não um espírito eclético, desejava construí-la, atravessá-la como uma ponte sem se preocupar em saber se ela está completa ou não.

Ora, nessa tentativa, a psicologia não é para ele um obstáculo, um alvo, esse boneco contra quem se luta, que ela se tornou para muitos: ela é um apoio. De todo modo, não precisarei buscar argumentos para sustentar aquilo que ele próprio defendeu. Ou seja, que o conhecimento dos fatores psíquicos leva à explicação dos fatos sociais e históricos. Isso faz dele "o precursor de uma temática sociológica atualmente praticada por muitos. De todo modo, ele foi um dos primeiros teóricos da psicologia social. Ela nos veio da América pelo intermédio de Simmel"[10]. Ele não criou

---

9. MUSIL, R. *Les désarrois de l'élève Törles*. Paris: Seuil, 1960, p. 121.

10. FREUND, J. Prefácio. In: SIMMEL, G. *Sociologie et épistémologie*. Op. cit., p. 13. Sabemos que Simmel é um dos fundadores da psicologia social e que sua teoria dos fenômenos sociais é abertamente uma teoria de psicologia social. Mas afirmar que essa disciplina chegou até nós vinda dos Estados Unidos pode nos conduzir a uma cadeia de argumentos e de contra-argumentos que florescem desde 1933. Isso significa defender que a psicologia social é uma ciência americana, como se falava de uma psicanálise alemã ou americana, de uma física judaica ou de uma genética burguesa. Seria necessário evitar tomar esses caminhos perigosos. No caso, trata-se de um *lapsus linguae* provocado por consistentes preconceitos bastante difundidos e que até mesmo as pessoas mais informadas divulgam. É evidente que Simmel ensinou a psicologia social antes que os americanos pensassem nisso. Ela se difundiu nas universidades da Alemanha, da França e da Grã-Bretanha antes de atravessar o oceano. Durkheim foi aprendê-la com Wundt em Leipzig e não em Chicago.

nem a palavra, nem a coisa. E não precisou fazê-la atravessar o oceano, já que a psicologia social havia nascido muito antes, quase em toda parte na Europa. Como todos sabem ou deveriam saber.

Mas devemos constatar que entre todos os fundadores da sociologia, ele é o único a adotar de maneira pública um ponto de vista psicológico. Quando, em 1915, postulou sem sucesso uma cátedra de filosofia na Universidade de Heidelberg, a faculdade de filosofia de Heidelberg designou como principal mérito de Simmel

> ter transformado e fundamentado de maneira completamente nova as ciências sociais, razão pela qual a filosofia da história também recebeu uma orientação transformada, infinitamente fecunda. Nas três obras principais, *De la différenciation social, La philosophie de l'argent,* e *Sociologie* [Sobre a diferenciação social, A filosofia do dinheiro e Sociologia], ele fundamentou novamente a ciência social – que outrora se tornara um ninho de arbitrário, de caprichos pessoais e de rígido positivismo –, ele traçou as suas fronteiras, estabeleceu os seus métodos, formou os seus conceitos e *acima de tudo executou brilhantemente a sua fundamentação psicológica, tarefa muitas vezes desejada, mas jamais realizada*[11].

Reencontramos esse ponto de vista ao longo de sua obra. Como se a impermanência do indivíduo e da sociedade o obrigasse a isso, a fim de compreender de que maneira as coisas se passam fora de nossa consciência e de nosso poder. A árvore não deve nos ocultar a floresta. Tratar de "psicologista" aquele que apenas emprega o termo de psicologia, mas que não é inspirado por nenhuma opinião preconcebida, não passa de uma deformação contemporânea, consecutiva à especialização das ciências. Simmel não usa esse recurso de maneira mais sistemática do

---

[11]. Apud FRISBY, D.P. "Georg Simmel and Social Psychology". *Journal of the Behavioral Sciences,* 20, 1984, p. 109. Podemos comparar essa apreciação com as recentes tentativas de "desculpar" o psicologismo de Simmel, por exemplo, WAINER, P. "La compréhension dans les problèmes de la philosophie de l'histoire de G. Simmel". *Societés,* 2, 1986, p. 11-13.

que Durkheim ou Weber, e não é mais inventivo do que eles nesse campo. Eu diria até mesmo o contrário. Mas, por um lado, ele considera que a sociologia é uma ciência que descreve os fenômenos sociais e os grupos em categorias homogêneas. Pelo menos esta é a situação.

> A sociologia [ele constata] está no máximo no ponto em que estava a astronomia nos tempos de Kepler. As leis das revoluções planetárias descobertas por ele não são leis naturais, digamos que são descrições históricas da ordem dos fenômenos complexos; essas verdadeiras leis só foram descobertas quando Newton descobriu a força real que age sobre os menores elementos desses fenômenos[12].

Por outro lado, esses fenômenos supõem uma troca entre indivíduos[13], que colaboram ou competem entre si, de sentimentos de ódio, de amor, de inveja, o prazer de viver em comum. Em resumo, eles sempre implicam elementos psíquicos. Não se pode, portanto, dispensar hipóteses que se referem a eles para explicar as formas que as relações humanas tomam. A partir de então, a conclusão se impõe.

> Assim [ele escreve], existe uma ciência própria da sociedade, porque certas formas específicas, no interior da complexidade da história, deixam-se reduzir a estados e a ações psíquicas que saem diretamente da ação recíproca dos indivíduos e dos grupos, do contato social[14].

Mas isso não é tudo: a economia política e, sobretudo, a história se sentem na obrigação de não levá-la em conta. Sob o impulso do marxismo, elas excluem categoricamente qualquer causalidade psíquica. Não faltam exemplos de acontecimentos que se sucedem sem serem influenciados pela consciência e pelas inclinações subjetivas daqueles que neles tomam parte. Nem

---

12. SIMMEL, G. *Sociologie et épistémologie*. Op. cit., p. 208.
13. SIMMEL, G. "Ueber das Wesen der Sozial-Psychologie". *Archiv für Sozialwissenschaften*, 26, 1908, p. 285-291.
14. SIMMEL, G. *Sociologie et épistémologie*. Op. cit., p. 198.

a vontade, nem o desejo ou as ideias interviriam de forma determinante; apenas os interesses unem os indivíduos ou os opõem a outros. Portanto, o que importa é escolher cuidadosamente os fatores objetivos: seu sentido não conta muito, é a sua carga material, institucional, a sua potência econômica que convém reter. Simmel contesta isso. Na história, ele insiste, lidamos com fatos de consciência, com ideais, com motivações pessoais e ações morais ou religiosas que imprimem um certo curso aos acontecimentos. Querer eliminá-los, tomando como pretexto a maioria e o importante papel dos poderosos organismos – Estados, igrejas, partidos etc. – na história, conduz, na realidade, a reificá-los. É preciso citar Simmel cuja convicção se expressa nos seguintes termos:

> O caráter psíquico dos processos históricos parece, portanto, prescrever à história um ideal, o de uma psicologia aplicada que, supondo que exista uma psicologia como uma ciência nomotética, manteria com esta última uma relação idêntica àquela que a astronomia mantém com a matemática[15].

Seria exigir demais de uma ciência do homem, mesmo no ideal. Reflitamos, no entanto, sobre o fato de que a negação da psicologia é um dos princípios essenciais da concepção da história e da sociedade, para medir a heresia de nosso autor. Distanciando-se do materialismo histórico e daqueles que aceitam as suas premissas, o sociólogo alemão aproxima-se, entretanto, da escola histórica francesa. A escola que, sob a égide de Febvre, Bloch e Braudel, descobrirá as mentalidades na arquitetura permanente das sociedades. As seguintes palavras resumem bem a perspectiva deles, tão próxima da perspectiva de Simmel:

> Os fatos históricos são essencialmente fatos psicológicos. Portanto, é em outros fatos psicológicos que normalmente eles encontram seus antecedentes[16].

---

15. SIMMEL, G. *Les problèmes de philosophie de l'histoire*. Paris: PUF, 1986, p. 57.
16. BLOCH, M. *Apologie pour l'histoire*. Op. cit., p. 157.

Não devemos dissimular o que essa equação tem de difícil. Com efeito, não conhecemos os limites de sua aplicação. E também não conhecemos de maneira exata as fronteiras entre os fatos psicológicos e os que não o são. Ela pede uma grande prudência, se não quisermos sucumbir às ilusões de uma explicação fácil e que se reduz às experiências vividas dos atores que estão fazendo a história.

Temos doravante uma visão suficientemente nítida da sociologia como é concebida por Simmel: uma ciência que descreve os fatos produzidos *pela* sociedade e não apenas *no âmbito da* sociedade. São as interações, os conflitos e as associações que transformam uma coleção de indivíduos em uma massa, em um movimento ou em uma organização de um tipo particular. No mais, as ideias e as crenças que os acompanham estão na origem da ação que cada um persegue na história. Veremos mais adiante como e por quê.

Contudo, em relação aos problemas de método, Simmel, que os considera como uma forma de fetichismo, não redige tratado nem se impõe regra. E, por fim, não se interdita recorrer à psicologia e às suas explicações quando elas lhe parecem necessárias. É nesse ponto que Simmel se distancia de Durkheim e de Weber, quando não incorre na crítica deles. Agindo assim, ele se liberta dos argumentos sinuosos e complicados, de todos esses expedientes lógicos empregados para salvar a especificidade e a autonomia da ciência que funda ao mesmo tempo em que eles. Recusando-se a prescrever regras que sabe não poder respeitar, Simmel faz abertamente o que os outros fazem de maneira indireta. E é então com, e não contra a psicologia, que deve se estabelecer a nova ciência da sociedade. Uma posição certamente difícil, mas que constitui a sua originalidade.

O que então Simmel trouxe de novo sobre esse ponto? Com os materiais de que dispunha, os da economia e da história em primeiro lugar, ele desmontou as engrenagens da relação entre o individual e o coletivo. Sim, mas à sua maneira, preconizando uma via intermediária, a mais difícil, pois ela passa pela recusa das evidências simples.

Para os defensores da primeira corrente, a mais profunda e que vem de mais longe, os grandes conjuntos impessoais, religião, Estado, classe social, alma dos povos, consciência coletiva, que a noção de sociedade recobre, representam os quadros duráveis e autônomos. Eles se abstêm, na medida do possível, de associá-los a qualquer psicologia ou de deduzi-los dela. Esta se manifesta somente ali onde surgem anomalias e patologias devidas aos indivíduos e aos sentimentos. Por exemplo, em caso de delinquência, criminalidade, excesso religioso ou comportamento irracional. Tudo é assunto de circunstância e de pragmática. O filósofo das ciências, J. Agassi, propõe um exemplo tão engraçado quanto verídico dessa revelação aproximada das causas.

> Duas razões muito fortes [ele escreve] explicam a conduta perniciosa dos editores [de publicações científicas que se comportam como censores]: a covardia e o conflito de interesses. A covardia é um traço psicológico; ela, portanto, não basta para explicar um fenômeno social. Quando um covarde desempenha o papel de um homem corajoso, pode-se substituí-lo rapidamente. Ou então talvez seja porque todos aqueles que deveriam se ocupar em substituir o covarde sejam igualmente covardes. Isso faz da covardia um fenômeno psicossociológico, que convida a oferecer uma explicação sociológica de sua prevalência no interior de uma camada ou de uma subcultura. Uma outra razão pela qual não se expulsa um covarde da posição que um homem corajoso deveria ocupar talvez seja a existência nessas instituições dos dispositivos que impedem a substituição necessária. Essa explicação também é sociológica[17].

Evidentemente, a busca das explicações, em semelhante caso, vai do individual ao coletivo. Aquela que se baseia na psicologia diz respeito a uma falta, falta de coragem, e permanece em suma vinculada ao caráter pessoal. Por outro lado, aquela que se apoia na sociologia expressa uma qualidade dos censores, o interesse que eles têm de impedir a publicação de certos artigos, ou uma regularidade da instituição, as revistas científicas, habituadas a

---

[17]. AGASSI, J. Scientific Leadership. In: GRAUMANN, C. & MOSCOVICI, S. (orgs.). *Changing Conceptions of Conspiracy.* Nova York: Springer, 1987, p. 236.

recrutar covardes. Tudo mudaria se nos perguntássemos de que natureza é essa censura e se ela não é inerente à própria ciência. Covardia ou conflitos de interesses se tornam então supérfluos, pois nos encontramos na presença de uma norma ao mesmo tempo consciente e inconsciente. Ela não pode, portanto, ser social sem ser ao mesmo tempo individual. A verdadeira questão se torna então: por que a censura é necessária à ciência? Ou ainda: seria possível uma sociedade em que a informação circule livremente, sem qualquer seleção nem exclusão? A resposta é, sem dúvida, não. Mas não a reconheceríamos de bom grado. Portanto, invocamos a coragem ou a covardia dos indivíduos, a competição dos interesses, para dissimular a própria norma. Para além desse exemplo, vocês observam que, segundo essa corrente, o principal é sempre explicar um fenômeno coletivo por um outro. Seus pioneiros foram, após a Revolução Francesa, L. de Bonald e J. de Maistre. Comte a renovou e Durkheim realmente a cristalizou. Ora, adotar o princípio segundo o qual o todo não é compreendido a partir de seus elementos significa, na verdade, explicar muito pouca coisa.

A segunda corrente quer, ao contrário, que os fenômenos coletivos se expliquem ao final de uma análise que os reduza a elementos mais simples. Assim como os físicos quebram a matéria em átomos e estes em partículas elementares, ou que se busque compreender o cérebro isolando neurônios e sinapses, trata-se de fragmentar a sociedade em indivíduos. Ou seja, as mesmas leis do comportamento e da inteligência são reencontradas em todos os níveis. Exceto que os fatos da vida coletiva são mais complicados. Por conseguinte tudo aquilo que se deseja conhecer do indivíduo e da sua psique pode ser conhecido fora de qualquer relação social reconhecida, em um laboratório ou em uma clínica. Como se justifica essa posição? Ela decorre de uma crença difundida. A psicologia percebe os fenômenos elementares – reflexos, desejos, cognições etc. – e se eleva aos fenômenos complexos, formados a partir dos primeiros. A zona mais baixa da região psíquica, no indivíduo, encerra as origens daquilo que se encontra nas zonas mais elevadas, na coletividade. Ela teve como defensores principalmente Tarde, que estimava que as leis da imitação nos permitem explicar as opiniões e as relações sociais. Em certa medida, Weber, Freud ou Parsons, de maneira confessada ou dissimulada[18], podem também constar entre os seus partidários. Disso se extrai uma conclusão direta: uma teoria sociológica deve expressar as propriedades do conjunto a partir das propriedades dos indivíduos que o compõem. E, dessa forma, ela explica demais.

Simmel recusa o primeiro ponto de vista, que considera a sociedade como uma totalidade irredutível e uma substância encarnada em uma consciência coletiva, alma do povo, e o resto. Semelhante visão repugna ao espírito da ciência que, de uma maneira ou de outra, tende a isolar elementos mais simples. Adotaria ele por essa razão o segundo ponto de vista? Com certeza não. Ele lhe recriminaria dissolver o seu objeto, a sociedade, em fragmentos incertos e esquecer a sua especificidade. As regras da emoção e da inteligência não mudam radicalmente quando se passa da pessoa ao grupo, de uma coleção de indivíduos à massa? Criadores da sociedade, os indivíduos também são seus produtos – modernos, convém acrescentar. De sua parte, Simmel toma um caminho paralelo, mas inverso. Em lugar de querer quebrar o complexo para reduzi-lo ao simples, ele tenta explicar como o simples gera o complexo. Os homens surgidos e isolados na história a perseguem e engendram as formas sociais que lhes são comuns. A sociedade não é, portanto, um todo autônomo, anterior ou exterior às relações que vinculam seus membros, quer se trate de trabalho ou de religião, de dominação ou de troca. Ela se desenvolve ao mesmo tempo em que eles, assim como um corpo não preexiste a suas células, a seu tronco ou a seus braços. A questão de saber o que vem primeiro: a sociedade ou o indivíduo? não tem sentido e não comporta uma resposta clara. E as estruturas ou as funções coletivas que nos parecem autônomas são, na verdade, ações recíprocas entre os homens que con-

---

18. Esse é o caso daquilo que chamamos individualismo metodológico. Enquanto individualismo, ele recorre a uma psicologia racional. Enquanto metodologia, ele não trata de indivíduos, mas de protótipos ou de categorias, jovens, operários, compradores ou vendedores no mercado, e assim por diante. A unidade desses dois aspectos se restabelece graças à potência do formalismo lógico e matemático.

seguiram se objetivar. Como, por exemplo, o dinheiro que "pertence a essa categoria de funções sociais reificadas. A função de troca, enquanto interação direta entre os indivíduos, cristaliza-se sob forma de dinheiro enquanto estrutura independente"[19].

Nesse gênero de instituições, nos diz Simmel, fixa-se e materializa-se tudo aquilo que tem um caráter subjetivo. Basta, no entanto, que elas percam contato com as forças concretas que as irrigam e as mantêm, que cessem de responder aos impulsos que lhes deram origem. Logo elas se bloqueiam ou se desfazem em poeira. Ações recíprocas as engendraram, outras as fazem mudar de sentido ou desaparecer. A aparência calma da superfície de um lago resulta do equilíbrio entre os bilhões de partículas de água em movimento browniano. Assim como a estabilidade dessas instituições sociais resulta do movimento de milhares ou de milhões de indivíduos que trocam, escolhem, se amam, se odeiam ou se combatem. Podemos qualificar de genético[20] o procedimento de Simmel. Contrariamente à tendência reducionista de Tarde ou mesmo de Parsons, ele não visa reduzir a lei desses conjuntos sociais à lei dos elementos pessoais, mas descobrir o tecido das interações entre estes últimos. A psicologia não explica – grosso modo – as propriedades dos fenômenos coletivos pelas propriedades intelectuais ou afetivas dos indivíduos, mas a gênese daquelas a partir destas e de sua especificidade. Ela se apoia em uma hipótese que é preciso explicitar: a ortogênese é isomorfa à filogênese. É por isso que a sequência dos comportamentos e das representações na evolução do indivíduo está em relação com as filiações observadas na história.

> [...] não importa o preço que atribuímos [escreve Simmel] para compreender um fenômeno a partir de um estudo de seu desenvolvimento histórico, o seu significado substancial e a sua importância repousam muitas vezes em vínculos de natureza

---

19. SIMMEL, G. *The Philosophy of Money*. Op. cit., p. 175.

20. Expus em outro trabalho os postulados de um modelo genético e discuti sua oposição ao modelo funcionalista. Cf. MOSCOVICI, S. *La psychologie des minirotés actives*. Paris: PUF, 1979.

conceitual, psicológica ou ética, que não são temporais mas antes puramente materiais. Tais vínculos foram, bem entendido, realizados por forças históricas, mas não são esgotados pelo caráter aleatório destas últimas[21].

Retornemos ao exemplo do dinheiro. Na vertente histórica, sabemos que as sociedades, até por volta do Renascimento, viam no dinheiro uma substância que passava de mão em mão. Elas só confiavam nele na medida em que fosse contado em espécie, em ouro de preferência. À medida que a economia monetária se estende, com as suas redes comerciais e as suas regras financeiras, na Holanda, na Alemanha ou em Florença, o valor do dinheiro se descola de seus suportes físicos para se inscrever em um pedaço de papel e se tornar uma cifra. Ele é apreciado segundo os serviços que oferece, o ritmo de sua circulação e de sua acumulação. Ele adquire um caráter cada vez mais impessoal e abstrato, dando lugar a um cálculo rigoroso. O orçamento substitui a bolsa. O dinheiro, na Europa, deixa de ser uma coisa de preço para se tornar, e isso nós aprendemos todos os dias, o signo do preço das coisas.

Examinemos agora o outro lado do quadro. Paralelamente, o valor do dinheiro e dos objetos, confundido até então com uma matéria que se toca e se percebe, se libera e se afirma como um conceito entre outros. É evidente que as faculdades de abstração e de raciocínio dos indivíduos se aprimoram e tomam a dianteira sobre as faculdades de sensibilidade. Elas submetem a moeda à lógica e a tratam como uma ideia. Nesse caso, passa-se da observação e do contato dos sentidos com os objetos empíricos a uma reflexão sobre as relações e as propriedades gerais do objeto abstrato em que o dinheiro se tornou. Em outros termos, a metamorfose econômica deste, transformado de substância em valor de troca, caminha lado a lado com uma evolução mental dos indivíduos na cultura moderna. Qual delas decorre da outra ou tem maior importância, não saberemos jamais, pois seria uma ilusão querer separá-las a cada instante. O mais extraordinário

---

21. SIMMEL, G. *The Philosophy of Money*. Op. cit., p. 54.

não é que Simmel se recuse a isso, mas o fato de apenas defender que, juntas, elas permitem reconstruir o movimento que fez do dinheiro aquilo que ele é no mundo moderno.

Em resumo, a psicologia representa um papel na vontade de explicar a gênese das formas sociais. Esta é a terceira via empreendida por Simmel, e é isso que ainda hoje se tem dificuldade em lhe perdoar. Ele sabia disso e, no entanto, se manteve firme. Buscar, em graus diversos, segundo o nível dessas formas, os caracteres psíquicos necessários, é o procedimento seguido e faz a originalidade de sua psicologia.

> Os métodos a seguir para estudar o problema da sociação são os mesmos que em todas as ciências psicológicas comparativas. Na base se encontram certos pressupostos psicológicos que lhes pertencem de fato, sem os quais nenhuma ciência histórica pode existir: o fenômeno de buscar ajuda e o de oferecê-la, o amor, o ódio, a avareza e o sentimento de satisfação vindos da existência em comum, a autopreservação dos indivíduos [...] e é preciso supor uma série de outros processos psicológicos a fim de poder absolutamente compreender como se produzem a sociação, a formação dos grupos, as relações dos indivíduos com uma entidade total etc.[22]

Não pretendo que tudo isso seja perfeitamente claro nem desprovido de contradições. Detectamos um bom número delas, e podemos censurar Simmel por ter querido fundamentar a sociologia em uma ciência que tem a reputação de ser o seu exato oposto. O que é verdade, mas de forma alguma excepcional na história das ciências que temem menos a contradição do que a esterilidade. Ele seguiu a regra segundo a qual uma ciência nova utiliza, para se edificar, os resultados e os procedimentos de uma ciência mais antiga. E, nesse caso, a psicologia. E podemos ir mais longe. Em oposição à sociologia e à história que colocam tudo em ação para nada saber, Simmel pressupõe uma harmonia entre o macrocosmo e o microcosmo, ideia mística, se

---

22. SIMMEL, G. "Das Problem der Soziologie". *Jahrbuch für Gesetzgebung, Verwaltung und Volkswirtschaft*, 18, 1894, p. 274.

é que existe uma. Todas as relações e as mutações sociais de grande extensão devem encontrar assim sua correspondência no seio das relações de indivíduo a indivíduo. Existe, portanto, um silêncio que é preciso quebrar sobre os vínculos mais íntimos – casamento, segredo, confiança – de que os vastos territórios da economia e da cultura carregam a assinatura. O teatro da sociedade se torna mais apaixonante quando percebemos no palco atores de carne e osso, que expressam seus sentimentos, tecem suas intrigas e, o que é o cúmulo, acreditam representar todos os seres humanos. Sem esses atores, ela permanece o espelho um pouco envelhecido de acontecimentos que moveram céus e terras, mesclaram multidões, mas deixaram apenas a banalidade das lembranças.

A sociologia molecular: redes e representações

Não encontramos em Simmel, como em Durkheim ou em Weber, um sistema que colocasse cada fenômeno e cada estudo em seu lugar. Temos a impressão de que, recomeçando cada vez do início, ele se entrega a esboços, projetos, ensaios. Suas realizações têm apenas uma validade temporária, no âmbito da tentativa. Ainda que examinemos até mesmo os seus escritos que se atribuem o título de sistema, eles realmente não merecem esse nome. Por essa razão, não encontramos em sua obra – com uma única exceção à qual retornarei – nenhum livro elaborado, minimamente finalizado e levado até os seus limites. O peso do todo não repousa no trabalho sistemático, mas no impulso do pensamento. Nesse impulso reside para uma boa parte a modernidade da obra.

Para isso, eu vejo três razões. Primeiramente os indivíduos têm, em sua concepção, uma realidade completa, tanto do ponto de vista psíquico quanto social. Sob esse aspecto, ele se distingue de Weber que não lhes reconhece, é preciso confessá-lo, senão uma autonomia abstrata e metódica. Em seguida, os problemas que o ocupam são os problemas da sociedade civil e urbana. Melhor ainda, os problemas de uma cultura que muda de rumo sob o impulso da ciência e da democracia quando elas começam a moldar a mentalidade de todos e de cada um. Por fim, a sociologia é entendida pela maioria de seus contemporâneos como uma ciência das instituições que convém descrever e explicar. Portanto, dessa fábrica das religiões, dos poderes etc., que têm seus especialistas titulados e que mais ou menos dominam a sociedade. Os indivíduos nela estão integrados – graças a regras e a uma disciplina social – e dela recebem o essencial, e até mesmo o mais íntimo. Ora, Simmel vê nisso uma representação envelhecida. Para ele, a sociologia aparece como uma ciência das associações e das sociações. E ali tudo se elabora, tanto o individual quanto o coletivo. Ele adota assim uma representação moderna, democrática, se assim vocês preferirem, da sociedade. A perspectiva de Tocqueville lhe convém perfeitamente:

> Nos países democráticos [escreve este último], a ciência da associação é a ciência mãe; o progresso de todas as outras depende do progresso daquela [...][23].

Sob essa perspectiva, compreendemos a evolução na direção das noções psicossociais, as únicas que podem explicar a gênese desses vínculos elementares e instáveis.

Estou persuadido de que, se o sociólogo alemão tivesse vivido mais uns dez anos, o que lhe permitia a sua esperança de vida, ele teria encontrado a justificativa do seu ponto de vista no princípio de complementaridade de Bohr. Segundo esse princípio, a descrição dos fenômenos físicos no plano dos objetos comuns, no espaço e no tempo, na escala humana, se assim podemos dizer, e a descrição dos objetos atômicos invisíveis não se excluem, elas se complementam. Do mesmo modo, a descrição dos fenômenos nas dimensões da sociedade e a descrição que parte dos indivíduos seriam ambas necessárias para explicar a realidade, da mesma maneira. Simmel mostra em várias ocasiões as vantagens dessas perspectivas complementares. Por isso, do começo ao fim, subsiste o caráter original das associações.

---

23. TOCQUEVILLE, A. *De la démocratie en Amérique.* T. 2. Paris: Gallimard, 1951, p. 117.

Serei ainda mais preciso. O que se deve compreender por procedimento genético? Simmel dele se serviu com prazer, mas com variantes. De todo modo, e quaisquer que tenham sido os resultados, não sabemos se ele desejava dizer que os indivíduos são a matéria-prima e os criadores de uma sociedade. Isso é pouco contestável. Ela não se reduz, no entanto, a eles. Querer decompô-la para reencontrar as suas propriedades e as suas regras a partir das propriedades e das regras de cada indivíduo seria tão inútil quanto querer reconstituir a arquitetura de uma casa a partir dos materiais com que ela foi construída. É, portanto, evidente que ela possui um sentido e uma forma que lhe são próprios, sendo a questão saber como ela os adquire.

> Um racionalismo superficial sempre busca essa riqueza [escreve Simmel a respeito da sociedade] unicamente entre os *conteúdos* concretos. Não a encontrando ali, ele deixa de lado a sociabilidade, taxada de absurdidade sem profundidade. Mas não deixa de ser significativo que, em inúmeras línguas europeias, e até mesmo em todas, a sociedade designe simplesmente um conjunto social. Certamente o político, o econômico, objetivo de toda descrição, são uma "sociedade". Mas apenas a "sociedade sociável" é uma sociedade sem adjetivo qualificativo[24].

Vocês podem acreditar nisso, pois ele tem uma superioridade sobre nós: ele viveu em uma época em que viver em sociedade, estar na sociedade de alguém era uma qualidade que não precisava ser justificada. E sem dúvida o caminho inverso que Simmel nos leva a fazer é instrutivo. Ele mostra que os sentimentos e os comportamentos dos indivíduos que dependem do meio, das relações de troca e de poder, e até mesmo a consciência coletiva, fórmulas que encantam certos sociólogos, não esgotam a noção. Talvez seja cômodo pensar que uma boa parte das sociedades é fabricada fora de nós, sem nossa intervenção. Mas uma outra parte, a mais importante, quem sabe? – é o fruto de nossa propensão a nos reunirmos, a nos comunicarmos e a encontrarmos a satisfação na presença do outro. Ela é indispensável e traz a sua

---

24. WOLF, E. *Georg Simmel*. [s.l.]: Ohio State University, 1959, p. 44.

recompensa ou o seu prazer nela mesma. Ela constitui até mesmo um preâmbulo a toda associação que tenha um objetivo político, econômico e até mesmo religioso. Ou seja, a sociabilidade é uma paixão ou um desejo que quebra a esquizofrenia individual e se situa além da coerção ou da utilidade que esperamos da vida em comum. Quaisquer que sejam as circunstâncias, os indivíduos sempre buscam criar esse modo de existência, e dele extrair um prazer que lhe dá uma espécie de mais-valia. Procuram, portanto, socializar o universo visível e invisível que eles povoam.

> Existe ainda um outro ponto de vista [escreve Simmel a respeito daquilo que qualifico de procedimento genético], segundo o qual seria necessário admitir que a existência humana só seria real nos indivíduos, sem que, contudo, a validade do conceito de sociedade pudesse sofrer com isso. Considerado em sua maior generalidade, este último significa a ação mental recíproca entre indivíduos[25].

Essa proposição final é das que impressionam, e que até mesmo chocam. E agora que ela se tornou menos chocante, senão banal, não posso, no entanto, dizer que a dificuldade por ela levantada esteja resolvida. O verdadeiro elemento atômico da sociedade é essa ação mental recíproca de onde tudo provém e para onde tudo retorna. Por conseguinte, nós a percebemos diretamente nos fatos *anônimos*, cotidianos e transitórios. Andar pela rua, trocar ideias, dizer bom-dia, ficar na fila diante de um cinema, entrar em um bar para tomar um drinque, um dos muitos atos efêmeros, de pouca realidade. Mas, ao se repetirem e ao se combinarem, eles acabam por socializar e moldar a unidade de interesses, de mentalidade ou de personalidade dos indivíduos. Apenas a enumeração dessas instâncias me leva a distinguir duas classes de fatos: os fatos *anônimos* e os fatos *nominados*.

Os primeiros nos cercam permanentemente e são incessantemente trazidos a nosso conhecimento, alguns triviais, outros espetaculares. São os "acontecimentos minúsculos" e os "pequenos fatos" de que fala Proust, que não diferenciamos muito

---

25. SIMMEL, G. *Sociologie et épistémologie*. Op. cit., p. 89.

bem uns dos outros. Nós os colecionamos através da observação escrupulosa dos estados físicos e dos estados de alma, os nossos e os dos nossos próximos. Para que um deles cruze o limiar de nossa consciência e se torne um objeto de atenção, de reflexão, é preciso que ele nos afete pessoalmente ou toque em uma de nossas preocupações. Para a Duquesa de Guermantes, por exemplo, a doença de Swann é um fato anônimo sobre o qual ele teve o bom-senso de não lhe falar. No entanto ela se comove com essa atitude ao saber que ele não poderá lhe servir de cicerone na viagem que pensa em fazer à Itália, pois estará morto, uma ocorrência que a toca de perto.

Os segundos, isto é, os fatos nominados, existem apenas por categorias, têm uma existência oficial e se conformam a um padrão, de forma que podemos discerni-los sem confundi-los entre si. São até mesmo organizados por ordem de importância, admirados ou temidos e, de todo modo, têm um ar de família, cada vez que o Estado, a classe social, a cidade, o mercado etc., os vestem de uniformidade. E, certamente, eles carregam um nome.

> Mas os nomes apresentam pessoas – e cidades que eles nos habituam a acreditar individuais, únicas como pessoas – uma imagem confusa que extrai deles, de sua sonoridade brilhante ou sombria, a cor com que ela é uniformemente pintada, como um desses cartazes inteiramente azuis ou inteiramente vermelhos, nos quais, por causa dos limites do procedimento empregado ou por um capricho do decorador, são azuis ou vermelhos, não apenas o céu e o mar, como também os barcos, a igreja, os transeuntes[26].

A maior parte deles possui, além de um nome, uma genealogia, e discursos se esforçam para garantir a sua perenidade. Quando vemos policiais deterem manifestantes, a cena logo recebe, em nosso espírito ou em nossas conversas, um nome que pode variar de acordo com o observador: violência ou repressão, atentado contra a liberdade ou manutenção da ordem. E até mesmo suscitar, como escreve Proust, esses nomes de "sonoridade brilhante ou sombria", revolução, guerra civil.

---

26. PROUST, M. *A la recherche du temps perdu*. T. I. Paris: Gallimard, 1954, p. 387.

Os fatos anônimos surpreendem, variam de caso a caso, alguns nos emocionam, e nunca sabemos como vão evoluir. Eles envolvem os outros, os fatos nominados, assim como o mar banha a ilha vulcânica que brota das vagas. Sem dúvida os julgamos modestos, e até mesmo efêmeros, como esses encontros insólitos na rua ou os rumores que correm de boca em boca. Mas a impressão deixada nos pensamentos e nos sentimentos dos homens é tão profunda quanto a impressão das lembranças que emigraram da vida consciente para o inconsciente. Se adotarmos a classificação que proponho, então será importante seguir o desenvolvimento dos fatos anônimos em fatos nominados, das ações recíprocas em fontes de campos sociais, quer seja na economia, na religião, no direito, e até nessa zona incerta da ciência, da moral, e até mesmo da arte.

Contudo, sob todas as aparências, através de tantas variedades, estaríamos quase tentados a dizer através de todas as uniformidades, a interação de indivíduo a indivíduo conserva uma prioridade absoluta: "A interação dos indivíduos é [declara Simmel] o ponto de partida de todas as formações sociais. As verdadeiras origens históricas da vida social são ainda obscuras, mas, quaisquer que tenham sido, uma análise genética sistemática deve começar por essa relação muito simples e imediata que, ainda hoje, é a fonte de inúmeras formações sociais novas. Um desenvolvimento interior substitui a imediaticidade das forças interagentes pela criação de formações supraindividuais superiores. Elas aparecem como representações independentes dessas forças, e absorvem as relações entre os indivíduos, servindo-lhes de mediadores. Essas formações existem em grande variedade: ou como realidades tangíveis, ou como ideias puras e simples, e produtos da imaginação. E ainda organizações complexas, ou então existências individuais"[27].

Assim como os átomos em física, os indivíduos também não têm realidade fora dessas interações; dentro delas, eles são o

---

27. SIMMEL, G. *The Philosophy of Money.* Op. cit., p. 174.

principal[28]. Os costumes, as leis, as nações são as suas manifestações na vida em comum, assim como a matéria com relação às forças atômicas que a cimentam. Essa improvável estrutura resultante disso, a sociedade, talvez seja um dos pontos fracos do homem, mas ninguém ainda inventou uma solução de substituição. Assim, vamos repetir a fim de evitar qualquer mal-entendido, não se trata de partir dos comportamentos ou das representações de indivíduos isolados. O dado primordial não é um Robinson Crusoé, organismos solitários que devem primeiramente entrar em relação uns com os outros, proporem-se objetivos comuns que os mantenham juntos: é, pelo contrário, a ação recíproca de uma dupla sob o olhar de um terceiro.

Essa significativa linha de pensamento deve ser percebida em toda a sua amplitude. Por um lado, ela nos conduz a ampliar consideravelmente o campo da sociologia, e a nele incluir os mínimos incidentes cotidianos e as transações mais fluidas. Destes às relações que as massas solicitam, aos grupos de dominação ou às crenças, a cadeia é contínua. Não há nada que se deva excluir do conhecimento sob o pretexto de que se trata de um fato passageiro, assim como não se deve privilegiar aquilo que é espalhafatoso, aquilo que se considera como estável em uma sociedade. Falando de seus contemporâneos que se atêm a esse privilégio, Simmel observa sem concessão:

> Significa apenas se conformar superficialmente com a linguagem usual – suficiente para a prática exterior, é verdade – reservar

---

28. Não compreendo muito bem como um sociólogo sutil e bom conhecedor de Simmel pôde escrever as seguintes frases, ainda que elas expressem uma opinião difundida. Após ter exposto brilhantemente *The Philosophy of Money*, ele conclui: "Aliás, ao longo das páginas que acabamos de analisar, existem constantes interferências de passagens que tratam das aproximações, mais ou menos fundamentadas, entre o eu e a sociedade ou ainda entre a alma individual e o comportamento social dos seres. Esse gênero de psicologismo que torna o texto mais pesado foi recriminado, e com razão, por vários comentadores, a começar por Durkheim. Nós negligenciamos até o momento essas considerações para limitar nossa exposição somente às análises do fenômeno de dinheiro" (Introdução à *Sociologie et épistémologie*. Op. cit., p. 30). Simmel, desde a abertura do seu livro, anuncia que o aspecto psicológico do fenômeno está no centro de seus interesses. M. Freund procede como um impressor que, sabendo melhor do que o autor aquilo que este faz, colocasse as notas nas páginas e o próprio texto em nota.

o termo sociedade para as ações recíprocas *duráveis*, particularmente para aquelas que são objetivadas em figuras uniformes, caracterizáveis, como o Estado, a família, as corporações, as igrejas, as classes, os grupos de interesse etc. Além desses exemplos, existe um número infinito de formas de relações e de espécies de ações recíprocas entre os homens, de importância medíocre, e às vezes até mesmo fúteis se considerarmos os casos particulares, que contribuem, contudo, para constituir a sociedade tal como a conhecemos, na medida em que elas se insinuam sob as formas sociais mais vastas e, por assim dizer, oficiais[29].

À visão de uma sociedade reduzida aos fatos nominados, que é a visão de Durkheim e de Weber, Simmel opõe a realidade de uma infinidade de relações e de condutas vulgares, mas que devem ser exploradas. E o sociólogo autêntico é um "escavador de detalhe", detalhe que se torna significativo e cujas consequências são às vezes desproporcionais à sua importância.

Por outro lado, Simmel inverte a hierarquia existente, pois considera que esses fatos banais, banalmente repetidos, e os movimentos familiares que dia após dia associam os homens são os humores que irrigam o corpo social. E é tomando-os como base que atingimos as grandes faculdades do indivíduo, consciência, vontade, motivação, e os órgãos visíveis da sociedade, Estado, família, divisão de trabalho etc. De forma que, por uma inversão das perspectivas, Simmel faz repousar o edifício da sociedade naquilo que existe de mais flutuante e de mais momentâneo. Em suma, ele apoia aquilo que nos parece o mais ordenado naquilo que o seria menos.

Ora, esse procedimento genético, com o seu modo de pensar a sociedade, evoca, sem a menor dúvida, aquele que prevalece na física há um século e mais recentemente na biologia molecular. Um dos aspectos mais característicos desse modo de pensar é a substituição da ideia de estabilidade pela de instabilidade. A matéria e os seres, em geral, têm apenas uma fixidez aparente.

---

29. SIMMEL, G. *Sociologie et épistémologie*. Op. cit., p. 89.

São conjuntos em via de destruição e de reconstituição permanentes. Além do mais, nós explicamos os sistemas físicos, quer seja o universo ou o nosso corpo, que têm relativamente uma grande esperança de vida, por meio das interações físicas ou biológicas entre elementos impermanentes, cuja esperança de vida é às vezes tão ínfima que nem mesmo podemos observá-la. Todas essas descobertas científicas que provocaram mudanças extraordinárias no pensamento humano estão suficientemente próximas da atitude de Simmel. Ela consiste em querer explicar o número finito das relações uniformes na sociedade a partir de um número infinito de ações recíprocas breves e anônimas. Observando como elas se fazem e se desfazem sem descontinuidade, penetramos na fábrica molecular da vida em comum. Passamos assim da "esfera das associações instáveis" à esfera das instituições reificadas (línguas, crenças religiosas, partidos etc.) da "sociedade sociável" às "sociedades" especializadas, para explorar o quanto elas se entrelaçam umas às outras. Disso resulta uma tese: a ação mental recíproca está pressuposta em tudo aquilo que é social. Observo que é uma tese que a partir de então só se amplificou e à qual os sociólogos de hoje se aliam, ainda que não a coloquem em prática. Somente a psicologia o fez durante um certo tempo, antes de se perder em um individualismo tolo e elementar.

 A sociedade se compõe, portanto, de incessantes transações entre elementos individuais – tanto de grupos quanto de pessoas. Isso conduz Simmel a se interessar pelas interações sociais, quer elas aconteçam em massa ou em situações mais discretas. Mas de que maneira descrevê-las, e como extrair delas as regularidades que merecem ser estudadas? Nossa vida psíquica e social não deixa nada ao acaso. A exigência de conhecê-la de maneira racional lhe confere ao mesmo tempo um caráter de objetividade e de objeto submetido às leis impessoais da ciência. Essa é uma história bem conhecida. Se essa é a necessidade das coisas e se essa é a nossa necessidade, precisamos buscar um meio de descobrir as invariantes, aquilo que persiste entre os dois extremos do destino normal. E, de antemão, estabelecer uma distinção, operar uma triagem obrigatória. Para começar, quero falar daquilo que se encontra na sociedade, o *conteúdo* que ela considera como um simples dado material e biológico. Podemos compreender assim o feixe dos interesses, das qualidades corporais, e das motivações – instintos eróticos, preferências afetivas, pulsões lúdicas e agressivas etc. – que fazem com que o indivíduo seja o que ele é e busque o contato com os outros. De forma que "assim as suas condições se adaptam reciprocamente, ou seja, ele influencia os outros e sofre a influência deles"[30].

E, contudo, esse conteúdo orgânico, psíquico etc., tão necessário às suas interações, não basta para sustentar uma análise científica. Os elementos que o compõem são tão variados e heterogêneos que o sociólogo se encontra diante de um dilema. Caso ele colete todos os interesses e todas as motivações para se associar, a lista seria tão longa e tão diversa de uma cultura para outra que ele não chegaria a uma descrição coerente. Deverá então se contentar em reunir os fenômenos da psicologia, da economia e da história sem poder extrair deles uma ordem específica. Caso isole nesse conteúdo um setor particular, digamos a economia, a religião, a dominação, e declare que ele representa o princípio da ordem social por excelência, assim como fez Marx para a primeira e Weber para a segunda, ele então corre o risco de distorcer a realidade. E, o que é ainda mais grave, de cortá-la desse fluxo contínuo das ações recíprocas. Para Simmel, em todo caso, o conteúdo é, se o compreendo bem, a matéria viva que é preciso transformar em qualquer coisa abstrata e autônoma acessível ao conhecimento. Isto é, em uma *forma* suscetível de ordenar o conteúdo e lhe conferir um sentido. E assim a tarefa do sociólogo volta a destacar essas formas da heterogeneidade das interações e associações humanas. Mostrar, em suma, que por mais diversos que sejam os motivos e os objetivos que dão nascimento às relações entre os indivíduos, os padrões sobre os quais se realizam esses motivos e esses objetivos podem ser idênticos. Por exemplo, tanto a guerra quanto a divisão do trabalho implicam a cooperação. Inversamente, descobrimos motivos e objetivos idênticos em formas diferentes. Os interesses políticos podem encontrar a sua realização tanto na aliança quanto na luta.

---

30. WOLF, E. *Georg Simmel.* Op. cit., p. 40.

Esses exemplos bastante simples ilustram um fato. Aos olhos do sociólogo alemão, as formas são o verdadeiro objeto da ciência e nos oferecem um acesso privilegiado à realidade. Primeiramente enquanto ferramenta intelectual, que permite abarcar uma soma de fenômenos diversos. Depois, porque, sendo obras do espírito, elas tendem a se destacar do dado da natureza e da vida para constituir uma realidade delimitada e, por conseguinte, perceptível. É o modelo e o recorte que conferem uma estrutura a materiais imprecisos e amorfos, como faz a história para o devir:

> [...] o devir, em geral [escreve Simmel], não é ainda história. Disso nasce, eu creio, o problema fundamental de qualquer teoria do conhecimento histórico: como o devir se torna história? Esta é uma forma que o espírito compõe a partir do devir e de seus conteúdos[31].

De fato, essas formas traduzem uma visão, e é preciso muita dedicação para fixar bem essa visão, para fazê-la passar da observação ao pensamento, para incorporá-la enfim às diversas partes do real. Trata-se de resumir e de condensar um movimento ao longo do qual vemos se cristalizar inúmeros comportamentos e relações. Seguindo uma lógica própria, as formas impõem sua marca aos comportamentos e às relações, representando-os de maneira coerente. E, desse modo, traçam um limite para os indivíduos que delas têm consciência e os associam a uma maneira comum de agir, de sentir e de pensar.

> Existe sociedade, no sentido amplo da palavra [propõe Simmel] em toda parte em que existe ação recíproca dos indivíduos. Desde a reunião efêmera de pessoas que vão passear juntas até a unidade íntima de uma família ou de uma corporação na Idade Média, pode-se constatar os graus e os gêneros mais diferentes de associação. As causas particulares e os objetivos, sem os quais, naturalmente, não existe associação, são como o corpo, a *matéria* do processo social; que o resultado dessas causas, que a busca desses objetivos provocam necessariamente uma ação

---

31. SIMMEL, G. *Fragmente und Aufsätze*. Munique: Drei Masken, 1923, p. 28.

recíproca, uma associação entre indivíduos, eis a *forma* de que se revestem os conteúdos[32].

Não se pode dizer que a escolha dos termos conteúdo e forma seja muito feliz. A fim de esclarecer uma concepção tão imprecisa, vou recorrer a uma comparação. Para definir o campo de uma ciência da linguagem, Saussure opôs por um lado a *língua*, sistema fechado, abstrato, relações entre sons e ideias, por outro lado, aquilo que ele chamou a *fala*. Esta coloca em ação esse sistema em toda parte onde as pessoas querem se expressar e se comunicar. A língua é análoga a uma partitura musical, e a fala à execução dessa partitura por diversas orquestras. Observamos aqui a oposição entre o aspecto coletivo da linguagem, uma instituição, e seu aspecto individualizado.

Do mesmo modo, Simmel distingue a forma das ações recíprocas entre indivíduos de seu conteúdo, e faz disso o objeto de uma sociologia pura.

> A pesquisa – poderíamos nomeá-la "sociologia pura" – extrai dos fenômenos o momento da sociação, destacado indutiva e psicologicamente da variedade de seus conteúdos e objetivos que por si mesmos ainda não são sociais, assim como a gramática separa as formas puras da língua dos conteúdos nos quais essas formas estão vivas[33].

Mas com uma pequena diferença que é, no entanto, importante. Para Saussure, a fala é uma atividade derivada: nada além, em suma, do que a utilização da língua por sujeitos falantes na vida ordinária. Ela não se refere à ciência da linguagem. Simmel, pelo contrário, vê no conteúdo um dado importante, a premissa obrigatória da qual se retiram as formas para mantê-las no campo da ciência. Os homens são unidos por essa paixão da sociabilidade cuja satisfação depende das qualidades pessoais, amabilidade, refinamento, cordialidade, que nos atraem uns para

---

32. SIMMEL, G. *Sociologie et épistémologie.* Op. cit., p. 165.
33. SIMMEL, G. *Brücke und Tür.* Stuttgard: Koehler, 1957, p. 224.

os outros. Podemos ter uma ideia de sua vitalidade nas reuniões entre amigos, convivas, fiéis etc. Tendo colocado entre parênteses ambições, preferências e outros fins subjetivos, eles buscam moldar as suas relações para conseguir esse instante social, assim como os poetas trabalham a língua para oferecê-la ao ouvido. De seu encontro, de sua conversa, eles fazem uma obra-prima social e, além do mais, a lembrança dessa obra-prima.

De todo modo, insistirei em uma conclusão, sem dúvida extrema, mas que se impõe. Ou seja, que a *sociedade não é uma noção sociológica*, assim como a língua não é uma noção linguística[34]. Ela é, de fato, uma noção de senso comum, e determinada por fatores tão variados como o território, as forças políticas, os sentimentos e os símbolos de um povo, e assim por diante. Ora, uma ciência deve definir ou redefinir o seu objeto, isolar as dimensões privilegiadas e os fenômenos aos quais quase tudo se reduz. Tudo se passa, efetivamente, como se certas categorias e certos aspectos tivessem um valor de conhecimento mais marcado do que outros. Eis por que a sociologia não seria uma ciência da sociedade, mas de uma forma e de um conteúdo particularmente significativos da sociabilidade, assim como a linguística seria primeiramente uma ciência da gramática.

Seguro de suas observações pessoais e de seus estudos históricos, Simmel pensava elevá-la à categoria de geometria dessas formas de ação recíproca, a partir dos dados mais modestos, mais imediatos. Ela buscaria nas outras ciências – a psicologia, a economia, a história – seus materiais preliminares. Digamos que essa oposição entre a forma e os conteúdos sociais, cuja lógica é impecável, quase não encontrou eco. Aliás, Simmel não ignorava o que lhe fazia obstáculo: a sociologia não é uma geometria e não pode racionalizar inteiramente os fenômenos, nem subtraí-los às categorias do senso comum. Resta a épura, resta o sonho de uma matemática dos fatos sociais cujas balizas ele procura, aqui e acolá, colocar[35].

---

34. Cf. CHOMSKY, N. *Dialogues avec M. Ronat*. Paris: Flammarion, 1977, p. 195ss.

35. MAFFESOLI, M."Epistémologie de la vie quotidienne, vers um formisme des réseuax sociaux". *Cahiers Internationaux de Sociologie*, 74, 1985, p. 264-282.

Pouco importa se a oposição não foi absorvida. Ela nos oferece, apesar de tudo, os elementos de uma imagem da sociedade que, para usar termos atuais, esboçarei da seguinte maneira: por um lado, a sociedade aparece como um conjunto de *redes* de interação[36] por meio das quais os indivíduos estabelecem contato, se comunicam e se organizam. Elas facilitam as reuniões, os movimentos voluntários ou não, as correntes de opiniões e de interesses em torno de um núcleo comum. São algumas das constelações que nos unem uns aos outros e formam os círculos sociais no interior dos quais cada pessoa se move:

> Todos os dias, em todas as horas, esses fios são fiados, abandonados, retomados, substituídos por outros, entrelaçados a outros. Ali se encontram as interações – que não são acessíveis senão pelo microscópio psicológico – entre os átomos da sociedade que suportam toda a tenacidade e a elasticidade, toda a cor e a unidade dessa unidade evidente da sociedade que tanto nos intriga[37].

Segundo Simmel, o número e a variedade dessas redes e círculos sociais a que pertence um indivíduo são um padrão de medida da cultura. Uma cultura é tanto mais avançada – e, acrescentemos, moderna – quanto mais esse número é elevado. Mas são sobretudo a variedade e a multiplicidade dos círculos sociais que garantem uma emancipação progressiva do indivíduo e de sua influência contraditória, sua originalidade e uma certa independência. Em outras palavras, quanto mais nos associamos com outros, e de maneiras bastante diversas, tanto mais nos tornamos nós mesmos, e livres. Acrescentemos que existem redes pesadas e densas, como as das indústrias, da Igreja ou de um partido. Nelas cada um está engajado com uma grande parte de sua personalidade e de maneira contínua. Outras, leves, por vezes aracnídeas, nascem entre os usuários de um mercado, os clientes de

---

36. DEGENNE, A. & FLAMENT, C. "La notion de régularité dans l'analyse des réseaux sociaux". *Cahiers S.T.S.*, 9/10, 1986, p. 223-236. • BORMAN, S.A. & WHITE, H.C. "Social Roles from multiple networks". *American Journal of Sociology*, 81, 1976, p. 1.384-1.446.

37. Apud FRISBY, D.P. "Georg Simmel and Social Psychology". Op. cit., p. 118.

um café ou os leitores de um jornal. Algumas se materializam em uma hierarquia estável, como a do exército ou da burocracia. Outras estão em permanente remanejamento e devir, como a rede dos visitantes de um museu, dos passageiros de um avião etc. Sem dúvida a densidade e a estabilidade das interações têm a sua importância. Mas o número dos participantes na rede não tem menos. E Simmel lhe dedica uma atenção extrema.

Darei apenas um exemplo, pois é bastante interessante. De fato, as possibilidades de agir mudam segundo as quantidades. Assim que duas pessoas, e evidentemente dois grupos, estão em contato, surgem interações que a unidade excluía. Eles têm, assim, a possibilidade de dar ou de receber, de amar ou de odiar. Podemos adiantar, sem medo de errar, que, no entanto, o limiar decisivo é o número três. Ele permite alianças e oposições, a emergência de uma maioria e de uma minoria, a eleição de um chefe. Na realidade passamos aqui do individual ao coletivo, no sentido estrito da palavra. Além do mais, quando um grupo aumenta de tamanho e os circuitos se multiplicam, ele deve se dotar de uma organização, instaurar canais de comunicação, dar-se um estatuto e regras. As relações entre os seus membros se tornam então menos pessoais e menos diretas. Estas são formas sociais bem conhecidas. E é bastante significativo que Simmel analise os efeitos de sua demografia sobre a vida em comum, quer se trate de massas ou de associações nas quais os indivíduos são recrutados por cooptação:

> Cada relação entre homens [ele escreve], traz então uma contribuição para a formação do espírito público a partir do momento em que seus efeitos são destilados através de uma infinidade de minúsculos canais cuja existência escapa à consciência individual[38].

Não necessariamente. Por outro lado – é preciso relembrar? – as ações recíprocas de que nascem essas redes têm um caráter mental. Elas colocam em ação, na minha opinião, representações sociais cujas noções e imagens filtram os motivos, os desejos, as

---

38. SIMMEL, G. *Les problèmes de philosophie de l'histoire*. Op. cit., p. 77.

preferências, para citar somente aqueles que podemos trocar e compartilhar. Se vocês desejarem se comunicar de uma maneira perfeita com uma pessoa, deverão escolher os gestos e dar um sentido a interesses que podem ser representados em um âmbito acessível a ambos. Sem isso, o diálogo não acontece, e cada um permanece enclausurado em sua própria experiência e incomunicável, como um turista em viagem a um país cuja língua ele desconhece. Essas representações preparam os conteúdos psíquicos, econômicos etc., heterogêneos e individuais para que tomem uma forma coletiva.

> Somente após esses conteúdos terem sido absorvidos nas ações recíprocas dos indivíduos [escreve Simmel], é que eles se tornam sociais[39].

As representações permitem justamente experimentar em pensamento o aspecto que essas ações tomarão, entrever as formas que lhes convém dar e antecipar as suas consequências. E até mesmo inventar outras diferentes na imaginação, como fazem os urbanistas que traçam os planos de uma cidade, ou os revolucionários que desejam ver surgir um novo dia sobre a terra. É realmente abundante a arquitetura das redes imaginárias de uma sociedade que se superpõem às redes tangíveis. Nesse sentido, a sociedade é

> minha representação de certa forma bem diferente do que é o mundo exterior, isto é, que ela repousa na atividade da consciência[40].

Que tais construções mentais possam ter prolongamentos reais, vocês podem admiti-lo sem problemas. Antes de nos associarmos a uma pessoa ou a um grupo, certamente devemos fazer uma ideia dos possíveis vínculos, antecipar a maneira pela qual eles irão se estabelecer e as satisfações que deles esperamos. Assim como, antes de visitar uma cidade, fazemos um mapa dos

---

39. SIMMEL, G. *Sociologie et épistémologie*. Op. cit., p. 75.
40. Apud WATIER, P. (org.). *Georg Simmel*. Paris: Méridiens Klinksieck, 1987, p. 24.

trajetos e dos lugares que desejamos conhecer. Alguns bairros desse mapa às vezes se tornam tão familiares quanto os bairros de nossas próprias cidades. Em resumo, as formas sociais, que elas sejam da ordem da relação ou da geografia, são tão representadas quanto reais. Uma vez mais, citaremos Simmel:

> O terrível conflito entre o todo e a parte se resolve principalmente pelo espírito em sua capacidade de representar o todo na sua forma[41].

Não examinaremos aqui o como e o porquê. Porém é significativo o fato de que essas imagens e noções produzidas a cada instante, ao longo de encontros mais ou menos fugidios, por meio de conversas, disputas, rumores, tenham repercussões tão vastas. Ainda mais que, uma vez suscitadas, somos capazes de objetivá-las, de fazer existir no mundo exterior aquilo que tínhamos concebido no mundo interior. Portanto, as representações são menos criações mentais que têm efeitos sociais do que criações sociais que são fundamentadas pela via mental e, consequentemente, tornam-se reais.

> A objetivação do espírito [ressalta Simmel] fornece a forma que torna possível a conservação e a acumulação do trabalho mental: de todas as categorias históricas da humanidade é aquela que vai mais longe. Pois transforma em fato histórico aquilo que é biologicamente tão duvidoso: a transmissão hereditária. Se o fato de não ser apenas um descendente, mas também um herdeiro, denota a superioridade do homem sobre o animal, então a objetivação do espírito nas palavras e nas obras, nas organizações e nas tradições é a base dessa distinção pela qual o homem toma posse do seu mundo, ou até mesmo de um outro mundo qualquer[42].

Enquanto as representações sofrem essa lenta elaboração, a sua ascendência é considerável, pois não são mais distinguidas do mundo da experiência coletiva que as reifica. Mas quando

---

41. SIMMEL, G. *Fragmente und Aufsätze*. Op. cit., p. 10.

42. SIMMEL, G. *The Philosophy of Money*. Op. cit., p. 453.

penetram em todas as ações recíprocas e nos círculos sociais, elas se tornam o código genético, ouso essa analogia e peço que me desculpem por isso, das sucessivas combinações. Tudo se passa como se a massa mental em circulação moldasse os valores, os comportamentos, as linguagens, as qualidades pessoais, e os associasse em um conjunto de que cada célula apoia e completa a outra. Um conjunto cuja realidade começa a se assemelhar à sua imagem, e é por isso que os homens se apossam dele.

Não é fácil compreender Simmel. Nunca se consegue pegá-lo com a boca na botija, tanto ele multiplica nuanças e linhas de fuga. Sua concepção da sociedade e da sociologia desafia qualquer análise que deseje mantê-la fixa em um ponto. Admito ter oferecido uma demonstração condensada dessa concepção, e até mesmo remanejada em vários pontos. Contudo ela me parece conter o essencial e levar em consideração essa oposição entre a escala molecular e a escala molar (os físicos diriam: do campo) que é o seu princípio. Princípio que reduz a muito pouca coisa o antagonismo tantas vezes evocado entre o individualismo e a coletividade (ou o holismo, se vocês preferirem). O qual mascara os problemas reais. Nas ciências do homem como nas ciências da natureza, eles se referem às relações entre as interações microscópicas, na base dos movimentos espontâneos, e as configurações mais complexas e mais reificadas[43]. Para abordar os primeiros, é preciso inverter a hierarquia dos fatos nas ciências sociais que começaram pelos

> Estados e pelos sindicatos, o sacerdócio, as estruturas da família, a natureza das corporações e das fábricas, a formação das classes e a divisão industrial do trabalho – isso e os principais órgãos e sistemas análogos parecem constituir a sociedade e, portanto, formam o campo da ciência que dela se ocupa[44].

---

[43]. Entre os sociólogos franceses, Edgard Morin me parece o que mais instintivamente pertence à mesma família de espíritos que Simmel, inclusive em suas preocupações com a complexidade e a relatividade.

[44]. SIMMEL, G. *Sociologie et épistémologie*. Op. cit., p. 76.

Pelo menos é assim que eu o compreendo.

Para mim, consequentemente, a visão de uma sociedade composta de dois subconjuntos adquire um sentido, um originário das redes criadas entre os indivíduos que as fazem e as desfazem permanentemente, e o outro das representações que eles compartilham para moldar a realidade comum. Devo acrescentar que essas noções bastam para descrever a maioria das interações de maneira geral, principalmente aquelas da vida cotidiana. Mas, em minha opinião, elas convêm particularmente à nossa sociedade desindustrializada, ou, como se diz, pós-industrial. Relativamente pacificada e já tendo codificado as solidariedades da doença, da educação e até mesmo do trabalho, doravante as instituições agem sobre elas à distância. Administração ou exército, esses monstros de burocracia, desertaram da paisagem cotidiana. A presença deles se quer neutra, a sua ação, indolor. Eles se confundem e se fundem na técnica, de modo que prestamos menos atenção às suas especificidades. A própria Igreja, outrora onipresente com a algazarra de suas cerimônias e a enxurrada de padres, religiosos e religiosas, recua, se eclipsa e literalmente se fecha. Quando o mesmo padre diz a missa em várias paróquias, é o fim do cura, que se tornou um servidor tão discreto quanto a sua religião. Não distinguimos mais os representantes dessas instituições pela vestimenta, pela linguagem, e ainda menos pelos costumes (como reconhecer um militar à paisana, um padre que não usa mais a batina), é como se eles tivessem desaparecido da existência cotidiana, deixado o teatro da sociedade.

Onde está então a vida social empírica? No contato rotineiro, no vaivém dos homens que se deslocam, trabalham, chocam-se, fazem mais as suas refeições fora do que em suas casas, trocam palavras e notícias, contatam-se pelo computador, se acotovelam nas grandes lojas, se amontoam nos meios de transporte em comum, invadem em hordas os lugares turísticos, homens e mulheres estabelecem relações que os levam a dividir o mesmo teto e rompem essas mesmas relações com mais facilidade. Tudo o que acontece *in statu nascenti*, tudo isso manifesta a sociedade. O público encontra aqui o privado e todos ao mesmo tempo se fundem nas redes coletivas e nelas se distinguem, se afirmam enquanto indivíduo. Onde termina o indivíduo, onde começa a sociedade, eis o que sempre nos perguntamos. E encontramos aqui a resposta contemporânea: *a sociedade existe ali onde o indivíduo é real.*

Enfim, essa visão justifica uma explicação psicológica dos fenômenos sociais. Ela exclui os absolutos que congelam a ação recíproca entre os indivíduos e lhes impõem objetivos externos. Simmel não testemunha uma grande nostalgia por uma sociedade das origens, quer seja a comunidade autêntica ou a sociedade coesiva à maneira de Durkheim. Tampouco se fia em uma sociedade prometida, para a qual tenderiam aquelas do passado e a nossa, assim como a sociedade racional ou socialista. Contam apenas o fluxo e o refluxo das formas sociais, a inquietante mobilidade da história. Nesse fragmento de minuciosa verdade original, que é a sua autobiografia, Simmel a descreve:

> A dissolução na história contemporânea de tudo aquilo que é substancial, absoluto e eterno no fluxo das coisas, na mobilidade histórica e na realidade psicológica, me parece ao abrigo de um subjetivismo e de um ceticismo inconsistentes, se substituirmos os valores substanciais consistentes pela atividade recíproca viva de elementos que por sua vez estão submetidos à dissolução até o infinito[45].

Ora, observando de perto, essa relatividade movente das ações entre os indivíduos os mantêm ao mesmo tempo no estado de sujeitos e de objetos de uma sociedade. Eles nunca deixam de estar presentes com a sua experiência vivida, as suas crenças e a chaga do efêmero no coração, pois nada se cicatriza, nem se torna uma substância obstinada por muito tempo. Eis o que explica, na ótica da história, a escolha de Simmel em favor da psicologia. Não preciso justificá-la, como fiz anteriormente com Durkheim e Weber, uma vez que ele próprio se encarrega disso. E ainda menos desculpá-lo, como muitos se sentem no dever de

---

45. Ibid.

fazê-lo[46], para admiti-lo entre os pais fundadores da sociologia. Se julgam necessário amputar as partes mais vivas do seu pensamento e de se amputar ao mesmo tempo, não me disponho a seguir o exemplo deles.

Por esse lado, a sua obra conserva uma inegável originalidade. Certamente podemos abordá-la por meio de um grande número de escritos diversos e apaixonados, muitas vezes curtos e incisivos. Mas vamos nos contentar com apenas um, que dá acesso ao principal: *A filosofia do dinheiro*. Partindo das características da economia, de que o dinheiro é o motor e o signo, ele revela a cultura que a torna possível. Raramente o enigma dos vínculos entre as forças materiais e intelectuais que modelam uma época, a nossa, foi talhado com tanto vigor. Não vejo nenhuma obra, em sociologia, que tenha ido tão longe e ao mesmo tempo em tantas direções, sempre conservando semelhante rigor de método. Suas análises me fornecem a ocasião para insistir no aspecto cognitivo e mental dos fenômenos sociais, que até agora não foi muito abordado aqui.

---

46. Existe um evidente contraste entre as intenções de Durkheim e Weber por um lado, e as de Simmel por outro lado, em relação à sociologia. Eles parecem querer fazer dela um análogo da mecânica newtoniana, ele, um análogo da termodinâmica. As opções filosóficas certamente desempenharam um papel nesse sentido.

8
O DINHEIRO COMO PAIXÃO E COMO REPRESENTAÇÃO

O elo perdido

Não é de hoje que surgiram paixões encarnadas pelo dinheiro. Antes da obsessão pelo lucro do capitalismo, a humanidade havia conhecido a febre do ouro e a sua acumulação no Renascimento, a certeza de seus poderes mágicos compartilhada pela maioria dos povos arcaicos e por muitos outros. E, no entanto, o dinheiro é o grande ausente das ciências do homem. Como se explica que esse fator tão presente e tão poderoso dos tempos modernos preocupe tão pouco a pesquisa, ao passo que dispensamos tanta energia para ganhá-lo e o manipulamos diariamente? Por que essa linguagem que aprendemos desde a mais tenra infância e que baliza nossas relações é censurada? Por que ele não interessa aos que estudam assiduamente a moralidade dos grupos e a racionalidade dos indivíduos? Será que esse estudo é da alçada da economia? Sem dúvida, mas convém não esquecer que é "de uma nação, de uma instituição, de uma fé que falamos"[47].

Sim, o dinheiro evoca poderosas imagens de riqueza e de cifras sem fim, mas a própria infinitude que atenua o valor das cifras revela a sua poderosa ascendência que faz de nós cigarras ou formigas, e suscita cupidez e avareza. E, a esse respeito, mesmo sabendo que o número de bancos ultrapassa o de livrarias e de museus, que a corrupção é uma inclinação difundida, mesmo se indignando com a pobreza de uns e a opulência de outros, a pesquisa se obstina a desprezá-lo. Por um estranho paradoxo, falamos de comunicação, das preferências dos consumidores, das classes e dos papéis sociais, dos sentimentos de amor e de ódio

---
[47]. MAUSS, M. "Les origines de la notion de monnaie". Œuvres, 2, [s.d.], p. 101.

entre pessoas, como se vivêssemos em uma sociedade que não inventou a moeda, nem o crédito. Ambos não servem de pano de fundo às inúmeras relações de indivíduo a indivíduo, não resumem as aspirações humanas em um determinado momento? Duvidaríamos disso percorrendo uma obra célebre consagrada a essas relações[48] e uma outra que traça o quadro mais vasculhado da sociedade francesa de hoje[49], em que se trata de tudo, emoções, motivações, deveres, poderes, hábitos de mesa, cuidados com o corpo, menos de dinheiro. Como se ninguém procurasse enriquecer, ninguém julgasse os outros em função de sua conta bancária, ninguém comprasse sentimentos e convicções.

"Seu dinheiro não nos interessa", parecem dizer as ciências do homem àqueles que são estudados por ela. Ao passo que basta pronunciar o seu nome diante das multidões para logo ver os olhares se tornarem admirativos e as cabeças se inclinarem. Nelas ele desperta o desejo de usufruí-lo, por mais diversas que sejam as maneiras de satisfazer esse desejo. Cifra do prazer e da potência, ele faz brilhar a ideia de inúmeras possibilidades que a sua posse esconde. Resumo de todos os apetites humanos, o dinheiro exerce no espírito individual e coletivo uma espécie de fascinação que faz dele o único elemento ao mesmo tempo demoníaco e divino da nossa civilização secular, na qual ele domina todos os outros. Ao mesmo tempo, nós o reverenciamos e o temermos, julgamo-lo monstruoso e milagroso. Conduzimo-nos como se fosse proibido possuí-lo, e até mesmo tocá-lo. Nós o escondemos como algo que não se poderia ver e do qual nem mesmo se deveria falar. Ainda que invejando os prestígios do seu estigma, como se eles fossem superiores aos prestígios do nome, do mérito, da reputação, das honras e os resumisse.

Foi preciso a grande revolução intelectual e social do século XIX para que seu papel fosse reconhecido e valorizado. Então ele se adorna de uma carga afetiva e metafísica antes desconhecida. O imperativo do prazer "Ganharás dinheiro" substitui o

---

48. HEIDER, F. *The Psychology of interpersonal Relations*. Nova York: John Wiley, 1958.

49. BOURDIEU, P. *La distinction*. Paris: Minuit, 1979.

imperativo da dor "Ganharás o teu pão com o suor do teu rosto". Temos a impressão de ver essa febre da circulação das espécies, das cédulas e das moedas que passam de mão em mão, outrora sentida como uma contaminação impura, nessa descrição das sociedades feita por Tocqueville,

> onde nada é fixo, cada um se sente incessantemente estimulado pelo temor de descer e pelo ardor de subir; e como o dinheiro, na mesma ocasião em que se tornou a principal marca que classifica e distingue os homens entre si, adquiriu uma mobilidade singular, passando de mão em mão incessantemente, transformando a condição dos indivíduos, elevando ou rebaixando as famílias, não há quase ninguém que não seja obrigado a fazer um esforço desesperado e contínuo para conservá-lo ou para adquiri-lo. Portanto, o desejo de enriquecer a qualquer preço, o gosto pelos negócios, o amor pelo ganho, a busca do bem-estar e dos prazeres materiais são na sociedade as paixões mais comuns[50].

Esses temas dominam nos romances clássicos. O dinheiro, paixão declarada e representativa do moderno, alinhava a intriga. Portador de ilusões e de esperanças, as razões e os argumentos giram em torno dele, tanto em Trollope quanto em Balzac. Ele serve de pivô aos caracteres dos personagens, fornece os motivos para as suas ações. Distingue uns, levando-os ao pináculo da sociedade na qual fazem um nome graças à fortuna, lança os outros na lama e na obscuridade. Balzac, em *Melmoth reconciliado*, descreve a onipotência do Banco:

> É um lugar onde se aquilata o que valem os reis, onde os povos são pesados, onde os sistemas são julgados [...], onde as ideias, as crenças são cifradas [...], onde até mesmo Deus empresta e oferece em garantia seus rendimentos em almas, pois o papa tem no banco sua conta corrente. Se posso encontrar uma alma para negociar, não é ali?

Em toda a sua obra, ele exalta o grande livro contábil como o único livro do século.

---

50. TOCQUEVILLE, A. *L'Ancien Regime et la revolution*. [s.n.t.], p. 51.

Zola evoca a potência mágica dessas três breves sílabas no turbilhão das especulações que varrem as Bolsas, esses novos templos. O lucro sórdido adquire ares de uma epopeia homérica ou de uma amarga comédia humana cujas sensações e peripécias são compartilhadas pelo leitor. Até que os novos heróis atravessem como vencedores as portas do dinheiro que se abrem para a felicidade e a opulência. A menos que a derrota não os entregue aos piores deboches e às piores violências, nem os precipite nos subterrâneos da sociedade.

Assim como a ciência, o romance contemporâneo se desinteressa do dinheiro. Ele não menciona mais, entre os motivos que fazem palpitar os personagens, os rendimentos e os benefícios, os sonhos despertados que a fortuna suscita. A riqueza não serve mais para seduzir as mulheres ou os homens, para domar os seus impulsos e desviá-los de um amor ou de um casamento lançando-os em um outro, distanciando-se de seus antigos amigos. Em contrapartida, tornou-se natural avaliar e classificar os livros, não por seus méritos intrínsecos, mas pelo número de exemplares vendidos – a magia do *best-seller*! – pelo adiantamento pago ao autor, e especular sobre aquilo que os seus direitos produzem. Nos bastidores comerciais, pergunta-se se vale mais a pena confiar o seu destino a um editor virtuoso da publicidade, hábil em promover por seus clamores uma obra que deseja impor, ou então a um outro que oferece um selo de qualidade, mas recorre a meios menos ostensivos. Apenas a imprensa sensacionalista e as novelas televisivas que afagam as preferências do público possuem ainda como *diabolus ex machina* o dinheiro tentador, subornador ou salvador. Certamente ele não desapareceu, pois, como escrevia Péguy:

> Quando não o nomeamos, é a ele que nomeamos. Quando não o apresentamos, é ele que apresentamos. Quando não pensamos, é nele que pensamos[51].

Mas essa conversão da literatura, do discurso ininterrupto sobre o dinheiro ao silêncio completo é o sintoma do deslocamento

---

51. Citado em um belo livrinho de REY, J.M. *Colère de Péguy*. Paris: Hachette, 1987, p. 43.

da consciência de uma descoberta à banalidade do inconsciente compartilhado. Daquilo que todos falam, não há mais nada a dizer. Ele se encontra relegado à esfera da economia; raras são as obras que abordam o seu assunto nas outras ciências. Poder-se-ia pensar que cada um o conhece muito bem para se arriscar a falar a seu respeito; que "esse dinheiro que representa", segundo a expressão de Ernst Jünger, "um dos maiores mistérios do mundo", encobre segredos demais sobre nossas sociedades para que sejam expostos à luz do dia.

É evidente a audácia de Simmel quando apresenta, em 1889, uma nota intitulada "La psychologie de l'argent" [A psicologia do dinheiro][52]. Vários artigos vieram em seguida, provando que o assunto não saía de sua cabeça. Na virada do século, apresenta-se a tarefa de explicar o mundo em processo de formação. Mas o que o distingue e faz a sua originalidade? Que situação ele produziu para que uma nova cultura e uma nova inteligência sejam tão necessárias? Segundo a concepção de Simmel, o dinheiro havia rompido as amarras que até então o entravavam. Por seu intermédio, a época acabara, não de se descobrir a si mesma, segundo a expressão consagrada, mas de manifestar uma energia virtual de inesperadas faculdades. E não era apenas a importância da economia que fazia triunfar uma energia tão poderosa, não, era, sobretudo, uma visão nova e perturbadora que conduzia a humanidade para vias inexploradas através da história. É simplesmente incompreensível o erro da maioria que se representa o dinheiro como a forma das próprias coisas, do capital e do mercado, e nada mais. Mas esquecem a particularidade do dinheiro, ou seja, que ele possui as suas próprias leis e só se preocupa consigo mesmo.

E essa é, no entanto, a razão de sua atração e de seu poder. Que alguém busque possuí-lo simplesmente por possuí-lo, avarento ou gastador, ao passo que ele escapa a qualquer posse, que coloque em ação as inteligências mais originais, ao passo que ele é a coisa mais desprezada, causa espanto. Sem dúvida

---

52. SIMMEL, G. "Zur Psychologie des Geldes". *Jahrbuch für Gesetzgebung, Verwaltung und Volkswirtschaft*, 13, 1889, p. 1.251-1.264.

essa estupefação marca uma época. Simmel procura nele a chave da modernidade, nos artigos a que aludi, para entregá-la na *Philosophie de l'argent*, obra publicada em 1900. Como se fosse através de uma série de frestas, ele nos permite entrever uma realidade que nos parece distante. Dando as costas à economia, antes de voltar a se ocupar dela, Simmel afirma que tudo o que diz respeito ao dinheiro toca nos aspectos mais íntimos da cultura e da vida em geral:

> O fenômeno histórico do dinheiro [ele escreve], de que tentarei desenvolver a ideia e a estrutura a partir do sentimento do valor, a partir da práxis em relação às coisas e às relações recíprocas entre as pessoas – são estes os seus pressupostos – é o objeto da segunda parte deste livro. Vou estudá-lo em seus efeitos sobre o mundo interior – sobre a vitalidade dos indivíduos, o encadeamento de seus destinos e a cultura em geral[53].

O dinheiro é muito mais do que o dinheiro, seria esse um dos sentidos dessa declaração liminar? Qual é, portanto, a temível questão que ele propõe aos homens? É o velho enigma do valor das coisas e das trocas entre eles, em resumo, da criação de um vínculo que lhes seja próprio. Uma questão tanto mais temível, uma vez que o dinheiro se tornou, para muitos, o verdadeiro vínculo que a nossa sociedade coloca em ação e o modelo de nossa cultura. Em outras palavras, se o dinheiro representa há muito tempo um papel na troca, na produção e na dominação, nunca ele foi tão determinante quanto hoje. É por isso que a economia moderna é monetária antes de ser capitalista ou industrial. Ela molda as relações entre os indivíduos, os seus sentimentos e modos de pensar, dentro desse espírito. Deve-se procurar na moeda a fórmula do novo tipo humano que lhe corresponde.

Simmel prolonga essa perspectiva. É preciso compartilhá-la, se vocês quiserem compreender a sociedade em que vivemos e por que nada do que é inumano lhe é estranho. O sociólogo alemão tem, no entanto, uma convicção: se a economia faz do dinheiro o ponto focal, a chave dos nossos modo de agir e de

---

53. SIMMEL, G. *The Philosophy of Money*. Op. cit., p. 54.

nossas relações, a economia não é o ponto focal e a chave de nossa existência social. Devemos escavar, descobrir as raízes internas e até mesmo inconscientes do tipo humano – o *homo œconomicus* – de que ela é o indício visível. Este é um dos objetivos do seu livro e um dos raros méritos que se lhe reconhece imediatamente[54]. Mas por que dar tantas voltas? Para Simmel, o enigma do dinheiro não está em nossa economia, mas em nossa psicologia. É preciso então ir além do ponto em que Marx deixou as coisas:

> Metodologicamente [ele escreve em seu prefácio], essa intuição fundamental pode ser expressa da seguinte maneira: é uma tentativa de construir um novo andar abaixo do materialismo histórico, de forma que o valor explicativo da incorporação da vida econômica nas causas da cultura seja preservado. Por outro lado, as próprias formas econômicas são reconhecidas como o resultado de avaliações e de precondições psicológicas, e até mesmo metafísicas[55].

Vamos nos deter um instante nessas frases demasiado alusivas. Elas contêm uma interessante precisão sobre as condições da explicação em sociologia e sobre a diferença de método entre Simmel e Marx. Vejamos primeiramente as condições. Explicar, em sociologia, obrigava a seguir em duas direções. Por um lado, em direção aos fatos da biologia e até mesmo da física que influem na constituição do homem, e formam o seu meio. Podemos então atingir as necessidades objetivas e as leis universais. Ora, as ciências da sociedade, para se reunirem às ciências da natureza, portanto para fundamentarem o seu caráter objetivo em geral, devem passar pela psicologia. Como contorná-la quando ela é, de certa forma, o último elo das primeiras, o mais próximo da natureza, e o primeiro elo das últimas, o mais próximo da sociedade, na cadeia ideal que as reúne? Sem ela, um hiato intransponível separa os dois universos de realidade.

---

54. VIERKANDT, A. "Einige neuere Werke zur Kultur und Gesellschftslehre". *Zeitschrift für Sozialwissenschaft*, 4, 1901, p. 641.

55. SIMMEL, G. *The Philosophy of Money*. Op. cit., p. 56.

Por outro lado, uma explicação, em sociologia, caminha na direção da metafísica e da filosofia. Não é ali que são coletados os grandes problemas que se colocam em uma cultura? A gama das soluções que ela inventa se encontra entre a especulação sublimada e as proposições concretas, tendo um valor aqui e agora, nesta situação política, em relação a esta crise intelectual datada, nestes tormentos econômicos e morais. Quando a filosofia penetra no campo público mais amplo, ela descortina soluções que atingem a maioria dos homens. Apesar da escolha de permanecer positiva, qualquer tentativa por parte de uma ciência para explicar os fenômenos que preocupam uma determinada sociedade pode cair na abstração e na insignificância se ela perder o contato com essas soluções. A filosofia lhe traz a seriedade e a dimensão de uma concepção do mundo. Não se pode permanecer surdo ao que Simmel reclama aqui, a partir do que ele fala e com que objetivo. Se esquecermos disto, a tarefa da sociologia que deve ao mesmo tempo buscar, o mais longe possível, uma explicação científica e uma verdade plena de sentido se fragmenta e perde o seu rumo.

E o método? Simmel exige que a interpretação dos fatos sociais em termos de economia seja prolongada por uma interpretação em termos de psicologia. E esta, por sua vez, deve novamente ser interpretada a partir de uma estrutura da economia, e assim por diante, até o infinito. Com certeza, mas isto significa dizer que uma camada da realidade que, sob um determinado ângulo, depende de causas econômicas, pode, sob um outro ângulo, depender de causas psíquicas. Qual é então a contribuição particular de Simmel a esse respeito? Ele afirma claramente que não existe uma diferença absoluta entre o que Marx nomeia de estrutura e a infraestrutura, entre os fundamentos objetivos da sociedade e a sua cultura. Ele erige assim como princípio aquilo que outros erigem como prática, e muitas vezes até mesmo sem qualquer princípio. A única coisa que se pode reconhecer é a sucessão das camadas de realidade para explicar um fenômeno particular, sem nunca atingir uma realidade última qualquer.

É plausível que o que faz a força da teoria de Simmel seja também a sua fragilidade. Ao seguir as refrações do dinheiro, passa-se de uma explicação psicológica a uma explicação econômica e mais uma vez a uma explicação psicológica, por uma espécie de progressão que não se sabe como deter. Como se lêssemos um romance cujo autor ainda não escolheu entre os diversos finais possíveis. Semelhante incerteza alimentou muitos mal-entendidos e prejudicou a sua difusão. E, no entanto, uma parte considerável de nossa cultura foi esclarecida por ela, que é igual àquela descoberta por Marx. Para ilustrar essa complementaridade, citarei ainda um de seus contemporâneos, o alemão Goldscheid, cuja expressão é bastante parecida e mais exata:

> Marx poderia muito bem ter dito que nenhuma linha de sua pesquisa visava ser psicológica. E, de fato, algumas passagens de *La philosophie de l'argent* se leem como uma tradução da discussão econômica de Marx para a linguagem da psicologia. Mas seríamos muito injustos com o livro de Simmel se o tratássemos simplesmente como uma tradução. Assim como *La philosophie de l'argent* certamente não poderia ter sido escrito se não tivesse sido precedido pelo *Capital* de Marx, é igualmente importante ressaltar que o livro de Simmel contém um complemento à obra essencial de Marx que antes não existia na ciência social, nem mesmo nas tentativas feitas para completá-la[56].

Essas frases que fazem eco a muitas passagens dos escritos de Simmel não se reduzem a uma constatação. Elas enunciam um princípio: o dinheiro é uma coisa diferente de uma entidade histórica, como o capital, e é um meio da economia. Ele representa o fio de Ariadne que serve para explorar as circunvoluções da nossa sociedade e, para além dela, a subjetividade humana em geral. Eu não poderia expressar em termos mais simples as premissas dessa história e a ambição filosófica que a envolve.

O mundo dos objetos e o mundo dos valores

O dinheiro é o nosso Sócrates. Do filósofo, seu mestre, Platão dizia: "O que teria pensado Sócrates desta questão, e daquela

---

56. GOLDSCHEID, R. "Jahresbericht über Erscheinungen der Soziologie in den Jahren 1900-1904". *Archiv für systematische Philosophie*, 10, 1904, p. 398.

outra?" Do mesmo modo, assim que vemos um objeto ou que ouvimos falar dele, nós perguntamos: "Quanto ele custa?" E algumas vezes, o que não é a mesma coisa: "Quanto ele vale?" Não é a quantidade de dinheiro que importa aqui. Alguma coisa de mais elementar nos impressiona: perguntar qual é o preço ou o valor de um objeto nos afasta dele, introduz uma distância entre a pessoa que somos e o mundo ao qual ele pertence. Não é mais no livro que desejamos ler, nem na roupa que queremos que nós pensamos, mas nestes comparados a outros livros ou a outras roupas. Em um signo que os coloca em relação e os compara.

Assim, quaisquer que sejam as respostas dadas às questões de preço e de valor, elas serão o registro preciso, gravado em uma moeda sismográfica, de inúmeras comparações, de compras e de vendas, do objeto que obtemos ou que cedemos. Para registrar isso, duas operações: a atenção fixa em uma coisa e movimento fluido do signo que a une a uma infinidade de coisas. Definitivamente, é o paradoxo entre uma descontinuidade das escolhas e uma continuidade dos atos, entre uma preferência subjetiva de alguém e a medida objetiva de alguma coisa. De uns aos outros, o dinheiro seria um ideograma material, representando no mundo exterior os mais diversos movimentos de nosso mundo interior.

O que significa, em tudo isso, caminhar na direção da psicologia e lhe oferecer um lugar inferior, se assim posso me expressar, à economia? Significa seguir o caminho através do qual se exteriorizam esses movimentos que acontecem no fundo dos indivíduos e se estende o seu poder intelectual e afetivo. E porque nossa vida econômica depende, em grande parte, desses poderes, ela deles retira muitos de seus traços psíquicos. Deixo de lado o alcance metafísico da questão à qual Simmel dava tanta importância. Não por não ser interessante, podemos até mesmo dizer que ela é cativante em certa medida. Mas nem aqui nem em outro lugar, pretendo reproduzir os seus exatos propósitos. O seu vocabulário envelheceu, e ele não sabe fixar o seu uso. Ocorre que, para que exista um valor, e então o dinheiro que o objetiva, é preciso que os homens tenham a faculdade de introduzir uma distância entre eles e as coisas. Essa ação de separar, de se distanciar em relação àquilo que nos cerca, começa e é visível desde a infância. No exato momento em que o bebê aprende a distinguir o seu corpo do corpo de sua mãe, um movimento se inicia e, de certa forma, prolonga-se durante toda a vida. Antes dessa ação e de sua tomada de consciência, tudo parece indiferenciado. Nada permite fazer a divisão entre aquilo que vem de si, de seu corpo, e aquilo que pertence às coisas que se aproximam e se afastam, no mundo exterior. O indivíduo tem apenas conteúdos mentais que dependem das formas, cores, deslocamentos e outras qualidades das coisas ou das pessoas. Ele observa que existe o azul, que se movimenta, que uma coisa é grande, que a outra sorri, e nada mais. Sem dúvida ele pode relacioná-las e reagir a elas. Mas não decidir se elas existem na realidade ou se está imaginando, se elas são azuis e grandes ou se é ele que as vê assim. Ocorre que a faculdade de se representar é primordial, pois ela permite perceber esse tipo de conteúdo como independente do ato de pensar ou de perceber. Todos os conteúdos, quer sejam coisas ou pessoas, quer participem ou não de nossa vida interior, quer sejam reais ou imaginários, têm uma vida própria. Contudo, percebemos e nos damos conta deles quando o "eu" de um sujeito se descola do objeto:

> O sujeito e o objeto [escreve Simmel] nascem do mesmo ato: logicamente apresentando o conteúdo conceitual primeiramente enquanto conteúdo de representação e em seguida enquanto conteúdo da realidade objetiva; psicologicamente, quando a representação, ainda desprovida de ego, na qual a pessoa e o objeto estão indiferenciados, se divide e faz nascer uma distância entre o eu e o seu objeto, pela qual cada um se torna uma entidade separada[57].

O que precede é evidente. Vejamos então qual é a sua consequência: somos capazes de nos representar duas ordens de fenômenos distintos e opostos. Por um lado, "aquilo que é", a ordem que prevalece no mundo. É por isso que podemos descrever o movimento dos planetas ou o dos átomos, o comportamento dos animais ou a geografia de um país, e qualquer outro elemento da

---

57. SIMMEL, G. *The Philosophy of Money*. Op. cit., p. 65.

realidade. Os fatos, no caso, são inertes e não nos dizem respeito. Mais exatamente, uniformes e iguais em relação às leis naturais, eles permanecem indiferentes a nossos desejos, a nossas idas e vindas, a nossos sacrifícios e julgamentos. "A importância de ser" que é a deles é muito mais antiga do que a existência do homem. E, no entanto, por um outro lado, o homem está sempre disposto a organizar os elementos da realidade de uma maneira diferente, a fim de que eles respondam ao seu desejo ou sirvam ao seu objetivo. Desse modo, ele introduz na realidade uma parte de si mesmo, aquela que Shakespeare chama *"the thing I am"*, a coisa que eu sou. Ela o distingue e o coloca à parte, quer seja em pessoa ou sob a forma de um ser imaginário, deus por exemplo.

Assim, a igualdade e a uniformidade dos objetos são anuladas. Como se fossem transportados para um mundo em que a escala não é mais a mesma, constata-se uma hierarquia segundo a qual um deles se torna superior ao outro, melhor do que o outro, do ponto de vista do desejo ou do objetivo ao qual ele serve de meio. À similaridade monótona da natureza se substitui uma diferença, e até mesmo uma desigualdade, que define a qualidade de cada um. Montaigne diz sobre esse contraste: "A semelhança não faz tanto um como a diferença faz outro" (*Ensaios*, III, 13). Vemos então o objeto se desdobrar. Ele é ao mesmo tempo isto, o pão que eu como, a mesa à qual estou sentado, e aquilo, o pão que prefiro à carne, a mesa que me é preciosa porque a recebi como herança. Não seria essa uma forma de constatar que ele existe e tem um valor? Podemos afirmar, em geral, que o valor introduz uma ordem entre as coisas que não depende da ordem que elas têm na realidade, nem da maneira pela qual são representadas. Evidentemente, situar no alto de nossas escalas de valores uma árvore ou um animal não tem qualquer relação com o equipamento genético deles e o lugar deles na evolução das espécies. O que é uma palmeira ou um cavalo nessa evolução, comparados ao papel que representam na imaginação humana, e aos sacrifícios que consentimos para obtê-los?

Em resumo, o mundo da realidade e o mundo do valor têm cada um o seu próprio modo de existir. A conjunção "e" não tem aqui o sentido copulativo que a gramática lhe confere. Pelo contrário, ela divide e opõe a representação de um mundo à representação de um outro. A primeira permanece exterior ao indivíduo, ao passo que a segunda se destaca do interior, do seu eu. A última tende a predominar à medida que se realiza:

> A avaliação [enuncia Simmel], enquanto acontecimento psicológico verdadeiro, é uma parte do mundo natural; não é uma parte, mas antes o mundo inteiro considerado de um ponto de vista particular. Raramente nós nos damos conta do fato de que a nossa vida inteira, do ponto de vista da consciência, consiste em experimentar e julgar valores. E estes só adquirem sentido e importância porque os elementos da realidade que se revelam mecanicamente ultrapassam a substância objetiva deles. A todo momento, quando nosso espírito não é apenas um espelho passivo da realidade – o que talvez nunca aconteça, uma vez que até mesmo a percepção da realidade só pode nascer da avaliação – vivemos em um mundo de valores que dispõe o conteúdo da realidade seguindo uma ordem autônoma[58].

Usando de infinitas precauções, Simmel nos autoriza a pensar que a própria realidade seria modelada pelo valor. Como? Recriando a ordem das coisas a partir de um ponto de vista particular, o ponto de vista do sujeito que as representa para si segundo categorias que lhe são próprias. Qual é a causa do valor, se o considerarmos à parte? Simmel responde, contrariamente a muitos pensadores, que esse tipo de questão não comporta mais resposta do que a questão: o que é o ser? Nós o criamos, constantemente nós fazemos uso dele; por meio de nossas escolhas, de nossos desejos, de nossos julgamentos, extraímos incessantemente o valor das coisas mais ínfimas. É impossível ir além. Mas enfim, isso basta para que fique bem claro aquilo que já havia sido colocado desde o início, ou seja, que a subjetividade é a primeira razão do valor:

> O traço característico do valor [indica Simmel], tal como aparece em contraste à realidade, chama-se em geral a sua subjetividade. Por um lado, o mesmo objeto pode ter o mais alto grau de

---

58. Ibid., p. 60.

valor para um ser, e o mais baixo para um outro, e vice-versa. Por outro lado, as diferenças mais extensas e extremas entre os objetos são compatíveis com a igualdade dos valores. Parece, portanto, que resta apenas, como base de avaliação, o sujeito, com seus humores e reações habituais ou excepcionais, permanentes ou variáveis[59].

Para Simmel, a subjetividade é realmente alguma coisa mais do que a reação espontânea de um indivíduo que opina de acordo com seus humores, e que, diante de um objeto, diz "ele me agrada" ou "ele não me agrada" segundo o capricho de seus apetites. Ela é o fruto de um amadurecimento afetivo e mental ao longo do qual ele se separa e se coloca diante da realidade. Ele se forma um "eu" capaz de estabelecer uma escala de preferência, que mostra aquilo que aprecia ou que detesta, e de expressar sua autonomia com relação aos elementos do seu entorno. Ele não escreve que "o valor de um objeto não depende da demanda que existe por esse objeto, mas de uma demanda que não é mais puramente instintiva"?[60] A subjetividade verdadeira se afirma nessa condição social, histórica, em que o homem toma consciência do fato de habitar dois mundos e de dominá-los, assim como ele domina, à força de trabalho, a indecifrável absurdidade da vida.

Retenhamos, no entanto, que a noção de valor não é fácil de fundamentar e nem, aliás, de determinar. Nisto, ela se assemelha ao famoso "buraco negro" dos astrônomos, sobre o qual é mais fácil dizer o que ele não é do que o que ele é. No sentido literal, ele designaria um lugar onde não existe matéria. De fato, a noção significa o contrário. Ela vem da gíria. Em inglês, um "buraco negro" é uma prisão, como na expressão o "buraco negro de Calcutá". Nesse sentido, um buraco negro é uma prisão na qual a matéria está enclausurada. Simmel parece dizer que a noção de valor expressa o desejo ou a necessidade de alguma coisa separada de seu conteúdo efetivo. Contudo, ele soube colocá-la em um patamar mais elevado e lhe reconhecer o poder filosófico

---

[59]. Ibid., p. 63.

[60]. Ibid., p. 72.

de uma subjetividade que julga, ordena e mede. Ela encerra o mundo das realidades no mundo de avaliações de uma massa de indivíduos que comparam suas preferências e harmonizam suas diferenças. Esse fato, que se observa em qualquer mercado onde se comprem e se vendam, se produzam e se consumam bens, não é uma descoberta de Simmel. A sua novidade foi tê-lo estendido a toda a sociedade. E, de um modo geral, tê-lo transferido da economia para a sociologia, sem nenhuma sobrecarga moral e religiosa. Isso é muito mais importante do que as luzes incertas que projeta sobre a noção de valor, cujos mistérios estão longe de serem dissipados.

Já está na hora de se colocar a questão principal: como o dinheiro aparece no mundo dos valores? Que estranha invenção os homens fizeram aqui! À revelia deles, sem dúvida, pois jamais se perdoaram por ela e, de uma forma dissimulada, confessaram depois que gostariam de anulá-la. Quando revemos, sumariamente, a história da humanidade, percebemos que, em todos os estágios da cultura, aparece a promessa de fazê-la desaparecer para recriar uma relação autêntica, livre de seus artifícios. O escritor inglês D.H. Lawrence expressa em *O Apocalipse*, essa promessa arcaica formulada pelo cristianismo e retomada pelo socialismo: "O que se impõe é suprimir as falsas relações inorgânicas, sobretudo aquelas que dizem respeito ao dinheiro, e restabelecer as relações vivas e orgânicas com o cosmos, o sol e a terra, com a humanidade e a nação, com a família".

Ora, essa necessidade imperativa de restabelecer a unidade entre a realidade e o valor parece sempre se chocar com o dinheiro que, com uma mão os separa e, com a outra mão, aplaina a passagem da realidade ao valor. Por isso é preciso começar por compreender essa passagem que, de todo modo, é um *salto mortale* para qualquer teoria.

O dinheiro é o exemplo mais evidente da transformação de uma forma em matéria, de uma imagem mental em uma coisa. Ele se mostra como o meio de representar uma relação invisível através de um objeto visível, a moeda palpável, a cédula ou o cheque que passam de mão em mão e fazem os bens circularem de um lugar a outro. Melhor ainda, ele garante, em particular no mundo moderno, a preponderância do sistema de representação, portanto da convenção e do símbolo, sobre o conjunto dos objetos e das relações efetivas. Ele inscreve assim na substância uma figura do pensamento – carta de crédito, moeda decimal etc. – que a distingue das outras substâncias e permite reconhecê-la. Isto é evidente. Faz parte de sua natureza fisica se substituir às coisas, servir à troca, por suas qualidades ou pelo seu peso, se prestar à medida e ao transporte. E, de sua natureza intelectual, valer por, associar signos e permitir o cálculo. Ao mesmo tempo ideia e coisa, o dinheiro desempenha a sua tarefa de representação de uma massa de riquezas e de necessidades humanas. Mas representação social, da mesma forma que os mitos, as religiões e qualquer outro sistema de signos coletivos. É essencialmente por esse viés que reconhecemos a sua ascendência sobre nós e a sua razão de ser. Suponho, portanto, para amenizar o estudo, que sua gênese obedece aos processos pelos quais uma sociedade molda tais representações e cujo caráter geral já estabeleci em outro lugar.

Por um lado, a *objetivação*, pela qual os conteúdos mentais dos indivíduos, os seus julgamentos e as suas ideias são separados e tomam um caráter externo. Eles aparecem como uma substância ou como uma força autônoma que povoam o mundo em que se vive e se age. "Os estados mentais [observava Meyerson] não permanecem estado, eles se projetam, tomam forma, tendem a se consolidar, a se tornar objetos"[61]. Isso significa dotar de um caráter material nossas abstrações e imagens, metamorfosear as palavras em coisas, dar um corpo a cada pensamento. Concebidas primeiramente pela inteligência, uma noção ou uma qualidade abstrata acabam por parecer físicas e visíveis. O verbo se faz carne: a cada instante, colocamos essa parábola em ação, acreditando que a uma palavra deva corresponder uma realidade. Assim a noção de carisma, vaga e imprecisa, nos parece encarnada na pessoa de Gandhi, que subjuga, com sua frágil silhueta, uma maré humana, ou no gesto do Papa João Paulo II abençoando as multidões. Fala-se então que eles, ou outras pessoas,

---

[61]. MEYERSON, I. *Les fonctions psychologiques et les œuvres*. Paris: Vrin, 1948, p. 10.

têm carisma, como se isso fosse percebido como uma qualidade física, estatura, timbre da voz. Ou ainda na noção de fim do mundo, imagem difundida e mítica, materializa-se a nossos olhos sob a forma de um cogumelo atômico. E é um paradoxo que a realidade comum nasça com tanta frequência daquilo que lhe falta, de uma transformação do mental em físico. Apesar de sua frequência, essa transformação é um traço bastante misterioso do pensamento e da linguagem que conferem às suas criações imaginárias a força do concreto.

O outro processo, a *ancoragem*, se reconhece na penetração de uma representação entre as que já existem na sociedade, e lhe confere sentido e utilidade. Ela se torna assim, para todos, um meio de interpretar os comportamentos, de classificar as coisas e as pessoas em uma escala de valores e, o que já é muito, de nomeá-los. Tudo que os faz agir, desempenhar uma função, e os coloca em relação obedece a uma representação dominante. Esta não os concebe através de um espírito livre e onividente, mas através do filtro da consciência de um indivíduo ou de um grupo em seu meio. Esse ponto de vista é inevitável: nós só podemos nos representar alguma coisa como uma representação de alguém.

Pensem no seguinte exemplo: a medicina científica se difunde em um grupo, vemos as suas categorias servirem para descrever os homens sadios e os doentes, para detectar os sintomas de uma doença e explicar determinados estados patológicos da vida corrente. Os membros desse grupo tendem a julgar a maior parte das afecções como tendo uma causa orgânica e conferem apenas aos medicamentos o poder de curá-las. Cobertos de razão, eles não prestam mais nenhuma atenção às causas físicas e sobrenaturais, às maldições, que a medicina tradicional levava em conta. Em contrapartida, a medicina se torna uma fonte de autoridade e dita regras relativas àquilo em que se deve ou não acreditar, àquilo que se deve ou não fazer em matéria de sexualidade, de sono e de vigília, àquilo que se deve comer e que se deve abster, quais pessoas evitar para não ser contaminado, e assim por diante. Ela prescreve valores relativos à maneira de se conduzir, de se associar e de trabalhar para a saúde física de todos. Repetidas um bom número de vezes, essas prescrições criam hábitos que são obedecidos como se fossem deveres morais. Iremos transgredi-los? Podemos fazê-lo, supondo que o queiramos? Nós nos condenaríamos à doença e à morte. Somente podem fazê-lo os grupos que aceitam uma outra medicina, submetendo-se a outras convenções e compartilhando noções diferentes.

Ora, esse exemplo não é único. A economia procede da mesma forma, quando nos convida a evitar a inflação, a aceitar as reduções de salários, a aquiescer ao desemprego, e assim por diante. Qualquer que seja o teor de uma representação, ele se torna social com a condição de desempenhar, por intermédio de sua ancoragem em uma parte central, as tarefas que a sociedade requer dele, de se tornar o seu instrumento[62]. De modo que os problemas vitais, sempre ameaçadores, parecem encontrar uma solução nova e compartilhada.

Observemos que o menor fato, o mais banal dos vínculos entre pessoas contém, em sua própria banalidade, um concentrado desses processos, um tesouro de representações assim como uma moeda apresenta um resumo de história e de economia. Outrora, representava-se o dinheiro sob a forma de uma bolsa cheia de moedas de ouro, depois como lingotes depositados em um cofre-forte, sem falar das meias de lã, tão caras aos camponeses, visão da poupança privada. Agora, ele tomou o aspecto de cheques, de cédulas e de cartões magnéticos. A cada vez, uma sociedade se representa e se resume na forma que confere à matéria monetária e na maneira pela qual a usa para desempenhar as suas funções espontaneamente.

Não é um exagero dizer que, em Simmel, a teoria do dinheiro repousa no processo de objetivação.

> O dinheiro [ele escreve] pertence a essa categoria de funções sociais reificadas. A função da troca, enquanto interação direta entre indivíduos, cristaliza-se sob a forma de dinheiro enquanto estrutura independente[63].

---

62. MOSCOVICI, S. *La psychanalyse, son image et son public*. [s.n.t.], cap. III e VI.

63. SIMMEL, G. *The Philosophy of Money*. Op. cit., p. 54.

Uma Górgona cujo olhar petrifica aquele que a olha de frente, o dinheiro é, no entanto, uma Górgona artista que exige da propriedade viva o que ela mata para então imortalizá-la na obra. Mas iremos constatar que, de maneira necessária e implícita, a ancoragem é o seu outro fundamento, aquele que ressalta a sua originalidade na economia moderna.

Por que, vocês perguntarão, a objetivação se aproxima do âmago do valor, em que ela ajuda a compreender o seu enigma? Caso se acredite no sociólogo alemão, uma lei de distanciamento se manifesta na vida intelectual, pessoal e social. Que ela seja metafísica ou psicológica, isso dá no mesmo: ela afasta o objeto do sujeito, multiplica os obstáculos e os intermediários, retarda a reunião deles, cria uma diferença entre eles. E tudo nos leva a superá-la, seja diretamente, seja por desvios que aumentam o valor do objeto para nós. O exemplo que a vida econômica nos fornece tende a indicar que distância e valor são duas noções associadas. Aliás, nós já constatamos isso, desde o nascimento, a unidade indiferenciada entre nós, o meio e as pessoas, entre a necessidade elementar de se alimentar e aquilo que a satisfaz, se rompe. Enquanto ela subsiste, as coisas que nos cercam, como a água de uma fonte, o ar que respiramos, o leite de sua mãe para o recém-nascido, confundem-se com o nosso corpo e com o nosso entorno imediato. E essas coisas que são tudo não têm valor. É o que chamamos, erradamente, a sua gratuidade. Precisamos, contudo, renunciar a esse estado de feliz união, renunciar à unidade indistinta e espontânea. Nesse movimento cria-se a distância entre aquilo que nos é próprio e aquilo que não o é, entre aquilo que cede a nossos desejos sem esforço e aquilo que lhes resiste. Análoga ao desmame, que é uma prova de força entre mãe e filho, é uma prova que conhecemos incessantemente. Nós nos superamos, se assim podemos dizer, nesse sentido em que o campo da consciência se amplia a ponto de manter uma distância entre os nossos impulsos próprios e aquilo que lhes corresponde no exterior. Sob o duplo ponto de vista físico e psíquico, o valor revela a distância entre os dois. Ao estabelecer que,

> os acontecimentos subjetivos do impulso e da satisfação se objetivam em valor; isto é, eles se desenvolvem a partir das

condições objetivas, obstáculos, privações, exigência de um "preço" de uma maneira ou de outra, por meio dos quais a causa ou o conteúdo do impulso e da satisfação é primeiramente separada de nós e se torna em seguida, por esse mesmo ato, um objeto e um valor[64].

No entanto, para que isso seja possível, é preciso que o movimento de objetivação se desenvolva no tempo. Supondo que consigamos isolá-lo, ele comporta quatro momentos, ao longo dos quais o ego se separa das coisas. Eles podem ser resumidos com uma extrema precisão.

Primeiramente, o *desejo*, que provoca uma tensão e perturba a satisfação imediata de um objeto do qual nós nos esquecemos, assim como nos esquecemos em um amor ou na admiração de uma paisagem. Pois é evidente que desejamos apenas aquilo que começa a se recusar e que nós nos proibimos de possuir, por qualquer razão que seja. E o nosso desejo se afina à medida que o objeto nos invade ou, pelo contrário, se esquiva e permanece ausente, seja ele livro, quadro, música ou ser humano. Apenas a distância magnifica a intensidade do desejo que experimentamos por ele e nos incita a procurar substitutos para retardar a sua realização. De modo que teríamos uma curiosa tendência a abandoná-lo em proveito de suas possíveis cópias e *ersatz*. O desejo do desejo, é o único que conta, alimenta o temor de satisfazê-lo – de terminar o livro, de ouvir mais uma vez o mesmo tema musical – e afasta do seu verdadeiro objeto. Ele conduz a superestimá-lo ou a subestimá-lo, como descreve muito bem Proust que, após ter sonhado com Veneza durante anos, apreende a sua realidade: "Eis o que eu desejava, desse mesmo desejo que outrora, quando eu era criança, no próprio ardor da partida, havia quebrado em mim a força de partir: encontrar-me diante de minhas imaginações venezianas"[65]. Grande manobra constantemente praticada pelo desejo que nos desvia do conhecido e do presente para nos atrair na direção daquilo que nos é recusado,

---

64. Ibid., p. 76.
65. PROUST, M. *A la recherche du temps perdu*. T. III. Op. cit., p. 413.

daquilo que desfrutamos no passado ou esperamos desfrutar no futuro. De bom grado trocaríamos então a presa pela sombra, a realidade pela representação que dela temos. Mas até um certo ponto, pois o homem, como Molière evoca, "vive de boa sopa e não de belas palavras".

Na realidade, o desejo de um objeto o transforma em um objeto diferente dos outros. Ele comporta um coeficiente de diferença que, de antemão, o destina a ser mais ou menos aquilo que se espera dele. Se oferecermos ao desejo um carro ou uma casa de férias, a satisfação não se limitará ao serviço que dele esperamos, deslocamentos ou lazeres. Ela comporta uma espécie de mais-valia, já que é preciso satisfazer plenamente o desejo particular que aumentou nesse intervalo, aumentado por todo o tempo de privação:

> Essa tensão [escreve Simmel] que rompe a unidade prática, ingênua, entre o sujeito e o objeto e nos faz tomar consciência de cada um em relação ao outro, é suscitada originalmente pelo simples fato do desejo. Ao desejar aquilo de que ainda não temos a posse ou a satisfação, colocamos o conteúdo de nosso desejo fora de nós mesmos. Na vida empírica, admito, o objeto acabado se encontra diante de nossos olhos. É somente então que nós o desejamos, nem que fosse porque, além da nossa vontade, inúmeros outros fatores intelectuais e afetivos contribuem para objetivar os conteúdos mentais [...] O objeto assim formado, caracterizado pela sua separação do sujeito que ao mesmo tempo o constitui e procura vencê-lo por meio do seu desejo, é um valor. O instante da própria satisfação, em que a oposição entre o sujeito e o objeto se apaga, consume um valor[66].

Ora, nós objetivamos aquilo que se mantém distante de nosso desejo, o contrário daquilo que nos é dado em plena realidade. Nós lhe atribuímos um valor tanto mais elevado quanto o prazer antecipado escape à nossa percepção e possa nos decepcionar ao menor contato. Simmel observa, muito a propósito:

---

66. SIMMEL, G. *The Philosophy of Money*. Op. cit., p. 66.

Em última análise, talvez, a realidade não pressione nossa consciência por meio da resistência exercida pelos fenômenos. Mas registramos as representações a que estão associados os sentimentos de resistência e de inibição como sendo objetivamente reais, independentes de nós. Os objetos não são difíceis de adquirir porque têm um valor; somos nós que conferimos um valor aos objetos que resistem ao nosso desejo de possuí-los[67].

O que significa esse axioma mordaz? Simplesmente que o valor de uma pessoa ou de uma coisa deve-se à satisfação e à utilidade às quais se renuncia, não àquelas que se obtém.

Em segundo lugar, a *avaliação* que situa os objetos em uma escala de desejabilidade ou de aversão. Um mesmo alimento, caso seja preparado a partir de rãs, de tartarugas ou de lagartos, é muito apreciado por uns, causa repugnância em outros, e deixa muitas pessoas indiferentes. Avaliar traduz uma certa experiência privilegiada que nosso desejo adquiriu com um objeto e resulta da comparação com outros. Até que ponto se pode renunciar a ele, trocá-lo por um substituto que se pareça com ele, ou que lhe seja muito distante, e até mesmo estranho? Antes de tudo, trata-se de um saber do desejo, dos valores atribuídos por ele àquilo que o satisfaz, análogo ao saber relativo a nossas emoções, independente do fato de que nós os experimentamos em um determinado momento. É por isso que somos capazes de simular cólera, alegria, decepção etc. e de reconhecê-las no outro. Ora, esse saber nos permite manter o desejo a distância, observá-lo e julgá-lo, como o erudito que estuda uma cultura ou o romancista que explora e se explora através de um personagem. Separados do sujeito por esse meio, os valores são considerados com desprendimento, como se pertencessem a um campo formal, e apreciados enquanto tal. Dessa forma, vez por outra apreciamos a linha de um carro, o corte de uma roupa, sem o desejo pessoal de possuí-los. Em suma, nós lhes imputamos o mesmo caráter ideal e a mesma objetividade intelectual que reconhecemos em um quadrado ou em um triângulo. Isso significa que os valores

---

[67]. Ibid., p. 67.

têm a permanência de uma figura geométrica que permanece aquilo que ela é, ainda que ninguém a olhe, nem a materialize em papel ou em madeira.

Em seguida, qualificar um objeto como belo ou feio, uma pessoa de honesta ou desonesta, é um julgamento cuja validade não depende de seu autor. O valor positivo ou negativo aparece doravante como uma propriedade desse objeto ou uma disposição da pessoa. Em resumo, acreditamos que o julgamento é determinado por eles e não por nós. E que todos os julgariam da mesma maneira, desejariam do mesmo modo essa coisa, esse homem, essa mulher:

> Isso se estende [enuncia Simmel] de baixo para cima da escala de valor econômico que atribuímos a um objeto de troca qualquer, ainda que ninguém esteja disposto a pagar o seu preço, e ainda que o objeto não esteja submetido a nenhuma demanda e permaneça invendável. Aqui também a capacidade essencial do espírito torna-se aparente. Ou seja, que ele se separa das ideias que concebe e representa essas ideias como se elas fossem independentes de sua própria representação. É verdade que qualquer valor que experimentemos traduz esse sentimento. Contudo, o que compreendemos por meio desse sentimento é um conteúdo significativo que é realizado psicologicamente por meio do sentimento, mas que não se identifica com ele, nem nele se esgota[68].

Ele se esgota menos ainda após ter sofrido essa elaboração, pois cada um o aceita por meio de uma simples constatação impessoal. Uma constatação que não é nem a minha, nem a sua, já que, em princípio, ela é a de todos, e se resume na breve frase "isto vale tanto". Ou seja, o valor se torna uma norma de julgamento aplicada às pessoas e às coisas, que ninguém contesta porque ninguém precisa discutir sobre isso.

Em terceiro lugar, a *demanda*. Em certo sentido, ela é uma escolha entre várias necessidade e desejos que se expressa em um dado momento. Em outro sentido, é a relação entre o valor

---

68. Ibid., p. 68.

que o objeto tem do ponto de vista de nosso desejo e o valor que resulta da sua avaliação, que se tornou uma qualidade desse objeto. Desejamos obtê-lo ao mesmo tempo porque ele nos atrai, porque dele esperamos uma satisfação, e porque ele se situa em um certo ponto da escala das comparações com os outros objetos. O comprador de uma casa ou de um carro não espera dele somente os prazeres do lar, a excitação da velocidade. Ele quer, além do mais, uma residência de um certo estilo, um carro de uma determinada marca, cercados de prestígio. Assim ele tem a certeza de que a sua escolha será ratificada, e de que a sua aquisição, julgada útil e bela, lhe dará um *status* social.

Mais ainda do que o valor, é a forma de avaliação que é, no caso, interiorizada, e tiramos tanta satisfação do fato de adquirir aquilo que buscamos quanto do fato de que aquilo que buscamos corresponder a critérios que lhe conferem determinadas propriedades, por exemplo o alto custo, a raridade, a originalidade. Vocês já devem ter notado que a demanda se situa como um terceiro entre o sujeito e o objeto, que não depende completamente nem de um nem do outro. Por essa razão, ela pode ter um caráter obrigatório e, poder-se-ia dizer, moral. Quando aconselham "comprem produtos franceses", vocês são solicitados a consumir vinho Bordeaux ou champagne, a adquirir certas roupas ou certos aparelhos em referência a uma necessidade e a uma avaliação superiores à qualidade deles. Mas a demanda por produtos franceses se torna uma necessidade, e consumi-los, um dever. Sua satisfação provém então tanto da própria coisa quanto da mais-valia que o patriotismo lhe acrescenta.

Importante para a sociedade, a demanda também o é para o indivíduo. Ela deve se tornar uma parte específica de nossa consciência para poder se expressar enquanto exigência diante do real. Por essa razão, ela existe, afirma Simmel,

> somente no interior de nós mesmos, sujeitos, enquanto experiência vivida. Mas porque nós a aceitamos, sentimos que não nos contentamos em satisfazer uma reivindicação que nós mesmos nos impusemos, e também fazemos mais do que simplesmente reconhecer uma qualidade do objeto [...] Observei que o valor dos objetos faz parte desses conteúdos mentais que, ao mesmo

tempo em que os concebemos, os experimentamos como sendo alguma coisa independente no interior de nossa representação, destacados da função por meio da qual eles existem em nós. Essa representação, quando o seu conteúdo é um valor, surge em um exame minucioso como o sentimento de que uma reivindicação é feita. A "função" é uma demanda que não existe como tal fora de nós, mas nasce em um reino ideal que não se encontra em nós[69].

Esses raciocínios são, de preferência, crípticos. Duas espécies de teorias existem em economia: aquelas que determinam o valor pela quantidade de bens oferecidos, e aquelas que insistem na quantidade de bens demandados. Por um lado, ela depende do tempo de trabalho e dos recursos investidos na produção e, por outro lado, das possibilidades e das preferências dos consumidores. Esses raciocínios significam que, para Simmel, em oposição a Marx, o valor é função menos da oferta do que da demanda. Isso significa sustentar que, de todos os pontos de vista, sob todos aspectos, as subjetividades são necessariamente decisivas, que elas são responsáveis por um fator tão objetivo quanto o preço conferido a uma coisa. Devemos constantemente retornar a essa reflexão e levá-la em consideração. De uma certa maneira, a publicidade consiste em inverter a realidade e em considerar a própria oferta como uma demanda. Apresenta-se como fiador de uma necessidade formulada pelo público o resultado de uma possibilidade técnica de produzir – os discos compactos, os computadores pessoais, as televisões portáteis etc. – em um dado momento e em quantidades suficientes. Em resumo, conseguiu-se mudar a necessidade de vender em necessidade de comprar, o que resolve muitos dos problemas da economia. Reduzo essas proposições à sua expressão mais familiar.

Seja como for, qualquer valor de um bem aumenta à medida que se aumenta a distância entre a demanda a satisfazer e a possibilidade deixada aos indivíduos de chegar a ela. O que

---

69. Ibid.

não deixa de ser uma maneira de objetivar a própria satisfação. Portanto, conclui Simmel,

> a diferença das avaliações, que se deve distinguir em subjetivas e em objetivas, tem a sua origem nessa variação de distância. Ela não se mede em função da satisfação, na qual a distância desaparece, mas em função do desejo que é engendrado pela distância e procura vencê-la. Pelo menos no caso dos objetos cuja avaliação forma a base da economia, o valor é o correlativo da demanda. Exatamente como o mundo do ser é a minha representação, o mundo do valor é a minha demanda[70].

Mas é também uma certa forma de existir que é reavivada pela demanda. Esta impede a necessidade, o desejo de fenecer pela indiferença ou saciedade. Lembramo-nos da reflexão impertinente de Oscar Wilde: "Neste mundo existem apenas duas tragédias. A primeira é não obter aquilo que se deseja, a segunda é obtê-lo. E esta última é a verdadeira tragédia". Somos dilacerados por um dilema. A demanda é um estado de incerteza e de tensão que buscamos superar. No entanto, satisfazê-la significa desencorajar o indivíduo de estar constantemente à espreita de suas necessidades íntimas e de constantemente buscar novos objetos, significa deixá-lo cair entre as mãos da rotina. Este é, portanto, um dos sentidos da exclamação: "O mundo do valor é a minha demanda". Enquanto esta subsiste e se manifesta, o mundo dos valores conserva sua vitalidade e permanece distinto. Ele não corre o risco de recair na unidade indivisa da natureza. A exclamação tem um outro sentido, que já observamos. Em poucas palavras, ela se opõe ao *Capital* de Marx, segundo o qual "o mundo do valor é minha oferta", em bens ou em força de trabalho. Para Simmel, em substância, a economia em seu conjunto é vista sob o ângulo do sujeito, e a tônica é colocada no consumo.

Em quarto lugar, a *troca*, por meio da qual os objetos que eu demando aparecem como igualmente demandados por outros sujeitos. Bem ou mal, nós nos desprendemos deles e eles são afastados de nós pelo próprio fato de existirem para os outros e

---

70. Ibid., p. 69.

de serem dessa forma postos em circulação. Como se o sujeito individual se retirasse dela para deixar o objeto viver sua vida, se comparar com os diversos objetos disponíveis a fim de estabelecer o seu valor. É esse engajamento de prática e de relações, essa conversão ao exato sentido da palavra, que constitui o dinamismo da troca, portanto

> a mais importante consequência e a mais importante expressão da distância estabelecida entre os objetos e o sujeito. Enquanto os objetos estão próximos do sujeito, enquanto a diferenciação da demanda, a raridade, as dificuldades e a resistência à aquisição ainda não afastaram os objetos para uma certa distância dos sujeitos, eles são, por assim dizer, desejo e satisfação, mas não objetos de desejo e de satisfação[71].

A diferença que os separa, aliás amplamente fictícia, é que criamos objetos e valores, ao passo que desejo e satisfação não podem senão ser recriados. Quaisquer que sejam as circunstâncias, eles se tornam supraindividuais, supraobjetivos e, em uma palavra, coletivos. É estabelecida uma relação em que, para obter um objeto, somos forçados a passar por um outro objeto. Não somente o valor do primeiro, carro, casa ou livro, é fixado em função dessa relação com o segundo. Mas também a ideia de um valor isolado, em consideração à necessidade do indivíduo, não tem mais nenhum sentido. A sua objetivação pela troca se manifesta por meio da substituição dos bens trocados. Sendo, no entanto, entendido que a quantidade de um bem corresponde à quantidade de um outro bem, e que essa proporção é determinada por uma regra[72]. Portanto, existe uma relação objetiva entre as duas:

> A forma assumida pelo valor na troca [observa Simmel] coloca o valor em uma categoria para além do sentido estrito da subjetividade e da objetividade. Na troca, o valor se torna supraobjetivo, supraindividual, mas não se torna uma qualidade e uma realidade objetiva, das próprias coisas. O valor aparece enquanto

---

71. Ibid., p. 78.

72. Ibid., p. 79.

demanda do objeto, transcendendo sua realidade imanente, de ser adquirido apenas por um outro valor correspondente[73].

Destinado primeiramente aos desejos, doravante o objeto pertence inteiramente ao mundo dos valores, para o qual é concebido e produzido. Ali, ele leva uma existência independente e se compara a seus semelhantes. E aquilo que ele vale resulta de maneira idêntica para todos os indivíduos – tantas sacas de trigo por tantos metros de madeira, tanto de alimento por tantas horas de trabalho – de uma comparação quantitativa, portanto de uma medida. Ora, com o tempo, essas equivalências se transformam em convenções que aceitamos sem maiores reflexões e sem que nos lembremos que elas têm alguma coisa a ver com nossos sentimentos e nossos desejos. Se a sua exatidão é muitas vezes verificada pela observação e pela experiência, acabamos por lhe atribuir a força de uma lei material. Assim, a avaliação, em que cada objeto econômico transcreve o seu valor em um outro objeto, projeta-o para o exterior, e o faz existir inteiramente fora de nós: "O caráter relativo da avaliação [conclui Simmel] significa sua objetivação"[74].

Todas essas convenções e essas transações são comuns, como vocês podem observar, ao meio em que vivemos atualmente. Certamente nós as aceleramos e, sobretudo, generalizamos, pois passaram de uma classe de coisas denominadas mercadorias para todas as coisas, das coisas às pessoas, e das pessoas às ideias. Com a troca, um novo fator entra em cena. Doravante, todos, sem exceção, dela participam, transformando a sociedade em um oceano de mercados.

Pode parecer estranho fazer uma volta tão longa para desembocar naquilo que, habitualmente, é considerado como ponto de partida. Isto é, a troca entre indivíduos conscientes de suas necessidades e de seus interesses relativos àquilo que oferecem e ao que querem receber. Isso é incontestavelmente um axioma

---

73. Ibid., p. 78.

74. Ibid., p. 79.

da economia e da sociologia. Mas, como vocês sabem, não é fácil se conduzir segundo suas necessidades e conhecer seus interesses. Chegamos a isso apenas no fim de uma longa evolução que nos modifica interiormente e que pode ser essa que acabo de descrever. Com certeza, penso que é legítimo observar esses momentos – do desejo à troca – se sucederem da maneira resumidamente traçada. De fato, o conteúdo esboçado de cada um é menos significativo do que a própria sucessão, que resulta na objetivação em comum dos valores. Ainda que Simmel hesite e tenha muito escrúpulo para misturá-la, como se sofresse ao pensar que tudo aquilo obedece a uma lógica simples. Uma lógica segundo a qual aquilo que começa por um desejo espontâneo se transforma completamente em uma relação entre objetos que se avaliam e se medem entre eles. Isso supõe um trabalho sobre si mesmo, para limitar seu desejo, colocar entre parênteses julgamentos de avaliação e crenças, dominar seus sentimentos pessoais e se conscientizar do único valor das coisas, que é o valor para os outros. Nele nada é objetivo, a não ser esse trabalho realizado por cada indivíduo a fim de torná-lo tão independente de si quanto possível.

Que esse movimento que começa por distanciar os sujeitos e os objetos e acaba por invertê-los, fazendo os objetos aparecerem como sujeitos, seja verídico ou não, é uma outra questão. Ele compõe um drama com quatro personagens que se desenrola a portas fechadas, ainda que tenha como cenário uma vasta sociedade: o indivíduo ou o desejo; a coisa, objeto do desejo, quer seja um fruto, um quadro ou uma mulher; o valor que não tem nenhuma realidade, mas representa a ambos; e enfim o dinheiro, mediador ou meio que os une e domina o resto. Assim navegamos incessantemente entre eles, manobramos para que seus antagonismos se tornem conscientes e sejam levados até o final.

Com efeito, encontramo-nos desamparados pelas idas e vindas desse drama que se desenrola a portas fechadas e nunca atinge um ponto fixo. Em certos momentos, experimentamos as angústias desses infelizes de um conto alemão, condenados a viver amarrados ao badalo de um sino. Tento diminuir o ritmo e abrir um caminho através das ideias que vão e voltam, ganham terreno, perdem-no, reganham sem que estejamos certos do resultado. Contudo, a atmosfera da *Philosophie de l'argent* é justamente aquela descrita por um contemporâneo do autor que encerra seu relatório com essas linhas:

> O homem que escreveu esse livro deveria ser mais do que um pequeno príncipe reinando sobre uma província estreita da ciência; era-lhe necessário ser o mestre absoluto do vasto reino do pensamento humano. E, no entanto, uma melodia trágica ressoa através de seu livro. Ele aumenta cada pensamento com o peso do destino do judeu eterno. O autor trata cada pensamento último como se fosse o penúltimo. A inquietude eterna, a aspiração a uma intuição e a um conhecimento sempre mais profundos, é um destino trágico para quem busca a verdade. Esse traço que se revela também na linguagem muito pessoal da obra nos deixa um sentimento de inquietude[75].

E acrescento que não nos libertamos desse sentimento nem por um instante, até a última página que reencontra, após uma longa volta, a primeira. Eis o que explica os silêncios e os mal-entendidos que envolveram o autor dessa obra. Antes que fosse redescoberta e inscrita, de maneira definitiva, na tradição sociológica. Certos artistas e pensadores passam assim do estado de incompreendidos ao de clássicos, sem conhecerem nem as incertezas da glória nem a corrupção benévola do sucesso.

O sacrifício na origem da troca e do dinheiro

Primeiramente existe troca e troca. A troca considerada por Simmel difere da troca puramente "descritiva" de que falam em geral filósofos, antropólogos e economistas. Estes últimos a consideram como uma relação entre outras que consiste em dar e receber, vender e comprar bens. Seu nome a define exatamente como um contato estabelecido entre nós pela coisa que oferecemos em contrapartida daquela que pedimos. Para renová-la,

---

[75]. ALTMAN, S.P. "Simmel's Philosophy of Money". *American Journal of Sociology*, 9, 1903, p. 67.

devemos preservar o equilíbrio entre as duas operações, portanto a reciprocidade. Voltamos a ela incessantemente, como a uma fonte inesgotável de bem-estar e de vida em comum. Simmel chega aos extremos, e isso muda tudo, fazendo da troca a relação das relações que aproxima o que está distanciado, mantém associado o que poderia se dissociar. Não a soma pura e simples de dar e receber, mas processo novo em que cada uma dessas duas operações é ao mesmo tempo causa e efeito. Em outras palavras, ela é aquilo que cria um vínculo entre os indivíduos, seduzindo-os e fazendo-os pertencer a um grupo, a uma sociabilidade ou instituição. Portanto, consegue dar quase invariavelmente alguma coisa além daquilo que é recebido e receber alguma coisa além daquilo que é dado.

Nesse sentido, a troca constitui a forma primordial da vida em sociedade da qual ela molda os conteúdos psíquicos e biológicos. Ela consegue assim criar uma relação "interna entre os seres humanos – uma sociedade no lugar de uma simples coleção de indivíduos"[76]. Ainda que, paradoxalmente, nada seja trocado. Uma visão corroborada pelo antropólogo inglês Malinowsky, a partir das observações feitas por ele:

> Na categoria das transações, que supõe um contradom economicamente equivalente ao dom, nós encontramos um outro fato desconcertante. Trata-se da categoria que, segundo nossas concepções, deveria praticamente se confundir com o comércio. Mas não é nada disso. Ocasionalmente, a troca se traduz pelo vaivém de um objeto rigorosamente idêntico entre os parceiros, o que retira assim à transação qualquer objetivo e qualquer significado econômico imaginável! Pelo simples fato de que o porco retorna a seu doador, mesmo por uma outra via, a troca de equivalências, em vez de se orientar para a racionalidade econômica, mostra-se como uma garantia contra a intrusão de considerações utilitárias. O único objetivo da troca é estreitar a rede de relações reforçando os vínculos de reciprocidade[77].

---

76. SIMMEL, G. *The Philosophy of Money*. Op. cit., p. 175.
77. MALINOWSKY, B., apud LE GOFF, J. *La bourse et la vie*. Paris: Hachette, 1986, p. 20.

Se a troca se interrompe, no mesmo momento a sociedade cessa de existir, tanto nos campos isolados quanto nas cidades modernas, tanto nas culturas autárquicas quanto nas nossas. Não se pode portanto lhe procurar uma origem privilegiada, como já se tentou, no comércio, no casamento, na religião, pois ela aparece assim que existe uma relação entre pessoas. O que significa, consequentemente, que "qualquer interação deve ser considerada como uma troca"[78]. Este é o princípio que Simmel coloca na base da ciência e da vida social. Incluindo sob essa rubrica as relações intelectuais, tanto a relação entre o orador e o seu público, quanto a relação psicológica entre o hipnotizador e o hipnotizado. Que ela seja uma conversa de salão, o amor entre um homem e uma mulher, e até um simples olhar, estamos tratando de ações recíprocas e, por isso, de variedades de troca. Em muitos casos, damos mais do que recebemos, mas o fazemos "pelo reflexo que a alma do outro não tinha antes"[79], reconhecimento que é a sua mais-valia. O que acrescentar, a não ser que a troca não consiste em dar para receber, vender para comprar, ou vice-versa, como em Mauss e em Marx. É antes a sua condição. Tudo se passa como se não trocássemos para dar ou receber, vender ou comprar. Em contrapartida, damos e recebemos, vendemos e compramos para trocar, portanto para comunicar e estabelecer um contato recíproco. Na ausência de que a própria forma da vida em comum se tornaria mecânica, ou porque ela se reifica, ou porque ela regressa ao estado de simples soma de indivíduos justapostos. Em resumo, trocamos, portanto somos sociedade.

Certamente, não poderíamos insistir mais na hipótese de que "a troca é um fenômeno sociológico *sui generis*"[80] e original da vida em sociedade. Mas se ela é tão geral, o que a distingue e constitui o seu caráter particular em economia? O que nela cria valor e determina o valor de um objeto que passa de mão em mão? Em outras palavras, o que nela se troca em realidade, e

---

[78]. SIMMEL, G. *The Philosophy of Money*. Op. cit., p. 82.

[79]. Ibid., p. 34.

[80]. Ibid., p. 220.

sem o que não existe troca no sentido econômico? A experiência primordial que muitas culturas revelam, pela qual iniciamos a nossa infância e continuamos na idade adulta, oferece a resposta: nós trocamos sacrifícios. Consentir em mil privações, se despojar de uma parte de seus bens, renunciar à própria vida, é uma maneira de obrigar por meio de uma dívida e de exigir uma compensação. Juntos, renunciar e exigir têm o poder de conferir um valor ao que não teria nenhum valor se não renunciássemos a ele e não o exigíssemos. Da mesma forma que o martírio confere todo o seu preço a uma crença e os sofrimentos dos pais ao amor deles pelos filhos. É verdade que "do mais baixo nível das necessidades até o acesso aos bens intelectuais e religiosos mais elevados, cada valor deve ser adquirido pelo sacrifício de algum outro valor"[81].

Contudo, no caso que nos interessa, existe uma outra maneira de criar uma distância, pelo fato de se destacar de alguma coisa, de abdicar do seu direito de se satisfazer com ela e de colocar essa coisa à disposição de seus semelhantes. A função verdadeira do sacrifício é a *metamorfose*. Pode-se assim limitar a satisfação de seu próprio desejo, transformá-lo de fim em meio para trocar, para se unir a outro e assim mantê-lo desperto. Pois ele logo pressupõe pelo menos dois protagonistas distintos e que representam papéis contrários. Um que o realiza, aceita de maneira positiva a privação, o sofrimento, o desprazer; o outro, que o exige, é aquele em favor de quem ele é realizado. Toda a maneira de ver a economia se fundamenta nessa ideia simples de que uma troca sem sacrifício não é uma troca, porque ela não fundamenta um valor, portanto carece de objeto.

> Se considerarmos [esclarece ainda Simmel] a economia como um caso particular da forma geral da troca – ceder alguma coisa a fim de ganhar alguma coisa –, então suspeitaremos imediatamente de que o valor daquilo que é requisitado não existe realmente, mas ele cabe ao objeto totalmente ou em parte segundo a proporção do sacrifício requisitado[82].

---

81. Ibid., p. 84.

82. Ibid., p. 87.

Qualquer que seja a justificativa, econômica ou religiosa, reina uma convicção universal: a eficácia do sacrifício é proporcional ao preço dado àquilo que se sacrifica. Em muitos cultos, ele tem um valor de oferenda propiciatória, e esta é tanto mais bem acolhida, como se crê, quanto mais nos privamos para realizá-lo e que a vítima é mais preciosa. Se Cristo morreu na cruz para ensinar a ideia de sacrifício, foi para conferir um sentido a essa convicção, e não para que sigamos o seu exemplo. E isso também é verdadeiro para Abraão, prestes a imolar seu filho para testemunhar sua dedicação a seu deus e seu reconhecimento de uma promessa para multiplicar a descendência do patriarca.

O mesmo não acontece com todas as trocas? Nós cedemos bens, tempo livre, repouso, arriscamos a nossa existência para testemunhar o preço que conferimos a um ofício, a uma amizade, a um grupo, e esperamos em troca um reconhecimento. Sem dúvida, e antes de tudo, sacrificamos o nosso prazer de mil maneiras. Ora, isso não poderia continuar e ter um sentido na ausência de um sacrifício recíproco por parte daquele que é o seu beneficiário, real ou imaginário. Percebe-se que, se essa relação está na origem dos valores comuns, o sofrimento que se lhe dedica nos leva a querer eliminá-la. O que significa: alcançar um modo de vida em que não se teria seguido esse desvio para chegar a um vínculo de troca, dar e tomar, compartilhar bens etc.? É essa maneira ideal e religiosa de ver a vida que Simmel julga contrária à realidade:

> Mas aqui negligenciamos o fato de que o sacrifício nem sempre é um obstáculo exterior. Ele é a condição do próprio objetivo e a estrada que permite alcançá-lo. Nós dividimos a unidade enigmática de nossas relações práticas com as coisas em sacrifício e ganho, obstrução e realização. E como as diferentes etapas estão muitas vezes separadas no tempo, esquecemos que o objetivo não seria o mesmo sem obstáculos a serem vencidos. A resistência que experimentamos em vencê-los nos permite provar a nossa força. Somente o triunfo sobre o pecado garante à alma a "alegria do céu" e que o justo não pode usufruir[83].

---

[83]. Ibid., p. 85.

Sacrificar faz bem, impor-se um sacrifício é ainda melhor: é uma poderosa verdade. Apesar de seu caráter irracional, é ao longo dessa prova que os bens são colocados à disposição de um círculo amplo de indivíduos que os fazem circular. Já que por sua vez ninguém os retém, como se fosse um avarento, de maneira exclusiva, as possibilidades de satisfação e de utilidade subjetiva de todos são aumentadas.

Quer se admita ou não, a economia de troca é, em substância, uma economia do sacrifício. Mas este desempenha um duplo papel. O primeiro é de ordem externa, na medida em que ele coloca os objetos a distância, e até mesmo os cria com o objetivo de distanciá-los e cedê-los a quem quer que os peça. É preciso se despojar deles, a fim de impedir a posse solitária e, por assim dizer, corporal. Pois, por mais tempo que permaneçam próximos, ligados ao indivíduo, os obstáculos e as resistências de sua apropriação não os afastam deste para que possam ser transferidos e possuídos por outros indivíduos, em troca de uma contrapartida equivalente. O processo, afirma Simmel, realiza-se "a partir do momento em que o objeto, que é ao mesmo tempo distanciamento do desejo e superação dessa distância, é exclusivamente produzido para esse efeito"[84].

O segundo papel é de ordem puramente interna: pela maneira pela qual se realiza, o sacrifício reaproxima os indivíduos e instaura uma relação entre eles ou aquilo que os representa. Como sabem muito bem os povos que fazem uma oferenda sacrificial para apaziguar e dobrar a vontade dos deuses. Ela serve para concluir um pacto que impõe uma obrigação mútua às duas partes envolvidas. Esta era a concepção dos hebreus. Mas quer seja um tributo ou uma punição expiatória, o sacrifício está sempre a serviço de uma comunhão e de uma fraternização entre sacrificantes. E em cada caso, seja ao longo de um rito ou em uma transação no mercado, ele é um gesto público, que às vezes possui uma intensidade dramática, como na Antiguidade, diante de audiências que representam a autoridade da sociedade. Pela sua

---

84. Ibid., p. 29.

presença, elas garantem a equivalência entre os sacrifícios consentidos. Sob essa condição, os parceiros abandonam aquilo que estimavam, certos de receber uma contrapartida justa e poder continuar as suas transações. Quem quer que aceite semelhante dom sem retorná-lo na mesma proporção deforma esse vínculo, retira-lhe o caráter de troca que supõe o dar e o tomar, o par de gestos mais elementar que existe. Os moralistas são imprudentes ao pregar a gratuidade, pois ela suprime um vínculo no qual nos sentimos ao mesmo tempo obrigados e livres, em relação com o outro e consigo mesmo. Aqui se encontra o nó do sacrifício.

Isso pode ser muito bem observado na anedota que o psicanalista Charles Odier relata. Apiedado com a pobreza de um doente e interessado pelo seu caso, ele lhe propôs um tratamento gratuito. O paciente interrompe o tratamento na mesma hora, e só consente em retomá-lo quando o analista o obriga a pagar toda semana os honorários que lhe são devidos. De fato, o sacrifício cria uma relação que mantém uma diferença entre as duas pessoas, garante que elas são realmente duas e não apenas uma, e garante que cada um receberá algo em troca daquilo que dá. O gesto de pagar ao mesmo tempo define e representa a relação, certifica que ela realmente existe. A partir do momento que ele deixa de acontecer, a relação perde a sua consistência. Deixando de ser um sacrificante, o paciente se torna o sacrificado ao desejo do psicanalista de curá-lo e de aprofundar o seu caso.

Portanto, por um lado, o sacrifício distancia o objeto; por outro, reaproxima aqueles que nele consentem. Significa dizer que, essencialmente, ele é sinônimo de troca na sociedade; daí vem sua ubiquidade. Finalmente, temos aqui apenas um eco da vida. Esse tipo de concepção acarreta, de maneira automática, uma resposta à questão: o que fundamenta o valor? Seria o esforço ou o trabalho que o objeto custou? A utilidade ou o uso que se tem dele? O fato de sermos muitos a desejar esse objeto? Com certeza, é aquilo a que renunciamos e os obstáculos que superamos para obtê-lo. Mas nunca nos privamos, como já dissemos, não cedemos em nada sem esperar que o outro faça o mesmo, na mesma medida. O sacrifício atrai o sacrifício, se deve representar uma medida justa e superior para cada um. Portanto, quando

Simmel acaba deduzindo que as relações de troca determinam uma sociedade, e não as relações de produção, ele se situa em oposição a Marx. E essa não é a menor de suas originalidades. Não na própria tentativa, mas porque chega a uma visão coerente.

O valor é o carisma da troca. Ele manifesta o poder das coisas que os indivíduos dão e recebem, tomadas em um devir em que nada permanece estável e isolado. Pois tudo é arrastado em um movimento de comparação em que aquilo que se apresenta a nós sob a forma de um objeto do desejo se reverte em seu contrário, a renúncia ao desejo do objeto. O pedaço de pão do qual tenho fome em pedaço de pão que eu cedo e compartilho, por exemplo, e que não me sacia. Isso é banal, vocês poderiam dizer, todos sabem disso. Será que realmente sabemos, que o compreendemos no exato sentido em que o valor é um distanciamento das coisas e das pessoas para acentuar a relatividade deles?

> Demonstrei mais acima [escreve Simmel] que a relatividade cria o valor dos objetos no sentido objetivo, porque é somente por meio dela que as coisas são colocadas à distância do sujeito[85].

Por um lado, não se pode desfrutar delas imediatamente; por outro lado, elas exigem, para serem obtidas, sacrifícios definidos de maneira uniforme e social.

Mas não se pode parar por aí. Para se manifestar e dominar a troca, o valor deve ser, por sua vez, objetivado em símbolos e em parábolas que o tornem concreto e, para quem o reconhece, mais temível. Pois essa lei das distâncias que é a sua só poderia ser aplicada por intermédio de uma representação sensível e da mesma natureza daquilo que ele representa, personificando o resultado de milhares de operações abstratas.

De todas as representações criadas pelo homem para tornar seu mundo suportável – isto é, tangível e inteligível – o dinheiro é a mais imprevisível, bem como inevitável. Pois é com o enigma do dinheiro que o homem mais se aproxima da plenitude

---

85. Ibid., p. 128.

do desejo, o desejo do dinheiro sendo o desejo do vínculo com o outro, e quem sabe do desejo em geral. Eis o que explica por que ele foi por tanto tempo considerado obsceno e tabu. Jano de duas caras, símbolo da separação e do sacrifício, ele é ao mesmo tempo a substância da riqueza e da unidade coletiva que não suporta dissolução.

> Enquanto objeto visível [constata Simmel], o dinheiro é a substância que encarna o valor econômico abstrato, da mesma maneira que o som das palavras, fenômeno acústico e fisiológico, só tem significado por meio da representação que ele carrega ou que simboliza. Se o valor econômico dos objetos consiste na sua relação mútua de troca possível, então o dinheiro é a expressão autônoma dessa relação [...] e a infelicidade geral da vida humana se reflete plenamente nesse símbolo, ou seja, pela constante penúria de dinheiro de que sofre a maioria das pessoas[86].

Sem dúvida, o dinheiro é um objeto entre outros, arroz, pimenta, madeira, papel, ouro. Trabalha-se nele, é a moedagem, pesa-se, é a quantificação, imprime-se nele uma imagem, e é o reconhecimento. No comércio ele é trocado, uma medida de arroz contra uma certa quantidade de gado, uma medida de metal contra um número estabelecido de dias de trabalho ou contra um outro alimento. Ele manifesta assim um valor: ouro contra trigo ou cevada. De modo que existe um mercado do dinheiro, um aluguel do dinheiro e indicadores de medida verificados diariamente.

Mas, em oposição a outros objetos, ele instaura regras que lhe são próprias, expressadas tiranicamente em cifras e em cálculos aos quais ele se submete. Como observa Simmel "o dinheiro faz parte das representações normativas que se dobram por si mesmas à norma por elas constituídas"[87].

Contudo, mais do que as outras, as suas normas não sofrem exceção, e esse fato demonstra bem a sua origem anônima, e

---

[86]. Ibid., p. 120.

[87]. Ibid., p. 176.

até mesmo invisível. Destacado das coisas e dos indivíduos, o dinheiro objetiva assim as relações entre eles. Em resumo, ele é também o mediador das relações pessoais, o contador da infinidade de relações que se atam a cada instante. Evidentemente, ele tem o poder de me colocar em relação com uma outra pessoa, o comerciante de quem compro uma caixa de charutos, um desconhecido a quem ofereço uma bebida, uma mulher ou um homem a quem seduzo por seu intermédio. O drama dos tempos modernos decorre precisamente de os homens não poderem ter entre si vínculos em que ele esteja ausente e que de uma forma ou de outra não esteja encarnado por ele. Nem objeto entre os objetos, nem simplesmente objeto, o dinheiro tende a se tornar um padrão de medida e um símbolo das relações de troca e dos sacrifícios que consentimos por seu intermédio. A sua ação é uma metáfora gigante, deixando claro por meio de imagens e de signos que

> a projeção das simples relações nos objetos particulares é uma realização do espírito; quando o espírito se encarna nos objetos, eles se tornam um veículo para o espírito e o dotam de uma atividade mais viva e mais vasta. A capacidade de construir esses objetos simbólicos atinge o seu maior triunfo no dinheiro. Pois o dinheiro representa a interação mais pura e a sua forma mais pura; é uma coisa individual cujo significado essencial é ir além das individualidades. Assim o dinheiro é a expressão adequada da relação do homem com o mundo, que não se pode perceber senão nos exemplos concretos e particulares, mas que não se pode verdadeiramente conceber a não ser que o singular se torne a encarnação do processo mútuo vivo que entretece todas as singularidades e, sob essa forma, cria a realidade[88].

Devemos ceder à admiração? Ou nos dizermos que a mais alta forma de interação se encontra no amor, na arte, na moral religiosa ou na ciência? Como Simmel pode falar nesses termos daquilo que, e todos nós estamos convencidos disso, tem efeitos degradantes e desumanos? Mas o dinheiro, aqui, é uma

---

88. Ibid., p. 129.

representação social, e ficamos surpresos com a minúcia pela qual ela é definida. Ela constitui ao mesmo tempo a forma cognitiva na qual se inscrevem as relações entre os indivíduos e o material em que se objetivam as suas ações recíprocas. É graças à sua natureza criadora[89] que as ideias e os valores adquirem um caráter de realidade, tornam-se um mundo tão autônomo e objetivo quanto o mundo físico. É indispensável mostrar esse aspecto coletivo e psicológico, pois ele explica por que o dinheiro é onipresente, está no centro de cada ação e de cada obra da cultura. Se tivéssemos uma sensibilidade bastante apurada, nós o sentiríamos incrustado na textura de todas as representações e de todas as coisas, como se fosse uma delas, de tudo aquilo que nos associa à época moderna. Odor do tempo, justo ele que parece não possuir odor.

Quem duvidaria disso? Já que cada um de nós, de maneira direta ou indireta, vota cotidianamente nesse parlamento do dinheiro que é a Bolsa, ao passo que votamos apenas a cada quatro ou cinco anos no parlamento propriamente dito. E ao longo de sua vida, ele ensina que a divisão do trabalho, a produção, são registradas por ele, como se fosse um termômetro que indica a valorização ou a desvalorização de um ofício ou de um ramo da indústria. Aprendemos a manejá-lo, a contar e prever, mas também a desejá-lo, a saborear as coisas segundo seu preço, a avaliar o que é justo ou injusto na proporção do sacrifício exigido, e assim por diante. Até fazer dele, como Renan, a condição do progresso da ciência e o equivalente do gênio:

> No estado atual da humanidade, o dinheiro é uma potência intelectual e por isso merece alguma consideração. Um milhão vale um ou dois gênios, no sentido de que com um milhão bem empregado se pode fazer tanto pelo progresso do espírito humano quanto fariam um ou dois homens reduzidos somente às forças de seus espíritos[90].

---

89. MOSCOVICI, S. The phenomenon of Social Representations. In: FARR, R.M. & MOSCOVICI, S. *Social Representations*. Cambridge: Cambridge University Press, 1984, p. 3-69.

90. RENAN, E. *Souvenirs d'enfance et de jeunesse*. Paris: Calmann-Lévy, 1947, p. 14.

Esse cálculo aleatório pode fazer sonhar. Ele dá, no entanto, uma ideia da ascendência do modo de vida monetário – ou como chamam o modo de vida americano. E esta é justamente a descoberta de Simmel, cujo advento ele procura compreender:

> Todas as implicações do dinheiro para as outras partes do processo cultural [escreve ele], resultam de sua função essencial. Ele fornece a expressão mais concisa possível e a representação mais intensa do valor econômico das coisas[91].

Muito mais do que acreditamos, muito mais do que desejamos, ele coloca em ação simultaneamente forças intelectuais, sociais, artísticas, até então desconhecidas.

Lembro-me de um dia ter lido que toda linguagem nasce poesia e amadurece álgebra. É quase a mesma coisa com o dinheiro que sofre muitas metempsicoses. Em uma célebre passagem, Empédocles de Agrigento evoca suas vidas anteriores: "Fui uma jovem, fui um arbusto, fui um peixe que surgiu do mar". Do mesmo modo a moeda pode dizer: "Fui um pedaço de madeira, fui um osso, fui um pedaço de papel e fui uma concha colhida na areia". A sua realidade móvel e invisível participa de uma transmigração de seu valor, que é a alma dessas coisas.

Recapitulemos. Até aqui, segui o processo de objetivação que tem como limite o dinheiro. Primeiramente, por meio do movimento que vai do desejo à troca e que nos mostra de que maneira o valor subjetivo se torna objetivo. Em seguida, no interior da troca, vimos que ela adquire um caráter econômico. Este expressa o sacrifício ao qual cada um dos indivíduos aquiesce para receber a contrapartida daquilo a que ele renuncia. Esse processo distancia do objeto e permite concebê-lo, e até mesmo produzi-lo, com o objetivo de cedê-lo, para responder ao desejo do outro. Ora, o que confere uma forma concreta e objetiva a seu valor de troca é, evidentemente, o dinheiro. Porque se criou a si mesmo, ele pode se subtrair ao fluxo das coisas e manifestar uma autonomia, obedecer às suas próprias regras. Mas não devemos

---

91. SIMMEL, G. *The Philosophy of Money*. Op. cit., p. 198.

perder de vista que, longe de ser um processo local e repetitivo, a objetivação evolui e se generaliza. Assistimos então, ao longo da história, a um aperfeiçoamento dos modos de representar os valores através da moeda, tendo como efeito tornar sua troca mais fácil. Esse aperfeiçoamento lhe permitiu criar um mundo, meio fictício, claro, mas que constitui um polo de atração, uma fonte de energia e de invenção para um número crescente de partes da vida social. Palimpsesto sem o querer deste mundo e de nossas faculdades mentais, sensoriais, que o criaram, o dinheiro nos revela essa história e segue quase uma lei. Que esta exista é de uma grande importância, pois ela justifica tratá-lo à parte, como uma causa independente da sucessão, e até mesmo do progresso, das formas de troca. Eu a descrevo em algumas palavras.

Tomemos, como ponto de partida, a dualidade corrente do dinheiro, os dois polos da tensão que o habita. Por um lado, ele é uma substância como as outras, que se trabalha, se molda, se enfeita. Por exemplo, colares ou braceletes de conchas, de animais – daí a palavra *pecunia* – pedaços de cobre, de prata ou de ouro[92]. Ele se avalia, se pesa, se afere, segundo critérios comumente aceitos. Certos materiais eram qualificados para servir de moeda em razão de sua utilidade, mas a maior parte das moedas de referência foi escolhida por causa de sua inutilidade e até mesmo de sua caducidade. O dinheiro não passa de uma ficção, dizia Aristóteles, e todo o seu valor é aquele que a lei lhe confere. Ao aperfeiçoar as qualidades da substância, gerações de artistas trabalharam, e gerações de filósofos, teólogos, economistas, eruditos, para melhorar os critérios de sua lei. Citemos entre eles Copérnico e Newton que se dedicaram a definir o seu valor.

Este se expressa, por outro lado, por meio das funções por ele desempenhadas, comprar funções da Igreja ou do Estado, corromper, adquirir ou escoar mercadorias, acumular ou fazer circular a riqueza, obter a graça divina. Marc Bloch observou com precisão que "de uma vez por todas" a moeda não tem uma função[93]. Não

---

92. SCHACHT, J. *Anthropologie culturelle de l'argent*. Paris: Payot, 1973.
93. BLOCH, M. *Esquisse d'une histoire en Europe*. Paris: Armand Colin, 1984.

é nas fileiras do clero que se difundem, no início da Idade Média, a voracidade do ganho e a sede de ouro e de prata, e até mesmo da usura, quando se trata de comprar as funções e de se elevar na hierarquia da Igreja? Pôde-se escrever sobre o Papa João XXII que "ele amava o dinheiro acima de tudo, a ponto de estar disposto a vender tudo o que se encontrasse ao alcance de sua mão". Consequentemente, as funções puramente religiosas foram atribuídas ao dinheiro, principalmente a salvação. A moeda de indulgência serve para comprar a remissão das penas. O famoso predicador Tetzel afirmava: "Assim que nessa caixa cai um óbolo – do purgatório uma alma ao paraíso voa". Uma imagem bem forte, fortemente estigmatizada por Lutero em suas teses da qual nasceu a Reforma. Em todo caso, a função mercantil e propriamente econômica, pelo grau vivificante que ela insufla nas trocas, é antes tardia. Ninguém pensaria em considerá-la secundária. Pelo contrário, ela é sempre reencontrada, mas retomada e recoberta por muitas outras. E uma questão crucial se coloca: qual delas é essencial ao valor do dinheiro ao longo do tempo, sua substância ou sua função? A segunda, responde Simmel.

Na realidade, a história lhe dita sua resposta, e eis o porquê. Nascido substância, o dinheiro tende continuamente a se confundir com a função que ele desempenha. Pareceu-me correto, na medida em que o examinamos sob o ângulo de uma lei de evolução, evocar os fatos. No início, pelo intermédio do dom e, sobretudo, pelo intermédio da troca, os homens se dedicavam a transações diretas: bem contra bem, animal contra madeira, madeira contra metal etc. A troca, que eu denominaria sensível, as facilita por uma operação efetuada por meio de um terceiro bem que serve de termo de comparação. Mas aquilo que o distingue e o coloca fora ou acima de todos os outros, são os seus poderes mágicos, e até mesmo o seu caráter sagrado[94]. Enquanto moeda, ele pode ser dotado de *mana* na Melanésia, carregar o título de tambu ou tabu em muitas sociedades. Em outros lugares ele

---

94. GORIN, M. *Argent*: contes et comptes. Paris: Ehess, 1985 [Tese de doutorado]. • MELITZ, J. *Primitive and modern money*. Reading, Ma.: Addison-Wesley, 1977. • SMELT, S. "Money's place in society". *British Journal of Sociology*, 31, 1980, p. 204-223.

representa o papel de talismã que confere um prestígio àquele que o carrega[95]. Essa crença nos seus poderes mágicos se manteve na Europa até uma data recente, uma vez que se continuava a colocar moedas na pedra de fundação de uma casa ou de um palácio, por exemplo no Palácio Pitti em Florença e no Palácio do Luxemburgo em Paris. E ainda mais: essa moeda tem um valor subjetivo e pessoal, ou porque é temida, ou porque a ela se está ligado como a um animal, a um colar ou a um bracelete.

Esses poderes, ainda que fascinem, não lhe são particulares e não constituem o seu lado mais instrutivo. É antes o contrário: desde o início, a moeda revela aquilo que hoje ela mascara, ou seja, que ela representa na troca um vínculo social e se orna de seus poderes. Quem que é senhor da moeda é senhor do vínculo e da troca. Nós nos apercebemos disso pelo fato de ela servir menos para adquirir bens necessários do que objetos de luxo e marcas de autoridade. O homem que possui uma coisa sagrada, mágica, dela recebe um prestígio que lhe permite dominar os outros. Não apenas a moeda diferencia os dominadores e os dominados, mas também distingue os homens das mulheres. Mauss observa que a moeda é às vezes guardada na casa dos homens. Essa tradição se perpetuou e impregnou a educação. Podemos ler em um estudo americano que os pais instruem melhor seus filhos do que suas filhas a manipular o dinheiro, em uma proporção significativa. De forma que os rapazes estão mais aptos do que as moças a representar um papel importante no mundo financeiro[96].

Voltando ao dinheiro, eles se apegam sobretudo às suas qualidades sensoriais, agradáveis aos olhos ou às mãos. Para eles, peças ou barras de metais variados também têm leveza, ou resistência, sem mencionar suas diferentes aplicações, que servem para fazer ferramentas ou joias, assim como o trigo pode ser alimento ou moeda. Com o tempo, contudo, no entorno do Mediterrâneo e no resto da Europa, por meio de uma convenção

---

[95]. MAUSS, M. "Les origines de la notion de monnaie". *Œuvres*, 2.

[96]. PREVEY, E. *A quantitative study of family practices in training children in the use of money*. Minesota: [s.e.], 1944.

de moedagem, uma substância particular acaba sendo associada à função de medida dos valores e de troca. Prata, cobre ou papel, a moeda se torna o duplo dos outros bens, sem ser ela mesma um entre eles, o que lhe permite de se substituir a eles. Possuí-la oferece um prazer ou um desprazer, independentemente de suas qualidades sensíveis de textura e de brilho que não contam mais. Segundo Heródoto, a moedagem teria surgido entre os lídios. Por volta do século VII a.C., os gregos os imitaram, aplicando nas peças de ouro e de prata o selo de suas cidades. Eles fizeram delas um verdadeiro padrão, medida comum entre objetos diferentes[97], que separa a troca da soma das relações sociais, repletas de potência mágica e afetiva. Ela é, portanto, um signo de reconhecimento, marcado com o selo da cidade, do príncipe ou do funcionário que a emite. Por muito tempo nós a encontramos em relação com um edifício sagrado, os templos sendo também as casas da moeda e bancos.

As propriedades visíveis e tangíveis do dinheiro não contam mais, não comportando mais em si mesmas nem valor nem satisfação. Somente os que possuem aquelas que representam outras substâncias – tanto de dinheiro vale tanto de trigo ou tantas horas de trabalho – e que as deslocam a uma velocidade crescente. Já no século XVII, o panfletário Misselden escreveu: "[...] ao passo que, antes do dinheiro ser inventado, não havia permuta senão de coisas móveis e cambiantes como o grão, o vinho, o azeite e outras coisas semelhantes; essa permuta se fez em seguida com as coisas imóveis e imutáveis como as casas, as terras, e as outras coisas semelhantes; foi uma necessidade para o dinheiro avaliar em dinheiro as coisas que não podiam ser trocadas. E assim, cada vez mais, todas as coisas acabaram sendo avaliadas em dinheiro, e o dinheiro se tornou o valor de todas as coisas".

Se, em cada operação da economia, se efetua primeiramente uma separação entre a moeda e os bens, e então a sua substituição ao longo da troca segundo o grau de valor, surge uma desigualdade. Toda uma hierarquia de meios de pagamento

---

97. VERNANT, J.-P. *Les origines de la pensée grecque*. Paris: PUF, 1969.

aparece, o ouro ocupando o primeiro lugar, a prata vem logo após e o papel sendo colocado em último lugar na escala. O primeiro é a figura tutelar e o padrão do sistema. Marx faz dele "o deus das mercadorias" e Balzac, pela boca de Gobseck, o aponta como fonte de toda a realidade. Deus ausente e oculto nos cofres dos bancos para servir de reserva, moeda imaginária em suma, ele se transforma em símbolo de tudo aquilo que se troca, como representante universal. "[...] Ouro, ouro. O ouro é tudo e o resto, sem ouro, não é nada", exclama Diderot em *O sobrinho de Rameau*. Na cadeia das substituições que vai do papel-moeda ao cobre, e deste à prata, o soberano, a moeda de ouro, reina absoluto. E é também uma hierarquia dos lucros, como observou Braudel. O capitalista compra a força de trabalho com moedas de cobre, mas vende o que ela produz contra o ouro ou a prata, o que lhe garante uma importante mais-valia[98].

A partir de então, o dinheiro simboliza indiferentemente todas as coisas e todos os valores. Ele lhes impõe as suas próprias regras e as substitui em toda ocasião[99]. Essa qualidade de símbolo lhe é reconhecida de mil maneiras desde o começo da moedagem. Seria um acaso se lhe damos o nome de um soberano, luís de ouro, napoleão, táler austríaco Maria-Teresa? Um nome às vezes maldito que se procura abolir, assim como foi feito com Calígula, todas as moedas com a sua efígie foram fundidas após a sua morte para apagar o nome e os vestígios do tirano. Cada nação afirma assim sua independência dando-se uma língua, escolhendo as cores de sua bandeira, mas também individualizando a sua economia por meio de uma moeda batizada franco, marco, libra, lira, florim ou rublo, entre outras. Isso significa que ao tornar a troca simbólica, "o dinheiro passa da forma direta na qual ele primeiro realizou essas funções à forma ideal; isto é, os seus efeitos são exercidos pura e simplesmente enquanto ideia encarnada em um símbolo representativo"[100]. Quando se considera a qualidade dessa ideia, observa-se que ela muda os materiais que represen-

---

[98]. BRAUDEL, F. *Les jeux de l'échange*. Paris: Armand Colin, 1979.

[99]. GALBRAITH, K. *L'argent*. Paris: Gallimard, 1976.

[100]. SIMMEL, G. *The Philosophy of Money*. Op. cit., p. 198.

ta e os torna, por assim dizer, insignificantes. Ela faz, como já observava o filósofo Berkeley há três séculos, do ouro, da prata ou do papel, simples moedinhas, que permitem calcular, se lembrar e transferir o valor.

Acentuando esse lado arbitrário, chegamos à última metempsicose: o dinheiro é um signo arbitrário que se concebe e se substitui a outros signos sob as mais variadas formas. Nenhuma hierarquia motiva suas relações e, segundo as ocasiões, emprega-se papel-moeda, letra de câmbio, cheque, cartão de crédito, fita magnética. Moeda fiduciária ou moeda contábil, nem o seu nome importa, nem a sua matéria é objeto de preferência, somente a cifra significa. O dinheiro se tornou o nome do anônimo. "Mas é verdade [escreve Canetti a respeito desse acontecimento recente] que uma forma moderna de relação com o dinheiro se desenvolveu ao lado da antiga. Em todos os países, a unidade monetária adquiriu um valor mais abstrato. Se as moedas tinham alguma coisa da rígida hierarquia de uma sociedade fechada, o papel-moeda se comporta antes como a multidão de uma metrópole"[101]. Apressada, incontável, intercambiável e entregue à contingência.

Para se tornar a tal ponto abstrato, o dinheiro perde seus trunfos simbólicos, os prestígios que lhe vinham de uma matéria preciosa e nobre, que excitava todas as cobiças e todas as paixões. Imaginem Volpone declamando para um cartão de crédito essas palavras dirigidas a uma moeda de ouro: "Deixa-me beijar-te, tu que és aquilo que existe de melhor, superando todas as formas da alegria: essas são tuas belezas e nossos amores". Essas imagens, esses sentimentos se esvaneceram na distância dos mundos desaparecidos. Não se pode mais apalpar o dinheiro, acumulá-lo como a um tesouro, admirá-lo como se fosse uma obra de arte. Nem mesmo as ações da Bolsa não são mais essas folhas com iluminuras, ilustradas com cornucópias da abundância e engrenagens, que davam a seus detentores a impressão de possuir uma empresa e a alegria de destacar um cupom anual, símbolo de sua propriedade: elas se reduzem a cifras inscritas em uma fatura. Cifras entre outras, em um extrato bancário, ou na

---

101. CANETTI, E. *Masse et puissance*. Paris: Gallimard, 1986, p. 196.

tela de um computador. Da expressão dos sentimentos de ódio e de amor cúpidos, de todas as paixões demoníacas, resta apenas a satisfação estatística de uma massa de números definidos e calculados o mais objetivamente possível. De forma que

> o dinheiro objetiva as atividades externas do sujeito que são, em geral, representadas pelas transações econômicas. Seu conteúdo engloba, portanto, as práticas mais objetivas, as normas mais lógicas puramente matemáticas, libertando-se de qualquer elemento pessoal. Porque o dinheiro é simplesmente o meio de adquirir objetos, ele se mantém, em razão de sua própria natureza, a uma distância intransponível do ego que deseja e se satisfaz; e, na medida em que é o intermediário indispensável entre o ego e os objetos, ele coloca os objetos também à distância[102].

O ideal que ele expressa, tão mesquinho, tão banal, tão comercial, não deixa de ser um ideal que provoca uma profunda transformação na economia e na cultura. E nós o vemos ganhar terreno e adquirir a cada dia novas representações. Há dez anos, uma refeição, um terno, uma viagem eram pagos em notas e moedas; hoje, basta um cartão de crédito e uma assinatura. Tenho um pouco a impressão de enunciar uma banalidade ao dizer que o próprio do dinheiro é se subtrair incessantemente e para sempre a qualquer substância. A sua expansão segue uma lei de *corticalização* que lhe confere um caráter abstrato e lhe permite moldar as suas próprias regras e receitas com toda a objetividade. E porque elas lhe pertencem exclusivamente e porque, submetendo-se às suas exigências, ele se protege do resto dos meios, é que ele pode chegar a uma representação cada vez mais eficaz do valor em economia. "Este [escreve um economista] não reside mais nos metais preciosos, como queriam os mercantilistas, não mais que na terra, como queriam os fisiocratas. Ele não reside nem mesmo no trabalho como invocavam, como se fosse um equívoco, A. Smith e Ricardo. No modelo liberal acabado, somente a troca é a medida dos valores"[103]. Mas a troca, por

---

102. SIMMEL, G. *The Philosophy of Money*. Op. cit., p. 128.
103. LAUFER, R. "La mesure des choses". *Le Genre Humain*, 7, 1985, p. 120.

seu lado, cristaliza-se por meio do dinheiro em um conjunto *sui generis*, transformação visada desde o início e à qual nos dedicamos mais energicamente do que nunca.

Que os leitores familiarizados com a obra de Simmel me perdoem as liberdades que tomo ao formular essa lei de corticalização que atravessa a história de lado a lado. Mesmo os que conhecem bem a sua obra talvez se tenham esquecido de seus excessos de vocabulário e de uma coerência que deixa a desejar. Por isso pareceu-me correto, na medida em que desejamos reter o principal e o mais fecundo, avançar no sentido de sua própria teoria, diluída e filtrada pelo excesso de reminiscências filosóficas. De todo modo, se lei existe, ela nos mostra uma passagem do dinheiro sensível ao dinheiro simbólico e deste ao dinheiro semiótico[104] que é o nosso. Muito bem, sabemos que ele confere à troca uma autonomia completa e uma representação lógica, senão quase matemática. Poderíamos dizer que ele se dissolve no mundo dos valores, econômicos ou não, que se tornou um mundo de signos quantificados e mensuráveis[105]. Sob a sua influência, as línguas de diferentes relações de pessoa a pessoa se tornam as variantes de uma língua tão universal quanto a da música ou da matemática. Em suma, o fato de corticalizar o dinheiro, mutação psíquica, se é que existe uma, socializa da maneira mais completa os diversos aspectos da vida em comum. Quer seja no campo das relações privadas e cotidianas, ou da comunicação em grande escala, desmaterializar a moeda tem como complemento monetarizar a matéria coletiva. O resto decorre disso; ao lado das duas grandes línguas sem fronteiras que são a música e a matemática, o dinheiro se impõe como a terceira, entronizada pelo nosso tempo. Ele toma emprestado à primeira a inteligência do ritmo e à segunda a precisão das combinações. Eis o que define o seu caráter singular.

---

104. SIMMEL, G. *The Philosophy of Money*. Op. cit., p. 164.

105. Atualmente fala-se muitas vezes de monética para expressar a sua novidade no plano técnico.

O novo milagre

Conta-se que um rabino que retornava à sua casa na véspera do Sabá se encontrava longe de seu domicílio ao cair da noite. A lei religiosa lhe proibia seguir sua viagem, por isso ele recorreu a um milagre. Do lado esquerdo da estrada, era o Sabá. À direita da estrada, era o Sabá. Mas na estrada em que caminhava, o Sabá ainda não tinha começado... O que significa essa história? Contanto que tenhamos apenas a liberdade de fixar as nossas próprias regras, realizar milagres não é tão difícil.

O dinheiro também o pode, pois já formulou as suas regras. E uma vez enunciadas, ele as respeita e as faz respeitar, sem concessão. Até aqui consideramos o dinheiro como um representante de valores. Mudamos agora de perspectiva para nos colocarmos no universo criado pelo dinheiro, onde ele é, sobretudo, um instrumento de ação do homem sobre o homem para juntos formarem uma realidade que os inclui e os ultrapassa. Em suma, a cultura cuja economia não é senão uma parte e um reflexo. Porém, é o mais surpreendente dos instrumentos. De fato, as nossas ferramentas e aparelhos são, em grande parte, os prolongamentos do corpo ou da inteligência. O martelo ou a máquina de escrever prolongam a mão, o telefone prolonga a audição. A moeda é o prolongamento de um vínculo, portanto das ações e das reações entre a maioria dos indivíduos em uma sociedade, e isso a todo instante, eu poderia acrescentar. Ela pode converter os desejos e os sentimentos, o moralmente bom em moralmente ruim, o feio em belo, a paz em violência. Ou também renovar as razões de estarem juntos, a cada vez que se separam, como se possuísse uma fórmula alquímica.

A última palavra de seu enigma aparece, no entanto, quando nós abordamos o dinheiro como instrumento ou meio de todas essas operações, inclusive a troca. Não estamos mais lidando com o processo de sua objetivação, mas com o de sua ancoragem. O primeiro o mostrou a nós no seu papel de representação que cria uma realidade autônoma dos valores. O segundo nos leva a explorar a maneira pela qual essa representação penetra nas relações existentes e lhes dá um sentido em relação ao dinheiro. Supondo que assim seja, qual é então esse enigma? Não é o dinheiro que, como qualquer meio, aperfeiçoou-se ao longo da história, mas sim o fato de que ao invés de seguir a tendência, *ele se transforma em fim, em seu próprio fim*. Ora, essa evolução é contrária à razão e quase se assemelha a um milagre moderno. Com efeito, como seria possível que um meio se tenha elevado à dignidade de fim último? Nisto reside a magia do dinheiro e a sua autoridade sobre todo o resto.

Em linhas gerais, a solução de Simmel é simples. Mas parece demasiado abstrata se não a esmiuçarmos. Observamos que a objetivação do valor do dinheiro corresponde a um distanciamento, regido por uma lei, entre o indivíduo e o objeto desejado. Esse valor é tanto maior na medida em que aumentam a distância e os obstáculos que é preciso superar. A sua ancoragem, pelo contrário, figura entre os instrumentos e os meios de uma outra lei, de um princípio psicológico de economia de esforço. Simmel, como seus contemporâneos observaram, atribuía-lhe um alcance geral. Eles escrevem que, em seus trabalhos, ele aplica esse "princípio de economia de energia na esfera psicológica, analisa psicologicamente o processo de diferenciação social, examina o lado psicológico de fatos sociais como a competição ou o dinheiro"[106]. Com efeito, a partir do instante em que o dinheiro representa o meio de atingir um fim, é preciso abordá-lo sob o ponto de vista da sua eficácia. Por natureza, uma ferramenta ou uma máquina servem no máximo para realizar um desejo. Este deve ser antecipado e sempre supõe, para ser realizado, um certo número de etapas intermediárias.

Examinando as coisas de perto, constatamos que o dinheiro é antes e, sobretudo, uma ferramenta que serve para uma grande variedade de usos, quer seja comprar ou vender, pagar um resgate a fim de liberar um refém, corromper um funcionário, encorajar as artes, e assim por diante. Poderíamos afirmar que esses usos são imprevisíveis, assim como os métodos que a eles se aplicam. E, contudo, ele é um meio de certa forma absoluto, porque seu único objetivo verdadeiro é a troca. Contrariamente ao Estado ou à religião que podem ter objetivos bem diversos – a ordem, a

---

106. FRISBY, D.P. "Georg Simmel and Social Psychology". Op. cit., p. 109.

dominação, a salvação da alma etc. – o dinheiro tem como atividade exclusiva facilitar a circulação dos bens e medir os seus valores. O que, em contrapartida, o reduz a um mero papel de ferramenta e de meio em relação com um fim prescrito que em nada depende dele. E não poderia existir economia tão pouco racional, se essa relação não fosse constantemente observada e da maneira mais estrita. Ela exige que não se instale a esse respeito nenhuma confusão, pois isso significaria tomar os signos de riqueza pela própria riqueza. Como se efetua então a ascensão psicológica do meio à posição de fim, de que o dinheiro é justamente o exemplo mais notável?

O homem que deseja construir uma casa deve primeiramente trabalhar para reunir toda ou parte da soma necessária à compra dos materiais e das ferramentas, contratar operários e começar a execução. Poderíamos multiplicar as etapas mencionando a aquisição do terreno, a confecção das plantas, o conserto das ferramentas, sem falar das autorizações necessárias e de muitos outros imprevistos. Entre a ação imediata de cada instante e o remoto objetivo, às vezes remoto demais, inserem-se então inúmeras etapas e até mesmo desvios inevitáveis se insistimos em atingi-lo. Isso vale para todos os campos da vida e da técnica, inclusive as instituições coletivas. O Estado protege o indivíduo, enquanto que o Código Civil lhe garante a posse de seus bens e a possibilidade de transmiti-los a seus descendentes, antecipando o futuro. A Igreja, por sua vez, com seus ritos, alimenta o fervor das emoções religiosas e dirige a alma humana.

> Sem dúvida nenhuma, eles se distanciam do objetivo último do sentimento religioso, mas por meio de uma ferramenta que, em oposição a todas as ferramentas materiais, serve exclusivamente a esses objetivos que o indivíduo seria incapaz de atingir de outra maneira[107].

Em resumo, a cadeia teleológica pode variar de acordo com os instrumentos requisitados e se complicar muito de um caso a outro. Mas a energia necessária para percorrê-la aumenta

---

107. SIMMEL, G. *The Philosophy of Money*. Op. cit., p. 65.

proporcionalmente e pode paralisar qualquer ação. Ora, o princípio de economia de esforço se impõe tanto aos organismos mentais que nós somos quanto aos organismos materiais. Ele se resume em uma proposição: ao invés de se concentrar nos fins, fixar-se nos meios. Esta é a mais elegante hipótese contida na teoria de Simmel. Ela afirma que uma consciência que desejasse abarcar o conjunto dos elementos dessa cadeia apenas se dispersaria e se enfraqueceria, pois é incapaz de se interessar igualmente por todos. A exigência de agir positivamente e de concluir a coisa empreendida acaba evitando esses desperdícios de esforços, transpondo esses mesmos esforços para a etapa intermediária e presente do percurso. Então, a engenhosidade e a força requisitadas se limitam aos meios necessários para obter o máximo de sucesso. Mesmo ao risco de se desviar do objetivo final e distante:

> A distribuição do esforço psicológico exigida [constata Simmel], quando as forças disponíveis são limitadas, não coincide com a organização lógica. Para esta última, o meio é completamente indiferente, já que a tônica é colocada no objetivo. A comodidade prática exige que se inverta psicologicamente essa relação por completo. Esse fato, aparentemente irracional, é de um valor incalculável para a humanidade. Segundo toda a probabilidade, jamais teríamos ultrapassado o ponto em que nos atribuíamos as tarefas mais primitivas se nossa consciência não tivesse se preocupado com ele, e jamais teríamos sido livres para desenvolver um bom número de meios; ou então teríamos experimentado uma fragmentação insuportável e paralisante se fôssemos constantemente obrigados a abordar toda a sucessão dos meios que servem ao objetivo último, e ao mesmo tempo trabalhar na elaboração de cada meio subordinado[108].

Produz uma inversão, e vocês percebem qual. Preocupados em continuar sua tarefa com uma maior economia, os homens voltam a sua atenção para os meios. Como se tornaram mental e fisicamente importantes, às vezes eles se esquecem para que servem, assim como os eruditos podem se deixar cativar pelas

---

108. Ibid., p. 211.

astúcias de uma técnica refinada a ponto de esquecer a questão que ela deve resolver. De forma que de tanto se concentrar nos meios, acabam por tratá-los como fins. É isso que, de uma certa maneira, expressões como "arte pela arte", "produzir por produzir", querem dizer. Em resumo, na cadeia teleológica que se tornou descontínua, o que era um elemento do conjunto se torna objetivo. Outrora se construíam motores para fazer voar os aviões. Agora se constroem aviões para fazer voar os motores, e essa reviravolta se tornou comum. Foi o dinheiro que traçou a via e nisso obteve um grande sucesso, pois "nunca um valor, possuído por um objeto unicamente por meio de sua convertibilidade em outros, sem dúvida mais preciosos, foi tão completamente transferido para esses mesmos objetos"[109].

Em uma sociedade como a nossa, esse fenômeno se acelera. Deve-se constantemente aproximar o instrumento de seu objetivo, portanto converter ininterruptamente o dinheiro em coisas e as coisas em dinheiro. Será que ele consegue? Então ele continua reduzindo todos os outros objetivos materiais e intelectuais ao seu, e todas as escalas de valores à escala dos valores financeiros. Logicamente, entregue às suas próprias forças, conhecendo apenas as suas próprias regras, organizando relações e funções sociais de acordo com o que lhe é conveniente, ou seja, como sua verdadeira causa, ele aparece como a essência deles. E assim ele os supera e os garante, papel representado outrora pelo poder ou pela religião.

Por outro lado, como não existe nenhuma relação particular com uma ação específica, colher um fruto, fazer uma viagem, obter perdão, ele pode ser colocado a serviço de qualquer tipo de objetivo. Isto significa que a gama dos objetos reunidos e avaliados pelo dinheiro aumenta continuamente, e que o próprio dinheiro perde progressivamente a sua especificidade, pois é um instrumento que serve para qualquer coisa. Ele tem como especificidade a sua própria ausência de especificidade e pode se combinar com qualquer coisa, dobrando-se a todos os objetivos. "O valor do dinheiro enquanto *meio* aumenta com seu *valor*

---

109. SIMMEL, G. "Zur Psychologie des Geldes". Op; cit., p. 4.

enquanto meio até o ponto em que se torna um valor absoluto e em que nele se completa a consciência de objetivo"[110]. Mais exatamente, ele se torna "um valor psicológico absoluto"[111], e governa nossa faculdade criativa que nele busca um alimento e uma segurança.

Uma vez que é sempre romântico elevar o banal à posição de absoluto, o austero e verdadeiro romantismo de nossa época quer submeter o absoluto ao banal. Após ter convertido os meios em fins, o dinheiro, e é esse o sentido do que precede, opera a metamorfose inversa. Por meio de uma cobiça extrema, todos os outros fins se tornam seus meios. Tudo conspirava contra ele e se esforçava para conter seus apetites. E eis que o dinheiro não se limita mais a ser um objetivo da vida entre outros, ao lado da ciência ou da arte, do poder ou do amor. Por uma incessante pressão, ele os devora e se transforma também em objetivo deles[112]. Ora, Simmel deduz tudo isso de um princípio simples, que se aplica às ações humanas em geral, e que o dinheiro ilustra maravilhosamente. E eis então o que ele conclui:

> A polaridade interna da essência do dinheiro se encontra no fato de que ele é o meio absoluto e, dessa maneira, torna-se psicologicamente o objetivo absoluto para a maioria das pessoas. Isso faz dele, de uma estranha maneira, um símbolo no qual os principais reguladores da vida prática estão imobilizados. Devemos tratar a vida como se cada um de seus instantes fosse um objetivo extremo; e cada instante, como se supõe, é tão importante como se a vida existisse somente para ele. Ao mesmo tempo, devemos viver como se nenhum desses instantes fosse o último, como se o nosso sentimento do valor não se detivesse em nenhum instante e que cada um fosse um ponto de passagem e um meio de atingir as etapas cada vez mais elevadas[113].

---

110. SIMMEL, G. *The Philosophy of Money*. Op. cit., p. 232.
111. Ibid., p. 198.
112. Ibid., p. 241.
113. Ibid., p. 232.

Nessa tensão está ancorada a representação que Simmel nos propõe para o movimento das trocas em nossa sociedade e para os imperativos aos quais ele obedece. Assim como o raio de sua ascendência aumenta cada vez mais, do mesmo modo o dinheiro se enraíza ainda mais profundamente na vida dos homens. Ele se supera a si mesmo, se assim posso me expressar, na medida em que o campo de suas equivalências se amplia, até abraçar e colocar em contato as coisas mais distantes e mais estranhas entre elas, a exemplo desses satélites cujas imagens "inundam" o mundo inteiro. Tudo o que existe sob o sol, pessoas e bens, unifica-se em um só projeto, quaisquer que sejam suas divergências e antagonismos. Ele se torna, por um tempo, o cadinho no qual a sua realidade sofre uma transmutação. Sua onipotência o aparenta à representação de Deus – um parentesco que, como diz Simmel "somente a psicologia", que tem o privilégio de ser incapaz de cometer uma blasfêmia", pode nos revelar.

Nada há de insólito na descoberta dessa "similitude psicológica"[114] entre a representação social do dinheiro e a representação de Deus, salvo que ela é anátema. Sim, é verdade, durante milênios, tudo o que se relacionava ao comércio e ao dinheiro cheirava a enxofre e passava por obra do demônio[115]. Afirmavam o caráter infernal e satânico do negócio, desprezavam o dinheiro, dizendo que ele era a palavra do diabo. Ora, nossa máquina social, fiel à sua constituição, o metamorfoseia em um novo deus no lugar daqueles que ela derruba. Seria necessário uma enciclopédia para reunir as provas e os documentos existentes a esse respeito. E o mais estranho, é que ouvimos o grito: "Deus está morto!" e não vimos o burguês, visto como prosaico e medíocre, gerar no último século um outro deus, fonte de nossa vida terrestre. Então, como escreve um historiador, "o mecanismo que o motivo do ganho põe em movimento não pode se comparar por seus efeitos senão à mais violenta das explosões de fervor religioso que a

---

[114]. Ibid., p. 236.

[115]. Ibid..

história já conheceu. E no espaço de uma geração, todo o mundo habitado foi submetido à sua influência corrosiva"[116].

Seria ingênuo supor que isso esgota toda a sua realidade. E mais ingênuo ainda acreditar que isso não faz parte dela e nos considerarmos livres de qualquer obrigação. Eis onde mora a fraqueza de inúmeras teorias que veem aí apenas mitos e alegorias. Sim, paralelamente ao refluxo e à atrofia do antigo monoteísmo religioso, hipertrofia-se o novo monoteísmo monetário. Por sua potência ilimitada, ele catoliciza o mundo e responde à busca da salvação dos homens. Na luta entre Jeová e o Bezerro de Ouro, Deus ganhou todas as batalhas, mas, em última instância, perdeu a guerra. É o que o poeta alemão Henri Heine sugere em seu *De l'Allemagne*, por trás de uma questão: "É o dinheiro feito deus ou deus feito dinheiro? Não importa, o dinheiro é o único culto atual. É apenas ao metal transformado em moeda, às hóstias de ouro e de prata, que o povo atribui uma virtude milagrosa".

O dinheiro é a pátria dos sem-pátria

Consideremos as coisas com uma certa distância. Se a tendência mental em transformar o dinheiro em seu próprio objetivo o ancora na sociedade, é preciso supor que uma categoria social particular esteja mais apta do que as outras a realizá-la[117]. Mas em que condições? Ela deve primeiramente ter uma certa distância em relação aos valores e aos bens de uma coletividade, e até mesmo indiferença em relação a seu destino. Em seguida, o tempo dela é medido, vivendo sob a ameaça de um ultimato permanente. Apenas esses homens são forçados a encurtar a cadeia teleológica, a se manter no presente. A noção de perigo traz a noção de urgência e ressalta a necessidade de tratar cada meio como um fim, essa cadeia podendo, a cada instante, ser interrompida por um desastre externo, por uma guerra, por uma perseguição. Se eles buscam o menor esforço, não é por preguiça

---

116. LE GOFF, J. *La bourse et la vie*. Op. cit.

117. POLANYI, K. *La grande transformation*. Paris: Gallimard, 1971, p. 54.

nem por preocupação de economia, é porque os prazos para agir são limitados e incertos. Para eles mais do que para qualquer outra categoria, o dinheiro representa o tempo perdido ou ganho.

Simmel sabe disso e propõe uma hipótese curiosa, ainda que lógica. O primeiro ponto é evidente: não são os capitalistas, nem os mercadores enquanto tais que estão na origem das grandes inovações nessas matérias. Mas existe em toda parte um grupo de homens, estrangeiros, heréticos, categorias desfavorecidas e perseguidas, excluídos por colocarem em perigo a sociedade, senão a própria raça humana. Impedidos de participar da vida pública e de possuir bens, terras, casas, a sua única saída é se consagrar a tudo o que se assemelha de perto ou de longe ao negócio. Nenhum outro papel lhes permite subsistir e até mesmo adquirir uma certa potência. Somente o dinheiro o possibilita e a ele se agarram como a uma boia salva-vidas. Ou, como diz Albert Cohen em *Solal*: "Para nós pobres banidos, pobres errantes, o dinheiro é nossa fortaleza".

É natural, portanto, que essas categorias de indivíduos confiram à perseguição do ganho um valor superior a todos os outros. Pela própria razão das dificuldades encontradas, nós os vemos obrigados a cultivar com um cuidado especial as suas faculdades de negociar e de manejar o dinheiro, assim como o artesão cuida de suas ferramentas. Eles são mais escrupulosos do que as pessoas honestas que podem expulsá-los, e também mais prudentes. Se o desprezo ou o costume proíbe manter com eles relações amigáveis, profissionais ou sexuais, a necessidade de dinheiro obriga a não levar isso em consideração e a frequentar aqueles que dele dispõem ou possuem o talento para obtê-lo. Assim foram utilizados pelos reis, pelos príncipes e pelos chefes da Igreja que frequentavam os banqueiros:

> Além do mais [escreve Simmel], geralmente as pessoas em busca de dinheiro têm dele uma necessidade desesperada e estão dispostas a contatar pessoas que normalmente seriam desprezadas e a se dirigirem aos lugares secretos que normalmente evitariam[118].

---

118. SIMMEL, G. *The Philosophy of Money*. Op. cit., p. 222.

Acrescentem que os excluídos, os perseguidos ou desfavorecidos, são condenados a uma migração permanente, dispostos a mudar de lugar a todo instante, a circular. Essa mobilidade que lhes é imposta estabelece uma semelhança entre eles e o dinheiro móvel. Um desloca o outro, levados por uma corrente de trocas que escapa mais facilmente à ingerência e ao controle. Como se defender então da impressão de que todos os pretextos são bons para os diversos grupos de migrantes fugirem às obrigações locais e se aliarem entre si contra o resto do mundo? Pelo menos alguma coisa foi conquistada ao longo da história: os escravos romanos emancipados, os huguenotes na França, os armênios na Turquia, os quakers na Inglaterra, os parses na Índia, os reformados na Holanda – sem falar dos muitos imigrantes nos Estados Unidos – colocaram a sua engenhosidade na finança e a tornaram engenhosa. Entre os séculos XVI e XVIII, estrangeiros e heréticos predominam entre os banqueiros, os grandes comerciantes, os industriais. Os negócios capitalistas são primeiramente os negócios deles[119].

Em contrapartida, pode-se supor que o dinheiro mantém e multiplica essas minorias à margem. Elas são incitadas a praticar técnicas e relações que as fazem prosperar, sob a condição de permanecerem estrangeiras. O efeito se torna causa por sua vez. Daí a desconfiança e o temor dos autóctones em relação a elas. Temor da sua presença, indesejável; temor também da sua ausência, uma vez que elas não podem se integrar. Temem perder seus estrangeiros que desempenham essas funções que a maioria despreza, quando não são proibidas para eles, como a usura para os cristãos. E também porque uma coletividade precisa deles para se fechar e se abrir ao mesmo tempo. Fechar-se porque os homens se unem apenas contra outros homens; abrir-se, pois pelo intermédio desses estrangeiros ela pode experimentar produtos ou técnicas exóticas. Será que obtiveram sucesso? Então se lhes dedica um ódio sólido que, sob uma aparência de superioridade, manifesta um sentimento de inferioridade. Quer seja em relação às principais casas financeiras, desde o século

---

119. SOMBART, W. *Le bourgeois*. Paris: Payot, 1966.

XVI mantidas pelos heréticos, ou em relação à plutocracia ou às multinacionais de nossos dias, isso pouco importa. Basta que o dinheiro seja imaginado, o volume dos negócios evocado, para ver desabrochar a oposição entre apátridas e nacionais, entre anões da finança e os produtores da indústria, grandes e pequenas. À luz dessa representação social, "os grandes dispõem de todo o dinheiro, muitas vezes são banqueiros, e são sempre gordos"[120].

Esse é o lado fantasmático que, segundo Pierre Birnbaum, se concilia em nós com um desinteresse pelos ofícios da finança e por uma repulsa em ver os banqueiros exercerem, por exemplo, as funções de deputado. Como se fosse uma profissão menos recomendável do que a de médico ou de jornalista. Já que sucederam aos usurários no imaginário coletivo, e herdaram os seus traços negativos. O crédito que concedem, eles o fazem pagar bem caro. Os capitais que manipulam têm uma proveniência duvidosa. Os bancos estão ligados entre si, no seio de uma rede estrangeira, daí a visão subjacente de um vasto complô para fazer circular as riquezas para além de suas fronteiras. O dinheiro não tem pátria, e não está associado a um determinado trabalho, uma vez que o dinheiro não trabalha. Somente o tempo trabalha para o dinheiro, efeito diabólico entre as mãos dos banqueiros.

Entre os excluídos, acabei não mencionando os judeus. Admite-se que eles concentraram em si tudo o que existe de sentimentos e imagens negativas nesse campo[121]. Eles pagaram abundantemente esse privilégio de não estar no mundo, que é a chaga crucial do estrangeiro. Marx explicou o que é necessário para mantê-la aberta: "Qual é o culto profano do judeu? O tráfico. Qual é o seu deus profano? O dinheiro. Pois bem! A emancipação do tráfico e do dinheiro, portanto do judaísmo prático, real, seria a autoemancipação de nosso tempo"[122]. Simmel não deixa de falar deles em reforço à sua hipótese. Mas com uma voz

---

120. BIRNBAUM, P. *Le peuple et les gros*. Paris: Grasset, 1979, p. 214. • FURET, F. "L'évolution de l'attitude des Français face à l'argent". *Nef*, 65, 1977, p. 47-51.

121. SOMBART, W. *Les juifs*. Paris: Payot, 1927.

122. MARX, K. *La question juive*. [s.l.]: Aubier-Montaigne, 1971, p. 131.

surda, com a reserva e o pudor de quem não quer dar a entender que fala de si mesmo e de uma coisa que o toca de perto. Como se pudesse cicatrizar a chaga. Um e outro dão razão ao filósofo Wittgenstein: é difícil pensá-los "na história dos povos europeus com toda a exatidão que na realidade mereceriam suas intervenções nos acontecimentos europeus, porque eles são vistos como uma espécie de doença e de anomalia nessa história; e ninguém coloca de boa vontade a doença e a vida normal em pé de igualdade, e ninguém fala de boa vontade de uma doença como tendo os mesmos direitos que os processos sadios (ainda que dolorosos) do corpo"[123].

Sim, a história é a história dos homens sadios, não dos doentes. Do ponto de vista que aqui nos interessa, a aversão aos judeus é, no entanto, um aspecto da aversão aos estrangeiros, tributo por serem indispensáveis nas relações monetárias. Podemos ter relações impessoais com eles, coisa desejável nas operações financeiras em que se deve evitar negociar com amigos ou com inimigos.

> No primeiro caso [escreve Simmel], a objetividade indiferente das transações monetárias entra em insuportável conflito com o caráter pessoal das relações; no outro, as mesmas condições fornecem um vasto terreno às intenções hostis, correspondendo ao fato de que nossas leis anteriores, em uma economia monetária, nem sempre são precisas o suficiente para excluir com certeza a perfídia voluntária. O parceiro desejável para transações financeiras – sobre as quais se diz corretamente que os negócios são os negócios – é uma pessoa que nos seja totalmente indiferente e que não tome partido nem a favor nem contra nós[124].

Seria essa a máxima da Bíblia do culto monetário: "Sejais indiferentes uns aos outros como a vós mesmos"? A única compatível, certamente, com o cálculo e a estratégia dos negócios. La Bruyère declara secamente em seus *Caracteres*: "Tais pessoas

---

123. WITTGENSTEIN, L. *Vermischte Bemerkungen*. Francfort-sur-le-Main: Suhrkamp, 1977, p. 46.

124. SIMMEL, G. *The Philosophy of Money*. Op. cit., p. 227.

nem são parentes, nem amigos, nem cidadãos, nem cristãos, talvez nem mesmo homens: elas têm dinheiro". À qualidade de estrangeiro, Simmel acrescenta a prodigalidade, o cinismo indiferente, a pobreza considerada como uma virtude, o ascetismo em suma. Reunidas, essas atitudes engendraram a cultura do dinheiro cuja representação deveria ser completada para estarmos certos de seu valor. Pelo menos um ponto não podemos negar: na Europa, essas diversas minorias foram os veículos de uma revolução permanente das bases da economia.

Essa hipótese me leva a evocar uma outra, seu eco. Vocês sabem que Freud associou o dinheiro ao erotismo anal. Assim como a criança retém suas fezes para experimentar ao defecar uma excitação anal maior, do mesmo modo o adulto retém seu dinheiro para se oferecer uma maior excitação psíquica[125]. Daí o comportamento comedido, ordenado, intransigente daqueles que acumulam e vigiam sua propriedade. Em apoio a essa explicação está o fato de que, durante a antiguidade babilônica, o ouro era nomeado "excremento do inferno", e "a bosta dos deuses" entre os astecas. Segundo Ferenczi, o dinheiro se torna para a criança sinônimo desodorizado, ressecado, que se tornou brilhante. Como dizem, o dinheiro não tem cheiro. Essas associações e outras que delas derivam[126] permanecem vagas. O mais significativo, na hipótese de Freud, é ele ter escolhido a acumulação e a parcimônia em matéria de dinheiro como típicas. Ora, o dinheiro não existe como um carro ou uma casa. Ele não é uma coisa, mas a representação de uma soma de operações entre o dever e o ter. Podemos adquiri-lo, mas não podemos "entesourá-lo" por muito tempo. Uma espécie de confusão[127] é alimentada entre dinheiro e propriedade, entre uma substância e as funções exigidas pela economia monetária.

Eis aonde eu queria chegar: por sua massa e pelo grande número de pessoas que ele atinge, parece-me preferível abordar

---

[125]. BORNEMAN, E. *La psychanalyse de l'argent*. Paris: PUF, 1976.

[126]. BERGELIN, E. *Money and emotional conflicts*. Nova York: Doubleday, 1951.

[127]. WISEMAN, T. *L'argent et l'inconscient*. Paris: PUF, 1976.

o dinheiro a partir da psicologia coletiva e não da psicologia individual. A primeira, segundo Freud, é moldada pelos traços mnésicos deixados na cultura pelo assassinato do pai. Ao privar seus filhos de qualquer satisfação normal e do acesso às mulheres, ele os obriga a se associar em segredo, e depois a matá-lo. A partir de então, a culpa é apaziguada em festins e em cerimônias das quais o grupo sai purificado e fortificado. Nesse esquema, o dinheiro aparece como o veículo que permite aos irmãos se reconhecerem por meio de um selo e dissimular o seu objetivo. Ele impõe regras de associação e impede revelar a conjuração que se trama. Vocês podem comparar a situação dos filhos oprimidos pelo pai à dos excluídos descritos por Simmel, aos quais é proibido participar das atividades e das satisfações do meio em que vivem. Não apenas lhes recusam o acesso ao poder e às profissões, mas também o contato com as mulheres autóctones. Portanto, supõe-se que eles se associem nos negócios e nos "tráficos" financeiros mais ou menos confessáveis. A suspeita de conspiração é despertada toda vez que o dinheiro é implicado e obtido de maneira não habitual por pessoas que "não são como as outras". A reação que os acusa e os persegue é cômoda, satisfatória e até mesmo convincente. Sentimento velho como o mundo, é assim, em suma, que se conduzem em relação aos poderes mágicos. Tomo como ilustração uma passagem de *A interpretação dos sonhos*, de Freud, em que ele relata um sonho no qual se teria proibido a uma jovem paciente que retornasse à casa dele. Ela invoca a promessa que lhe teria sido feita de tratá-la de graça e o psicanalista lhe responde, no sonho: "Eu não poderia ter nenhum escrúpulo nas questões de dinheiro". Isso evoca bem a fórmula relativa às transações de dinheiro mencionada mais acima. Mas, na realidade, o irmão da paciente acusou Freud de mesquinharia. Sem querer interpretar, vinculo essas atitudes de acusação e de perseguição resumidas pelo dinheiro a uma profissão que era então nova e desprezada.

Na medida em que constitui o traço comum e sustenta essa coalizão com os irmãos, o dinheiro lhes permite se identificarem entre si. Isso explica a confiança que se tem nele e no sucesso da ação, mas essa identificação de uns com os outros, como em qualquer massa, exclui o amor, principalmente o amor homossexual. A indiferença para com aqueles com quem se tem relações de dinheiro é uma outra face da inibição da pulsão erótica. Impedido de se dividir e de se dirigir a seus semelhantes, esse amor se volta para si mesmo e intensifica o amor narcísico de cada um. Amar-se assim fortalece o ego dos filhos até o limite em que eles sentem a própria onipotência. Tenho uma dúvida a esse respeito. Esse excessivo amor por si não é ao mesmo tempo ódio que se volta para a figura do pai, ódio esse também excessivo? São as duas vias da realização de uma vingança longamente amadurecida. Eu as cito para esclarecer a atitude das categorias à margem de que falei. Nelas também, ter e ganhar dinheiro traduz uma hostilidade contra aqueles que os excluem e os humilham. Que o sofrimento dos outros ofereça prazer é evidentemente um sentimento particular e condenável. Pelo menos, é um sentimento claro e preciso que se pode aplacar. Ora, ele é aplacado infligindo um sofrimento a seus perseguidores, privando-os de suas riquezas, sem exibir as suas. Uma vez que alguém só se satisfaz em ganhar na medida em que um outro perde. O célebre personagem de Shylock mostra quanto o ódio atiça o amor e a sede de dinheiro. E até onde vai o prazer que se tem em desafiar e fazer sofrer as pessoas detestadas a fim de aplacar a sua própria ferida – os alemães nomeiam isso *Schadenfreude*. Ela se alimenta do amor pelo seu próprio ódio, e é experimentada assim por aqueles que são o seu alvo.

Tanto o medo quanto a violência[128] em relação a tudo aquilo que diz respeito à potência do dinheiro, mesmo sem razão objetiva, expressam uma realidade psicológica segura. Para me resumir, é indispensável mostrar esse aspecto coletivo a fim de explicar os aspectos dos comportamentos evocados pelo dinheiro. Podemos ver neste último um defensor da mãe que favorece a associação entre seus filhos contra o pai que é o tirano deles e o seu. Daí o fascínio pelo seu mistério: o sublime de que se recobre a sua infâmia e o caráter subversivo de suas regras que mudam incessantemente. Como se o assassinato projetado ainda

---

128. AGLIETTA, M. & ORLEANS, A. *La violence de la monnaie*. Paris: PUF, 1982.

não tivesse sido cometido ou finalizado. Isso explicaria a mentalidade do complô[129] que grassa em nossas sociedades de massas humanas e monetárias.

Compreendemos também as reações de aparência paranoica suscitadas por todos os signos inquietantes, como se eles tivessem uma relação com o dinheiro. Pode parecer inconveniente estigmatizar com um termo psicopatológico a maneira de agir das coletividades. Ocorre que existe uma analogia com as condutas anormais. Certamente é difícil ir além dessas indicações. Parece curiosa a possibilidade de fazer convergir para vários pontos duas hipóteses, uma sociológica e outra psicanalítica. Ou talvez não desperte nenhuma curiosidade, e o próprio movimento psicanalítico seja uma confirmação da primeira. Reconheçamos nele uma dessas minorias às quais são recusados os recursos normais e uma oportunidade de participar das instituições. E então se explicaria por que ele justificou o dinheiro em um campo terapêutico em que era amaldiçoado, até o ponto em que o dinheiro se tornou o seu emblema. Vocês sabem o quanto se fala disso, e em termos raramente elogiosos. Eu não pretendo dar uma interpretação exaustiva e, portanto, termino aqui meu esboço.

Simmel é de seu tempo. A sua grande ideia – por que e para quem o dinheiro se torna o seu próprio objetivo – inspirou muitas outras. É surpreendente ver tão poucos de seus contemporâneos, inclusive Weber, reconhecê-lo. Mas é verdade, observava o profundo Johnson, que ninguém gosta de dever o que quer que seja a seus contemporâneos, Admitamos então esses costumes, infelizmente comuns na tribo, e sigamos adiante, para ampliar o campo de visão aberto por essa ideia.

---

129. GRAUMANN, C. & MOSCOVICI, S. (orgs.). *Changing Conceptions of Conspiracy.* Op. cit.

9
A sociedade desaparecida

A primeira qualidade do dinheiro é sua quantidade

Em 1935, três anos antes de sua morte, o filósofo Edmund Husserl pronunciou em Viena e em Praga conferências que ficaram célebres. O assunto delas? A crise da humanidade europeia nascida com a filosofia da Grécia Antiga. Esta, segundo ele, pela primeira vez na história compreendeu o mundo em seu conjunto como um problema a resolver. A questão não comporta resposta prática. Se no entanto ela se coloca é porque a "paixão de conhecer" tomou conta do homem.

A crise que atinge nosso continente tem como origem a criação das ciências experimentais e matemáticas por volta do século XVII. Elas depreciaram a sensibilidade, a individualidade, a vida. Todo valor foi retirado aos dados da percepção imediata e às intuições evidentes que formam o mundo da vida, *die Lebenswelt*, como o chama o filósofo, com uma expressão bela e quase mágica.

E ele continua explicando que Descartes outrora confirmou o homem na missão de "senhor e possuidor da natureza". Mas por uma dura experiência: ele se tornou uma coisa qualquer, preso às forças da técnica e da história que o escravizam. Para essas forças, nem seu ser concreto, nem sua experiência vivida oferecem o menor interesse, sendo fictícios e incorretos. Assim o triunfo da humanidade europeia por meio da ciência abstrata resulta em seu contrário, na explosão, quase em toda parte, de energias arcaicas e irracionais. Sim, eles poderiam supô-lo, pois essas conferências foram pronunciadas pelo velho filósofo dois anos após a chegada ao poder dos nazistas no país onde a filosofia moderna conheceu os seus maiores momentos. Diríamos que o povo alemão que chegara aos píncaros da cultura, não podendo suportar essas alturas, preparou, coisa rara para um povo, o seu próprio suicídio.

No entanto, o diagnóstico de Husserl sobre a época contemporânea já pode ser encontrado em Simmel. E, eu até ousaria afirmá-lo, segundo a mesma ótica. Mas o sociólogo alemão desce um nível, e percebe as origens da crise na força que tornou possível e moldou o mundo abstrato e quantitativo da ciência, ou seja, o dinheiro. A "paixão pelo dinheiro" se apoderou do homem e o engajou na luta para se tornar o senhor e o possuidor da sociedade:

> Os problemas mais profundos [escreve ele] da vida moderna resultam do indivíduo exigir a preservação da autonomia e da individualidade de sua existência, diante de forças sociais esmagadoras, da herança histórica, da cultura exterior e da técnica da vida. O combate contra a natureza que o homem primitivo deve realizar para garantir sua existência *corporal* atinge sob essa forma moderna a sua última transformação[130].

Com efeito, ao longo desse processo civilizador da espécie, que reside menos na repressão dos instintos, no domínio das técnicas, do que na objetivação das faculdades humanas, produz-se uma reviravolta. O dinheiro destaca os indivíduos de suas aderências subjetivas e pessoais, a fim de distanciá-los uns dos outros e de seus objetos, segundo a lógica que rege o mundo dos valores. Assim colocados fora de qualquer contato, homens e bens se representam de uma forma abstrata, a exemplo de um país longínquo ou de um planeta desconhecido. Essa representação, por sua vez, transforma-se em uma realidade, ela mesma abstrata, de conteúdo uniforme e, de certa forma, desmaterializada. Mais uma vez é o dinheiro, graças aos poderes quase divinos de que está investido, que se encarrega dessa operação crucial. Mais do que qualquer outro meio inventado pelos homens, ele transforma as coisas em signos, acelera a quantificação das relações, volatiliza os sabores e os objetos, que se tornam equivalentes. Ele desloca incessantemente o ponto de apoio do universo mental e afetivo circulando e trocando intensamente tudo contra tudo. E o indivíduo não consegue mais se reconhecer naquilo que faz,

---

[130]. WOLF, K.H. *The Sociology of Georg Simmel*. Glenior: Free Press, 1950, p. 409.

nem a sociedade em que vive, exceto de maneira distanciada e negativa.

> A crescente objetivação de nossa cultura [observa o sociólogo alemão] cujos fenômenos absorvem cada vez menos a totalidade subjetiva do indivíduo – como demonstra de maneira realmente simples a oposição entre trabalho artesanal e trabalho na fábrica – afeta também as estruturas sociológicas[131].

Isso significa que o dinheiro fragmenta e esteriliza, como tantos outros obstáculos, o tipo de apegos que tem como origem uma mescla de sentimentos e de interesses, e converte as relações pessoais em relações impessoais em que o homem é uma coisa para o homem. Simmel, no entanto, não se enclausura na teimosa denúncia desses traços da cultura moderna. Para ele, alienação e anomia são noções vagas e desprovidas de sentido. Nós nos atemos às suas causas supostas. Mas em primeiro lugar é preciso ver a perspectiva aberta pelo contraste entre a corticalização dos bens e das atividades, de que o dinheiro é o signo, e o recuo da personalidade subjetiva, de que ele é o motor. Nesse distanciamento entre o espírito objetivo e o espírito subjetivo, para retomar os seus termos, perfila-se a modernidade.

O dinheiro é, a nossos olhos, aquilo que incessantemente se esquiva e que permanece mais próximo: o objeto anônimo por excelência. Para nós seria muito difícil dizer quais foram os seus inventores – um plural inevitável, uma vez que se deve excluir a suposição de um inventor único. Não podemos, assim como para inúmeras descobertas, designar-lhe um lugar de nascimento, uma paternidade. Nenhum território o viu nascer de forma exclusiva. Seus criadores permaneceram desde sempre na sombra e no anonimato. Ele parece ter embaralhado as pistas, apagado as marcas que unem os povos e os países que o viram emergir. Tanto é verdade que as invenções definitivas – pensem na língua, na música e na dança, na agricultura, no mercado – que revolucionaram a vida dos homens, se realizaram de modo tão lento que é difícil delimitar os seus inícios, ainda mais que elas

---

[131]. Ibid., p. 312.

germinam ao mesmo tempo nas culturas mais diversas. A contribuição de cada indivíduo é infinitesimal, e essas obras coletivas parecem nascidas de geração espontânea. Mesmo assim, essa invenção anônima do meio de troca, que é a moeda, tem um efeito contrário à sua natureza. Ela visa individualizar os homens, dispersando-os e tornando-os, ao longo do tempo, indiferentes uns aos outros. Retornaremos a isso.

O dinheiro aparece igualmente como sendo a sua própria causa, *causa sui*. Não que ele exclua uma causa exterior, mas porque se mostra sob o aspecto de uma incansável produção dele mesmo por ele mesmo. Seria possível dizer que, desde a origem, segundo as palavras do poeta alemão Schiller, "ele próprio se cria em uma incessante obra de criação". Ele domina cada vez mais as relações entre os valores e as coisas, representa essas relações e seu substrato material por meio de signos precisos. Ele é descoberto detrás dos objetos individuais, à maneira do preço marcado no avesso de um quadro ou de uma roupa, objetos que no mundo da economia se encontram associados segundo suas próprias regras de troca e de medida. A cada instante, ele resolve o mesmo problema – associar um valor a uma relação entre objetos – assim como a linguagem resolve o problema de associar sons a um sentido. Mas a simbólica da linguagem tende a ligar a palavra à coisa, uma vez que, como já dizia Aristóteles, "não significar uma coisa única é não significar nada". A simbólica do dinheiro, pelo contrário, reúne o mesmo signo às coisas cada vez mais variadas que, de alguma forma, tornaram-se sinônimos. Nesse sentido ela é mais primitiva, pois tende sobretudo a representar, operação de que quase todo animal é capaz. Mas é também mais geral, já que suas regras têm um campo de aplicação bastante extenso e são, como as regras da ciência, quase independentes de toda cultura.

Esse caráter ao mesmo tempo primitivo e geral faz do dinheiro um meio que registra, como uma fita invisível, miríades de desejos e de atos individuais, e também os mais vastos movimentos do comércio e da indústria, do poder e do conhecimento. Onde se vê com mais clareza a conjunção do individual com o coletivo? E quem mais penetra nas mais ínfimas células da economia e da cultura para se tornar o seu denominador comum? Infatigável e intangível, ele continua segundo leis calculáveis, e por isso estranhas, a tendência a identificar o diverso, a transformar as mil qualidades existentes em uma única, a quantidade.

> Assim [escreve Simmel], uma das maiores tendências da vida: a redução da qualidade à quantidade encontra a sua máxima representação e de uma perfeição única no dinheiro. Aqui também o dinheiro é o apogeu de uma sequência cultural de desenvolvimentos que determina a sua direção sem ambiguidade[132].

Ela caminha em um sentido, sempre o mesmo: concentrar na moeda a essência das coisas reunidas umas às outras, o valor de cada uma se expressando menos por meio de desejos e preferências do que pela uniformidade do número. Aquilo que nos é dado a ver ou sentir dos objetos, das ações, conta menos do que aquilo que escapa ao olhar e ao toque, a propriedade de todos e de ninguém sendo a medida. Pensem nisso, não é de forma alguma uma teoria, mas uma sucessão psíquica ao longo da qual nosso mundo de qualidades se metamorfoseou no seu contrário:

> Nosso desejo [observa Simmel] concentra-se a tal ponto no caráter qualitativo do objeto, e o interesse pela quantidade se afirma apenas quando a qualidade foi percebida e experimentada em uma certa medida [...] Uma vez que o dinheiro é apenas o meio indiferente a serviço de objetivos concretos infinitamente variados, sua quantidade é a única determinação importante no que nos diz respeito[133].

Primeiramente objeto do desejo, por falta, ele próprio se torna desejo do objeto, por excesso. Aí está o seu caráter original. Somente lhe interessa o que eles têm em comum e que os determina, um valor que se pode cifrar. Pouco importa que a satisfação buscada ou o uso difiram, quer se trate de uma fruta ou de um carro. Cada um deve poder se posicionar em uma escala, e ser discriminado pela sua posição nessa escala, segundo

---

132. SIMMEL, G. *The Philosophy of Money*. Op. cit., p. 312.

133. Ibid., p. 280.

a soma a que ele corresponde. Seria o caso de dizer que não mais distinguimos as coisas nem os motivos que nos incitam a possuí-las? Certamente não. Mas a questão que nos colocamos a respeito delas, quando as desejamos, recebemos, damos, muda completamente. Não perguntamos mais o quê? nem como? mas somente quanto? É porque o objeto que seguramos em nossas mãos e que utilizamos não depende mais da visão nem do tato, mas de um aumento de abstração, fazendo com que sua qualidade resida exclusivamente em uma quantidade. Cito mais uma vez Simmel:

> A crescente diferença de nossas representações tem como resultado que a questão "quanto?" é, em certa medida, psicologicamente distinta da questão "o quê?", por mais estranho que isso possa parecer do ponto de vista lógico[134].

Ela não é apenas distinta, mas primordial em nossa cultura, em que aquilo que inicialmente parece estranho se torna habitual. Oscar Wilde resumia o fato em um aforismo: "Hoje as pessoas conhecem o preço de cada objeto, mas não conhecem o valor de nenhum". Não percamos de vista essa lei sociológica.

Mas, enfim, o dinheiro seria realmente desprovido de qualidades? Claro que não. Por mais corticalizado que ele seja, resta-lhe pelo menos uma, a quantidade. Como se opera essa inversão das coisas que faz da quantidade uma qualidade? Nada é, no entanto, mais evidente do ponto de vista psicológico e social. Todos temos, com efeito, uma percepção particular do número, segundo ele seja grande ou pequeno, quando perguntamos: "quanto?" Dez mil pessoas mortas em um ano, ao longo de uma série de acidentes de estrada, não chocam tanto quanto cem pessoas mortas no naufrágio de um único navio. Do mesmo modo, cem milhões de francos divididos entre cinquenta pessoas produzem um efeito bem diferente caso a mesma soma fosse destinada a dez mil indivíduos. Não somente pelas possibilidades de crédito e de ação que ela oferece, mas, sobretudo, pelo prestígio que recai sobre cada um. O que, por um lado, está diminuído e diluído

---

134. Ibid., p. 259.

na massa se encontra, por outro lado, aumentado e concentrado nos indivíduos. A quantidade tem, portanto, efeitos particulares, porque ela acrescenta uma mais-valia que não decorre do valor de troca, dos interesses que o dinheiro traz. Ela se deve ao fato de possuí-lo e cresce proporcionalmente à soma. Sem nada pagar, os ricos desfrutam de certas vantagens difíceis de apreciar. Eles são mais bem informados das possibilidades de fazer negócios, mais bem considerados pelos comerciantes que os servem melhor, porque compram mais e produtos de melhor qualidade. Nas estações ou nos aeroportos, um salão é reservado aos "viajantes de marca", as aeromoças se dedicam mais a eles. Aliás, os bancos lhes consentem um saldo negativo mais substancial. Homens e mulheres buscam a companhia deles, todos lhes prodigalizam testemunhos de respeito. A quantidade de dinheiro oferece assim benefícios recusados aos outros, mais pobres.

> Esses privilégios [constata Simmel], são um suplemento gratuito, e o traço mais desagradável talvez seja que o consumidor de produtos mais baratos, a quem tais privilégios são recusados, nem mesmo pode reclamar de ter sido enganado[135].

Essa atitude é inevitável, ainda que resulte na mais insidiosa das desigualdades. Uma vez que ela subtrai ao indivíduo, célula por célula, se assim podemos dizer, o respeito que ele merece, a atenção a que tem direito, os benefícios psicológicos que calcula, para transferi-los a um outro indivíduo, na proporção de sua posição financeira. Portanto, a quantidade se torna a cada instante a qualidade primordial do dinheiro, senão a única. Ela lhe acrescenta um valor próprio e suplementar, determinado por "quanto" cada um possui.

As questões que a cada dia se colocam na vida em comum são infinitas. Ao passo que a vida econômica se resume, essencialmente, a uma questão única: quem tem mais e quem tem menos. O dinheiro lhe deu esse extraordinário relevo na nossa cultura, e a marcou moldando-a, como ele, com uma face dupla. Por um lado, compreendemos que ele não representa a diversida-

---

135. Ibid., p. 501.

de dos objetos que povoam nosso mundo, o seu caráter perceptível e sensível. Esmagando-os e anulando-os, ele os reduz a uma dimensão, identificada pela quantidade. Restando apenas puros signos que os reúnem a uma forma, a troca e a comunicação. Por outro lado, a própria quantidade, expressa em dinheiro, os diferencia segundo um valor que aumenta ou diminui, obedecendo a critérios rigorosos e indiscutíveis. Daí a escolha a que se pode proceder entre as coisas, e o esforço dispensado para que suas propriedades estejam à altura de seu custo, o "que" em harmonia com o "quanto". Nesse mundo que se pode julgar invertido, o código crematístico que combina e avalia as propriedades se substitui aos outros códigos e se torna sua quintessência. Ele introduz uma ordem e uma unidade que englobam todas as esferas da realidade, as maneiras de pensá-las e de senti-las.

> Não há dúvida [insiste Simmel] de que os sentimentos que o dinheiro suscita se lhe assemelham no plano psicológico. Na medida em que o dinheiro se torna a expressão absolutamente comensurável e o equivalente de todos os valores, ele atinge alturas abstratas bem acima da completa diversidade dos objetos. Ele se torna ainda mais estranho a eles, de forma que as coisas mais distantes encontram nele o seu denominador comum e entram em contato umas com as outras[136].

Elas se recriam mutuamente segundo a quantidade, reproduzidas e periodicamente trocadas. Ora, esse poder sintético do dinheiro é realmente o único que nos interessa. Todo o resto, no mundo moderno, seria o tributário dele.

A começar pela troca entre os homens. Se o dinheiro perdeu ao longo da evolução sua substância concreta, o que resta dele? Apenas uma forma sutil que se estende, como o fluido magnético, e se espalha ainda mais facilmente. Ele tende assim a estar mais bem adaptado à sua função de meio entre coisas e indivíduos, e de padrão que os torna comparáveis. Simultaneamente meio de troca e signo de valor, ele aumenta a distância que separa as pessoas dos bens que elas desejam, criando obstáculos

---

136. Ibid., p. 217.

suplementares, pois antes é preciso obter dinheiro para poder adquiri-los. O que acontece ao mesmo tempo? Sendo deles meio e signo comum, ele reaproxima as próprias pessoas, aumenta a dependência dos seus desejos e de suas utilidades recíprocas, sua relação em geral.

> Pela troca monetária [escreve o sociólogo alemão], um obtém aquilo de que necessita em particular, enquanto o outro obtém uma coisa de que necessita em geral[137].

Dinheiro, por exemplo.

Consequentemente, no plano tanto objetivo quanto subjetivo, o valor das duas partes, o uso dos bens, aumenta paralelamente e de maneira equitativa. E isso não é tudo: uma espécie de inversão se opera. Eu já tive a ocasião de evocar: durante um período longo e confuso, a moeda é um instrumento de troca entre outros. Tudo se faz por meio de uma substância, madeira, ouro, ou de um bem particular, animais, casas, pão, e outros. Eles têm um preço para os homens também em razão das suas qualidades específicas. Mas disseminando-se e impondo suas regras à troca, o dinheiro, por um lado, a intensifica e, por outro, confere-lhe uma independência em relação aos que trocam. De um vasto conjunto de circulação de conteúdos pessoais, ingovernável e incalculável, ele se torna uma forma social autônoma. E é verdade que, longe de alterá-lo, os signos e as normas da moeda se concentram fortemente nele, dando-lhe uma regularidade e uma previsibilidade quase matemática. Por isso a sua associação é o único acontecimento revolucionário da economia, e muito mais. Simmel constata isso:

> Eis, portanto, com exceção da criação de valores enquanto tal, a função essencial da condição social, a parte da condição humana que ela é convocada a assumir: liberar pela forma que se confere aos conteúdos existenciais um máximo de valores latentes contidos neles. Todos os casos em que vemos a moeda exercer essa função demonstram bem que o papel técnico

---

137. Ibid., p. 308.

representado pela moeda é o de permitir à troca de ser o modo social essencial na resolução dessa tarefa, e que a própria troca é incorporada na moeda[138].

Ela era apenas uma entidade empírica nas relações entre indivíduos particulares. Ora, eis então que ela coincide com a representação da forma principal das ações e dos movimentos de uma sociedade. Ela adota inteiramente a sua função de medida e comunicação para apurar e aperfeiçoar suas leis. E também, poderíamos acrescentar, conferir-lhes um caráter cada vez mais público. No lugar da sequência das transações diretas, de homem a homem por assim dizer, que têm um aspecto meio secreto, meio privado, as transações monetárias supõem pelo menos a intervenção de um terceiro. E muito mais, à medida que elas dizem respeito às quantidades e que são expressas de maneira abstrata, por meio de um cheque, de um cartão de crédito, que exigem padrões de medida, escrituras e controles, nós as vemos se tornarem ostensivas, acontecerem, senão com o conhecimento de todos, pelo menos de muitos. A coincidência secular entre Plutão que reina no reino subterrâneo dos mortos e Pluto, deus das riquezas, nem por isso é por elas afetada; cresce apenas o número de seus devotos. Assim as próprias relações de troca perdem o seu caráter privado e exclusivo, para serem vividas como públicas e anônimas. Dessa maneira, a economia monetária tende a empregar abertamente os seus recursos e deixa a marca de suas influências nos diversos compartimentos da sociedade que dela dependem. Como se fosse o caso de realmente torná-las visíveis pelo intermédio do dinheiro que, quanto a ele, a exemplo da luz e das diversas irradiações eletromagnéticas, o é cada vez menos.

Por outro lado, a troca com a natureza, o seu conhecimento, sofre também a sua ascendência, obedece à tendência geral. Com efeito, a expansão do dinheiro provoca uma expansão da tecnicidade. Cada um de seus usos requer medidas e cálculos precisos. Uma rede de aritmética é necessária para reunir todos

---

138. Ibid..

os valores a seu denominador comum. Com ela, pesar, contar, quantificar segundo um alto grau de precisão não são atos quaisquer. Eles são a própria respiração do pensamento e da realidade. Inclusive na ciência, em que a importância de um projeto de pesquisa é cada vez mais apreciada em função do seu custo. A verificação de uma proposição física, se ela requer um ciclotron, ou de uma hipótese cosmológica, se ela depende de um satélite, pode ser cifrada. Aqui também, o "quanto"? está nitidamente separado do "o quê?". E como os pesquisadores consagram cada vez mais tempo na redação de documentos para o uso daqueles que concedem os créditos necessários, o raciocínio não pode deixar de ser influenciado. Hoje em dia, para organizar as ciências por ordem de importância, poderíamos imaginar critérios diferentes daqueles de Augusto Comte, a generalidade e a simplicidade. Como, por exemplo, a correlação entre o número de pesquisadores e o orçamento alocado a cada um. E isso não é tudo. Não julgamos qualquer sucesso em termos de performance quantitativa? Cada país contabiliza seus Prêmios Nobel e avalia, segundo o número deles, a sua contribuição à ciência, assim como soma as medalhas obtidas nos Jogos Olímpicos pelos seus esportistas nas diversas modalidades. Observamos aqui, talvez com razão, os indícios da boa saúde da sociedade e dos progressos da ciência em geral. Pois cada um de nós, formado na escola da moeda, faz sua a paixão pelo quanto, o amor pela quantidade e pela performance.

Todavia é preciso insistir no vínculo mais interno e direto. Ao lado da herança da filosofia antiga, a medida e a abstração matemáticas ocupam, no nascimento da ciência moderna, uma posição determinante. Elas estão na base de sua preocupação em eliminar qualquer inexatidão e ilusão dos sentidos da visão e do tato. Cada avanço em direção ao âmago dos fenômenos acontece por uma identificação das quantidades por meio de instrumentos de precisão, e a relação entre eles se faz por meio de equações. Esta é a própria razão do conhecimento, a sua justificativa filosófica e a sua visão da natureza. O dinheiro serve assim de modelo e de estímulo a esse conhecimento que, em sua forma acabada, tende a reduzir as qualidades a uma quantidade. Em contrapartida, aquilo que resiste e permanece à parte é colocado no irracional[139]. Consequentemente, temos boas razões para sustentar, com Simmel, que a ciência exata é oriunda da mesma tendência.

> No interior da esfera psicológica [escreve ele] o dinheiro, por sua própria natureza, torna-se o representante puro e simples da ciência moderna em seu conjunto; ele reduz a determinação qualitativa à determinação quantitativa[140].

Aqui se encontra o segredo de sua operação e de sua ascendência sobre a inteligência que, de outra forma, permanece incompreensível.

Outrora uniforme, como ferramenta em gestação, o dinheiro se tornou proteiforme a ponto de dominar as trocas entre os homens e com o mundo exterior. Colocado assim entre o visível e o invisível, ele favorece a emergência da abstração na economia, e depois nas ciências.

> Essa forma de vida [declara Simmel] não confere apenas uma notável expansão a nossos processos mentais (pensem, por exemplo, nas complicadas condições psicológicas preliminares necessárias para associar as cédulas a um lastro metálico). Ela também garante a sua intensificação, criando uma reorientação fundamental da cultura que se intelectualiza. A ideia de que a vida se fundamenta essencialmente no intelecto e de que o intelecto é aceito na vida prática como a mais preciosa de nossas energias mentais caminha junto com o crescimento de uma economia monetária[141].

Que esse instrumento de obras menores e de instintos vis se transforme em emblema do crescimento das faculdades intelectuais e do pensamento racional, é apenas a nossa civilização que conhece essa mudança de perspectiva, que converte o desprezo em admiração. Com ele, a economia dos corpos terrestres se

---

139. MEYERSON, E. *Identité et réalité*. Paris: J. Vrin, 1951.
140. SIMMEL, G. *The Philosophy of Money*. Op. cit., p. 362.
141. Ibid., p. 152.

torna uma economia de corpos celestes. Se, segundo a palavra de Valéry, "o espírito é a recusa de ser o que quer que seja", então o dinheiro é espírito. De todo modo, é aquilo que o libera e o faz brilhar.

Da sociedade do quase à economia da precisão

Simmel reconhece ao dinheiro um imenso poder que supera todos aqueles descritos pelos economistas. E cabe a nós mostrá-lo sob uma variedade inesgotável de pontos de vista. Ficamos ofuscados a cada página, e às vezes é como se fôssemos ofuscados em uma estrada pelos faróis demasiado brilhantes. Mais de uma vez eu me surpreendi pensando que Durkheim estava certo ao escrever, a respeito da *Filosofia do dinheiro*, que os vínculos entre as questões tratadas são tênues, e que elas não são postas em relação por meio de uma teoria coerente[142]. Mas, enfim, também não são um emaranhado de ideias. Em resumo, poderíamos reter as seguintes proposições:

1) A troca é uma forma *sui generis* da sociedade, em que os valores adquirem uma existência objetiva.

2) A troca se torna econômica, desde a origem, pelo sacrifício consentido dos indivíduos.

3) O dinheiro representa os valores e os reifica, o que permite relacioná-los e compará-los.

4) A passagem de uma economia fechada a uma economia aberta se realiza por uma corticalização do dinheiro cuja substância se anula diante da função.

5) Ao se corticalizar, o dinheiro aumenta seu poder de objetivar, isto é, de distanciar os bens das pessoas.

6) Ao longo de uma evolução dominada pelo princípio do menor esforço, o dinheiro garante a superioridade dos meios de troca e de comunicação dos valores sobre os objetivos. De forma que ele se transforma de meio em fim, o seu próprio fim.

---

142. DURKHEIM, É. *Textes*. T. 1. Paris: Minuit, 1975, p. 19.

7) O dinheiro realiza a tendência da vida em unificar o diverso reduzindo a qualidade pela quantidade, tendência que se torna o princípio de nosso domínio da sociedade e da natureza.

8) À medida que essa redução se opera, o dinheiro se transforma em signo puro e código crematístico das trocas em geral.

9) A difusão da economia monetária conduz à autonomia do mundo das trocas e lhe confere uma forma abstrata e universal.

10) A dominação do dinheiro orienta nossa cultura para a preeminência do intelecto sobre os afetos e das operações racionais sobre as pequenas atividades empíricas.

Eis, portanto, o decálogo que envolve o fenômeno monetário. Dele podemos extrair uma profusão de hipóteses e de intuições. Mas também inúmeras previsões, das quais uma boa parte é destinada a jamais ser verificada. Ora, uma dentre elas, a principal e que serve de espinha dorsal para a teoria de Simmel, anuncia uma racionalização geral da sociedade. É algo razoável, uma vez que o dinheiro, salvo exceção, tende a livrá-la do emaranhado de costumes, do fascínio dos símbolos, dissolvendo ao mesmo tempo as relações de pessoa a pessoa. Tudo se passa como se, ao introduzir um grau de objetividade na vida comum, ele emancipasse os indivíduos e encorajasse uma ação e uma reflexão autônomas.

> O dinheiro [Simmel insiste nisso em várias ocasiões] objetiva as atividades externas do sujeito que geralmente são representadas pelas transações econômicas. Ele desenvolveu, portanto, para lhe servir de conteúdo, as práticas mais objetivas, normas puramente matemáticas, e a liberdade absoluta em relação a tudo o que é pessoal[143].

A esse respeito, em que momento estamos do ponto de vista dos fatos?

Observem o camponês da Idade Média. Ele começa a se libertar de sua submissão ao senhor feudal a partir do momento em

---

143. SIMMEL, G. *The Philosophy of Money.* Op. cit., p. 128.

que tem a possibilidade de lhe verter uma soma em dinheiro, ao invés de lhe fornecer gado, produtos da terra, trigo, cevada etc. ou dias de corveia. Consequentemente, ele tem a possibilidade de empregar mais tempo em proveito próprio, dedicar-se a uma única cultura ou praticar exclusivamente a criação de animais, por exemplo, se julgá-la mais rentável. É razoável pensar que essa libertação interna, psíquica e social não tenha acontecido facilmente, o senhor se recusando, em muitos casos, a relaxar sua autoridade direta e sua dominação sobre seus servos. Ao longo do tempo, no entanto, ele teve de se confessar vencido.

Um outro progresso consistiu no pagamento de uma quantia única, substituindo os pagamentos periódicos, fixados pela tradição. Todo o estatuto da propriedade foi assim abalado, modificando inteiramente a relação de dependência. Além do mais, quando o dinheiro substitui a corveia e os impostos em espécie, aquilo que se deve deixa de ser sagrado e arbitrário, envolto em sentimentos. A servidão colocada em cena e travestida em mentira mítica e religiosa rejeita seus simulacros e é percebida como tal. A revelação mais chocante, mais moderada, de sua natureza, dissolve como um ácido os vínculos de pessoa a pessoa, fazendo-os ao mesmo tempo anônimos e distantes. Daí a intervenção do fator de objetividade, tornando ao mesmo tempo impensáveis e insuportáveis os serviços exigidos em nome desse vínculo.

> Esse desenvolvimento [observa Simmel] foi por assim dizer desprovido de forma específica. Ele é, portanto, o correlato da liberdade pessoal dos tempos modernos[144].

As mesmas causas produzem em toda parte os mesmos efeitos. Ao se difundir, o pagamento em dinheiro também permitiu aos trabalhadores modernos se emanciparem do senhor e do patrão direto. Eles não se sentem mais subordinados em sua pessoa. Possuidores de sua força de trabalho, eles a vendem em troca de uma quantidade determinada de dinheiro. É exatamente isso que aumenta a confiança neles mesmos e permite sua ação. Por seu

---

144. Ibid., p. 355.

anonimato e cálculo, a remuneração em dinheiro, ao contrário do que pensava Marx, rompe as correntes cuja lembrança remonta ao mais profundo. A pessoa do operário, em geral, torna-se "tanto mais livre quanto o trabalho e sua regulamentação se fazem mais objetivos, impessoais e técnicos"[145]. Em todos os setores da sociedade, qualquer que seja a posição ocupada, a economia monetária elimina os privilégios, os sentimentos de honra ou de reconhecimento, a grandeza e a servidão, em proveito de relações abstratas e regulamentadas. Desaparecem a solicitude e a dependência em relação a um determinado indivíduo, junto com as obrigações que vinculam a uma corporação ou a um ofício. Mesmo que do ponto de vista subjetivo isso pareça muito difícil para cada um, a evolução introduz, no entanto, um elemento de liberdade, na medida em que uma grande parte da vida e das iniciativas lhe pertencem. E aquilo que se exige dele deve ser claramente formulado e justificado racionalmente.

> A eliminação dos elementos pessoais [afirma Simmel] dirige o indivíduo para os seus próprios recursos. Ela o faz tomar consciência mais positivamente da liberdade que teria na ausência total de relações. O dinheiro é a representação ideal dessa condição. Com efeito, ele permite as relações entre as pessoas, mas sem envolvê-las pessoalmente. Ele dá a medida do sucesso material, mas permanece impróprio para expressar aquilo que é particular e pessoal[146].

O dinheiro cava, portanto, um fosso entre aquilo que é comum e aquilo que é singular. Ele estabelece uma separação entre o mundo exterior das relações com o outro e o mundo interior das relações consigo. Ele os opõe como a razão à paixão.

Devo confessar que fiquei bastante impressionado com a ideia de que, entre todos os caminhos da liberdade, o dinheiro representou um papel histórico ao eliminar as relações pessoais tecidas há milênios. Figurativamente, ela poderia se traduzir pela

---

145. Ibid., p. 335.

146. Ibid., p. 303.

imagem de um homem que não vê mais em um outro homem seu semelhante, mas um autômato ou um estranho de passagem, cujas reações não mais lhe importam. Seria difícil para mim replicar àqueles que objetassem que essa relação impessoal não se deixa descrever de maneira significativa. Tanto é verdade que o dinheiro não consegue reduzir os arrebatamentos da alma e os vínculos entre as pessoas. Para mim, não existe nenhuma dúvida de que, nos assuntos importantes, ele cria relações ambíguas, conciliando tendências tão opostas quanto incompatíveis: a indiferença e o apego. Se, no jogo das substituições e das trocas, ele objetiva aquilo que, para nos satisfazer, deve permanecer objetivo, o próprio dinheiro é obrigado a conservar um ponto de apoio na subjetividade das pessoas. Reflitamos um instante nas condições em que o dinheiro circula e expressa os valores. Observamos então que toda operação exige muita confiança, uma vez que damos um bem ou sacrificamos nosso tempo para receber em troca uma promessa, um pedaço de papel ou uma moeda de metal, que devem representar esses bens, mas sem nada que o demonstre. "Essa confiança [observa Canetti], que podemos dar a uma moeda, talvez seja a sua principal qualidade"[147].

Assim, na base da poderosa racionalidade da economia monetária, encontramos, ainda e sempre, uma crença. Ela nos permite desfrutar um crédito e oferece a possibilidade de criar uma moeda, chamada justamente fiduciária. O seu valor está fundamentado, não no valor da matéria que a constitui, papel, bronze ou prata, mas na confiança concedida àquele que a emite[148]. O mesmo acontece com o ouro. "E a verdadeira fé [escrevia Mauss], que alimentamos em relação ao ouro e a todos os valores decorrentes de sua avaliação, não é em grande parte a confiança que temos em seu poder?"[149] Sem ela a sociedade se desagregaria, pois poucas relações são fundamentadas naquilo que se sabe de uma outra pessoa, e existiriam relações ainda menos duráveis se

---

[147]. CANETTI, E. *Masse et puissance*. Op. cit., p. 195.

[148]. BLOCH, M. *Esquisse d'une histoire en Europe*. Op. cit., p. 92.

[149]. MAUSS, M. *Œuvres*. T. 2. Op. cit., p. 162.

a fé não fosse mais forte do que "as provas racionais ou a observação pessoal"[150].

Ao mesmo tempo, o dinheiro incita a nos comportarmos com uma certa indiferença em relação ao outro. Maneira de nos protegermos, como acabamos de ver, contra os sentimentos ou as impressões efêmeras que poderiam interferir em nossos interesses, diminuir os ganhos almejados. Em toda parte em que somos levados a tratar uma pessoa particular como um ser impessoal, existe um elemento de violência. Como deixar de lado os vínculos de simpatia, de afeição para com um próximo, e transformá-lo em um estranho, e levar em conta apenas os benefícios de uma transação, sem uma dose de agressividade para com nosso parente ou amigo? "Os negócios são os negócios" é a resposta a qualquer protesto e explica a falta de generosidade para com o outro. Por essa razão, uma pessoa que tem como único interesse o dinheiro nem mesmo compreende que possa ser recriminada por sua frieza. Ela vê apenas consistência lógica e imparcialidade em sua conduta, sem nenhuma maldade de sua parte[151]. Até no próprio amor, é o custo que ela observa primeiramente.

Ocorre que esse elemento de violência está encastoado na maior parte das relações que nossa cultura quer reduzir a um denominador comum, em tudo aquilo que pressupõe um sentimento ou um desejo. Basta pensar, depois de Simmel, o casamento, a prostituição, a amizade etc. Muitas das páginas da *Philosophie de l'argent* expõem detalhadamente como, ainda que o dinheiro tenha promovido certas liberdades, ele minou nossos vínculos mais íntimos. O que então se dissolve irremediavelmente é a própria possibilidade da satisfação pessoal que se refugia em alguns gestos, em alguns signos opacos e quase clandestinos. Vejamos, a título de exemplo, a prostituição. Instituição reconhecida e quase religiosa, ela se despoja de qualquer excesso para se tornar inteiramente venal. A circulação do prazer e a circulação

---

150. SIMMEL, G. *The Philosophy of Money*. Op. cit., p. 162.

151. Ibid., p. 434.

da moeda se confundem na circulação dos prazeres sexuais. A mulher carrega um valor em razão do capital representado pelo seu corpo, tornado um objeto tão intercambiável quanto o dinheiro que remunera os serviços prestados. Isto é ainda mais verdadeiro para o homem que tenta, apesar de tudo, obter uma vantagem pessoal, pelo sentimento e pelo orgasmo esperados de uma mulher paga para não tê-los. E que sentem, como frieza ou rudeza, o fato de não obtê-los.

A remuneração das relações pessoais fora do casamento nos ensina então alguma coisa sobre a natureza do dinheiro. Ele pode servir absolutamente para qualquer uso. Nenhum indivíduo mantém, por meio dele, um vínculo privilegiado, uma vez que sua relação é a mesma com todos. Ele tem como qualidade intrínseca a indiferença, já que, como simples meio, não veicula nenhuma relação afetiva. Pois, uma vez que transformou um contato pessoal em vínculo impessoal, o inverso também se torna tão difícil quanto fazer remontar a energia de uma fonte fria a uma fonte quente. Só se consegue isso na imaginação e na fantasia, jamais na realidade.

Hoje, no entanto, a indústria erótica, tão próspera, realiza essa façanha. Ela apela para a pornografia do "tudo ver" e não somente do "tudo dizer", que publica os gestos sexuais mais ousados, impossíveis, e até mesmo perversos. Existem agências usadas pelos clientes para contar suas fantasias orgásticas sem saber a quem, pagando para serem ouvidos. E as técnicas eletrônicas mais sofisticadas, como o computador, estão à disposição daqueles que vendem e compram prostitutas invisíveis para relações sexuais não realizadas e abstratas. A obscuridade erótica e o segredo, sem muita fantasia, da caixa registradora, concorrem para rentabilizar um serviço público. Todos esses traços ilustram, como ressaltava Simmel, uma analogia chocante entre o dinheiro e a prostituição.

Os mesmos traços se encontram, sem dúvida, no casamento, quando ele se conclui por uma transação monetária. Eles aparecem ainda mais na corrupção que, sob a fachada do respeito às leis sociais, conduz ao que é, por excelência, a sua violação: o desvio pouco escrupuloso em favor de um indivíduo. Se essa venerável instituição é menos visível no Ocidente do que em outros lugares onde o seu rosto aparece a nu, é precisamente o dinheiro que lhe serve de máscara. Como insiste em preservar uma fachada de moralidade e de rigor público, ele torna imperceptível o ato em si e o disfarça até mesmo aos olhos daquele que o comete. A corrupção era relativamente difícil, ela dependia de uma arte, na medida em que o suborno tomava a forma de um bem tangível. Para obter um favor, oferecia-se uma terra a um príncipe, uma casa a um magistrado, sem falar dos presentes em espécie, alimentos, bebidas, objetos preciosos, tecidos, joias. Ou ainda uma moeda de ouro que disfarçadamente se introduzia em uma mão levemente aberta. O semblante de resistência era evidente, pois a transação acontecia em público e não podia escapar aos olhos vigilantes e ciumentos. O interessado devia fechar os olhos em sinal de aquiescência.

O dinheiro amplia tanto as possibilidades de corrupção quanto a manutenção de uma fachada de moralidade para ambas as partes. O segredo é mais bem guardado, quase inviolável. Para se obter um favor ilícito, basta um bilhete anônimo, um cheque ou um valor indicado entre tantos outros; e eis que a riqueza de um indivíduo aumenta sem ser revelada pelo menor objeto. O recipiendário pode fingir ignorância em um grau inconcebível em uma economia de dom. Ele pode representar a comédia para si mesmo, mascarando a proveniência da soma a seus próprios olhos, pois nem recebeu alguma coisa de forma sensível, nem desfrutou da posse. A nulidade, a ausência de prova material do viés e da violação de uma regra comum transforma a corrupção em uma transação qualquer. Eis o que ajuda a compreender de que modo, em geral, o dinheiro permite disfarçar fatos e motivos. Ele escamoteia à consciência o sentido dos atos e lhe evita sua própria censura, bem como a censura dos outros que nada viram.

Não é necessário multiplicar os exemplos. Sugiro que o caráter impessoal imposto pelo dinheiro às nossas relações pessoais crie uma ambiguidade e uma violência particulares que impregnam o meio social por inteiro. A ponto de fazer parecerem irracionais ou inadaptadas as condutas que dão a impressão de que relações impessoais podem se estabelecer de uma forma pessoal. Como o comerciante que declarasse fazer "um preço de amigo", ou o banqueiro que emprestasse sem juros e por simpatia. Pois se mostrar generoso, apelar para o senso de honra, ali onde se deve seguir as leis do mercado e calcular de forma justa, significa ir contra a própria natureza da economia e infringir as suas regras. Ora, ela não abre espaço para uma ingenuidade que preparasse somente, como todos sabem, a sua própria ruína. O Dom Quixote moderno não luta mais contra os moinhos de vento. Ele luta contra os silogismos da indiferença e contra a lógica dos ganhos e perdas, a mesma para todos.

Compreendamos também isto: todos os homens serão quixotescos muitas e muitas vezes. Vocês percebem que é muito difícil ter esse sentido infalível que discrimina, em uma relação, entre o impessoal e o pessoal, entre o racional e o irracional em uma ação. Ainda mais que, para distingui-los, temos apenas indícios abstratos, imperceptíveis, dos quais jamais se pode ter certeza. Quantas vezes tomamos uns pelos outros, um prospecto publicitário por uma carta que nos é pessoalmente endereçada, e a redução de um preço de venda por um presente. Apesar dessas ambiguidades, tudo isso depende da tendência em reduzir a qualidade à quantidade e desvaloriza cada relação pessoal para favorecer uma infinidade de relações impessoais. Nenhum campo da vida social escapa a isso. E se nos lamentamos do caráter superficial das relações entre as pessoas, da sua reticência em tomar parte nos assuntos comuns, isso não se deve, como poderíamos pensar, à vontade de se isolar e de se defender contra a invasão da vida privada. Trata-se, pelo contrário, de uma maneira de participar da vida pública em nossa sociedade.

Até uma data recente, o pertencimento a uma corporação, a uma coletividade religiosa, uma paróquia, por exemplo, a uma associação de bairro, a um sindicato ou até mesmo a uma família, implicava completamente cada pessoa. Ela devia lhe consagrar tempo, aderir às crenças, conformar-se às tradições comuns, e compartilhar os seus símbolos e, ao mesmo tempo, pagar taxas e outras prestações de solidariedade.

Na Idade Média [relembra Simmel] a afiliação a um grupo absorvia completamente o indivíduo. Ela não correspondia somente a uma finalidade temporária e objetivamente definida, mas antes associava todos aqueles que essa finalidade havia reunido e absorvia completamente a vida de cada um deles[152].

Eles eram obrigados a se limitar a um pequeno número de associações que se ajustavam entre elas. Mas, a partir do momento em que as trocas se multiplicam e o dinheiro circula, a afiliação ao grupo torna-se fluida e não requer do indivíduo senão uma fração às vezes ínfima de sua personalidade. Ele pode então acumular as adesões. Além do mais, a qualidade de membro é proposta perguntando-se não: o que você pensa? ou: quais são os seus objetivos?, mas simplesmente: quanto você paga? Aquele que a obtém versando apenas uma cotização obrigatoriamente se engaja menos. Além disso, as atividades de secretariado, tesouraria ou propaganda são garantidas por assalariados e por militantes profissionais. Portanto, não é mais necessário se investir, sacrificar o seu tempo livre e a sua vida pessoal para se consagrar a elas. Para quem tomou consciência dessas facilidades, pertencer a várias associações conforme seus recursos e suas necessidades é normal. A cada dia surgem novas, sem que se preste atenção. Certamente o dinheiro subtraiu o indivíduo à dependência de um pequeno número de pessoas e de grupos instituídos. Por outro lado, ao fragmentá-lo e ao torná-lo móvel, ele o coloca na dependência de uma multidão de "não pessoas" e de grupos precários. Por meio de um sutil equilíbrio, às relações pessoais, que só podem ser pouco numerosas, fazem contrapeso relações impessoais em um grande número. A quantidade da vida social se torna assim a sua qualidade. E, com frequência, uma qualidade abstrata e indiferente, *ready-made*, quando o pertencimento do indivíduo se reduz a assinar um cheque, a possuir uma carteirinha de membro e a receber um boletim periódico que, sem ao menos lê-lo, ele joga fora ou coleciona.

---

152. SIMMEL, G. *Conflict and the web of group affilation*. Nova York: The Free Press, 1955, p. 149.

A polifonia social que disso resulta se reconhece nessa participação simultânea e fragmentária a vários círculos desconectados como as notas da música contemporânea. Ninguém mais conta de maneira exclusiva, nenhum ser é importante para o outro a ponto de poder gritar com o fervor de Gide no final dos *Alimentos terrestres*: "Esquece-me como eu te esqueço e faze de ti, oh, o mais insubstituível dos seres". Cada um se torna único em meio à intercambialidade geral, e se associa na mais perfeita indiferença. Trata-se de indivíduos isolados, sem qualquer termo de comparação, que escapam a qualquer círculo permanente e parecem se inscrever em uma galáxia social apenas para se esquivarem às suas diversas partes mesclando-se com todas.

> Enquanto que, ao longo de um período anterior do desenvolvimento [afirma o sociólogo alemão], o homem devia pagar suas raras relações de dependência com a estreiteza de seus vínculos pessoais, e muitas vezes com o fato de que um indivíduo era insubstituível, nós encontramos agora uma compensação para a multiplicidade das relações de dependência na indiferença que podemos manifestar às pessoas com quem nos relacionamos e pela liberdade que temos de substituí-las[153].

E isso ainda mais porque o dinheiro, pelas suas necessidades, exige uma certa rapidez e intensidade das relações, atropela aquelas que patinam por não trocarem de parceiros e de interesses. Assim, com uma mão ele limita e empobrece cada um dos círculos sociais; e, com a outra, aumenta excessivamente o seu número. Empregado e empregador, cliente e comerciante, locatário e proprietário veem os seus contatos diminuírem, reduzirem-se a transações mínimas autorizadas por um preço objetivo, por salários automaticamente depositados e negociados com organismos coletivos ou com publicidade política, e pelos aluguéis fixados por decreto. O indivíduo da época moderna cada vez mais se assemelha, sob muitos aspectos, ao estrangeiro de antigamente, inimigo e hóspede de passagem. Como não estava integrado na coletividade, ele não estava preso às dependências emocionais e

---

[153]. SIMMEL, G. *The Philosophy of Money*. Op. cit., p. 395.

tradicionais. Observamos esse tipo desabrochar principalmente nas cidades, em que apenas a densidade de população exacerba as suas características. Fragmentos de cada um são consagrados a atividades separadas; ofício, amizade, lazer e escolha política se especializam. Com que resultado? Percepções enviesadas, lembranças fragmentadas e lógicas unilaterais. Às vezes acontece que o "eu" seja obrigado a pagar um alto preço para atenuar as suas dissonâncias e que elas acabem pesando demais na economia psíquica. O indivíduo deve ser composto de maneira muito complexa, cindido em várias ocasiões em ser objetivo e ser subjetivo que têm relações abstratas entre si.

> O fundamento psicológico sobre o qual se eleva o tipo de individualidade das grandes cidades [escreve Simmel] é a *intensificação* da vida nervosa, produzida pela mudança brusca e interrompida de impressões externas e internas[154].

Assim a cidade difundiu esse tipo humano e democratizou o indivíduo, doutor em quantidades, eu poderia acrescentar, uma vez que dele não se exige nenhum gesto heroico, nenhuma virtude, nem nenhum título particular. Ele é, indubitavelmente, para retomar a expressão de Musil, o "homem sem qualidades". Isto é, livre dos vínculos permanentes com um grupo, com uma família, com uma profissão, ao longo de sua vida, e dos sentimentos de apego que o submergiam. Mas o dinheiro que o dispersou no círculo das relações impessoais também o reuniu a outros nas grandes massas da indústria e das pirâmides da burocracia. Juntas, elas buscam o que cada um perdeu, as emoções comuns e os contatos pessoais no seio de uma coletividade. Quer seja por meio dos movimentos de rua, dos gigantes concertos de música, das cerimônias patrióticas ou esportivas, às vezes violentas, essa necessidade se satisfaz como é possível. Ainda não compreendemos suficientemente o caráter moderno das multidões urbanas. Elas reúnem indivíduos racionais, no sentido econômico e cultural do termo, em uma sociedade que nos separa uns dos outros. Elas tornam contínuas e intensificam, por um momento, todas

---

154. SIMMEL, G. *Brücke und Tür*. Op. cit., p. 227.

as redes e as relações descontínuas do homem inumerável. Elas representam e exaltam nele o essencial, a saber, o sentido da quantidade. Mas, para consegui-lo, a massa força os indivíduos a mudarem a sua psicologia no seu contrário, a reprimir as faculdades críticas e os interesses egoístas.

O mesmo não acontecia no passado. Na Roma Antiga, na Idade Média e até uma data recente, a multidão das cidades dava continuidade aos vínculos pessoais existentes na família, no ofício, na Igreja. Ela nascia de outras multidões e não precisava nem mudar a psicologia dos indivíduos, nem inverter a tendência que os separa e os torna indiferentes uns aos outros. Em resumo, se todas as sociedades anteriores *têm* massas, somente a nossa *é* de massa. Quem quer que observe, seja o indivíduo sozinho, seja a massa sozinha, tem uma visão truncada de sua natureza moderna.

Segundo Novalis, o Paraíso, primeiramente único, teria então se disseminado pela superfície do mundo, oculto nos interstícios da matéria e, por assim dizer, transformado em seu sonho. O mesmo aconteceria com o dinheiro: substância particular, reservado a algumas operações de dom ou de troca, ele penetrou em todas as células da sociedade e se tornou a sua razão. Se esta progride e marca a cultura, isso só pode ser em uma direção, isto é, na direção da medida, portanto, da precisão. Talvez o dinheiro não tenha nada a ver com isso, mas como sabê-lo?

A partir do momento que consideramos sua presença e suas condições, nós nos damos conta de que elas significam eliminar o julgamento pessoal, a espiadela e o hábito do quase, como alguma coisa de irrefletido e de subjetivo. Gostos e cores servem para conversar, mas não o valor de um cheque ou o de um franco. Pesar uma mercadoria com a mão para avaliar o seu peso, morder uma moeda para se assegurar de que ela é de ouro e não de cobre, olhar um comerciante nos olhos para saber se ele é honesto, são muitas das práticas em desuso. Cada um deve considerar indivíduos e coisas, assim como o dinheiro, sob o ângulo do cálculo e da exatidão. O resto não conta, sendo apenas erros e vicissitudes da alma. A lógica quer que toda pessoa e toda coisa sejam reduzidas a um padrão, negligenciando as suas virtudes e as suas taras para estabelecer apenas o seu valor de troca com uma outra, com uma diferença mínima.

Que palavra horrível. E, no entanto, se levarmos em conta o volume das transações e das somas em jogo, essa diferença mínima conta. Tudo aquilo que existe em arte ou em técnica, em ciência ou vida social, para quem sabe ver e observar, é medido a partir desse ponto de vista. É um truísmo que uma pesquisa, uma ideia, uma façanha esportiva sejam avaliadas em função da performance, do número de medalhas de ouro ou do Prêmio Nobel e de sua rapidez. Eu não penso em fazer ironia, contento-me em enumerar os aspectos dessa crescente objetividade de nossos meios e de nossos fins.

> E muito mais [escreve Simmel], uma vez que a estrutura inteira dos meios é uma estrutura de vínculos causais considerados diretamente, o mundo prático também se torna, cada vez mais, um problema a ser compreendido. Mais exatamente, os elementos concebíveis da ação se tornam relações objetiva e subjetivamente calculáveis; por isso eliminam progressivamente as reações e decisões emocionais que não se vinculam senão às reviravoltas da vida, aos objetivos últimos[155].

Certamente precisamos de todos os nossos recursos intelectuais e técnicos para resolver semelhante problema. Mas o sociólogo o enuncia claramente e explica o seu pressuposto: o dinheiro se livrou de todos os fins tornando-se o meio absoluto, aquele que se une a todos. Com a conquista da economia, da indústria, da ciência, da comunicação, ele difunde em toda parte uma atitude e um ponto de vista instrumentais. Diante de cada dificuldade, convocamos um especialista e um conhecimento especializado. Esperamos deles uma solução sem nos perguntarmos para que ela serve, se ela é desejável ou prejudicial. Aos olhos de todos, esses especialistas e esses saberes que admiramos representam a superioridade dos meios sobre os fins, o fato de se poder discutir razoavelmente com toda objetividade "como

---

[155]. SIMMEL, G. *The Philosophy of Money*. Op. cit., p. 431.

fazer", ao invés de se querelar e de se exaltar em torno de um "por que fazer"[156].

Não é de um dia para o outro que será demolida a fachada de educação, de legalidade, de religiosidade, nem mesmo o estuque friável de nossa moralidade. Contudo, durante os debates sobre a inseminação artificial, a energia nuclear, a qualidade da vida, são com frequência os argumentos instrumentais que acabam vencendo. Em todo caso, o grande interesse das hipóteses de Simmel vem de sua coerência, da maneira como são ordenadas em torno do dinheiro que molda nosso mundo moderno. E mais uma vez, esse mundo moderno nelas surge com a certeza absoluta de ali encontrar um modelo para tudo racionalizar, em qualquer campo que seja. Ele é o primeiro a não querer se contentar de passar pela história, ele exige fazer a história segundo princípios concebidos e verificados cientificamente. Portanto, ele se dá como regra tratar os fenômenos de sociedade da mesma maneira que os fenômenos da natureza.

> Assim como a tonalidade afetiva [afirma Simmel] desapareceu da interpretação dos processos naturais, já que a inteligência tomou o seu lugar, assim os objetos e as relações do nosso mundo prático, na medida em que formam séries cada vez mais religadas entre si, excluem a interferência das emoções[157].

Essa é a antítese perfeita da cultura que até então reinava, encerrando sentimentos, vontades, intenções, objetivos e gênios astuciosos. Os três adjetivos: impessoal, instrumental, objetivo, são equivalentes e resumem a nossa cultura. Sinônimos de racionalidade, seu horizonte se amplia incessantemente e seus métodos são adotados na escola, na administração, no Estado. Este é o seu segredo: as operações efetuadas com o dinheiro se descolam dele para dominar as operações realizadas diariamente no trabalho, na ciência, na vida privada e pública. Até e inclusive nos procedimentos da democracia, segundo os quais a minoria

---

156. CLAESSENS, D. "Rationalitätrevidiert". *Kölner Zeitschrift für Soziologie und Sozialpsychologie*, 17, 1965, p. 465-476.

157. SIMMEL, G. *The Philosophy of Money*. Op. cit., p. 431.

deve se conformar à maioria. Isso indica claramente que o indivíduo não tem valor qualitativo. A sua definição é inteiramente quantitativa. Ela se expressa na fórmula: um homem, uma voz. Esse procedimento aritmético admite um corolário. Cada grupo, maioria ou minoria, compreende um certo número de unidades não especificadas (de pessoas) e o nivelamento molda sua realidade interna: "Cada um conta por um, ninguém conta por mais de um"[158].

O que Simmel diz sobre a democracia quantitativa dos votos se aplica à democracia de opiniões[159] que é a nossa. Sondagens, quase cotidianas, cifram essas opiniões e traçam a curva dos humores, como se todas as respostas a um questionário tivessem o mesmo peso e engajassem no mesmo grau. Esse furor de medir, pesar e calcular que grassa nos tempos modernos acaba sendo o mais puro reflexo de seu intelectualismo. Ele é percebido até na tendência da linguagem em evitar metáforas e paráfrases, em substituir o pensamento simbólico pelos códigos de signos puros. Ao invés de empregar, como no passado, abreviações das palavras usuais – como metrô para metropolitano – elas são reduzidas a siglas. Signos abstratos e anônimos, eles expulsam qualquer imagem concreta que pudesse abrir a porta aos afetos. A Sociedade das Nações de outrora se tornou a ONU, em vez de doenças venéreas, fala-se de DST (Doenças Sexualmente Transmissíveis), um pacto militar entre países se chama Otan e nosso trem mais rápido TGV. Tudo aquilo que essa língua sem palavras recobre não deve mostrar nem ser sentido, mas permanecer dissimulado pela sua própria forma. As maiúsculas que nem mesmo são separadas por pontos, uma vez que a sigla se tornou acrônimo são enunciadas como uma palavra (Otan), se combinam imitando uma fórmula matemática. A língua se banaliza e se racionaliza nesse processo, que a transforma, conforme a expressão de Simmel, em "puro meio dos meios", indiferente ao seu objetivo que é o sentido.

---

158. Ibid., p. 360.

159. MOSCOVICI, S. *L'âge des foules*. Paris: Fayard, 1981.

Nesse mundo em que os símbolos cedem lugar aos signos e as aproximações às regras, busca-se maximizar a precisão do gesto e a exatidão da reflexão. Em toda parte primam as faculdades "calculativas" da inteligência que têm como objetivo o fim das relações sociais e individuais. A propensão numerológica na vida é um indício que não engana, é o seu ideal supremo:

> O ideal cognitivo [escreve Simmel] é conceber o mundo como um imenso problema de matemática, conceber os acontecimentos e as distinções qualitativas das coisas como um sistema de números[160].

A sociedade vira uma nova página. E nessa página existem apenas números. Após ter envolvido as ciências, a matemática está em vias de se tornar, sob muitos aspectos, o diário íntimo de nossos pensamentos e de nossos comportamentos. A sua linguagem abstrata analisa as escolhas que fazemos e as preferências que nos permeiam, e delas deduz o retrato daquilo que somos. Clareza e pontualidade são as condições necessárias. A sociedade pede que cada um julgue, que se conduza com os outros e realize suas tarefas segundo uma fórmula de perfeição matemática. Cito generosamente Simmel, pois é ele que reconhece isso até no mínimo detalhe:

> O traço psicológico de nosso tempo, ele afirma [...], parece-me se encontrar em estreita relação causal com a economia monetária. A economia monetária impõe às nossas transações cotidianas operações necessariamente contínuas. Assim, para muitas pessoas, a vida se passa a avaliar, pesar, calcular e reduzir valores qualitativos a valores quantitativos. Estimar valores em termos monetários nos ensinou a determinar e especificar os valores até o menor centavo, e impôs, desse modo, uma maior precisão à comparação dos diversos conteúdos da vida[161].

Este é apenas um outro meio de demonstrar sua profunda racionalidade. Mas como relacionar, comparar à maneira dos cor-

---

160. SIMMEL, G. *The Philosophy of Money*. Op. cit., p. 444.

161. Ibid., p. 360.

pos físicos, e tão exatamente quanto possível, aquilo cuja matéria permanece profusa, flutuante? Como identificar, avaliar, classificar os desejos e os atos que sempre escaparam à medida? Essas questões que não deixaram de ser colocadas resultaram em uma mesma resposta e pelas mesmas vias. O deus relojoeiro que, segundo Descartes e Galileu, criou o movimento regular dos planetas no universo também o impôs à sociedade. Pelo menos o sociólogo alemão está persuadido disso, e sua comparação parece sugestiva:

> Assim como a difusão universal dos relógios de bolso tornou preciso o mundo exterior, da mesma forma a natureza calculadora do dinheiro conferiu às relações da existência uma nova precisão, uma certeza na definição das identidades e das diferenças, e uma ausência total de ambiguidade nos acordos e nas alianças[162].

Entre o dinheiro e os instrumentos de precisão, a semelhança é chocante, a cumplicidade completa. Tudo aquilo que aprendemos devemos aos instrumentos matemáticos. É por meio deles e somente por meio deles que adquirimos os nossos mais importantes conhecimentos. Juntos, eles modelam essas faculdades mecânicas[163], indispensáveis para que os homens se acreditem "mestres e possuidores da natureza" e deles mesmos. A partir de então, o que prevalece na sociedade é, mais do que nunca, uma habilidade próxima da engenharia que exclui os pequenos concertos domésticos do passado, executada pela máquina cujo ideal é o autômato.

Tudo é claro e aceitável: razão e sociedade se confundem. E o filósofo Lukács acreditava que "essa racionalização do mundo, aparentemente integral e que penetra até o ser físico e psíquico do homem, encontra o seu limite no caráter formal de sua própria racionalidade"[164]. Para quem não quer se alimentar de

---

162. WOLFF, K.H. *The Sociology of Georg Simmel.* [s.n.t.], p. 412.
163. MOSCOVICI, S. *Essai sur l'histoire humaine de la nature.* Paris: Flammarion, 1968.
164. LUKÁCS, G. *Histoire et conscience de classe.* Paris: Minuit, 1960, p. 123.

esperanças vazias, esse limite é uma ilusão. O antigo aluno de Simmel teria feito melhor se tivesse ouvido a sabedoria tradicional que, pelo contrário, respeita e até mesmo teme a potência das formas. Elas se tornam, durante um certo tempo, as marcas de uma cultura e as matrizes nas quais se molda a consciência dos homens.

Ora, o problema de racionalizar a sociedade tem por corolário aquilo que realmente devo chamar a desvalorização dos caracteres. Ela significa a abrasão da qualidade de indivíduo no indivíduo. Ao longo das últimas gerações já se havia conseguido que ele abandonasse, no fim das contas, os traços instintivos e as inclinações que lhe conferem um caráter único. E não é um acidente, pois inúmeros círculos sociais aos quais ele pertence, as trocas de que ele participa de maneira efêmera, o conduzem para fora de si mesmo, ainda que apenas no plano econômico: "A troca como tal [constata Simmel] é o mais puro e primordial esquema da ampliação quantitativa das esferas econômicas da vida. Por meio da troca, o indivíduo avança profundamente para além do círculo solipsista – muito mais do que roubando, ou dando presentes"[165].

Da maneira mais crua, cada um é levado pelo dinheiro a ultrapassar os seus limites e a se dobrar às formas de pensar e de agir idênticas para todos. Apenas subsistem os traços neutros e objetivos, que escapam a qualquer cenário e a qualquer aparência. Verdadeira túnica de Nesso, o dinheiro tece um segundo corpo da sociedade, matematizado e homogêneo, no qual não existem mais vínculos privilegiados e constantes com uma pessoa. Uma sociedade cartesiana, assim poderíamos dizer, cujos "elementos *a priori* da relação não são mais os indivíduos com suas características próprias, de onde nasce a relação social, mas antes essas próprias relações enquanto formas objetivas, "posição", espaços vazios e contornos que os indivíduos devem simplesmente preencher de algum modo"[166].

---

165. SIMMEL, G. *The Philosophy of Money*. Op. cit., p. 348.

166. WOLFF, K.H. *The Sociology of Georg Simmel*, p. 293.

Para aquele que habita no vazio, que tem uma função de puro enchimento, as qualidades perdem seu preço. O indivíduo não se preocupa mais com a honra ou com o prestígio. Lealdade ou tenacidade nas convicções não mais se justificam. As interferências do sentimento familiar ou patriótico podem falsear o julgamento sobre o valor dos meios e a precisão dos atos. Então uma gravitação subjetiva nos distancia das trajetórias que seria necessário seguir e que não se cruzam. Não contamos mais naturalmente como respiramos, não nos unimos mais aos outros como a uma "posição", de maneira desinteressada e sem partido tomado.

O homem de caráter tem um *demônio*, segue sua própria via na medida em que é fiel às suas ideias, reconhece seus desejos, prefere uma coisa à outra e não se concebe infiel. A sua unidade se expressa na idiossincrasia que imperativamente o domina e lhe dita seus deveres. É um homem de palavra, como se diz. Mas, em uma sociedade em que a ação se quer refletida, em que cada um deve se adaptar às circunstâncias objetivas e aos interesses variáveis, é melhor ser desprovido de caráter. O que Balzac diz do político em a *Casa Nucingen* se aplica a qualquer indivíduo: "Um grande político deve ser um celerado abstrato, sem o que as sociedades são mal conduzidas. Um político honesto é uma máquina a vapor que se emocionaria ou um piloto que faria amor enquanto segura o timão..." Por quê? Simplesmente porque suas relações com as coisas e as pessoas são comandadas por uma convicção bem pessoal, por um apego não refletido.

Essa vasta montagem de sensações e de inteligência, que é o indivíduo, deve ser distanciada dos conteúdos e dos motivos específicos para se assemelhar à moeda que também está distanciada deles, e oportunista para melhor se fixar no fluxo das trocas. Tendo um eu permeável, flexível, que não busca um ponto de apoio único, ele se torna o perfeito habitante desse "mundo de qualidades sem homens, de experiências vividas sem ninguém para vivê-las"[167] que Musil se dedicou a descrever. Se o

---

167. MUSIL, R. *L'homme sans qualité*. T. 2. Paris: Livre de Poche, 1969, t. 2, p. 430.

afastamento em relação a si mesmo e aos objetos adquire essa importância, é porque ele permite aos homens, completamente absorvidos – e quem poderia escapar à sua ascendência? – adquirir uma qualidade essencial, "a qualidade de ausência de caráter"[168]. A qualidade de uma mobilidade e de uma versatilidade do indivíduo sem *demônio*, que não se sente preso por um princípio *a priori*, por um dever interior, nem inteiramente submetido a uma norma válida. Pois ele se entrega a um movimento em que nada é deixado, nem que fosse por um instante, em repouso, "nenhuma pessoa, nenhuma ordem; porque nossos conhecimentos podem se modificar a cada dia", e ele "não crê em nenhuma ligação, e cada coisa guarda seu valor somente até o próximo ato da criação, como um rosto a que se fala e que se altera com as palavras"[169]. Semelhante caráter não é senão uma sequência de composições e de improvisações, serve apenas para enfrentar as consequências.

Assim a lei de uma sociedade racional se enuncia: os indivíduos que têm menos caráter expulsam aqueles que têm mais, assim como a moeda ruim expulsa a boa. A prudência calculista recomenda não se engajar a fundo, não ouvir a voz da consciência, para permanecer atento ao balanço das trocas e ao equilíbrio dos interesses. Muito se questionou sobre o sentido psíquico do princípio de maximização em economia e, principalmente, sobre as condições que o favorecem. Pois bem, agora já sabemos: uma seleção negativa dos caracteres. Ela favorece os homens que não se obstinam em suas convicções e em suas escolhas. O filósofo Lukács descreve essa desvalorização dos caracteres entre os jornalistas. Verdadeiramente, isso pode ser observado em toda parte "em que a própria subjetividade, o saber, o temperamento, a faculdade de expressão tornam-se um mecanismo abstrato, independente tanto da personalidade do 'proprietário' quanto da essência material e concreta dos sujeitos, postos em movimento de acordo com as leis próprias. A 'ausência de convicção' dos jornalistas, a prostituição de suas experiências e de suas convicções

---

[168]. SIMMEL, G. *The Philosophy of Money*. Op. cit., p. 216.

[169]. MUSIL. R. *L'homme sans qualité*. Op. cit., p. 560.

só podem ser compreendidas como o ponto culminante da reificação capitalista"[170].

Esse é o caso do indivíduo que deve dissimular sob uma aparência de rigor a anulação de tudo aquilo que lhe é próprio, a fim de criar uma distância de si para si, preso a esse estranho jogo que o transforma em matéria de troca. Estado por excelência daquele que deve se reservar uma margem de manobra e de negociação, evitando se engajar "em pessoa" nas relações fluidas e suscetíveis de se retornarem contra ele. Seja como for, essa desvalorização rompe com o mundo da tradição em que o indivíduo se reconhece em sua fé, em sua perseverança, em sua adesão a um código de valores com o qual ele não pode se conformar. Uma vez rompidos os vínculos com a rede de afetos e de obrigações, cada um é capaz de mostrar uma maior flexibilidade, mudando suas opiniões e suas crenças, e uma maior objetividade, adotando o movimento das forças que estão trabalhando para tomar uma decisão. De fato, Simmel estima que a degradação dos caracteres e a predominância da inteligência sobre as convicções, estimuladas pelo dinheiro, têm como resultado escamotear os conflitos sociais. Eles perdem sua intensidade fanática quando os partidos antagonistas abandonam sua intransigência belicosa a favor de um compromisso. Eis o que ele escreve sobre isso:

> A tendência à conciliação, nascida da indiferença pelos problemas fundamentais de nossa vida interior, caracteriza-se no mais alto nível pela salvação da alma, e não está submetida à razão. Ela pode ir até a ideia de paz mundial, que usufruem o favor especial dos círculos liberais, os representantes históricos do intelectualismo e das transações monetárias. Estas são muitas das consequências da falta de caráter. Essa ausência de cor se torna, por assim dizer, a cor da atividade do trabalho nos pontos cruciais das transações[171].

Em suma, o indivíduo moderno cuja qualidade é a ausência de caráter se opõe ao indivíduo tradicional que se define pelo

---

170. LUKÁCS, G. *Histoire et conscience de classe*. Op. cit., p. 129.

171. SIMMEL, G. *The Philosophy of Money*. Op. cit., p. 433.

caráter, como o budista se opõe ao cristão ou ao judeu. O budista pode ser luterano, adventista, judeu, católico ou muçulmano. Ele pode, em toda liberdade, fazer proselitismo para o islã ou para a religião católica. Ao passo que não viria ao espírito de um cristão ou de um judeu que ele pudesse ser ao mesmo tempo um bom budista. Além disso, se somos judeus, devemos crer que existe somente um Deus e que Moisés é seu último profeta. Se somos cristãos, devemos crer que o filho único do mestre divino foi crucificado, e depois ressuscitou na Palestina. Em contrapartida, podemos ser budistas e negar a existência de Buda. Mais exatamente, temos o direito de pensar que nossa crença sob esse aspecto pouco importa.

Eis, portanto, o panorama desenhado pelo dinheiro. Após ter viajado pelas margens, ele penetra nos recantos das relações e dos fenômenos humanos[172]. Sua obra? Instaurar em toda parte uma inteligência capaz de representar com precisão a distância entre os indivíduos e as coisas, a equivalência entre as coisas mais heterogêneas, e de reduzir suas qualidades a uma qualidade única. Quem poderia negar seu sucesso? E se a inteligência se apresenta a nós sob o triplo aspecto de uma impessoalidade que emancipa o indivíduo, de uma instrumentalidade que racionaliza a sociedade e de uma desvalorização que objetiva os caracteres para adaptar os indivíduos a essa sociedade, ela dissolve dessa maneira a hierarquia que prevalecia há milênios.

Com efeito, o dinheiro que desmantela sua base de pessoa a pessoa a reconstrói segundo uma outra lógica. Ele cria uma hierarquia apoiada, não mais na afeição e no reconhecimento, mas

---

[172]. Não houve muita preocupação em analisar o exato lugar ocupado pelo dinheiro em toda uma série de práticas interpessoais, entre outras a medicina e as terapias psicológicas. Aqui e acolá foi evocado o seu papel na psicanálise. Mas nesta a sua simbólica talvez tome um lugar mais importante do que se reconheça, e até mesmo mais importante do que o lugar da linguagem. E isso por três razões. Primeiro, existe um parentesco imediato entre suas regras e as regras do inconsciente (indiferença pelas contradições, dissimulação, conversão e deslocamento etc.). Em seguida, nota-se uma inversão de seu uso, uma vez que o dinheiro contribui para restabelecer na terapia aquilo que ele destrói fora, ao reavaliar os caracteres em vez de desvalorizá-los. Por fim, o meio mais moderno se coloca a serviço do mais arcaico. Ele aparece simultaneamente como um pagamento pelo serviço prestado e como um dom (ou um sacrifício) e até mesmo uma troca.

na ciência dos meios e dos fins. E assim renova as bases do poder em nossa sociedade moderna. Balzac resume isso ao escrever, em seu *Tratado da vida elegante*, que ela substituiu "a exploração do homem pela inteligência pela exploração do homem pelo homem". Fórmula de uma precisão extraordinária se não dermos às palavras um significado que elas não comportam.

O *élan* na direção de uma sociedade racional – ela pode se mostrar com nomes diversos – começa pela economia monetária que se acelera e se generaliza em toda parte. E, no entanto, alguma coisa em nós a afasta e faz com que ninguém nela consiga se sentir inteiramente em casa. Poderíamos dizer que a maioria dos acontecimentos e dos conteúdos do mundo industrial e intelectual produziu consequências que ninguém desejava, exigiu renúncias que ninguém suporta. De modo que a maioria das formas sociais aparece menos como ordens racionais do que como vulcões que tivessem cuspido fogo durante tanto tempo que suas paredes tivessem fissurado, deixando ver os braseiros extintos. Semelhante visão seria própria ao moderno, ao olhar que ele dirige para o seu próprio passado e para os sacrifícios consentidos a fim de se forjar uma civilização do futuro.

Poderíamos sustentar que a maior parte das civilizações busca uma harmonia entre as regras da vida em comum e o caráter do homem. Sob a representação do sagrado e do profano, do divino e do demoníaco, elas projetam essa harmonia no universo a fim de ali inscrevê-lo e de desafiar o tempo. Dessa maneira, cada uma é realçada e se reconhece por seu estilo único. Tudo o que diz respeito à segurança, ao dever e ao entusiasmo é cultivado, mesmo que seja o inverso da insegurança, da apatia, em um meio demasiado forte para ser dominado. Tarefa pesada e contínua, mas da qual se encarregam os membros da coletividade que têm vocação para tomar o seu destino em suas mãos. Legisladores, heróis ou profetas, em suma.

A nossa civilização, e é isso que se nomeia racionalizar, emprega a maior parte de seus esforços na supressão dos vínculos entre a moral e o caráter. Em seus *Carnês*, Dostoievski observou: "Doravante o homem não tem mais perfil". As obrigações morais e recíprocas tendem a tomar a aparência de imperativos formais e dependem do consenso de todos e de cada um. Mas isso significa neutralizá-las por meio da filosofia e banalizá-las por meio da discussão pública. As palavras dessa maneira trituradas perdem o seu sentido e a sua magia. Como se nós, os modernos, fôssemos os únicos a poder descartar esses vínculos e a levar juntos uma existência coletiva a distância e indiferente. Como se tivéssemos algum dom para suportar essa "melancolia sem humor", alimentada por uma inteligência que não necessita de motivos carnais, nem espirituais, para realizar aquilo que se acredita justo ou necessário. Ao longo do último meio século, fizemos essa experiência. Durante esse período, as vigorosas fórmulas de moral e de ética da responsabilidade se multiplicaram. Mas sobre um terreno humano sem caráter, foram poucas as que resistiram à opressão, e ainda menos ao crime. Ora, esse caráter, ou demônio, sem o qual Sócrates teria permanecido um vulgar sofista, faltou a muitos povos, e até mesmo àqueles que pretendiam ser os seus guias espirituais. Eles falharam em seus próprios deveres, pois não tiveram o apoio de uma lei interna. "A filosofia ensina a fazer, não a dizer", afirmava Sêneca na Antiguidade. Ela não o ensina mais hoje em dia, e tem boas razões para isso. Ela participa da cultura em que vivemos, pressionados por uma permanente competição dos costumes, das modas, das ideias que não têm tempo de se cristalizar em uma fisionomia, e nos privam da nossa. Não estaríamos nos prosternando diante do individualismo superficial e desprovido de semblante do *anything goes*?

É justamente na *ausência de estilo* que Simmel enxerga o estilo característico de nossa cultura em que tudo avança e em que tudo tem o mesmo valor, portanto nenhum valor. Que se constate isso através do desencantamento do mundo ou da desvalorização do caráter, tanto faz. Nós fazemos como se fosse possível erradicar a subjetividade das regras de vida e manter fora do desenho aquilo que faz com que um homem seja um homem. Buscamos uma sociedade que seja independente das qualidades, das afinidades eletivas e das habilidades graças às quais podemos ser alguma coisa uns para os outros, ou simplesmente ser. A esse respeito, Paul Valéry observa em seus *Cadernos* de 1910:

O civilizado das imensas cidades retorna ao estado selvagem, isto é, isolado, porque o mecanismo social lhe permite esquecer a necessidade da comunidade e perder os sentimentos do vínculo entre indivíduos, outrora incessantemente despertados pela necessidade. Todo aperfeiçoamento do mecanismo social torna inúteis os atos, as maneiras de sentir, as aptidões da vida em comum.

Esse é o paradoxo de uma sociedade que se termina por falta de sociabilidade. Ora, esse desengajamento não é um sintoma de alienação – Simmel não retém a noção – nem de anomia, mas a conscientização de um fato. Eu o enunciaria assim: somos, se o termo pode convir, *mal-civilizados*. Não penso nos desvios, no excesso de crueldades e da idolatria que nos impusemos em nome da razão. Mas somos impotentes para preencher a distância entre o universo de fora, destinado a permanecer irrealizado, e o universo de dentro que ainda aspira à realização, em uma palavra, à perfeição. E nem o dinheiro preenche a distância entre o desejo e o objeto do desejo, impondo a esterilidade de um signo cifrado à fecundidade carnal de um fruto. As coisas que povoam nosso universo, caso tivessem voz, nos diriam como Coriolano: "Não somos nós que corremos, mas vocês que ficam para trás".

Anunciando uma civilização à qual nos é impossível aderir plenamente, a sociologia de Simmel a considera povoada de sociedades faustinianas, de que mais nenhuma é suficientemente grande para que cada um nelas se sinta em casa. E o homem que as cria e deseja habitá-las não mais se concede um único instante de harmonia. Ele se impõe não conhecer esse instante único que confere todo o seu preço à vida:

> Quando eu disser ao instante:
> Para, tu és tão belo!
> Poderás então me cobrir de vínculos,
> Consentirei então em morrer.

Condenado a ser desapontado pela obra da razão e do conhecimento que se termina em incerteza e ignorância, ele traja de antemão o luto daquilo que ainda não nasceu nem foi descoberto. E, por não ter podido se reconhecer neste ou naquele aspecto da arte, da ciência, do trabalho, os mal-civilizados que somos acabam acreditando que pertencem a uma coletividade fugaz e que não lhe pertence. Ou ainda, para retomar as palavras de Simmel:

> Se, por exemplo, considerarmos a imensa cultura e os objetos, o conhecimento, as instituições e as comodidades nas quais ela se traduziu ao longo dos últimos anos, e se compararmos tudo isso ao progresso cultural realizado pelo indivíduo ao longo do mesmo período, pelo menos nos grupos de estatuto superior, parece evidente que existe entre os dois uma terrível desproporção. De fato, observamos que, em certos campos, a cultura do indivíduo regrediu do ponto de vista da vida espiritual, da delicadeza e do idealismo[173].

Eis o insolúvel dilema a que estamos reduzidos, enquanto o dinheiro permanecer o piloto de nossas faculdades de precisão e de raciocínio, corticalizar a divisão do trabalho e rechear, por meio da arte, da ciência, da economia, nossa cultura subjetiva[174]. E, no entanto, essa anomalia, se assim vocês preferirem, alimenta as mais importantes criações da época moderna e transforma a sua história. Não entrevemos nem limite, nem remédio, pois teríamos de ser capazes de conceber um mundo sem dinheiro e sem valores de troca. Algo realmente impossível. Disso resultam grandes tensões entre nosso mundo de dentro, que dele gostaria de se libertar, e o mundo do fora, que o venera. As grandes tensões sempre agarram os indivíduos pela garganta e os obrigam a invenções dilacerantes. Nesse sentido, a oposição deles à sociedade foi e permanece de uma importância capital.

---

173. SIMMEL, G. *The Philosophy of Money*. Op. cit., p. 463.

174. "Nessa tradição, três julgamentos estão muitas vezes associados à sua doutrina: ele se perde no formalismo e no vazio da abstração, limitando a sociologia à morfologia social em que somente a geometria social fixa pode encontrar seu pleno desenvolvimento, assim como em um psicologismo e em um individualismo associológico e a-histórico" (ANKERL, G. *Sociologues allemands*. Neuchâtel: La Baconnière, 1972, p. 74).

Mas para onde foi a sociedade?

Simmel não "descobriu" o dinheiro. No entanto ele foi o primeiro a perceber em toda sua amplitude a filosofia da cultura que dele resultou, o primeiro a formular uma completa teoria dos seus poderes. A abundância e a profusão das intuições que o iluminam lhe dão uma dimensão enciclopédica. Somente o século XIX poderia produzir um sistema de conceitos tão vasto, abarcando tudo, ao mesmo tempo profundo e sobrecarregado. Ele é o digno equivalente dessas imensas arquiteturas de metal e vidro que não deixaram de nos intrigar.

Mas, em todas as circunstâncias, ele exige de nós um olhar distante. Entre todos os sociólogos que tive ocasião de ler, Simmel é o menos sermoneiro e moralizador. A profecia não o corrói. Ele nos estende com uma mão firme o espelho do futuro para nos ajudar a tomar consciência de nossa condição. Ou seja, a condição de indivíduos em uma sociedade que vê no dinheiro ao mesmo tempo uma falha e uma necessidade. Ela não pode fazer com que a contradição, exacerbada pelo dinheiro, entre o indivíduo e sua sociedade seja superada, ainda que seja razoavelmente prevista, pelo capitalismo ou pelo socialismo. Para que serve então estabelecer os princípios de uma solução se nos recusamos a ver a tensão permanente que é mantida por uma troca em constante expansão? Simmel prefere respeitar esse dado para explorar as suas consequências.

Podemos certamente recriminá-lo por ter exposto, nesse caso, uma teoria que, a exemplo das geometrias de Riemann e Lobatchevsky, seria abstrata demais, fora do real[175]. Ele se atém, no entanto, à sua ideia de uma sociedade, pura forma e pura troca, que é preciso explicar. Ora, atualmente, enquanto ela existir, ela certamente será determinada pela *distância* que a racionalidade introduz entre o indivíduo e o mundo exterior. Mas também entre indivíduo e indivíduo, pelo esfacelamento dos contatos, pela eliminação das paixões da vida em comum. Estamos às voltas com diferenças que opõem classes, etnias, sexos, idades,

---

175. SIMMEL, G. *The Philosophy of Money*. Op. cit., p. 477.

por cujo viés cada um se isola e se ausenta da coletividade. As metrópoles contemporâneas expressam incontestavelmente esse estado, com mais força do que as cidades de outrora. Nova York é o exemplo perfeito daquilo que eu adianto.

Observamos no trabalho cotidiano como os objetos do mundo exterior se distanciam. Fracionados e manejados por inúmeras ferramentas, instrumentos e máquinas, ninguém tem mais os objetos ao alcance da mão, nem os reconhece inteiramente. Cada um age sem ver e sem saber sobre o quê. A tal ponto que nos habituamos a manipular qualquer coisa que sempre permanecerá estrangeira e inacessível, estranha. Como os trabalhadores em escafandro de uma usina atômica, que jamais poderão conhecer de perto o mineral de onde sai uma energia que viaja a milhares de quilômetros, que está fora de qualquer alcance. Significa dizer que não temos mais relações com as coisas e com a natureza? Sim, mas de acordo com formas abstratas, e com realidades que não percebemos.

É um espetáculo perturbador ver as mesmas tendências se reproduzirem nas relações que entretemos uns com os outros. Se a cidade caracteriza o mundo moderno, ela evoca, como venho de lembrar, um lugar em que todo indivíduo é, sob certos aspectos, um estranho que se mantém separado de seus congêneres. Como uma vasta tapeçaria em que se mesclam as figuras mais diversas, ela impõe uma "distância psicológica"[176], sem a qual a vida seria insuportável. Vivemos presos em um aglomerado, em uma intensidade de trocas e de interações involuntárias que nos apertam, à maneira desses corredores subterrâneos que canalizam o fluxo dos viajantes. Para não cair em desespero e na insignificância, para não se deixar submergir, o indivíduo tenta evitar aquele que está próximo dele, o seu vizinho de corredor, o seu colega de trabalho. Em contrapartida, ele busca estabelecer contatos com seres distantes, desconhecidos, poupando-se assim de qualquer risco de promiscuidade e se reservando a possibilidade de interromper a relação a qualquer momento. Desejando ao mesmo tempo conhecer aquilo que está distante

---

176. Ibid., p. 476.

e se manter a distância. À maneira dos usuários do computador que empregam engenhosos recursos (e dinheiro) para conversar, despertar o interesse de seres que jamais encontrarão, ainda que o pudessem, e nem sequer conhecem os moradores de seu próprio imóvel de quem estão separados por uma simples parede e ignoram o que se passa em seu próprio bairro.

Dessa bulimia de relações esparsas, sem densidade e sem familiaridade, Simmel faz a seguinte constatação:

> As relações do homem moderno com aqueles com quem convive geralmente se desenvolvem de maneira a que ele se distancie do grupo mais próximo para se aproximar daqueles que estão mais distantes. A crescente dissolução dos vínculos familiares, o sentimento da insuportável proximidade quando está confinado ao grupo, o mais íntimo, em que a lealdade é muitas vezes tão trágica quanto a libertação, fazem com que a tônica seja colocada cada vez mais na individualidade que se corta nitidamente do círculo de amizades imediato. Todo esse processo de distanciamento caminha junto com a formação de relações com o que está mais distante. Ele se acompanha do interesse pelo que se encontra muito distante e de uma afinidade intelectual pelos grupos cujas relações substituem qualquer proximidade no espaço. O quadro de conjunto que se apresenta significa certamente uma distância crescente das relações internas autênticas, e uma distância atenuada das relações externas[177].

Não se pode senão admirar o sentido da nuança, nessa descrição dos indivíduos que, mesmo vivendo na sociedade de uns, buscam fazer parte da sociedade dos outros. Como os planetas submetidos à gravitação que age a distância, eles agem ali onde não estão e não agem onde estão. Portanto, não é mais no frente a frente ou no corpo a corpo, mas por meio de uma representação que se preenche o abismo que separa o próximo do distante. Somos levados a crer que a solidão moderna, em vez de ser um estado de isolamento, uma ausência de relação, expressa finalmente a distância em relação a si mesmo, a comunhão com aqueles que estão em outro lugar.

---

177. Ibid., p. 199.

Por outro lado, sob o signo da pura troca, a sociedade é *tempo*. Temos consciência de evoluir e de re-evoluir, de oscilar incessantemente entre o passado e o futuro, antes de retornar, com a velhice, à memória do presente, nem que seja porque temos algo a contar. Este ou aquele instante poderia ser aquele que Fausto quis reter quando gritou: "Para, tu és tão belo!" se não estivéssemos presos no torniquete dos desejos insatisfeitos e das transações que devem ser respeitadas. A partir do momento em que o dinheiro surge nas trocas, ele nos interdita semelhantes fantasias que as retardam e instaura uma duração. Sintoma de sua existência, dilapidá-la nos exilaria do circuito da economia. Seu curso não sofre interrupção, estagnação: o fluxo que avança para o futuro, poupança ou seguro, se cruza com o que retorna para o passado, como dívida ou lucro.

Em seu livro *La crise de l'avenir* [A crise do futuro] K. Pomian escreve: "O futuro está literalmente injetado no próprio tecido do presente sob forma de papel-moeda... A mais do que bimilenária história da monetização da economia é também a história de uma crescente dependência do presente em relação ao futuro".

Assim se fecham as malhas de uma rede de créditos, de promessas, de dons, de vendas e de compras, atravessando latitudes, eixos, climas e condições. A verdadeira moeda não passa de uma circulação ininterrupta de valores sem objetos tangíveis. Assim como o tempo, ela tem o duplo caráter de ser ao mesmo tempo fictícia, isto é, impossível de ser imobilizada por um confisco, e fiduciária, tendo como único suporte a confiança, portanto, inseparável da duração. Muitas pessoas passam sua vida movimentando-a tão rápido quanto possível, transferindo-a sem descanso de um lugar para outro. Em nenhum lugar lhe podemos encontrar um uso predestinado ou preferencial. Ela é usada em qualquer lugar e para qualquer coisa. A moeda que serve para construir barcos, casas ou usinas também serve para povoá-los, expulsar seus ocupantes e substituí-los por outros, com uma total indiferença pela beleza ou pela feiura, pela utilidade e pela inutilidade. E tudo isso que é perfeitamente real é para ela irreal.

Inimiga da monotonia, no entanto, ela acrescenta a cada coisa um suplemento de desejo que o tempo prorroga e luta contra sua destruição. Seria porque a satisfação que o dinheiro oferece parece muito mais simulada do que realizada? Mas, aos olhos de Simmel,

> a rápida circulação do dinheiro traz hábitos de gasto e de aquisição, ela torna uma quantidade específica de dinheiro psicologicamente menos significativa e preciosa, ao passo que o dinheiro, em geral, aumenta sua importância porque os assuntos de dinheiro afetam o indivíduo de modo mais vital do que em um modo de vida menos agitado.

Não tentamos sempre circunscrever o dinheiro, erguer barreiras na sua estrada, instaurar tabus para nos libertarmos dele? Não estamos constantemente às voltas com o medo de que ele nos falte e de não poder consegui-lo? Para tudo existem limites, como dizem. O dinheiro parece não tê-los, pois desconhece o dia e a noite e irriga, incansável, o solo de nossos desejos, que ele valoriza e estimula. Por outro lado, meio de comunicação universal, ele também é a mais rápida comunicação de meios, não tendo outro limite senão a velocidade da luz que serve para transmitir as mensagens eletrônicas. A dos computadores que, de fato, utilizam dois signos, o zero e o um, para representar e calcular, infatigáveis, todas as somas que transitam assim de um ponto a outro do globo. Por um aumento de abstração o valor cambiante ou, mais exatamente, flutuante, das coisas, aumenta com a continuidade, com a rapidez da transmissão. Como se as trocas nunca acontecessem o suficientemente rápido, não importando o que fizéssemos para acelerá-las. Elas nos mantêm sempre na expectativa, porém não mais exigem sacrifícios palpáveis, a renúncia a um bem indispensável cedido para obter um outro bem de uma pessoa que age da mesma forma. Simplesmente o sacrifício, mera assinatura colocada em um cheque ou em um pedido de crédito, torna-se indolor. Além disso, ele deixou de constituir uma preparação para a troca, o período durante o qual seria necessário se privar e economizar uma coisa desejável, uma quantidade de farinha que não se consumisse, uma soma de dinheiro vivo que se proibisse de gastar. Era isso que se compreendia pela expressão "fazer economia".

Essa é a tendência da economia monetária: ela retira os obstáculos à satisfação de um desejo por meio de uma rápida sucessão de trocas que desloca incessantemente seu objeto. E julgamos até mesmo anormal que se deva esperar e se restringir, portanto interromper essa sucessão, assim como julgaríamos hoje anormal, na França, que fosse necessário esperar o verão para comer morangos, ou o outono para consumir ostras, que queremos encontrar em todas as estações. Esse é apenas um dos aspectos da impossibilidade de deixar a circulação dos bens e dos valores marcar um tempo de espera.

A insônia caracteriza o dinheiro. Seu movimento diunoturno não conhece nem pausas nem alternância, desprezando as leis naturais. Um pregador da Idade Média já condenava "o dinheiro injusto, vergonhoso, detestável [...]. É um trabalhador incansável. Vocês conhecem, meus irmãos, um trabalhador que não para nos domingos, nos dias de festas, que não para de trabalhar quando dorme?"[178] Uma insônia que se acompanha de pesadelos. Quanto mais o dinheiro é febril, móvel, menos sua posse está garantida, pois cada um, como no jogo do mico-preto, deve se livrar dele o mais rápido possível. Fonte permanente de imprevistos, ele engendra repetitivas crises que, através da economia, abalam a sociedade, impedindo-a de encontrar o repouso e o equilíbrio.

> Não existe símbolo mais chocante [escreve Simmel] do caráter absolutamente dinâmico do mundo do que o símbolo do dinheiro. Seu significado repousa no fato de que ele existe para ser dado. Dinheiro que se imobiliza não é mais dinheiro. Ele perde seu valor específico e seu significado. A ação que ele exerce de acordo com as circunstâncias em estado de repouso consiste na antecipação do futuro movimento. O dinheiro é apenas o veículo de um movimento no qual tudo o que não se move é completamente extinguido[179].

O tempo é o espaço do dinheiro e faz dele um universo à parte em que nenhuma coisa desfruta do descanso necessário

---

178. LE GOFF, J. *La bourse et la vie*. Op. cit., p. 32.

179. SIMMEL, G. *The Philosophy of Money*. Op. cit., p. 102.

para se consolidar e se completar. Poderíamos dizer que nele imobilizamos a energia procurada pelos físicos, capaz de fazer girar as máquinas sem jamais se esgotar. Assim o "mundo toma o aspecto de um *perpetuum mobile*", conforme a analogia de Simmel. O caráter matemático de seu movimento confere às relações entre indivíduos uma exatidão e uma confiabilidade que lhes retira qualquer opacidade. E até mesmo as reveste de um semblante de equidade, assim como um código de direito muitas vezes prepara flagrantes injustiças. Por seu lado matemático e legal, ele curiosamente representa uma invariante no meio compósito e flutuante das coisas. Não foi Marx quem disse que o dinheiro é a única mercadoria imóvel entre todas as mercadorias efêmeras? Ele o é pelo seu poder de reduzir o espaço ao tempo – esta é a sua verdadeira tendência que resume todas as outras – e de rejeitar, uns após os outros, todos os apegos pessoais, em sua busca do Graal da objetividade.

Hoje, tudo isso faz parte do fundamento da ciência. É estranho, no entanto, constatar que, ao longo do trajeto tão impossível de ser evitado quanto de ser contido que acabamos de percorrer, a sociedade se fragmenta e desaparece da vida de cada um. Ela se distancia de nós como um meteoro em uma região desconhecida do universo. O dinheiro se assemelha, sob esse aspecto, ao cuco que põe seu ovo no ninho de um outro pássaro. Uma vez que saiu da casca, o filhote expulsa toda a ninhada e, por fim, destrói o ninho que o acolheu. E, no entanto, compreendemos que a sociedade continue existindo e permaneça, assim como o poder e a lei, uma ponte ou um túnel entre os indivíduos. Como na obra *Albertine desaparecida* de Marcel Proust, privado das relações tempestuosas que mantinha com sua companheira, é difícil dizer, na realidade, se ela nos deixou para buscar refúgio em outro lugar, ou se está morta para sempre.

Façamos uma pausa. Com efeito, como todos sabemos, a sociedade nos aparece como uma reunião de indivíduos que, ao mesmo tempo, os une entre eles e cria alguma coisa fora dela mesma. Que essa coisa lhe seja superior ou inferior, pouco importa: os homens veem nela uma parte do universo na qual se apoiar e que os obriga a permanecer juntos. Se a sociedade foi e continua sendo uma máquina de fazer deuses, é porque molda esses seres ideais que a confrontam e lhe servem de ponto de referência. Qualquer que seja ele – a história, a natureza, deus, o dinheiro, o lucro, a luta de classes etc. –, esse ponto de referência expressa a realidade exterior e o objetivo para o qual os homens vivem e morrem. Realmente, a sociologia seria a ciência dessa máquina. Ela tem como vocação explicar a anatomia desses seres absolutos e consagrar novos. Por meio de admiráveis teorias, Durkheim nos revela o absoluto, o lugar à parte da consciência coletiva e da religião. E Weber, o carisma, ao mesmo tempo em que sagra o protestantismo, como Marx tinha entronizado o proletariado.

Os dois grandes sociólogos entreveem um fim da história, nem sempre feliz, que revela a sociedade integrada e senhora da época, em suma, do tempo. Isso está escrito um tanto rápido, mas não é inexato. Em uma carta endereçada ao filósofo Keyserling, Simmel deixa perceber uma outra opinião:

> Toda época importante tem uma espécie de conceito central, cuja posição, por intermédio de coordenadas idênticas, possui ao mesmo tempo a realidade mais elevada e o valor mais elevado: para os gregos é o ser, para o cristianismo é Deus; nos séculos XVII e XVIII a natureza, no século XIX a sociedade, e agora parece que é a vez da vida [...][180].

Está bem, a vida, melhor dizer uma nova maneira de se manifestar da natureza que morre e renasce na história[181].

A representação da sociedade em que vivemos se apaga. Do seu ponto de vista, as instituições, estruturas de Estados, igrejas, divisões de classes, não existem senão no fluxo de conexões e de comparações que as relacionam. Tudo é dependência, apego, contato e metamorfose. Nada persiste de maneira absoluta, e tudo se compõe e se decompõe sem descanso, assim como a decomposição da água em hidrogênio e em oxigênio prepara continuamente uma nova síntese da água.

---

180. Ibid., p. 509.

181. MOSCOVICI, S. *Essai sur l'histoire humaine de la nature*. Op. cit.

Como expressar essa inversão, senão dizendo que, até então, a troca dominou o dinheiro. Mas, a partir do instante em que o dinheiro domina a troca moderna, ele introduz um fermento crônico de instabilidade e de dissolução em tudo aquilo que se acreditava permanente e separado. Se alguma coisa deve conhecer e ter consciência de um objetivo, não é a história, mas a sociedade, tomada pela vertigem do tempo. O escritor alemão Gottfried Benn descreve isso nos seguintes termos:

> Dissolução da natureza, dissolução da história. As antigas realidades espaço e tempo: funções de fórmulas; saúde e doença: funções de consciência; e até mesmo as potências concretas como a sociedade e o Estado não são mais apreendidas de forma substancial, em todos os casos encontramos apenas o funcionamento em si, o processo como tal – fórmula notável de Ford, tão brilhante como filosofia tanto quanto máxima comercial: primeiro os automóveis no pais, em seguida virão também as estradas[182].

Eis o que arruína a visão que tínhamos da vida em comum, substância modelada por uma força exterior e fixada em um lugar permanente. Não podemos procurar nela uma essência dos fenômenos coletivos e materiais, fora de suas relações recíprocas. Assim como a troca proíbe pensar no valor de um bem isolado dos outros. Não existe objeto em si, apenas o contínuo deslocamento que o mede e o permuta com outros objetos. Portanto, não pode mais existir âmbito absoluto e independente em relação ao qual conceber o movimento dos indivíduos e das coisas. Quando nos conscientizamos disso, vemos que se trata de uma mera ilusão, sem dúvida necessária.

> Buscamos no mundo das substâncias, entidades e forças cujo significado reside exclusivamente nelas. Nós as distinguimos de todas as existências e de todos os acontecimentos relativos, de todos aqueles que não são o que são senão pela única comparação, ou contato, ou a reação dos outros[183].

---

182. BENN, G. *Gesammelte Werke*. T. 3. Wiesbaden: Linus, 1968, p. 808.

183. SIMMEL, G. *The Philosophy of Money*. Op. cit., p. 102.

São eles que, por sua imperfeição, sua mobilidade e sua não repetição, fazem da coletividade uma invenção permanente dos homens que a compõem, momento após momento, de maneira concreta. Ela não é jamais percebida enquanto unidade global, mas apenas por intermédio da multiplicidade das ações e das relações entre pessoas ou coletividades particulares. Ela não é uma máquina de fazer deuses, mas simplesmente uma máquina que sempre está se fazendo a si mesma. Melhor, Simmel ressalta isso ao longo de sua odisseia através do mundo do dinheiro e na continuação de sua obra, ela é um processo:

> Então, com efeito, a sociedade não é por assim dizer uma substância, nada de concreto em si: é *alguma coisa que se passa (ein Geschehen)*, é a maneira pela qual cada um recebe seu destino do outro e é moldado pelo outro e pela qual cada um realiza o destino do outro o modelando por sua vez[184].

O que ela é então além de uma manifestação da vida, assim como as mutações que pontuam e modificam o código genético da espécie? Uma série de acontecimentos e de interações envolvidas por uma película invisível de uma ordem, que fazemos e desfazemos conforme as circunstâncias, eis o seu único conteúdo concreto. É por essa razão que a sociedade se desenha como uma forma que não necessita sugar as suas energias e os seus conteúdos fora dos próprios indivíduos. As coincidências são perturbadoras entre essa representação de Simmel e a visão que chamamos pós-moderna do mundo contemporâneo. Ele é um precursor, pela tonalidade das ideias e das imagens, dessa corrente, inclusive e até do niilismo que dissolve a substância coletiva. Ela se torna uma hermenêutica do dinheiro e, a exemplo do dinheiro, uma pura sequência de signos. Desde que a sua dominação se estendeu a tudo por meio de um movimento rápido e discreto, não temos senão esse cimento que nos sustenta, se é que ainda existe um cimento.

Empreguei antes a palavra racionalidade, a fim de definir o caráter moderno da sociedade e o método seguido para promo-

---

184. SIMMEL, G. *Brücke und Tür*. Op. cit., p. 214.

ver essa racionalidade. Uma palavra que volta a cada momento, sinônimo de uma escolha deliberada e de um domínio sempre crescente dos recursos da sociedade para lhe prever o futuro. Nossa concordância quanto à palavra é, no entanto, bem ilusória. Afirmar que a sociedade se torna cada vez mais racional não significa muita coisa, se não deixarmos claro de que maneira e em que isso consiste. Superficialmente, compreendemos que à medida que ela se torna moderna, a sociedade se livra das emoções e das ilusões, para enfrentar a realidade de olhos abertos. Ser capaz de refletir sobre as causas e calcular os efeitos, se conduzir de acordo com os seus interesses, que se tornaram visíveis pela ciência, são alguns dos seus signos. Em resumo, maximizamos a racionalidade na medida em que minimizamos as paixões, segundo uma receita que já teria sido experimentada. Simmel, é evidente, compartilha desse ponto de vista. Mas para quem aspira a um pouco mais de rigor, esse desencantamento do mundo é uma grande banalidade. Não basta expulsar o antigo para obter o novo e saber em que muda o curso das coisas. Sob o impulso do dinheiro, a sociedade se torna mais racional, evidentemente. Mas, sobretudo, ela muda de representação, portanto de racionalidade. É somente sob essa condição que ela se torna moderna. Alguns poderão ver nessa afirmação um indício suplementar das liberdades que tomo com o pensamento do sociólogo alemão. É por isso que preciso ser mais explícito.

A ciência clássica, tal como a conhecemos, surgiu de uma hipótese: tudo aquilo que é também pode ser conhecido da mesma maneira por qualquer observador. Ela pressupõe um certo número de absolutos, o espaço, o tempo, a massa de matéria e leis independentes da posição daquele que busca observar os fenômenos, quer ele esteja situado na Terra ou em um cometa. Essas leis valem para os corpos que se movem lentamente, à velocidade de um trem por exemplo, ou rapidamente, à velocidade da luz. Tudo aquilo que existe é idêntico para quem sabe ver e possui os conceitos e as categorias necessários. Que essa identidade exista ou não *a priori*, nós conseguimos explicá-la; podemos prever o futuro a partir do conhecimento do presente, e isso completamente. Isso é válido tanto para um átomo quanto para uma estrela, para um indivíduo como para uma coletividade. Munidos dessa razão, entramos no campo dos calculáveis e dos ponderáveis da vida cotidiana ou histórica.

Mas a economia de troca se fundamenta na relatividade dos valores e dos instrumentos de medida. Ela não aceita um ponto de referência fixo, porque seus limites se modificam incessantemente e porque a base a partir da qual os resultados são comparados muda de registro. Simmel constata: quando, no mundo contemporâneo, a troca passa de uma prática restrita e marginal a uma prática geral e central, existe também a passagem do reino dos absolutos para o reino das relatividades. Antes que a ideia de "morte aos absolutos" se torne um princípio da física, ele a preconiza sob a forma de um *princípio de relatividade do conhecimento dos fenômenos sociais*. Qualquer reflexão sobre eles deve eliminar o recurso aos dogmas e às entidades absolutas. Somos então levados a uma racionalidade que não conhece nenhum quadro estável, nem nenhuma dimensão independente, e a sociedade não representa uma exceção. Cada vez que procedemos a uma ação, a uma série de transações, o seu equilíbrio se desloca, e nem sempre no mesmo campo.

Uma descrição sumária dessa racionalidade revela algumas evidências. Em primeiro lugar, apesar de todos os nossos esforços, seria impossível perceber as coisas sob vários ângulos ao mesmo tempo. Cada uma delas carrega em si um signo de relatividade, uma vez que, conforme o ângulo pelo qual é observada, o ponto de vista pelo qual é analisada, descobre-se nela propriedades diferentes. Não lhes poderíamos substituir um ponto de vista privilegiado que resumisse ou confundisse os outros. É no poder de relacioná-los e de compará-los que a especificidade da razão reside.

Lembremos que, segundo Einstein, a relatividade significa que o tamanho e o estado de repouso ou de movimento de um corpo não têm um valor absoluto, mas dependem da posição do observador. Assim, para um viajante sentado em um trem, a velocidade e o comprimento dos outros trens variam conforme eles se desloquem no mesmo sentido do seu ou no sentido oposto. O mesmo valeria para os fenômenos sociais que observamos. Tomados em movimentos, é impossível lhes designar um quadro de referência único e identificá-los a uma categoria imutável. Compreendemos então que uma dominação que parece brutal e repressiva para quem se coloca de um ponto de vista legal, pareça legítima se a considerarmos do ponto de vista da crença que ela inspira às massas.

Não acreditem em uma certa complacência de minha parte, sob o pretexto de que evidencio o contraste relacionando-o ao ângulo de visão. Mas creio que não conseguimos reconhecer o quadro de referência senão por meio de uma série de distanciamentos e de perspectivações. Certamente fui pego de surpresa, a primeira vez que li, na principal obra de Simmel:

> A cognição é assim um processo que flutua livremente, cujos elementos determinam reciprocamente a posição deles, da mesma forma que as massas de matéria o fazem em razão de seu peso. A verdade é então um conceito relativo, assim como o peso. Portanto, é perfeitamente aceitável que nossa imagem do mundo flutue nos ares, como o próprio mundo[185].

Essa proposição pode lhes parecer paradoxal, porque ela priva o mundo de suas próprias referências. E, como dizia o filósofo inglês Nelson Goodman, que adota essa visão, se existe um mundo, existem muitos, e se existem muitos, não existe nenhum. Eis o sentido da flutuação que pode nos chocar. O fato está aí: essa relatividade de que Simmel sem dúvida encontrou a ideia primordial na obra do erudito austríaco Mach, o mesmo que inspirou Einstein, possui sua lógica. Essa lógica não significa um permissivo "a cada um a sua verdade", mas que a verdade de cada um nasce sempre em contato e em relação com a verdade dos outros, levando-se em consideração a situação em que eles estão colocados. Isso é inevitável, em razão das divisões que reinam em uma coletividade e os movimentos que arrastam os indivíduos separados e os fazem radicalmente distintos. Nenhum deles percebe o real na sua totalidade que, com certeza, não é a mesma vista do alto ou da base da pirâmide social; nenhum poderia afastar as observações e as ideias contrárias às suas, tratando-as

---

185. SIMMEL, G. *The Philosophy of Money.* Op. cit., p. 106.

como falaciosas ou ilusórias. Na perspectiva da relatividade, falar do seu lugar, do lugar que se ocupa na sociedade, não é uma enfermidade ou uma deformação, como alguns gostam de repetir: é sob essa condição que cada um fala e pensa. Ela exclui que quem quer que seja, um indivíduo ou uma classe, possa lançar um olhar universal e transcendente sobre os fenômenos econômicos ou históricos. Se essa condição não fosse respeitada, uma ciência, por mais empírica e lógica que ela fosse, não passaria de um tecido de dogmas e de absolutos quase religiosos.

Em seguida, o princípio da relatividade expressa uma convicção fundamental: no início era a relação. Ele nos foi inculcado pela natureza da troca e da economia monetária. Não podemos conceber os valores que nela circulam em relação a uma necessidade, às qualidades e à utilidade de um objeto. Mas apenas na sua mútua dependência, a fim de compará-los e de avaliá-los uns em relação aos outros. Assim como o valor de um livro impresso na França depende do valor de uma camisa fabricada na Coreia, e vice-versa. Na realidade, os objetos se medem entre si em um circuito de trocas em que eles se combinam e se substituem ao longo de uma infinidade de operações[186].

Ora, essa maneira de abordá-los e de pensá-los em relação é, aos olhos de Simmel, um estágio mais evoluído de nossas faculdades intelectuais do que abordá-los e pensá-los no absoluto, isolados e neles próprios.

> Quando os conceitos de valor estão demasiado desenvolvidos [escreve ele] e que reina um razoável domínio de si, um julgamento sobre a igualdade dos valores pode preceder à troca; mas não deveríamos deixar esse fato obscurecer a probabilidade de que a relação racional tenha evoluído – como é muitas vezes o caso – a partir de uma relação psicologicamente oposta, e que

---

186. É preciso mencionar que, para Simmel, as coisas não têm um valor de uso, mas apenas um valor de troca. Mas com certeza um avião é feito para voar? Não, ele responderia, ele é tanto feito para ser estocado, para figurar em um balanço, e assim por diante. Ao negar o valor de uso, ele nega ao mesmo tempo a "realidade absoluta" dos objetos e da supervalorização do seu caráter concreto. Ou ainda: aquilo que eles têm de mais concreto é aquilo que eles têm de mais abstrato, ou seja, a quantidade que determina a relação entre eles. Dessa forma a relatividade é uma consequência dessa maneira de abordar o valor.

a troca dos bens, nascida de impulsos puramente subjetivos, apenas mais tarde nos ensinou o valor relativo das coisas[187].

É justamente esse violento contraste entre a racionalidade clássica e a racionalidade moderna que deve reter nossa atenção. A primeira, concebida em uma época de economia monetária embrionária, de repente se assemelha a um monumento petrificado, sob um globo de verdades sólidas e hipostasiadas, em uma sociedade fechada, para retomar a expressão de Bergson. Pressentimos uma inteligência daquilo que não muda, equilíbrio entre forças solitárias em um tempo fora do tempo e determinado de uma vez por todas. Evidentemente, a segunda tem como modelo o dinheiro que fluidifica todas essas forças e as faz se comunicarem. Uma vez que ele abala a consistência de todas as coisas e de todo indivíduo, já que serve de meio a qualquer tipo de troca, nada, na economia, na arte, na ciência, e até mesmo na religião, permanece à parte. Ele suprime qualquer direção preestabelecida para os bens e para as normas sociais e os redistribui sob o efeito de uma inflação ou de uma deflação dos valores dos ofícios, das categorias sociais, das condutas morais, medidos com base nos valores econômicos. Assim como os corpos físicos não têm mais lugar próprio nem movimento privilegiado para o alto ou para baixo, como queria Aristóteles, da mesma forma os indivíduos e as ideias têm apenas um lugar e um movimento relativos uns em referência aos outros. Isso desenha um universo ao mesmo tempo denso e precário, que não encontra equilíbrio senão nos raros períodos de acalmia.

> Quanto mais a vida se torna dominada pelas relações monetárias [declara Simmel], mais o caráter relativista da existência encontra sua expressão na vida consciente. Pois o dinheiro não é nada mais do que uma forma especial da relatividade encarnada dos bens econômicos que significa o valor deles[188].

---

187. SIMMEL, G. *The Philosophy of Money*. Op. cit., p. 94.
188. Ibid., p. 512.

Ela é racional, sem dúvida. Mas o sentido do racional é transformado por um princípio de relatividade, a sua versão moderna. Simmel o reformula incessantemente, persuadido de que a sua grande virtude é nos obrigar a renunciar à última palavra e ao ponto de vista último e definitivo sobre todas as coisas. E, portanto, de nos emancipar do cortejo das hipóstases, a razão, a humanidade, a classe, e até mesmo a sociedade, na qual o Ocidente se reconhece. Ele acredita ter deduzido esse princípio de um fenômeno simples, o dinheiro. Eu, pessoalmente, não posso conceber que ele seja a causa necessária de tão numerosas evoluções, suficientes para transformar nossas relações e nossas faculdades mentais. Claro, o notável paralelo entre o devir da economia monetária e as outras esferas da atividade humana dá a impressão de uma relação de causa e efeito. Comparável a uma invariante da física como a luz, o dinheiro consegue, no entanto, combinar fatos discordantes entre si e evidenciar a lógica deles, que acabamos de tratar.

Mas sigamos em frente. A partir de Simmel o significado radical, e até mesmo subversivo, da sociologia que estuda esses fatos não é mais, como se acredita, o de explicá-los por meio de uma causa única e dominante. Não se trata de corrigir uma noção dogmática por meio de uma outra, mais verdadeira, de substituir uma entidade absoluta por uma outra entidade mais real, o carisma no lugar da consciência coletiva, a luta de classes em vez da luta pela vida etc. Nem de consagrá-las de uma maneira qualquer, como o fez Marx, dirigindo-se a seus contemporâneos: "Assim como os democratas fazem da palavra *povo* um ser sagrado, da mesma forma para vocês é a palavra *proletariado*"[189].

A sociologia permaneceria então prisioneira da antiga racionalidade, em busca de uma causa última e de um sistema cada vez mais verdadeiro, aos quais tudo está submetido e a partir dos quais se pode prever o futuro de uma maneira infalível. Nesse caso, basta escavar abaixo da ciência para encontrar uma teologia humanizada. Pelo contrário, já é tempo para a sociologia

---

189. CLAUSEN, D. *List der Gewalt*. Frankfurt: Campus, 1982, p. 117.

de dizer adeus, como as outras ciências, a esses absolutos e a qualquer sistema. Eles acabam um dia ou outro se tornando um simples ornamento dos fatos. A sua força consiste em abalá-los e infundir em toda parte uma consciência da relatividade das coisas sociais, o germe que os dissolve e os faz se tornarem sem descanso inteiramente diferentes.

> O relativismo [esclarece Simmel] se esforça para dissolver em uma relação cada absoluto que se apresenta e procede da mesma forma com um absoluto que se oferece como base para uma nova relação. É um processo que nunca termina, cuja fecundidade elimina a alternativa: ou nada, ou aceitar o absoluto[190].

E, no entanto, Simmel sabe que eliminar essa alternativa pode conduzir ou à dissolução da ciência em uma coreografia de palavras e de imagens, ou a um incerto renascimento. Na *Philosophie de l'argent* o âmbito desse renascimento está exposto na parte que trata da metafísica do dinheiro, e na parte consagrada à relação entre o tempo e o dinheiro. E esse painel de nossa cultura adquire uma outra dimensão e atinge a amplitude de uma visão de conjunto.

Tomando a ciência por modelo, a razão concebe uma sociedade cada vez mais despojada de qualidades específicas, em que as coisas não são expressas senão pelas relações objetivas, em termos quantitativos. Essa objetividade de que o dinheiro é o veículo por sua incessante circulação, sua neutralidade diante das crenças e dos sentimentos, pelo seu poder de cálculo, abole as paixões sem as quais não existe vida em comum. Como se ele obedecesse aos velhos mestres que, nas palavras de Nietzsche, "são unânimes quanto a isso: [...] é preciso matar as paixões".

De um certo ponto de vista, isso pode parecer justo. Exceto por raros momentos, elas provocam perturbações, reações cegas. Entretanto, permanece a constatação de que os interesses e as doutrinas mais esclarecidas não bastam para criar um vínculo

---

190. SIMMEL, G. *The Philosophy of Money*. Op. cit., p. 117.

entre os homens. E ainda menos para lhes inspirar as ações que deles esperamos e que tudo autorizam. Sabemos que a paixão se rarefaz e nada do que deve ser empreendido é feito. Em seu lugar, vemos se propagar a triste contabilidade das ocasiões perdidas pelos homens que não estiveram à altura da condição humana. Não existe aí nenhuma fantasia que os extravie nos labirintos da subjetividade, mas um apaziguamento dos nervos, e não foi o próprio Marx que compreendeu a sua necessidade, escrevendo ao conselho geral da Internacional operária: "Os ingleses possuem toda a matéria necessária à revolução social, é a paixão revolucionária que lhes falta". Em outros termos: eles possuem todos os ingredientes objetivos de uma nova sociedade, o que lhes falta é a paixão da sociedade.

Ela é a estrutura e a amarração de todo edifício coletivo, que nem os melhores arquitetos podem dispensar. Ainda que o dinheiro seja um meio de estabelecer o vínculo entre os indivíduos, ele por si só não constitui esse vínculo. Pois faz parte da sua natureza transformar, mesclar, deformar as relações e obedecer apenas às incitações da troca e ao imperativo dos valores. Ele se destruiria caso se tornasse outra coisa além de um meio, e dissolve permanentemente as bases da sociedade ao desempenhar sua função. Em resumo, ele não deixa subsistir senão o indivíduo e o seu egoísmo, que o leva a se associar aos outros. Nesse ciclo de vida regulado pelo dinheiro, este é o impulso mais simples, ao alcance das mãos. A razão da economia ou da ciência não consegue justificar uma solidariedade com o outro. Os sentimentos de amor ou de piedade se revelam obstáculos que devem ser afastados por aquele que busca ganhar e possuir. E eles dão lugar ao interesse que internamente modela cada um.

> Por isso [observa Simmel], a interpretação racionalista do mundo – que, tão imparcial quanto o dinheiro, também se aproximou da imagem socialista da vida – se tornou o egoísmo moderno e a afirmação inflexível da individualidade. Conforme o ponto de vista usual que não é o mais profundo, o eu, tanto na prática quanto na teoria, é a base evidente do homem e certamente o seu interesse principal. Razões não egoístas não parecem naturais e autóctones, mas secundárias, e, por assim dizer, enxertadas artificialmente. Consequentemente, apenas a ação dirigida

segundo o interesse pessoal é julgada autêntica e simplesmente "lógica"[191].

Esse é um dos motivos da inquietação de nossa época, da melancolia que envolve o irremediável desaparecimento de uma forma de vida esvaziada de sua substância. De certo modo nós carregamos o luto pela sociedade desaparecida, assim como o homem maduro carrega o luto pela sua infância. Sem nos apercebermos que ela ressurge, enraizada no seu contrário que é a paixão egoísta. A partir de então, cada um também é para si mesmo a sua própria sociedade. Eis o que nos une e fundamenta a paixão compatível com a instabilidade febril do dinheiro e que atribui a ele um sentido na prática. Simmel diz isso claramente:

> Uma vez que o dinheiro não encerra intrinsecamente, nem diretrizes, nem obstáculos, ele segue o impulso subjetivo mais forte que, no interior de todos os assuntos de dinheiro, parece ser o impulso egoísta. A ideia inibidora de que certas somas de dinheiro possam estar manchadas de sangue ou atingidas por uma maldição é puro sentimentalismo. Ela perde todo o significado na medida em que a indiferença aumenta, isto é, na medida em que o dinheiro se torna nada mais do que o dinheiro[192].

Então a paixão egoísta se liberta e submete todas as outras. Para além dos assuntos de dinheiro, ela pouco a pouco se revela, na cultura, como a única paixão verdadeiramente social. Nela podemos ver ao mesmo tempo o solstício da alma moderna e o zênite de sua racionalidade. À sua manutenção, ao seu refinamento, se consagram as ciências e as filosofias que não desejariam ter paixão alguma, elas fazem dessa paixão egoísta um dever do homem, conforme à sua natureza. A ele está prescrito aumentar sua felicidade e seus bens em qualquer circunstância, quaisquer que sejam as consequências para os seus semelhantes. É realmente um rude dever, que exige uma competição selvagem e uma falta de caráter e de lealdade nas suas opiniões,

---

191. Ibid., p. 439.
192. Ibid., p. 441.

nas suas relações pessoais, e que representa uma fonte de muitos problemas. Uma vez que obedecer exclusivamente ao próprio interesse[193] – assim como se amar a si mesmo, aliás – requer uma energia muito mais coerciva do que sacrificá-lo assim que a ocasião se apresenta. Existe aí uma falha da alma que nenhuma reflexão preenche. Mas entre ser e não ser egoísta, o homem não tem escolha. Em um universo sem repouso e em um mundo humano indiferente, essa paixão lhe surge como o único ponto de ancoragem, fixado ao seu próprio corpo.

O que quer que aconteça, é sempre bom observar a situação de frente, e Simmel o faz sem a menor concessão. Sua sociologia fornece uma teoria e uma linguagem e, sobretudo, uma imagem viva da realidade social, que lhe permite compreendê-la. Em contrapartida, ela não lhe oferece uma saída, no máximo um conselho, diante das devastações do dinheiro e de uma cultura reificada. Esse mesmo conselho oferecido por Eurípides nas *Bacantes*.

Mortais sejais modestos
É a vossa condição que nega a vossa ambição.

Esta talvez tenha sido a razão pela qual, após alguns anos extraordinariamente fecundos e audaciosos, Simmel se distanciou da sociologia. A ciência interdita a profecia. E, no entanto, os abismos do presente e as soluções do futuro que ela aflora exigem um profeta de palavra e julgamento livres. Mas entrar nos bastidores de sua decisão, para descobrir as suas causas, exigiria um trabalho bem diferente. E este não era o meu objetivo.

---

193. Creio que, a partir das ideias de Simmel, compreendemos que o interesse não se opõe à paixão, mas é o seu prolongamento. Ele expressa um impulso do eu, ao mesmo tempo elementar e arcaico, o mais compatível com uma economia monetária. Diríamos que o dinheiro, ao se tornar cada vez mais ele mesmo, elimina todas as outras paixões (avareza, generosidade, simpatia etc.), para reduzi-las a uma única. Em suma, o interesse é uma paixão do ego, e somente isso conta.

ÚLTIMAS OBSERVAÇÕES

    Muitas vezes cheguei a pensar que um dia desejasse escrever um livro no qual explicasse por que as ciências do homem não devem mais dividir as mesmas origens. Uma divisão que nem corresponde à prática efetiva delas, nem ao recorte dos fenômenos da vida social, todos dedicados ao devir. Hesitei todas as vezes, persuadido de que empregaria melhor o meu tempo no que chamamos pesquisas positivas, sobre uma questão definida, que ofereça um resultado tangível. Não que eu julgue minhas contribuições indispensáveis. Mas simplesmente porque minha natureza a isso me conduzia, assim como um arquiteto é levado a construir casas. Cada um de nós é completamente tomado por essa sucessão de dias ocupados em triturar ideias, em ouvir incansavelmente os fatos – interrompida por um raro domingo em que uma ideia parece permanecer intacta, um fato novo emergir da massa de não fatos. E este livro era incessantemente deixado para mais tarde, até que escrevê-lo se tornou absolutamente indispensável. Exatamente como um filósofo necessita deixar respirar seus trabalhos para dar uma forma ao diálogo interior que mantém com outros filósofos, e ir até o limite de suas próprias ideias. A necessidade é até mesmo maior nas ciências do homem, em que é necessário se engajar de maneira pessoal em um permanente debate se quisermos responder, sem ilusões, às questões que nelas se colocam e tomar pé da realidade.

    Quase um século transcorreu desde que uma regra imperativa foi editada em diversos tons: não é necessário explicar os fatos sociais por meio de causas psicológicas. Essa regra distingue os fenômenos humanos entre si de maneira tão radical quanto a biologia e a física distinguem os fenômenos da vida e os da matéria. Investida de autoridade, ela fundamenta a autonomia da sociedade, o seu direito a se referir apenas a ela mesma, e a explicar tudo à sua própria maneira. É o que muitas vezes expressamos ao dizer que um problema social não tem outra solução a não ser social.

Ora, as análises que precedem mostram que nos demos uma regra arbitrária, impossível de ser respeitada, e com a qual trapaceamos incessantemente a fim de compreender a realidade. O que é verdadeiro para a época clássica da ciência o é ainda mais para a época contemporânea. E isso seria provado experimentalmente por uma enquete sobre as teorias sociais de hoje. Nelas, apenas um número bastante reduzido de fatos sociais é descrito e explicado sem que se recorra, ainda que implicitamente, a uma ou a outra noção psicológica. Na maior parte do tempo, nós a retomamos prontas por meio da linguagem, sem mesmo nos apercebermos. Imaginem, pois isso vale a pena, que estranho mundo seria este de onde conseguíssemos expulsar o vivido, as preferências subjetivas e os símbolos, as sensações da memória e até mesmo as representações que a animam. Um mundo desinteressante, reduzido àquilo que de mais convencional e organizável existe em uma sociedade. Muitas vezes desrespeitada, é verdade, a regra pouco a pouco cai em desuso e perde o seu fio. Mas uma regra, ainda que caduca, não reduz a sua ascendência enquanto não for demonstrado pelo menos umas cem vezes que ela o está. Não mais que uma lei ultrapassada enquanto não for revogada por um voto solene.

O que pretendem essas observações? Mostrar que, em boa lógica, o resultado a que cheguei não poderia ter sido diferente. Vamos direto a algumas evidências simples. A regra que institui um corte fundamental entre as duas potências que dominam a visão do homem, a psicologia e a sociologia, provém tanto da cultura quanto da ciência. De onde ela extrai a sua força? Observemos as sociedades do passado, tais como as conhecemos pelos livros ou pelos testemunhos. Elas não buscam, intencionalmente, dissociar os elementos objetivos dos elementos subjetivos, eliminar a vida interior para guardar apenas a vida exterior. As orgias de ritual e de nomenclatura os mesclam e preservam sua solidariedade em um mundo real, ainda que ele nos pareça loucamente absurdo, obstinados que somos em retirar as camadas de pintura que o dissimulam a nossos olhos. Elas separam, em contrapartida, coisas ordinárias ou profanas e coisas sagradas, duas palavras antigas mas realmente necessárias para expressar a sua maneira de se apoderar do universo.

As nossas sociedades são as primeiras, dentro das vicissitudes da história, a romper com essa distinção e com as grandes acumulações de forças coletivas, com os gastos de vida que ela representa. Os prestígios que a tradição confere ao sagrado e ao profano nelas se transferem para uma nova dicotomia. Esta distribui as relações entre os homens e com a natureza em duas categorias distantes e até mesmo opostas. Como se fosse um traço universal do pensamento, tão evidente, tão necessário quanto um traço da realidade. Por um lado, a racionalidade define a ação eficaz, em um determinado momento e em um determinado meio. Comportamentos, ideias e métodos a concretizam. Seu caráter obrigatório condena ao fracasso qualquer indivíduo, qualquer grupo que negligencie as suas regras, na economia ou na técnica. Ela é confrontada pelo campo do não racional, que inclui a sensibilidade, a crença em geral e a efervescência das pessoas ou das massas. Ou seja, tudo o que parece se desenrolar em circunstâncias excepcionais e longe do olhar da consciência. O hábito de ver na própria tradição a essência do irracional está bastante ancorado, apesar de seu odor nauseabundo de arcaísmo. Poderíamos dizer que uma desenha com tinta visível e o outro com tinta invisível a anatomia da sociedade, do ápice até a base. Não existe divisão mais radical do que esta. Tornada soberana, ela atravessa todas as camadas de nossa cultura, de nosso corpo, até se parecer fisiológica.

Por que evocar tudo isso? Porque essa oposição é o problema da modernidade. Ela representa a frenética tentativa, destinada ao fracasso, de passar o comando para o polo racional, capaz de envolver o polo irracional, de utilizá-lo e absorvê-lo. E ainda mais: ela veria com prazer a maior parte das sociedades, relegadas à posição de sobrevivências e de superstições, apagarem-se para dar lugar à única em que o polo racional teria afirmado a sua dominação. Recorrendo ao testemunho de um homem que tem alguma responsabilidade no triunfo dessa oposição, reiteremos que um dia Marx escreveu: "A razão sempre existiu, mas nem sempre sob uma forma racional". Ei-la então devolvida à sua forma própria e elevada à dignidade de índex de nossa história. E, como dizem, é uma particularidade do Ocidente. Ele tanto descobriu continentes, conquistou mercados e propagou indústrias por toda parte quanto legitimou a razão. Eis sua potência investida dos mesmos sentimentos de veneração e de temor que o sagrado inspira. Causa de tudo o que é benéfico, ela emancipa os homens dos terrores da natureza e das maravilhosas ilusões do desejo. Todavia temível por suas invenções e sua indiferença, como Weber e Simmel nos advertem, ela aliena nossa pessoa e petrifica o mundo em que vivemos.

Ora, a sociologia, nascida em uma sociedade secularizada, na França, na Alemanha ou na Inglaterra, é uma ciência do problema da modernidade. Como viver, como passar do costume ao cálculo, de um passado repleto de símbolos e de instituições a um futuro mais aberto, feito de signos e de organizações? Esta é a sua preocupação, e todos os meios são bons para quem quer livrá-la dela. Dessa forma, ela aspira menos a se tornar o saber da sociedade e da questão social – deixada aos políticos e aos economistas – do que esses meios, nascidos no rastro da modernidade. Um saber que incessantemente recoloca em questão as comunidades, as crenças e as práticas herdadas, para substituí-las por uma mentalidade da performance, do novo, em suma, uma síntese interrompida. Se formos mais longe, entreveremos relações sociais cuja organização e objetivo estão precisamente conformes à razão. Paira no ar a certeza de que uma sociedade fundamentada na razão avança, tendo a história a tarefa incontornável de realizá-la. Nenhuma outra ciência adota de maneira tão exclusiva a equação moderna: o social é o racional, nem se dedica a resolvê-la. Por essa escolha, a sociologia se diferencia nitidamente. Ela não estuda um objeto específico – o mercado, o comportamento, a linguagem – nem se limita a ser um campo intelectual semelhante a tantos outros. Ela se quer a fiadora da hegemonia da razão sobre todos os aspectos da vida em comum. "Nesse âmbito das ciências sociais [escreve Habermas], é a sociologia que em seus conceitos fundamentais melhor se ligaria à problemática da racionalidade"[1]. Ela tende a suscitar em torno desta um consenso e, até certo ponto, uma fé. É por isso que a sombra suntuosa de uma teologia paira sobre sua linguagem e seus conceitos. E ainda que se queiram positivos e próximos de nossa experiência, neles sempre ouvimos uma insólita ressonância bíblica. Pelo menos em comparação com a linguagem e com as noções de suas vizinhas, a economia ou a antropologia.

Que a racionalidade seja, portanto, uma marca distintiva da sociedade moderna, ninguém o discute. Que ela tenha um valor eminente, no sentido de uma potência eficaz por meio das ciências e das técnicas, e desfrute de um prestígio que a situe à parte e acima de todo o resto, ninguém pode negar. O poeta chileno Pablo Neruda declara: "É a razão, base da justiça, que deve governar o mundo". Nada é mais instrutivo, contudo, do que a maneira pela qual a sociologia a define e a representa. Dizer que ela empresta sua lógica, em primeiro lugar, da economia e dizer que desta faz o princípio da realidade, significa a mesma coisa. Nesse caso, as relações entre os homens têm um valor objetivo pelo tempo que forem concebidas em função do interesse e do cálculo dos meios e dos objetivos concretos. Além desse limite, penetramos no campo dos fatores psíquicos, dos desejos e das ideias, assentados "na cabeça", desprovidos não de valor, mas de importância. O pensador marxista Lukács, que viveu no olho do furacão do nosso tempo, vai ao extremo quando fala da luta de classes. Para que então buscar na psicologia dos indivíduos e das massas as motivações dos atos e das escolhas de uma classe? Ela conta pouco, diante da consciência racional dos operários, fundamentada no conhecimento de seus interesses objetivos e nas relações econômicas na sociedade capitalista. "No entanto, é precisamente essa dualidade [afirma ele] que oferece um meio de compreender que a consciência de classe não é a consciência psicológica (de massa) do seu conjunto [...] mas o sentido consciente da situação histórica de classe"[2].

---

1. HABERMAS, J. *Théorie de l'agir communicationnel* – T. 1. Paris: Fayard, p. 19.

2. LUKÁCS, G. *Histoire et conscience de classe*. Paris: Minuit, 1960, p. 98.

Como definir exatamente essa consciência? Ao mesmo tempo ela deve possuir alguma realidade e se situar para além dos indivíduos e das massas, como se paralelamente se desenrolasse uma história das classes independentemente das classes que, no entanto, fazem a história. Não é a consciência que determina a existência, é a história que determina a consciência, que assim seja. Mas essa consciência objetiva, que deveria vir do exterior para transformar as mentalidades de classes, dar-lhes um sentido da história, a quem ela pertence? Certamente a uma instituição, no caso o partido, que detém um conhecimento muito especializado e completo das leis da economia e da história. Cabe a ele definir os caracteres que seriam os de uma classe operária realizada. Se ela não os possui, concluímos então que a classe ainda não existe, ou que ela permanece prisioneira das forças da subjetividade e do costume. Pelo menos é isso que a teoria pretende. Que conclusão se pode tirar, senão que a consciência racional é a consciência das instituições. Essa é uma conclusão que impregna o marxismo e faz a sua popularidade. E ela é amplamente compartilhada. O sociólogo americano Parsons, por exemplo, faz uma distinção entre os homens, seres psíquicos que possuem uma estrutura de personalidade, e a estrutura objetiva das instituições que os associam no mundo contemporâneo. Esta última, como acabamos de ver, especifica os interesses, o modo de comportamento adotado e a conformidade do pensamento ao real. Além do que este coincide com a economia. Portanto, aquilo que é verdadeiro para a economia também deve ser verdadeiro para as outras ciências da sociedade.

Uma transição nos leva em seguida a constatar que o desenvolvimento das comunicações e das tecnologias informáticas provoca uma reviravolta. É o mundo da linguagem ressuscitado que hoje representa, no lugar da economia, a quintessência da racionalidade. É preciso evocar os seus poderes de expressar, de narrar, de encantar. Mas, por um movimento de signos, ele estabelece um contato, formaliza trocas e decide valores. Uma vez que suas regras se conservam invariantes no interior de cada cultura, ele é um sistema de indícios suficientemente pobre para gerar as mais variadas relações entre os homens. Mas doravante é ele que desempenha o papel de *logos* de nossa sociedade, entendido como verdade da consciência e do consenso por meio do qual nós nos compreendemos mutuamente. É provável que ele materialize a frio a razão mais exigente, justamente porque vai até o limite de alguma coisa. E essa alguma coisa é a ordem gravada tanto nos monumentos visíveis ou invisíveis da cultura quanto no espírito humano. Mas é importante que a ciência da linguagem tenha se tornado o espelho das outras ciências, na medida em que ela separa essa ordem dos vestígios do vivido, das contradições intempestivas do sentimento e das dissonâncias da palavra individual. Lacan e Lévi-Strauss consagraram algumas de suas mais notáveis páginas a expulsá-las da ciência do homem. O que resta a fazer então para as ciências fascinadas por esse rigor, inclusive para a sociologia, exceto fundamentar o seu edifício na comunicação e na linguagem? Todas tentam com um sucesso desigual. Pelo menos reconheçamos que, bem ou mal, essas tentativas concorrem para apoiá-las na psicologia. Mas em uma psicologia que está situada no sentido contrário das ciências da sociedade, fora delas. Tomamos conhecimento disso por meio de uma proposição de Lévi-Strauss segundo quem, como já observamos, a criação do sentido "não depende das ciências sociais, mas da biologia e da psicologia [...]"[3]. A menos que não seja a mesma ciência que por toda parte detecta aquilo que é universal e permanente em nossas faculdades de pensar e de falar.

Nessa constelação, atribui-se à psicologia o papel de representar as tensões subjetivas e as tendências instintivas dos homens, em suma, o não racional. Ocorre que, segundo as escolas e as gerações, afirma-se de maneira mais ou menos peremptória: não busquemos na psicologia a alma da sociedade, mas o caráter individual, e até mesmo animal. Sim, somente esse termo mágico, o não racional, permanece ainda bem opaco. Pouco preciso em si mesmo, ele serve de quarto de despejo para os fenômenos desconcertantes, mal unidos entre si e que a ciência não sabe como explicar.

Vocês me dirão, como o Mefistófeles da *Noite de Walpurgis*: "Pensei encontrar aqui apenas desconhecidos, infelizmente, aque-

---

[3]. LÉVI-STRAUSS, C. *Introduction à Marcel Mauss*. [s.l.]: [s.e.], p. XLVII.

les que aqui encontro são de minha família"? Certamente sim, uma vez que pouco a pouco esse corte marcou a educação, a cultura oferecida ao público e o quadro das ideias e dos valores. Por menos que o homem reconheça seu destino na sociedade, torna-se normal que os limites de uma explicação racional signifiquem os limites de uma explicação social. Em uma palavra, ali onde a sociologia acaba, a psicologia começa. Isso é admitido por dois motivos opostos, por excesso e por falta. Por um lado, tudo aquilo que uma sequência de trabalhos obteve de universal e de comum em matéria de pensamento, de linguagem e de regras sociais se torna da competência das causas psíquicas. Elas ligam o último elo das propriedades do homem ao primeiro elo das propriedades da natureza, sejam elas as do cérebro ou as do nosso código genético. Como evitá-lo, dado as estreitas relações de umas com as outras? E, nesse sentido, Chomsky poderia afirmar: "Não podemos falar de relação entre a linguística e a psicologia, pois a linguística *faz parte* da psicologia, não posso concebê-la de outra maneira"[4]. Assim como as faculdades de falar estão conectadas às faculdades de pensar. E é realmente nessa direção que a pesquisa se orienta cada vez mais, com um sucesso certeiro.

Por outro lado, a sociologia tem interesses e instrumentos que a levam a estudar os acontecimentos que se reproduzem de maneira periódica, nunca o acontecimento singular ou isolado. Um criminoso mata um transeunte? Ela não pode analisar esse acaso, esse simples fato. No entanto, como todas as ciências do homem, ela trata apenas dos acontecimentos únicos. Ela busca, para começar, as causas comuns e proporcionais a seus efeitos. Mas, uma vez que constatou a estrutura das classes, a natureza dos valores e os interesses em jogo – coisas econômicas e históricas – cabe-lhe explicar por que o fenômeno se produziu aqui e não em outro lugar, por que o capitalismo eclodiu na Europa e não na Ásia, por que o nazismo surgiu na Alemanha e não na França. Ou por que as pessoas não agem segundo a razão, como deveriam, e por que não se revoltam

---

4. Cf. CHOMSKY, N. *Dialogues avec M. Ronat*. Paris: Flammarion, 1977, p. 63.

com mais frequência, em nome da justiça, da lógica ou, simplesmente, de seus interesses.

Em suma, a sociologia se encontra em uma situação análoga à da medicina. Uma vez estabelecida que parte das estatísticas se refere às doenças cardíacas ou à longevidade, ela deve explicar alguns fatos cruciais, por que a doença atingiu Paulo e não Pedro, por que as mulheres vivem mais do que os homens. A fim de preencher a distância entre a generalidade das causas supostas que dominam o efeito e o caráter único deste, suplementa-se a explicação social por uma explicação psíquica. Abordamos as forças afetivas e mentais que teriam provocado reações que a razão não previa ou não necessitava. "Agora que minha escada não mais existe, lamentava o poeta irlandês Yeats, preciso deitar-me onde começam todas as escadas, na confusão infecta de meu coração". Crimes ou violências, movimentos de massa ou fanatismos religiosos, perturbações mentais ou toxicomania exigem causas psíquicas, como resíduos, de qualidade inferior. Reich deu a receita e as proporções: "Quanto mais o comportamento do homem é racional, mais é estreito o setor ocupado pela psicologia do inconsciente; quanto mais ele é irracional, mais a sociologia exige a ajuda da psicologia"[5]. Até aqui o mais e o menos são rebeldes a qualquer medida, mas esse problema não resolvido não deve nos distanciar de nosso caminho.

De forma alguma quero dizer que as diferenças entre o campo social e o campo psíquico são negligenciáveis, ou que suas visões específicas do homem se confundem. E, no entanto, se o seu corte teve como consequência esperada garantir a hegemonia da racionalidade, ele também teve como consequência inesperada deixar à mostra, e até mesmo liberar as forças não racionais da sociedade que se desejava manter na periferia. Descobrir uma forma de curar ou de prevenir uma doença significa quase inevitavelmente descobrir uma forma de propagá-la. Melhor ainda, a invenção de uma técnica como, por exemplo, a fotografia – eis uma outra analogia – tem como efeito liberar uma arte, no caso a pintura, do retrato e da imitação fiel do real. É preciso esse avan-

---

[5]. REICH, W. *Sex Pol*. Nova York: Vintage Books, 1975, p. 73.

ço da consciência e do método intelectual para sentir o quanto as sociedades que se querem racionais liberam forças inconscientes e emocionais. Elas buscam em teoria aquilo que a prática considera como excepcional, senão impossível: manufaturar o social por meio da reflexão. Mas podemos buscá-lo? Basta apenas querer? Napoleão o excluiu em uma frase curta: "Não há nada mais extraordinário do que uma intenção".

Não importa como as coisas são abordadas, foram nossas sociedades, construídas sobre as ciências do homem e da natureza e dedicadas de corpo e alma a racionalizar suas estruturas e suas economias que, a um só tempo, desnudaram e tornaram autônomo aquilo que imaginavam eliminar ou ver se deteriorar. Em primeiro lugar as correntes de religiões profanas – todas o são hoje, em uma cultura que ignora a distinção entre o sagrado e o profano – confundidas com as ideologias e com as visões de mundo. Considerando verdadeiro aquilo que, em outros lugares, é julgado falso e até mesmo absurdo, elas arrastam milhões de indivíduos em seu rastro. Teríamos muita dificuldade para encontrar no passado exemplos de entusiasmo e de sacrifício comparáveis aos provocados pelos oceanos de promessas em uma salvação pela história ou pelo chefe idolatrado. Vocês defenderiam que se trata aqui de uma sobrevivência arcaica ou de uma astúcia para governar? Então vocês não compreenderam a sua ascendência sobre nossa sensibilidade nem a que necessidades elas respondem[6].

Em seguida o movimento das nações se acentua e ultrapassa tanto a sociedade quanto o Estado. Por isso é conveniente observar até que ponto suas comunidades de fé, de território e de língua conferiram um sentido às guerras civis e militares. Fictícias e irracionais aos olhos de uma consciência normal, a sua moral, e não a dos filósofos, ainda prevalece na época moderna. Cada uma delas a sacrifica, para conquistar pureza e integridade, segundo o imperativo categórico: "Aquilo que é condenado entre irmãos é permitido entre inimigos". Nessas condições, uma nação mantém unidos alguns, conquanto exclua os outros. Há muito tempo,

---

6. MOSCOVICI, S. *L'âge des foules*. Paris: Fayard, 1981.

por razões bem diversas e pouco confessáveis, a maior parte das teorias se cala sobre as nações. Elas examinam minuciosamente os interesses e os contratos que unem as sociedades civis aos Estados, esses monstros frios. As nações, esses monstros quentes que as entusiasmam, são consideradas como algo efêmero, destinado a se dissolver no rio da história que as devora como um lago de barragem submerge os vilarejos antigos. Ou seja: no momento em que as nações se emancipam, anunciam-lhes um mundo emancipado das nações. Mas não tiremos desse fato argumentos contra essas teorias. Preocupadas em aderir a uma lógica, elas reconhecem tacitamente que se trata aqui de uma realidade verídica, mas assentada abaixo do limiar da razão. E, dessa forma, não poderíamos pensá-las, compreendê-las, senão no passado e à imagem das sociedades primitivas.

> Tudo [escreve Marcel Mauss, um dos raros a ter estudado seriamente o assunto] na nação moderna individualiza e uniformiza seus membros. Ela é homogênea como um clã primitivo e supostamente composta de cidadãos iguais. Ela se simboliza, por sua bandeira, assim como o clã tinha seu totem; ela tem seu culto, a Pátria, assim como ele tinha o dos seus ancestrais animais-deuses. Assim como uma tribo primitiva, ela tem seu dialeto elevado à dignidade de língua, ela tem um direito interior oposto ao direito internacional[7].

Eu não sei se compreendemos o sentido dessas linhas. Por mais discretamente que evoquemos as forças da história moderna, não podemos deixar de observar que a única coisa universal é o poder surpreendente dessas individualidades de pensamentos, de artes, de sentimentos, sobretudo coletivas e nacionais. Não conseguiremos avançar muito no conhecimento delas enquanto não conseguirmos explicar o sentido dessas profundas sociedades um tanto imaginárias que acompanham, como sombras, as sociedades efetivas. Ao negligenciar o peso com que elas pesam sobre a realidade, adquirimos a impressão de estudar um homem que justamente perdeu a sua sombra.

---

7. MAUSS, M. *Œuvres*. T. 3. [s.n.t.], p. 393.

Por fim, quer façamos a crítica ou o elogio do poder, nele reconhecemos o ápice da impessoalidade e da escolha racional dos meios que visam atingir um fim. Ao longo dos dois últimos séculos, no entanto, suas bases mudaram. Aparentemente, temos apenas a dificuldade da escolha para justificar de maneira objetiva a obediência: coerção, interesse, vontade geral, contrato social, relação de forças. Cada um desses princípios pode servir de razão última. Mas nenhum basta, no entanto, para explicar a adesão íntima e durável a uma hierarquia. Isso pode ser muito bem observado ao longo de uma revolução: o poder voa em pedaços e, no entanto, a maioria dos homens permanece apegada a ele, sem ousar tomá-lo como sob a ameaça de um sacrilégio. Certamente, o único princípio em nome do qual acontece essa adesão, princípio que venceu todos os outros até se tornar característico dos Estados modernos, é a legitimidade. Mas ela serve de tela, como sabemos, para a verdadeira causa: a realidade da crença que enfim acede à potência absoluta. Outrora, ela era o braço profano da religião. Doravante, ela é a sanção da maioria, em nome da qual a minoria governa, ela é a base mais firme da dominação. É uma relação de poder que, por sua natureza, não se apoia em "razões", nem provém de razões. As que podemos invocar em nenhum dos casos bastam para explicar a legitimidade. É o que comumente expressamos quando invocamos o estado de graça, a confiança e, claro, o carisma. "Tudo é possível para aquele que crê", diz o Evangelho: oferecer a sua obediência, mas também recusá-la.

É evidente que, pelo corte entre os aspectos psíquicos e os aspectos sociais da vida em comum, nós emaciamos a sociedade. A vantagem foi tornar visíveis as grandes linhas de sua geografia racional, na teoria e na prática. E a consequência involuntária, colocar em alerta sua geologia vulcânica e estimular o que há muito tempo gostaríamos de ver se extinguir. A esse respeito emprego o termo de irracional, sabendo bem que os fenômenos a que faço alusão, religiões, nações, poderes, não se limitam a eles. Resta explicar como acontece que esses fenômenos tenham uma influência nas sociedades em que vivemos. Eles são as verdadeiras alavancas invisíveis que nos unem e nos movem prioritariamente por meio dos vínculos de convicção, dos vínculos de sentimentos, e dos vínculos de ação. Que eles falem a língua do interesse ou da força, quer se trate de dinheiro ou de dominação, são sempre representações, crenças e paixões comuns que os tornam possíveis e os vivificam.

Novamente somos conduzidos a compreender por que a explicação dos vínculos sociais passa necessariamente pela psicologia. Ela os percebe em estado nascente, no momento em que aparecem espontaneamente, antes que possam ser cifrados pela razão e, aparentemente, comprimidos. O fundamento dessas teorias é procurar saber como tudo isso evolui para um equilíbrio estável e passa pelo controle dos fatores econômicos e históricos de que ninguém poderia se dispensar[8]. Aproximamo-nos assim de um limite objetivo, quase físico, da realidade. Se quisermos fazer justiça às intenções que são o pano de fundo das teorias de inúmeros psicólogos, seria necessário dizer que elas têm como objetivo determinar os *fundamentos sociais da vida psíquica*. Será que os alcançaram? É difícil decidir sobre isso. Todavia, respeitosas da divisão em vigor, nós as vemos explicar fatos de julgamento, de linguagem, de percepção etc. a partir de causas sociais. Pois bem, é evidente que ignorar as sutilezas próprias a essa explicação, documentar-se superficialmente sobre a matéria, favorece o abandono muitas vezes observado. Esse amadorismo desemboca em resultados que mais vale a pena manter sob um piedoso silêncio.

Em virtude da mesma divisão, as teorias sociológicas observam e classificam com método os fatos de instituição, que parecem oficializados pela linguagem comum. E não se pode duvidar que dessa forma elas tendem naturalmente a ordenar tudo o que prioritariamente adquire uma forma racional e objetiva. Mas, tendo em vista as inesperadas consequências dessa divisão, elas são atraídas para os fenômenos que se pensava poder rejeitar para a periferia e que, definitivamente, resistem e se revelam originais. Aliás, sob que pretexto afastá-los, porque uma regra assim o exige, ao passo que se quer abraçar a realidade

---

8. DOISE, W. *L'Explication en psychologie sociale*. Paris: PUF, 1982.

por completo? Quando estudamos Durkheim ou Weber, observamos que força magnética os conduz para essas energias primordiais do poder, para esses movimentos efervescentes da religião ou, mesmo secretamente, da nação. Energias e movimentos dos quais se originaram tantas das propriedades da sociedade. Ainda que sempre se esteja na defensiva, uma questão[9] retorna com mais frequência: qual é parte do psicológico?

A busca da verdade prima sobre qualquer outra consideração, e assim as teorias sociológicas revelam os *fundamentos psíquicos da vida social*. Elas desembocam nesse resultado sem o desejar, mas não sem necessidade. Portanto, a oposição entre os dois métodos de vascular a realidade depende menos do fato de que elas têm um objetivo diferente – o indivíduo, a coletividade – do que do fato de percorrerem o mesmo círculo em sentidos contrários para conhecer um mesmo objeto.

Esta conclusão que pode lhes parecer grandiloquente se apoia, e nisso eu insisto, nos argumentos de observação e que a história das ideias consolida. Sob muitos aspectos, os mitos das ciências isoladas e dos campos de pesquisa separados subsistiram, ainda que permaneçam insaciáveis. Mas, para além dos argumentos, são as circunstâncias que fazem a conclusão soar vazia. O tempo começou a dispersar as suas fileiras e, no entanto, ainda são muitos aqueles para quem a sociedade continua a brilhar intensamente. A ideia brotou no último século como uma ilha vulcânica das profundezas marinhas após uma erupção, e não cessou de manifestar sua energia até meados do século XX. Ela, sem dúvida, corresponde a uma realidade, mas é como um ser onipotente e transcendente que ela se impõe a todos. A sociedade resume a solução de todos os problemas da existência e se torna, para cada um de seus membros, uma via de salvação.

Daí uma revisão dos valores e a certeza de que ela sabe o que é justo e verdadeiro, e como instituir a felicidade na vida em

---

9. O historiador polonês Geremek fez uma observação análoga em uma admirável conferência sobre Marc Bloch para quem "a redução à psicologia coletiva – aliás, seria uma redução? – torna-se cada vez mais o principal componente de seu pensamento" (GEREMEK, B. "Marc Bloch, historien et résistant". *Annales*, 5, 1986, p. 1.001).

comum. A única religião moderna é a religião da sociedade, e os sacrifícios realizados para ela são os únicos dos quais esperamos uma recompensa futura.

Certamente, as teorias sociológicas a separam e a colocam acima de todo o resto, ao mesmo tempo razão invisível e remédio visível às injustiças, às desigualdades e às desordens. Elas consideram ter a estatura para determinar os meios de obter sucesso. Falta-lhes método, e essas teorias propõem dois: por um lado, integrar; por outro, transformar a sociedade.

O primeiro recomenda aquilo que é impossível em uma determinada sociedade: subordinar permanentemente as partes ao todo. A tal ponto que as representações e as práticas são selecionadas conforme mantenham ou não a coesão entre os indivíduos e os façam progredir na direção desse objetivo. Uma coesão que é o melhor remédio para as doenças coletivas – apatia, crimes, desvios, suicídio etc. – e muito mais benéfica na medida em que cada um comungue com os outros, compartilhe as mesmas crenças e se reconheça nos emblemas e nos deuses comuns. Tudo já foi dito sobre esse sentimento de solidariedade, assumido com tanto mais ardor quanto mais ele protege a pessoa contra os desejos infinitos e lhe garante o bem-estar de um consenso reconhecido.

O segundo método preconiza recriar a sociedade. Ele tem como objetivo instaurar uma nova espécie de relação, como a relação que estabelecemos com um igual que respeitamos, sendo essa a única forma de liberdade possível. Lançada pela história, essa sociedade repara os erros de seus predecessores e oferece compensações para aqueles que por eles foram lesados. O que se deve levar em consideração é que, socialista ou racional, nela tudo é realmente feito para que a vida em comum seja imunizada contra as feridas da opressão, a penúria e a neurose. Uma revolução depois da outra deveria conduzir a isso. O que se sonhou através de mil entusiasmos, mil tentativas natimortas, mil combates efêmeros, desabrocha finalmente em uma realidade humana.

Mas quem jamais conseguiu ler o futuro? Ao invés disso, observamos que, influenciadas pelas teorias grosseiras, as sociedades ameaçadas em sua coesão e em sua harmonia procuraram revivificar uma consciência coletiva e combater a dissidência por meio de uma intolerância extrema. Elas se engajaram em uma frenética busca de certezas, de símbolos e de instituições que apagam as diferenças entre indivíduos e entre classes, no seio de um mundo fechado. Motivos existem para se surpreender. Da integração e da comunhão esperávamos uma solução mais elevada e o consenso de todos. Porém, observamos uma contínua repressão, uma pressão à conformidade que não deixa espaço a nenhuma liberdade. Como se, por meio dela, se preparasse uma sociedade antissocial – pensem na Alemanha nazista, cujo caso está longe de ser o único – para submeter o indivíduo a uma das mais violentas coerções, a coerção da unidade dos grupos. Ali se revela o desumano do homem, o ódio que temos por nossos semelhantes quando eles correm o risco de não se assemelharem mais a nós.

Além do mais: mesmo as sociedades que deveriam, em princípio, sair da pré-história, e mudar sob nossos olhos o político e a economia, desviaram-se de seu destino. Por quê? Como? Essas questões se colocam diante dos edifícios habitados pelos ideais de uma vida melhor, ao passo que a própria vida parece lhes escapar. Ainda que a prudência tente evitar que julguemos os ideais, a racionalidade ou o socialismo, pelo menos sabemos que nenhuma ciência garante a sua realização, nenhuma consideração de justiça não os faz entrar em nossa existência. E, afinal, permanecemos tão distantes quanto outrora da perspectiva de um trabalho não alienado e de uma sociedade transparente, que pertença às classes das quais ela é a obra permanente. No lugar delas surge, das profundezas da história, um Estado de uma outra têmpera, que se confunde, em todos os níveis, com a ordem coletiva da produção, da família, do povo e da cultura. E é apenas quando se conforma à lei do Estado que um homem é declarado justo e que seus pensamentos e seus atos são considerados verdadeiros.

Ainda mais: no início, os indivíduos lhe sacrificavam a sua vida. Em seguida, eles lhe sacrificam o seu julgamento e a sua paixão, cedendo ao temor e à solidão. Existe aí, sem dúvida, um século de perdas definitivas para a história. Elas contam pouco em comparação com as perdas em vidas humanas, em confiança do homem nas suas próprias forças para continuar agindo em todos os pontos como merece fazê-lo. Levando-se em conta que as mais diversas sociedades não tinham à sua disposição, para se manifestar, outros meios além dos suplícios e das condenações à morte. A repressão foi ordenada com um perfeito sangue-frio pelos próprios homens que forneceram as razões e elaboraram os arquivos – basta pensar na revolução cultural na China, entre tantas outras. Uma estranha convergência faz com que desejem se manter inoculando em seus membros, assim como diz Nietzsche em *Vontade de poder*, "o sofrimento, o abandono, a doença, os maltratos e a desonra e o profundo desprezo por si mesmo e o martírio da autodesconfiança". Essa verdade demasiado insuportável escapa tanto à nossa linguagem quanto ao nosso julgamento. Mesmo aquele que a vislumbrou não consegue pronunciá-la.

Ocorre que o *pathos* da sociedade se dissolve na massa. Como se nos tivéssemos enganado sobre um ou outro método para resolver nossas dificuldades e sobre nossas possibilidades de ter sucesso nesse sentido. Como se descobríssemos de repente, em suas extremidades totalitárias e estatais, a monstruosa face da Górgona que aparece no momento em que o homem perde a razão e o domínio de si mesmo. Afinal, é a desventura de uma divindade que não mantém suas promessas e cai de seu pedestal erguido no coração de seus fiéis. Após ter secularizado tudo, a sociedade também se secularizou, mas a que preço!

Talvez eu esteja apenas formulando uma impressão que me é pessoal, que experimento toda vez que penso nas revoluções e contrarrevoluções de nosso tempo, tomadas em conjunto, e que só posso conceber tomadas em conjunto. Mas, cada vez mais, buscamos expressar essa perda de transcendência e de confiança evocando um "fim da história". Designamos assim o fato de a sociedade não ser mais o lugar que confere uma direção para nossas vidas e de não mais esperarmos dela uma resposta nova às questões que continuam sendo colocadas. Como se defender da evidência de que ela se desloca do centro para a periferia da consciência, e até mesmo da ciência? E que dela subsiste apenas um quadro rotineiro, de onde a paixão desertou como as abelhas de uma colmeia morta?

Contudo, o pêndulo não retorna, como poderíamos esperar, na direção do indivíduo. De resto, e não sem razões – certamente difíceis de serem explicadas aqui –, mas que ele busca extrair de si mesmo, longe da sociedade, cujas leis contrastam tanto com a sua natureza. Ele tende a se distinguir dela, a fugir do prazer um tanto duvidoso oferecido por uma intensa vida em comum. E o seu isolamento, e até mesmo a sua aversão pelas uniformidades, significa a retomada de sua existência particular. Ela o conduz a preferir a minoria, a reivindicar por sua conta uma democracia do cotidiano e a individualizar as soluções da moral e da política. Não quero reavivar uma crítica da sociedade de que a sociologia e a filosofia contemporâneas esgotaram os meios mais virulentos. A ponto de desvalorizá-la completamente e de serrar o galho sobre a qual elas estão confortavelmente instaladas. O que me preocupa aqui é diferente, e de alcance bem mais limitado. O pêndulo não fez o retorno da sociedade para o indivíduo: ele foi mais longe, na direção dos problemas da espécie. A relação com o futuro passa por ela, esse futuro do qual uma centelha se introduz em tudo o que fazemos, e essa relação passa, eu até poderia dizer, pela preocupação com a hominidade. Com efeito, quando tomamos consciência de que a salvaguarda do único planeta habitável que conhecemos é uma exigência fundamental do mundo contemporâneo, de que estamos falando? Das espécies animais que protegidas vivem em liberdade vigiada, ou das espécies ameaçadas pela erradicação daquilo que corre o risco de se tornar o *locus demens* do universo? Estamos falando da nossa espécie, que declarou guerra contra ela mesma por meio de regimes os mais diversos. E que, no entanto, tem a obrigação de se conservar em toda parte e de se preservar do inumano. Isso depende ao mesmo tempo da biologia e da moral.

A tomada de consciência do problema da espécie transparece através da nova afirmação dos direitos inalienáveis do homem. Essas palavras revivem em nossos dias, despertam o respeito e a dedicação, sinal de uma comunidade de natureza novamente reconhecida. Adivinhamos que ela se deva, em boa parte, aos sobressaltos provocados pelas grandes fúrias, pelas ilimitadas acumulações de energias assassinas. Mas esses direitos não ecoariam tão fortemente se não respondessem a uma necessidade que não é limitada nem pelas fronteiras de um Estado, nem pelos apegos a uma nação, em resumo, se eles já não agissem em um nível primordial. Vocês me dirão que as condições da economia e a expansão da democracia explicam essa reviravolta. Pode ser. Contudo, há uma ou duas décadas, em condições bem semelhantes, ninguém queria ouvir falar dos direitos do homem. E, em última instância, ninguém os considerava como naturais. Realizáveis ou não, eles se inscrevem no horizonte de uma luta contra o extermínio de indivíduos e de grupos que se tornou um assunto corrente. Essa não foi a missão que a Revolução Francesa lhes designou, mas não podemos evitá-la, no desastre de uma humanidade que se esquece de que também faz parte de tudo que é vivo.

Nós reencontramos esse problema sob um ângulo diferente daquele dos direitos, o problema do nosso meio. Se as ciências e as técnicas continuarem nesse caminho, elas têm qualidades suficientes para ambicionarem o poder de fazer com que muitas de nossas empresas não sejam nem corretas, nem seguras, nem destinadas à sobrevivência. De todo modo, elas são impulsionadas por uma vontade de dominar aquilo que ninguém poderia dominar, tanto o universo quanto a célula. E assim avançar, como se pudéssemos controlar os efeitos de uma progressão de que ninguém comanda o ritmo nem controla o verdadeiro objetivo. Isso parece até mesmo secundário. Enquanto isso, as reações nucleares liberam os mesmos elementos radioativos que as bombas atômicas. E continuando a se acumular sob diversas formas, não são senão um elo da cadeia das poluições ordinárias das cidades abarrotadas e massificadas, Los Angeles, São Paulo, México, Atenas etc., sufocando sob espessas camadas de gás e de fumaça que obscurecem, no sentido próprio, a percepção do mundo.

Outras ciências e técnicas mudam o modo de trabalhar e o meio mental. A sua magia fascina. Computadores, mídia de imagens e de sons, maravilhas da informática preparam uma inteligência diferente – e quem gostaria de renunciar a isso? Ao mesmo tempo, tudo conspira para nos fazer esquecer, de um esquecimento que não se esquece, que essas invenções fazem parte da busca de um meio que daria a uma potência técnica e científica a possibilidade de dominar todas as outras. Daí um dilema: abandonar-se de antemão a essa potência e o mais graciosamente possível, ou aprender a converter essas possibilidades em alguma coisa que valha a pena, imprimir-lhes uma direção. Quem quer que o negue, que se desvie dessa preocupação, não sabe que uma vez roídas as tramas mais sutis da sociedade, nada impedirá que as construções de nossa existência natural desabem.

Por outro lado, objetivamente falando, o prolongamento da duração da vida humana confere a esse problema a sua dimensão profunda. Ela diz respeito ao corpo e estamos experimentando uma inversão. Outrora, as gerações de indivíduos passavam em um curto lapso de tempo, e as sociedades duravam até que forças exteriores, guerras ou fome, não as minassem. Tudo era regulado em função do processo em que a pessoa é mortal e o grupo – família, vilarejo etc. – imortal. Atualmente, as sociedades passam ao longo de uma geração. Como a nossa que conheceu, em uma década, tantas transformações de relações, tantas produções de acontecimentos quanto as precedentes em um século. No sentido próprio da palavra, nós nos tornamos uma espécie histórica.

E isso não é tudo. Temos também uma outra experiência do corpo que tende para os seus limites. Os cuidados que dedicamos a ele, a satisfação que lhe devemos são traços contemporâneos. E os recursos que lhe consagramos, um signo. Esse direito à satisfação torna mais insuportáveis as doenças, os sofrimentos, a escassez de alimentos e as epidemias? Sentimo-nos atingidos em nosso próprio corpo e em nosso instinto de conservação pela decadência dos outros. Eis uma outra razão que torna mais aguda a consciência da hominidade. Mas de que é feito esse prolongamento da duração da vida? Em uma ponta, a procriação se tornou mais segura pelos métodos mais aperfeiçoados e os mais artificiais. Na outra ponta, a vida se prorroga ao custo de terapêuticas obstinadas. Parece estabelecido que cada vez mais podemos organizar uma existência segundo os limites inscritos no código genético. Certamente, muitas outras condições são requisitadas para chegar a isso, mas todos os meios, até mesmo os mais radicais, são acionados para consegui-lo. Contudo, assim como a vida, desde o nascimento, pode ser procurada de maneira voluntária, da mesma forma começamos a observar a procura da morte, de maneira voluntária, como um remédio para essa vida prolongada. A eutanásia, que já é amplamente aprovada, transforma um dever em direito. É um acontecimento memorável. O homem para quem a maioria das religiões transformava em uma obrigação morrer para enfrentar a provação suprema reivindica o privilégio de morrer para anular essa mesma provação, renunciando à esperança inconfessada de uma ressurreição. Por mais virtual que seja esse acontecimento no momento, ele abre uma outra porta para o sentido da finitude humana. Podemos considerá-lo com desprendimento, como um fato entre outros, tratados pela economia ou pela medicina, para usar uma linguagem sóbria? Indo um pouco além, constatamos que redefinir os dois termos da existência, a vida e a morte, equivale a uma espécie de mutação da espécie. De todo modo, sociedades e culturas a encontrarão de agora em diante em sua base. É uma dessas pequenas causas que produzem grandes efeitos, conquanto elas ajam por muito tempo.

Se assim é, por meio dos direitos do homem, da ascendência das ciências e das técnicas sobre o meio, da redefinição dos termos de nossa existência, coloca-se a questão das condições que vinculam os homens à natureza. Qualquer que seja o curso que as coisas tomem, uma história até aqui limitada a uma coletividade, a uma cultura particular, atinge um outro patamar e, de agora em diante, diz respeito ao devir da espécie. Uma vez que tudo o que existe resulta do nosso trabalho sobre os diversos poderes animados ou inanimados de que somos um dos termos, provavelmente o último que chegou. Aqui também agimos de maneira regular para atrair para o nosso campo as partes do mundo exterior, assim como o sol atrai os planetas para a sua órbita, com o objetivo de fazer ou desfazer outros mundos. Por esse esforço renovado todos os dias na arte, na produção, na pesquisa, cada uma toma consciência e surge como uma totalidade.

De tempos em tempos, a força humana se metamorfoseia, as relações com as forças que ela enfrenta explodem, dando a verdadeira impressão de que mudamos de natureza. Neste sentido a sua história, com tudo o que ela comporta de transmissão de formas de conhecimento, de capital de memória, de percepções e de condutas, é também a nossa. Portanto, se existe uma história natural, na escala da espécie, ela se entretece mais estritamente com a história social, e é um acontecimento no âmago da modernidade. Elas se encontram unidas, em condições de que já apresentei em outro lugar[10] os motivos, em uma história humana da natureza. De forma que tudo aquilo que tem a ver com as ciências, a arte, a urbanização, a democracia, a nossa duração de vida, as próprias relações de poder etc., inscreve-se na sua esfera de influência e encontra uma expressão coletiva. Esse é, segundo os fluxos e os refluxos, o novo solo fértil sobre o qual as ciências do homem poderão continuar sua tarefa.

Na realidade, essa história e a consciência que dela tomamos evidenciam a distância que separa os dois tipos de sociedades entre as quais ela se divide: as sociedades vividas e as sociedades concebidas. Umas e outras se compreendem a partir dos dados simples de nossa vida: por um lado, o fato de que respeitamos a orientação da natureza; por outro lado, o fato de que, sem poder romper essa orientação, nós a esticamos até o máximo. As primeiras são aquelas em que pensamos ordinariamente, as mais antigas sem dúvida, as que retomaram dos animais as formas de vida social e as ferramentas. Sendo assim vividas, elas se opõem, no entanto, à natureza e buscam constituir para si um mundo à parte, a exemplo de uma espécie que se separa das outras[11]. Voltando-se para si mesmas, essas sociedades criam uma refinada arte de relações, de disciplinas do corpo – contato, alimentação, sexo etc. – e de ritos destinados a manter distinta uma coletividade "construída de homens". Tão complexa quanto acabada, cada uma delas afirma sua descontinuidade com a natureza, por intermédio da descontinuidade com as outras sociedades, e traça as

---

10. MOSCOVICI, S. *Essai sur l'histoire humaine de la nature.* Paris: Flammarion, 1968.

11. MOSCOVICI, S. *La societé contre nature.* Paris: UGE, 1972.

fronteiras entre o homem e o animal, em suas próprias fronteiras. Como a arte, ela imita a natureza, dela extrai seus instintos e seus materiais e, da mesma forma que a arte, para contrafazê-la e dela se separar. Uma sociedade assim vivida cria a impressão de uma realidade singular, composta de substâncias e forças que lhe são próprias. E as visões subjetivas que seus membros compartilham e creem verdadeiras têm então um sentido cósmico, divino e determinado por ela.

Menos numerosas, e mais recentes, as sociedades concebidas aparecem em efetiva descontinuidade com a natureza. Os poderes da ciência e da técnica nelas mantêm a distância seus dados físicos e biológicos. Evidentemente, os vínculos que associam as energias de instinto às relações entre homens estão separados. Continuando na dependência dessas energias, eles não se resumem a elas. Mas então como amarrar indivíduos a um meio e uma coletividade a outro sem um contrapeso e uma comunicação? Essas sociedades se concebem, portanto, em um esforço para restabelecer a continuidade com a natureza e para voltar a ser uma de suas partes autônomas. Elas tentam, para fazer isso, inscrever-se em um circuito de informações, modelar-se a partir das leis dos fenômenos, e serem mais simples, e até mesmo mais monótonas do que as precedentes, assim como o gesto de um operário de fábrica é mais simples do que o gesto de um artesão, um arranha-céu do que uma catedral gótica. Elas se constituem a partir de um potencial de saber[12] que permite inventar várias versões possíveis e várias soluções alternativas para cada problema. Portanto, se sociedade existe, diversas sociedades são imagináveis e até mesmo realizáveis conforme as circunstâncias. Não que sejam mais racionais, mas elas se dedicam a considerar os mais variados exemplos, para tratar daquilo de que não se tem uma experiência direta e visível. A razão é dessa forma colocada a serviço de uma tentativa de fazer a sociedade, não na natureza, mas enquanto natureza. Eis por que, sendo constantemente recomeçada, ela se assemelha a um canteiro de obras sempre inacabado, sendo permanentemente

---

12. TOURAINE, A. *La production de la societé*. Paris: Seuil, 1973.

reconcebida a partir de materiais que mudam e de relações que estão sempre se fazendo.

Das sociedades vividas às sociedades concebidas, existe uma enorme distância que separa o contínuo do descontínuo, o complexo do simples, o acabado do inacabado. Umas, certas de seu lugar na terra, materializam as ideias de modo a consagrar um mundo, o delas, e lhe adicionar um aumento de realidade. As outras desmaterializam as coisas em sua busca de uma verdadeira troca e de uma linguagem comum com a energia fisica e biológica. Mas o contraste mais profundo está em outro lugar. As sociedades vividas, como todos os seres vivos, mergulham bem longe as suas raízes, não sabem que têm um fim e só conhecem um começo que elas honram. Nelas o tempo é uma dimensão exterior, independente do espaço em que se situam – território, língua, obra – em um sentimento de fluxo uniforme que nada contém. As sociedades concebidas carregam, desde o nascimento, a marca de seu fim, que elas preveem, e nelas o tempo é uma dimensão interior. Ele mede tudo, do valor de um objeto à esperança de vida de uma ideia, sem esquecer a criação de uma cidade ou de uma obra de arte. Cada uma delas é tanto mais perfeita quanto mais improvável e mais efêmera. De umas às outras, passamos da representação de uma sociedade de três dimensões à representação de uma sociedade de quatro dimensões.

Essa quarta dimensão é o tempo, ou seja, o possível e o transitório. Eis o que as torna, sob muitos aspectos, incompatíveis e difíceis de viver em conjunto. Também sob esse ângulo, nós chegamos ao fim da história, e esse é um sentimento muitas vezes expressado. Mas o fim de uma história curvada aos acontecimentos de uma economia, de uma nação ou de um Estado, e o começo de uma outra que os articula com os acontecimentos significativos de nossa natureza catapultada na sociedade. Ela inclui o que até agora era mantido a distância, a nossa relação com todos esses mundos que se fazem e se desfazem no universo[13]. Isso se-

---

13. Não é acrescentando um suplemento de ecologia, uma variável, como se diz, à história ou às outras ciências do homem, que levamos isso em consideração. Necessitamos de uma outra concepção dessa própria história.

ria possível, no entanto? Uma única humanidade continua sendo uma humanidade bem só. Não se sentindo mais exclusivamente vinculada à terra e não encontrando mais junto às outras espécies animais a intimidade e o apoio que a reconfortaram durante milhares de anos, o que ela faz? Ela lança sinais de rádio na direção de seres desconhecidos, habitantes presumidos de outros planetas, para reatar um vínculo que falta na natureza. Apenas desse modo pode nascer a imagem de uma outra história.

Alguns, em boa parte indiferentes, contestam essa visão. A seus olhos, o problema da hominidade – da *Menschlichkeit* – é de toda maneira secundário. Ele sai do plano da economia e da sociedade, que conhecem desigualdades e violências mais concretas. Mas os homens se assemelham por seus problemas insolúveis e diferem pelas soluções que propõem em um determinado momento. Eles estão certos de terem encontrado uma resposta, quando não fizeram senão relançar a questão. De resto, por que outro tipo de problemas as ciências poderiam se interessar, se elas não desejam ceder à ilusão de resolver, tranquilamente, os enigmas que lhes propomos? Com o risco de parecer monótono – mas como evitá-lo quando temos apenas uma coisa a dizer? – devo insistir sobre esse momento em que o sentido das ciências humanas se bifurca. Ou bem elas seguem um impulso para um tipo de filosofia social, de composição artística, aliviada de fatos e carregada de profecias estéreis. E cujos autores, homens dispostos a tudo, são semelhantes a Proudhon de quem Marx dizia, eu creio, que ele passa por sociólogo aos olhos dos filósofos e por filósofo aos olhos dos sociólogos. Se por felicidade a mensagem deles atravessa as mídias, então eles passam por cientistas aos olhos do público e por público aos olhos dos cientistas. Esse é um dos aspectos mais atraentes de nossa vida intelectual: a extraordinária variedade dos estilos, em que contribuir para a linguagem se torna uma maneira de contribuir para o saber.

Ou então, e essa é a outra possibilidade, esse sentido é inflectido pelo problema por mim evocado, nas próprias sociedades humanas. E então, como manter nelas a tendência a compor as sociedades como totalidades[14] ou como conjuntos invariantes? Até que ponto podemos definir suas propriedades como sendo as propriedades de um sistema permanente, quando cada objeto em nosso universo – do indivíduo à massa, da partícula à galáxia – define-se pela sua duração de vida? Esta expressa o seu caráter transitório e resume as suas propriedades. De uma maneira ou de outra, todo fenômeno é um acontecimento de evolução e uma particularidade de estrutura. Eis aonde eu queria chegar: até uma data recente, cada uma das ciências do homem se pôs a querer pensar o seu sistema e a mostrar uma estrutura comum aos comportamentos, crenças, comunicações, e assim por diante. Que esse sistema tenha regras independentes de cada uma de suas partes – como uma sociedade em relação aos indivíduos – ou que elas resultem da convergência das partes, como as partes de um mercado ou de um clube, pouco importa. O principal é que o sistema existe e serve de referência. Não buscá-lo e exibir sua estrutura seria contrário à ciência.

Sob o encanto da pesquisa, o artista que existe em nós esquece que a economia, a sociologia, e até mesmo a linguística, não podem fazer de qualquer sistema que exista um objeto de observação, e menos ainda estabelecer as leis que reúnem suas diversas dimensões. Por uma razão bem simples: ele é simplesmente tão vasto, tão abstrato, que raramente se tem dele uma experiência concreta, no máximo um instrumento que permite a sua medida e a previsão. Na prática, o que se faz é simplesmente simulá-lo ou reificá-lo. A operação tem, sem dúvida, um valor pedagógico. Buscar uma ordem invariante no emaranhado das noções e dos fatos ensina a raciocinar profundamente sobre as relações coletivas, a afastar os resultados obtidos a baixo custo, e a pensar com maior rigor, sob a égide da matemática. Que assim seja.

Mas nas ciências do homem, assim como nas ciências da natureza, e pelas mesmas razões, passamos do mundo da estrutura ao mundo da gênese. Sem querer queimar as etapas, é preciso reconhecer que as sociedades concebidas, sempre se fazendo,

---

14. LÉVI-STRAUSS, C. *Anthropologie structurale*. T. 2. Paris: Plon, 1973.

incessantemente em devir, abalam a tendência a tratar a vida social como um sistema equilibrado e repetitivo. Pois nele nada se encontra que não seja recriado no meio psíquico e não supere a cada instante as possibilidades oferecidas por esse meio. Podemos pensar em uma poça de água, aparentemente imóvel, agitada por um movimento invisível, quer se evapore ou seja tragada pela terra. Ou então seria preciso evocar a que ponto os objetos das próprias ciências flutuam e são impermanentes? Quem poderia hoje definir com precisão de que exatamente a sua ciência se ocupa? Quanto mais as palavras devem ser exatas menos elas o são.

Ora, fomos longe demais e rápido demais, a ponto de os próprios contornos daquilo que são as sociedades deixarem de existir. As sociedades que chamamos primitivas mudam a olhos vistos. Sob o fluxo e o refluxo das técnicas, dos movimentos nacionais, esses mundos distantes, sem Estados nem fronteiras e sem arquivos, aproximam-se do nosso, carreados pelo mesmo curso histórico. Dessa forma, a antropologia vê desaparecer o seu campo que nem teria existido sem as barreiras e os preconceitos das expedições coloniais. Ao contrário, as sociedades modernas, filhas da tendência à novidade e ao progresso ininterrupto, modificam-se pelo próprio fato da mudança nelas se tornar corriqueira, e copiam mutuamente as suas audácias. Não hesito dizer que todas as uniformidades passadas e a tradição reinventada para lhes trazer lastro voltam a pesar na balança. Não reconhecemos mais uma linha de fração simples. Não sabemos mais o que é preciso excluir, como nos bons tempos em que a sociedade, no sentido próprio da palavra, ocupava uma ponta da Europa e da América do Norte, nem mais nem menos. E, aliás, nem aquilo que é preciso incluir: uma única sociedade, que abarcasse todo o planeta, seria ainda uma sociedade? De todo modo, as barreiras foram deslocadas, as hierarquias ampliadas – falamos assim de um primeiro mundo, de um segundo, de um terceiro mundo etc. – para englobar no moderno tudo o que é contemporâneo. Acreditando-se nesse exemplo, vocês observam quanto os campos de nossas ciências se metamorfoseiam, e a que velocidade. Chegamos a conceber uma sociologia das coletividades de outrora que se tornaram de hoje, e uma antropologia das culturas próximas, as nossas, em que sobrevivem tantas Atlântidas da história.

Tudo isso permanece uma metáfora enquanto não se reconhecer a preponderância da criação sobre o sistema, da gênese sobre a estrutura. Adquirimos assim a impressão de que as primeiras nos entregam uma chave das segundas. Como se, girando ao contrário os ponteiros de um relógio, acabássemos pelo começo em vez de começar pelo fim. E é uma indicação de método, exemplar a esse respeito, que Benveniste nos oferece quando escreve: "Nada está na língua que não tenha estado na fala". Isso significa, em poucas palavras, que a genética é a regra e o estrutural, a exceção. A cada dia o combate é retomado mais intensamente, na sociedade como na natureza, a fim de inventar e de reproduzir as conexões e as combinações mais variadas. Assim como nos milhares de conversas que acontecem simultaneamente, de onde surgirá alguma expressão nova, e até mesmo um esboço de regra. Uma pequena parte dessas inovações será despejada em um molde e tomará a forma de uma estrutura ou se tornará parte de um sistema, retrospectivamente, sem que o tivéssemos previsto. Perceber um fenômeno de maneira genética implica estabelecer uma correspondência entre as condições atuais de sua observação e remontá-la até sua origem, a fim de explicar a forma que ele toma em um determinado momento. A que interesses ele deveria responder? De que dependem sua duração e sua ascendência sobre os indivíduos, os grupos?

Acreditávamos que os ritos estivessem mortos e enterrados, mas eles ainda subsistem nos partidos políticos, nos movimentos nacionais, ou na vida de inúmeras seitas. Julgávamos que eram coercivos e involuntários, e eis que eles renascem, voluntários e por escolha deliberada, quando milhares de jovens se entregam a preces escrupulosas ou mulheres cobrem os seus rostos com um véu. Para compreender essas transformações, retornemos à fonte: outrora se celebravam ritos para facilitar a passagem da vida privada à vida pública, de um tempo e de um espaço ordinários, a um tempo e um espaço extraordinários. Ao exaltar a dedicação de seus membros ao longo dos cerimoniais, a sociedade neles acreditava por meio de seus mitos. Aparentemente, os ritos continuam a vincular e a revigorar os homens, mas um retardamento aconteceu. Dissociados dos mitos desaparecidos, eles se tornaram uma prática que permite reunir regularmente os indivíduos, reagrupados sob emblemas e palavras de ordem para afirmar uma identidade, a de um empreendimento ou de uma cidade, à semelhança de uma Igreja. Privados da distinção entre o sagrado e o profano, eles correm o risco de confundi-los, e de se confundir com qualquer ação repetitiva, simples hábito. Contudo, eles marcam atualmente uma separação entre a vida pública e a vida privada, um contraste entre as relações formais e as relações informais valorizadas. É por isso que suscitam a hostilidade, senão o desprezo, como tudo aquilo que passa por mecânico e sem justificativa.

Como acabamos de dizer, o rito sem o mito é parcial, truncado, não atinge o ser inteiro, assemelha-se a um homem sem sombra, a uma linguagem que perdeu o sentido. Sua distinção que prevalecia um pouco em toda parte ao longo das cerimônias da vida comum, daí o rito total que era o seu fruto, agora só está presente na vida individual. Sob a condição de permanecer oculta, fora da realidade. Ela toma a forma de uma obsessão de ordem, de pureza, de coerência de gestos e de ideias que se repetem continuamente. Assim os ritos são tecidos com um mito pessoal na unidade reencontrada e íntima da neurose obsessiva, condenada ao segredo por sua própria natureza. Neurose que parece reencontrar uma parte de sua matéria coletiva, nas seitas e outras manifestações semelhantes, em que se escolhe aquilo a que se estava determinado e se fabrica de maneira refletida um social que se criou de maneira inconsciente. Não é tão surpreendente que o próprio Freud tenha encontrado uma analogia com a religião, ainda que tivesse subestimado as práticas em benefício das crenças. Já que a neurose reproduz no palco privado aquilo que foi inventado no palco público, prestes a levá-lo até a caricatura. Com certeza, uma genealogia do rito nos faria compreender a maneira pela qual ele se metamorfoseia em cada situação histórica, e o papel que representa com o intuito de se perpetuar. Por que as coisas sobrevivem às causas que as produziram e àquelas que deveriam tê-las feito desaparecer, eis o enigma banal de tudo o que observamos.

É evidente que a busca de causas dinâmicas leva as ciências genéticas da periferia ao centro das ciências do homem. Elas doravante se colocam, a fim de explicar, as questões que os mitos se colocavam. E reúnem assim uma criação cuja origem remonta à noite dos tempos, a um acontecimento raro, espantoso. Ali se encontra a razão última de tudo aquilo que aconteceu e que desde então permanece atuante. Quem o reconhece e acompanha as suas peripécias experimenta a cada vez o mesmo encantamento, pois compreende tudo, menos a origem que guarda seu mistério.

Sendo assim, elas levantam as questões que há algumas décadas se tornaram as questões das ciências da natureza e conduziram a impressionantes descobertas. Certamente, elas descrevem fatos e relações que formam sistema. Mas, em vez de fixá-lo, elas se servem dele como de um ponto de partida para explorar a sua gênese e as causas que o explicam. Em uma palavra, do fenômeno conhecido, remontamos à origem e sondamos os seus começos. Assim a cosmologia estuda atualmente o universo em expansão: estrelas nascem, explodem, desaparecem. Ela remonta ao início dessa evolução, a fim de examinar as fases da vida e da morte de cada uma, e as propriedades da matéria que tornaram possível o *big-bang* do qual uma irradiação permite estabelecer a data. Por um outro lado, a física das partículas elementares – sobre elas só temos certeza de uma coisa, segundo Oppenheimer, que nenhuma é elementar – se converteu à mesma concepção. Evidentemente, elas são criadas e aniquiladas permanentemente, fazendo emergir os diversos campos eletromagnéticos e nucleares. É esse o ponto de partida de uma genealogia do átomo, e de uma teoria que explica como os corpos químicos, outrora considerados irredutíveis, nascem uns dos outros, a partir do primeiro deles, o hidrogênio. Nesse mesmo espírito, uma vez descoberta a dupla hélice do código genético, começaram imediatamente a estudar de onde provinha a informação por ele veiculada, como ela é produzida, e a buscar o sentido da evolução. Essas questões retornam incessantemente.

Uma vez que o código de cada espécie armazena milhões de anos de mutações, ele é ao mesmo tempo um efeito histórico e físico-químico.

Essas indicações sumárias lhes mostram que o conhecimento da origem – origem do universo, origem da matéria, origem da vida – novamente participa da ciência e lhe é essencial. Adotando um ponto de vista análogo, as ciências do homem se libertam de certas coerções, senão de certos entraves. Preocupando-se menos em se fundamentar do que em avançar, elas têm a possibilidade de multiplicar as ocasiões de contato. Sim, pois para explicar uma gênese é necessário definir um lugar da ciência para o qual convergem as várias ordens de conhecimentos[15]. E uma vez que essas ordens possuem noções intercambiáveis e observam fatos comparáveis, podemos acompanhar as fases de uma emergência. Pensem nas fases da formação de um movimento de massas. Convém em primeiro lugar observar as condições físicas e econômicas. Depois os fatores psíquicos e antropológicos tomam o seu lugar. Eles explicam assim a unidade mental e as pressões inconscientes das tradições e dos símbolos, que têm um poder sugestivo durável sobre os indivíduos. Em seguida intervém a ciência do político, que diz respeito aos diversos motivos – religiosos ou ideológicos – da legitimidade do movimento de massa e daquilo que o comanda.

Em resumo, se o nosso único dado é a gênese, uma coalizão das ciências é uma exigência prática. A fecundidade provém do fato de que nenhuma ciência tem razão em considerar a sua explicação como exclusiva, sendo os fenômenos que devem ser explicados praticamente os mesmos, mas observados em escalas diferentes. O mesmo acontece com a tarefa de conhecer: descobriremos que a psicologia tem um papel determinado, uma vez que cada comunicação passa pelas palavras, cada ação por representações e, por fim, cada relação pressupõe uma regra. Ela delimita, portanto, as capacidades cognitivas e afetivas prévias a tudo o que um indivíduo pode iniciar e uma cultura criar. Mas isso não quer dizer que se trata de dados neuronais e cerebrais. Mas

---

15. DOISE, W. *L'Explication en psychologie sociale.* Op. cit.

quando as circunstâncias materiais exercem uma pressão sobre nós, o sentido dessa pressão e os seus resultados dependem das operações psíquicas pelas quais somos capazes de selecioná-las e interiorizá-las. Essas operações têm uma lógica e exercem uma coerção sobre os símbolos nos quais se expressam nossos interesses e nossas forças. Ainda que elas não sejam adquiridas de uma vez por todas, é preciso considerar que as nossas faculdades cognitivas e psíquicas estão preparadas para certas tarefas, e não para outras. De todo modo, a psicologia tem como obrigação defini-las como um primeiro âmbito dos mais intensos e elementares fenômenos, *in status nascenti*, da sociedade. A história e a economia definem, cada uma à sua maneira, os limites nos quais eles têm uma chance de evoluir. A sociologia segue a gênese das instituições e a sua objetivação. Mais do que nunca, estou convencido de que um papel mais importante cabe à antropologia na medida em que ela remonta às origens relativas dos fenômenos sociais e nos serve, por assim dizer, de cosmologia.

Adivinho a objeção. Não existe nenhum proveito em escolher as ciências genéticas que ressuscitam o espírito historicista e evolucionista ingênuo e sem rigor. Um espírito do qual nos livramos, não sem dificuldade, em uma época recente. Quem o contesta? Mas, advertidos pela crítica e instruídos pelos métodos sistemáticos, podemos retomar as questões da origem em um nível mais elevado e em harmonia com a natureza criativa e destrutiva de nossa sociedade. Elas nos queimam os olhos e o pensamento, pois são as primeiras que nos colocamos na vida, e pensamos nelas todo o resto do tempo. As nossas ciências do homem, e até mesmo a história, não têm mais o olhar fixo no fuso de Cronos; as ciências da natureza, em contrapartida, o reencontraram[16]. Elas revigoram uma curiosidade que jamais podemos perder.

Mas é claro que essas ciências influem em nossa visão e em nossa ação, assim como podem fazer as ideias e, muitas vezes, as artes, à nossa revelia. Indo até o fim, percebemos o seu sentido resumido com uma admirável exatidão pelo filósofo Jankélévitch:

---

16. PRIGOGINE, I. & STENGERS, I. *La nouvelle alliance*. Paris: Gallimard, 1986.

"A psicologia suspeita, a sociologia denuncia". Poderíamos ter acreditado que elas enunciam as suas verdades com imparcialidade, com um espírito neutro. De forma alguma. Elas têm como principal base e procedimento naturalizar o pecado original no mundo moderno, evidenciando que nele nada acontece inocentemente e sem uma intenção, muitas vezes uma intenção de prejudicar. Procedimento que não teriam desaprovado os profetas e os sábios dos tempos mais modestos. Subsiste ainda a questão daquilo que não é absolutamente humano no homem. E o século nos obriga a colocá-la para nós mesmos de maneira mais aguda, a partir do momento em que a sociedade perdeu essa aura de transcendência e de solução acabada para nossas existências. Mais precisamente ainda, a partir do momento em que vivemos no rastro de um dos maiores desastres da história humana, tendo como emblemas gêmeos os campos de concentração e a bomba atômica. Um desastre que não entra em nenhuma das rubricas previstas e do qual não podemos falar como um acidente da história, semelhante a um cataclismo natural ou a um craque da bolsa. E menos ainda como um erro de trajetória, análogo à trajetória de um satélite que é corrigida por meio de um cálculo ou de uma melhor condução.

Pela primeira vez na história do mundo civilizado, as teorias fundamentadas na economia ou na biologia declaram inumana uma parte do gênero humano e transformam em crime coletivo um estado objetivo das coisas. Elas transformam em obrigação denunciar seus pais, acusar seus vizinhos, matar para esvaziar a terra de seus habitantes. E justificam que as leis punam aquilo que elas permitem – a liberdade de pensar, o direito à associação etc. – e recompensem aquilo que elas proíbem: deportar sem julgamento, sepultar vivos, torturar em segredo, degradar, queimar vivos milhões de homens, de mulheres e de crianças.

Ao mesmo tempo, o campo dessa questão, vamos nomeá-la ética, espalha-se e nos pega desprevenidos. Ela trata, em nossas sociedades concebidas, das relações com a natureza e com a segurança da espécie que são possíveis e entre as quais é preciso escolher. Ao lado de regras bem claras que prescrevem o bem e o mal para com seus semelhantes, para com seu grupo, existem outras, ainda mais vagas, que dizem respeito à vida e à morte. Para se conscientizar delas, basta pensar nos debates levantados pelo aborto, pela inseminação artificial, a escolha do sexo da criança ou as mães de aluguel. E ainda pelas manipulações genéticas, pela possível decisão de eliminar os portadores de certas doenças hereditárias, os transplantes de órgãos e todo o resto. Acrescentemos que, uma vez o movimento lançado, o público quer avaliar melhor o alcance dos métodos, e os cientistas querem ter a consciência limpa. Como pano de fundo para essas inquietações, percebemos o esforço para resistir àquilo que leva a biologia e a medicina na direção quase normal do eugenismo. Sob a autoridade das maiores sumidades de diversos países, essa disciplina serviu para eliminar grupos humanos inteiros, fosse em razão de sua doença, fosse em razão de sua raça. Para evitar uma recaída foram eleitos comitês de ética, prescritas regras de deontologia, e os processos de pesquisa filtrados.

Antes da biologia, existe a física e a química. Ciências da massa e da energia, elas atingem nosso meio, o meio do planeta. Bombas A e H que se contam por dezenas de milhares dão uma ideia da ordem de grandeza. A escolha dos diversos métodos para manter um planeta habitável e corresponder às enormes concentrações de população é feita a cada dia. Digamos que essa é uma preocupação para inúmeros cientistas a partir do momento em que não basta mais invocar o progresso para justificar uma invenção, nem o nosso dever de senhores e possuidores da natureza para ter o direito de destruí-la. A figura exemplar de Einstein é onipresente, cruel dilema do pesquisador que deve promover aquilo que no fundo de si mesmo ele combate.

Ainda que não evoquemos esta ou aquela ciência, sabemos que, nos laboratórios, nos arsenais, entre os grupos científicos, esse dilema ressurge incessantemente como uma hidra de cem cabeças. Nunca houve tamanha abundância de criadores e de criações suscetíveis de se transformar, da noite para o dia, em destruidores e em destruições. Muitas vezes ouvimos dizer, com uma mescla de pretexto e de condescendência: "Esses são os meios", para afastar qualquer julgamento e qualquer crise de consciência. É verdade que isso pode soar justo em uma sociedade com valores preestabelecidos e permanentes, de que uns servem como notas fundamentais para organizar a harmonia dos outros. E um âmbito único associa os meios aos fins como duas séries independentes entre as quais certas combinações são permitidas e outras interditas. Mas isso soa falso nas sociedades concebidas, por uma simples razão. Ou seja, que elas transformam incessantemente os meios em fins como uma das possibilidades que, ao longo do tempo, torna-se realidade.

O dinheiro pelo dinheiro abriu a via, a produção pela produção veio em seguida, e depois a arte pela arte, a ação pela ação, a pesquisa pela pesquisa etc. Ainda aqui o método é o das ciências da natureza: do momento em que um fenômeno é possível, devemos nos concentrar nele e levá-lo até as suas incríveis consequências. Como se nada pudesse detê-lo. Foi assim com a energia nuclear há meio século, e ainda é assim com a engenharia genética de hoje. Cada um desses meios foi tratado como um fim exclusivo e repleto de outros fins que podemos cultivar. Dessa forma se manifesta em seu apogeu a ocidentalização da vida. Ela se resume em uma fórmula: "Tudo aquilo que você pode produzir, você deve produzir". Em qualquer sentido que se compreenda, ela abole a distância entre meios e fins, tendo por corolário que nenhuma inteligência possa mais distinguir quando justificamos os primeiros ou escolhemos os segundos. Já que o meio em ação cria incessantemente os seus próprios objetivos, como um medicamento, uma vez descoberto pode curar uma doença, busca por assim dizer usos normais, confere um relevo às doenças insuspeitadas, e revela novos efeitos secundários.

Mais uma vez: os grandes desastres do passado recente que abalaram a sociedade e enfraqueceram a vitalidade de nossos vínculos com a natureza, as obrigações impostas a esse respeito delimitaram um lugar ético. A exigência se dirige a todas as ciências, uma vez que nem a religião, nem a filosofia têm mais a aura necessária para acolher outras demandas tão graves. Mas, em particular, ela cabe às ciências do homem. Perguntar, com efeito, "Como viver?" e sobretudo "Como viver com o outro?" não é de forma alguma deplorar que nossa época careça de valores ou se tenha enganado de cultura. Isso significaria lamentar os bons velhos tempos, e despertá-los sem grandes esforços. Sobretudo hoje, quando ninguém mais sabe o que seria uma moral e uma cultura que incluíssem os vastos meios de comunicação, os laboratórios de pesquisa e nossos périplos pelo universo. Não, às ciências que pretendem se consagrar a isso, perguntamos simplesmente: "O que devo fazer? Em nome de que devo fazer o que eu faço?" de modo que as condutas e os seres com os quais vivemos tenham um sentido. E seria paradoxal ouvi-los responder: "Nós não sabemos nada", ou: "Seria contrário à nossa vocação escolher entre valores e tomar partido". Então por que ciências do homem? Seriam elas divertimentos intelectuais, maneiras de herborizar os fenômenos?

Sem dúvida que não. E sua recusa seria tão mais paradoxal quanto, até onde eu sei, a prática científica não muda nada, quer ela estude ou não a sociedade de maneira isenta e neutra, como o faria uma formiga ou uma estrela, mesclando-se livremente às outras formigas ou estrelas. Supõe-se que o estudo da natureza encontre nisso uma certa vantagem. E nos recriminam, sobretudo à psicologia, ceder ao pressuposto, observar os fatos do ponto de vista de nossos valores ou de nossos interesses. É provável. Mas por que supor nisso uma deficiência e acreditar que não podemos separar o conhecimento daquilo que é do conhecimento daquilo que deve ser, daquilo que observamos, daquilo que preferimos ver? Tomando-nos por aquilo que somos, um animal entre outros, essa distinção é evidente. Se fosse impossível, em qualquer tipo de campo, separar o real do ideal, uma razão da paixão que a inspira, o julgamento entre o verdadeiro e o falso do julgamento entre o bem e o mal, nós não poderíamos praticar um ofício, viver com os outros, pensar de maneira sadia. Mesmo um homem em estado de possessão separa as suas alucinações de suas percepções reais, e mesmo fanáticos, tomados por uma fé imperiosa e tendo escolhido o lado deles, sabem avaliar uma relação de forças e aprendem a conhecer o seu adversário. Longe de se enclausurarem em uma torre de ideias preconcebidas, eles são, pelo contrário, dotados de um aumento de clareza e de espírito crítico. Conscientes da força de seus desejos, eles se premunem, eu suponho, contra a inclinação de tomá-los como realidades. Coloquemos os pesquisadores diante dos fatos: eles têm valores fortes, adotam os interesses de sua nação ou de sua época. E, no entanto, isso não deve impedi-los, mais do que qualquer um, de conhecer o real, de chegar a resultados novos e surpreendentes. Todavia só sabemos disso depois, quando essa delicada alquimia obteve sucesso para alguns e fracassou para outros.

Dessa premissa célebre do conhecimento objetivo que nos recomenda separar os julgamentos de fato dos julgamentos de valor, tiramos em contrapartida uma conclusão impossível, e até mesmo desesperada. A conclusão de que não se pode impedir uma simples operação de espírito de deduzir uma prática do conhecimento daquilo que é e, em seguida, prescrever aquilo que deve ser. Pode-se proibir essa operação e colocá-la fora da razão, mas não vê-la minada pela própria razão. Até mesmo nas ciências da natureza? Já tratarei disso. O nosso espírito e o nosso método de pesquisa fazem com que, uma vez descobertas as leis de causa e efeito, nós as transformemos em obrigações. Contra aquilo que muitas vezes se afirma, uma necessidade reconhecida não conduz a uma liberdade, mas a um dever. Imaginem a gama das pesquisas que estabeleceram a correlação entre a natureza das bactérias e o contágio das doenças, ou entre a radioatividade e certos cânceres. Como se deixaria de propor uma série de remédios legais e medicinais? E, a partir disso, qualificar como ilícito, fisicamente nocivo e moralmente perverso tudo o que se opõe a eles? É um apelo constante a se conformar às leis, biológicas ou sociais, cujo conhecimento muitas vezes conduz a uma coerção cega do que a uma adesão deliberada. "Tudo aquilo que é necessário é devido", dizia Leibniz. Assim como não podemos ouvir a palavra como um ruído, também não podemos conhecer sem julgar e nos julgar. Em razão dessa tendência, os biólogos e os médicos se tornaram os sacerdotes de nossa vida cotidiana.

Chegamos ao argumento central de nosso debate. As ciências do homem têm a especificidade de realizar essa operação ao inverso. Elas seguem uma inclinação contranatural, buscando extrair, dos imperativos e dos desejos de uma época, os germes de uma realidade em repouso. Pensem no simples fato de prever, de pensar o futuro a partir do presente. Ele não acaba tomando o aspecto de um imperativo, de uma tarefa a realizar? Não somente porque o futuro é o tempo do dever ético ("Não matarás"), mas também porque agimos no âmbito da realização daquilo que está previsto. Ora, aquilo que está previsto é apenas uma possibilidade entre outras, e somente o conhecimento daquilo que deve ser, daquilo que gostaríamos que fosse, a transforma em uma atualidade, muda-se em conhecimento daquilo que é, daquilo que observamos e medimos.

Desse modo, uma pesquisa, por mais modesta que seja, começa por um gesto de indignação. Temos a impressão de que, na existência humana, alguma coisa não é como deveria ser. Ou então partimos de um desejo de que podemos distinguir o objeto e desejamos satisfazer. Um ou outro nos leva a um trabalho sistemático e lógico para descobrir aquilo que lhes corresponde na realidade das coisas. Que a transformação da indignação ou do desejo se opere, e a nossa ciência estará mais segura dela mesma e mais ancorada nos fatos. Não no início, como se pretende, na escolha dos problemas, mas até o final, por meio de todos os elos de uma teoria. Quaisquer que sejam as suas causas, uma pesquisa, e isso é realmente uma banalidade, é estimulada pela questão "O que deve ser" um consenso razoável, uma melhor economia, uma conduta normal, e assim por diante. E ela progride durante o tempo em que mantemos os olhos bem abertos para "o que se pode saber daquilo que nela existe" e que uma das possibilidades consideradas pareça se tornar eficaz, como foi o caso do marxismo em um determinado momento.

Dessa maneira, a opinião preestabelecida inicial mantém uma constante pressão em todos os níveis, até que uma verdade seja reconhecida e aceita pela ciência. O nosso conhecimento do homem não é diminuído por esse encadeamento de operações que nasce de uma premissa que contém um valor. A conclusão que extraímos também deve conter um valor. Algumas inflectem a teoria e a observação, como "Todos os homens são iguais", "O fim justifica os meios", "O incesto é universal". No entanto, elas não são colocadas nem entre os fatos nem entre os valores. E nisso se comparam a certas premissas das ciências da natureza: "A natureza não dá saltos", "A luz segue o caminho mais curto", que são ao mesmo tempo um e outro. Como poderíamos proceder de outra forma, permanecer objetivos sem no entanto imaginar e explicar um universo desvalorizado, uniforme, em uma palavra, neutro?

Quaisquer que sejam os progressos de método, não eliminaremos essas condições da prática e do conhecimento. Elas fazem com que as ciências humanas, mais do que as outras, nasçam ciências morais e assim permaneçam. E isso seria uma sombra sobre a sua luz caso obtivessem sucesso em conhecer melhor sem nos ensinar a viver melhor. Podemos ir ainda mais longe. É um fato que, longe de declinar, esse caráter moral tem uma importância crescente. E às obrigações mútuas que são as nossas na sociedade se acrescentam as obrigações relativas à espécie inteira. Hoje essa palavra não é mais uma palavra, mas uma imagem, é até mesmo uma realidade que se pode materializar em um piscar de olhos.

Os tempos são calmos, aparentemente. Estamos em uma espécie de estufa de vidro, sem nos mexermos, o menor choque pode fazer o edifício voar pelos ares. É possível que o fundamento da ética permaneça um certo terror da vida, em toda parte à flor da pele. É unicamente em caso de perigo extremo que nos inquietamos uns com os outros: "Como encontrar uma moral?" que nos falta. Como se fosse uma questão de minutos ou de segundos. Mas se trata de nossas sociedades. Sem dúvida são elas que, esvaziadas de seu centro religioso e prevenidas contra o sentimento de duração, dissipam a mais tênue das certezas. "Se o sol e a lua começassem a duvidar [escreveu o poeta inglês Willian Blake], eles logo se apagariam". Vemos aqui uma das imagens do nosso destino. E não estaríamos nem um pouco errados se levássemos em consideração a tenacidade com que a ciência destrói, um após o outro, os privilégios de que o homem se dotava no universo. Não lhe resta mais nenhuma direção preestabelecida a seguir, na qual confiar. Nem distinção de escala entre objetivos superiores e objetivos inferiores, em cujo poder deseja acreditar. Então, só lhe resta deixar as leis do acaso agirem, estando conforme à profunda desordem das coisas.

Mas é preciso lhes imprimir uma direção. E as ciências do homem, como qualquer sociedade, aderiram a uma ética do sentido. Ao associar um valor a cada uma das possibilidades entrevistas, elas criaram uma referência, por exemplo, a racionalidade ou o socialismo, diante da qual todo o resto é julgado. É a ela que é preciso se referir para existir nesse universo indiferente a nossos desejos e a nossas preces, mas vulnerável a nossas opções de homens ou de mulheres. E cuja maioria expressa uma busca de emancipação tão árdua e assídua quanto o foi, no mundo religioso, a busca da salvação. Descobrimos suas origens filosóficas na Revolução Francesa, o *pathos* em Rousseau e em Marx e, por fim, o fundamento político na democracia em que cada um tem o dever de resistir à opressão. No entanto, essa busca não se abre para uma ética senão ao preço de renúncias. A primeira é a renúncia aos privilégios da educação e da cultura, signos de qualificação moral, fiadores de uma conduta esclarecida pela razão. Parece-nos evidente que, na hora certa, os que receberam esses dons saberiam se elevar na sociedade para salvaguardar os valores universais e transcender os interesses particulares de um Estado ou de uma nação. Assunto de vanguarda ou de oposição, isso significaria que uma fração da humanidade se libertou das covardias da submissão e das trevas dos instintos.

Todavia, não! A experiência corrente e a guerra esmagaram a ilusão de uma diferença mantida pela educação e pela cultura entre os intelectuais e as massa nos momentos decisivos. Não somente eles consideram um mérito sacrificar uma e outra, como escrevia Nizan: "Estejamos dispostos a sermos grosseiros, sacrifiquemos a inspiração". Além do mais, os mesmos medos, as mesmas exaltações têm como efeito fundi-los no cadinho da multidão em que o assassinato, a pilhagem e a apologia da mentira se tornam lícitos e meritórios. Que não venham nos falar da superioridade da alta cultura quando, por várias vezes, uma experiência de massa confirmou a excelente observação de Freud: "Esta guerra [escreve ele] suscitou nossa desilusão por duas razões: a frágil moralidade, nas relações externas, dos Estados que se comportam como os guardiões das normas morais e, nos indivíduos, uma brutalidade de comportamento da qual não teríamos acreditado que, participando da mais alta civilização humana, eles fossem capazes"[17]. E de que justamente eles, os mais advertidos e os mais conscientes, extraíram uma satisfação certa, e até mesmo, naquele momento, um orgulho[18].

Em seguida vem o abandono dessa convicção de que o sentido da nossa vida em comum já está inscrito nas coisas. Como uma mão invisível, ele ordena os acontecimentos como se devessem se realizar, como se o mundo fosse obrigatoriamente na direção de mais luz, de justiça, igualdade ou paz. É isso o que faria a superioridade do estado de conhecimento e de sociedade. Sob esse ponto de vista, a ação dos homens parece secundária, e sua ética a reboque de um destino. Ela justifica aquilo que deve ser, sem no entanto escolher o seu curso. E muito mais, para esses homens presos no círculo de sua convicção, a atenção à realidade seria uma descida ao inferno. Uma vez que qualquer esforço corre o risco de macular a pureza do objetivo e deformar o rigor das crenças que o fundamentam. Buscar o fim sem harmonizar os meios supõe a certeza de que ele certamente se produzirá e com a inflexibilidade de uma lei da natureza. Basta estar em harmonia com ele, assim como o militante com seu partido, o fiel com sua fé, o pacifista com seu ideal de paz universal, sem levar em consideração a contingência ofensiva dos acontecimentos e a crueldade das práticas. Eis o que oferece uma sombria grandeza a tantos movimentos inspirados e testemunhos de um sentido sempre disponível, nada mais.

Por uma via ou outra, abandonamos a inclinação à certeza de nos beneficiarmos de uma luz especial para saber o que realmente vale a pena ser feito e em nome do quê. É essa inclinação que encontramos nos pensadores, partidos, nações e escolas de pensamento que afirmam possuir a única visão justa e infalível. Ora, esse monopólio da verdade reduz a quase nada o sentimento do dever e o vínculo com os outros, pois a missão de cada um está talhada de antemão. Lembremo-nos do tom e da tônica dos discursos políticos ou filosóficos dos últimos trinta anos. Esses

---

17. FREUD, S. *Essais de psychanalyse*. Paris: Payot, 1980, p. 151.
18. MUSIL, R. *Essais*. Paris: Seuil, 1978, p. 118.

justos levantam um protesto em nome de todos, não se dirigindo, no entanto, a ninguém em particular, nem esperando nenhuma resposta. O solipsismo metódico é verdadeiramente o signo dessa decadência de comunicação: cada indivíduo ou grupo fala uma linguagem privada e gostaria que ela fosse compreendida como uma linguagem pública, que pressupusesse trocas e debates. Estes últimos estando excluídos de qualquer procura de uma solução comum à questão "Como viver?" E excluídos, porque cada um tem sua resposta, antes mesmo que a questão seja colocada.

O que quer que se faça, será sempre preciso essa ascese para chegar a essa ética. Ela tem como primeira obrigação a responsabilidade, exigindo que não se contradiga em e por seus atos. O homem que optou, por qualquer razão que seja, encontra-se engajado e conduzido a realizar o objetivo em questão. Quaisquer que sejam as suas convicções e as suas repugnâncias, ele não pode mais considerar aquilo que lhe cabe realizar como uma inspiração ou uma hipótese de escola, uma forma privada de matéria. A exemplo do homem político ou do chefe do exército, o seu dever é, pelo contrário, determinar as circunstâncias e as possibilidades de lhe dar consistência. Por isso, chega-se a fazer passar o ideal para o real. As práticas que transformam a sociedade, assim como as práticas que transformam a matéria, comportam uma ascese de comprometimentos e de aproximações inevitáveis. Nesse dilema da "fé oposta às obras", velho como o mundo, um termo não poderia ser separado do outro. Aceitá-los, sempre mantendo no espírito o sentido da transformação que se persegue, exige essa fibra moral que chamamos responsabilidade. Todos concordarão que o profeta, o homem de Estado, o homem de ofício, e até mesmo o erudito, se tiver sempre diante dos olhos o norte de sua busca, se conduz dessa maneira.

Cada um de nós, em uma hora de incerteza, já se perguntou se a responsabilidade do indivíduo seria suficiente. Sua escolha e sua confiança em suas próprias forças são necessárias. Mas não bastam para mudar sua ação em um valor, nem para garanti-la de uma realidade efetiva. Ao passo que, em um grupo, as relações podem existir de tal forma que todos tenham o sentimento de participar das deliberações de um só e de se sustentar por meio de seu acordo. É por isso que a outra obrigação dessa ética é a discussão. Ela faz do diálogo o caminho privilegiado para as normas da vida em comum e para a emancipação que seria o sentido dessa vida.

De onde ela extrai sua força, qual é o princípio que dela faz uma obrigação moral? Já nas cidades gregas cultivava-se essa união das ideias, esse compartilhamento dos argumentos, e se possuíam regras com vistas a um consenso político e moral. Para os tempos modernos, Habermas o sustenta, a discussão tem esse poder porque estamos a reboque da palavra, obrigados a seguir suas exigências. Reflitamos também sobre a linguagem, e veremos que ela permite que se compreenda sem violência e pressupõe a igualdade e a reciprocidade dos interlocutores. A discussão é tanto mais perfeita quanto mais ela se desenrola entre indivíduos independentes, que se esforçam para usar argumentos racionais, com a condição de que nenhum argumento é absoluto e definitivo, e que tende para o livre consenso entre eles. O direito de falar e o dever de escutar sendo o mesmo, saber se uma proposição é aceitável, e até mesmo equitativa para as pessoas em questão, é uma questão que pode ser definida ao longo da controvérsia, levada a seu termo sem coerção. Esse trabalho resulta na formulação das regras e no esboço de um objetivo: seguir essas regras do debate público será viver moralmente.

Creio que essa ética nasceu entre os alemães, e sabemos por quê. No reservatório esvaziado pela guerra, preenchido pelas revoluções, Weber vê a ascensão das correntes de massas, a proliferação das quimeras. Ele esperava que a responsabilidade conferida aos indivíduos de agirem com uma preocupação de realidade faria uma barragem contra todos esses movimentos de divisão da Europa em profundidade. Ora, essa barragem cedeu diante da facilidade com que a questão "Sou responsável?" foi transferida da consciência para a administração, de uma multidão para um único chefe. E novamente a alta moral afunda sob a menor pressão da indiferença e da orgia de confiança em uma elite portadora do sentido prescrito pela natureza ou pela história.

É verdade que uma outra via se desenha por meio da ética de uma discussão, sustentada por uma comunicação livre entre os homens e pelas exigências da linguagem. Em um mundo, com efeito, em que o ruído imita a troca e o discurso solipsista, a vida em comum, o vigor do diálogo criaria solidariedades e consensos que devem ser levados em conta. Enquanto não estivermos na região das escolhas e dos perigos extremos, podemos confiar nisso. Que esses dons da comunicação bastem, a experiência da humanidade permite duvidar. E isso pode ser reconhecido no gesto intransigente sobre o qual se fecha qualquer ética, como uma prisão sobre o prisioneiro, e eu estou falando do silêncio. Se o tememos tanto, é sem dúvida porque ele anula o poder da linguagem quando a ocasião exige dizer a verdade, paralisa o sentido da responsabilidade e obriga o outro, por uma espécie de violência, a permanecer sem voz, sem fala.

O que valeria então um silêncio rompido por uma violência contrária? Como podemos suportar uma confissão recusada, um perdão não pedido a que se tem direito, em suma, uma comunicação sem diálogo? Quem quer que se retire no silêncio exaure as energias da vida moral e a reduz para aquém das origens em que o inocente e o culpado se confundem. O que faríamos se soubéssemos que, para a salvação do povo, para a própria existência da humanidade, um homem, um inocente está condenado a suportar as torturas eternas? A essa célebre questão Bergson respondeu que talvez consentíssemos se tivéssemos a certeza de poder esquecer. E ele até mesmo escreve em *As duas fontes da moral e da religião*: "Não! Antes aceitar que nada mais existe, antes deixar o planeta explodir!"

Essas são palavras que rompem o silêncio, como as palavras de Sócrates que se dobra à sua tarefa de filósofo e de cidadão: ensinar a verdade a Atenas através de sua morte, em vez de se refugiar na vida privada ou de fugir para o exílio, uma vez que semelhante existência não poderia ser nem filosófica, nem civil. O próprio Bergson não pensava que poderíamos nos calar diante dessa parábola da condição humana. E, no entanto, alguns anos mais tarde, isso se tornou a regra. Ela nos é lembrada quando, interrogado sobre seus feitos e gestos criminosos, Klaus Barbie responde aos seus juízes: "Não há nada a dizer". Deixando-os, literalmente, sem palavras. Negando-lhes o direito de pronunciar um julgamento sereno sobre um homem como ele que fez o seu dever de soldado a serviço de uma ideia. Esse silêncio evoca outros, o silêncio do papa que nada teve a dizer sobre os milhões de culpados pelos crimes que não cometeram. E não encontrou as palavras de cólera e de fogo que teriam desencadeado uma ruptura das verdades, sem dúvida perigosa, porém menos perniciosa do que a aliança dos silêncios que ele subscreveu.

O mais mordaz desses aliados foi o maior filósofo da Alemanha de então, Heidegger. Após ter corrompido a juventude, insultado a ciência e os deuses, ele invoca os salvo-condutos da linguagem para não deixar a verdade sair de sua boca. Naquele dia se anuncia uma novidade que é pior do que saber que Deus está morto e que fomos nós que o matamos. Pois Sócrates renunciou e nós sempre o soubemos. O pensador, se essa palavra ainda convém, não tem mais necessidade de um demônio; ele simplesmente se contenta em simulá-lo quando a sua palavra nem mesmo vale uma taça de cicuta. Ela não é mais um cadinho de valores que engajam uma vida, mas um ornamento que a colore e a justifica em uma situação extrema. Essas suspensões da palavra são o calcanhar de aquiles de uma ética do sentido. A responsabilidade se desfaz diante do perigo, o diálogo desaparece no segredo da vida interior dos indivíduos, tão rude de se ouvir e tão arbitrária de interpretar. O que ela ainda vale, quando ninguém mais corre o risco dessas interpelações que cadenciam o Sermão da Montanha: "Disseram-vos que [...] E eu vos digo que [...]" e pelas quais um homem simplesmente faz seu o dever de despertar os outros homens.

Desde sempre, o obstáculo a esse despertar não é que lhes faltem princípios, ignorem onde está o bem e o mal, que sejam fracos e sem piedade diante do sofrimento. Eles abdicam diante de uma ordem menos por medo do que por vontade de consenso com aqueles que os destroem, persuadidos de que, fora de seu grupo, não há salvação. O que, por ocasião dos retumbantes processos de inquisição que a nossa época encenou, exigiu grandes sacrifícios e repúdios. Mas para que serve procurar razões? Quaisquer que sejam as circunstâncias, pelo menos uma vez na vida de um homem acontece esse momento de perigo extremo em que ele deve resistir e mostrar de que estofo é feito. Um dia em que sua vida faz o cálculo de seus ensinamentos e de suas crenças, em que ele mesmo, em uma palavra, é a prova dos valores deles.

O homem que oferece essa prova possui caráter. Os princípios e o sentido daquilo que se deve e não se deve fazer estão inscritos na sua pessoa como uma segunda natureza. Não é preciso conhecê-los para aplicá-los, nem discuti-los para concordar com eles. E, no entanto, ao ressuscitar pelo pensamento as diversas situações em que foi necessário tomar partido, eu me dou conta de que, tanto em mim como naqueles com os quais convivi, tudo depende dessa segunda natureza até então despercebida. Portanto, de uma ética do caráter, mais íntegra do que a ética do sentido que, por dedução, começa por uma máxima e acaba por uma outra. Ela satisfaz à razão, mas nada diz dessa pressão interior do homem que ofereceu a prova da sua verdade. Vocês se lembram do fragmento de Heráclito: "O *ethos* do homem é o seu caráter?" Sem dúvida as ciências do homem têm nele um apoio firme. Faz tempo que o reconhecemos e nele nos preparamos. Antes dos revolucionários de uma época recente, foram as seitas protestantes e heréticas; antes delas, os santos e, mais longe ainda, os profetas, os legisladores e os sábios, alvos de uma comunidade. E, paralelamente, foram os místicos, os ascetas ou os renunciantes da Índia e muitas outras linhagens. Por intermédio deles, os valores e os objetivos se materializam em um gesto ou em um exemplo que mostram ser possível uma atitude moral. E são até mesmo um chamado porque, de uma certa maneira, os germes de possibilidades já existem. Eis os homens dotados de um modelo, mais esclarecedor e mais necessário do que uma regra, em matéria de ética. Se ela é tão simples, e não oculta nenhum milagre, isso depende de uma única coisa: a virtude se ensina.

Mas por que falar de pessoas? Senão para observar que o caráter sempre une duas tendências. Por um lado, uma experiência que permite detectar, como um radar, a opressão e a injustiça. O atentado aos direitos e a intolerância que põe em perigo nem que fosse uma única vida. Ela se recusa a qualquer cálculo sobre as possibilidades de sucesso, ainda que seja necessário colocá-las um máximo a seu lado, e diante de qualquer hesitação sobre o seu dever, retomando por sua conta a palavra de Epíteto: "Eu, eu não me coloco a questão". Por outro lado, uma exatidão dos valores, de que não se faz uma ilusão ou uma matéria para discursos, mas uma condição de vida. Poderíamos dizer, ao desviar o sentido das expressões financeiras, que, para o homem de caráter, a ética é como um lastro de ouro que garante as espécies em circulação. Ele sabe que um dia lhe pedirão que honre as suas obrigações – ou que confesse que elas não têm uma base concreta.

Não extraímos, portanto, nenhum traço heroico ou filantrópico do caráter, mas antes o contrário, uma espécie de higiene de espírito e da existência em geral. Nós o reconhecemos pela tonalidade da vida, e por um imperativo: jamais admitir o inadmissível. Quem quer que regularmente pratique essa ética age simples e generosamente. Tenacidade, lealdade, devotamento são palavras que nos vêm à mente para evocá-la. Sem dúvida não passam, para a maioria, de palavras. E, no entanto, sabemos que uma outra vida as estimula, quando nela um caráter une aquilo que normalmente se separa, o dizer e o fazer, e nela expressa assim a sua satisfação. Por isso é uma forma de amor por si mesmo que nada pede em troca, uma vez que ela se basta, assim como os apaixonados não precisam se declarar um ao outro para terem certeza de seu sentimento. Nietzsche tinha então razão em escrever: "Se alguém tem caráter, ele vive uma experiência que sempre retorna". Porque toda pessoa e todas as pessoas estão incluídas no seu próprio amor. Aquilo que em alguns se aproxima da inocência e provoca o ridículo, até que o exemplo impressione um maior número e se torne contagioso.

Se considerarmos essa ética do caráter como aceita, observamos que atualmente ela se desenvolve. Em reação às fraquezas que conhecemos e à aliança dos silêncios, ela incita os homens a reabrir os arquivos de uma história que foram fechados sobre as torturas, os assassinatos de inocentes, os campos da morte, as revoluções redimidas. Seu precursor é, sem dúvida, Gandhi que afirma que o princípio da ação justa e da desobediência civil reside no caráter. Como se, na violência, bastasse apenas se deixar levar, se mostrar passivo. Foi um procedimento análogo adotado pelas associações que têm como objetivo a salvaguarda das espécies, a defesa dos prisioneiros de consciência, o combate contra a fome, o respeito pelos acordos de Helsinque, a igualdade das raças, e tantas outras. Cada uma foi uma criação, respondendo a uma urgência concreta, lutando contra ventos e tempestades. Determinada em seu caminho, ela conta integralmente com sua energia moral que se fortalece, se examina e se torna mais metódica. E abre a porta para novas criações na medida em que os efeitos obtidos se tornam apelos à resistência.

Einstein dizia: "A grandeza científica é essencialmente assunto de caráter. O principal é se recusar a fazer concessões". A grandeza moral certamente também o é. Se conseguimos sem muito esforço, é porque as escolhas e os julgamentos se referem a nós, ao sujeito que nós somos e nada mais. Trata-se de uma moral de autorreferência, para empregar um termo abstrato cujo dilema vem de que não se deve escutar nem seus amigos, nem seus inimigos, quando a consciência dita: "Faça isso". Como se justificar no momento decisivo de realizar sacrifícios? Observemos que, em todos os casos, responder à famosa questão "o que fazer" não é muito importante, se já não sabemos "quem vai fazer", pois o caráter é realmente a impressão daquilo que devemos fazer naquilo que somos. Ora, isso pressupõe uma intenção da cultura, substituída pelas ciências do homem, sempre sujeitas à nossa desconfiança. Uma vez que buscamos emancipar os indivíduos, deixá-los se moverem através das redes de linguagem, formular essa intenção significaria simplesmente interferir em sua busca.

Essas sugestões devem muito pouco à ciência e, como eu temo, enriquecem-na ainda menos. Nelas predominam a experiência pessoal da guerra e do exílio, e um infinito respeito pelos livros que vem de longe. Eis o que me levou a querer decifrar as concepções dos sociólogos, e ir além, e buscar um sentido que melhor iluminasse nossa situação. Digamos que em sociologia se coloca, ao que me parece, um problema de escrita. Quando vocês entram em um livro de um historiador – Michelet, Taine ou Duby – ou em uma obra de antropologia – Malinowsky, Mead ou Lévy-Strauss – vocês logo experimentam o prazer da acolhida desejada. Esses autores caminham no mesmo sentido dos cronistas e dos viajantes dos séculos passados, e vocês percebem isso. Eles também desejam cativar e instruir o seu público. E os melhores conseguem, com igual prazer, fazer com que vejam e pensem. Ao passo que as obras escritas pelos fundadores da sociologia – e essa tradição se manteve – ora parecem inacabadas, ora monumentais. Diríamos que eles querem impor ao leitor uma prova de iniciação antes de deixá-lo entrar. Qualquer que seja a vivacidade dos argumentos, é preciso retomá-los várias vezes antes de ter uma intuição. As próprias matérias de que tratam, a começar pelas sociedades, tornam-se abstratas, sem cor nem relevo. Ilustrando maravilhosamente o aforismo de Goethe: "Cinza, caro amigo, é qualquer teoria. E verde a árvore dourada da vida".

Quaisquer que sejam as suas razões, antropólogos e historiadores se opõem, a esse respeito, aos sociólogos. Os primeiros seguem a opinião de Joubert: "É preciso imaginar ao escrever que os letrados estão lá, mas não é a eles que nos dirigimos". Os segundos talvez não esqueçam o público, mas se dirigem visivelmente aos letrados. O próprio Marx, se comparado aos sociólogos, que desejava ser lido pelos proletários, escreveu para os eruditos e para os filósofos. E a escritura muda completamente. Apesar dessas dúvidas que se referem às minhas interpretações, continuo convencido de que as tarefas da sociologia e da psicologia estão, em nossa cultura, à altura de suas responsabilidades. Entre aquilo que elas anunciaram e aquilo que elas fizeram existe um intervalo que deixa uma ampla margem às inclusões e às trocas. De preferência, por fim, de forma bem clara.

Se me refiro pela última vez à minha experiência pessoal, com certeza é porque os primeiros esboços daquilo que me levou a querer reconstruir de maneira teórica a psicologia das massas datam dos terríveis anos da guerra. Mesmo com o risco de parecer grandiloquente, foi então que compreendi que o inumano existe e que se pode despertá-lo, e até mesmo renová-lo, como por uma espécie de magia negra.

Este livro se deve antes à experiência do exílio, que foi uma longa e minuciosa iniciação. A benevolência ou a malevolência das pessoas não têm muito a ver com isso. O próprio sofrimento diz respeito a todos os aspectos do indivíduo, da postura do corpo ao reflexo mental, da amnésia de uma língua e de uma biografia à recriação de uma outra língua – pois uma língua não se ensina – e de uma outra biografia, em que nos tornamos esse inquietante familiar que é o estrangeiro. Existe nessa posição do estrangeiro um prazer ácido, mesclando os odores de uma infância sempre presente e de uma prematura velhice, distante e que se perde, infelizmente, com o tempo. Seja como for, essa iniciação consistiu para mim na passagem de uma linhagem da tradição para a qual fui educado, a do homem que mordeu o fruto da árvore do conhecimento do bem e do mal, para uma linhagem da modernidade, na qual trabalho após me ter adaptado a ela, a linhagem do homem que morde o fruto da árvore da vida. É a árvore da felicidade, mas também do perigoso conhecimento da criação e da destruição, uma árvore cujos frutos ninguém nos proibiu, porque ninguém imaginava que a tocaríamos um dia. Daí o deslocamento dos problemas humanos e morais, o dever de preencher em tão pouco tempo o vazio das prescrições milenares. E esse salto se produziu ao longo de nossa geração.

Talvez essa seja a razão que me fez superar a timidez que sentimos ao abordar o mal ético nas ciências do homem. E afirmar que elas devem buscar uma solução no caráter: nos momentos cruciais, qualquer que seja o valor ameaçado, religioso ou não, afinal é ele que decide, que diz se esse valor deve permanecer verbo ou se tornar carne. Ninguém tem necessidade de prescrever de fora, nem de cima, aquilo que o senso humano ordena recusar aqui, aceitar acolá. Esse senso simplesmente se aperfeiçoa na medida em que as pessoas contam com ele e em que a cultura acentua sua influência nas suas práticas e nas suas representações mais comuns. Por seu intermédio se concebe uma sociedade, verdadeira máquina de fazer homens. Que outro nome dar ao ideal que se reacende a cada vez, por menos que um forte vento se levante? É preciso tentar viver, diz o poeta.

ÍNDICE ONOMÁSTICO

Agassi, J. 373
Aglietta, M. 463
Alberoni, F. 326
Altman, S.P. 429
Ankerl, G. 503
Arendt, H. 205s.
Aristóteles 441, 468, 518
Aron, R. 33s., 39, 69, 75s., 101, 109, 130, 137, 152, 161, 186, 261, 263, 270s., 286s., 333s., 338
Asch, S.E. 180
Auge, M. 61

Babel, I. 357
Bacon, R. 114
Balzac, H. 48, 114, 212, 402, 445, 496, 500
Barbie, K. 569
Bataille, G. 81
Baudelaire, C. 331
Baudelot, C. 117
Baudrillard, J. 22
Benn, G. 512
Benveniste, E. 552
Bergelin, E. 461
Bergson, H. 68s., 117, 162, 314, 362, 518, 568

Berkeley, G. 446

Billoud, J.-C. 121

Birnbaum, P. 175, 459

Blake, W. 563

Blau, P. 196

Bloch, E. 34

Bloch, M. 19, 182, 231s., 367, 371, 441, 481, 538

Bloor, D. 23

Boff, L. 197

Bohr, N. 380

Bonald, L. 111, 374

Bond, R.J. 351

Borges, J.L. 365

Borman, S.A. 392

Borneman, E. 461

Boudon, R. 24

Bouglé, C. 124, 145, 170s., 174

Bourdieu, P. 55, 401

Bourricaud, F. 116

Braudel, F. 214, 371, 445

Brown, P. 86, 318

Brubaker, R. 282

Buda 499

Bullitt, W.C. 314

Calígula 445
Calvino, J. 224, 260-262, 264, 266, 279, 282, 287, 318, 353
Canetti, E. 446, 481

Carlyle, T. 215, 301s.
Cassirer, E. 25, 302
Castel, R. 20s.
Castro, F. 314s., 319, 353
Cavalli, L. 351
César, J. 322, 350, 357
Char, R. 120
Chateaubriand, R. 107, 119
Chazel, F. 53, 164
Chomsky, N. 391, 532
Claessens, D. 491
Clausen, D. 34, 519
Cohen, A. 457
Colombo, C. 167
Comte, A. 234
Copérnico, N. 441
Coser, L.A. 275
Cristo 192, 209, 236, 241, 243s., 262, 321, 326, 332s., 350, 433
Cromwell, O. 188, 233, 240, 272

Darwin, C. 158
Degenne, A. 392
Descartes, R. 465, 494
Dickens, C. 112
Diderot, D. 151, 445
Dioniso 85, 201
Doise, W. 28, 537, 555
Dostoievski, F. 36, 500
Dreyfus, A. 153, 159, 171

Duby, G. 573

Duchamp, M. 43

Dumont, L. 111, 293

Durkheim, E. 8s., 16-18, 22, 31, 34-36, 39s., 42s., 53-55, 57-62, 64-78, 80s., 83-91, 93-96, 98-101, 103-141, 143-147, 149-176, 185, 188, 191s., 224, 293, 295, 300, 330s., 338, 343, 348, 362, 365s., 368, 370, 372, 374, 379, 385s., 398s., 477, 511, 538

Einstein, A. 13, 184, 202, 319, 515s., 558, 572

Eisenstadt, S. 299, 349

Elias, N. 9

Eliot, T.S. 340

Empédocles 440

Epíteto 571

Espinas, A.V. 139

Essertier, D. 74s.

Establet, R. 117

Etzioni, A. 346

Eurípides 523

Evans-Pritchard, E. 35, 59s., 73-75, 95, 105

Fagen, R. 356

Farr, R.M. 439

Fauconnet, P. 171

Febvre, L. 371

Ferenczi, S. 461

Ferraroti, F. 21s., 167

Festinger, L. 132, 150, 244s., 263

Fichte, G. 121

Fiedler, L.A. 274

Filloux, J.C. 115, 130
Fischer, E. 342
Flament, C. 392
Flaubert, G. 56, 78, 112, 140
Frank, S. 240
Franklin, B. 217s.
Freud, S. 22, 53, 60, 72, 74, 77, 105, 192, 241, 249, 270, 287, 295, 314, 353s., 361, 375, 461s., 553, 564s.
Freund, J. 362, 368, 385
Friedrich, C.-J. 352
Frisby, D.P. 369, 392, 450
Furet, F. 106, 118, 321s., 459
Fustel de Coulanges, N.D. 39

Galbraith, J. 445
Galileu, G. 348, 494
Gamow, G. 194
Gandhi, I. 350
Gandhi, M.K. 181, 257, 312, 319, 350s., 353s., 415, 572
Gassen, K. 361s.
Gaulle, Ch. de 82, 313, 315, 317, 322, 326, 334, 345, 348, 351
Geremek, B. 538
Gernet, L. 87
Gerth, H.H. 229, 266, 312, 321
Gibbon, E. 222
Giddens, A. 342
Gide, A. 487
Girard, R. 26
Gobineau, J.A. 113, 124

Goethe, J.W. 112, 146, 188, 233, 329, 338, 364, 573

Goldenweiser, A. 73

Goldscheid, R. 408

Goodman, N. 516

Gorin, M. 442

Gourmont, R. 71

Gramsci, A. 33, 275, 348

Grauman, C. 309, 350s., 373, 464

Habermas, J. 24, 151, 282, 306, 528s., 567

Halbwachs, M. 171

Hegel, G.W.F. 111, 188, 313, 315s.

Heidegger, M. 569

Heider, F. 401

Heine, H. 456

Heráclito 570

Heródoto 444

Herzen, A. 208

Hession, C.H. 255

Hirschman, A. 222

Hitler, A. 319, 327, 353

Hobbes, T. 118

Hölderlin, F. 201

Holton, G. 241

Hughes, E.C. 361

Husserl, E. 465s.

Janet, P. 137

Jankélévitch, V. 556

Jaspers, K. 286

João Paulo II 315, 318, 351, 356, 415
Johnson, S. 464
Joubert 573

Kenniston, K. 222
Kepler, N. 370
Kierkegaard, S. 308
Koyré, A. 266
Kuhn, T.S. 298

Lacan, J. 202s., 531
Landmann, M. 361s.
Laplantine, F. 86
Lasch, C. 22s.
Laufer, R. 447
Lautréamont 38
Lawrence, D.H. 414
Le Bon, G. 74, 76, 83, 174
Legendre, P. 21
Le Goff, J. 430, 509
Leibniz, G. 561
Lemaître, G. 193
Lenin, V.I. 192, 207, 209, 240s., 259, 312s., 317, 322, 326, 333, 341s., 349, 353s.
Lessing, G.E. 263
Lévi-Strauss, C. 27, 30s., 63, 66, 84, 104s., 200, 531, 550
Lévy-Bruhl, L. 91
Lipsett, D. 162
Livingston, P. 146

Lobatchevsky, N.I. 504

Loewenstein, K. 347

Ludwig, E. 362s.

Lukács, G. 34, 39, 66, 236, 360, 494, 497s., 529

Lukes, M. 73s.

Lutero, M. 212s., 216, 224, 235, 241s., 246s., 250, 256-258, 260s., 263, 287, 295, 301, 348, 442

Mach, E. 516

Maffesoli, M. 391

Maomé 192, 312, 345, 354

Maistre, J. 374

Malinowsky, B.K. 104, 430, 573

Manet, E. 113

Mann, T. 26

Mao Tsé-tung 259, 314, 319, 333, 346, 356

Marshall, G. 282

Marx, K. 18, 37s., 40s., 110, 153, 171, 182, 186, 216s., 241s., 259, 269, 310, 313, 318, 343, 353s., 388, 406-408, 424s., 431, 436, 445, 459, 480, 510s., 519, 521, 528, 549, 564, 573

Mauss, M. 36s., 88s., 101, 151-153, 173, 400, 431, 443, 481, 535

Mead, G.H. 24

Mead, M. 573

Melitz, J. 442

Mendel, G. 158

Merton, R.K. 144, 162, 171, 175

Meyerson, E. 476

Meyerson, I. 415

Miguelangelo 364

Michelet, J. 573

Michels, R. 74

Milgram, S. 180

Miller, A. 265

Mills, C.W. 229, 266, 312, 321

Misselden 444

Mitzman, A. 198, 292, 310, 344

Moisés 192, 234, 243, 318, 322, 326, 332, 354, 499

Montaigne, M. 411

Morin, E. 27, 396

Moscovici, S. 7s., 53, 74, 92, 98, 102, 107, 158, 164, 167, 180, 221, 225, 230, 242, 258, 276, 280, 300, 309, 350s., 373, 376, 417, 439, 464, 492, 494, 511, 534, 546

Mugny, G. 180, 221, 276

Muhlmann, W. 251

Musil, R. 368, 488, 496s., 565

Nancy, J.L. 99

Napoleão 82, 138, 181, 188, 206, 312, 318, 332, 336, 353, 356s., 445, 534

Nelson, B. 228

Neruda, P. 529

Newton, I. 370, 441

Nietzsche, F. 106, 111, 136, 192, 201, 222, 246, 253, 302, 520, 541, 571

Nisbet, R.A. 42, 123, 162, 164, 172, 351, 361

Nizan, P. 564

Novalis 489

Odier, C. 435

Oppenheimer, R. 554

Orleans, A. 463

Pareto, V. 36
Parsons, T. 38, 134, 151, 163, 282, 337, 375s., 530
Pascal, B. 59, 93, 179, 247
Péguy, C. 403
Philips, D.P. 146s.
Platão 86, 89, 408
Polanyi, K. 456
Pomian, K. 507
Popper, K. 17
Prevey, E. 443
Prigogine, I. 159, 556
Proudhon, P.J. 120, 130, 549
Proust, M. 100, 153, 382s., 419, 510

Quinet, E. 106, 184

Reich, W. 533
Rembrandt 364
Renan, E. 439
Rey, J.M. 403
Ricardo, D. 447
Riecken, H. 244
Riemann, B. 504
Robespierre 154, 188, 192, 246, 321s., 326, 353
Rothko, M. 93
Rousseau, J.J. 25, 110, 119, 564
Ruskin, J. 304s.
Rumi 354
Sagan, E. 316

Saussure, F. 390
Schacht, J. 441
Schachter, S. 244
Schaub, M. 252
Schiller, F. 468
Schilpp, P.A. 13
Séguy, J. 228
Sêneca 501
Shakespeare, W. 128, 411
Simmel, G. 9, 24, 38, 42, 44, 360-372, 375-382, 384-396, 398s., 404-410, 412-414, 417, 420, 422-434, 436-438, 440, 442, 445, 447s., 450-455, 457, 459-462, 464, 466s., 469-473, 476-480, 482s., 486-488, 490-493, 495, 497s., 501-504, 506, 508-523, 528
Singer, I.B. 99
Smelt, S. 442
Smith, A. 447
Smith, R. 53, 447
Sócrates 136, 321, 354, 408, 501, 568s.
Sombart, W. 360, 458s.
Spencer, H. 118, 120s.
Sperber, D. 24
Stalin, J. 259, 313, 318s., 333, 353
Starobinski, J. 25
Stendhal 38
Stengers, I. 556
Strauss, L. 27, 30s., 63, 66, 84, 104s., 200, 282, 531, 550, 573
Svevo, I. 90

Taine, H. 573
Tarde, G. 76, 83, 174, 374, 376
Tetzel 442
Tocqueville, A. 111s., 224, 327, 380, 402

Tolstoi, L. 48s., 51, 112, 247

Touraine, A. 240, 547

Trevor-Roper, H. 225

Troeltsch 228, 360

Trollope, A. 402

Trotski, L. 194, 209, 303, 349

Tylor 24, 51

Valéry, P. 477, 501

Van Avermaet, E. 221, 276

Vernant, J.-P. 444

Veyne, P. 25, 28

Vico, G.B. 308

Vierkandt, A. 406

Voltaire 102, 217

Walzer, M. 253

Watier, P. 394

Watts, M.R. 231, 278

Weber, M. 8s., 17, 31-33, 36, 38s., 42, 44, 74, 182-190, 192s., 196, 198s., 201-207, 209-222, 224, 226-238, 243s., 248, 250, 252-256, 258-260, 262-264, 266-269, 271-275, 277-295, 297-300, 302, 304-307, 310-314, 316-318, 319s., 322-325, 327-332, 334s., 337-340, 342-345, 347s., 350-357, 360, 365, 370, 372, 375, 379, 386, 388, 398s., 464, 511, 528, 567

White, H.C. 392

Wilde, O. 425, 470

Wittgenstein, L. 23, 49, 309, 460

Wolf, E. 381, 388

Wolff, K.H. 163, 466, 494s.

Woolf, V. 278

Yeats, W.B. 533

ÍNDICE GERAL

Sumário, 5

Prefácio à edição brasileira, 7
Pedrinho A. Guareschi

Introdução – O problema, 11
    Duas faces do pesquisador: a raposa e o ouriço, 11
    A culpa é da psicologia, 20
    Existiria uma explicação sociológica dos fatos sociais?, 28
    Entre a economia e a psicologia, é preciso escolher, 35

Parte I. A religião e a natureza na origem da sociedade, 45
  1 A máquina de fazer deuses, 46
    Você deve, eu devo, 46
    Existe na religião algo de eterno, 52
    Deus é a sociedade, 60
    Não se explica a religião sem a psicologia das massas, 72
    Homens semelhantes a deuses, 77
    Não se acabam as religiões, 106
  2 Crimes e castigos, 110
    A ciência do mal-estar, 110
    As sociedades confessionais e as sociedades profissionais, 116
    Consciência da conformidade e conformidade das consciências, 131
  3 Uma ciência difícil de nomear, 154
    De uma sociedade a outra, 154
    Entre o Caribde da psicologia e o Cila da sociologia, 167

Parte II. A potência da ideia, 177

   4 Os *big-bangs* sociais, 178

      O espírito do tempo, 178

      Carisma e razão, 188

      A sociedade instituída e a sociedade instituinte, 201

   5 O gênio do capitalismo, 212

      Em busca da origem do mundo moderno, 212

      A diáspora puritana e o desencantamento do mundo, 223

      As minorias puritanas criam uma cultura do dissentimento, 237

      Do *homo religiosus* ao *homo œconomicus*, 255

      Uma sociedade de solitários, 269

      Honesto como um huguenote, 275

      Isto não é psicologia, 280

   6 O *mana* e os *numina*, 297

      A sociedade revolucionária e as sociedades normais, 297

      Legitimidade, interdito da crítica e dominação do carisma, 303

      Como reconhecer se os poderes mágicos são verdadeiros ou falsos?, 320

      O ciclo do carisma: da emoção à razão, 328

      Isso é psicologia, 340

Parte III. Um dos maiores mistérios do mundo, 359

   7 A ciência das formas, 360

      O estilo, isso é a sociologia, 360

      A busca de uma terceira via entre o indivíduo e a coletividade, 366

      A sociologia molecular: redes e representações, 379

8 O dinheiro como paixão e como representação, 400

   O elo perdido, 400

   O mundo dos objetos e o mundo dos valores, 408

   O sacrifício na origem da troca e do dinheiro, 429

   O novo milagre, 449

   O dinheiro é a pátria dos sem-pátria, 456

9 A sociedade desaparecida, 465

   A primeira qualidade do dinheiro é sua quantidade, 465

   Da sociedade do quase à economia da precisão, 477

   Mas para onde foi a sociedade?, 504

Últimas observações, 525

Índice onomástico, 577

PSICOLOGIA SOCIAL

Confira outros títulos da coleção em

livrariavozes.com.br/colecoes/psicologia-social

ou pelo Qr Code

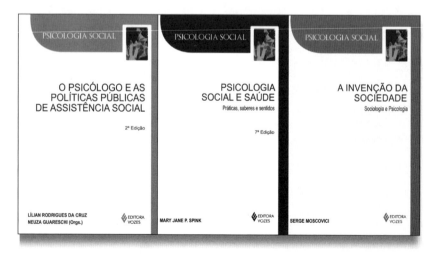